합격을 위한 확실한 선택

고종훈 한국사

단원별 기출 800제

넥스트공무원에서 저자 직강
www.megagong.net
고종훈 공무원 한국사 다음 카페
http://cafe.daum.net/gosabu.kr

9급 국가직·지방직·서울시·법원직 대비

2026

바로해북스

머리말

기출문제를 풀어보는 것은 수험 공부의 기본이다.
객관식 수험의 기본은 이론의 뼈대를 세운 뒤 기출문제를 두 번 세 번 풀어서 살을 채우는 것입니다. 그러나 현실의 많은 수험생들은 요약노트만 달달 외우거나 긴 이론 강의를 듣는 데 많은 시간을 할애합니다. 기출문제를 푸는 것을 미뤄두는 경우가 많습니다. 명백하게 잘못 공부하고 있는 분들입니다. 이론 공부를 한 뒤 기출문제에 적용해 보는 것이 가장 1차적인 공부입니다. 기출문제를 풀어봐야 자기가 준비하고 있는 시험의 난이도, 스타일, 출제 포인트를 알 수 있습니다. 수험생들이여, 이론만 반복하지 말고 부디 문제를 함께 푸셔야 됩니다.
수험생의 입장에서 공무원 시험의 장점은 무엇입니까? 문제 공개 이후 기출문제가 매년 200문제 이상 쏟아지고 있다는 점입니다. 국가고시센터에서 출제한 기출문제보다 더 좋은 문제는 없습니다. 기출문제만 충분히 풀어도 90~95점은 깔고 가는 것이 9급 시험입니다.

최근 기출문제 중심으로 분석하라.
2007년 이후 공시 문제가 공개되었습니다. 막상 문제가 공개되고 보니 한국사의 경우 한국사능력검정시험에 비해 아주 괴팍한 문제들이 많았습니다. 출제 오류도 간혹 있었고, 열심히 공부한 수험생들이 도저히 대비할 수 없는 문제도 간혹 있었습니다. 많은 비판이 제기되었고, 점차 문제는 예측이 가능한 방향으로 바뀌기 시작했습니다. 지금은 한국사능력검정시험과 비슷한 수준으로, 스타일로 아주 유사하게 출제되고 있습니다. 저는 2007년부터 2015년 사이의 너무 오래된 기출문제는 굳이 풀 필요가 없다는 생각입니다. 수험생들이 풀어서 득보다는 실이 더 많다고 봅니다.

감당할 수 있는 분량을 반복하라.
학원이나 강사들의 공포 마케팅 때문인지 공시생들은 문제양이 많은 기출문제집을 선호합니다. 노량진에는 2천 문제, 3천 문제짜리 기출문제집이 최고라는 인식이 있습니다. 보통의 수험머리, 보통의 인내심을 가진 수험생은 이걸 다 보지도 못합니다. 최소한 3번, 5번은 반복해서 풀어야 자기 것으로 소화할 수 있는데 한 번도 제대로 풀고 분석하지 못하는 데 점수가 나올 리가 있겠습니까? 문제집에 들어간 숫자에 집착하지 말고 800문제라도 제대로 풀고 반복하는 것이 수험의 기본입니다.

최근 8년 동안의 국·지·서·법 기출만을 엄선해 실었습니다.
현재 한국사 시험을 치는 직렬은 9급 국가직, 지방직, 서울시, 법원직입니다. 기출 800제에는 최근 8년 동안의 이 4개 직렬 기출문제만을 엄선해 실었습니다. 자주 반복되는 주제는 최대 5문제까지만 수록하였습니다. 최근 5년 동안(2021~2025) 한국사 문제가 쉽고 깔끔하게 나오는 추세를 감안한다면 [단원별 기출 800제]만 보셔도 95점, 100점이 가능합니다.
문제의 난이도에 따라 3단계로 구분하였습니다. 본문에 실려 있는 문제는 난이도 하, 중, 상 세 종류이며, 난이도 상 문제는 대략 5%(40문제) 내외입니다.
개념이 좀 부족한 분들은 틀린 문제나 난이도 상 위주로 해설강의(www.megagong.net)를 들어보라고 말씀드립니다.

마지막으로 이 책을 펴내는 데 고생한 저희 연구팀에 깊은 감사를 드립니다. 아울러 발해북스 양병주 대표님과 편집자들에게도 감사드립니다.

2025년 7월 10일
고종훈

목차

Ⅰ. 고조선과 초기 국가
- 01 선사시대의 전개 ········· 8
- 02 고조선과 초기 국가 ········· 16

Ⅱ. 한국 고대사
- 01 고대의 정치 ········· 28
- 02 고대의 경제와 사회·문화 ········· 70

Ⅲ. 한국 중세사
- 01 중세의 정치 ········· 90
- 02 중세의 경제와 사회 ········· 126
- 03 중세의 문화 ········· 140

Ⅳ. 근세 전기
- 01 근세 전기의 정치 ········· 158
- 02 근세 전기의 경제와 사회 ········· 184
- 03 근세 전기의 문화 ········· 196

Ⅴ. 근세 후기
- 01 근세 후기의 정치 ········· 212
- 02 근세 후기의 경제와 사회 ········· 228
- 03 근세 후기의 문화 ········· 240

Ⅵ. 한국 근대사
- 01 외세의 침략적 접근과 개항 ········· 260
- 02 개화 정책의 추진과 반발 ········· 260
- 03 동학 농민 운동과 갑오·을미개혁 ········· 276
- 04 구국 민족 운동의 전개 ········· 284
- 05 근대의 경제와 사회·문화 ········· 304

Ⅶ. 독립운동사

01 일제의 침략과 민족의 수난 ………… 318
02 3·1운동과 대한민국 임시정부 ……… 330
03 무장 독립 운동의 전개 ……………… 342
04 사회·경제적 민족운동 ……………… 358
05 민족 문화 수호 운동 ………………… 366

Ⅷ. 한국 현대사

01 대한민국의 수립 ……………………… 376
02 민주주의의 시련과 발전……………… 394
03 경제의 발전과 사회·문화의 변화 …… 406
04 통일 정책과 평화 통일의 과제 ……… 406
05 기타 …………………………………… 416

정답편 ………………………………………… 422

2026 9급(국가직·지방직·서울시), 법원직 대비

최근 7개년 9급(국가직, 지방직) 대단원별 기출 분석

대단원	문항 수	비율
Ⅰ. 고조선과 초기 국가	15문항	5.3%
Ⅱ. 한국 고대사	41문항	14.6%
Ⅲ. 한국 중세사	46문항	16.4%
Ⅳ. 근세 전기	33문항	11.8%
Ⅴ. 근세 후기	28문항	10%
Ⅵ. 한국 근대사	43문항	15.3%
Ⅶ. 독립운동사	41문항	14.6%
Ⅷ. 한국 현대사	23문항	8.2%
기타	11문항	4%

1. 선사 시대의 전개

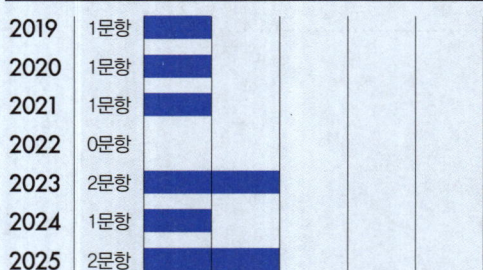

2. 고조선과 여러 나라의 성장

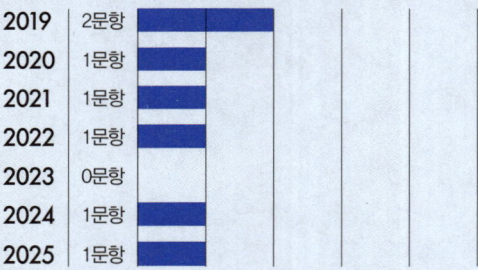

Compact History

I

고조선과 초기 국가

01 선사시대의 전개

02 고조선과 초기 국가

누적 수강생 70만 명의 검증된 역사전문가!
저자 직강 www.megagong.net에서 만날 수 있습니다!

난이도 구분

	난이도 하	(정답률 80% 이상)
	난이도 중	(정답률 60~79%)
	난이도 상	(정답률 59% 이하)

I. 고조선과 초기 국가

01 | 선사 시대의 전개

01 `2020 국가직 9급`
(가) 시기의 생활상에 대한 설명으로 옳은 것은?

> 1935년 두만강 가의 함경북도 종성군 동관진에서 한반도 최초로 (가) 시대 유물인 석기와 골각기 등이 발견되었다. 발견 당시 일본에서는 (가) 시대 유물이 출토되지 않은 상황이었다.

① 반달 돌칼을 이용하여 벼를 수확하였다.
② 넓적한 돌 갈판에 옥수수를 갈아서 먹었다.
③ 사냥이나 물고기잡이 등을 통해 식량을 얻었다.
④ 영혼 숭배 사상이 있어 사람이 죽으면 흙 그릇 안에 매장하였다.

02 `2023 지방직 9급`
밑줄 친 '주먹도끼'가 사용된 시대에 대한 설명으로 옳은 것은?

> 이 유적은 경기도 연천군 한탄강 언저리에 넓게 위치하고 있다. 이곳에서 아슐리안 계통의 주먹도끼가 다량으로 출토되어 더욱 많은 관심이 집중되었다. 이곳에서 발견된 주먹도끼는 그 존재 유무로 유럽과 동아시아 문화가 나뉘어진다고 한 모비우스의 학설을 무너뜨리는 결정적 증거가 되었다.

① 동굴이나 바위 그늘, 강가의 막집 등에서 살았다.
② 내부에 화덕이 있는 움집이 일반적인 주거 형태였다.
③ 토기를 만들어 음식을 조리하거나 식량을 저장하였다.
④ 구릉에 마을을 형성하고 그 주변에 도랑을 파고 목책을 둘렀다.

03 `2018 지방직 9급`
다음은 각 유물과 그것이 사용되던 시기의 사회 모습에 대한 설명이다. 옳은 것만을 모두 고르면?

> ㄱ. 슴베찌르개 - 벼농사를 짓기 시작하였고 나무로 만든 농기구를 사용하였다.
> ㄴ. 붉은 간토기 - 거친무늬거울을 사용하여 제사를 지내거나 의식을 거행하였다.
> ㄷ. 반달 돌칼 - 농사를 짓기 시작했지만 아직 지배와 피지배 관계는 발생하지 않았다.
> ㄹ. 눌러찍기무늬 토기 - 가락바퀴와 뼈바늘을 이용하여 옷이나 그물을 만들어 사용하였다.

① ㄱ, ㄴ   ② ㄱ, ㄷ   ③ ㄴ, ㄹ   ④ ㄷ, ㄹ

04 `2025 지방직 9급`
신석기 시대에 대한 설명으로 옳은 것만을 모두 고르면?

> ㄱ. 갈돌과 갈판을 사용하여 곡물이나 열매를 갈았다.
> ㄴ. 반달돌칼을 사용하여 농작물을 수확하였다.
> ㄷ. 뼈바늘을 사용하여 옷이나 그물을 만들었다.
> ㄹ. 벼농사를 널리 짓게 되었다.

① ㄱ, ㄷ   ② ㄱ, ㄹ   ③ ㄴ, ㄷ   ④ ㄴ, ㄹ

01 | 구석기 시대
정답 ③

함경북도 종성군 동관진에서는 일제 강점기에 일본인 학자에 의해 구석기 시대 유적이 처음 발견되었으나 제대로 연구가 이뤄지지 못했다. 1960년대 초에 함경북도 웅기군 굴포리와 충청남도 공주시 석장리에서 각각 구석기 유적이 발견된 이래로 평안남도 상원군 검은모루 동굴, 충청북도 단양군 수양개, 경기도 남양주시 호평, 충청북도 제천시 창내 등 여러 지역에서 발견되고 있다.

구석기 시대 사람들은 사냥과 어로, 채집을 하여 생활하였다. 이 시대 사람들은 가족 단위의 무리를 이루어 사냥감을 찾아다녔고, 계절에 따라 이동 생활을 하였기 때문에 동굴, 바위 그늘에서 생활하거나 강가에 막집을 짓고 살았다.

오답분석 ① 청동기 시대에 홈자귀, 반달 돌칼 등이 농기구로 사용되었고 벼농사를 짓기 시작하였다.
② 신석기 시대에 갈판과 갈돌을 곡식을 갈고 부수는데 사용하였다.
④ 신석기 시대에 영혼 숭배 사상, 토테미즘, 샤머니즘 등의 원시신앙이 나타났다.

02 | 주먹도끼(구석기 시대)
정답 ①

경기도 연천군 전곡리 유적에서 발견된 주먹도끼는 구석기 시대의 유물이다. 찍개와 함께 전기 구석기 시대를 대표하는 아슐리안형 주먹도끼는 주로 아프리카, 유럽, 서아시아, 인도 등에서 발견되었다. 주먹도끼의 발견은 동아시아에는 찍개 문화만 존재하였고 주먹도끼 문화는 없었다는 모비우스의 학설을 뒤집는 증거가 되었다.

구석기 시대 사람들은 사냥과 어로, 채집을 하여 생활하였다. 이 시대 사람들은 가족 단위의 무리를 이루어 사냥감을 찾아다녔고, 계절에 따라 이동 생활을 하였기 때문에 동굴, 바위 그늘에서 생활하거나 강가에 막집을 짓고 살았다.

오답분석 ② 신석기 시대에 움집을 짓고 집 내부에 화덕을 설치하였다.
③ 신석기 시대부터 토기를 만들어 음식을 조리하거나 식량을 저장하였다.
④ 청동기 시대에 구릉에 마을을 형성하고 그 주변에 도랑을 파고 목책을 둘렀다.

03 | 선사 시대의 유물
정답 ③

붉은 간토기는 청동기 시대에 사용된 토기이다. 청동기 시대에는 사회와 경제의 발달에 따라 예술 활동도 활발해졌다. 이 시기의 예술은 종교나 정치적 요구와 밀착되었는데, 거친무늬 거울은 제사를 지내거나 종교 의식을 거행할 때 사용된 것으로 추정된다.

눌러찍기무늬 토기(압인문 토기)는 이른 민무늬 토기, 덧무늬 토기와 함께 신석기 시대 초기에 사용된 토기이다. 신석기 시대에는 가락바퀴나 뼈바늘을 이용하여 옷이나 그물을 만들어 사용하는 원시적인 수공업 생산이 이루어졌다.

오답분석 ㄱ. 슴베찌르개는 구석기 시대 후기에 사용된 도구이다. 벼농사를 짓기 시작한 것은 청동기 시대이다.
ㄷ. 반달 돌칼은 청동기 시대에 사용된 수확용 농기구이다. 신석기 시대에 농사를 짓기 시작했고, 지배-피지배 관계는 발생하지 않았다.

04 | 신석기 시대
정답 ①

신석기 시대 사람들은 대체로 강가나 바닷가에 살면서 사냥과 고기잡이를 하였지만, 나중에는 농경법을 알게 되어 조, 피, 수수 등을 재배하게 되었다. 돌과 뿔로 만든 괭이, 돌보습, 돌낫 그리고 갈판과 갈돌 등 농경과 관련된 유물들이 발견되어 이를 뒷받침한다. 갈돌과 갈판은 나무 열매나 곡물의 껍질을 벗기고 가루로 만드는 데 사용된 도구이다.

신석기 시대 유적인 온천 궁산리 패총에서는 가락바퀴가 상당수 출토되고, 뼈바늘에 실이 꿰어져 있는 채로 출토되었다. 이는 신석기 시대에 옷이나 그물을 만들어 사용하는 원시적인 수공업 생산이 이루어졌음을 알려 준다.

오답분석 ㄴ. 반달 돌칼은 청동기 시대에 사용된 수확용 농기구이다.
ㄹ. 청동기 시대에 일부 저습지에서 벼농사가 이루어지기 시작하였다.

Ⅰ. 고조선과 초기 국가

05 [2021 국가직 9급]
신석기시대 유적과 유물을 바르게 연결한 것만을 모두 고르면?

ㄱ. 양양 오산리 유적 – 덧무늬토기
ㄴ. 서울 암사동 유적 – 빗살무늬토기
ㄷ. 공주 석장리 유적 – 미송리식토기
ㄹ. 부산 동삼동 유적 – 아슐리안형 주먹도끼

① ㄱ, ㄴ   ② ㄱ, ㄹ   ③ ㄴ, ㄷ   ④ ㄷ, ㄹ

07 [2019 지방직 7급]
㉠ 시대에 대한 설명으로 옳은 것은?

제주도 고산리 유적은 ㉠ 시대의 연대를 앞당길 수 있는 단서를 제공해 주고 있다. 여기에서 출토된 삼각형 모양의 돌화살촉과 '이른 민무늬토기'를 분석하여 ㉠ 시대가 기원전 8,000년경부터 시작되었음을 알게 되었다. 출토된 토기는 일명 '고산리식 토기'라고 불린다.

① 고인돌에 간돌검을 부장하였다.
② 가락바퀴를 이용하여 옷감을 만들었다.
③ 명도전, 반량전 등의 화폐를 사용하였다.
④ 반달돌칼을 사용하여 이삭을 수확하였다.

06 [2024 지방직 9급]
신석기 시대에 대한 설명으로 옳지 <u>않은</u> 것은?

① 가락바퀴와 뼈바늘로 옷이나 그물을 만들었다.
② 군장이 죽으면 그의 권력을 상징하는 고인돌을 만들었다.
③ 동물 뼈나 조개껍데기로 된 목걸이나 팔찌를 만들어 착용하였다.
④ 일부 지역에서는 농경이 시작되어 조, 피, 수수 등을 재배하였다.

08 [2018 서울시 9급]
〈보기〉의 유적들이 등장한 시대의 사회상에 대한 설명으로 가장 옳은 것은?

● 보기 ●
○ 서울 암사동 유적   ○ 제주 고산리 유적
○ 양양 오산리 유적   ○ 부산 동삼동 유적

① 움집을 청산하고 지상 가옥에서 거주하기 시작하였다.
② 벼농사를 위하여 각종 수리시설이 축조되었다.
③ 조개무지(패총)를 많이 남겼다.
④ 마을을 보호하기 위한 방어시설이 발전하였다.

05 | 신석기 시대의 문화   정답 ①

양양 오산리 유적에서는 원형의 집터와 화덕 자리가 확인되고 다량의 토기와 결합식 낚시도구, 흑요석 날석기[刃器], 흙으로 빚은 사람 얼굴상 등이 출토되었다. 흑요석 날석기는 원석의 산지가 백두산으로 밝혀졌다.
서울 암사동 유적에서는 모래땅에 움을 파고 지은 원형의 집터가 확인되었다. 집터 가운데에는 강돌을 둘러 만든 화덕 시설이 있다. 빗살무늬 토기, 돌도끼, 돌화살촉 등이 출토되었다.
신석기 시대 초기에는 이른 민무늬 토기, 덧무늬 토기, 눌러찍기무늬 토기(압인문 토기) 등을 만들어 사용하였다. 신석기 시대를 대표하는 빗살무늬 토기는 뾰족한 밑 또는 둥근 밑 모양을 하고 있으며 그릇 표면은 빗살같이 길게 이어진 무늬를 새겨 장식하였다.

오답분석 ㄷ. 공주 석장리 유적은 1964년에 남한 최초로 발견된 구석기 시대의 유적이다. 미송리식 토기는 청동기 시대에 사용된 토기로 의주 미송리에서 처음 발견되었다.
ㄹ. 부산 동삼동 유적은 바닷가에 있는 신석기 시대의 조개무지 유적이다. 아슐리안형 주먹도끼는 전기 구석기 시대에 사용된 뗀석기로 연천 전곡리에서 발견되었다.

06 | 신석기 시대   정답 ②

① 신석기 시대 유적인 온천 궁산리 패총에서는 가락바퀴가 상당수 출토되고, 뼈바늘에 실이 꿰어져 있는 채로 출토되었다. 이는 신석기 시대에 옷이나 그물을 만들어 사용하는 원시적인 수공업 생산이 이루어졌음을 알려준다.
③ 신석기 시대 사람들은 짐승의 뼈나 이빨로 치레걸이, 조개껍데기 가면 등을 만들어 몸을 치장하거나 종교 의식에 사용하였다. 이런 예술품들은 풍요와 다산에 대한 기원을 담고 있으며 주술적 신앙의 요소도 찾아볼 수 있다.
④ 신석기 시대 사람들은 대체로 강가나 바닷가에 살면서 어로와 사냥을 하였지만, 나중에는 농경과 목축이 시작되어 식량을 생산하는 단계에 이르렀다. 황해도 봉산 지탑리와 평양 남경의 유적에서는 탄화된 좁쌀이 발견되어 신석기 시대에 조·피·수수 등의 잡곡류를 경작하였음을 알 수 있다.

오답분석 ② 청동기 시대에 지배층의 무덤으로 고인돌을 만들었다.

07 | 신석기 시대의 문화   정답 ②

이른 민무늬토기 등이 출토된 제주도 고산리 유적은 신스기 시대의 유적이다.
제주시 고산리에서 신석기 시대의 토기 조각 등이 다량 출토되었다. 이로써 우리나라의 신석기 시대의 상한이 8,000~10,000년 전까지 올라가게 되었다. 신석기 시대 초기에는 이른 민무늬 토기와 덧무늬 토기를 만들어 사용하다가 뒤에는 빗살무늬 토기를 사용하게 되었다.
신석기 시대 사람들은 대체로 강가나 바닷가에 살면서 어로와 사냥을 하였지만, 나중에는 농경과 목축이 시작되어 식량을 생산하는 단계에 이르렀다. 신석기 시대에는 각종 농경 도구나 토기를 만들어 쓰는 것 이외에도 원시적인 수공업 활동이 이루어졌다. 신석기 시대 사람들은 가락바퀴로 실을 뽑아 옷감을 만들고, 뼈바늘로 옷을 만들어 입기도 하였다.

오답분석 ① 청동기 시대에 고인돌, 간돌검을 만들었다.
③ 철기 시대에 중국과의 교류가 활발해지면서 명도전, 반량전 등이 사용되었다.
④ 청동기 시대에 반달돌칼을 사용하였다.

● **복습지문**
신석기 시대에는 가락바퀴를 이용하여 옷을 만들었다.

08 | 신석기 시대의 문화   정답 ③

서울 암사동 유적, 제주 고산리 유적, 양양 오산리 유적, 부산 동삼동 유적은 모두 신석기 시대의 유적이다.
신석기 시대에는 조개를 섭취한 뒤 남은 껍질과 부서진 석기, 토기 등이 버려진 조개무지(패총)가 형성되기 시작했다. 이는 신석기 시대에 농경이 시작되었지만 여전히 경제생활에서 수렵·어로가 병행되고 있었던 사실을 보여준다.

오답분석 ① 청동기 시대부터 지상 가옥 형태의 주거양식이 등장하였다.
② 청동기 시대부터 벼농사가 시작되었다.
④ 청동기 시대의 주거유적에 목책, 환호 등의 방어시설이 등장하였다.

I. 고조선과 초기 국가

09 [2019 국가직 7급] 다음 토기가 사용된 시기의 생활상으로 옳지 않은 것은?

> 이 토기는 그릇의 표면에 점토 띠를 덧붙여 각종 문양 효과를 내었으며, 바닥은 평저 또는 원저로 이루어져 있다. 대표적인 예로 부산 동삼동, 울주 신암리, 양양 오산리 유적 등에서 출토된 것이 있다.

① 움집에서 주거 생활을 하였다.
② 검은 간 토기를 함께 사용하였다.
③ 가락바퀴를 이용해 옷을 만들었다.
④ 농경이 시작되어 조와 기장 등을 경작하였다.

10 [2021 법원직] 다음 유물들이 대표하는 시기의 사회 모습으로 가장 옳은 것은?

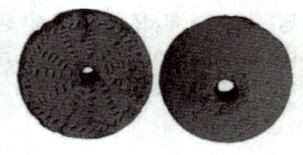 

① 처음으로 농경이 시작되었다.
② 권력을 가진 지배자가 등장하였다.
③ 뗀석기를 주로 이용하였다.
④ 주로 동굴에 거주하거나 막집에 살았다.

11 [2023 서울시 9급] 청동기 시대에 대한 설명으로 가장 옳지 않은 것은?

① 일상생활에서 민무늬 토기가 이용되었다.
② 동검, 청동거울, 청동방울 등을 제작하였다.
③ 생산력이 발전하면서 사유재산제와 계급이 발생하였다.
④ 금속 도구가 만들어지면서 석기 농기구는 사라지고 농업이 발전하였다.

12 [2019 국가직 9급] 청동기시대의 유적과 유물에 대한 설명으로 옳은 것은?

① 연천 전곡리에서는 사냥도구인 주먹도끼가 출토되었다.
② 창원 다호리에서는 문자를 적는 붓이 출토되었다.
③ 강화 부근리에서는 탁자식 고인돌이 발견되었다.
④ 서울 암사동에서는 곡물을 담는 빗살무늬토기가 나왔다.

09 | 덧무늬 토기 **정답 ②**

그릇의 표면에 점토 띠를 덧붙여 각종 문양 효과를 낸 토기는 덧무늬토기이다. 덧무늬토기는 울주 신암리, 부산 동삼동, 양양 오산리, 춘천 내평리 등지에서 출토되었다. 양양 오산리에서 출토된 덧무늬토기는 그 연대가 기원전 5100년대로 나타나 덧무늬토기가 빗살무늬토기보다 시기적으로 앞서 사용되었음을 알려 준다.

신석기 시대 사람들은 대체로 강가나 바닷가에 살면서 어로와 사냥을 하였지만, 나중에는 농경과 목축이 시작되어 식량을 생산하는 단계에 이르렀다. 신석기 시대에는 주로 밭에서 조, 피, 수수, 기장 등을 경작하였는데, 황해도 봉산 지탑리와 평양 남경의 유적에서 발견된 탄화된 좁쌀이 이를 증명한다. 농경과 목축이 시작되자 사람들은 정착 생활을 하게 되었다. 신석기 시대 사람들은 땅을 1m 내외로 판 뒤 기둥을 세워 지붕을 얹은 움집에서 생활하였다.

신석기 시대에는 각종 농경 도구나 토기를 만들어 쓰는 것 이외에도 원시적인 수공업 활동이 이루어졌다. 옷이나 그물을 만들 때 사용하는 가락바퀴나 뼈바늘이 출토되는 것을 통해 이를 짐작할 수 있다.

오답분석 ② 철기 시대에 검은 간토기, 덧띠 토기가 사용되었다.

10 | 신석기 시대의 문화 **정답 ①**

제시된 유물은 신석기 시대에 사용된 가락바퀴와 갈판·갈돌이다. 가락바퀴는 옷이나 그물을 만들 때 사용되었고, 갈판·갈돌은 곡물을 갈아 가루를 만들 때 사용되었다.

신석기 시대 사람들은 대체로 강가나 바닷가에 살면서 어로와 사냥을 하였지만, 나중에는 농경과 목축이 시작되어 식량을 생산하는 단계에 이르렀다. 황해도 봉산 지탑리와 평양 남경의 유적에서는 탄화된 좁쌀이 발견되어 신석기 시대에 잡곡류를 경작하였음을 알 수 있다. 점차 농경 기술이 발달하면서 사냥과 어로가 경제생활에서 차지하는 비중은 줄어들었지만 여전히 식량 확보의 큰 몫을 차지하였다.

오답분석 ② 청동기 시대에 사유재산과 계급이 발생하면서 권력을 가진 지배자가 등장하였다.
③ 구석기 시대에 뗀석기를 주로 이용하였다.
④ 구석기 시대 사람들이 이동생활을 하면서 주로 동굴에 거주하거나 막집에 살았다.

11 | 청동기 시대 **정답 ④**

① 청동기 시대에는 민무늬 토기와 붉은 간토기가 사용되었다. 청동기 시대의 민무늬 토기는 지역별로 모양이 조금씩 다른데, 요동 지역과 청천강 이북에는 미송리형 토기, 대동강 유역에는 팽이형 토기, 한반도 중남부에는 송국리형 토기가 널리 유행하였다.
② 기원전 2000년경에서 기원전 1500년 무렵에 만주와 한반도에서 청동기 문화가 시작되었다. 이 시기에는 비파형 동검(요령식 동검), 거친무늬 거울(다뉴조문경) 등의 청동기를 만들어 사용하였다. 청동기는 만들기가 어렵고 재료도 충분하지 않아 지배 계급의 무기나 장신구, 제사 의식용 도구로 사용되었고, 농기구·공구와 같은 일반적인 도구는 돌로 만들었다.
③ 청동기 시대에는 생산 경제가 신석기 시대보다 더 발달하고, 청동기를 만드는 장인이 나타났으며, 사유 재산 제도와 계급이 발생하게 되었다.

오답분석 ④ 청동은 검, 창, 거울, 구슬, 도끼 등을 만드는 데 사용되었으며, 농기구는 대체로 돌이나 나무로 만들었다.

12 | 청동기 시대의 생활 **정답 ③**

청동기 시대에는 고인돌과 돌널무덤이 많이 만들어졌다. 고인돌을 만들기 위해서는 무게가 수십 톤 이상인 덮개돌을 채석하여 운반하고 무덤에 설치하기까지에는 많은 인력이 필요하였다. 따라서, 고인돌은 당시 지배층이 가진 정치 권력과 경제력을 잘 반영해 주고 있다.

우리나라에는 세계에서 가장 많은 고인돌이 분포되어 있는데, 형태에 따라 탁자식, 바둑판식, 개석식으로 구분한다. 고인돌의 전형적인 형태는 보통 탁자식에서 볼 수 있듯이, 4개의 판석 형태의 굄돌을 세워 돌방을 만들고 그 위에 거대하고 편평한 덮개돌을 얹은 것이다. 고창, 화순, 강화의 고인돌 유적지는 2000년 유네스코 세계 문화 유산으로 지정되었다.

오답분석 ① 아슐리안형 주먹도끼가 출토된 연천 전곡리 유적은 구석기 시대의 유적지이다.
② 철기 시대 유적인 창원 다호리 유적에서 붓이 출토되었다.
④ 빗살무늬 토기는 신석기 시대를 대표하는 토기로 서울 암사동 유적 등에서 발견되었다.

● **복습지문**
철기 시대 유적지인 창원 다호리에서는 문자를 적는 붓이 출토되었다.

Ⅰ. 고조선과 초기 국가

13 [2024 서울시 9급] 〈보기〉에서 청동기 시대에 대한 설명으로 옳은 것을 모두 고른 것은?

● 보기 ●
ㄱ. 청동기가 보급된 이후에도 농기구는 주로 돌이나 나무로 만들었다.
ㄴ. 명도전, 오수전 등이 출토되어 우리나라와 중국의 교역이 활발했음을 알 수 있다.
ㄷ. 비파형 동검과 미송리형 토기를 만들었다.
ㄹ. 청동기 시대에는 마을 주변에 방어를 위해 목책이나 환호를 둘렀다.

① ㄱ, ㄴ, ㄷ ② ㄱ, ㄴ, ㄹ
③ ㄱ, ㄷ, ㄹ ④ ㄴ, ㄷ, ㄹ

14 [2023 국가직 9급] 다음 유물이 사용된 시대에 대한 설명으로 옳은 것은?

미송리식 토기, 팽이형 토기, 붉은 간 토기

① 비파형 동검이 사용되었다.
② 오수전 등의 화폐가 사용되었다.
③ 아슐리안형 주먹도끼가 사용되었다.
④ 철이 많이 생산되어 낙랑과 왜에 수출되었다.

15 [2020 국가직 7급] 청동기 시대의 사회모습으로 옳은 것은?

① 계급이 발생하고 부족장이 출현하였다.
② 빗살무늬토기를 만들기 시작하였다.
③ 철제 무기로 주변 나라를 정복하였다.
④ 주로 동굴에서 사냥과 채집 생활을 영위하였다.

16 [2025 국가직 9급] 다음 설명에 해당하는 문화유산은?

고래 잡는 사람, 호랑이, 사슴, 물을 뿜고 있는 고래, 작살이 꽂혀 있는 고래 등이 바위에 묘사되어 있다. 당시 이 지역 사람들의 생활 모습과 신앙, 예술 세계를 이해하는 데 중요한 자료이며 국보로 지정되어 있다.

① 고령 장기리 암각화
② 황해 안악 3호분 행렬도
③ 경주 천마총 장니 천마도
④ 울주 대곡리 반구대 암각화

13 | 청동기 시대 정답 ③

기원전 2000년경에서 기원전 1500년 무렵에 만주와 한반도에서 청동기 문화가 시작되었다. 이 시기에는 비파형 동검(요령식 동검), 거친무늬 거울(다뉴조문경) 등의 청동기를 만들어 사용하였다. 청동기는 만들기가 어렵고 재료도 충분하지 않아 지배 계급의 무기나 장신구, 제사 의식용 도구로 사용되었고, 농기구·공구와 같은 일반적인 도구는 돌로 만들었다.
토기로는 민무늬 토기와 붉은 간토기가 사용되었다. 청동기 시대의 민무늬 토기는 지역별로 모양이 조금씩 다른데, 요동 지역과 청천강 이북에는 미송리형 토기, 대동강 유역에는 팽이형 토기, 한반도 중남부에는 송국리형 토기가 널리 유행하였다.
청동기 시대의 주거지는 주로 원형과 장방형의 움집으로, 마을 주위에는 경계와 방어를 위한 나무 울타리[목책]를 두르고, 목책 주변으로는 환호라고 하는 도랑을 둘러 마을을 방어하였다.

오답분석 ㄴ. 철기 시대에 명도전, 반량전, 오수전 등을 사용하여 중국과 활발하게 교류하였다.

14 | 청동기 시대의 생활 정답 ①

미송리식 토기, 팽이형 토기, 붉은 간 토기는 모두 청동기 시대에 사용된 유물들이다.
기원전 2000년경에서 기원전 1500년 무렵 만주와 한반도에서 청동기 문화가 시작되었다. 청동기 시대에는 비파형 동검, 거친무늬 거울 등이 지배 계급의 무기나 장식품으로 사용되었고, 농기구나 공구 등 일반적인 도구는 돌로 만들어졌고, 토기로는 민무늬 토기와 붉은 간 토기가 사용되었다. 청동기 시대의 민무늬 토기는 지역별로 모양이 조금씩 다른데, 요동 지역과 청천강 이북에는 미송리형 토기, 대동강 유역에는 팽이형 토기, 한반도 중남부에는 송국리형 토기가 발견되고 있다.

오답분석 ② 철기 시대에 반량전, 명도전, 오수전 등의 중국 화폐가 교역에 사용되었다.
③ 구석기 시대에 아슐리안형 주먹도끼가 제작되어 사용되었다.
④ 철기 시대에 변한에서 철이 많이 생산되어 낙랑과 왜에 수출하였다.

15 | 청동기 시대의 생활 정답 ①

청동기 시대에는 생산력의 증가로 잉여 생산물이 발생하자, 이것을 힘이 강한 자가 개인적으로 소유하였다. 생산물의 분배와 사유화는 구성원들 사이에 갈등, 빈부 격차와 계급 분화를 촉진시켰다. 특히 청동이나 철로 만든 금속제 무기를 사용하면서 정복 활동이 활발해졌고, 이는 지배자와 피지배자의 분화를 촉진하였다. 그리하여 신석기 시대까지 유지되던 평등한 사회는 계급 사회로 바뀌어 갔고, 족장(군장)이라고 부르는 권력과 경제력을 가진 지배자가 나타났다.

오답분석 ② 신석기 시대에 빗살무늬토기를 만들어 사용하였다.
③ 철기 시대에 들어와 비로소 철제 무기와 철제 농기구를 사용하였다.
④ 구석기 시대 사람들이 이동생활을 하면서 주로 동굴이나 바위 그늘에서 생활하였다.

16 | 울주 반구대 암각화 정답 ④

제시된 자료는 울주 대곡리 반구대 암각화(바위그림)에 대한 설명이다.
반구대 암각화는 신석기 말에서 청동기시대에 제작된 것으로 추정되며 거북, 사슴, 호랑이, 새 등의 동물과 작살이 꽂힌 고래를 비롯한 여러 종류의 고래, 그물에 걸린 동물, 우리 안의 동물 등이 새겨져 있다. 이것은 사냥과 고기잡이의 성공과 풍성한 수확을 비는 것으로 보인다.

오답분석 ① 고령 장기리 암각화는 동심원, 십자형 모양 등이 새겨져 있다.
② 황해 안악 3호분 행렬도는 고구려 시기에 제작된 고분의 벽화이다.
③ 경주 천마총 장니 천마도는 돌무지덧널무덤인 천마총에서 출토된 신라 시대의 말 그림이다.

I. 고조선과 초기 국가

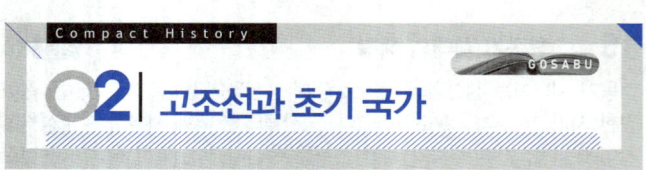

02 | 고조선과 초기 국가

01 [2020 법원직]
다음 자료와 관련된 나라에 대한 설명으로 가장 옳은 것은?

> 대개 사람을 죽인 자는 즉시 죽이고, 남에게 상처를 입힌 자는 곡식으로 배상한다. 도둑질한 자가 남자면 그 집의 노, 여자면 비로 삼는다. 단, 스스로 용서받고자 하는 자는 1인당 50만 전을 내야 한다.

① 10월에 무천이라는 제천 행사를 개최하였다.
② 형이 죽으면 형수를 아내로 삼는 풍습이 있었다.
③ 중대한 범죄자는 제가 회의를 열어 사형에 처했다.
④ 왕 밑에서 국무를 관장하던 상이라는 관직이 있었다.

02 [2024 지방직 9급]
다음과 같은 법이 있었던 국가에 대한 설명으로 옳지 않은 것은?

> ○ 사람을 죽이면 즉시 사형에 처한다.
> ○ 남에게 상처를 입히면 곡식으로 배상한다.
> ○ 남의 물건을 훔친 자는 그 집의 노비로 삼는데, 스스로 죄를 면제받고자 하는 자는 50만을 내야 한다.

① 동맹이라는 제천행사가 있었다.
② 상, 대부, 장군 등의 관직을 두었다.
③ 위만이 준왕을 몰아내고 왕이 되었다.
④ 중국의 한과 한반도 남부 사이에서 중계 무역을 하였다.

03 [2021 법원직]
밑줄 친 ㉠ ~ ㉢에 대한 해석으로 적절하지 않은 것은?

> 옛날 ㉠환인의 아들 환웅이 천부인 3개와 3,000명의 무리를 이끌고 태백산 신단수 밑에 내려왔는데, 이 곳을 신시라 하였다. 그는 ㉡풍백, 우사, 운사로 하여금 인간의 360여 가지의 일을 주관하게 하였는데 그 중에서 곡식, 생명, 질병, 형벌, 선악 등 다섯 가지 일이 가장 중요한 것이었다. 이로써 인간 세상을 교화시키고 인간을 널리 이롭게 하였다. 이 때 ㉢곰과 호랑이가 사람이 되기를 원하므로 환웅은 쑥과 마늘을 주고 …… 곰은 금기를 지켜 21일 만에 여자로 태어났고 환웅과 혼인하여 아들을 낳았다. 이가 곧 ㉣단군왕검이었다.

① ㉠ - 천손사상으로 부족의 우월성을 과시했다.
② ㉡ - 고조선의 농경사회 모습이 반영되어 있다.
③ ㉢ - 특정 동물을 수호신으로 여기는 샤머니즘이 존재했다.
④ ㉣ - 정치적 지배자와 제사장이 일치된 사회였음을 알 수 있다.

04 [2025 법원직]
다음 자료와 관련 있는 나라에 대한 설명으로 가장 옳은 것은?

> 다른 사람을 죽인 자는 즉시 죽이고, 남에게 상처를 입힌 자는 곡물로 배상하게 한다. 도둑질한 자는 재산을 몰수하고 노비로 삼으며, 용서를 받고자 하는 자는 1인당 50만 전을 내게 한다. …… 부인은 정숙하고 신의가 있어서 음란하지 않았다.
> — 『한서』 지리지

① 국가의 중대사는 제가회의에서 논의되었다.
② 가축 이름을 딴 제가가 별도로 사출도를 다스렸다.
③ 읍락을 함부로 침범하면 노비와 소, 말로 배상하게 하였다.
④ 중국과 한반도 남부 사이에서 중계무역으로 이익을 얻었다.

01 | 고조선(8조 법금)   정답 ④

제시된 자료는 『한서』 지리지에 전하는 고조선의 범금(犯禁) 8조이다. 고조선에는 범금 8조가 있었다고 하는데 이 사료에는 3개의 조항만 전하고 있다.
고조선은 기원전 4세기 말에는 왕을 칭할 정도의 국가 체제를 갖추었으며, 그 밑에 상(相), 대부(大夫), 장군(將軍) 등의 관직을 두었다. 고조선은 이러한 국가 체제를 바탕으로 중국의 전국 7웅 중 하나인 연(燕)과 대적할 만큼 강성하였다.

오답분석 ① 동예에서 10월에 무천이라는 제천 행사를 열었다.
② 부여와 고구려에 혼인풍속으로 형사취수제가 있었다.
③ 고구려에서 중대한 범죄자가 있으면 제가회의를 통하여 사형에 처하고, 그 가족을 노비로 삼았다.

● **복습지문**
고조선은 왕 밑에 국무를 관장하던 상이라는 관직이 있었다.

02 | 고조선(8조법)   정답 ①

제시된 자료는 『한서』 지리지에 전해지는 고조선의 '범금 8조'이다. 고조선에서는 사회 질서를 유지하기 위한 8개 조의 법률이 있었는데, 그중에서 3개 조항이 『한서』의 지리지에 기록되어 오늘날까지 전해 오고 있다.
고조선은 기원전 4세기 말에는 왕을 칭할 정도의 국가 체제를 갖추었으며, 그 밑에 상(相), 대부(大夫), 장군(將軍) 등의 관직을 두었다. 고조선은 이러한 국가 체제를 바탕으로 중국의 전국 7웅 중 하나인 연(燕)과 대적할 만큼 강성하였다.
기원전 194년에 위만은 수도인 왕검성을 공격하여 준왕을 몰아내고 스스로 왕이 되었다. 위만 조선은 철기 문화를 적극 수용하여 중앙 정치 조직을 갖춘 강력한 국가로 성장해 갔다. 또 활발한 정복 활동을 벌여 진번(황해도), 임둔(함경남도 일대) 등 주변의 여러 나라를 복속시켜 영토를 넓혔고, 중국의 한(漢)과 남방의 진(辰) 사이에서 중계 무역으로 이익을 얻었다.

오답분석 ① 고구려에서 매년 10월에 동맹이라는 제천행사를 거행하였다.

03 | 단군신화   정답 ③

제시된 자료는 『삼국유사』에 실려 있는 고조선의 건국이야기(단군신화)이다.
이 단군신화에 의하면 고조선은 요임금이 재위하던 시기에 건국되었다고 한다. 단군 신화에 나오는 환웅과 웅녀의 결합은 천손족을 자처하는 이주민 세력과 곰을 토템으로 하는 토착 세력 사이의 결합을 의미한다. 또 환웅이 풍백, 우사, 운사를 거느리고 세상을 다스렸다는 기록은 고조선이 농경을 중시하는 사회였음을 보여준다.
한편 단군은 제사장, 왕검은 정치적 지배자를 의미하며, 두 가지 의미가 한 사람의 권력자 칭호 안에 포함되어 있다는 사실을 통해 이 시기가 제정일치의 사회였음을 알 수 있다.

오답분석 ③ 특정 동물에 대한 숭배 사상은 토테미즘이다. 샤머니즘은 영혼이나 하늘을 인간과 연결시켜 주는 존재인 무당과 그 주술을 믿는 신앙이다.

04 | 고조선   정답 ④

제시된 자료는 『한서』 지리지에 전해지는 고조선의 범금 8조이다. 고조선에서는 사회 질서를 유지하기 위한 8개 조의 법률이 있었는데, 그중에서 3개 조항이 『한서』의 지리지에 기록되어 오늘날까지 전해 오고 있다.
위만 왕조의 고조선은 사회와 경제의 발전을 기반으로 중앙 정치 조직을 갖춘 강력한 국가로 성장하였다. 그리고 우세한 무력을 바탕으로 활발한 정복 사업을 전개하여 광대한 영토를 차지하였다. 또, 지리적인 이점을 이용하여 동방의 예나 남방의 진이 직접 중국의 한과 교역하는 것을 막고, 중계무역의 이득을 독점하려 하였다. 이러한 경제적, 군사적 발전을 기반으로 고조선은 중국의 한과 대립하였다.

오답분석 ① 고구려의 귀족들이 국가의 중대사를 제가회의에서 논의하였다.
② 부여에서 마가, 우가, 저가, 구가 등의 대가(大加)들이 별도로 사출도를 다스렸다.
③ 동예에 읍락을 함부로 침범하면 노비와 소, 말로 배상하게 하는 책화가 있었다.

I. 고조선과 초기 국가

05 [2022 법원직] (가) 나라에 대한 설명으로 가장 옳은 것은?

(가) 의 문화 및 세력 범위를 추정할 수 있는 유물들

① 상, 대부, 장군 등의 관직을 두었다.
② 읍군, 삼로 등이 하호를 통치하였다.
③ 계루부 출신의 왕이 5부의 대가들과 함께 통치하였다.
④ 사람이 죽으면 가매장한 다음 뼈만 추려 목곽에 안치하였다.

06 [2019 서울시 9급] 〈보기〉에 해당하는 고대 국가에 대한 설명으로 가장 옳은 것은?

○ 은정월(殷正月)에 제천행사를 행하면서 국중대회를 열었다.
○ 전쟁이 일어났을 때는 소를 죽여 그 굽으로 길흉을 점쳤다.
○ 형이 죽으면 형수를 부인으로 맞아들였다.
○ 남의 물건을 훔쳤을 때는 물건 값의 12배를 배상하게 하였다.
○ 지방 행정구획으로 사출도가 있었다.

① 소와 말을 순장하였고 큰 새의 깃털을 장례에 사용하였다.
② 제천행사는 '동맹'이었으며 국동대혈에서의 제사가 있었다.
③ 천군이 신성지역인 소도에서 농경의례 등을 올렸다.
④ 재해가 발생하면 왕은 교체 혹은 죽음을 당하기도 하였다.

07 [2021 지방직 9급] 다음에 해당하는 나라에 대한 설명으로 옳은 것은?

○ 은력(殷曆) 정월에 지내는 제천행사는 나라에서 여는 대회로 날마다 먹고 마시고 노래하고 춤추는데, 이를 영고라 하였다. 이때 형옥을 중단하고 죄수를 풀어주었다.
○ 국내에 있을 때의 의복은 흰색을 숭상하며, 흰 베로 만든 큰 소매 달린 도포와 바지를 입고 가죽신을 신는다. 외국에 나갈 때는 비단옷·수 놓은 옷·모직옷을 즐겨 입는다.
— 『삼국지』 위서 동이전 —

① 사람이 죽으면 뼈만 추려 가족 공동 무덤인 목곽에 안치하였다.
② 읍군이나 삼로라고 불린 군장이 자기 영역을 다스렸다.
③ 가축 이름을 딴 마가, 우가, 저가, 구가 등이 있었다.
④ 천신을 섬기는 제사장인 천군이 있었다.

08 [2025 지방직 9급] (가) 나라에 대한 설명으로 옳은 것은?

옛 (가) 의 풍속에는 비가 오는 것이 고르지 않아 곡식이 익지 않으면, 문득 왕에게 그 잘못을 돌려 "마땅히 바꾸어야 한다." 또는 "마땅히 죽여야 한다."라고 말하였다.
— 『삼국지』 위서 동이전 —

① 읍락의 우두머리들이 스스로 '삼로(三老)'라고 불렀다.
② 마가(馬加)와 우가(牛加) 등 가축의 이름을 딴 관리가 있었다.
③ 사람이 질병으로 죽으면 살던 집을 버리고 다시 새집을 지었다.
④ 다른 읍락의 산천을 침범하면 노비와 소, 말 등으로 배상하게 하였다.

05 | 고조선   정답 ①

자료의 비파형 동검과 탁자식(북방식) 고인돌은 고조선의 세력 범위를 보여 주는 유물이다. 비파형 동검은 만주 지역으로부터 한반도 전역에 걸쳐 분포하며, 이러한 동검의 분포는 이 지역이 청동기 시대에 같은 문화권에 속하고 있었음을 보여 준다.
고조선은 4세기 말에는 왕을 칭할 정도의 국가 체제를 갖추었으며, 그 밑에 상(相)·대부(大夫)·장군(將軍) 등의 관직을 두었다. 이러한 국가 체제를 바탕으로 고조선은 전국 7웅 중 하나인 연(燕)과 대적할 만큼 강성하였으나, 기원전 3세기 초 연나라 장수 진개의 침략을 받아 서쪽 땅을 잃기도 했다.

오답분석 ② 동예와 옥저의 부족을 읍군, 삼로 등이 하호를 통치하였다.
③ 고구려에서 계루부 출신의 왕이 5부의 대가들과 함께 통치하였다.
④ 옥저에 사람이 죽으면 가매장한 다음 뼈만 추려 목곽에 안치하는 장례 풍습이 있었다.

06 | 부여   정답 ④

은정월에 제천행사를 거행하고 사출도가 있었던 초기 국가는 부여이다. 우제점복, 형사취수제, 1책12법은 부여와 고구려에 공통된 습속이다.
부여는 중앙의 수도를 중심으로 사방에서 가(加)들이 각각의 읍락들을 통솔하는 연맹체 국가였다. 그중 마가, 우가, 저가, 구가 등의 대가(大加)의 세력이 커 중앙과 합쳐 5부를 구성하였다. 대가는 각기 자기들의 세력 기반인 사출도를 다스리면서 중앙 관직을 겸하고 있었다. 중앙의 왕은 궁궐, 성책, 창고, 감옥과 같은 시설을 갖추고 대사, 대사자, 사자 등의 관리를 거느리고 있었다. 그러나 왕은 대가들의 합의에 의해 선출되어 초월적인 권력자는 되지 못하였다. 농사에 흉년이 들면 대가들은 왕에게 책임을 묻기도 하였다.

오답분석 ① 삼한은 장사 때 소와 말을 잡아 사용하였고, 변한과 진한에서는 장사를 지낼 때 관 밖의 덧널에 큰 새의 깃털을 꽂았다. 곽에 새의 깃털을 꽂는 것은 새가 죽은 자의 영혼을 천상 세계로 운반하는 기능을 가졌다고 믿었기 때문이다.
② 고구려의 제천행사가 동맹이었다.
③ 삼한에 천군이 다스리는 신성지역인 소도가 있었다.

07 | 부여   정답 ③

영고라는 제천행사를 열고, 흰색 옷을 숭상한 나라는 부여이다.
부여는 은력(殷曆)을 사용하였고, 본격적인 사냥철이 시작되는 은력 정월(12월)에 영고라는 제천행사를 거행하였다. 영고는 공동 수렵을 행하던 전통을 계승한 것으로, 이때에는 온 백성이 노래를 부르고 춤을 추고 즐겼으며, 죄인을 풀어 주기도 하였다.
부여는 중앙의 수도를 중심으로 사방에서 가(加)들이 각각의 읍락들을 통솔하는 연맹체 국가였다. 그중 마가, 우가, 저가, 구가 등의 대가(大加)의 세력이 커 중앙과 합쳐 5부를 구성하였다. 왕은 대가들의 합의에 의해 선출되어 초월적인 권력자는 되지 못하였다. 농사에 흉년이 들면 대가들은 왕에게 책임을 묻기도 하였다. 그러나 뒤에는 왕위가 세습되어 왕권이 강화되었다.

오답분석 ① 옥저에 가족이 죽으면 시체를 가매장하였다가 후에 뼈를 추려 가족 공동무덤인 목곽에 시신을 안치하는 장례 풍습이 있었다.
② 옥저와 동예에 읍군이나 삼로라고 불린 군장이 있었다.
④ 삼한에 정치적 지배자 외에 천신을 섬기는 제사장인 천군이 있었다.

08 | 부여   정답 ②

(가)는 농사에 흉년이 들면 왕에게 책임을 묻기도 했던 부여이다.
부여는 중앙의 수도를 중심으로 사방에서 가(加)들이 각각의 읍락을 통솔하는 연맹체 국가였다. 그중 마가, 우가, 저가, 구가 등의 대가(大加)의 세력이 커 중앙과 합쳐 5부를 구성하였다. 대가는 각기 자기들의 세력 기반인 사출도를 다스리면서 중앙 관직을 겸하고 있었다. 중앙의 왕은 궁궐, 성책, 창고, 감옥과 같은 시설을 갖추고 대사, 대사자, 사자 등의 관리를 거느리고 있었다. 그러나 왕은 대가들의 합의에 의해 선출되어 초월적인 권력자는 되지 못하였다. 농사에 흉년이 들면 대가들은 왕에게 책임을 묻기도 하였다.

오답분석 ① 옥저와 동예에 '삼로(三老)'라고 불린 군장이 있었다.
③ 동예에서 사람이 질병으로 죽으면 살던 집을 버리고 다시 새집을 짓고 살았다.
④ 동예에 다른 부족의 생활권을 침범하면 노비와 소, 말로 변상하게 하는 책화 풍습이 있었다.

Ⅰ. 고조선과 초기 국가

09 [2022 법원직] (가) 국가에 대한 설명으로 가장 옳은 것은?

> (가) 에서는 본래 소노부에서 왕이 나왔으나 점점 미약해져서 지금은 계루부에서 왕위를 차지하고 있다. 절노부는 대대로 왕실과 혼인을 하였으므로 그 대인은 고추가(古鄒加)의 칭호를 더하였다. 모든 대가(大加)들은 스스로 사자·조의·선인을 두었는데, 그 명단을 모두 왕에게 보고하여야 한다. …… 감옥은 없고 범죄자가 있으면 제가들이 모여서 평의하여 사형에 처하고 처자는 몰수하여 노비로 삼는다.
> - 『삼국지』, 위서 동이전 -

① 혼인 풍속으로 서옥제가 있었다.
② 신성 지역인 소도가 존재하였다.
③ 영고라고 하는 제천 행사를 개최하였다.
④ 읍락의 경계를 중시하여 책화라는 풍습이 있었다.

10 [2020 지방직 7급] 다음에 해당하는 나라에 대한 설명으로 옳은 것은?

> 큰 산과 깊은 골짜기가 많고 평원과 연못이 없다. 사람들이 계곡을 따라 사는데 골짜기 물을 식수로 마셨다. 좋은 농경지가 없어서 부지런히 농사를 지어도 배를 채우기가 부족하다. 사람들의 성품은 흉악하고 급하며 노략질하기를 좋아하였다.
> - 『삼국지』 -

① 민며느리제라는 독특한 혼인 풍습이 있었다.
② 왕 아래에 가축의 이름을 딴 마가, 우가, 저가 등의 관리가 있었다.
③ 10월에 제천행사를 성대하게 치르고, 국동대혈에 모여 제사를 지냈다.
④ 다른 부족의 생활권을 침범하면, 책화라 하여 노비와 소, 말로 변상하게 하였다.

11 [2024 서울시 9급] 〈보기〉의 나라에 대한 설명으로 가장 옳은 것은?

> 10월에 지내는 제천행사는 국중대회로서 동맹이라 부른다. 그 나라의 풍속에 혼인을 할 때에는 말로 미리 정한 다음, 여자 집에서 본체 뒤에 작은 집을 짓는데 그 집을 서옥이라 부른다.

① 왕 아래 마가, 우가, 저가, 구가 등이 사출도를 다스렸다.
② 5부족 연맹체로, 왕 아래 대가들이 사자, 조의, 선인 등을 거느렸다.
③ 함경도 동해안 지역에 위치하였으며, 민며느리제, 가족 공동 무덤이 있었다.
④ 단궁, 과하마, 반어피가 유명하였고, 제천행사로는 무천이 있었으며, 족외혼, 책화 등의 풍습이 있었다.

12 [2022 국가직 9급] 다음 풍습이 있었던 나라에 대한 설명으로 옳은 것은?

> ○ 가족이 죽으면 시체를 가매장하였다가 나중에 그 뼈를 추려서 가족 공동 무덤인 커다란 목곽에 안치하였다.
> ○ 목곽 입구에는 죽은 자가 먹을 양식으로 쌀을 담은 항아리를 매달아 놓기도 하였다.
> - 『삼국지 위서 동이전』 -

① 민며느리제라는 혼인 풍습이 있었다.
② 제가가 별도로 사출도를 다스렸다.
③ 소도라는 신성 구역이 존재하였다.
④ 무천이라는 제천 행사를 열었다.

09 | 초기 고구려　　　　정답 ①

(가)는 소노부, 계루부, 절노부 등의 5부족 연맹체 국가인 고구려이다.
고구려는 정치적 주도권을 장악한 계루부와 소노부, 절노부, 순노부, 관노부 등이 결합한 5부족 연맹체 국가였다. 왕 아래에는 상가, 고추가(古鄒加) 등의 대가들이 있었으며, 각각 사자, 조의, 선인 등 관리를 거느렸다. 그리고 중대한 범죄자가 있으면 제가회의를 통하여 사형에 처하고, 그 가족을 노비로 삼았다.
고구려의 혼인 풍습으로는 서옥제와 형사취수제가 있었다. 서옥제는 혼인을 한 뒤 남자가 신부집 뒤꼍에 서옥(壻屋)이라는 집을 짓고 살다가 자식을 낳아 장성하면 아내를 데리고 신랑집으로 돌아가는 혼인 풍습이다.

오답분석 ② 삼한에 천군이 주관하는 신성 지역인 소도가 존재하였다.
③ 부여에서 은정월에 영고라고 하는 제천 행사를 개최하였다.
④ 동예에 다른 부족의 영역을 침범하면 노비와 소, 말로 변상하는 책화 풍습이 있었다.

10 | 초기 고구려　　　　정답 ③

제시된 자료는 『삼국지』 위서 동이전에 전하는 고구려에 대한 기록이다. 고구려가 자리 잡은 혼강 유역의 졸본(환인) 지방은 대부분 큰 산과 깊은 계곡으로 된 산악 지대였기 때문에 농토가 부족하여 양식이 부족하였다. 이에 고구려는 주변의 다른 나라들을 정복하여 식량 문제를 해결하면서 평야 지대로 진출하였다.
고구려에서는 10월이면 동맹이라는 제천 행사를 성대하게 치러 온 백성이 춤을 추고 노래를 부르며, 건국 시조인 주몽과 그 어머니 유화 부인을 조상신으로 섬겨 제사를 지냈다. 아울러 국동대혈에 왕과 신하들이 모여 함께 제사를 지냈다.

오답분석 ① 옥저에 민며느리제 혼인 풍습이 있었다.
② 부여에 마가, 우가, 저가 등의 대가들이 있었다.
④ 동예에 책화 풍습이 있었다.

● **복습지문**
고구려는 10월에 제천행사를 치르고, 국동대혈에 모여 제사를 지냈다.

11 | 초기 고구려　　　　정답 ②

'동맹'이라는 제천행사를 거행하고, 서옥제라는 혼인 풍습이 있었던 나라는 고구려이다.
서옥제는 혼인을 한 뒤 남자가 신부 집 뒤꼍에 서옥(壻屋)이라는 집을 짓고 살다가 자식을 낳아 장성하면 아내를 데리고 신랑집으로 돌아가는 혼인 풍습이다.
고구려는 정치적 주도권을 장악한 계루부와 소노부, 절노부, 순노부, 관노부 등이 결합한 5부족 연맹체 국가였다. 왕 아래에는 상가, 고추가(古鄒加) 등의 대가들이 있었으며, 각각 사자, 조의, 선인 등 관리를 거느렸다. 그리고 중대한 범죄자가 있으면 제가회의를 통하여 사형에 처하고, 그 가족을 노비로 삼았다.

오답분석 ① 부여에서 마가, 우가, 저가, 구가 등이 사출도를 다스렸다.
③ 옥저가 함경도 동해안 지역에 위치하였으며, 민며느리제, 가족 공동 무덤이 있었다.
④ 동예가 특산물로 단궁, 과하마, 반어피가 유명하였고, 제천행사로는 무천이 거행되었다.

12 | 옥저　　　　정답 ①

시체를 가매장하였다가 나중에 그 뼈를 추려서 가족 공동 무덤인 커다란 목곽에 안치하는 장례 풍속은 옥저에 있었다.
옥저에는 어린 여자를 남자의 집에 데려다 기른 후 며느리로 삼는 민며느리제라는 혼인 풍습이 있었다.

오답분석 ② 부여에서는 마가, 우가, 저가, 구가 등이 별도로 사출도를 다스렸다.
③ 삼한에는 천군이 주관하는 소도라는 신성 구역이 존재하였다.
④ 동예에서는 매년 10월에 무천이라는 제천 행사를 열었다.

I. 고조선과 초기 국가

13 [2019 국가직 7급] ㉠ 나라에 대한 설명으로 옳은 것은?

> ㉠ 에는 대군장이 없고, 후(侯)·읍군·삼로 등이 있어서 하호를 통치하였다.
> ㉠ 의 풍습은 산천을 중요시하여 산과 하천마다 구분이 있어 함부로 들어가지 못하였다.

① 영고라는 제천 행사가 있었다.
② 민며느리제라는 혼인 풍속이 있었다.
③ 단궁, 과하마, 반어피가 많이 생산되었다.
④ 중대한 범죄자는 제가(諸加) 회의를 통해 처벌하였다.

14 [2022 서울시 9급] 밑줄 친 '이 나라'에 대한 설명으로 가장 옳은 것은?

> 이 나라에서는 해마다 10월이면 하늘에 제사를 지내는데, 주야로 술을 마시며 노래를 부르고 춤추니 이를 무천이라 한다. 또 호랑이를 신으로 여겨 제사지낸다.

① 마가, 우가, 저가 등 관직을 두었다.
② 철이 많이 생산되어 왜, 낙랑 등에 수출하였다.
③ 소노부를 비롯한 5부가 정치적 자치력을 갖고 있었다.
④ 다른 읍락을 함부로 침범하면 노비, 소 등으로 변상하는 책화가 있었다.

15 [2022 간호직 8급] 다음에 해당하는 나라에 대한 설명으로 옳은 것은?

> ○ 천군이 있어 소도라 불리는 신성한 지역을 다스렸다.
> ○ 씨를 뿌리고 난 5월과 농사를 마친 10월에는 하늘에 제사를 지냈다.

① 도읍을 국내성으로 옮겼다.
② 과하마라는 특산물이 있었다.
③ 영고라는 제천 행사가 있었다.
④ 신지, 읍차 등으로 불리는 지배자들이 다스렸다.

16 [2017 국가직 9급] 밑줄 친 '이 나라'에 대한 설명으로 옳은 것은?

> 이 나라는 서쪽에 자리 잡고 있다. 그 민인은 토착하여 곡식을 심고 누에치기와 뽕나무를 가꿀 줄 알며 면포를 만든다. 각기 장수(長帥)가 있어 큰 세력을 지닌 이는 스스로 신지(臣智)라 하고 그 다음은 읍차(邑借)라 한다.
> — 『삼국지』 —

① 남의 물건을 훔친 자는 12배의 배상을 하게 하였다.
② 집집마다 부경이라는 창고를 두었다.
③ 특산물인 단궁, 과하마, 반어피 등을 수출하였다.
④ 파종한 5월과 추수한 10월에는 제의를 행하였다.

13 | 동예   정답 ③

후(侯)·읍군·삼로 등이 하호를 통치하고, 산천을 중요시한 ㉠ 나라는 동예이다.
동예는 토지가 비옥하고 해산물이 풍부하여 경제 생활이 윤택하였다. 특히, 명주와 삼베를 짜는 등 방직 기술이 발달하였다. 단궁이라는 활과 과하마(果下馬), 반어피 등이 특산물로 생산되었다.

오답분석 ① 부여에서 영고라는 제천 행사를 거행하였다.
② 옥저에 민며느리제 풍속이 있었다.
④ 고구려는 제가회의를 통해 중대 범죄를 판결하였다.

14 | 동예   정답 ④

밑줄 친 '이 나라'는 10월에 무천이라는 제천행사를 열었던 동예이다.
동예에서는 같은 씨족끼리는 혼인을 하지 않는 족외혼(族外婚)을 엄격하게 지켰다. 또, 동예는 산천을 중히 여겨 각 부족이 소유한 산천에는 다른 부족의 출입을 막았다. 다른 부족의 생활권을 침범하면 소, 말 등으로 갚아야 하는 배상의 요구가 있었는데, 이를 책화라 했다.

오답분석 ① 부여에 가축의 이름을 딴 마가, 우가, 저가, 구가와 같은 대가(大加)가 있었다.
② 변한에서 철이 많이 생산되어 왜, 낙랑 등에 수출하였다.
③ 고구려는 계루부와 소노부, 절노부, 순노부, 관노부가 결합한 5부족 연맹체 국가로, 고구려 초기에는 5부가 독자성과 자치성을 유지하였다.

15 | 삼한   정답 ④

천군이 소도를 다스리고, 5월과 10월에 제천행사를 거행한 초기 국가는 삼한이다.
삼한에는 정치적 지배자 외에 천군이 있었는데, 천군은 소도에서 농경과 종교에 관한 의례를 주관하였다. 소도는 마을의 수호신을 섬기는 신성한 지역으로 천신(天神)에 제사를 지내며 질병과 재앙이 없기를 빌었다. 소도는 정치적 군장의 세력이 미치지 못하여 죄인이라도 여기에 도망하여 숨으면 잡아가지 못하였다. 이러한 소도와 천군의 존재를 통해 고대 신앙의 변화와 제정의 분리를 엿볼 수 있다.
삼한의 소국은 작은 것이 600~700호, 큰 것은 4,000~5,000호 정도였으며, 대체로 정치와 종교가 분리되어 있었다. 삼한의 군장은 나라(세력)의 크기에 따라 큰 것은 신지, 작은 것은 읍차 등으로 불렀다.

오답분석 ① 고구려가 유리왕 때 도읍을 졸본성에서 국내성으로 옮겼다.
② 동예에서 과하마, 단궁, 해표피가 특산물로 생산되었다.
③ 부여에서 12월에 영고라는 제천 행사를 거행하였다.

16 | 삼한   정답 ④

장수(長帥)인 신지와 읍차가 존재했다는 사실을 통해 밑줄 친 '이 나라'는 삼한임을 알 수 있다.
삼한은 마한, 변한, 진한으로 구성되었고, 마한의 세력이 가장 컸으며 신지·읍차 등의 지배자가 따로 있었다. 마한의 소국 중 하나인 목지국의 지배자가 마한왕 또는 진왕으로 추대되어 삼한 전체를 주도했다.
삼한의 사람들은 읍락에 살며 농업과 수공업에 종사하였고, 씨뿌리기가 끝난 5월과 추수가 끝난 10월에 각각 하늘에 제사를 지내는 풍습인 계절제가 있었다.

오답분석 ① 1책 12법은 부여와 고구려의 법이다.
② 고구려의 지배층이 부경이라는 창고를 두었다.
③ 단궁, 과하마, 반어피는 동예의 특산물이다.

● **복습지문**
삼한에서는 파종한 5월과 추수한 10월에 제의를 행하였다.

I. 고조선과 초기 국가

17 [2024 법원직] (가) 국가에 대한 설명으로 가장 옳은 것은?

> (가) 에는 각각 우두머리가 있어서 세력이 강대한 사람은 스스로 신지라 하고, 그 다음은 읍차라 하였다. …… 귀신을 믿기 때문에 국읍에 각각 한 사람씩 세워 천신의 제사를 주관하게 하는데, 이를 천군이라 부른다.
> – 『삼국지』 위서 동이전 –

① 무천이라는 제천행사가 있었다.
② 화백회의에서 중요한 일을 결정하였다.
③ 여러 개의 소국으로 구성된 연맹체였다.
④ 사출도라 불리는 독자적인 영역이 있었다.

18 [2019 지방직 9급] (가), (나) 국가에 대한 설명으로 옳은 것은?

> (가) 그 나라의 혼인풍속에 여자의 나이가 열 살이 되면 서로 혼인을 약속하고, 신랑 집에서는 (그 여자를) 맞이하여 장성하도록 길러 아내로 삼는다. (여자가) 성인이 되면 다시 친정으로 돌아가게 한다. 여자의 친정에서는 돈을 요구하는데, (신랑 집에서) 돈을 지불한 후 다시 신랑 집으로 돌아온다.
> (나) 은력(殷曆) 정월에 하늘에 제사를 지내며 나라에서 대회를 열어 연일 마시고 먹고 노래하고 춤추는데, 영고(迎鼓)라고 한다. 이때 형옥(刑獄)을 중단하여 죄수를 풀어 주었다.

① (가) – 무천이라는 제천행사가 있었다.
② (가) – 계루부집단이 권력을 장악하였다.
③ (나) – 사출도라는 구역이 있었다.
④ (나) – 철이 많이 생산되어 낙랑과 왜에 수출하였다.

19 [2017 지방직 9급] (가), (나)의 특징을 가진 국가에 대한 설명으로 옳은 것은?

> (가) 옷은 흰색을 숭상하며, 흰 베로 만든 큰 소매 달린 도포와 바지를 입고 가죽신을 신는다.
> (나) 부여의 별종(別種)이라 하는데, 말이나 풍속 따위는 부여와 많이 같지만 기질이나 옷차림이 다르다.
> – 『삼국지』 위서 동이전 –

① (가)–혼인풍속으로 민며느리제가 있었다.
② (나)–제사장인 천군이 다스리는 소도가 있었다.
③ (가)–남의 물건을 훔쳤을 때는 12배로 배상하게 하였다.
④ (나)–단궁이라는 활과 과하마·반어피 등이 유명하였다.

20 [2019 국가직 9급] (가), (나)의 나라에 대한 설명으로 옳은 것은?

> (가) 음력 12월에 지내는 제천행사가 있는데, 이를 영고라고 한다. 이때에는 형옥을 중단하고 죄수를 풀어 주었다.
> (나) 해마다 10월 하늘에 제사를 지내는데, 밤낮으로 술마시며 노래부르고 춤추니 이를 무천이라고 한다.
> – 『삼국지』 –

① (가) – 5부가 있었으며, 계루부에서 왕위를 차지하였다.
② (가) – 정치적 지배자로 신지, 읍차 등이 있었다.
③ (나) – 죄를 지은 사람이 소도에 들어가면 잡아가지 못하였다.
④ (나) – 다른 부족의 영역을 침범하면 책화라 하여 노비나 소, 말로 변상하였다.

17 | 삼한   정답 ③

(가)는 신지·읍차 등의 정치적 지배자와 함께 천군이 있었던 삼한이다.
삼한에 있었던 천군은 소도에서 농경과 종교에 관한 의례를 주관하였다. 소도는 마을의 수호신을 섬기는 신성한 지역으로 천신(天神)에 제사를 지내며 질병과 재앙이 없기를 빌었다.
삼한의 소국은 작은 것이 600~700호, 큰 것은 4,000~5,000호 정도였으며, 대체로 정치와 종교가 분리되어 제정이 일치되어 있던 고조선이나 부여에 비해 한 단계 진화된 모습을 보였다. 삼한의 군장은 나라(세력)의 크기에 따라 큰 것은 신지, 작은 것은 읍차 등으로 불렸다. 마한, 진한, 변한 중 마한의 세력이 가장 컸으며, 마한 소국 중 하나인 목지국의 지배자가 마한왕 또는 진왕으로 추대되어 삼한 전체를 주도하였다.

오답분석 ① 동예에서 10월에 무천이라는 제천행사를 거행하였다.
② 신라의 최고 귀족들이 화백회의에서 국가 중대사를 결정하였다.
④ 부여의 대가들이 사출도라 불리는 독자적인 영역을 다스렸다.

18 | 옥저와 부여   정답 ③

(가)는 민며느리제의 풍속이 있었던 옥저, (나)는 은력 정월에 영고를 개최한 부여이다.
부여는 본격적인 사냥철이 시작되는 12월에 영고라는 제천 행사를 거행하였다. 영고는 공동 수렵을 행하던 전통을 계승한 것으로, 이때에는 온 백성이 노래를 부르고 춤을 추고 즐겼으며, 죄인을 풀어 주기도 하였다.
부여는 중앙의 수도를 중심으로 사방에서 가(加)들이 각각의 읍락들을 통솔하는 연맹체 국가였다. 그중 마가, 우가, 저가, 구가 등의 대가(大加)들의 세력이 커 중앙과 합쳐 5부를 구성하였다. 대가는 각기 자기들의 세력 기반인 사출도를 다스리면서 중앙 관직을 겸하고 있었다. 이들은 왕과 마찬가지로 대사, 대사자, 사자 등 직속의 가신을 거느렸다.

오답분석 ① 동예에서 제천행사로 무천이 열렸다.
② 고구려는 계루부와 소노부(연노부), 절노부(연나부), 순노부(환나부), 관노부(관나부) 등이 결합한 5부족 연맹체 국가로 계루부가 정치적 주도권을 행사하였다.
④ 변한에서 철이 많이 생산되어 낙랑과 왜에 수출하였다.

19 | 부여와 고구려   정답 ③

(가)는 흰 옷을 즐겨 입은 부여, (나)는 '부여의 별종(別種)'인 고구려이다.
고구려는 기원전 37년 부여에서 내려온 주몽 중심의 이주민 세력이 토착 세력을 규합하여 건국하였다. 이 때문에 고구려에는 제가회의, 형사취수제, 우제점법 등 부여와 유사한 풍습이 존재하였다. 특히 절도죄에 대해 12배로 배상하게 하였던 사실이 고구려의 법률에도 영향을 주어 남의 물건을 훔쳤을 때는 12배로 배상하게 하였다.

오답분석 ① 민며느리제는 옥저의 혼인풍습이다.
② 소도는 삼한의 제사장인 천군이 다스리는 지역이다.
④ 단궁·과하마·반어피는 동예의 특산물이다.

● 복습지문
부여는 흰색을 숭상하여 흰옷을 입었다.

20 | 부여와 동예   정답 ④

(가)는 음력 12월에 영고라는 제천행사를 거행한 부여, (나)는 10월에 무천이라는 제천행사를 거행한 동예이다.
동예에서는 족외혼(族外婚)을 엄격하게 지켰으며, 각 부족의 영역을 함부로 침범하지 못하게 하였다. 다른 부족의 생활권을 침범하면 책화라 하여 노비와 소, 말로 변상하게 하였다.

오답분석 ① 고구려는 5부가 연맹한 국가로, 계루부 출신이 왕을 배출하였다.
② 삼한에 신지, 읍차라는 정치적 지배자가 있었다.
③ 삼한에 신성 지역으로 소도가 있었는데, 이곳에서 천군은 농경과 종교에 대한 의례를 주관하였다. 천군이 주관하는 소도는 군장의 세력이 미치지 못하는 곳으로, 죄인이라도 도망을 하여 이곳에 숨으면 잡아가지 못하였다.

● 복습지문
고구려는 5부가 있었으며 계루부에서 왕위를 차지하였다.
삼한에서는 죄를 지은 사람이 소도에 들어가면 잡아가지 못하였다.

2026 9급(국가직·지방직·서울시), 법원직 대비

최근 7개년 9급(국가직, 지방직) 대단원별 기출 분석

대단원	문항 수	비율
Ⅰ. 고조선과 초기 국가	15문항	5.3%
Ⅱ. 한국 고대사	41문항	14.6%
Ⅲ. 한국 중세사	46문항	16.4%
Ⅳ. 근세 전기	33문항	11.8%
Ⅴ. 근세 후기	28문항	10%
Ⅵ. 한국 근대사	43문항	15.3%
Ⅶ. 독립운동사	41문항	14.6%
Ⅷ. 한국 현대사	23문항	8.2%
기타	11문항	4%

1. 고대의 정치

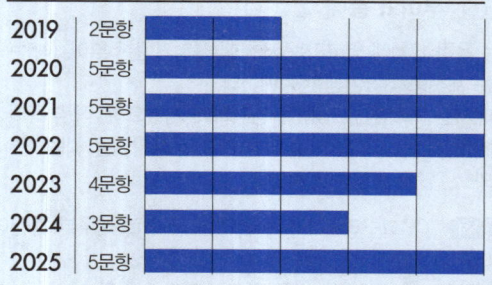

3. 고대의 문화

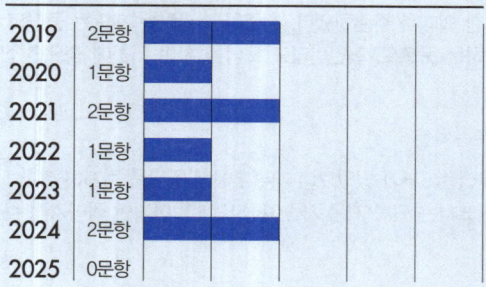

2. 고대의 경제와 사회

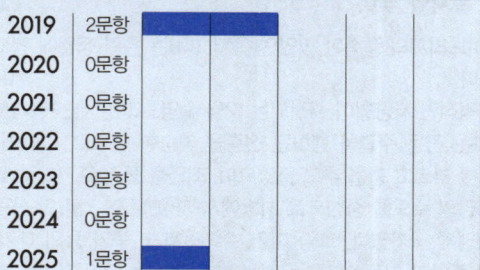

Compact History

II

한국 고대사

01 고대의 정치

02 고대의 경제와 사회·문화

누적 수강생 **70만 명**의 검증된 역사전문가!
저자 직강 www.megagong.net에서 만날 수 있습니다!

난이도 구분
- □□■ 난이도 하 (정답률 80% 이상)
- □■■ 난이도 중 (정답률 60~79%)
- ■■■ 난이도 상 (정답률 59% 이하)

Ⅱ. 한국 고대사

01 | 고대의 정치

01 [2021 국가직 9급] 다음 시가를 지은 왕의 재위 기간에 있었던 사실은?

> 펄펄 나는 저 꾀꼬리
> 암수 서로 정답구나
> 외로울사 이 내 몸은
> 뉘와 더불어 돌아가랴

① 진대법을 시행하였다.
② 낙랑군을 축출하였다.
③ 졸본에서 국내성으로 천도하였다.
④ 율령을 반포하여 중앙집권 체제를 강화하였다.

02 [2018 법원직] (가) ~ (다)를 일어난 순서대로 옳게 나열한 것은?

> (가) 낙랑군을 축출하여 대동강 유역을 확보하였다.
> (나) 요동지역으로 진출을 도모하고, 동옥저를 복속하였다.
> (다) 순노부, 소노부 등의 5부를 행정단위 성격의 5부로 개편하였다.

① (가) - (나) - (다)
② (가) - (다) - (나)
③ (나) - (다) - (가)
④ (다) - (나) - (가)

03 [2023 국가직 9급] 밑줄 친 '왕'에 대한 설명으로 옳은 것은?

> 16년 겨울 10월, 왕이 질양(質陽)으로 사냥을 갔다가 길에 앉아 우는 자를 보았다. 왕이 말하기를 "아! 내가 백성의 부모가 되어 백성들이 이 지경에 이르게 하였으니 나의 죄로다." …(중략)… 그리고 관리들에게 명하여 매년 봄 3월부터 가을 7월까지 관청의 곡식을 내어 백성들의 식구 수에 따라 차등 있게 빌려주었다가, 10월에 이르러 상환하게 하는 것을 법규로 정하였다. - 『삼국사기』 -

① 낙랑군을 축출하였다.
② 진대법을 시행하였다.
③ 백제의 침입으로 전사하였다.
④ 영락이라는 독자적인 연호를 사용하였다.

04 [2019 지방직 7급] 다음 설명에 해당하는 시기는?

> 왕 41년 겨울 10월에 백제 근초고왕이 군사 3만 명을 이끌고 평양성을 공격해 왔다. 왕이 군대를 내어 막다가 화살에 맞아 돌아가셨다. - 『삼국사기』 -

	(가)	(나)	(다)	(라)
	낙랑·대방군 축출	모용황에 의해 환도성 함락	전진의 순도 불교 전래	평양 천도	백제 한성 함락

① (가)   ② (나)   ③ (다)   ④ (라)

01 유리왕
정답 ③

제시된 자료는 고구려의 유리왕(서기전 19년~서기 18년)이 지었다고 전해지는 『황조가(黃鳥歌)』이다.
유리왕은 동명왕(고주몽)의 뒤를 이어 왕위에 올랐고, 재위 기간 활발한 정복전쟁으로 영토를 넓혔다. 서기전 9년에는 선비(鮮卑)를 공격하여 항복을 받았고, 서기 3년에는 졸본성에서 국내성으로 도읍을 옮겼다.

오답분석
① 고국천왕(179~197) 때 가난한 농민을 구제하기 위하여 진대법을 실시하였다(194).
② 미천왕(300~331) 때 서안평을 점령하고 곧이어 낙랑군과 대방군을 완전히 몰아내어 대동강 유역을 확보하였다.
④ 소수림왕(371~384) 때 율령을 반포하여 왕을 중심으로 하는 중앙 집권적 국가 체제를 강화하였다.

02 고구려의 발전
정답 ③

(나) 1세기 후반 태조왕(53~146) 때 한 군현을 공략하여 요동 지방으로 진출하고, 함경도 지방의 옥저를 복속하였다.
(다) 2세기 후반 고국천왕(179~197) 때 부족적인 전통을 지녀 온 5부를 행정적 성격의 5부로 개편하였다.
(가) 미천왕(300~331)은 낙랑군과 대방군을 완전히 몰아내어 대동강 유역을 확보하였다.

03 고구려 고국천왕
정답 ②

제시된 자료는 고구려 진대법(賑貸法)의 시행 과정을 보여주고 있으므로, 밑줄 친 '왕'은 고구려 고국천왕(179~197)이다.
진대법은 국가가 농민에게 봄에 양곡을 대여해 주고 수확기인 10월에 갚도록 하는 제도였다. 진대법은 고려의 의창, 조선의 사창(社倉) 및 환곡(還穀) 제도의 기원으로 여겨지는데, 이들 제도는 흉작으로 인한 농민층의 몰락을 방지하기 위해 만들어졌다.
고국천왕(179~197) 때 고구려는 왕권 강화와 중앙 집권화가 더욱 진전되었다. 왕위 계승은 형제 상속에서 부자 상속으로 바뀌었으며, 부족적인 전통을 지녀 온 5부는 동·서·남·북·중의 행정적 성격의 5부로 개편되었다. 아울러 고국천왕은 출신이 한미한 을파소를 국상으로 등용하였는데, 이 을파소의 건의로 진대법이 시행되었다.

오답분석
① 미천왕(300~331) 때 서안평을 점령하고, 곧이어 낙랑군과 대방군을 완전히 몰아내어 대동강 유역을 확보하였다.
③ 371년에 백제의 공격으로 평양성에서 고국원왕이 전사하였다.
④ 광개토왕 때 영락이라는 독자적인 연호를 사용하였다.

04 평양성 전투(371년)
정답 ②

백제 근초고왕의 평양성 공격 때 사망한 왕은 고구려 고국원왕(331~371)이다.
고국원왕 때 전연(前燕)의 모용황은 고구려의 수도를 함락하고 미천왕의 시체를 도굴하였으며, 왕의 어머니와 남녀 5만명을 포로로 잡아갔다. 설상가상으로 371년에는 백제의 공격으로 평양성이 함락당하고 고국원왕이 전사하였다(평양 전투).
소수림왕(371~384)은 이러한 상황을 극복하고 국가 체제를 개혁하여 새로운 발전의 토대를 마련하였다. 그는 전진의 순도를 통해 불교를 받아들이고, 태학을 설립하여 귀족 자제들에게 유학을 가르쳤다. 또 율령을 반포하여 왕을 중심으로 하는 중앙 집권적 국가 체제를 강화하였다. 대외적으로는 전연이 멸망한 뒤 북중국의 패자로 등장한 전진과 우호 관계를 유지하였다.

Ⅱ. 한국 고대사

05 [2021 서울시 9급] 〈보기〉의 (가), (나) 시기 사이에 있었던 사실로 가장 옳은 것은?

> (가) 고구려는 백제를 선제공격하였다가 패하고 고국원왕이 전사하는 위기를 맞았다.
> (나) 왜의 침입을 받은 신라를 구원하기 위해 원병을 보내고 낙동강 하류까지 진출하였다.

① 수도를 평양성으로 천도하였다.
② 요서 지역에 대해 선제공격을 감행하였다.
③ 낙랑군을 축출하고 대동강 유역을 차지하였다.
④ 태학을 설립하고 율령을 반포하여 체제 안정화 정책을 실시하였다.

06 [2025 지방직 9급] (가) 시기에 일어난 고구려 관련 사건은?

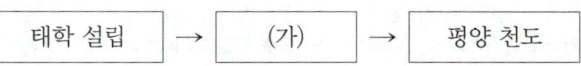

① 동옥저를 정벌하였다.
② 전연의 침입으로 도성이 함락되었다.
③ 후연을 격파하고 요동 지역을 차지하였다.
④ 백제의 수도 한성을 함락하고 개로왕을 살해하였다.

07 [2023 법원직] (가), (나) 시기 사이에 있었던 사실로 가장 옳은 것은?

> (가) 영락 5년 왕은 패려(稗麗)가 …… 하지 않는다고 생각하고 친히 군사를 이끌고 가서 토벌하였다. 부산(富山)·부산(負山)을 지나 염수(鹽水) 가에 이르렀다. 600~700영(營)을 격파하니, 노획한 소·말·양의 수가 헤아릴 수 없이 많았다.
> (나) 고구려왕 거련(巨璉)이 병사 3만 명을 거느리고 한성을 포위하였다. 고구려 사람들이 병사를 네 방면의 길로 나누어 협공하고 또 바람을 이용해서 불을 질러 성문을 태우니, 성 밖으로 나가 항복하려는 자도 있었다. 임금은 기병 수십 명을 거느리고 성문을 나가 서쪽으로 달아났는데, 고구려 병사에게 살해되었다.

① 신라에 병부가 설치되었다.
② 고구려가 평양으로 천도하였다.
③ 고이왕이 좌평과 관등제의 기본 골격을 마련하였다.
④ 백제군의 공격으로 고국원왕이 전사하였다.

08 [2024 법원직] 밑줄 친 '왕'에 대한 설명으로 가장 옳은 것은?

> 신라가 사신을 보내 왕에게 말하기를 "왜인이 그 국경에 가득 차 성을 부수었으니, 노객은 백성된 자로서 왕에게 귀의하여 분부를 청합니다."라고 하였다. …… 10년(400)에 보병과 기병 5만을 보내 (신라를) 구원하게 하였다.

① 태학을 설립하고 율령을 반포하였다.
② 마한을 병합하고 평양을 공격하였다.
③ 마립간이라는 왕호를 처음 사용하였다.
④ 요동을 포함한 만주 일대를 장악하였다.

05 | 고구려의 발전　　　정답 ④

(가)는 371년 백제군이 평양성을 공격하여 고국원왕을 전사시킨 사건, (나)는 400년 고구려 광개토왕이 신라에 침입한 왜군을 격퇴한 사건이다.
고국원왕을 이어 즉위한 소수림왕(371~384)은 국가적 위기 상황을 극복하고 국가 체제를 개혁하여 새로운 발전의 토대를 마련하였다. 그는 전진의 순도를 통해 불교를 받아들이고, 태학을 설립하여 귀족 자제들에게 유학을 가르쳤다. 또 율령을 반포하여 왕을 중심으로 하는 중앙 집권적 국가 체제를 강화하였다.

오답분석 ① 427년에 장수왕이 수도를 국내성에서 평양성으로 옮겼다.
② 영양왕(590~618) 때인 598년 고구려는 말갈 군사 1만을 보내 요서 지방을 선제공격하였다.
③ 미천왕(300~331) 때 서안평을 점령하고 곧이어 낙랑군과 대방군을 완전히 몰아내어 대동강 유역을 확보하였다.

06 | 고구려의 발전　　　정답 ③

고구려 소수림왕(371~384)이 372년 태학을 설립하였으며, 장수왕 때인 427년에 국내성에서 평양으로 천도하였다. 따라서 (가)는 372년부터 427년 사이에 일어난 사건이 들어가야 한다.
광개토대왕(391~412)은 대외 정복 사업에 나서 영역을 크게 확장시켰다. 북으로는 만주 지방에 대한 대규모의 정복 사업을 단행하여 후연, 비려(거란), 숙신(말갈) 등을 정벌하고 요동을 차지하였다. 남으로는 백제를 공격하여 백제 아신왕의 동생과 대신을 인질로 삼았다. 한편, 왜구가 백제·가야와 연합하여 신라를 침입하자 신라 내물왕이 고구려에 구원을 요청하였다. 이에 광개토대왕은 5만의 원군을 보내어 왜군을 격퇴함으로써 한반도 남부에까지 영향력을 넓혔다.

오답분석 ① 태조왕(53~146) 때 함경도 지방의 동옥저를 복속하였다.
② 고국원왕(331~371) 때 전연 모용황의 침입으로 궁궐이 파괴되고 수만 명이 포로로 잡혀갔다.
④ 장수왕(412~491)이 475년 백제 수도 한성을 공격하여 함락시키고 개로왕을 죽였다.

07 | 고구려의 발전(광개토왕, 장수왕)　　　정답 ②

(가)는 395년(영락 5년)에 광개토왕이 군대를 이끌고 거란의 일파인 패려에 대한 정벌을 감행한 사건, (나)는 475년에 장수왕이 백제의 한성을 공격하여 개로왕을 죽인 사건에 대한 기사이다.
광개토대왕(391~412)은 재위 기간 동안 영락(永樂)이라는 연호를 사용하였으며, 대외 정복 사업에 나서 영역을 크게 확장시켰다. 북으로는 만주 지방에 대한 대규모의 정복 사업을 단행하여 후연, 비려(거란), 숙신(말갈) 등을 정벌하고 요동을 차지하였다.
장수왕(412~491)은 분열된 중국의 남북조와 각각 수교하여 배후를 안정시킨 후 평양으로 도읍을 옮기고(427), 적극적인 남진 정책을 실시하였다. 고구려의 남진정책은 백제와 신라에 위협을 주었으며, 신라(눌지왕)와 백제(비유왕)는 동맹을 맺어 대응하였다(433, 나제동맹). 고구려의 압박에 위협을 느낀 개로왕은 중국 북위(北魏)에 군사 원조를 청하기도 하였다(472). 그러나 장수왕은 475년 백제 수도 한성을 공격하여 함락시키고 개로왕을 죽였다. 고구려는 이때 한강 전 지역을 포함하여 죽령 일대로부터 남양만을 연결하는 선까지 그 판도를 넓혔다.

오답분석 ① 신라 법흥왕(514~540)이 병부를 설치하여 군사권을 장악하였으며, 531년에는 상대등을 설치하였다.
③ 백제 고이왕(234~286) 때 6좌평 제도와 관등제의 기틀을 마련하고, 낙랑군·대방군을 몰아내고 한강 유역 대부분을 차지하였다.
④ 371년에 백제군의 공격으로 고구려 고국원왕이 평양성에서 전사하였다.

08 | 광개토왕의 왜 격퇴　　　정답 ④

밑줄 친 왕은 신라를 침입한 왜를 격퇴한 광개토대왕(391~412)이다.
광개토대왕은 대외 정복 사업에 나서 영역을 크게 확장시켰다. 북으로는 만주 지방에 대한 대규모의 정복 사업을 단행하여 비려(거란, 392), 숙신(말갈, 395), 후연(선비, 405), 동부여(410) 등을 정벌하고 요동과 만주 지방을 차지하였다.
남으로는 백제를 공격하여 백제 아신왕의 동생과 대신을 인질로 삼았다. 한편, 왜가 백제·가야와 연합하여 신라를 침입하자 신라 내물왕이 고구려에 구원을 요청하였다. 이에 광개토대왕은 5만의 원군을 보내어 왜군을 격퇴함으로써 한반도 남부에까지 영향력을 넓혔다. 광개토대왕은 재위 기간 동안 영락(永樂)이라는 연호를 사용하였다.

오답분석 ① 고구려 소수림왕 때 태학을 설립하고 율령을 반포하였다.
② 백제 근초고왕 때 마한을 병합하고 평양을 공격하였다.
③ 신라 내물마립간(356~402)이 마립간이라는 왕호를 처음 사용하였다.

Ⅱ. 한국 고대사

09 [2019 지방직 9급] (나) 시기에 발생한 사건으로 옳은 것은?

> (가) 백제왕이 병력 3만 명을 거느리고 평양성을 공격해 왔다. 왕이 출병하여 막다가 날아오는 화살에 맞아 서거하였다.
> ↓
> (나)
> ↓
> (다) 왕이 보병과 기병 5만 명을 보내 신라를 구원하게 하였다. (고구려군이) 남거성을 통해 신라성에 이르렀는데 그곳에 왜가 가득하였다. 관군이 도착하자 왜적이 퇴각하였다.

① 태학을 설립하고 율령을 반포하였다.
② 평양으로 도읍을 옮기고 한성을 함락하였다.
③ 관구검이 이끄는 위나라 군대의 침략을 받았다.
④ 왕이 직접 말갈 병사를 거느리고 요서지방을 공격하였다.

10 [2018 국가직 9급] 밑줄 친 ㉠의 결과에 해당하는 사실로 옳은 것은?

> (영락) 6년 병신(丙申)에 왕이 직접 수군을 이끌고 백제를 토벌하였다. (백제왕이) 우리 왕에게 항복하면서 "지금 이후로는 영원히 노객(奴客)이 되겠습니다."라고 맹세하였다. …(중략)… ㉠ 10년 경자(庚子)에 왕이 보병과 기병 5만 명을 보내어 신라를 구원하게 하였다.

① 고구려가 신라 내정간섭을 강화하였다.
② 백제가 고구려의 평양성을 공격하였다.
③ 신라가 관산성 전투에서 백제 성왕을 살해하였다.
④ 금관가야가 가야 지역의 중심 세력으로 대두하였다.

11 [2017 국가직 9급] 다음은 고구려에 대한 내용이다. (가), (나) 사이에 있었던 사실로 옳지 않은 것은?

> (가) 전진에서 불교를 받아들였고, 유학 교육기관으로 태학을 설립하였으며, 율령을 공포하였다.
> (나) 수도를 평양으로 옮기고, 백제의 수도 한성을 공격하여 개로왕을 죽였다.

① 모용황의 공격을 받았다.
② 후연을 공격하여 요동 지역에 진출하였다.
③ 북쪽으로 숙신을 정복하였다.
④ 신라를 도와 낙동강 유역에서 왜병을 대파하였다.

12 [2021 서울시 9급] 〈보기〉의 사건이 있었던 시기의 사실로 가장 옳은 것은?

> 가을 9월에 고구려 왕 거련(巨璉)이 군사 3만 명을 이끌고 왕도(王都) 한성을 포위하였다. 왕은 성문을 닫고 나가 싸우지 않았다. …… 왕은 곤궁하여 어찌할 바를 모르다가, 기병 수십을 거느리고 성문을 나가 서쪽으로 도망쳤다. 고구려인이 쫓아가 그를 살해하였다.   - 『삼국사기』 -

① 성왕이 신라군에게 살해되었다.
② 신라가 건원이라는 연호를 사용하였다.
③ 을지문덕이 살수에서 수의 군대를 물리쳤다.
④ 고구려가 중국의 남북조와 동시에 교류하였다.

09 | 고구려의 발전   정답 ①

(가)는 371년 백제 근초고왕의 공격으로 고구려 고국원왕이 평양성에서 전사한 사건, (다)는 400년에 광개토왕이 5만의 원군을 보내 신라를 침입한 왜군을 물리친 사건이다.

고국원왕을 이어 즉위한 소수림왕(371~384)은 국가적 위기 상황을 극복하고 국가 체제를 개혁하여 새로운 발전의 토대를 마련하였다. 그는 전진을 통해 불교를 받아들이고, 태학을 설립하여 귀족 자제들에게 유학을 가르쳤다. 또 율령을 반포하여 왕을 중심으로 하는 중앙 집권적 국가 체제를 강화하였다. 대외적으로는 전연이 멸망한 뒤 북중국의 패자로 등장한 전진과 우호 관계를 유지하였다. 고국양왕(384~391)의 뒤를 이은 광개토대왕(391~412) 때에는 대외 정복 사업에 나서 영역을 크게 확장시켰다.

오답분석 ② 장수왕(412~491) 때 국내성 일대에 기반을 가진 5부 귀족 세력을 약화시키고 국가 운영을 뒷받침 할 경제적 기반을 확대하기 위해 평양으로 도읍을 옮기고(427), 적극적인 남진 정책을 실시하였다.
③ 동천왕(227~248) 때 위와 갈등이 생겨 요동의 서안평을 공격하였고, 이로 인해 위나라 관구검의 침입을 받아 환도성(국내성 부근)이 함락되었다.
④ 영양왕(590~618) 때인 598년 고구려는 말갈 군사 1만을 보내 요서 지방을 선제공격하였다.

10 | 광개토왕의 왜 격퇴   정답 ①

영락 6년(396) 고구려 광개토대왕은 남쪽으로 백제를 공격하여 백제 아신왕의 동생과 대신을 인질로 삼고 아신왕의 항복을 받아내었다. 또한 왜가 백제·가야와 연합하여 신라를 침입하였을 때, 신라 내물왕이 구원을 요청하자 5만의 원군을 보내어 왜구를 격퇴하였다(400). 이때 고구려군은 왜를 끝까지 쫓아 금관가야를 약화시키며 한반도 남부에까지 영향력을 넓혔다.

이후 신라는 왕의 아우를 고구려에 볼모로 보냈으며, 고구려 군이 신라에 주둔하는 등 고구려에 정치적·군사적 내정간섭을 받게 되었다.

오답분석 ② 371년 백제 근초고왕이 평양성을 공격하여 고국원왕을 전사시켰다.
③ 554년 관산성 전투에서 신라가 백제 성왕을 살해하였다.
④ 3세기경 김해의 금관가야가 가야 지역의 중심 세력으로 대두하였다.

11 | 고구려의 발전   정답 ①

(가) 소수림왕이 372년 불교를 수용하고, 태학을 설립하였으며, 373년 율령을 반포하였다. (나) 장수왕이 427년 평양으로 천도한 후, 475년 백제의 수도 한성을 함락하고 개로왕을 죽였다. 따라서 (가)와 (나) 사이에는 고국양왕, 광개토대왕 때의 사실이 들어갈 수 있다.

광개토대왕(391~412)은 소수림왕 대의 내정 개혁을 바탕으로 대외 정복 사업에 나서 영역을 크게 확장시켰다. 즉위 초부터 남쪽으로 백제를 공격하여 한강 이북을 차지하였으며, 북으로는 만주 지방에 대한 대규모의 정복사업을 단행하여 북쪽의 숙신을 정복하였고(398), 402년에는 후연을 정벌하고 요동을 차지하였다. 한편 왜구가 백제·가야와 연합하여 신라를 침입하자 신라 내물왕은 고구려에 구원을 요청하였고, 광개토대왕은 5만의 원군을 보내어 왜병을 격퇴하였다(400).

오답분석 ① 고국원왕(331~371)때 전연 모용황의 침입을 받아 수도가 함락되어 궁궐이 불타고 미천왕의 시체가 도굴되었다.

12 | 한성 함락(개로왕의 죽음)   정답 ④

〈보기〉는 475년에 고구려 왕 거련(장수왕)이 백제의 수도 한성을 함락하고 개로왕을 살해한 사건을 다룬 기사이다.

장수왕(412~491)은 분열된 중국의 남북조와 각각 수교하여 배후를 안정시킨 후 평양으로 도읍을 옮기고(427), 적극적인 남진 정책을 실시하였다. 고구려의 남진 정책은 백제와 신라에 위협을 주었으며, 신라(눌지왕)와 백제(비유왕)는 동맹을 맺어 대응하였다(433, 나제동맹).

고구려의 압박에 위협을 느낀 개로왕은 중국 북위(北魏)에 군사 원조를 청하였다(472). 마침내 장수왕은 475년 백제 수도 한성을 공격하여 함락시키고 개로왕을 죽였다.

오답분석 ① 554년에 백제 성왕이 관산성 전투에서 신라군에게 살해되었다.
② 신라 법흥왕(514~540) 때 건원이라는 연호를 사용하였다.
③ 612년에 을지문덕이 살수에서 수의 별동대를 물리쳤다(살수대첩).

Ⅱ. 한국 고대사

13 [2018 법원직] 다음 자료의 시기에 해당하는 상황으로 옳은 것을 〈보기〉에서 모두 고른 것은?

> 고려대왕 상왕공과 신라 매금은 세세토록 형제같이 지내기를 원하며 수천(守天)하기 위해 동으로 …… 동이 매금의 옷을 내려 주었다.

● 보기 ●
ㄱ. 중국에서 남북조가 대립하였다.
ㄴ. 고구려는 남하정책을 추진하였다
ㄷ. 백제는 수도를 사비로 천도하였다.
ㄹ. 신라는 왕호를 중국식으로 바꾸었다.

① ㄱ, ㄴ   ② ㄴ, ㄷ   ③ ㄷ, ㄹ   ④ ㄱ, ㄷ

15 [2018 지방직 7급] 고구려와 중국의 관계를 사건이 발생한 순으로 바르게 나열한 것은?

ㄱ. 유주자사 관구검이 쳐들어와 환도성을 함락하자 왕은 옥저 쪽으로 도망하였다.
ㄴ. 고구려가 요동의 서안평을 공격해 차지하고, 낙랑군을 한반도에서 몰아내었다.
ㄷ. 모용황이 고구려를 침략하여 궁실을 불사르고 5만여 명을 포로로 붙잡아 갔다.
ㄹ. 고구려가 후연을 공격하여 요동으로 진출하고, 동북쪽으로는 숙신을 복속시켰다.

① ㄱ→ㄴ→ㄷ→ㄹ   ② ㄱ→ㄷ→ㄴ→ㄹ
③ ㄴ→ㄷ→ㄹ→ㄱ   ④ ㄴ→ㄹ→ㄷ→ㄱ

14 [2022 국가직 9급] 밑줄 친 '이 왕'에 대한 설명으로 옳은 것은?

> 백제 개로왕은 장기와 바둑을 좋아하였는데, 도림이 고하기를 "제가 젊어서부터 바둑을 배워 꽤 묘한 수를 알게 되었으니 개로왕께 알려드리기를 원합니다."라고 하였다. …… 개로왕이 (도림의 말을 듣고) 나라 사람을 징발하여 흙을 쪄서 성(城)을 쌓고 그 안에는 궁실, 누각, 정자를 지으니 모두가 웅장하고 화려하였다. 이로 말미암아 창고가 비고 백성이 곤궁하니, 나라의 위태로움이 알을 쌓아 놓은 것보다 더 심하게 되었다. 그제야 도림이 도망을 쳐 와서 그 실정을 고하니 이 왕이 기뻐하여 백제를 치려고 장수에게 군사를 나누어 주었다.
> ― 『삼국사기』 ―

① 평양으로 도읍을 천도하였다.
② 진대법을 처음으로 시행하였다.
③ 낙랑군을 점령하고 한 군현 세력을 몰아내었다.
④ 신라에 침입한 왜군을 낙동강 유역에서 물리쳤다.

16 [2021 법원직] 이 시기 백제왕의 업적으로 옳은 것을 〈보기〉에서 모두 고른 것은?

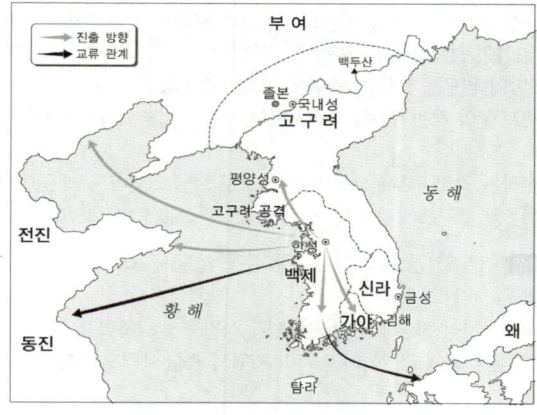

● 보기 ●
ㄱ. 남으로 마한을 통합하였다.
ㄴ. 왕위의 부자 상속이 확립되었다.
ㄷ. 중앙 관청을 22부로 확대하였다.
ㄹ. 좌평 제도와 관등제를 마련하였다.

① ㄱ, ㄴ   ② ㄱ, ㄹ   ③ ㄴ, ㄷ   ④ ㄷ, ㄹ

13 | 충주 고구려비 정답 ①

제시된 자료는 충주(중원) 고구려비로 장수왕(412~491) 대에 건립된 것으로 추정된다.
장수왕 재위 시기에 중국은 남북조로 나누어 있었으며 장수왕은 분열된 중국의 남북조와 각각 수교하여 배후를 안정시켰다. 또한, 국내성에서 평양으로 천도(427)하면서 본격적인 남진정책을 추진하였다.

오답분석 ㄷ. 백제 성왕이 538년에 웅진에서 사비로 천도하였다.
ㄹ. 신라 지증왕(500~514)이 마립간 대신 왕을 칭하기 시작하였다.

14 | 장수왕 정답 ①

제시된 자료는 고구려의 간첩인 도림의 건의에 따라 개로왕(455~475)이 대규모 토목공사를 단행함으로써 백제의 국력이 쇠진해진 것을 보여주며, 밑줄 친 '이 왕'은 고구려 장수왕(412~491)이다.
장수왕 때 남중국은 한족이 세운 동진·송·남제가 차례로 흥망을 되풀이하고 있었고, 북중국은 439년에 북위가 수립되어 남북조 시대가 전개되었다. 장수왕은 분열된 중국의 남북조와 각각 수교하여 배후를 안정시킨 후 본격적인 남진정책을 추진하였다.
장수왕은 평양으로 도읍을 옮기고(427), 적극적인 남진 정책을 실시하였다. 장수왕의 남하 정책에 대응하기 위해 433년 백제 비유왕은 신라의 눌지왕과 나·제 동맹을 체결하였다.
백제 개로왕은 472년에는 중국 북조의 위(魏)에 사신을 보내 군사 원조를 요청하였다. 그러나 고구려를 침략할 의지가 없던 북위는 이 사실을 고구려에 알렸고, 장수왕은 3만의 군사를 동원해 백제를 공격하여 한성을 함락시키고 개로왕을 살해하였다.

오답분석 ② 고국천왕(179~197) 때 봄에 곡식을 빌려주고 가을에 돌려받는 진대법을 시행하였다.
③ 미천왕(300~331) 때 서안평을 점령하고 곧이어 낙랑군과 대방군을 완전히 몰아내어 대동강 유역을 확보하였다.
④ 광개토왕(391~412) 때 신라에 침입한 왜군을 낙동강 유역에서 물리쳤다.

15 | 고구려의 발전 정답 ①

ㄱ. 3세기 후반 동천왕은 압록강 입구의 서안평을 공격하였다가 위의 역공을 받았다. 이때 유주자사 관구검이 쳐들어와 환도성을 함락하였고, 동천왕은 옥저 쪽으로 도망하였다.
ㄴ. 311년 미천왕은 요동의 서안평을 공격해 완전히 차지하였고, 낙랑군을 한반도에서 몰아내어 고조선의 옛 영역을 되찾게 되었다.
ㄷ. 고국원왕(331~371) 때에는 전연 모용황의 침입으로 궁궐이 불타고 미천왕의 시체가 도굴되었으며 왕의 어머니와 5만 명이 포로로 잡혀갔다.
ㄹ. 광개토대왕은 즉위 초부터 남쪽으로 백제를 공격하여 한강 이북을 차지하였으며, 북으로는 만주 지방에 대한 대규모의 정복사업을 단행하여 북쪽의 숙신을 정복하였고(398), 402년에는 후연을 정벌하고 요동을 차지하였다.

16 | 근초고왕 정답 ①

남쪽으로 전라도 남해안에 이르렀으며 고구려 평양성을 공격하고, 중국의 요서·산동 및 일본의 규슈 지방까지 진출한 왕은 백제 근초고왕(346~375)이다.
근초고왕은 불안정했던 왕권을 강화하고 왕위의 부자 상속제를 확립하여 백제를 고대 국가로 완성하였다. 활발한 정복 활동을 펼쳐 마한의 나머지 세력을 정복하여 전라도 남해안에 이르렀으며, 북으로는 황해도 지역을 놓고 고구려와 대결하였다. 371년에는 고구려 평양성을 공격하여 고국원왕을 전사시키기도 하였다. 또, 가야 7국을 병합하여 낙동강 유역의 가야에 대해서도 지배권을 행사하였다.
한반도에서의 정복 활동을 통하여 축적한 군사력과 경제력을 바탕으로 백제는 해외로 눈을 돌렸다. 수군을 정비하여 중국의 요서 지방으로 진출하였고, 이어서 산동 지방과 일본의 규슈 지방에까지 진출하는 등 활발한 대외 활동을 벌였다. 이 시기 백제는 동진, 왜와 교류하면서 강력한 해상 국가로 떠올랐다.

오답분석 ㄷ. 성왕(523~554)이 사비 천도 이후 중앙 관청을 22부로 확대하고 수도를 5부, 지방을 5방으로 정비하여 중앙 집권 체제의 강화를 꾀하였다.
ㄹ. 고이왕(234~286) 때 6좌평 제도와 관등제의 기틀을 마련하고, 관복제(자·비·청)를 도입하였다.

Ⅱ. 한국 고대사

17 [2024 서울시 9급] (가) 인물에 대한 설명으로 가장 옳은 것은?

공주시 송산리 고분군 배수로를 공사하다가 벽돌무덤을 우연히 발견하였다. 무덤 입구에는 두 지석이 가지런히 놓여 있었다. 이 지석에는 (가) 과/와 왕비를 안장했다는 내용이 새겨져 있었다.

① 사비로 천도하고 국호를 남부여로 삼았다.
② 지방에 22개의 담로를 설치하고 왕족을 파견하였다.
③ 고구려의 공격으로 한성이 함락된 후 죽임을 당하였다.
④ 신라와의 혼인 동맹으로 이찬 비지의 딸을 아내로 맞이하였다.

18 [2020 지방직 7급] 밑줄 친 '왕'의 재위 기간에 있었던 사실로 옳은 것은?

영동대장군인 백제 사마왕은 나이가 62세 되는 계묘년 5월 임진일인 7일에 돌아가셨다. 을사년 8월 갑신일인 12일에 안장하여 대묘에 올려 모시며, 기록하기를 이처럼 한다.

① 16등급의 관등을 마련하고, 공복을 제정하였다.
② 수도는 5부, 지방은 5방으로 나누어 정비하였다.
③ 왕족을 파견하여 지방에 대한 통제를 강화하였다.
④ 남으로 마한을 통합하고, 북으로 고구려 평양성을 공격하였다.

19 [2022 법원직] (가), (나) 시기 사이에 있었던 사실로 가장 옳은 것은?

(가) 왕 41년 겨울 10월, 백제왕이 군사 3만 명을 거느리고 평양성을 공격하였다. 왕이 군사를 이끌고 방어하다가 화살에 맞았다. 23일에 왕이 죽었다. 고국 언덕에 장사지냈다. - 『삼국사기』, 고구려본기 -

(나) 왕 32년 가을 7월, 왕이 신라를 습격하기 위하여 직접 보병과 기병 50명을 거느리고 밤에 구천에 이르렀는데, 신라의 복병이 나타나 그들과 싸우다가 왕이 난병들에게 살해되었다. 시호를 성이라 하였다. - 『삼국사기』, 백제본기 -

① 수가 고구려를 침입하였다.
② 고구려가 평양으로 천도하였다.
③ 백제가 나당 연합군의 공격을 받았다.
④ 당이 매소성 전투에서 신라에 패하였다.

20 [2020 법원직] (가) 왕 재위 시기 업적으로 가장 옳은 것은?

(가) 왕이 관산성을 공격하였다. 각간 우덕과 이찬 탐지 등이 맞서 싸웠으나 전세가 불리하였다. 신주의 김무력이 주의 군사를 이끌고 나가서 교전하였는데, 비장인 산년 산군(충북 보은)의 고간 도도가 급히 쳐서 (가) 왕을 죽였다. - 삼국사기 신라본기 -

① 나·제 동맹을 체결하였다.
② 22담로에 왕족을 파견하였다.
③ 화랑도를 국가적 조직으로 개편하였다.
④ 국호를 남부여로 바꾸었다.

17 | 무령왕 정답 ②

제시된 자료는 1971년 공주 송산리 고분군에서 발견된 무령왕릉에 대한 설명이고, (가)는 무령왕이다.
무령왕릉은 중국 남조의 영향을 크게 받아 연꽃 등 우아하고 화려한 백제 특유의 무늬를 새긴 벽돌로 무덤 내부를 쌓았다. 무덤의 주인공이 무령왕과 왕비임을 알려 주는 지석이 발견되어 연대를 확실히 알 수 있는 무덤이기도 하다.
무령왕은 즉위 후 동성왕을 살해하고 반란을 일으킨 백가를 처단하고 왕권의 안정과 국력 부흥에 힘썼다. 그리고 지방의 22담로에 호족이나 중앙의 유력한 귀족을 보내는 대신 왕의 자제(子弟)와 종족(宗族)을 파견하여 지방에 대한 통제를 강화하였다. 무령왕은 재위 동안 중국의 남조 양나라와 우호 관계를 유지하였다.

오답분석 ① 성왕 때 웅진에서 사비로 천도하고, 국호를 남부여로 삼았다.
③ 개로왕이 한성이 함락된 후 고구려군에 의해 죽임을 당하였다.
④ 동성왕이 신라의 이찬 비지의 딸을 아내로 맞이하여 동맹을 강화하였다.

18 | 무령왕 정답 ③

제시된 자료는 공주 송산리 무령왕릉에서 발견된 지석이다.
무령왕릉 지석에는 무령왕을 생전에 사용하던 명칭인 '영동대장군 백제 사마왕'으로 기록하고 있으며, 왕을 묘에 안장하며 매지문서(買地文書)를 작성한다는 내용이 기록되어 있다.
무령왕은 즉위 후 동성왕을 살해하고 반란을 일으킨 백가를 처단하고 왕권의 안정과 국력 부흥에 힘썼다. 그리고 지방의 22담로에 호족이나 중앙의 유력한 귀족을 보내는 대신 왕의 자제(子弟)와 종족(宗族)을 파견하여 지방에 대한 통제를 강화하였다.

오답분석 ① 고이왕 때 관등제를 실시하고 공복을 제정하였다.
② 성왕 때 사비로 천도하고 수도를 5부, 지방을 5방으로 정비하였다.
④ 근초고왕 때 마한 세력을 정복하여 오늘날의 전라도 일대까지 영역을 확대하고, 평양성을 공격하여 고국원왕을 살해하였다.

● 복습지문
백제 무령왕은 22개 담로에 왕족을 파견하여 지방에 대한 통제를 강화하였다.

19 | 삼국의 항쟁 정답 ②

(가)는 371년 백제의 공격으로 고구려 고국원왕이 평양성에서 전사한 사건, (나)는 554년에 백제 성왕이 관산성을 공격하다 전사한 사건이다.
고구려는 장수왕(412~491) 때 분열된 중국의 남북조와 각각 수교하여 배후를 안정시킨 후 본격적인 남진 정책을 추진하였다. 고구려의 남진정책은 백제와 신라에 위협을 주었으며, 신라(눌지왕)와 백제(비유왕)는 동맹을 맺어 대응하였다(433, 나제동맹).

오답분석 ① 598년 고구려가 요서 지방을 선제공격하자 수 문제와 수 양제가 여러 차례 고구려를 침입하였다.
③ 660년 나당 연합군이 백제를 공격하여 멸망시켰다.
④ 675년 신라는 매소성 전투에서 승리하여 나당전쟁의 주도권을 잡았다.

20 | 성왕 정답 ④

관산성을 공격하다 전사한 백제 왕은 성왕(523~554)이다.
성왕은 웅진(공주)에서 사비(부여)로 도읍을 옮기고(538), 남부여로 국호를 고치면서 중흥을 꾀하였다. 16관등제를 완비하고 중앙 관청인 22부를 정비하였으며, 수도를 5부, 지방을 5방 체제로 하는 등 지방 제도를 정비하였다. 또한 겸익 등의 승려를 등용하여 불교를 진흥하고, 중국의 남조와 활발하게 교류하면서 일본에 불교를 전하였다. 성왕은 신라와 연합하여 551년에 일시적으로 한강 하류 지역을 수복하였지만 553년에 신라에 빼앗겼다. 이에 성왕은 신라에 복수하기 위해 관산성을 공격하다 전사하였다(554).

오답분석 ① 433년에 백제 비유왕과 신라 눌지마립간이 나제동맹을 체결하여 고구려의 남진에 대응하였다.
② 백제 무령왕이 22담로에 왕족을 파견하여 지방에 대한 통제를 강화하였다.
③ 신라 진흥왕이 화랑도를 국가적 조직으로 개편하였다.

Ⅱ. 한국 고대사

21 [2019 서울시 9급]
〈보기〉에서 백제의 발전 과정을 순서대로 바르게 나열한 것은?

● 보기 ●
ㄱ. 6좌평제와 16관등제 및 백관의 공복을 제정하였다.
ㄴ. 고구려의 평양성을 공격하였다.
ㄷ. 지방에 22담로를 설치하였다.
ㄹ. 불교를 받아들여 통치이념을 정비하였다.

① ㄱ → ㄴ → ㄷ → ㄹ
② ㄱ → ㄴ → ㄹ → ㄷ
③ ㄴ → ㄹ → ㄷ → ㄱ
④ ㄹ → ㄴ → ㄷ → ㄱ

22 [2017 지방직 9급]
밑줄 친 '왕'의 재위 기간에 있었던 사실로 옳은 것은?

왕 30년, 달솔 노리사치계를 왜에 보내 석가여래상과 불경을 전했다.

① 북위에 국서를 보내 고구려를 공격해줄 것을 요청했다.
② 평양성까지 진군하여 고국원왕을 전사시켰다.
③ 국호를 남부여로 고쳤다.
④ 불교를 공인하였다.

23 [2017 국가직 7급]
㉠ 왕호를 사용하던 신라 시기의 사실로 옳은 것은?

신라 왕으로서 거서간, 차차웅이란 이름을 쓴 이가 각기 하나요, 이사금이라 한 이가 열여섯이며, ㉠ (이)라 한 이가 넷이다.
- 『삼국사기』 -

① 율령이 반포되었다.
② 대가야를 병합하였다.
③ 왕위의 부자상속제가 확립되었다.
④ 건원이라는 독자적인 연호를 사용하였다.

24 [2024 서울시 9급]
〈보기〉의 (가) 왕의 재위 기간에 발생한 일로 가장 옳은 것은?

기록에 의하면 지금으로부터 1,800여 년 전 (가) 13년에 이 섬을 정벌하여 조선의 영토로 삼은 것이 오늘 우리 땅이 되게 된 시초인 것만은 틀림없다. 그 당시 이 섬은 우산국이라는 별개의 독립한 나라였는데, 육지로 가장 가까운 곳이 수로(水路) 400리 가량 떨어진 강원도 울진뿐인데 충무공같은 해상의 전략가나 군함도 없이 이 우산국을 쳐서 무찌른 당시 이야기가 흥미롭다.

① 불교를 공인하였다.
② 마한을 복속시켰다.
③ 왕호를 중국식 호칭은 '왕'으로 정하였다.
④ 남진 정책을 펼쳐 국내성에서 평양으로 천도하였다.

21 | 백제의 발전 　　　　　　　　　　정답 ②

ㄱ. 고이왕(234~286) 때 6좌평 제도와 관등제의 기틀을 마련하고, 관복제(자·비·청)를 도입하는 등 정치체제를 정비하였다.
ㄴ. 근초고왕(346~375)은 활발한 정복 활동을 펼쳐 마한의 나머지 세력을 정복하여 전라도 남해안에 이르렀으며, 북으로는 황해도 지역을 놓고 고구려와 대결하였다. 371년에는 고구려 평양성을 공격하여 고국원왕을 전사시키기도 하였다.
ㄹ. 침류왕(384~385) 때 동진에서 불교를 받아들여 왕실의 권위를 높이고 백성들의 사상적 통합을 꾀하였다.
ㄷ. 무령왕(501~523)은 지방의 22담로에 왕족을 파견하여 통제를 강화하였고, 남조의 양(梁)에 두 차례에 걸쳐 사신을 보내어 외교 관계를 강화하였다.

22 | 성왕 　　　　　　　　　　정답 ③

노리사치계를 왜에 보내 석가여래상과 불경을 전한 왕은 백제의 성왕이다.
백제 성왕은 538년 웅진(공주)에서 사비(부여)로 도읍을 옮기고, 국호를 남부여로 고치며 중흥을 도모하였다. 16관등제를 완비하고, 중앙 관청을 22부로 정비하며 궁실에 속한 내관 12부와 일반 관서인 외관 10부를 설치하였으며, 수도를 5부, 지방을 5방으로 정비하여 중앙 집권 체제의 강화를 꾀하였다.

오답분석 ① 개로왕이 472년 북위에 국서를 보내어 고구려를 공격해줄 것을 요청하였다.
② 근초고왕이 371년 고구려 평양성을 공격하여 고국원왕을 전사시켰다.
④ 침류왕 때인 384년 동진에서 불교를 받아들여 공인하였다.

● **복습지문**
백제 성왕은 노리사치계를 일본에 보내 불교를 전했다.

23 | 마립간 　　　　　　　　　　정답 ③

㉠은 거서간·차차웅·이사금 뒤에 신라에서 사용된 왕호인 마립간이다. 마립간이란 칭호는 17대 내물마립간부터 사용되었으며, 22대 지증왕 때 군주의 칭호가 '마립간'에서 '왕'으로 바뀌었다.
5세기 눌지마립간 때 신라는 왕위의 부자상속제가 확립되었으며, 백제 비유왕과 나제동맹을 체결하였다. 5세기 후반 소지마립간 시기에 사로 6촌을 6부 행정구역으로 개편하였으며, 백제 동성왕과 결혼 동맹을 맺었다.

오답분석 ① 법흥왕 때 율령이 반포되었다.
② 진흥왕 때 대가야를 병합하였다.
④ 법흥왕 때 건원(建元)이라는 연호를 사용하였다.

● **복습지문**
신라는 눌지왕 때 왕위의 부자상속제가 확립되었다.

24 | 지증왕(우산국 정벌) 　　　　　　　　　　정답 ③

(가)는 우산국으로 불리던 울릉도와 독도를 정벌한 신라 지증왕(500~514)이다.
지증왕은 나라 이름을 '신라'로 바꾸고, 군주의 칭호도 마립간에서 중국식 칭호인 '왕'으로 바꾸어 왕권을 강화하였다. 지증왕은 주군현(州郡縣)의 지방 행정 제도를 정하고, 실직주(悉直州)의 군주로 이사부를 처음 파견하였다. 512년에 이사부는 우산국을 정벌하여 울릉도와 독도를 신라 영토로 편입하였다.

오답분석 ① 신라 법흥왕 때 불교를 공인하였다.
② 백제 근초고왕 때 마한을 복속시켰다.
④ 고구려 장수왕 때 국내성에서 평양으로 천도하였다.

Ⅱ. 한국 고대사

25 [2022 지방직 9급] 다음 사건이 있었던 시기의 신라 국왕에 대한 설명으로 옳은 것은?

> 이찬 이사부가 하슬라주 군주가 되어, '우산국 사람이 우매하고 사나워서 위엄으로 복종시키기는 어려우니 계책을 써서 굴복시키는 것이 좋겠다.'라고 생각하였다. 이에 나무로 사자 모형을 많이 만들어 배에 나누어 싣고 우산국 해안에 이르러, 속임수로 통고하기를 "만약에 너희가 항복하지 않는다면 곧바로 이 맹수들을 풀어 너희를 짓밟아 죽이겠다."라고 하였다. 그 나라 사람이 두려워 즉시 항복하였다.

① 독서삼품과를 실시하였다.
② 국호를 '신라'로 확정하였다.
③ 관료전을 지급하고 녹읍을 폐지하였다.
④ 장문휴를 보내 당의 등주를 공격하였다.

26 [2022 법원직] 밑줄 친 '왕'에 대한 설명으로 가장 옳은 것은?

> 이때에 이르러 왕 또한 불교를 일으키려고 하였으나, 여러 신하들이 믿지 않고 이런저런 불평을 많이 하였으므로 왕이 근심하였다. …… 이차돈이 왕에게 아뢰기를, "바라건대 하찮은 신의 목을 베어 여러 사람들의 논의를 진정시키십시오."라고 하였다.
> ─ 『삼국사기』 ─

① 이사부를 파견하여 우산국을 복속시켰다.
② 광개토 대왕의 지원으로 왜군을 격파하였다.
③ 대가야를 정복하여 가야 연맹을 해체시켰다.
④ 상대등을 설치하여 정치 조직을 강화하였다.

27 [2019 서울시 9급] 밑줄 친 '왕' 대에 이루어진 내용을 〈보기〉에서 옳게 고른 것은?

> 재위 19년에는 금관국주인 김구해가 비와 세 아들을 데리고 와 항복하자 왕은 예로써 대접하고 상등(上等)의 벼슬을 주었으며, 23년에는 처음으로 연호를 칭하여 건원(建元) 원년이라 하였다.

> ㄱ. 국호를 사로국에서 '신라'로, 왕호를 마립간에서 '왕'으로 고쳤다.
> ㄴ. 왕은 연호를 고쳐 '개국(開國)'이라 하였으며 『국사』를 편찬토록 하였다.
> ㄷ. 왕호를 '성법흥대왕'이라 쓰기도 하였다.
> ㄹ. '신라육부'가 새겨진 울진봉평신라비가 세워졌다.
> ㅁ. 연호를 '인평(仁平)'으로 고쳤으며 분황사와 영묘사를 창건하였다.

① ㄱ, ㄴ
② ㄴ, ㄷ
③ ㄷ, ㄹ
④ ㄹ, ㅁ

28 [2025 지방직 9급] 밑줄 친 '국왕'의 업적으로 옳지 않은 것은?

> 이차돈이 국왕에게 아뢰기를 "신이 거짓으로 왕명을 전하였다고 문책하여 신의 머리를 베시면 만민이 모두 굴복하고 감히 왕명을 어기지 못할 것입니다."라고 하였다. …(중략)… 옥리(獄吏)가 이차돈의 머리를 베니 하얀 젖이 한 길이나 솟았다.

① 율령을 반포하고 상대등을 설치하였다.
② 병부를 설치하고 금관가야를 병합하였다.
③ '건원'이라는 독자적인 연호를 사용하였다.
④ 국호를 '신라'로 정하고 우산국을 정벌하였다.

25 | 지증왕 정답 ②

이사부가 우산국을 정복한 것은 신라 지증왕(500~514) 때의 사실이다.
지증왕은 나라 이름을 '신라'로 바꾸고, 군주의 칭호도 마립간에서 중국식 칭호인 '왕'으로 바꾸어 왕권을 강화하였다. 지증왕은 주군현(州郡縣)의 지방 행정 제도를 정하고, 실직주(悉直州)의 군주로 이사부를 처음 파견하였다. 하슬라주 군주로 부임한 이사부는 우산국을 정벌하여 울릉도와 독도를 신라 영토로 편입하였다. 순장이 금지되고 문헌상 우경이 시작되어 농업 생산력이 크게 성장한 것도 지증왕 시기이다.

오답분석 ① 신라 하대 원성왕 때 독서삼품과를 실시하였다.
③ 신문왕 때 관료전을 지급하고 녹읍을 폐지하였다.
④ 발해의 무왕이 장문휴를 보내 당의 등주를 공격하였다.

26 | 법흥왕 정답 ④

자료의 이차돈은 신라 법흥왕(514~540) 때 불교 공인과정에서 순교한 인물이다.
신라에서 불교가 공인되기 이전에 이미 불교가 전래되어 있었다. 신라에서 불교는 고구려, 백제와 다르게 순탄치 않은 과정을 거쳐 공인되었다. 이 과정에서 불법의 확산을 위해 자신의 목숨을 내놓은 이차돈의 죽음이 결정적인 역할을 하였다. 법흥왕이 불교를 공인하려고 하자 귀족들이 반발하였고, 527년 이차돈의 순교를 계기로 법흥왕은 불교를 공인하였다. 법흥왕은 율령을 반포하고 17관등제를 완비했으며 공복을 제정하여 관직을 체계화하였다. 중앙 부서로서 병부를 설치하여 군사권을 장악하였으며, 531년에는 상대등을 설치하였다. 한편 불교식 왕명을 사용하여 왕의 권위를 높이고, '건원'이라는 연호를 사용하여 자주 국가로서의 위상을 높였다.

오답분석 ① 지증왕 때 이사부를 파견하여 우산국을 복속시켰다.
② 내물마립간 때 광개토 대왕의 지원으로 왜군을 격파하였다.
③ 진흥왕 때 대가야를 정복하여 가야 연맹을 해체시켰다.

27 | 법흥왕 정답 ③

김구해는 금관가야의 마지막 왕으로 신라 법흥왕에게 항복하였다.
522년에 대가야가 사신을 보내 결혼을 요청했는데, 법흥왕은 이 제의를 받아들여 이찬 비조부(比助夫)의 누이동생을 보내 동맹을 맺었다. 또, 532년에는 금관가야의 왕 김구해(金仇亥)와 세 아들의 항복을 받아들여 금관가야를 합병하였다. 국력이 신장된 신라는 536년(법흥왕 23)에 비로소 독자적 연호인 건원(建元)을 제정하여 사용하였다. 한편, 법흥왕은 성법을 일으킨 왕이라는 의미에서 붙인 시호로 알려져 있지만, 법흥왕의 재위 시기인 535년에 작성된 울주 천전리각석에 이미 성법흥대왕이라 기록되어 있다.

오답분석 ㄱ. 지증왕이 신라 국호를 제정하고, 왕호를 마립간에서 왕으로 고쳤다.
ㄴ. 진흥왕이 '개국' 연호를 제정하고, 거칠부를 시켜 『국사』를 편찬하였다.
ㅁ. 선덕여왕 때 '인평' 연호를 제정하고, 분황사와 영묘사를 창건하였다.

● 복습지문
법흥왕 때 '신라육부'가 새겨진 울진봉평신라비가 세워졌다.
선덕여왕 때 연호를 '인평'이라 하였으며, 분황사와 영묘사를 건립하였다.

28 | 법흥왕 정답 ④

자료의 이차돈은 신라 법흥왕 때 불교 공인 과정에서 순교한 인물이므로, 밑줄 친 '국왕'은 법흥왕(514~540)이다.
신라에서 불교는 고구려, 백제와 다르게 순탄치 않은 과정을 거쳐 공인되었다. 이 과정에서 불법의 확산을 위해 자신의 목숨을 내놓은 이차돈의 죽음이 결정적인 역할을 하였다. 법흥왕이 불교를 공인하려고 하자 귀족들이 반발하였고, 527년 이차돈의 순교를 계기로 법흥왕은 불교를 공인하였다.
법흥왕은 율령을 반포하고 17관등제를 완비했으며 공복을 제정하여 관직을 체계화하였다. 병부를 설치하여 군사권을 장악하였으며, 531년에는 상대등을 설치하였다. 532년에는 금관가야의 왕 김구해(金仇亥)가 신라에 항복하였다. 한편 불교식 왕명을 사용하여 왕의 권위를 높이고, '건원'이라는 연호를 사용하여 자주 국가로서의 위상을 높였다.

오답분석 ④ 지증왕 때 국호를 '신라'로 정하고 이사부를 파견하여 우산국을 정벌하였다.

II. 한국 고대사

29 [2020 지방직 9급] 밑줄 친 '왕'의 재위 기간에 있었던 사실로 옳은 것은?

> 이찬 이사부가 왕에게 "국사라는 것은 임금과 신하들의 선악을 기록하여, 좋고 나쁜 것을 만대 후손들에게 보여 주는 것입니다. 이를 책으로 편찬해 놓지 않는다면 후손들이 무엇을 보고 알겠습니까?"라고 아뢰었다. 왕이 깊이 동감하고 대아찬 거칠부 등에게 명하여 선비들을 널리 모아 그들로 하여금 역사를 편찬하게 하였다. — 「삼국사기」 —

① 정전 지급
② 국학 설치
③ 첨성대 건립
④ 북한산 순수비 건립

30 [2023 지방직 9급] (가), (나)에 들어갈 왕의 업적으로 옳은 것은?

> 삼국의 역사서로는 고구려에 『유기』가 있었는데, 영양왕 때 이문진이 이를 간추려 『신집』 5권을 편찬하였다. 백제에서는 (가) 시기에 고흥이 『서기』를, 신라에서는 (나) 시기에 거칠부가 『국사』를 편찬하였다.

① (가) - 국호를 남부여로 바꾸었다.
② (가) - 동진으로부터 불교를 받아들여 공인하였다.
③ (나) - 화랑도를 국가적 조직으로 개편하였다.
④ (나) - 병부를 처음으로 설치하여 군권을 장악하였다.

31 [2021 법원직] (가)~(라)를 일어난 순서대로 바르게 나열한 것은?

> (가) 성왕이 군사를 보내 고구려를 공격하였다.
> (나) 온조는 한강 하류에 이르러 도읍을 정하였다.
> (다) 태조왕이 동옥저를 정벌하고 빼앗아 성읍으로 삼았다.
> (라) 법흥왕이 율령을 반포하고, 처음으로 관리의 공복을 정하였다.

① (가) - (나) - (다) - (라)
② (나) - (다) - (라) - (가)
③ (나) - (가) - (라) - (다)
④ (다) - (가) - (나) - (라)

32 [2021 국가직 9급] (가) 시기에 신라에서 있었던 사실은?

> 고구려의 침입으로 한성이 함락되자, 수도를 웅진으로 옮겼다.
> ⇩
> (가)
> ⇩
> 성왕은 사비로 도읍을 옮겼다.

① 대가야를 정복하였다.
② 황초령순수비를 세웠다.
③ 거칠부가 『국사』를 편찬하였다.
④ 이차돈의 순교를 계기로 불교가 공인되었다.

29 | 진흥왕　　　　　　　　　　　　　　정답 ④

이사부의 건의를 수용하여 거칠부로 하여금 「국사」를 편찬하게 한 왕은 신라 진흥왕(540~576)이다.
진흥왕은 대외적으로는 백제와 연합하여 고구려의 지배 아래에 있던 한강 유역을 빼앗고 북쪽으로는 함경도 지역까지 진출하였으며, 남쪽으로는 고령의 대가야를 정복하여 낙동강 서쪽을 장악하였다. 특히, 한강 유역의 장악은 경제 기반 강화, 전략 거점 확보, 황해를 통한 중국과의 직접 교역의 발판 마련 등 이후에 삼국 경쟁의 주도권을 신라가 장악하는 계기가 되었다. 단양 적성비와 북한산·창녕·마운령·황초령 순수비에는 진흥왕의 정복 활동에 관한 사실이 잘 나타나 있다.

오답분석　① 성덕왕(702~737) 재위 시기인 722년에 백성에게 정전을 지급하였다.
② 신문왕(681~692) 때 국학을 설립하여 유교 정치 이념에 입각해 인재를 교육하고 양성하려 하였다.
③ 선덕여왕(632~647) 때 천문관측을 위해 첨성대를 건립하였다.

● 복습지문
신라는 진흥왕 때 거칠부가 "국사"를 편찬하였다.

30 | 근초고왕, 진흥왕　　　　　　　　　정답 ③

(가)는 백제 근초고왕, (나)는 신라 진흥왕이다.
근초고왕(346~375)은 왕위의 부자상속제를 확립하여 왕권을 강화하였다. 활발한 정복 활동을 펼쳐 마한의 나머지 세력을 정복하여 전라도 남해안에 이르렀으며, 북으로는 황해도 지역을 놓고 고구려와 대결하였다. 371년에는 고구려 평양성을 공격하여 고국원왕을 전사시키기도 하였다.
진흥왕(540~576)은 대외적으로는 백제와 연합하여 고구려의 지배 아래에 있던 한강 유역을 빼앗고 북쪽으로는 함경도 지역까지 진출하였으며, 남쪽으로는 고령의 대가야를 정복하여 낙동강 서쪽을 장악하였다. 한편 진흥왕은 사상적 통합을 도모하기 위해 불교 교단을 정비하여 혜량을 국통으로 삼고, 그 아래에 주통, 군통 등의 승관을 두었다. 그리고 화랑도를 국가적인 조직으로 개편하여 인재를 양성하였다.

오답분석
① 백제 성왕이 국호를 남부여로 바꾸었다.
② 백제 침류왕이 동진으로부터 불교를 받아들여 공인하였다.
④ 신라 법흥왕이 병부를 설치하여 군권을 장악하였다.

31 | 삼국의 발전　　　　　　　　　　　정답 ②

(나) 백제의 시조 온조는 기원전 18년에 한강 하류의 위례성(慰禮城)에 도읍을 정하였다.
(다) 고구려 태조왕(53~146)은 부전고원을 넘어 함경도 지방의 동옥저를 정벌하고 빼앗아 성읍으로 삼았다.
(라) 신라 법흥왕(514~540)은 520년에 율령을 반포하고 백관의 공복을 제정하였다.
(가) 백제 성왕(523~554)은 551년에 신라와 연합하여 고구려를 공격해 한강 하류지역을 수복하였다.

32 | 삼국의 항쟁　　　　　　　　　　　정답 ④

475년 고구려 장수왕의 침입으로 한성이 함락되고 개로왕(455~475)이 사망하자, 문주왕(475~477)은 웅진(공주)으로 도읍을 옮겼다. 538년에 성왕(523~554)은 웅진(공주)에서 사비(부여)로 도읍을 옮기고, 남부여로 국호를 고치면서 중흥을 꾀하였다. 따라서 (가)는 475~538년 사이에 발생한 사실이 들어갈 수 있다.
신라 법흥왕(514~540)은 율령을 반포하고 17관등제를 완비했으며 공복을 제정하여 관직을 체계화하였다. 중앙 부서로서 병부를 설치하여 군사권을 장악하였으며, 531년에는 상대등을 설치하였다. 그리고 불교식 왕명을 사용하여 왕의 권위를 높이고, '건원'이라는 연호를 사용하여 자주 국가로서의 위상을 높였다. 한편 사상의 통일을 위해 이차돈의 순교를 계기로 불교를 공인하였다(527). 대외적으로는 대가야와 결혼 동맹을 맺었으며(522), 김해 지역의 금관가야를 합병하여 영토를 확장하였다(532).

오답분석　① 진흥왕(540~576) 때인 562년에 고령의 대가야를 정복하여 낙동강 서쪽을 장악하였다.
② 진흥왕 때 함경도 지역까지 진출하였으며, 황초령비와 마운령비를 세웠다.
③ 진흥왕 때인 545년에 거칠부가 신라왕조의 역사서인 『국사(國史)』를 편찬하였다.

Ⅱ. 한국 고대사

33 [2022 지방직 9급] 다음 사건을 시기순으로 바르게 나열한 것은?

(가) 신라의 한강 유역 확보
(나) 관산성 전투
(다) 백제의 웅진 천도
(라) 고구려의 평양 천도

① (가) → (라) → (나) → (다)
② (나) → (다) → (가) → (라)
③ (다) → (나) → (가) → (라)
④ (라) → (다) → (가) → (나)

34 [2025 국가직 9급] (가), (나) 사이 시기에 있었던 사실로 옳은 것은?

(가) 왕이 보병과 기병 5만 명을 보내 신라를 구원하게 하였고, 이에 왜군이 퇴각하였다.
(나) 백제 왕이 가야와 함께 관산성을 공격하였다. 신주군주 김무력이 나아가 교전을 벌였고, 비장인 도도가 백제 왕을 죽였다.

① 고구려가 낙랑군을 몰아냈다.
② 신라가 금관가야를 병합하였다.
③ 고구려가 안시성에서 당군을 물리쳤다.
④ 백제가 평양성에서 고국원왕을 전사시켰다.

35 [2024 법원직] (가) 국가에 대한 설명으로 가장 옳지 않은 것은?

김해·고령 등 (가) 고분군 7곳, 유네스코 세계 문화 유산 됐다.
유네스코 "고대 문명의 주요 증거"
한반도 남부에 남아 있는 유적 7곳을 묶은 고분군이 유네스코 세계 문화 유산 됐다. …… (가) 은/는 기원 전후부터 562년까지 주로 낙동강 유역을 중심으로 번성한 작은 나라들의 총칭이다. - 2023. 9. 18. ○○일보 -

① 낙동강 하류의 변한 지역에서 성장하였다.
② 철기를 활발히 생산하여 주변국에 수출하였다.
③ 골품에 따라 관등이나 관직 승진에 제한이 있었다.
④ 금관가야를 중심으로 전기 가야 연맹이 결성되었다.

36 [2021 지방직 9급] (가) 나라에 대한 설명으로 옳은 것은?

북쪽 구지에서 이상한 소리로 부르는 것이 있었다. …(중략)… 구간(九干)들은 이 말을 따라 모두 기뻐하면서 노래하고 춤을 추었다. 자줏빛 줄이 하늘에서 드리워져서 땅에 닿았다. 그 줄이 내려온 곳을 따라가 붉은 보자기에 싸인 금으로 만든 상자를 발견하고 열어보니, 해처럼 둥근 황금 알 여섯 개가 있었다. 알 여섯이 모두 변하여 어린아이가 되었다. …(중략)… 가장 큰 알에서 태어난 수로(首露)가 왕위에 올라 (가) 를/을 세웠다. - 『삼국유사』 -

① 해상 교역을 통해 우수한 철을 수출하였다.
② 박, 석, 김씨가 교대로 왕위를 계승하였다.
③ 경당을 설치하여 학문과 무예를 가르쳤다.
④ 정사암 회의를 통해 재상을 선발하였다.

33 | 삼국의 발전　　　　　정답 ④

(라) 427년에 고구려 장수왕이 국내성에서 평양으로 천도하였다.
(다) 475년에 장수왕의 공격으로 한성이 함락당하여 백제 문주왕이 웅진으로 천도하였다.
(가) 백제 성왕은 신라와 연합하여 551년에 일시적으로 한강 하류 지역을 수복하였지만 553년에 신라에 빼앗겼다.
(나) 554년 백제 성왕은 신라에 복수하기 위해 관산성을 공격하다 전사하였다.

34 | 삼국의 항쟁　　　　　정답 ②

(가) 400년에 고구려 광개토대왕이 신라에 원병을 보내 왜군을 격퇴하였고, (나) 554년에 백제 성왕이 관산성을 공격하다 전사하였다.
532년 금관가야의 마지막 왕 김구해가 신라 법흥왕에게 항복하였다. 이에 신라는 금관가야의 왕실을 신라의 진골 귀족에 편입시키고, 본국을 식읍으로 지급하였다.
백제 성왕(523~554)은 웅진(공주)에서 사비(부여)로 도읍을 옮기고(538), 남부여로 국호를 고치면서 중흥을 꾀하였다. 성왕은 신라와 연합하여 551년에 일시적으로 한강 하류 지역을 수복하였지만 553년에 신라에 빼앗겼다. 이에 성왕은 신라에 복수하기 위해 관산성을 공격하다 전사하였다(554).

오답분석　① 고구려 미천왕(300~331) 때 낙랑군과 대방군을 완전히 몰아내어 대동강 유역을 확보하였다.
③ 645년에 고구려가 안시성에서 당태종의 군대를 물리쳤다.
④ 371년에 백제가 평양성을 공격하여 고국원왕을 전사시켰다.

35 | 가야　　　　　정답 ③

(가)는 낙동강 유역을 중심으로 번성한 가야이다.
낙동강 하류의 변한 지역에서는 2세기 이후 여러 정치 집단이 나타나기 시작하였다. 3세기경에는 이들 사이의 통합이 한 단계 더 발전하여 김해의 금관가야가 중심이 되어 연맹 왕국으로 발전하였다. 이를 전기 가야 연맹이라고 부른다.
가야의 소국들은 일찍부터 벼농사를 짓는 등 농경 문화가 발달하였다. 또, 풍부한 철의 생산과 해상 교통을 이용하여 낙랑과 왜의 규슈 지방을 연결하는 중계 무역이 발달하였다.

오답분석　③ 신라에 관등이나 관직 승진에 제한을 두는 골품제가 있었다.

36 | 금관가야　　　　　정답 ①

'구지', '수로가 왕위에 올라' 등의 단서를 통해 (가)는 금관가야임을 알 수 있다. 김해에 있는 구지봉은 금관가야의 시조 수로왕의 탄생신화와 고대 가요 〈구지가〉와 관련된 장소이다. 『삼국유사』에 따르면 구지봉에 하늘에서 6개의 황금알이 담긴 금상자가 내려오고, 그 알속에서 6가야의 시조왕들이 태어났다는 전설이 전해진다.
김해를 중심으로 한 금관가야는 해상 활동에 유리한 입지 조건 때문에 낙랑과 왜 등을 연결하는 중계무역이 발달하였다. 특히 김해 지방에는 질 좋은 철이 많이 나서 각종 철제 무기를 만들어 사용하였고, 덩이쇠를 만들어 화폐와 같은 교환 수단으로 이용하기도 하였다. 전기 가야 연맹을 주도한 금관가야는 4세기 말~5세기 초에 신라를 후원하는 고구려군의 공격을 받고 큰 타격을 입어 가야 연맹 맹주로서의 지위가 흔들리게 되었다. 김해의 대성동 고분군에서 나온 많은 유물은 당시 금관가야의 국력과 왕권이 강성하였음을 보여 준다.

오답분석　② 신라 초기에 박, 석, 김씨가 교대로 왕위를 계승하였다.
③ 고구려는 평양 천도 이후 지방에 경당을 설치하여 학문과 무예를 가르쳤다.
④ 백제에서 정사암 회의를 통해 재상을 선발하였다.

Ⅱ. 한국 고대사

37 [2024 국가직 9급] 밑줄 친 '이 나라'에 대한 설명으로 옳은 것은?

> 5세기 후반 가야의 주도 세력으로 성장한 이 나라는 낙동강 유역이라는 지리적 이점과 풍부한 철을 활용하여 후기 가야 연맹의 맹주가 되었다.

① 진흥왕에 의해 멸망하였다.
② 사비로 천도하고 국호를 남부여로 하였다.
③ 지방 행정 구역을 5경 15부 62주로 나누었다.
④ 평양으로 수도를 옮기고 남진 정책을 추진하였다.

38 [2020 지방직 9급] 밑줄 친 '이 나라'에 대한 설명으로 옳은 것은?

> 이 나라는 삼한의 종족이며, 지금의 고령에 있었다. 건원 원년(479)에 그 국왕 하지(荷知)는 사신을 보내 남제에 공물을 바쳤다. 남제에서는 국왕 하지에게 "보국장군 본국왕"을 제수하였다.

① 관산성 전투에서 국왕이 전사하였다.
② 울릉도를 정복해서 영토로 편입하였다.
③ 호남 동부 지역까지 세력을 확장하였다.
④ 신라를 도와 낙동강 유역에 진출한 왜를 격파하였다.

39 [2025 법원직] 다음 (가) 나라가 남긴 문화유산으로 가장 옳은 것은?

> 고령군은 원래 [(가)]이다. 시조 이진아시왕(伊珍阿豉王)부터 도설지왕(道設智王)까지 16대 520년간 유지되었다. 진흥 대왕이 이를 공격해 없애고 그 지역을 군으로 삼았는데, 경덕왕이 고령군으로 개칭하였다.

① 산수문전 ② 임신서기석
③ 지산동 고분군 ④ 동연가 7년명 여래 입상

40 [2017 지방직 7급] 밑줄 친 '가라(가야)국'에 대한 설명으로 옳은 것은?

> 진흥왕이 이찬 이사부에게 명하여 가라(가야라고도 한다)국을 공격하도록 하였다. 이때 사다함은 나이 15, 6세였음에도 종군하기를 청하였다. 왕이 나이가 아직 어리다 하여 허락하지 않았으나, 여러 번 진심으로 청하고 뜻이 확고하였으므로 드디어 귀당 비장으로 삼았다. … 그 나라 사람들이 뜻밖에 군사가 쳐들어오는 것을 보고 놀라 막지 못하였으므로 대군이 승세를 타고 마침내 그 나라를 멸망시켰다.
> – "삼국사기" –

① 시조는 수로왕이며 구지봉 전설이 있다.
② 나라가 망할 즈음 우륵이 가야금을 가지고 신라로 들어갔다.
③ 낙동강 하류에 도읍하고 해상 교역을 중계하였다.
④ 국주(國主) 김구해가 항복하자 신라왕이 본국을 식읍으로 주었다.

37 | 대가야   정답 ①

밑줄 친 '이 나라'는 후기 가야 연맹의 맹주였던 대가야이다.
전기 가야 연맹을 주도한 금관가야가 쇠퇴한 이후 고령의 대가야를 중심으로 합천, 거창, 함양 등지의 가야 세력은 후기 가야 연맹체를 이루었다. 대가야를 중심으로 한 가야 연맹은 5세기 후반 크게 성장하여 그 세력 범위를 호남 동부 지역까지 확장시켰다. 6세기 초 대가야의 이뇌왕은 신라의 법흥왕과 결혼동맹(522)을 맺어 국제적 고립에서 벗어나려 하였다. 대가야는 562년 신라 진흥왕에 의해 멸망하였다.

오답분석 ② 백제 성왕이 사비로 천도하고 국호를 남부여로 개칭하였다.
③ 발해가 지방 행정 구역을 5경 15부 62주로 정비하였다.
④ 고구려 장수왕이 평양으로 수도를 옮기고 남진 정책을 추진하였다.

38 | 대가야   정답 ③

고령에 있었던 '이 나라'는 대가야이다.
전기 가야 연맹을 주도한 금관가야가 쇠퇴한 이후 고령의 대가야를 중심으로 합천, 거창, 함양 등지의 가야 세력은 후기 가야 연맹체를 이루었다. 대가야를 중심으로 한 가야 연맹은 5세기 후반 크게 성장하여 그 세력 범위를 호남 동부 지역까지 확장시켰다. 6세기 초 대가야의 이뇌왕은 신라의 법흥왕과 결혼동맹(522)을 맺어 국제적 고립에서 벗어나려 하였다. 이후 후기 가야 연맹은 분열하여 김해의 금관가야가 신라에 정복당하고, 신라와 백제에 의해 가야의 남부 지역은 분할 점령되었다. 562년에는 대가야가 신라에 멸망하면서 가야 연맹은 완전히 해체되었다.

오답분석 ① 백제 성왕이 관산성 전투(554)에서 전사하였다.
② 신라 지증왕 때 이사부가 울릉도를 정복하여 영토로 편입하였다.
④ 고구려 광개토대왕이 원군을 보내 신라에 침입한 왜군을 격파하였다.

● **복습지문**
대가야는 호남 동부 지역(전라북도 진안)까지 세력을 확장하였다.

39 | 대가야   정답 ③

(가)는 고령을 근거로 시조 이진아시왕 이래로 도설지왕까지 16대에 걸쳐 약 520년간 존속했던 대가야이다. 대가야는 시조인 이진아시왕을 금관가야의 시조 수로왕과 형제 관계로 설정하여 금관가야의 맹주적 위상을 활용하였다.
4세기 말~5세기 초 신라를 후원하는 고구려군의 공격을 받아 금관가야가 쇠퇴하자, 가야연맹의 중심은 대가야로 넘어가게 되었다. 고령의 대가야를 중심으로 가야 연맹은 크게 성장하여 소백산맥 서쪽인 지금의 전라북도 일부 지역까지 세력을 확장하였다.
대가야의 대표적인 유적으로는 고령의 지산동 고분군이 있다.

오답분석 ① 산과 나무, 그리고 물과 바위 등이 묘사되어 있는 산수문전은 백제의 문화유산이다.
② 경주에서 발견된 임신서기석은 신라의 문화유산이다.
④ 금동 연가 7년명 여래 입상은 북조 불상의 영향을 받은 고구려의 문화유산이다.

40 | 대가야   정답 ②

진흥왕 때 이사부로 하여금 토벌하게 하였고, 이 과정에서 사다함이 큰 공을 세웠다는 사실을 통해 제시문의 밑줄 친 '가라(가야)국'은 대가야임을 알 수 있다.
대가야는 신라를 후원한 고구려군의 공격으로 금관가야의 세력이 약화된 이후 가야의 주도세력으로 성장하였다. 5세기 후반부터 고령 지방의 대가야를 중심으로 가야 연맹은 크게 성장하여 소백산맥 서쪽까지 영토를 확장하였다. 그러나 김해의 금관가야가 신라 법흥왕에게 정복당하고, 562년 대가야가 신라에 멸망하면서 가야 연맹은 완전히 해체되었다.
한편 대가야가 멸망할 무렵 우륵은 정치적 탄압을 피해 가야금을 가지고 신라로 망명하여 진흥왕의 중용을 받아 신라에 음악을 전수하였다.

오답분석 ① 금관가야의 시조가 수로왕이며, 탄생설화인 구지봉 전설이 삼국유사에 기록되어 있다.
③ 금관가야가 낙동강 하류에 도읍하고 해상 중계무역을 주도하였다.
④ 김구해는 금관가야의 마지막 왕으로 신라 법흥왕에게 항복하였다.

● **복습지문**
대가야가 멸망할 무렵 우륵이 가야금을 가지고 신라로 망명하였다.

Ⅱ. 한국 고대사

41 [2024 법원직] (가), (나) 사이의 시기에 있었던 사실로 가장 옳지 않은 것은?

(가)

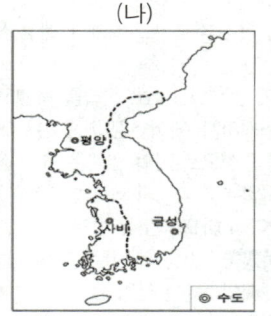
(나)

① 태조왕이 옥저를 복속하였다.
② 진흥왕이 화랑도를 개편하였다.
③ 장수왕이 남진 정책을 추진하였다.
④ 지증왕이 국호를 '신라'로 정하였다.

42 [2020 서울시 9급] 〈보기〉의 사건들을 시간순으로 바르게 나열한 것은?

● 보기 ●
ㄱ. 신라 – 건원(建元)이라는 독자적인 연호를 만들었다.
ㄴ. 가야 – 대가야가 멸망하면서 가야 연맹이 완전히 해체되었다.
ㄷ. 고구려 – 낙랑군을 완전히 몰아내고 대동강 유역을 확보하였다.
ㄹ. 백제 – 수도인 한성이 함락되고 왕이 죽자 도읍을 웅진으로 옮겼다.

① ㄱ-ㄴ-ㄷ-ㄹ
② ㄴ-ㄷ-ㄹ-ㄱ
③ ㄷ-ㄹ-ㄱ-ㄴ
④ ㄹ-ㄱ-ㄴ-ㄷ

43 [2024 서울시 9급] 〈보기〉의 사건을 시간 순으로 바르게 나열한 것은?

● 보기 ●
ㄱ. 고국천왕이 을파소를 국상으로 등용하여 진대법을 실시했다.
ㄴ. 백제가 평양성 전투에서 고국원왕을 전사시켰다.
ㄷ. 신라가 대가야를 병합했다.
ㄹ. 신라가 우산국을 복속시켜 영토에 편입했다.

① ㄱ-ㄴ-ㄷ-ㄹ
② ㄱ-ㄴ-ㄹ-ㄷ
③ ㄴ-ㄱ-ㄷ-ㄹ
④ ㄴ-ㄷ-ㄱ-ㄹ

44 [2023 국가직 9급] 다음 사건을 시기순으로 바르게 나열한 것은?

(가) 신라의 우산국 복속
(나) 고구려의 서안평 점령
(다) 백제의 대야성 점령
(라) 신라의 금관가야 병합

① (가) → (나) → (다) → (라)
② (가) → (라) → (나) → (다)
③ (나) → (가) → (라) → (다)
④ (나) → (다) → (가) → (라)

41 | 삼국의 발전   정답 ①

(가)는 백제의 전성기인 4세기 말, (나)는 신라 진흥왕이 함경도까지 진출한 6세기 후반의 지도이다.

고구려 장수왕(412~491)은 427년 국내성에서 평양으로 도읍을 옮기고, 남진 정책을 실시하였다. 장수왕은 475년 백제 수도 한성을 공격하여 함락시키고 개로왕을 죽였다. 고구려는 이때 한강 전 지역을 포함하여 죽령 일대로부터 남양만을 연결하는 선까지 그 판도를 넓혔다.

신라 지증왕(500~514)은 나라 이름을 '신라'로 바꾸고, 군주의 칭호도 마립간에서 중국식 칭호인 '왕'으로 바꾸어 왕권을 강화하였다. 그리고 지방 통치 제도로서 주군현(州郡縣)제도를 정하고, 새로 확보한 실직주(悉直州: 현재 강원도 삼척)의 군주로 이사부를 파견하였다.

신라 진흥왕(540~576)은 화랑도를 국가적인 조직으로 개편하여 인재를 양성하였고, 대외적으로는 백제와 연합하여 고구려의 지배 아래에 있던 한강 유역을 빼앗았다. 이후 북쪽으로는 함경도 지역까지 진출하였으며, 남쪽으로는 고령의 대가야를 정복하여 영토를 확대하였다.

오답분석 ① 1세기 후반 태조왕(53~146) 때 함경도 지방의 옥저를 복속하였다.

43 | 삼국의 발전   정답 ②

ㄱ. 고구려 고국천왕(179~197) 때 봄에 곡식을 빌려주고 가을에 돌려받는 진대법을 시행하였다.
ㄴ. 371년에 백제가 고구려 평양성을 공격하여 고국원왕(331~371)을 전사하게 하였다.
ㄹ. 512년에 하슬라주 군주였던 이사부는 우산국을 정벌하여 울릉도와 독도를 신라 영토로 복속하였다.
ㄷ. 562년에 진흥왕이 보낸 신라군의 공격으로 대가야가 멸망하였다.

42 | 삼국과 가야의 발전   정답 ③

ㄷ. 고구려 미천왕(300~331)은 서안평을 점령하고 곧이어 낙랑군과 대방군을 완전히 몰아내어 대동강 유역을 확보하는 등 남쪽으로 진출할 수 있는 발판을 마련하였다.
ㄹ. 475년 고구려 장수왕은 백제 수도 한성을 공격하여 함락시키고 개로왕을 죽였다. 개로왕이 피살된 후 문주왕은 한성에서 웅진으로 도읍을 옮겼다.
ㄱ. 신라 법흥왕(514~540)은 '건원'이라는 연호를 사용하여 자주 국가로서의 위상을 높였다.
ㄴ. 562년에 신라의 공격으로 대가야가 멸망하면서 가야 연맹은 완전히 해체되었다.

44 | 삼국의 발전   정답 ③

(나) 고구려 미천왕(300~331) 때 서안평을 점령하고 곧이어 낙랑군과 대방군을 완전히 몰아내어 대동강 유역을 확보하는 등 남쪽으로 진출할 수 있는 발판을 마련하였다.
(가) 신라 지증왕(500~514) 때 하슬라주 군주였던 이사부가 우산국을 정벌하여 울릉도와 독도를 신라 영토로 복속하였다.
(라) 신라 법흥왕(514~540) 때 금관가야의 마지막 왕 김구해가 신라에 항복하였다. 이에 신라는 금관가야의 왕실을 신라의 진골 귀족에 편입시키고, 본국을 식읍으로 지급하였다.
(다) 642년 백제 장군 윤충은 신라 대야성을 공격하여 성주 김품석과 그의 부인인 김춘추의 딸을 죽이고 성을 함락하였다.

Ⅱ. 한국 고대사

45 [2020 법원직] 밑줄 친 '왕'의 활동으로 가장 옳은 것은?

> 대야성의 패전에서 도독 품석의 아내도 죽었는데, 그녀는 춘추의 딸이었다. … 왕에게 나아가 아뢰기를, "신이 고구려에 가서 군사를 청해 원수를 갚고 싶습니다."라고 하니 왕이 허락했다.
> ― 「삼국사기」 ―

① 단양 적성비를 세웠다.
② 황룡사 9층 목탑을 건립하였다.
③ 고구려 부흥 운동을 지원하였다.
④ 이차돈의 순교를 계기로 불교를 공인하였다.

47 [2022 지방직 9급] 밑줄 친 '그'에 대한 설명으로 옳은 것은?

> 이날 소정방이 부총관 김인문 등과 함께 기벌포에 도착하여 백제 군사와 마주쳤다. …(중략)… 소정방이 신라군이 늦게 왔다는 이유로 군문에서 신라 독군 김문영의 목을 베고자 하니, 그가 군사들 앞에 나아가 "황산 전투를 보지도 않고 늦게 온 것을 이유로 우리를 죄주려 하는구나. 죄도 없이 치욕을 당할 수는 없으니, 결단코 먼저 당나라 군사와 결전을 한 후에 백제를 쳐야겠다."라고 말하였다.

① 살수에서 수의 군대를 물리쳤다.
② 김춘추의 신라 왕위 계승을 지원하였다.
③ 청해진을 설치하고 해상 무역을 전개하였다.
④ 대가야를 정벌하여 낙동강 유역을 확보하였다.

46 [2021 지방직 9급] 밑줄 친 '그'에 대한 설명으로 옳은 것은?

> 그가 왕에게 아뢰었다. "삼교는 솥의 발과 같아서 하나라도 없어서는 안 됩니다. 지금 유교와 불교는 모두 흥하는데 도교는 아직 번성하지 않으니, 소위 천하의 도술(道術)을 갖추었다고 할 수 없습니다. 엎드려 청하오니 당에 사신을 보내 도교를 구해 와서 나라 사람들을 가르치게 하소서."
> ― 「삼국사기」 ―

① 당나라와 동맹을 체결하였다.
② 천리장성의 축조를 맡아 수행하였다.
③ 수나라의 군대를 살수에서 격퇴하였다.
④ 남진 정책을 추진하여 한성을 점령하였다.

48 [2020 국가직 9급] (가) 인물에 대한 설명으로 옳은 것은?

> 김춘추가 당나라에 들어가 군사 20만을 요청해 얻고 돌아와서 (가) 을/를 보며 말하기를, "죽고 사는 것이 하늘의 뜻에 달렸는데, 살아 돌아와 다시 공과 만나게 되니 얼마나 다행한 일입니까?"라고 하였다. 이에 (가) 이/가 대답하기를, "저는 나라의 위엄과 신령함에 의지하여 두 차례 백제와 크게 싸워 20 성을 빼앗고 3만여 명을 죽이거나 사로잡았습니다. 그리고 품석 부부의 유골이 고향으로 되돌아왔으니 천행입니다."라고 하였다.
> ― 「삼국사기」 ―

① 황산벌에서 백제군을 물리쳤다.
② 화랑이 지켜야 할 세속오계를 제시하였다.
③ 진덕여왕의 뒤를 이어 신라왕으로 즉위하였다.
④ 당에서 숙위 활동을 하다가 부대총관이 되어 신라로 돌아왔다.

45 | 선덕여왕(대야성 전투) 정답 ②

김춘추의 딸과 사위가 사망한 대야성 전투는 642년에 일어났으며, 김춘추를 고구려에 보내 군사동맹을 체결하려 한 '왕'은 선덕여왕(632~647)이다.
선덕여왕은 분황사를 창건하고 자장의 건의를 받아들여 황룡사 9층 목탑을 세우는 등 문화 통치에 힘썼다. 또한 첨성대를 세워 천문을 관측하였는데, 이는 현존하는 가장 오래된 천문 관측 시설이다.

오답분석 ① 진흥왕 때 단양 적성비와 4개의 순수비를 세웠다.
③ 문무왕이 나당 전쟁을 수행하면서 고구려 부흥 운동을 지원하였다.
④ 법흥왕이 이차돈의 순교를 계기로 불교를 공인하였다.

46 | 연개소문 정답 ②

당나라로부터 도교(道敎)를 수용할 것을 주장한 '그'는 연개소문이다.
연개소문은 불교와 연결된 세력을 견제하기 위해 도교를 장려하였다. 당나라에 사신을 보내어 숙달(叔達) 등 8명의 도사를 맞아들이고 불교 사찰을 도교 사원으로 사용하기도 하였다. 이에 보덕은 도교의 불로장생 사상에 대항하기 위해 백제로 건너가 열반종을 개창하였다.
고구려는 당의 침략에 대비하여 북쪽의 부여성(농안)에서 남쪽의 비사성(대련)에 이르는 천리장성을 축조하였다. 이 공사는 631년(영류왕 14)에 시작하여 647년(보장왕 6)에 완공되었는데, 연개소문은 이 성곽 축조를 감독하면서 요동지방의 군사력을 장악하여 정권을 잡을 수 있었다. 연개소문은 642년 정변을 일으켜 왕을 시해하고 보장왕을 세웠다. 스스로는 막리지가 되어 대권을 장악한 그는 긴박한 국제 상황 속에서 강경일변도의 대외정책을 채택하였다.

오답분석 ① 신라 진덕여왕 때 김춘추가 당나라와 동맹을 체결하였다.
③ 고구려의 을지문덕이 612년에 수나라의 별동대를 살수에서 격퇴하였다.
④ 고구려 장수왕이 남진 정책을 추진하여 백제의 한성을 점령하였다.

47 | 김유신 정답 ②

'황산(벌) 전투'라는 단서를 통해 밑줄 친 '그'는 김유신임을 알 수 있다. 660년 김유신이 지휘한 신라군은 계백이 이끈 백제의 결사대를 황산벌에서 격파한 뒤 백제의 도읍인 사비성을 공격하여 백제를 멸망시켰다.
김유신은 법흥왕 때 신라에 투항한 금관가야의 마지막 왕 김구해의 증손자로, 선덕여왕 대에 김유신의 누이 문희가 김춘추와 혼인하면서 두 사람은 긴밀한 사이가 되었다.
647년(선덕여왕 16) 선덕여왕이 위중하자 상대등 비담이 왕위를 노리고 반란을 일으켰는데, 김유신은 김춘추와 함께 이 반란을 진압하고 진덕여왕을 옹립하였다. 진덕여왕이 후계자 없이 죽은 후 화백회의에서는 김유신 등이 주도하여 김춘추를 왕으로 추대하였다.
최초의 진골 출신 왕인 태종 무열왕(654~661)은 집사부의 장관인 중시의 기능을 강화하고, 상대등에 측근 김유신을 임명하여 진골 귀족의 세력을 억제하였다.

오답분석 ① 고구려의 을지문덕이 612년 살수에서 수의 별동대를 물리쳤다.
③ 신라 하대에 장보고가 청해진을 근거로 동북아시아 해상 무역권을 장악하였다.
④ 신라 진흥왕 때 대가야를 정벌하여 낙동강 유역을 확보하였다.

48 | 김유신 정답 ①

'김춘추', '백제와 크게 싸워 20 성을 빼앗고' 등의 단서를 통해 (가)는 김유신임을 알 수 있다.
647년 김춘추와 김유신은 상대등 비담이 일으킨 난을 진압하고 진덕여왕(647~654)을 옹립하였다. 진덕여왕이 후계자 없이 죽은 후 화백회의에서 김춘추를 왕으로 추대하였다. 최초의 진골 출신 왕인 태종 무열왕(654~661)은 집사부의 장관인 중시의 기능을 강화하고, 상대등에 측근 김유신을 임명하여 진골 귀족의 세력을 억제하였다. 660년 여름 김유신이 지휘한 신라군은 계백이 이끈 백제의 결사대를 황산벌에서 격파한 뒤 백제의 도읍인 사비성을 공격하여 백제를 멸망시켰다.

오답분석 ② 원광이 화랑이 지켜야 할 세속오계를 제시하였다.
③ 김춘추가 진덕여왕의 뒤를 이어 태종 무열왕으로 즉위하였다.
④ 태종 무열왕의 둘째 아들이며 문무왕의 동생인 김인문이 당의 부대총관으로 백제 원정에 종군하였다.

II. 한국 고대사

49 [2018 지방직 9급] (가) 시기에 있었던 사실로 옳은 것은?

> 신라와 당이 군사동맹을 체결하였다.
> ⇩
> (가)
> ⇩
> 신라가 기벌포 전투에서 당군을 물리쳤다.

① 진덕 여왕이 신라 고유 연호의 사용을 중단하였다.
② 법흥왕이 율령을 반포하여 백관의 공복을 제정하였다.
③ 의자왕의 군사가 김품석이 성주로 있던 대야성을 함락하였다.
④ 신문왕이 보덕국의 고구려 유민들이 일으킨 반란을 진압하였다.

50 [2020 국가직 9급] (가)~(라)에 해당하는 사실로 옳지 <u>않은</u> 것은?

(가)	(나)	(다)	(라)
낙랑군 축출	광개토 대왕릉비 건립	살수대첩 승리	안시성 전투 승리	고구려 멸망

① (가) - 백제 침류왕이 불교를 받아들였다.
② (나) - 고구려 영양왕이 요서 지방을 선제공격하였다.
③ (다) - 백제가 신라 대야성을 공격하여 함락시켰다.
④ (라) - 신라가 매소성에서 당군을 격파하였다.

51 [2020 국가직 7급] (가)~(라) 시기에 있었던 사실로 옳은 것은?

(가)	(나)	(다)	(라)
고구려 진대법 시행	백제 불교 공인	신라 율령 반포	고구려 살수대첩	백제 주류성 함락

① (가) - 신라가 대가야를 병합하였다.
② (나) - 고구려가 한반도에서 낙랑군을 축출하였다.
③ (다) - 백제가 사비로 천도하였다.
④ (라) - 신라가 북한산에 순수비를 세웠다.

52 [2023 법원직] (가), (나) 시기 사이에 있었던 사실로 가장 옳은 것은?

> (가) 진흥왕이 이사부에게 토벌을 명하고 사다함에 보좌하게 하였다. …… 이사부가 군사를 이끌고 다다르자, 대가야가 모두 항복하였다. - 『삼국사기』 -
> (나) 백제군 한 사람이 1,000명을 당해냈다. 신라군은 이에 퇴각하였다. 이와 같이 진격하고 퇴각하길 네 차례에 이르러, 계백은 힘이 다하여 죽었다. - 『삼국사기』 -

① 백제가 웅진으로 천도하였다.
② 소수림왕이 불교를 수용하였다.
③ 신라가 기벌포에서 당군을 물리쳤다.
④ 고구려가 수나라 군대를 살수에서 격퇴하였다.

49 | 나당동맹과 삼국 통일   정답 ①

648년 신라와 당이 군사동맹을 체결하였고, 676년에는 신라가 금강 하구의 기벌포에서 당의 수군을 섬멸하고, 평양에 있던 안동 도호부도 요동성으로 밀어 냄으로써 삼국통일을 이룩하였다.
선덕여왕 재위 말년에 일어난 비담의 난을 진압한 후 왕이 사망하자 김춘추와 김유신은 진덕여왕을 옹립하였다. 고구려·백제의 협공에 힘들어하던 신라는 김춘추를 당나라에 보내어 당시 고구려 공격에 실패했던 당나라와 외교관계를 공고히 하는 나·당 동맹을 체결하였다. 이후 김춘추 일파의 주도하에 당나라의 정치제도와 문화를 모방한 대규모 개혁이 단행되어 650년에는 신라의 독자적인 연호 사용을 중단하고 당나라의 연호를 사용하기 시작하였다.

오답분석 ② 법흥왕 때인 520년 율령을 반포하고 백관의 공복을 제정하였다.
③ 선덕여왕 때인 642년 백제 의자왕의 군사가 대야성을 함락하였다.
④ 신문왕 때인 683년 금마저에서 대문이 일으킨 반란을 진압하였다.

● 복습지문
나당동맹 이후 진덕여왕은 신라 고유의 연호 사용을 중단하고 당의 연호를 채택하였다.

50 | 삼국의 항쟁   정답 ④

고구려는 미천왕(300~331) 때에 서안평을 점령하고 곧이어 낙랑군과 대방군을 완전히 몰아내었으며, 장수왕은 즉위 후에 아버지 광개토대왕을 기리는 비를 건립하였다(414). 이 무렵 백제 침류왕(384~385)은 동진에서 불교를 받아들여 왕실의 권위를 높이고 백성들의 사상적 통합을 꾀하였다.
589년에 수(581~618)가 분열되었던 중국을 통일하였을 때, 고구려는 평원왕(559~590)에 이어 영양왕(590~618)이 통치하고 있었다. 수 나라가 동북쪽으로 세력 확대를 꾀하자 고구려는 북쪽으로 돌궐과 연결하고, 남으로 백제·왜와 연결하는 연합 세력을 구축하여 대응하였다. 영양왕은 598년 말갈 군사 1만을 보내 요서 지방을 선제공격하였다. 수 양제는 612년에 직접 100만이 넘는 대군을 이끌고 고구려를 침공하였으나 을지문덕이 수나라 별동대를 살수에서 대파하여 침략을 물리쳤다(살수대첩).
수가 망한 뒤 중국을 재통일한 당나라가 다시 동북아시아 방면으로 세력을 뻗쳐 왔다. 이 무렵 고구려에서는 정변이 일어나 연개소문이 영류왕(618~642)을 죽이고 보장왕(642~668)을 옹립하면서 권력을 장악하였다. 백제 무왕의 뒤를 이어 즉위한 의자왕(641~660)은 여러 차례 군사를 일으켜 신라를 공격하고 642년에는 대야성(합천)을 비롯한 40여 성을 빼앗았다. 한편 645년 당의 태종은 직접 수십만 명의 군대를 이끌고 고구려를 침공하였으나 안시성 전투에서 패하고 퇴각하였다.

오답분석 ④ 668년에 고구려가 멸망하였고, 675년에 신라가 매소성에서 당군을 격파하였다.

51 | 삼국의 발전   정답 ③

고구려는 고국천왕 때인 194년에 진대법을 시행하였고, 백제는 침류왕 때인 384년에 마라난타를 통해 불교를 수용하였다. 신라는 법흥왕이 520년에 율령을 반포하였고, 고구려는 612년에 살수대첩에서 수에 승리하였다. 백제 성왕(523~554)은 웅진(공주)에서 사비(부여)로 도읍을 옮기고(538), 남부여로 국호를 고치면서 중흥을 꾀하였다. 중앙 관청인 22부를 정비하였으며, 수도를 5부, 지방을 5방 체제로 하는 등 지방 제도를 정비하였다.

오답분석 ① 신라는 562년에 대가야를 병합하였다.
② 고구려는 미천왕(300~331) 때 서안평을 점령하고 곧이어 낙랑군과 대방군을 완전히 몰아내어 대동강 유역을 확보하는 등 남쪽으로 진출할 수 있는 발판을 마련하였다.
④ 신라는 진흥왕(540~576) 때 한강 유역을 빼앗고 북쪽으로는 함경도 지역까지 진출하였다. 이와 같은 사실은 북한산과 마운령, 황초령에 남아 있는 순수비를 통해 확인할 수 있다.

52 | 삼국의 항쟁   정답 ④

(가)는 신라의 대가야 합병(562), (나)는 김유신과 계백의 황산벌 전투(660)에 대한 기사이다.
589년에 수(581~618)가 분열되었던 중국을 통일하고, 동북쪽으로 세력 확대를 꾀하자 고구려는 돌궐, 백제, 왜와 연결하여 대응하였다. 영양왕은 598년 말갈 군사 1만을 보내 요서 지방을 선제공격하였다. 612년에 수양제가 직접 100만이 넘는 대군을 이끌고 고구려를 침공했을 때는 을지문덕이 수나라 별동대를 살수에서 대파하여 침략을 물리쳤다(살수대첩).

오답분석 ① 475년에 장수왕의 공격으로 한성이 함락되고 개로왕이 전사한 뒤 백제 문주왕은 웅진으로 천도하였다.
② 고구려 소수림왕(371~384)은 372년 전진의 순도를 통해 불교를 받아들였다.
③ 676년에 신라는 금강 하구의 기벌포에서 당의 수군을 섬멸하고, 평양에 있던 안동도호부도 요동성으로 밀어냄으로써 삼국통일을 이룩하였다.

II. 한국 고대사

53 [2018 지방직 9급]
(가) 시기에 해당되는 사실로 옳은 것만을 〈보기〉에서 모두 고르면?

```
문무왕이 왕위에 올랐다.
        ⇩
       (가)
        ⇩
신라가 기벌포에서 당의 수군을 격파하였다.
```

●보기●
ㄱ. 신라가 안승을 고구려왕에 봉했다.
ㄴ. 당나라가 신라를 계림대도독부로 삼았다.
ㄷ. 신라가 황산벌 전투에서 백제군을 무찔렀다.
ㄹ. 보장왕이 요동 지역에서 고구려 부흥을 꾀했다.

① ㄱ, ㄴ   ② ㄱ, ㄷ   ③ ㄴ, ㄹ   ④ ㄷ, ㄹ

54 [2023 국가직 9급]
다음 전투 이후에 일어난 사건으로 옳은 것만을 모두 고르면?

> 이근행이 군사 20만 명의 대군을 이끌고 매소성(買肖城)에 머물렀다. 우리 군사가 공격하여 달아나게 하고 전마 30,380필을 얻었는데, 남겨놓은 병장기도 그 정도 되었다.
> — 『삼국사기』 —

●보기●
ㄱ. 웅진도독부가 설치되었다.
ㄴ. 김흠돌이 반란을 일으켰다.
ㄷ. 교육 기관인 국학이 설립되었다.
ㄹ. 복신과 도침이 부여풍과 함께 백제 부흥 운동을 일으켰다.

① ㄱ, ㄴ   ② ㄱ, ㄹ   ③ ㄴ, ㄷ   ④ ㄷ, ㄹ

55 [2024 지방직 9급]
(가) 국가에 대한 설명으로 옳은 것은?

> (가) 의 호암사에는 정사암이란 바위가 있다. 나라에서 장차 재상을 의논할 때에 뽑을 후보 서너 명의 이름을 써서 상자에 넣고 봉해서 바위 위에 두었다. 얼마 후에 열어 보고 이름 위에 도장이 찍힌 자국이 있는 사람을 재상으로 삼았다. 이런 까닭에 정사암이라 했다. — 『삼국유사』 —

① 6좌평과 16관등제를 마련하였다.
② 태학이라는 교육 기관을 설립하였다.
③ 인안이라는 독자적인 연호를 사용하였다.
④ 골품에 따라 관등이나 관직 승진에 제한이 있었다.

56 [2023 서울시 9급]
〈보기〉의 제도를 시행한 국가에 대한 설명으로 가장 옳은 것은?

> 나라에서 장차 재상을 뽑을 때에 후보 서너 명의 이름을 써서 상자에 넣고 봉해 이를 호암사에 있는 바위에 두었다. 얼마 뒤에 가지고 와서 열어보고 이름 위에 도장이 찍혀 있는 사람을 재상으로 삼았다.

① 지방 통치를 위해 욕살과 처려근지를 파견하였다.
② 전국을 5방으로 나누고 그 책임자를 방령이라고 불렀다.
③ 각 주에 정을 두고 진골 출신의 장군이 지휘하였다.
④ 제5관등 이상의 귀족들이 모여 주요 국사를 처리하였다.

53 │ 삼국의 통일

정답 ①

문무왕은 661년 왕위에 올랐고, 676년에 신라가 기벌포에서 당의 수군을 격파하였다.
660년 백제가 멸망한 이후 당나라는 웅진도독부를 설치하였고, 663년에는 신라 조정의 내부 분열을 꾀하기 위해 신라를 계림대도독부로 삼고 문무왕을 대도독으로 임명하였다. 668년 고구려가 멸망한 후에는 평양의 안동도호부를 중심으로 주·현을 설치하여 직접 통치하려 하였다.
당나라가 한반도 전체를 차지하려는 야욕을 드러내자 신라는 백제 및 고구려 유민과 연합하여 당에 맞섰다. 670년 안승이 검모잠을 죽이고 신라로 망명해오자 문무왕은 그를 금마저(익산)에 머무르게 하고 고구려왕에 봉하였다.

오답분석 ㄷ. 660년 문무왕은 태자로서 삼국통일 전쟁에 참전하여 외삼촌 김유신과 함께 백제 사비성을 함락시키는데 공을 세웠다.
ㄹ. 677년 당나라는 고구려 부흥운동을 무마하기 위해 보장왕을 요동주도독 조선왕에 봉하고 안동도호부로 부임하게 하였다. 그러나 보장왕은 유민 및 말갈족과 손을 잡고 요동 지역에서 고구려 부흥을 도모하다가 쓰촨성으로 유배되었다.

54 │ 나당 전쟁(매소성 전투)

정답 ③

제시된 자료는 신라가 나·당 전쟁의 주도권을 장악하게 된 매소성 전투(675)에 대한 기사이다.
신라는 675년(문무왕 15)에 매소성에서 당의 20만 대군을 격파하여 나·당 전쟁의 주도권을 장악하였다(매소성 전투). 676년에 신라는 금강하구의 기벌포에서 당의 수군을 섬멸하고, 평양에 있던 안동도호부도 요동성으로 밀어냄으로써 삼국통일을 이룩하였다.
문무왕의 아들인 신문왕은 즉위년에 일어난 '김흠돌 모역 사건'을 계기로 귀족 세력을 숙청하여 전제 왕권의 확립을 꾀하였다. 중앙 정치 기구와 군사 조직(9서당 10정)을 정비하고, 9주 5소경 체제의 지방 행정 조직을 완비하였다. 또, 문무 관리에게 관료전을 지급하고(687) 녹읍을 폐지하여(689) 귀족의 경제기반을 축소하였다. 신문왕은 즉위 초 국학을 설립하여 유교 정치 이념에 입각해 인재를 교육하고 양성하려 하였다.

오답분석 ㄱ. 660년에 백제가 멸망한 후 당은 백제 땅에 군사를 주둔시키고 웅진도독부를 설치하여 직접 백제지역을 지배하려 하였다.
ㄹ. 660년에 백제가 멸망한 이후 복신은 도침과 함께 왕자 풍을 왕으로 추대하고 주류성을 근거로 군사를 일으켰다.

55 │ 백제(정사암 회의)

정답 ①

제시된 자료는 백제의 귀족 회의였던 정사암 회의에 관한 기록이다. 신라의 화백회의처럼 백제에도 국정 운영을 위한 귀족들의 회의체가 있었는데, 그 회의가 정사암 같은 곳에서 열렸을 것으로 추정되어 정사암 회의라고 부른다.
백제는 고이왕 때 6좌평(佐平)과 16관등을 설치하고, 6좌평의 명칭과 담당 업무를 정하였다. 그리고 관등에 따라 관복의 색깔을 다르게 정하는 조치를 취하였다. 관등제와 공복제는 신하들을 일정한 위계질서로 편제하고, 그 위계에 따라 옷의 색깔을 구분함으로써 신하의 지위가 겉으로 드러나도록 한 것이다.

오답분석 ② 고구려 소수림왕(371~384)이 태학을 설립하여 귀족 자제들에게 유학을 가르쳤다.
③ 발해 무왕 때 인안이라는 독자적인 연호를 사용하였다.
④ 신라에 관등이나 관직 승진에 제한을 두는 골품제가 있었다.

56 │ 백제(정사암 회의)

정답 ②

제시된 자료는 백제의 귀족 회의였던 정사암 회의에 관한 기록이다. 신라의 화백회의처럼 백제에도 국정 운영을 위한 귀족들의 회의체가 있었는데, 그 회의가 정사암 같은 곳에서 열렸을 것으로 추정되어 정사암 회의라고 부른다.
백제는 일찍부터 지방의 거점에 담로를 설치하고 국왕의 자제 및 왕족을 보내 다스리게 하였다. 성왕이 사비로 천도한 이후에는 수도를 5부로 나누고 지방은 5방으로 구획하고 그 책임자로 방령을 파견하였다.

오답분석 ① 고구려에서 지방관으로 욕살과 처려근지를 파견하였다.
③ 통일신라 신문왕 때 군사 조직인 9서당과 10정을 정비하였다. 지방군인 10정은 각 주마다 1정씩 배치되었고, 한주(漢州)에는 2정이 설치되었다.
④ 신라의 화백회의가 제5관등 이상의 진골 귀족들로 구성되었다.

Ⅱ. 한국 고대사

57 [2017 지방직 9급] 다음 (가)에서 이루어진 합의제도를 시행한 국가의 통치체제로 옳은 것은?

> 호암사에는 ⬚(가)⬚ (이)라는 바위가 있다. 나라에서 장차 재상을 뽑을 때에 후보 3, 4명의 이름을 써서 상자에 넣고 봉해 바위 위에 두었다가 얼마 후에 가지고 와서 열어 보고 그 이름 위에 도장이 찍혀 있는 사람을 재상으로 삼았다.

●보기●
- ㄱ. 중앙정치는 대대로를 비롯하여 10여 등급의 관리들이 나누어 맡았다.
- ㄴ. 중앙관청을 22개로 확대하고 수도는 5부, 지방은 5방으로 정비하였다.
- ㄷ. 16품의 관등제를 시행하고, 품계에 따라 옷의 색을 구별하여 입도록 하였다.
- ㄹ. 지방 행정 조직을 9주 5소경 체제로 정비하였다.
- ㅁ. 중앙에 3성 6부를 두고, 정당성을 관장하는 대내상이 국정을 총괄하도록 하였다.

① ㄱ, ㄴ ② ㄴ, ㄷ ③ ㄷ, ㄹ ④ ㄹ, ㅁ

58 [2018 지방직 9급] 삼국 시대의 정치 제도에 대한 설명으로 옳은 것만을 모두 고르면?

- ㄱ. 삼국의 관등제와 관직제도 운영은 신분제에 의하여 제약을 받았다.
- ㄴ. 고구려는 대성(大城)에는 처려근지, 그 다음 규모의 성에는 욕살을 파견하였다.
- ㄷ. 백제는 도성에 5부, 지방에 방(方)-군(郡) 행정제도를 시행하였다.
- ㄹ. 신라는 10정 군단을 바탕으로 영역을 확장하고 삼국통일을 이룩하였다.

① ㄱ, ㄴ ② ㄱ, ㄷ ③ ㄴ, ㄹ ④ ㄷ, ㄹ

59 [2018 서울시 9급] 통일신라에 대한 설명으로 가장 옳은 것은?

① 통일 후에는 주로 진골귀족으로 구성된 9서당을 국왕이 장악함으로써 왕실이 주도하는 교육제도를 구축하였다.
② 불교가 크게 융성한 통일신라의 수도인 경주에서는 주로 천태종이 권력과 밀착하며 득세하였다.
③ 신라 중대 때는 주로 원성왕의 후손들이 즉위하면서 비교적 강력한 왕권을 행사하였다.
④ 넓어진 영토를 관리하기 위해 지방행정을 구획하였는데, 5소경도 이에 해당한다.

60 [2025 국가직 9급] 다음 사실이 있었던 왕대의 설명으로 옳은 것은?

> ○ 김흠돌의 난을 계기로 진골 귀족 세력 등을 숙청하였다.
> ○ 녹읍을 폐지하여 귀족의 경제적 기반을 약화하고자 하였다.

① 국학을 설립하였다.
② 불교를 공인하였다.
③ 독서삼품과를 시행하였다.
④ 이사부를 보내 우산국을 정벌하였다.

57 | 정사암회의(백제)   정답 ②

호암사의 정사암이라는 바위에서 정치를 논의하고 재상을 뽑던 나라는 백제이다.
백제는 고이왕 때 16품의 관등제를 시행하고, 품계에 따라 자색·비색·청색으로 옷의 색을 구별하여 입도록 하는 관복제를 도입하였다. 성왕 때에는 사비로 도읍을 옮긴 후 중앙 관청을 22개로 확대하여 궁실에 속한 내관 12부와 일반 관서인 외관 10부를 설치하였다. 이때 지방 행정 조직은 수도는 5부, 지방은 5방으로 정비하였다.

오답분석 ㄱ. 대대로 이하 10여 등급의 관리를 둔 것은 고구려이다.
ㄹ. 9주 5소경 체제는 통일 신라의 지방 행정 조직이다.
ㅁ. 3성 6부의 중앙 정치 체제를 갖추고 정당성의 대내상이 국정을 총괄한 것은 발해이다.

● 복습지문
고구려의 중앙 정치는 대대로를 비롯하여 10여 등급의 관리들이 나누어 맡았다.

58 | 삼국의 정치 제도   정답 ②

삼국은 관등제를 정비하고 신하들을 지위에 따라 왕 아래 하나의 체계로 조직하였다. 관등제와 관직 체계의 운영은 신분제에 의하여 제약을 받았으며, 관리들은 복색과 장식을 통해 구별하였다.
백제는 일찍부터 지방의 거점에 담로를 설치하고 국왕의 자제 및 왕족을 보내 다스리게 하였다. 사비 시대에는 도성에 5부를 설치하고 그 아래 5항을 두었다. 지방은 5방으로 구획하고 방령을 파견하였으며, 방의 하부 행정단위로 군을 두어 군장이 다스리게 하였다.

오답분석 ㄴ. 고구려는 지방을 대성(大城)·성(城)·소성(小城)의 3단계로 나누고 관리를 파견하였다. 대성(大城)에는 욕살, 성(城)에는 처려근지, 소성(小城)에는 가라달을 보내 다스리도록 하였다.
ㄹ. 신라는 삼국통일 이후 군사 조직을 정비하여 중앙군의 9서당과 지방군의 10정을 두었다.

● 복습지문
고구려는 지방의 대성(大成)에는 욕살, 그 다음 규모의 성에는 처려근지를 파견하였다.

59 | 통일신라   정답 ④

신라는 삼국 통일 이후 넓어진 영토를 관리하기 위해 지방 행정 조직을 9주 5소경 체제로 정비하였다. 군사 행정상의 요지에는 5소경을 설치하여 수도인 금성(경주)이 지역적으로 치우쳐 있는 것을 보완하면서 각 지방의 균형 있는 발전을 도모하였다. 전국은 9주로 나누고 주의 장관을 군주에서 총관으로 바꾸어 행정적 기능을 강화하였다.

오답분석 ① 통일 신라의 9서당은 중앙군의 핵심으로, 고구려와 백제 사람은 물론 말갈족까지 포함되어 민족 융합을 꾀하였다.
② 통일 신라 시대에는 화엄종이 수도인 경주에서 국가권력과 밀착하며 득세하였다. 천태종은 고려 시대에 형성되었다.
③ 신라 중대에는 무열왕의 후손들이 왕위를 계승하였고, 신라 하대에 원성왕의 후손들이 왕으로 즉위하였다.

● 복습지문
신라 중대에는 무열왕의 직계 후손들이 즉위하면서 강력한 왕권을 행사하였다.

60 | 신문왕   정답 ①

김흠돌의 난을 진압하고 녹읍을 폐지한 것은 신문왕(681~692) 때의 사실이다.
신문왕은 즉위년에 일어난 '김흠돌 모역 사건'을 계기로 귀족 세력을 숙청하여 전제 왕권의 확립을 꾀하였다. 중앙 정치 기구와 군사 조직(9서당 10정)을 정비하고, 9주 5소경 체제의 지방 행정 조직을 완비하였다. 또, 문무 관리에게 관료전을 지급하고(687) 녹읍을 폐지하여(689) 귀족의 경제기반을 축소하였다. 그리고 진골 귀족들이 경주에 구축한 정치·경제적 기반을 약화시키기 위해 달구벌(대구) 천도를 계획하기도 하였다. 나아가 국학을 설립하여 유교 정치 이념에 입각해 인재를 교육하고 양성하려 하였다.

오답분석 ② 법흥왕 때 불교를 공인하였다.
③ 원성왕 때 독서삼품과를 시행하였다.
④ 지증왕 때 이사부를 보내 우산국을 정벌하였다.

1. 고대의 정치

Ⅱ. 한국 고대사

61 [2025 법원직] 다음 제도를 시행한 왕에 대한 설명으로 가장 옳은 것은?

> ○ 5월에 교서를 내려 문무 관료들에게 토지를 차등 있게 하사하였다.
> ○ 봄 정월에 중앙과 지방 관리들의 녹읍을 폐지하고 해마다 조를 차등 있게 주고 이를 일정한 법으로 삼았다.

① 삼국 통일을 완성하였다.
② 김흠돌의 난을 진압하였다.
③ 단양 신라 적성비를 세웠다.
④ 국정을 총괄하는 상대등을 두었다.

62 [2020 서울시 9급] 〈보기〉의 밑줄 친 '왕'에 대한 설명으로 가장 옳은 것은?

> 왕이 행차에서 돌아와 그 대나무로 피리를 만들어 월성의 천존고(天尊庫)에 간직하였다. 이 피리를 불면 적병이 물러가고 병이 나으며, 가뭄에는 비가 오고 장마에는 날씨가 개며, 바람이 잦아지고 물결이 평온해졌다. 이를 만파식적으로 부르고 나라의 보물이라 칭하였다. - 『삼국유사』 -

① 녹읍을 부활시켰다.
② 정전을 지급하였다.
③ 9주 5소경을 설치하였다.
④ 고구려 부흥 운동을 지원하였다.

63 [2021 지방직 9급] 밑줄 친 '이 왕'에 대한 설명으로 옳은 것은?

> 문무왕이 왜병을 진압하고자 감은사를 처음 창건하려 했으나, 끝내지 못하고 죽어 바다의 용이 되었다. 뒤이어 즉위한 이 왕이 공사를 마무리하였다. 금당 돌계단 아래에 동쪽을 향하여 구멍을 하나 뚫어 두었으니, 용이 절에 들어와서 돌아다니게 하려고 마련한 것이다. 유언에 따라 유골을 간직해 둔 곳은 대왕암(大王岩)이라고 불렀다. - 『삼국사기』 -

① 건원이라는 독자적인 연호를 사용하였다.
② 국학을 설립하여 유학을 교육하였다.
③ 백성에게 처음으로 정전을 지급하였다.
④ 진골 출신으로서 처음 왕위에 올랐다.

64 [2022 서울시 9급] 다음 정책이 실시된 왕대에 대한 설명으로 가장 옳은 것은?

> 재위 9년 봄 정월에 교를 내려 내외 관료의 녹읍을 폐지하고, 1년 단위로 조(租)를 차등 있게 하사하는 것을 항식(恒式)으로 삼았다.

① 독서삼품과를 실시하였다.
② 유교 교육을 강화하기 위해 국학을 설치하였다.
③ 국학을 태학감으로 고치고 박사와 조교 등을 두었다.
④ 국학에 공자와 10철 등의 화상을 안치하여 유교 교육을 강화하였다.

61 | 신문왕
정답 ②

제시된 자료는 신라 신문왕(681~692)의 관료전 지급과 녹읍 폐지를 다룬 기사이다.
신문왕이 즉위하던 해, 왕의 장인인 김흠돌을 비롯한 파진찬 흥원(興元), 대아찬 진공(眞功) 등이 모반을 일으켰으나 모두 평정되었다. 신문왕은 김흠돌 모역 사건을 계기로 귀족 세력을 숙청하여 전제 왕권의 확립을 꾀하였다. 중앙 정치 기구와 군사 조직(9서당 10정)을 정비하고, 9주 5소경 체제의 지방 행정 조직을 완비하였다. 또, 문무 관리에게 관료전을 지급하고(687) 녹읍을 폐지하여(689) 귀족의 경제 기반을 축소하였다. 진골 귀족들이 경주에 구축한 정치·경제적 기반을 약화시키기 위해 달구벌(대구) 천도를 계획하기도 하였다.

오답분석 ① 문무왕 때 삼국 통일을 완성하였다.
③ 진흥왕 때 한강 지역으로 진출하면서 단양 신라 적성비를 세웠다.
④ 법흥왕 때 국정을 총괄하는 상대등을 두었다.

62 | 신문왕
정답 ③

제시된 자료는 『삼국유사』에 실려 있는 만파식적 설화로, 밑줄 친 '왕'은 신문왕(681~692)이다. 신문왕은 용으로부터 영험한 대나무를 얻어 피리를 만들었는데, 나라에 근심이 생길 때 이 피리를 불면 평온해졌다고 한다.
신문왕이 즉위하던 해, 왕의 장인인 김흠돌을 비롯한 파진찬 흥원(興元), 대아찬 진공(眞功) 등이 모반을 일으켰으나 모두 평정되었다. 신문왕은 김흠돌 모역 사건을 계기로 귀족 세력을 숙청하여 전제 왕권의 확립을 꾀하였다. 중앙 정치 기구와 군사 조직(9서당 10정)을 정비하고, 9주 5소경 체제의 지방 행정 조직을 완비하였다. 또, 문무 관리에게 관료전을 지급하고(687) 녹읍을 폐지하여(689) 귀족의 경제기반을 축소하였다. 진골 귀족들이 경주에 구축한 정치·경제적 기반을 약화시키기 위해 달구벌(대구) 천도를 계획하기도 하였다.

오답분석 ① 경덕왕 때 귀족층의 반발로 중앙과 지방의 관리들에게 복무의 대가로 지급했던 월봉을 없애고 다시 녹읍을 지급하였다.
② 성덕왕 때 백성에게 처음으로 정전을 지급하였다.
④ 문무왕 때 나당 전쟁을 수행하기 위해 고구려 부흥 운동을 지원하였다.

63 | 신문왕
정답 ②

문무왕의 뒤를 이어 즉위한 '이 왕'은 신문왕이다.
문무왕이 왜병을 진압하려고 감은사를 지었으나 완성되기 전에 사망하였고, 그 아들 신문왕이 완성하였다. 신문왕은 아버지의 은혜에 감사한다는 뜻을 담아 절의 이름을 감은사로 짓고 동서로 마주 보는 3층 석탑을 세웠다. 감은사지 3층 석탑은 장중하고 웅대한 모습으로 삼국 통일을 달성한 기상을 반영하고 있다.
신문왕은 김흠돌 모역사건을 진압하며 귀족 세력을 숙청하고 전제왕권 강화를 위한 개혁에 착수하였다. 중앙 정치 기구와 군사 조직을 정비하고 9주 5소경제의 지방 행정 조직을 완비하였다. 또, 문무 관리에게 관료전을 지급하고(687) 녹읍을 폐지하여(689) 귀족의 경제 기반을 축소하였다. 진골 귀족들이 경주에 구축한 정치·경제적 기반을 약화시키기 위해 달구벌(대구) 천도를 계획하기도 하였다. 그리고 국학을 설립하여 유교정치 이념에 입각해 인재를 교육하고 양성하려 하였다.

오답분석 ① 법흥왕 때 건원이라는 독자적인 연호를 사용하였다.
③ 성덕왕 때 백성에게 처음으로 정전을 지급하였다.
④ 김춘추(무열왕)가 진골 출신으로서 처음으로 왕위에 올랐다.

64 | 신문왕
정답 ②

문무 관리에게 관료전을 지급하고(687) 녹읍을 폐지한(689) 것은 신라 신문왕(681~692) 때의 사실이다.
녹읍은 국가에서 관료 귀족에게 지급한 일정 지역의 토지로서, 조세를 수취할 수 있을 뿐만 아니라 그 토지에 딸린 노동력을 징발할 수 있었다.
신문왕은 즉위년에 일어난 '김흠돌 모역 사건'을 계기로 귀족 세력을 숙청하여 전제 왕권의 확립을 꾀하였다. 중앙 정치 기구와 군사 조직(9서당 10정)을 정비하고, 9주 5소경 체제의 지방 행정 조직을 완비하였다. 또, 진골 귀족들이 경주에 구축한 정치·경제적 기반을 약화시키기 위해 달구벌(대구) 천도를 계획하기도 하였다. 나아가 국학을 설립하여 유교 정치 이념에 입각해 인재를 교육하고 양성하려 하였다.

오답분석 ① 원성왕 때 국학의 학생들을 대상으로 유교 경전의 이해 수준을 시험하여 관리를 채용하는 독서삼품과(독서출신과)를 마련하였다.
③ 경덕왕 때 국학을 태학감으로 고치고 박사와 조교를 두어 『논어』와 『효경』 등의 유교 경전을 가르쳤다.
④ 성덕왕 때 김수충이 당나라에서 공자와 10철(十哲), 72제자의 화상(畵像)을 들여와 국학에 안치하였다.

Ⅱ. 한국 고대사

65 [2019 지방직 7급] 밑줄 친 '왕'의 재위 기간에 있었던 일로 옳은 것은?

> 왕은 사벌주를 상주로 바꾸는 등 9주의 명칭을 개정하고, 군현의 이름도 한자식으로 고쳤다. 또한, 중앙 관서의 관직명도 중국의 예에 맞추어 한자식으로 바꾸었다.
> — 『삼국사기』 —

① 국학이 설치되었다.
② 녹읍이 부활되었다.
③ 독서삼품과가 시행되었다.
④ 처음으로 정전이 지급되었다.

66 [2024 국가직 9급] 밑줄 친 '반란'에 대한 설명으로 옳은 것만을 모두 고르면?

> 웅천주 도독 헌창이 반란을 일으켜, 무진주·완산주·청주·사벌주 네 주의 도독과 국원경·서원경·금관경의 사신 및 여러 군현의 수령들을 위협하여 자신의 아래에 예속시키려 하였다.

〈보기〉
ㄱ. 천민이 중심이 된 신분 해방 운동 성격을 가졌다.
ㄴ. 반란 세력은 국호를 '장안', 연호를 '경운'이라 하였다.
ㄷ. 주동자의 아버지가 왕이 되지 못한 것에 대한 불만으로 일어났다.
ㄹ. 무열왕 직계가 단절되고 내물왕계가 다시 왕위를 차지하는 결과를 가져왔다.

① ㄱ, ㄴ   ② ㄱ, ㄹ   ③ ㄴ, ㄷ   ④ ㄷ, ㄹ

67 [2023 서울시 9급] 〈보기〉의 ㉠ 인물에 대한 설명으로 가장 옳은 것은?

〈보기〉
> 6월 27일에 사람들이 말하기를 ____㉠____의 교역선 2척이 단산포(旦山浦)에 도착했다고 한다. …… 28일 당의 천자가 보내는 사신들이 이곳으로 와 만나보았다. …… 밤에 ____㉠____의 견대당매물사(遣大唐賣物使)인 최훈(崔暈) 병마사(兵馬使)가 찾아와서 위문하였다.
> — 『입당구법순례행기』 —

① 화랑세기를 저술하였다.
② 당의 등주를 공격하였다.
③ 적산 법화원을 건립하였다.
④ 웅천주를 근거지로 반란을 일으켰다.

68 [2024 법원직] 밑줄 친 '왕'이 다스리던 시기에 있었던 사실로 가장 옳은 것을 〈보기〉에서 모두 고른 것은?

> 왕 3년(889) 나라 안의 여러 주(州)·군(郡)에서 공물과 조세를 보내지 않아 나라의 창고가 텅 비어 나라의 씀씀이가 궁핍하게 되었으므로 왕이 사자를 보내 독촉하였다. 이로 말미암아 도적들이 곳곳에서 벌떼처럼 일어났다.

〈보기〉
ㄱ. 적고적의 난이 발생하였다.
ㄴ. 김헌창의 반란이 진압되었다.
ㄷ. 만적이 신분 해방을 주창하였다.
ㄹ. 원종과 애노가 사벌주에서 봉기하였다.

① ㄱ, ㄷ   ② ㄱ, ㄹ   ③ ㄴ, ㄷ   ④ ㄴ, ㄹ

65 | 경덕왕　　　정답 ②

9주의 명칭과 군현의 이름을 한자식으로 고치고, 중앙 관서의 관직명을 한자식으로 바꾼 것은 경덕왕(742~765)이다.
경덕왕 때 중앙 관료의 칭호와 지방 군현의 명칭을 중국식 한자 이름으로 바꾸었다. 이에 따라 집사부 '중시'가 '시중(侍中)'으로 바뀌고 사벌주는 상주, 완산주는 전주로 바뀌었다. 또 국학을 태학감으로 바꾸고 박사와 조교를 두어 유학 교육을 전문화하였다. 한편, 귀족층의 반발로 757년 녹읍을 부활시켰다.

오답분석　① 신문왕 때 국학을 설치하였다.
③ 원성왕 때 독서삼품과를 시행하였다.
④ 성덕왕 때 정전을 지급하였다.

66 | 김헌창의 난　　　정답 ③

웅천주 도독 헌창이 일으킨 '반란'은 김헌창의 난(822)이다.
김헌창은 아버지 김주원이 원성왕(김경신)에 밀려 왕위에 오르지 못한 것에 불만을 품고 있었다. 헌덕왕 즉위 후 김헌창은 시중 직에서 밀려나 웅천주 도독에 임명되었다. 김헌창은 822년에 반란을 일으켜 국호를 '장안', 연호를 '경운'이라 하였으나 정부군에 의해 진압되었다.

오답분석　ㄱ. 김헌창의 난은 신라 하대 진골 귀족 세력간의 왕위 다툼이었다.
ㄹ. 혜공왕(765~780)의 사망 이후 무열왕 직계가 단절되고 내물왕의 후손인 김양상이 선덕왕으로 즉위하였다.

67 | 장보고　　　정답 ③

㉠은 당과의 교역을 위해 견(대)당매물사를 파견한 장보고이다.
장보고는 청년기에 당나라에 건너가 서주 무령군 소장이라는 군직에 올랐고, 824년 문등현 적산촌에 법화원을 건립하고 이를 지원하였다.
828년에 장보고는 당에서 귀국하여 현재의 완도에 청해진을 설치하고 청해진 대사로 임명되었다. 장보고는 해적을 소탕한 뒤 일대의 해상권을 장악하여 당·신라·일본을 잇는 국제무역을 주도하였다. 장보고는 일본에 무역선과 회역사를 파견하였고, 당나라에 견당매물사의 인솔하에 교관선을 보내는 등 교역 사절을 파견하기도 했다.

오답분석　① 김대문이 『화랑세기』를 저술하였다.
② 장문휴가 발해 무왕의 명으로 당의 등주를 공격하였다.
④ 김헌창이 웅천주를 근거지로 반란을 일으켰다.

68 | 진성여왕　　　정답 ②

밑줄 친 '왕'은 국가 재정이 궁핍해지자 강압적으로 조세를 징수한 진성여왕(887~897)이다.
9세기 후반 진성여왕 때에는 국고가 고갈되어 농민에 대한 강압적인 수취가 행해졌다. 이에 반발하여 889년 원종·애노의 난 등 농민반란이 일어나고 기훤, 양길 등이 독자적인 세력을 형성하면서 전국적인 내란에 휩싸였다. 896년에는 붉은 바지를 입은 도적인 적고적이 봉기하여 경주 서쪽 모량리까지 진격하기도 했다.

오답분석　ㄴ. 헌덕왕(809~826) 때 김헌창이 웅천주(공주)를 근거지로 반란을 일으켜 국호를 '장안', 연호를 '경운'이라 하였다.
ㄷ. 고려 시대 최충헌 집권기에 만적이 신분 해방 운동을 모의하였다.

Ⅱ. 한국 고대사

69 [2018 서울시 9급] 〈보기〉의 왕 재위기간에 있었던 사실로 가장 옳은 것은?

● 보기 ●
나라 안의 여러 주군에서 세금을 바치지 않으니, 창고가 비고 나라의 쓰임이 궁핍하였다. 왕이 독촉하자 곳곳에서 도적이 벌떼같이 일어났다. 이에 원종, 애노 등이 사벌주(상주)에 의거하여 반란을 일으키니, 왕이 나마 벼슬의 영기를 시켜 사로잡게 하였다. - 『삼국사기』 -

① 관직과 주현의 이름을 중국식 한자로 바꾸었다.
② 귀족과 관리에게 주던 녹읍을 폐지하였다.
③ 해적을 소탕하기 위해 청해진을 세웠다.
④ 위홍 등이 향가를 모아 『삼대목』을 편찬하였다.

70 [2024 서울시 9급] 〈보기〉 이후 발생한 사건으로 가장 옳은 것은?

● 보기 ●
나라 안의 모든 주군(州郡)에서 공물과 부세를 보내지 않아, 창고가 텅텅 비어 나라 재정이 궁핍하였다. 왕이 사신을 보내 독촉하니 곳곳에서 도적이 벌떼처럼 일어났다. 이 때 원종(元宗)과 애노(哀奴) 등이 사벌주를 근거지로 하여 반란을 일으켰다.

① 견훤이 경주를 침략하고 경순왕을 옹립하였다.
② 혜공왕을 마지막으로 무열왕계가 단절되었다.
③ 당나라가 문무왕의 동생 김인문을 신라왕으로 임명하고 군대를 동원하였다.
④ 백제 의자왕이 신라의 서쪽 지역을 공격하여 대야성 등 40여 성을 함락시켰다.

71 [2025 법원직] 다음 (가)~(다) 사건을 일어난 순서대로 바르게 나열한 것은?

(가) 진성여왕 3년 나라 안의 여러 주군에서 조세와 공물을 보내지 않아 나라의 창고가 텅 비고 쓸쓸이가 궁핍하게 되었으므로 왕이 사자를 보내어 독촉하였다. 이 때문에 곳곳에서 도적들이 벌떼처럼 일어났다. 이에 원종과 애노 등이 사벌주(상주)를 근거지로 반란을 일으켰다.
(나) 3월 웅천주 도독 헌창이 그의 아버지 주원이 왕이 되지 못한 것을 이유로 반란을 일으켜 나라 이름을 장안이라 하고 …… 여러 군사가 성을 에워싸고 열흘 동안 공격하여 성이 장차 함락되려 하자 헌창은 화를 면할 수 없음을 알고 스스로 죽었다.
(다) 이찬 김지정이 난을 일으켜 무리를 모아 궁궐을 에워싸고 침범했다. 여름 4월에 상대등 김양상이 이찬 경신과 함께 군사를 일으켜 김지정 등을 죽였으나, 왕(혜공왕)과 왕비는 반란군에게 살해되었다.

① (가) - (나) - (다)   ② (나) - (가) - (다)
③ (다) - (가) - (나)   ④ (다) - (나) - (가)

72 [2025 지방직 9급] 다음 외교 문서를 작성한 나라에 대한 설명으로 옳지 않은 것은?

무예가 알립니다. "고(구)려의 옛 터전을 회복하고, 부여의 유속(遺俗)을 가지게 되었습니다."

① 당의 등주를 공격하였다.
② 행정구역을 5경 15부 62주로 나누었다.
③ 집사부 장관인 시중이 왕명을 받들어 행정을 총괄하였다.
④ '인안' 등의 연호를 사용하고 국왕을 '황상'이라고 부르기도 하였다.

69 | 진성여왕(원종 애노의 난)   정답 ④

〈보기〉의 '원종·애노의 난'은 신라 하대 진성여왕(887~897) 때 일어났다. 신라 하대에는 정치 혼란이 계속되며 지배층의 대토지 소유가 확대되고, 농민의 부담은 더욱 무거워졌다. 잇따른 자연 재해, 왕실과 귀족들의 사치와 향락으로 국가 재정은 바닥났고, 농민들에 대한 강압적인 수취가 뒤따랐다. 살기가 어려워진 농민들은 토지를 잃고 노비가 되거나 초적(草賊)이 되었다.
한편 진성여왕 때에는 각간 위홍 등이 왕명을 받아 향가집인 「삼대목」을 편찬하였다.

오답분석 ① 경덕왕 때 관직과 주현의 이름을 중국식 한자로 바꾸었다.
② 신문왕이 관료전을 지급하고 녹읍을 폐지하였다.
③ 흥덕왕 때 당에서 귀국한 장보고가 청해진을 세웠다.

70 | 원종 애노의 난   정답 ①

원종과 애노가 사벌주에서 반란을 일으킨 것은 신라 하대 진성여왕(887~897) 시기의 사실이다.
견훤은 신라군 장교 출신으로 전라도 해안 지방의 군사력과 호족 세력을 토대로 무진주(광주)를 점령하고 스스로 왕을 칭했다. 그리고 900년에 완산주(전주)에 도읍을 정하고 국호를 후백제라 하였다. 927년에 견훤은 경주에 쳐들어가 경애왕(924~927)을 살해한 뒤 경순왕(927~935)을 세웠다. 경애왕의 구원 요청을 받은 고려 태조 왕건은 직접 군사를 이끌고 신라로 출병하였다. 고려군은 공산(대구)에서 견훤의 군대와 전투를 벌였으나 대패하고 신숭겸·김락 등이 전사하였다.

오답분석 ② 혜공왕(765~780)이 피살된 후 내물왕의 후손인 김양상이 선덕왕으로 즉위하였다.
③ 나당 전쟁 시기에 당나라는 김인문을 신라왕으로 세우고 유인궤를 계림도 대총관으로 하여 쳐들어왔다.
④ 642년에 백제 의자왕이 윤충을 보내 대야성 등 40여 성을 함락시켰다.

71 | 신라 하대의 주요 사건   정답 ④

(다) 혜공왕(765~780) 즉위 직후 일어난 대공의 난(768)을 시작으로 96각간(角干)의 난으로 상징되는 진골귀족들의 수많은 반란이 일어났다. 결국 혜공왕은 난 중에 피살되었고, 내물왕의 후손인 김양상이 선덕왕으로 즉위하였다.
(나) 무열왕계 왕족 김주원의 아들인 김헌창은 아버지가 원성왕(김경신)에 밀려 왕위에 오르지 못한 상황에 불만을 품고 있었다. 헌덕왕(809~826) 즉위 후에 시중 직에서 밀려나 웅천주 도독에 임명되자, 822년 웅천주(공주)를 근거지로 반란을 일으켜 국호를 '장안', 연호를 '경운'이라 하였다.
(가) 9세기 후반 진성여왕 때에는 국고가 고갈되어 농민에 대한 강압적인 수취가 행해졌다. 이에 반발하여 889년 원종·애노의 난 등 농민반란이 일어나고 기훤, 양길 등 독자적인 할거 세력이 나타나 전국적인 내란에 휩싸였다.

72 | 발해   정답 ③

제시된 자료는 발해의 무왕(대무예, 719~737)이 일본에 보낸 국서이다.
발해 무왕은 727년에 일본에 사신을 보내어 통교했는데, 일본에 보낸 국서에서 발해는 고구려를 계승하고 부여의 풍속을 지녔음을 밝혔다.
발해 무왕은 여러 말갈 세력을 복속시키면서 북만주 일대로 영토를 확대하였으며, 732년 장문휴를 보내 당의 산둥반도(등주)를 공격하였다.
발해의 지방 행정 제도는 5경, 15부, 62주로 조직되었다. 전략적 요충지에는 5경을 두었고, 15부(도독)를 지방 행정의 중심지에 두었다. 그 아래에는 주, 현으로 나누어 자사, 현승을 파견하였으며 말단의 촌락은 토착 세력가가 다스렸다.
발해는 무왕 때 인안, 문왕 때 대흥 등의 독자적인 연호를 사용하였다. 한편 문왕은 일본에 보낸 국서에서 스스로 천손의 나라임을 자랑하고, 정효공주의 묘지에는 '황상'이라는 칭호를 사용하였음을 보여준다.

오답분석 ③ 통일 이후 신라에서 집사부 장관인 시중이 행정을 총괄하였다.

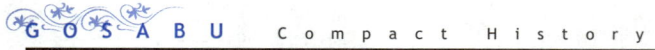

73. 밑줄 친 '이 나라'에 대한 설명으로 옳은 것은? [2022 지방직 9급]

> ○ 이 나라에서 귀하게 여기는 것에는 태백산의 토끼, 남해부의 다시마, 책성부의 된장, 부여부의 사슴, 막힐부의 돼지, 솔빈부의 말, 현주의 베, 옥주의 면, 용주의 명주, 위성의 철, 노성의 쌀 등이 있다. - 『신당서』 -
>
> ○ 이 나라의 땅은 영주(營州)의 동쪽 2천 리에 있으며, 남으로는 신라와 서로 접한다. 월희말갈에서 동북으로 흑수말갈에 이르는데, 사방 2천 리, 호는 십여 만, 병사는 수만 명이다. - 『구당서』 -

① 중앙에 6좌평의 관제를 마련하였다.
② 9서당 10정의 군사 조직을 갖추었다.
③ 지방을 5경 15부 62주로 편성하였다.
④ 제가회의에서 국가의 중대사를 결정하였다.

74. 밑줄 친 '이 나라'에 대한 설명으로 옳은 것은? [2025 국가직 9급]

> 이 나라는 고구려의 옛 땅이다. …(중략)… 곳곳에 촌락이 있는데 모두 말갈의 부락이다. 그 백성은 말갈이 많고 토인(土人)이 적은데, 모두 토인을 촌장으로 삼는다.
> - 『유취국사』 -

① 골품제를 실시하였다.
② 군사 조직으로 9서당 10정을 두었다.
③ 영락이라는 독자적인 연호를 사용하였다.
④ 지방 행정 구역을 5경 15부 62주로 나누었다.

75. 밑줄 친 '왕'의 재위 기간에 있었던 일로 옳은 것은? [2019 국가직 7급]

> 왕의 국서에 이르기를, "열국(列國)을 거느리고 여러 번(蕃)을 총괄하면서, 고려의 옛 땅을 회복하고 부여의 유풍을 지니고 있습니다. 너무 멀어 길이 막히고 바다 역시 아득하여 소식이 통하지 않고 길흉을 물음이 끊어졌는데, 우호를 맺고 옛날의 예에 맞추어 사신을 보내어 이웃을 찾는 것이 오늘에야 비롯하게 되었습니다."라고 하였다.

① 당과 신라를 견제하기 위해 돌궐과 손을 잡았다.
② 당으로부터 발해군왕의 책봉호를 처음으로 받았다.
③ 당에서 안녹산의 난이 일어나자 중경에서 상경으로 천도하였다.
④ 요동 지역까지 영토를 확장하고 5경 15부 62주의 행정 구역을 완비하였다.

76. (가)왕에 대한 설명으로 옳은 것은? [2022 국가직 9급]

> 당 현종 개원 7년에 대조영이 죽으니, 그 나라에서 사사로이 시호를 올려 고왕(高王)이라 하였다. 아들 (가) 이/가 뒤이어 왕위에 올라 영토를 크게 개척하니, 동북의 모든 오랑캐가 겁을 먹고 그를 섬겼으며, 또 연호를 인안(仁安)으로 고쳤다.
> - 『신당서』 -

① 수도를 상경성으로 옮겼다.
② '해동성국'이라고 불릴 만큼 전성기를 이루었다.
③ 장문휴를 시켜 당의 등주(산동성)를 공격하였다.
④ 고구려 유민과 말갈족을 이끌고 동모산에 도읍을 정하였다.

73 | 발해 　　　　　　　　　　　정답 ③

신라의 북쪽에 위치하며 솔빈부의 말 등이 특산물로 생산된 '이 나라'는 발해이다.
발해의 지방 행정 제도는 5경, 15부, 62주로 조직되었다. 전략적 요충지에는 고구려의 5부제를 모방하여 5경을 두었고, 15부(도독)를 지방 행정의 중심지에 두었다. 그 아래에는 주, 현으로 나누어 자사, 현승을 파견하였으며 말단의 촌락은 토착 세력가가 다스렸다.

오답분석 ① 6좌평은 백제의 중앙 관제이다.
② 신라가 통일 이후 9서당 10정의 군사 조직을 갖추었다.
④ 고구려의 귀족들이 제가회의에서 국가의 중대사를 결정하였다.

74 | 발해 　　　　　　　　　　　정답 ④

촌락의 주민 중 다수가 말갈인이었던 '이 나라'는 발해이다.
발해 주민의 다수였던 말갈인은 건국 과정에서 일부는 지배층이 되거나 자신이 거주하는 촌락의 우두머리가 되어 국가 행정을 보조하였다. 그러나 대부분의 말갈인은 부곡민이거나 평민의 지위에 있었다. 발해는 왕족인 대씨를 비롯하여 고씨 등 고구려계 귀족들이 주로 지배층을 이루었다. 발해의 지방 행정 제도는 5경, 15부, 62주로 조직되었다. 전략적 요충지에는 5경을 두었고, 15부(도독)를 지방 행정의 중심지에 두었다. 그 아래에는 주, 현으로 나누어 자사, 현승을 파견하였으며 말단의 촌락은 토착 세력가가 다스렸다.

오답분석 ① 신라에서 골품제를 실시하였다.
② 신라가 삼국 통일 이후 군사 조직으로 9서당 10정을 두었다.
③ 고구려 광개토대왕이 영락이라는 독자적인 연호를 사용하였다.

75 | 발해 무왕 　　　　　　　　　　정답 ①

일본에 국서를 보내 발해가 고구려를 계승하였음을 천명한 왕은 발해 무왕(대무예, 719~737)이다.
무왕은 727년에 일본에 사신을 보내어 통교했는데, 일본에 보낸 국서에서 고구려를 계승하고 부여의 풍속을 지녔음을 밝혔다. 이렇게 발해는 무왕 때 돌궐, 일본 등과 연결하면서 당과 신라를 견제하여 동북아시아에서 세력 균형을 유지할 수 있었다.

오답분석 ② 고왕(대조영)이 당으로 부터 발해군왕으로 책봉되었다.
③ 문왕 때 당나라에서는 안사(安史)의 난(755)이 발발하여 혼란한 상황이 지속되었고, 발해는 상경 용천부로 천도하였다.
④ 선왕(대인수, 818~830) 때 요동 지역으로 진출하고, 5경 15부 62주의 지방 행정 체제도 완비하였다.

● 복습지문
발해 무왕은 당과 신라를 견제하기 위해 돌궐, 일본과 외교관계를 맺었다.

76 | 발해 무왕 　　　　　　　　　　정답 ③

(가)는 대조영의 아들로, 인안이라는 연호를 사용한 발해 무왕(대무예, 719~737)이다.
무왕은 동북방의 여러 세력을 복속하고 북만주 일대를 장악하였다. 발해가 세력을 확대하자 신라는 북방 경계를 강화하였고, 흑수말갈도 당과 연결하고자 하였다. 무왕은 아우 대문예를 시켜 흑수말갈을 진압하도록 하였는데, 대문예는 당과 맞서는 것에 반대하여 당에 망명하였다. 이에 무왕은 당에 대문예의 송환을 요구하고 장문휴로 하여금 수군을 동원하여 산둥 반도(덩저우)를 공격하고(732), 당군과 요서에서 전쟁을 벌였다(732~733).

오답분석 ① 발해 문왕 때 중경에서 상경으로 천도하고, 성왕 때 동경에서 상경으로 천도하였다.
② 발해 선왕 때 넓은 영토를 차지하고 '해동성국'이라 불릴 만큼 전성기를 이루었다.
④ 대조영(고왕)이 고구려 유민과 말갈족을 규합하여 동모산에서 발해를 건국하였다.

Ⅱ. 한국 고대사

77 [2018 서울시 9급] 〈보기〉의 왕에 대한 설명으로 가장 옳은 것은?

● 보기 ●

왕은 당이 내분으로 어지러워진 틈을 타서 영토를 넓히고, 수도를 중경에서 상경으로, 다시 동경으로 옮겼다. 또한 대흥, 보력 등 독자적인 연호를 사용하였다.

① 산동지방에 수군을 보내 당을 공격하였다.
② 당으로부터 해동성국이라 불렸다.
③ 전륜성왕을 자처하고 황상이라는 칭호를 사용하였다.
④ 동모산에 나라를 세웠다.

78 [2020 지방직 9급] 다음 설명에 해당하는 발해 왕의 재위 기간에 통일 신라에서 일어난 상황으로 옳은 것은?

○ 대흥이란 독자적인 연호를 사용하였다.
○ 수도를 중경→상경→동경으로 옮겼다.
○ 일본에 보낸 외교문서에 천손(하늘의 자손)이라 표현하였다.
○ 당과 친선 관계를 맺으며 당의 문물을 도입하여 체제를 정비하였다.

① 녹읍 폐지
② 청해진 설치
③ 「삼대목」 편찬
④ 독서삼품과 설치

79 [2018 법원직] 다음 (가), (나) 사이의 시기에 있었던 사실로 옳지 않은 것은?

(가) 대왕을 도와 조그마한 공을 이루어 삼한을 한 집으로 만들었으며, 백성들은 두 마음이 없게 되었습니다(三韓爲一家百姓無二心). 비록 아직 태평한 세상에 이르지는 못하였으나 조금 편안한 상태는 되었습니다.
(나) 원종과 애노 등이 사벌주에서 반란을 일으키니 왕이 나마(관직명) 영기에게 명하여 잡게 하였으나 영기가 적진을 쳐다보고는 두려워하여 나아가지 못하였다.

① 발해의 장문휴가 산동 반도를 공격하였다.
② 장보고의 도움을 받아 신무왕이 즉위하였다.
③ 궁예가 개성을 수도로 삼고 후고구려를 건국하였다.
④ 발해 문왕이 상경 용천부에서 동경 용원부로 수도를 옮겼다.

80 [2024 법원직] (가), (나)에 대한 설명으로 옳은 것만으로 연결된 것은?

○ ⬚(가)⬚ 은/는 본래 고구려의 별종이다. …… 무리를 이끌고 동쪽으로 가서 계루부의 옛 땅을 차지하고 동모산에 성을 쌓고 살았다.
○ 부여씨가 망하고 고씨가 망하게 되니 김씨가 그 남쪽 땅을 차지하고 대씨가 그 북쪽 땅을 차지하여 ⬚(나)⬚ 라 하였다. 이것을 남북국이라 한다.

● 보기 ●

ㄱ. (가)은/는 고구려의 왕족 출신이다.
ㄴ. (가)은/는 당의 산둥반도를 공격하였다.
ㄷ. (나)은/는 거란의 침략으로 멸망하였다.
ㄹ. (나)의 군사제도로 9서당 10정이 있었다.

① ㄱ　　② ㄷ　　③ ㄱ, ㄷ　　④ ㄴ, ㄹ

77 | 발해 문왕   정답 ③

중경 ➡ 상경 ➡ 동경으로 천도하였으며, 대흥·보력 등 독자적인 연호를 사용한 왕은 발해의 문왕이다. 발해 문왕이 재위하던 시기에 당에서는 안사의 난(755)이 일어나 매우 혼란스러웠다. 문왕은 이런 상황을 틈타 영토를 넓힐 수 있었다. 한편 당은 주변 정세를 안정시키기 위해 문왕을 '발해군왕'에서 '발해국왕'으로 책봉하기도 하였다.

문왕은 친당 정책을 취하고 신라와도 상설 교통로를 개설하여 대립 관계를 해소하려 하였다. 당의 문물을 받아들여 3성 6부를 설치하고 주자감을 설치하는 등 통치 체제를 정비하였다. 한편 발해 문왕 때에는 정혜공주가 사망하여 무덤을 축조하고 묘지(墓誌)를 작성하였다. 정혜공주묘지에는 국왕을 대왕(大王)·황상(皇上)으로 표현했고, 불교식으로 '대흥보력효감금륜성법대왕'이라는 존호를 짓기도 했는데, '금륜(金輪)'과 '성법(聖法)'은 전륜성왕(轉輪聖王)의 이념에서 유래된 것으로 스스로를 불교적 이상적 제왕인 전륜성왕(轉輪聖王)으로 자처했음을 확인할 수 있다. 또한 보력(寶曆)이 문왕 때 사용된 연호임을 확인할 수 있다.

오답분석 ① 무왕 때 장문휴로 하여금 당의 산동지방을 공격하게 하였다.
② 선왕 때 발해는 당으로부터 해동성국이라 불렸다.
④ 대조영이 고구려 유민들과 말갈 집단을 이끌고 동모산에 나라를 세웠다.

78 | 발해 문왕   정답 ④

대흥이란 연호를 사용하였으며, 중경에서 상경, 동경으로 수도를 옮긴 왕은 발해 문왕(대흠무, 737~793)이다.

문왕은 친당 정책을 취하고 신라와도 상설 교통로를 개설하여 대립 관계를 해소하려 하였다. 당의 문물을 받아들여 3성 6부를 설치하고 주자감을 설치하는 등 통치 체제를 정비하였다. 문왕은 759년에 일본에 조문사를 보내면서 자신을 '고려국왕 대흠무'라고 하였으며, 스스로 천손의 나라임을 자랑하고 황상이라는 칭호를 써서 황제국가임을 자처했다. 이로 인해 일본과 외교 마찰이 일어나기도 하였다.

한편, 8세기 말 신라에서는 원성왕(785~798)이 즉위하여 주의 장관인 총관을 도독으로 바꾸어 행정적 성격을 강화하고, 유교 경전의 이해 수준에 따라 관리로 임용하는 독서삼품과를 실시하였다(788).

오답분석 ① 신문왕(681~692) 때 문무 관리에게 관료전을 지급하고(687) 녹읍을 폐지하여(689) 귀족의 경제 기반을 축소하였다.
② 흥덕왕(826~836) 때 장보고는 지금의 완도에 청해진을 설치하고 해적을 소탕하여 남해와 황해의 교통과 무역을 장악하였다.
③ 진성여왕(887~897) 때 각간(角干) 위홍과 대구화상이 「삼대목」이라는 향가집을 편찬하였다.

● **복습지문**
발해 문왕은 일본에 보낸 외교문서에 스스로 천손이라 표현하였다.

79 | 발해와 통일신라의 발전   정답 ③

(가)는 '삼한을 한 집으로 만들었다'는 표현을 통해 삼국통일(676)을 다룬 기사임을 알 수 있고, (나)는 신라 말 농민 반란인 원종·애노의 난(889)에 대한 기사이다.

발해 무왕 때 장문휴는 수군을 동원하여 산동반도를 공격하였으며(732), 발해 문왕 때에는 일본과의 교통이 편리한 동경 용원부로 천도하였다(785). 한편 9세기 전반에 장보고는 김우징이 신무왕으로 즉위하는 데 크게 기여하였다(839).

오답분석 ③ 901년에 궁예가 후고구려를 건국하였다.

80 | 발해   정답 ②

(가)는 대조영, (나)는 발해이다.

696년 거란족 출신 이진충이 요서 지역에서 당나라에 대항하여 반란을 일으켰다. 이런 혼란기를 틈타 대조영은 고구려 유민과 말갈 유민을 규합하여 당나라에 반기를 들었다. 대조영은 동모산에 정착하여 나라를 세우고 국호를 진국(震國), 연호를 천통(天統)이라 하였다.

발해는 선왕(대인수, 818~830) 때 대부분의 말갈족을 복속시키고 요동 지역으로 진출하였으며, 남쪽으로는 신라와 국경을 접할 정도로 넓은 영토를 차지하였다. 5경 15부 62주의 지방 행정 체제도 완비하였다. 선왕 이후 중국은 발해를 '해동성국'이라고 불렀다.

발해는 9세기 말을 고비로 점차 국력이 약해지다가 거란족이 세운 요나라의 침략을 받아 15대 애왕(대인선) 때인 926년에 멸망했다.

오답분석 ㄱ. 대조영은 고구려의 장군 출신이다.
ㄴ. 장문휴가 무왕(대무예)의 명령으로 당의 산동반도를 공격하였다.
ㄹ. 통일신라가 9서당 10정으로 중앙군과 지방군을 정비하였다.

Ⅱ. 한국 고대사

81 [2018 지방직 9급] 다음 국가의 지방제도에 대한 설명으로 옳은 것은?

> ○ 곳곳에 촌리(村里)가 있는데 모두 말갈 부락이다. 그 백성은 말갈족이 많고 토인(土人)은 적다. 모두 토인을 촌장으로 삼는다.
> ○ 거란도, 영주도, 조공도, 신라도, 일본도가 있어서 주변 세력과 외교 교섭 또는 교역을 벌이는 간선 교통로로 이용된다.

① 22개의 담로에 왕족을 파견하였다.
② 경-부-주의 체계를 갖추어 다스렸다.
③ 5도에 안찰사를, 양계에 병마사를 파견하였다.
④ 수도의 치우침을 보완하기 위해 5소경을 두었다.

82 [2017 국가직 7급] 발해에 대한 설명으로 옳지 <u>않은</u> 것은?

① 국왕을 '황상' 또는 '대왕' 등으로 칭하였다.
② 모피, 우황, 구리, 말 등을 당나라에 수출하였다.
③ 상경(上京)은 당나라 도성을 본떠 조방(條坊)을 나누었다.
④ 중앙의 주요 관서에 각각 복수(複數)의 장관을 임명하였다.

83 [2018 국가직 9급] 다음은 발해사에 대한 중국과 러시아 입장이다. 한국사의 입장에서 이를 반박하는 증거로 적절한 것은?

> ○ 중국 : 소수 민족 지역의 분리 독립 의식을 약화시키려고, 국가라기보다는 당 왕조에 예속된 지방 민족 정권 차원에서 본다.
> ○ 러시아 : 중국 문화보다는 중앙 아시아나 남부 시베리아의 영향을 강조하여 러시아의 역사에 편입시키려 한다.

① 신라와의 교통로
② 상경성 출토 온돌 장치
③ 유학 교육 기관인 주자감
④ 3성 6부의 중앙 행정 조직

84 [2021 서울시 9급] 〈보기〉에서 발해 문화가 고구려를 계승하였음을 보여주는 문화유산을 모두 고른 것은?

> ● 보기 ●
> ㄱ. 온돌 장치   ㄴ. 벽돌무덤
> ㄷ. 굴식 돌방무덤   ㄹ. 주작대로

① ㄱ, ㄴ
② ㄱ, ㄷ
③ ㄴ, ㄹ
④ ㄷ, ㄹ

81 | 발해의 지방제도 정답 ②

말갈인들이 주민의 구성원 중 다수를 차지하였고, 거란도·영주도·조공도·신라도·일본도 등의 교역로가 있었던 국가는 발해이다.
발해의 지방제도는 5경 15부 62주로 조직되었다. 전략적 요충지에는 고구려의 5부제를 모방한 5경을 두었고, 15부(도독)를 지방 행정의 중심지에 두었다. 그 아래에는 주, 현으로 나누어 자사, 현승을 파견하였으며 말단의 촌락은 토착세력가가 다스렸다.

오답분석 ① 백제가 지방의 22담로에 왕족을 파견하여 지방에 대한 통제를 강화하였다.
③ 고려에서 5도에 안찰사를, 양계에 병마사를 파견하였다.
④ 신라는 삼국 통일 직후 수도의 치우침을 보완하기 위해 5소경을 두었다.

82 | 발해 정답 ④

① 발해는 독자적인 연호를 사용하고, 왕을 황상 또는 대왕이라 불렀으며, 왕의 명령을 조(詔)라 칭하였다.
② 발해는 문왕 때부터 친당 정책을 취하고, 황해를 거쳐 덩저우에 이르는 해로와 산하이 관을 거치는 육로를 이용하여 당나라와 교역하였다. 발해가 중국으로 수출한 상품은 담비·호랑이·표범·곰 등의 가죽, 인삼·우황·사향·꿀 등의 약재, 고래·마른 문어·매·말·양·구리 등이었다. 특히 발해의 명마는 등주와 청주에서 많이 거래되었고, 836년에는 발해가 구리를 운반하여 등주에서 판 일도 있었다.
③ 발해의 상경은 당나라 수도인 장안성을 본떠 건설하였다. 외성을 쌓고 중앙의 북방에 황성을 쌓았다. 황성 남문에서 외성 남문까지 일직선의 주작대로를 내어 이를 중심으로 좌경(左京)과 우경(右京)으로 구분하였으며, 각각의 구역을 여러 조방(條坊 : 네모난 구획)으로 나누었다.

오답분석 ④ 통일신라는 중앙 정치 기구로 집사부를 비롯한 13부를 두었으며 각 부의 장관은 복수(複數)로 임명하였다.

● **복습지문**
발해의 수도 상경은 당나라 도성을 본떠 조방을 나누었다.

83 | 발해 정답 ②

제시된 자료는 발해에 대한 중국과 러시아의 입장이다. 중국은 발해가 현재 중국의 영역 내부에 존재했던 국가이기 때문에 지방 민족 정권으로 인식하고 중국사의 일부로 포함하려고 한다. 러시아는 발해를 독립적 다민족국가로 규정함으로써 중국에 종속된 국가가 아닌 연해주 지역의 역사로서 러시아 역사의 일부로 편입시키려 하고 있다.
그러나 발해는 고구려 문화의 토대위에 당의 문화를 받아들여 발전한 우리의 역사이다. 발해는 고구려 장군 출신 대조영이 고구려 유민과 말갈 집단을 이끌고 건국한 국가이며, 일본에 보낸 국서에 고구려의 옛 땅을 수복하고, 부여의 전통을 이어받았음을 표방하고, '고려', '고려국왕' 등의 명칭을 사용하여 고구려를 계승한 국가라는 인식이 강하였다. 또한 발해 유적에서 보이는 굴식 돌방무덤, 성벽을 쌓는 기술, 왕궁의 구조와 건축술, 상경성에서 출토된 온돌 장치 등은 고구려의 전통을 이은 것이다.

오답분석 ① 신라와의 교통로인 신라도는 고구려 계승과는 무관하다.
③ 발해의 주자감(국자감)은 당나라의 관제를 본뜬 것이다.
④ 발해는 당의 문물을 받아들여 3성 6부의 중앙 행정 조직을 마련하였다.

84 | 발해 정답 ②

ㄱ. 상경 유적지에서 발굴된 온돌 시설은 발해가 고구려를 계승하였음을 뒷받침한다.
ㄷ. 육정산 고분군에서 발견된 정혜공주 무덤과 같은 굴식 돌방무덤은 고구려의 영향을 받았다.

오답분석 ㄴ. 용두산 고분군에서 발견된 정효공주 무덤과 같은 벽돌무덤은 당의 영향을 받았다.
ㄹ. 상경성은 당의 수도인 장안성을 모방하여 외성을 쌓고 남북으로 넓은 주작대로를 내고 그 안에 궁궐과 사원을 세웠다.

Ⅱ. 한국 고대사

02 고대의 경제와 사회·문화

01 [2019 지방직 9급] 통일신라의 경제상황에 대한 설명으로 옳지 <u>않은</u> 것은?

① 왕경에 서시전과 남시전이 설치되었다.
② 어아주, 조하주 등 고급비단을 생산하여 당나라에 보냈다.
③ 촌락의 토지 결수, 인구 수, 소와 말의 수 등을 파악하였다.
④ 시비법과 이앙법 등의 발달로 농민층에서 광작이 성행하였다.

02 [2019 국가직 9급] (가) 시기의 경제 상황에 대한 설명으로 옳은 것은?

	(가)		
국호 '신라' 확정	9주 5소경 설치	대공의 난 발발	독서삼품과 실시

① 백성에게 정전을 처음으로 지급하였다.
② 시장을 감독하는 관청인 동시전을 신설하였다.
③ 백성의 구휼을 위하여 진대법을 제정하였다.
④ 청주(菁州)의 거로현을 국학생의 녹읍으로 삼았다.

03 [2018 서울시 9급] 〈보기〉의 통일신라시대의 경제제도를 시간 순으로 바르게 나열한 것은?

● 보기 ●

ㄱ. 중앙과 지방의 여러 관리에게 매달 주던 녹봉을 없애고 다시 녹읍을 주었다.
ㄴ. 중앙과 지방 관리들의 녹읍을 폐지하고 해마다 조(租)를 차등 있게 주었으며 이를 일정한 법으로 삼았다.
ㄷ. 처음으로 백성들에게 정전(丁田)을 지급하였다.
ㄹ. 교서를 내려 문무 관료들에게 토지를 차등 있게 주었다.

① ㄴ → ㄱ → ㄹ → ㄷ
② ㄴ → ㄹ → ㄱ → ㄷ
③ ㄹ → ㄷ → ㄴ → ㄱ
④ ㄹ → ㄴ → ㄷ → ㄱ

04 [2018 지방직 9급] (가)에 대한 설명으로 옳은 것은?

○ 경덕왕 16년, 내외 관료의 월봉을 없애고 다시 (가) 을/를 내려주었다.
― 『삼국사기』 ―
○ 왕건이 예산진(禮山鎭)에 행차하여 이르기를, "지난날 신라의 정치가 쇠퇴하자 도적 무리가 다투어 일어나 백성은 흩어지고 들판에는 해골이 나뒹굴었다. …(중략)… 공경(公卿)이나 장상(將相)은 내가 백성을 자식처럼 사랑하는 마음을 헤아려 너희 (가) 에 소속되어 있는 백성을 불쌍히 여겨야 한다."라고 하였다.
― 『고려사』 ―

① 경기(京畿)에 한정하여 지급되었다.
② 토지 비옥도에 따라 6등급으로 구분되었다.
③ 지역을 단위로 설정되어 수취가 허용되었다.
④ 18등급으로 나누어 지급되었으며 전지와 시지로 구성되었다.

01 | 통일신라의 경제 정답 ④

① 통일 이후 경주의 인구가 증가하고 상품 생산이 늘어나 동시만으로는 상품 수요를 감당할 수 없었다. 이에 따라 695년 효소왕 때 서시와 남시를 개설하고, 이와 함께 감독 관청인 서시전(西市典)과 남시전(南市典)도 설치하였다.
② 통일 신라는 공장부라는 관청을 설치하여 장인을 관리하고 수공업품 생산을 관장하도록 하였다. 장인들은 어아주·조하주·능라 등의 비단을 비롯하여 왕실에서 쓰는 각종 장신구, 무기류 그리고 사찰의 불상과 종 등을 생산하였다.
③ 조세, 공물, 부역 등을 합리적으로 수취하기 위해 신라는 촌락의 토지 면적, 인구와 호수, 소와 말의 수, 특산물 등을 파악하는 민정문서(신라 장적, 신라 촌락문서)를 만들었다. 민정문서는 변동 사항을 조사하여 3년마다 다시 작성하였다.

오답분석 ④ 조선 후기에 모내기법의 확산을 계기로 광작이 성행하였다.

복습지문
삼국 통일 이후 인구 증가와 상품 생산의 확대에 따라 경주에 서시와 남시가 설치되었다.

02 | 통일신라의 경제 정답 ①

신문왕(681~692) 때 중앙 정치 기구와 군사 조직(9서당 10정)을 정비하고, 9주 5소경 체제의 지방 행정 조직을 완비하였다.
혜공왕 즉위 직후 일어난 대공의 난(768)을 시작으로 혜공왕 대는 96각간(角干)의 난으로 상징되는 진골귀족들의 수많은 반란이 일어났다. 결국 혜공왕은 난중에 피살되었고, 내물왕의 후손인 김양상이 선덕왕으로 즉위하였다.
성덕왕(702~737) 때에는 왕권이 더욱 안정되고 유교 정치가 한층 강화되었다. 집사부의 중시에게 정치적 권한을 집중시켜 화백회의와 상대등의 역할을 축소하고, 722년(성덕왕 21)에는 백성들에게 정전을 지급하여 국가의 재정 기반을 튼튼히 하였다.

오답분석 ② 지증왕(500~514) 때 시장을 감독하는 동시전을 설치하였다.
③ 고구려 고국천왕(179~197) 때 진대법을 제정하였다.
④ 소성왕(798~800) 때 청주 거로현(현 거제)을 국학생의 녹읍으로 지정하였다.

복습지문
성덕왕 때 백성에게 정전을 지급하였다.

03 | 통일신라의 토지제도 정답 ④

ㄹ. 687년 신문왕은 문무 관료들에게 토지(관료전)를 차등있게 지급하였다.
ㄴ. 689년 신문왕은 녹읍을 폐지하고 해마다 조(租)를 차등있게 지급하였다.
ㄷ. 722년 성덕왕은 백성들에게 정전(丁田)을 지급하였다.
ㄱ. 757년 신라 경덕왕 때 관리에게 매달 지급하던 녹봉을 없애고 다시 녹읍을 지급하였다.

04 | 녹읍 정답 ③

경덕왕 때 내외 관료의 월봉을 없애고 다시 지급하기 시작한 (가)는 녹읍이다.
녹읍은 국가에서 관료 귀족에게 지급한 일정 지역의 토지로서, 조세를 수취할 수 있을 뿐만 아니라 그 토지에 딸린 노동력을 징발할 수 있었다. 통일 직후 신문왕은 관료전을 지급하며 귀족의 경제기반이었던 녹읍을 폐지하였으나 경덕왕 때 다시 부활하였다.

오답분석 ① 조선시대에 과전법이 시행됨에 따라 경기(京畿)에 한정하여 과전을 지급하였다.
② 조선 세종 때 공법이 시행되어 토지를 비옥도에 따라 6등급으로 구분하였다.
④ 고려의 전시과가 18등급으로 나누어 전지와 시지를 지급하였다.

복습지문
녹읍은 지역을 단위로 설정되어 수취가 허용되었다.
식읍은 대상 토지에 거주하는 가호의 수를 단위로 지급되었다.

Ⅱ. 한국 고대사

05 [2018 국가직 7급] ㉠에 해당하는 토지에 대한 설명으로 옳은 것은?

> 5월 을사에 태조가 예산진에 행차하여 이르기를, "너희 공경장상은 국록을 먹는 사람들이므로 내가 백성을 자식처럼 사랑하는 마음을 헤아려서, 너희들 ㉠ 의 백성들을 불쌍히 여겨야 할 것이다. 만약 무지한 가신들을 ㉠ 에 보낸다면, 오직 거두어들이는 데만 힘써 마음대로 약탈할 것이니 너희 또한 어찌 알 수 있겠는가?"라고 하였다.
> -『고려사』-

① 신라의 토지제도에서 비롯된 것이다.
② 직역에 대한 대가로 수조권만을 지급한 것이다.
③ 대상 토지에 거주하는 가호의 수를 단위로 지급되었다.
④ 지방호족들의 경제기반으로 고려 무신정권기까지 존속했다.

06 [2019 국가직 7급] 밑줄 친 '이 문서'에 대한 설명으로 옳은 것은?

> 이 문서는 서원경 부근 4개 촌락의 상황을 전하고 있으며, 호수와 전답의 면적, 가축과 과실나무의 수 등이 기록되어 있다.

① 건원이라는 연호가 기록되어 있다.
② 전시과와 녹봉 제도의 운영 양상이 나타나 있다.
③ 호(戶)는 인정(人丁)의 다소에 따라 9등급으로 나누었다.
④ 현존하는 세계 최고(最古)의 목판 인쇄물로 평가받고 있다.

07 [2017 지방직 9급] '신라촌락(민정)문서'를 통해서 알 수 있는 내용으로 옳지 않은 것은?

① 인구를 중시하여 소아의 수까지 파악했다.
② 내시령과 같은 관료에게 토지가 지급되었다.
③ 촌락의 경제력을 파악할 때 유실수의 상황을 반영했다.
④ 촌락을 통제하기 위해서 지방관으로 촌주가 파견되었다.

08 [2017 국가직 7급] 다음 자료에 해당하는 국가에 대한 설명으로 옳지 않은 것은?

> 처음에 왕들이 자주 학생들을 보내어 장안의 태학에 가서 고금의 제도를 배우도록 하였는데, 지금에 이르러 해동성국이 되었다. 땅에 5경 15부 62주가 있다.

① 당과 비단, 서적, 공예품을 교역하였다.
② 도서와 문서를 관장하는 문적원을 두었다.
③ 일본에 보낸 국서에서 천손임을 자부하였다.
④ 정효공주묘는 굴식 돌방과 모줄임천장 구조로 축조되었다.

05 | 녹읍
정답 ①

제시된 자료는 934년 고려 태조가 예산진에 행차하여 관리들에게 경계하는 조서를 내린 기사의 일부로, 가신들을 통한 무분별한 약탈을 경계하고 녹읍에 편제된 백성을 불쌍히 여길 것을 강조한 기사이다. 따라서 자료의 빈칸 ㉠은 녹읍임을 알 수 있다.
태조 때에는 녹읍 외에도 삼국 통일 과정에서 공을 세운 자들에게 역분전을 지급하였으나 역분전은 수조권만을 지급한 토지로 전시과의 선구가 되었다.
녹읍은 관리의 복무대가로 일정한 지역을 내리는 제도로, 신라 때부터 존재해 온 토지제도이다. 신라 중대에 잠시 폐지되기도 하였으나 부활되어 제시문과 같이 고려 초기까지도 존속하였다.

오답분석 ② 전시과가 직역에 대한 대가로 수조권만을 지급한 것이다.
③ 식읍이 대상 토지에 거주하는 가호의 수를 단위로 지급되었다.
④ 녹읍은 태조 때 이후로 폐지되었다.

06 | 민정문서
정답 ③

서원경 부근 4개 촌락의 호수와 전답, 가축과 과실나무 등의 현황을 기록한 '이 문서'는 민정문서(신라 장적, 신라 촌락문서)이다.
민정문서는 변동 사항을 조사하여 3년마다 다시 작성하였다. 민정문서에 나와 있는 토지는 연수유전(답), 촌주위답, 마전, 관모전(답), 내시령답 등이 있다. 민정문서에서 인구(人口)는 연령과 성별에 따라 6등급으로 구분하였으며, 호구(戶口)는 인정(人丁)의 다과에 따라 9등급으로 나누었다. 또한 생산 자원으로는 유실수인 뽕나무, 잣나무, 호두나무를 그 수치와 변동까지 세밀하게 기록하였다.

오답분석 ① 건원은 법흥왕 때 사용된 연호이고, 민정문서는 통일 신라 시기에 작성되었다.
② 고려 시대에 전시과 제도가 시행되었다.
④ 무구정광대다라니경이 현존하는 세계 최고의 목판 인쇄물이다.

07 | 민정문서
정답 ④

신라 민정문서(신라 장적, 신라 촌락문서)는 조세, 공물, 부역 등을 합리적으로 수취하기 위해 촌락의 토지 면적, 인구와 호수, 소와 말의 수, 특산물 등을 파악한 문서이다.
민정문서에는 서원경 부근 4개 촌락의 사정이 기록되어 있는데, 인구(人口)는 연령과 성별에 따라 6등급으로 구분하였으며, 호구(戶口)는 인정(人丁)의 다과에 따라 상상호(上上戶)에서 하하호(下下戶)까지 9등급으로 나누어 파악하였다.
또한 생산 자원으로 유실수인 뽕나무, 잣나무, 호두나무 등을 그 수치와 변동사항까지 세밀하게 기록하였다. 민정문서는 촌주가 매년 변동 사항을 조사한 후 3년마다 촌 단위로 다시 작성하였다.
민정문서에 기록된 토지는 연수유전(답), 촌주위답, 마전, 모전(답), 내시령답 등이 있다. 연수유전은 농민의 사유지 또는 경작지로 여겨진다. 국유지로 추정되는 내시령답은 수확의 일정 비율을 내시령이라는 관리에게 지급했던 직전(職田)성격의 토지이다.
관모전(답)은 국유지로서 관청 운영 경비를 조달하기 위한 고려의 공해전과 같은 용도로 사용된 토지로 짐작되며, 촌주위답은 촌주에게 주어진 토지로 추정된다.

오답분석 ④ 촌주는 촌락의 통제를 위해 해당 지역에 거주하던 유력자에게 주어진 관직이다.

08 | 발해의 경제와 문화
정답 ④

'해동성국', '5경 15부 62주'의 단서를 통해 자료에 해당하는 국가는 발해임을 알 수 있다. 발해는 문왕 때부터 친당 정책을 취하고, 신라와도 상설 교통로를 개설하여 대립관계를 해소해나갔다. 당나라와 황해를 거쳐 덩저우에 이르는 해로와 산하이 관을 거치는 육로를 이용하여 비단, 서적, 공예품 등을 교역하였다.
발해의 중앙 정치 기구는 당의 제도를 모방하여 3성과 6부를 중심으로 운영되었지만 명칭과 운영은 발해의 특색을 살렸다. 최고관부인 정당성의 장관인 대내상이 국정을 총괄하였고, 아래에 좌사정과 우사정을 두어 6부를 관할하게 하였다. 이외에도 관리들의 비위를 감찰하는 중정대, 서적을 관장하는 문적원, 최고 교육기관인 주자감 등을 두었다.
발해는 문왕 때인 762년에 당나라로부터 발해군왕에서 발해국왕으로 승격·책봉되어 명목상이지만 비로소 독립국가로 인정받게 되었다. 이를 토대로 문왕은 771년 일본에 보낸 국서에 자신이 천손(天孫)임을 자처하고, 양국의 관계를 구생관계(舅甥關係: 장인과 사위 관계)로 설정하여 일본의 반발을 사기도 했다.

오답분석 ④ 정효공주묘는 벽돌로 무덤 벽을 쌓은 당나라 양식과 천장을 평행 고임방식으로 마감한 고구려 양식이 혼합된 무덤으로, 세련된 문장의 묘지(墓誌)와 벽화가 발굴되었다.

Ⅱ. 한국 고대사

09 [2019 서울시 9급] ㉠에 관한 설명으로 옳은 것은?

> 신라에서는 사람을 등용하는 데에 ㉠ 을(를) 따진다. [때문에] 진실로 그 족속이 아니면, 비록 큰 재주와 뛰어난 공이 있더라도 넘을 수가 없다. 나는 원컨대, 서쪽 중국으로 가서 세상에서 보기 드문 지략을 떨쳐서 특별한 공을 세워 스스로 영광스러운 관직에 올라 고관대작의 옷을 갖추어 입고 칼을 차고서 천자의 곁에 출입하면 만족하겠다.

① 통일신라기에 성립하였다.
② 국학이 설립되면서 폐지되었다.
③ 진골은 대아찬 이상의 고위 관등만 받을 수 있었다.
④ 혈통에 따른 신분제로서 승진의 상한선을 결정했다.

10 [2018 서울시 9급] 〈보기〉에서 제시된 인물의 공통점으로 가장 옳은 것은?

> ● 보기 ●
> ㄱ. 김운경   ㄴ. 최치원   ㄷ. 최언위   ㄹ. 최승우

① 고려 출신으로 당나라에서 유학했다.
② 7세기와 8세기에 활약했던 신라의 대문장가이다.
③ 숙위학생으로 당 황제의 호위무사가 되었다.
④ 당나라의 빈공과에 급제한 후 귀국하였다.

11 [2017 지방직 9급] 밑줄 친 인물들이 속한 신분층에 대한 설명으로 옳은 것은?

> ○ 진덕여왕 2년, <u>김춘추</u>가 돌아오는 길에 고구려의 순라병을 만났는데, 종자인 온군해가 대신 피살되었고 그는 무사히 신라로 귀국했다.
> ○ 마침 알천의 물이 불어 <u>김주원</u>이 왕궁으로 건너오지 못하니, 상대등 <u>김경신</u>이 왕위에 올랐다.
> – 삼국사기 –

① 관등과 상관없이 특정 색깔의 관복을 입었다.
② 골품제의 모순을 비판하며 과거제 도입을 주장하였다.
③ 죄를 지으면 본관지로 귀향시키는 형벌이 적용되었다.
④ 중앙 관부와 지방행정 조직의 장관직에 오를 수 있었다.

12 [2017 국가직 9급] ㉠과 ㉡ 두 인물의 공통된 신분상의 특징으로 옳은 것은?

> ○ ㉠ 은(는) 신문왕에게 화왕계를 통하여 조언하였다.
> ○ ㉡ 은(는) 진성여왕에게 시무책 10여 조를 올렸다.

① 왕이 될 수 있는 신분이었다.
② 자색(紫色)의 공복을 착용하였다.
③ 중앙 관부의 최고 책임자를 독점하였다.
④ 관등 승진에서 중위제(重位制)를 적용받았다.

09 | 골품제도 정답 ④

신라 시대에 출신 성분을 따져 사람을 등용한 ⊙은 골품제를 가리킨다. 골품제는 개인의 혈통(血統)에 따라 관등 승진의 상한선은 물론 혼인, 가옥의 규모 등 사회생활 전반에 걸쳐 제약을 가하였다.

골품제는 신라가 중앙 집권 체제를 확립하는 과정에서 다양한 지배 세력을 재편성하면서 성립하였는데, 법흥왕 때 하나의 체계로 통합되었다. 신라는 법흥왕 때 17관등제를 완비하였는데, 골품에 따라 일정한 관직을 맡을 수 있는 관등의 범위가 한정되었다. 진골만이 승진에 제한이 없었고, 6두품은 제6관등인 아찬(阿湌)까지, 5두품은 제10관등인 대나마(大奈麻)까지, 4두품은 제12관등인 대사(大舍)까지로 승진이 제한되었다. 이러한 관등 승진의 상한선에 따른 불만을 무마하기 위해 아찬·대나마·나마에 중위제를 두었다.

오답분석 ① 골품제는 신라가 중앙 집권 체제를 확립하는 과정에서 성립하였다.
② 골품제는 신라가 멸망할 때까지 유지되었다.
③ 진골은 모든 관등에 등용될 수 있었으며, 5관등 이상의 고위 관등에도 오를 수 있었다.

11 | 진골귀족 정답 ④

밑줄 친 김춘추, 김주원, 김경신은 모두 신라 진골 신분의 인물들이다. 신라는 왕족을 직계인 성골과 방계인 진골로 나누고 일반 귀족은 6~1두품까지 등급을 나누었다. 진골은 성골 다음의 계급이나 왕족인 점에서 성골과 큰 차이는 없었고, 신라 왕족 외에도 김유신과 같이 금관가야계 왕족 등 귀족을 거느렸던 왕족들 또한 진골로 편입될 수 있었다. 진골 출신은 대아찬 이상의 최고 관등으로 오를 수 있었으며 중앙 관청과 지방행정의 장관직을 독점하고, 식읍·녹읍을 받았다. 또한 합의를 통하여 국가의 중대사를 결정하는 권한을 가지고 있었다.

오답분석 ① 신라의 관복은 신분이 아닌 각각의 관등에 맞게 자·비·청·황색으로 구분되었다.
② 6두품들이 골품제의 모순을 비판하며 과거제 도입을 주장하였다.
③ 고려시대 귀족들에게 죄를 지으면 본관지로 귀향하는 귀향형이 적용되었다.

10 | 6두품(빈공과) 정답 ④

김운경은 821년 당나라 국자감에 수학한 숙위학생으로는 최초로 빈공과에 합격한 인물이다. 최치원, 최언위, 최승우 3명은 모두 경주 최씨에 6두품 출신으로 이른바 '신라 3최'라 불렸으며, 당나라에 유학하여 빈공과(賓貢科)에 급제하였다는 공통점이 있다.

오답분석 ① 보기에 제시된 인물은 모두 신라 출신으로 당나라에서 유학하였다.
② 4인 모두 9세기 이후 활약한 인물이다.
③ 보기의 인물들은 모두 숙위학생 출신의 문신으로 호위무사와는 거리가 멀다.

12 | 6두품 정답 ④

⊙은 신문왕에게 화왕계를 지어 바친 설총, ⊙은 진성여왕에게 시무책 10여 조를 올린 최치원이다.

설총과 최치원 두 인물은 모두 6두품 출신이다. 6두품 출신들은 신라의 삼국통일 직후 국왕을 보좌하면서 활발한 정치적 진출을 할 수 있었다. 그러나 골품이라는 신분의 제약으로 인하여 중앙관청의 장관이나 지방의 장관 자리에는 오를 수 없었고, 제6관등인 아찬까지만 승진이 제한되었다. 이러한 관등 승진의 상한선에 대한 불만을 무마하기 위해 아찬에 4등급, 대나마에 9등급, 나마에 7등급의 중위를 설치하여 관등상의 상한선에 오른 비진골 관료층에게 특진의 기회를 열어 주었다.

오답분석 ① 왕이 될 수 있었던 신분은 성골·진골 귀족이다.
② 자색의 공복은 1~5관등에 해당하는 복색으로 진골만 착용하였다. 6두품은 6관등인 아찬까지만 승진이 가능했다.
③ 중앙 관부의 최고 책임자를 독점한 것은 진골귀족이다.

● 복습지문
골품제도에서 6두품은 관등 승진에서 중위제를 적용받았다.

Ⅱ. 한국 고대사

13 [2017 지방직 7급] 다음 (가), (나)에 나타난 신라제도에 대한 설명으로 옳지 않은 것은?

> (가) 속성은 김씨로 태종무열왕이 8대조이다. 할아버지인 주천의 골품은 진골이고 … 아버지는 범청으로 골품이 진골에서 한 등급 떨어져 득난(得難)이 되었다.
> － 성주사낭혜화상백월보광탑비문 －
>
> (나) 최치원은 난랑비(鸞郎碑) 서문에서 우리나라에는 현묘한 도가 있으니 풍류(風流)라 일컬었다. … 실로 이는 삼교(유ㆍ불ㆍ선)를 포함하고 중생을 교화한다.
> － 삼국사기 －

① (가) - 개인의 사회 활동과 일상생활을 규제하였다.
② (가) - 관등 승진의 상한선이 정해져 있었다.
③ (나) - 진흥왕 때 인재양성을 위한 제도로 정착되었다.
④ (나) - 귀족들이 회의를 통하여 중요한 국사를 결정하였다.

14 [2021 지방직 9급] (가) 인물에 대한 설명으로 옳은 것은?

> (가) 가/이 귀산 등에게 말하기를 "세속에도 5계가 있으니, 첫째는 충성으로써 임금을 섬기는 것, 둘째는 효도로써 어버이를 섬기는 것, 셋째는 신의로써 벗을 사귀는 것, 넷째는 싸움에 임하여 물러서지 않는 것, 다섯째는 생명 있는 것을 죽이되 가려서 한다는 것이다. 그대들은 이를 실행함에 소홀하지 말라."라고 하였다.
> －『삼국사기』－

① 모든 것이 한마음에서 나온다는 일심 사상을 제시하였다.
② 화엄 사상을 연구하여『화엄일승법계도』를 작성하였다.
③ 왕에게 수나라에 군사를 청하는 글을 지어 바쳤다.
④ 인도를 여행하여『왕오천축국전』을 썼다.

15 [2019 지방직 9급] 밑줄 친 '그'에 대한 설명으로 옳은 것은?

> 그는 중국 유학을 마치고 귀국한 다음, 국왕에게 황룡사에 9층탑을 세울 것을 건의했다. 그가 9층탑 건립을 건의한 데에는 주변 나라의 침입을 막고자 하는 호국정신이 담겨 있다.

① 화랑이 지켜야 할 세속오계를 지었다.
② 대국통으로 있으면서 계율을 지키는 일에 힘을 보탰다.
③ 통일 이후의 사회갈등을 통합으로 이끄는 화엄사상을 강조하였다.
④ 일심(一心) 사상을 주장하여 불교 교리의 대립을 극복하고자 하였다.

16 [2020 서울시 9급] 〈보기〉의 밑줄 친 '그'의 저술로 가장 옳은 것은?

● 보기 ●
> 그는 당나라로 가던 도중 진리는 마음속에 있음을 깨닫고 유학을 포기하였다. 여러 종파의 갈등을 보다 높은 수준에서 융화, 통일시키려 하였으므로, 훗날 화쟁국사(和諍國師)로 추앙받았다.

① 해동고승전
② 대승기신론소
③ 왕오천축국전
④ 화엄일승법계도

13 | 골품제도와 화랑도   정답 ④

(가)는 신라의 골품제, (나)는 화랑도와 관련된 자료이다.
혈연에 따라 사회적 제약이 가해지는 골품 제도는 신라 사회에서 개인의 사회 활동과 정치 활동의 범위까지 엄격히 제한하였다. 관등 승진의 상한선이 골품에 따라 정해져 있었고, 가옥의 규모와 장식물, 복색이나 수레 등 일상 생활까지 규제하는 기준으로 오랫동안 유지되었다.
화랑도는 원시 사회의 청소년 집단에서 기원하였다. 화랑도는 귀족 자제 중에서 선발된 화랑을 지도자로 삼고, 귀족은 물론 평민까지 망라한 낭도가 그를 따랐다. 여러 계층이 같은 조직 속에서 일체감을 가지고 활동함으로써 계층 간의 대립과 갈등을 조절, 완화하는 구실도 하였다. 화랑도는 진흥왕 때 인재양성을 위한 제도로 국가 차원에서 활동을 장려하여 조직이 확대되었으며, 원광은 청소년에게 세속 5계를 가르쳐 마음가짐과 행동의 규범을 제시하였다.

오답분석 ④ 신라에서는 화백회의를 통해 귀족들이 중요한 국사를 결정하였다.

14 | 원광   정답 ③

(가)는 세속오계를 제시한 원광이다.
원광법사는 수나라에서 공부하고 돌아온 뒤 엄격한 금욕과 계율을 강조한 계율종을 전파하였다. 원광은 청소년들에게 세속 5계를 전해주어 당시의 시대 정신을 깨우쳐 주었다. 신라 진평왕은 고구려와 백제의 거듭되는 침공으로 어려움을 겪게 되자 608년 원광에게 걸사표를 짓게 하여 수나라 양제에게 군사원조를 요청하였다.

오답분석 ① 원효가 모든 것이 한마음에서 나온다는 일심(一心) 사상을 제시하고, 종파들 간 사상적 대립을 조화시키고 분파 의식을 극복하기 위해 『십문화쟁론』을 저술하였다.
② 의상이 당나라에 유학하여 지엄의 문하에서 화엄종을 수학하였고, 『화엄일승법계도』를 지어 화엄 사상을 정립하였다.
④ 혜초가 10년간 인도와 중앙아시아의 각 성지를 순례하고 당에 돌아와 『왕오천축국전』을 저술하였다.

● **복습지문**
원광은 진평왕에게 수나라에 군사를 청하는 글을 지어 바쳤다.

15 | 자장   정답 ②

선덕여왕에게 황룡사에 9층의 탑을 세울 것을 건의한 인물은 자장 법사이다. 황룡사 9층 목탑의 각 층은 9개의 주변 국가를 상징하는 것으로, 탑을 세우면 주변 나라들이 항복하고 조공하며, 외적의 침입을 막을 수 있다는 호국사상이 깃들어 있다.
자장은 진골 귀족 출신으로 당에 유학하였고, 귀국한 후에는 대국통(大國統)에 임명되어 승려의 규범을 바로잡고, 지방 사찰을 다니며 계율을 지키도록 일깨워주었다.

오답분석 ① 원광법사는 수나라에서 공부하고 돌아온 뒤 엄격한 금욕과 계율을 강조한 계율종을 전파하였고, 진평왕 때 세속오계를 만들었다.
③ 의상(625~702)은 『화엄일승법계도』를 저술하고 화엄 사상을 정립하여 지배층과 피지배층의 대립이나 지배층 내부의 갈등을 지양하는 사회 통합 논리를 제시하였다.
④ 원효는 모든 것이 한마음에서 나온다는 일심 사상을 바탕으로, 다른 종파들과 사상적 대립을 조화시키고 분파 의식을 극복하기 위해 『십문화쟁론』을 저술하였다.

16 | 원효   정답 ②

의상과 함께 당나라로 가던 도중 '일체유심조'를 깨닫고 당 유학을 포기하였으며, 화쟁 사상을 주장하여 훗날 화쟁국사(和諍國師)로 추앙받은 '그'는 원효이다.
원효는 불교의 종파를 초월하여 불교 교리를 고차원적인 견지에서 회통시키려 하였는데 이를 화쟁 사상이라 하며, 이는 일심 사상, 무애 사상과 함께 그의 사상적 특징이다.
원효는 당시의 거의 모든 불교 서적을 폭넓게 이해하고 『대승기신론소』, 『금강삼매경론』 등을 저술하여 불교의 사상적 이해 기준을 확립하였다.

오답분석 ① 각훈이 고려 고종 때 삼국시대 이래의 고승 30여 명의 행적을 기록한 『해동고승전』을 저술하였다.
③ 혜초가 인도와 중앙아시아를 순례하고 『왕오천축국전』을 지었다.
④ 의상이 『화엄일승법계도』를 저술하여 모든 존재는 상호 의존적인 관계에 있으면서 서로 조화를 이루고 있다는 화엄 사상을 정립하였다.

Ⅱ. 한국 고대사

17 [2022 국가직 9급] 다음 (가), (나) 승려에 대한 설명으로 옳은 것은?

> (가) 중국 유학에서 돌아와 부석사를 비롯한 여러 사원을 건립하였으며, 문무왕이 경주에 성곽을 쌓으려 할 때 만류한 일화로 유명하다.
> (나) 진골 귀족 출신으로 대국통을 역임하였으며, 선덕여왕에게 황룡사 9층탑의 건립을 건의하였다.

① (가)는 모든 것이 한마음에서 나온다는 일심사상을 제시하였다.
② (가)는 『화엄일승법계도』를 만들었다.
③ (나)는 『왕오천축국전』이라는 여행기를 남겼다.
④ (나)는 이론과 실천을 같이 강조하는 교관겸수를 제시하였다.

18 [2023 법원직] (가) 인물에 대한 설명으로 가장 옳은 것은?

> 당에서 유학하고 돌아온 (가) 은/는 '모든 존재가 서로 의존하며 조화를 이루고 있다.'라는 사상을 강조하여 통일 직후 신라 사회를 통합하는 데 큰 역할을 하였다. 또한 (가) 은/는 부석사를 중심으로 많은 제자를 양성하여 교단을 형성하고 각지에 사찰을 세웠다. 또한, 현세에서 겪는 고난을 구제받고자 하는 관음 신앙을 전파하였다.

① 무애가를 지어 불교 대중화에 기여하였다.
② 화엄일승법계도를 지어 화엄 사상을 정립하였다.
③ 불교 교단을 통합하기 위해 천태종을 개창하였다.
④ 인도와 중앙아시아를 여행하고 왕오천축국전을 저술하였다.

19 [2019 지방직 7급] ㉠, ㉡ 승려의 활동으로 옳은 것은?

> ○ 왕이 수(隋)에 군사를 청하는 글을 요청하자, ㉠ 은/는 "자기가 살기 위해 남을 멸망시키는 것은 승려가 할 일이 아니나, 제가 대왕의 땅에 살면서 수초(水草)를 먹고 있사오니 명령을 따르겠습니다."라고 하였다.
> ○ 왕이 왕성을 짓고자 하여 ㉡ 에게 의견을 묻자, "비록 들판의 초가집에 살아도 바른 도를 행하면 복업이 길어질 것이요, 그렇지 않으면 사람을 수고롭게 하여 애써 성(城)을 만들지라도 역시 이익이 없을 것입니다."라고 하였다.
> ― 『삼국사기』―

① ㉠ – 왕에게 건의하여 황룡사 9층 탑을 세웠다.
② ㉠ – 화랑이 지켜야 할 세속오계를 만들었다.
③ ㉡ – 저잣거리에서 『무애가』를 부르면서 대중을 교화하였다.
④ ㉡ – 당에 유학하여 유식론을 독자적으로 발전시켰다.

20 [2018 국가직 7급] 밑줄 친 '그'의 행적으로 옳은 것은?

> 왕이 수도(금성)에 성곽을 쌓으려고 문의하니 그가 말하기를, "비록 초야에 살더라도 정도(正道)만 행하면 복업(福業)이 오래 갈 것이요, 만일 그렇지 못하면 여러 사람을 수고롭게 하여 성을 쌓을지라도 아무 이익이 없을 것입니다."라고 하였다. 왕은 이에 성 쌓는 일을 그만두었다.
> ― 『삼국사기』―

① 일심사상을 바탕으로 화쟁사상을 주장하였다.
② 당에서 유학하고 돌아와 부석사를 창건하였다.
③ 당에 들어가 유식론을 독자적으로 발전시켰다.
④ 가지산파를 개창하면서 선종을 보급하기 시작하였다.

17 | 의상과 자장   정답 ②

(가)는 부석사 등을 창건한 의상, (나)는 황룡사 9층탑의 건립을 건의한 자장이다.
진골 출신 승려인 의상은 당나라에 유학하여 지엄의 문하에서 화엄종을 수학하였고, 『화엄일승법계도』를 저술하여 화엄 사상을 정립하였다. 의상은 676년 부석사를 창건하고 해동화엄종의 시조가 된 이후 화엄 10찰을 짓고 강술과 포교에 힘써 불교문화의 폭을 확대하였다. 문무왕이 왕경에 성을 새로 쌓으려 하자 의상은 백성을 위해 정도(政道)를 행하는 것이 더욱 중요하다고 간언하였다.
자장은 진골 귀족 출신으로 당에 유학하였고, 귀국한 후에는 대국통(大國統)에 임명되어 승려의 규범을 바로잡고, 지방 사찰을 다니며 계율을 지키도록 일깨워주었다.

오답분석 ① 원효가 모든 것이 한마음에서 나온다는 일심사상을 제시하였다.
③ 혜초가 인도와 중앙아시아 지역을 순례하고 『왕오천축국전』을 지었다.
④ 고려 시대 의천이 이론과 실천을 같이 강조하는 교관겸수를 제시하였다.

18 | 의상   정답 ②

(가)는 당에서 유학하고 돌아와 부석사를 창건하고, 관음신앙을 전파한 의상이다.
진골 출신 승려인 의상은 당나라에 유학하여 지엄의 문하에서 화엄종을 수학하였고, '화엄일승법계도'를 저술하여 화엄 사상을 정립하였다. 그는 모든 존재는 상호 의존적인 관계에 있으면서 서로 조화를 이루고 있다고 주장하였고, '일즉다 다즉일(一卽多 多卽一)'의 원융사상으로 지배층과 피지배층의 대립이나 지배층 내부의 갈등을 지양하는 사회 통합 논리를 제시하였다. 의상은 676년 부석사를 창건하고 해동화엄종의 시조가 된 이후 화엄 10찰을 짓고 강술과 포교에 힘써 불교문화의 폭을 확대하였다. 한편, 의상은 아미타 신앙과 함께 현세에서 고난을 구제받고자 하는 관음 신앙을 화엄 종단의 중심 신앙으로 수용하였다.

오답분석 ① 원효가 화엄 사상을 쉽게 풀이하여 '무애가'라는 노래를 짓고 이를 민간에 널리 퍼뜨려 중생의 교화에 활용하였다.
③ 의천이 국청사를 창건하여 해동 천태종을 창시하고 교종의 입장에서 선종을 통합하려 하였다.
④ 혜초가 인도와 중앙아시아를 여행하고 중국에 돌아와 『왕오천축국전』을 저술하였다.

19 | 원광과 의상   정답 ②

㉠은 수(隋)에 군사를 청하는 글을 지은 원광, ㉡은 문무왕이 왕성을 짓고자 하는 역사(役事)를 중지시켰던 의상이다.
원광법사는 수나라에서 공부하고 돌아온 뒤 엄격한 금욕과 계율을 강조한 계율종을 전파하였다. 원광은 청소년들에게 세속 5계를 전해주어 당시의 시대 정신을 깨우쳐 주었다. 신라 진평왕은 고구려와 백제의 거듭되는 침공으로 어려움을 겪게 되자 608년 원광에게 걸사표를 짓게 하여 수나라 양제에게 군사 원조를 요청하였다. 이에 수 양제가 612년에 직접 100만이 넘는 대군을 이끌고 고구려를 침공했다.

오답분석 ① 자장이 선덕여왕에게 황룡사 9층탑 건립을 건의하였다.
③ 원효가 『무애가』를 널리 퍼뜨려 대중을 교화하였다.
④ 원측(613~696)이 당에서 현장으로부터 유식학을 배워 독자적 유식학파를 세웠다.

20 | 의상   정답 ②

681년 문무왕이 왕경에 성을 새로 쌓으려하자 백성을 위해 정도(政道)를 행하는 것이 더욱 중요하다고 간언한 '그'는 의상이다.
진골 출신 승려인 의상은 당나라에 유학하여 지엄의 문하에서 화엄종을 수학하였고, '화엄일승법계도'를 저술하여 화엄 사상을 정립하였다. 의상은 676년 부석사를 창건하고 해동화엄종의 시조가 된 이후 화엄 10찰을 짓고 강술과 포교에 힘써 불교문화의 폭을 확대하였다.

오답분석 ① 원효가 일심사상을 바탕으로 화쟁사상을 주장하였다.
③ 원측이 당에 유학하여 유식론을 독자적으로 발전시켰다.
④ 도의가 가지산파를 개창하여 선종을 보급하였다.

● **복습지문**
의상은 당에서 유학하고 돌아와 부석사를 창건하였다.

Ⅱ. 한국 고대사

21 [2024 지방직 9급] (가)에 해당하는 인물로 옳은 것은?

> (가) 은/는 중앙아시아와 인도지역의 다섯 천축국을 순례하고 각국의 지리, 풍속, 산물 등에 관한 기행문을 남겼다. 이 기행문은 중국의 둔황 막고굴에서 발견되었으며 현재 프랑스 국립도서관에 있다.

① 원광　　　② 원효
③ 의상　　　④ 혜초

22 [2018 지방직 9급] 다음과 같은 불교 사상의 영향을 받아 만들어진 문화재는?

> 이 불교 사상은 개인적 정신 세계를 추구하는 경향이 강하였기 때문에 지방에서 독자적인 세력을 이루어 성주나 장군을 자처하던 자들로부터 큰 호응을 받았다.

① 성덕대왕신종
② 쌍봉사 철감선사탑
③ 경천사지 십층석탑
④ 금동미륵보살 반가사유상

23 [2022 법원직] (가) 종교가 반영된 문화유산의 사례로 가장 적절한 것은?

> 불로장생과 신선이 되기를 추구하는 (가) 은/는 삼국에 전래 되어 귀족 사회를 중심으로 유행했으며 예술에도 많은 영향을 주었다. 7세기 고구려의 연개소문은 귀족과 연결된 불교 세력을 억누르기 위해 (가) 을/를 장려하는 정책을 펼쳤다.

24 [2019 서울시 9급] 삼국의 사회·문화에 관한 설명으로 가장 옳지 <u>않은</u> 것은?

① 고구려는 영양왕 때 이문진이 『유기』를 간추려 『신집』 5권을 편찬했다.
② 백제의 승려 원측은 당나라에 가서 유식론(唯識論)을 발전시켰다.
③ 신라의 진흥왕은 두 아들의 이름을 동륜 등으로 짓고 자신은 전륜성왕으로 자처했다.
④ 백제 말기에는 미래에 중생을 구제한다는 미륵신앙이 유행하기도 하였다.

21 | 혜초   정답 ④

(가)는 인도와 중앙아시아를 순례하고 『왕오천축국전』을 저술한 혜초이다.

유년기에 당나라에 들어가 인도 출신 승려에게서 불교를 배운 혜초는 723년 광저우를 떠나 바닷길로 인도에 들어가 약 4년 동안 인도와 서역의 여러 나라들을 여행하고 727년 장안(長安)으로 돌아왔다. 혜초는 자신이 방문한 인도와 파키스탄, 중동 및 중앙아시아 지역의 정세, 자연, 의복과 언어, 풍습, 경제와 생활, 종교 상황 등을 기술한 『왕오천축국전』을 저술하였다. 이 책은 1908년 프랑스 탐험가 폴 펠리오(1878~1945)가 구입한, 중국 둔황(敦煌)의 막고굴(莫高窟) 장경동(藏經洞) 석굴 안의 문서 더미에서 발견됐다. 현재는 파리 국립도서관에 소장되어 있다.

22 | 선종 불교   정답 ②

개인적 정신 세계를 추구하여 신라 하대 지방의 독자적인 세력을 이룬 호족들에게 호응을 받았던 불교 사상은 '선종'이다.

삼국 통일 전후에 신라에 전래된 선종은 처음에는 호응을 얻지 못하다가 9세기 초 승려 도의에 의해 본격적으로 확산되었다. 선종이 확산되면서 승려의 사리를 봉안하는 승탑과 승려의 일대기를 비에 새긴 탑비가 유행하였는데, 팔각 원당형의 형태를 띤 쌍봉사 철감선사 승탑이 대표적이다.

오답분석 ① 성덕대왕 신종은 신라 중대 혜공왕 때 완성되었다.
③ 경천사지 십층석탑은 고려 원간섭기에 원의 석탑을 본떠 만들어졌다.
④ 금동미륵보살 반가사유상은 삼국시대에 주로 만들어졌다.

23 | 도교   정답 ④

(가)는 연개소문이 불교 세력을 억누르기 위해 장려한 도교이다. 삼국시대 도교는 산천 숭배나 신선 사상과 결합하여 귀족 사회를 중심으로 성행하였다. 영류왕 7년(624)에 당나라의 고조가 『도덕경』과 함께 도사를 보내주어 우리나라에 도교가 공식적으로 유입되었다. 보장왕 때 연개소문은 불교와 연결된 세력을 견제하기 위해 도교를 장려하였다.

백제의 산수무늬 벽돌과 금동 대향로는 도교의 이상 세계를 형상으로 표현하였는데, 둘 다 충남 부여에서 출토되어 현재 국립 부여 박물관에 소장되어 있다. 1993년 부여 능산리에서 발굴된 금동 대향로의 향로를 장식한 용과 봉황, 연꽃, 그리고 신선이 산다고 하는 삼신산의 74개 봉우리는 도교의 이상향을 표현한 것이다.

오답분석 ① 신라 하대 선종이 유행하면서 많이 만들어진 팔각원당형 승탑이다.
② 백제 근초고왕 시기에 만들어 일본 왕에게 전해준 칠지도이다.
③ 미륵신앙의 영향으로 미륵보살 반가사유상이 많이 만들어졌다.

24 | 삼국의 문화   정답 ②

① 삼국은 나라의 정통성과 왕실의 권위를 과시하고 백성들의 충성심을 모으기 위해 국가적 사업으로 역사서를 편찬했다. 고구려는 국초에 『유기』 100권을 편찬하였는데, 영양왕 때 이문진이 이를 간추려 『신집』 5권을 편찬하였다. 백제는 근초고왕 때 고흥이 『서기』를, 신라에서는 진흥왕 때 거칠부가 『국사』를 편찬하였다.
③ 삼국은 모두 불교에서 이상적 군주로 설한 전륜성왕설을 받아들였다. 광개토왕은 '호태성왕(好太聖王)'이라고 칭하였고, 백제 중흥의 군주 성왕(聖王)은 생전에도 성왕으로 불렸는데, 이는 성왕 자신이 전륜성왕을 자처한 때문으로 보인다. 특히, 신라의 진흥왕은 황룡사 의 장륙존상(丈六尊像)을 주성하면서 인도 아소카왕과 같은 전륜성왕임을 자처하였고, 두 아들 이름을 동륜과 사륜(금륜, 진지왕)으로 지었다.
④ 백제에서는 다양한 불교 신앙 중에서 미륵 신앙이 매우 성행하였다. 백제에서 미륵 신앙이 성행하였음은 다양한 지역에 미륵과 관련한 사찰들이 지어졌다는 것만 보아도 알 수 있다. 그 중에서도 무왕 때 설립된 익산의 미륵사는 창건 설화와 가람 배치가 가지는 의미를 볼 때 백제의 미륵 신앙을 가장 잘 보여 주는 것이라고 할 수 있다.

오답분석 ② 신라 왕손으로 알려진 원측(613~696)은 당에서 현장으로부터 유식학을 배워 독자적 유식학파를 세웠다.

● **복습지문**
신라 진흥왕은 자신을 전륜성왕으로 자처했다.

Ⅱ. 한국 고대사

25 [2018 법원직] (가) ~ (라)를 일어난 순서대로 바르게 나열한 것은?

(가) 국학을 태학(감)으로 고치고 학문을 장려하였다.
(나) 원효는 모든 것이 한마음에서 나온다는 일심사상의 이론적 체계를 마련하였다.
(다) 유교 경전에 대한 이해 수준에 따라 관리를 채용하는 독서삼품과를 실시하였다.
(라) 최치원은 빈공과에 합격한 뒤에 황소를 격퇴하는 글을 써서 당에서 명문장가로 유명해졌다.

① (가) - (나) - (다) - (라)
② (가) - (다) - (나) - (라)
③ (나) - (가) - (다) - (라)
④ (나) - (가) - (라) - (다)

26 [2022 서울시 9급] (가)의 인명과 그의 저술을 옳게 짝지은 것은?

진성왕 8년(894) 봄 2월에 ___(가)___ 이 시무 10여 조를 올리자, 왕이 이를 좋게 여겨 받아들이고 아찬으로 삼았다.

① 김대문 - 『화랑세기』
② 김대문 - 『계원필경』
③ 최치원 - 『제왕연대력』
④ 최치원 - 『한산기』

27 [2018 지방직 9급] 다음은 어느 유적의 사진과 내부 구조도이다. 이 유적에 대한 설명으로 옳은 것은?

① 널방 벽에서 사신도(四神圖)가 발견되었다.
② 묘지석이 발굴되어 무덤 주인공이 밝혀졌다.
③ 화강암을 다듬어 쌓은 계단식 돌무지무덤이다.
④ 광개토 대왕 제사 때 쓰인 호우명 그릇이 출토되었다.

28 [2017 국가직 7급] 다음 기행문의 ㉠에서 출토한 유물로 적절한 것은?

며칠 전 나는 공주 시내에 있는 유적지를 둘러보았다. 가장 인상에 남는 곳은 송산리 고분군이었다. 그곳에는 ___㉠___ 가(이) 자리 잡고 있었으며, 전시관도 마련되어 있었다. ___㉠___ 는(은) 연도(羨道)와 현실(玄室)을 아치형으로 조성한 벽돌 무덤이다. 이 무덤에서 금송(金松)으로 만든 왕과 왕비의 관(棺)을 비롯하여 많은 부장품을 출토하였다. 중국 남조 양나라나 왜와의 교류를 짐작케 하는 무덤이다.

① 무덤 안에 있는 여러 옷차림의 토우
② 무덤 안에 놓여 있는 왕과 왕비의 지석
③ 무덤 안의 네 벽면을 장식한 사신도 벽화
④ 무덤 주위를 둘러싼 돌에 새겨진 12지 신상

25 | 통일신라의 학문 정답 ③

(나) 원효(617~686)는 모든 것이 한 마음에서 나온다는 일심사상을 주장하였다.
(가) 경덕왕 재위(742~765) 시기에 국학을 태학감으로 고치고 박사와 조교를 두어 유교 경전을 가르쳤다.
(다) 원성왕 대에 유교 경전에 대한 이해 수준에 따라 관리를 임용하는 독서삼품과를 실시하였다(788).
(라) 최치원(857~)은 당의 빈공과에 합격한 뒤 '토황소격문'이라는 문장을 지어 명성을 떨쳤다.

26 | 통일 신라의 학자 정답 ③

(가)는 진성(여)왕에게 시무 10여 조를 올린 최치원이다.
최치원은 당에서 빈공과에 급제하고 『토황소격문』이라는 명문장을 지어 명성을 떨쳤다. 귀국 후 그는 진성여왕에게 개혁안 10여 조를 올려 유교적 정치 이념을 실현하려 하였다. 자신의 뜻이 받아들여지지 않자 최치원은 벼슬을 버리고 은둔 생활을 하면서『제왕연대력』등을 저술했다. 최치원은 유학자이면서도 불교와 도교에도 조예가 깊었는데, 그가 남긴 난랑비서와 사산비명을 통해 이를 확인할 수 있다. 최치원의 저술 중 『계원필경』과 『법장화상전』, 『사산비명』만 현재까지 전해진다.

오답분석 ① 8세기 중엽에 한산주 총관을 지낸 김대문은 『화랑세기』, 『고승전』, 『한산기』, 『계림잡전』, 『악본』 등을 저술하였다.
② 최치원이 문집 『계원필경』을 남겼다.
④ 김대문이 한산주 지방의 지리와 풍물을 다룬 『한산기』를 저술하였다.

27 | 장군총(돌무지무덤) 정답 ③

제시된 자료는 장군총의 사진과 내부구조도이다.
장군총은 고구려 초기에 주로 만들어진 계단식 돌무지무덤으로 화강암을 다듬어 7층까지 쌓아올린 것이 특징이다. 장군총의 1층 각 면에는 3개씩 호석(버팀돌)을 기대어 놓았으며, 뒤편에는 본래 5개의 배총(딸린무덤)이 있었지만 현재는 하나만 남아있다.

오답분석 ① 굴식 돌방무덤의 내부 널방에 사신도와 같은 벽화가 그려졌다.
② 백제 무령왕릉, 발해의 정혜공주 묘와 정효공주 묘 등에서 묘지석이 발굴되었다.
④ 신라의 돌무지 덧널무덤인 호우총에서 호우명 그릇이 발견되었다.

●● **복습지문**
> 장군총은 화강암을 다듬어 쌓은 계단식 돌무지무덤이다.

28 | 무령왕릉 정답 ②

공주 송산리 고분군의 벽돌 무덤으로 왕과 왕비의 지석과 부장품이 많이 출토된 ㉠은 무령왕릉이다.
일본에서 가져온 금송으로 왕과 왕비의 관을 만들었으며, 중국 남조 양나라의 양식을 참고해 벽돌로 무덤 내부를 쌓았다. 무령왕릉은 금관 장식과 진묘수 등 우수한 공예품과 함께 왕과 왕비의 지석이 출토되어 무덤의 주인공과 축조 연대가 정확히 밝혀졌다. 지석에는 무령왕을 생전에 사용하던 명칭인 사마왕으로 기록하고 있다.

오답분석 ① 신라와 가야의 무덤에서 토우가 주로 출토되었다.
③ 공주의 송산리 6호분과 부여의 능산리 고분에서 사신도 벽화를 찾아볼 수 있다.
④ 통일신라시대에 굴식돌방무덤의 봉토 주위를 둘레돌로 두르고, 둘레돌에 12지 신상을 조각하는 독특한 양식이 나타났다.

Ⅱ. 한국 고대사

29 [2019 국가직 7급] 백제 무령왕릉과 발해 정효공주묘의 공통점으로 옳은 것만을 모두 고르면?

> ㄱ. 중국 문화의 영향을 받아 만들어진 벽돌무덤이다.
> ㄴ. 천장은 각을 줄여 쌓는 평행 고임 구조로 되어 있다.
> ㄷ. 무덤방의 네 벽면에 회가 칠해지고 벽화가 그려져 있다.
> ㄹ. 무덤에 묻힌 인물에 대해 알려 주는 문자 자료가 발견되었다.

① ㄱ, ㄴ   ② ㄱ, ㄹ   ③ ㄴ, ㄷ   ④ ㄷ, ㄹ

30 [2019 법원직] 다음 그림의 무덤양식과 관련된 설명으로 가장 옳은 것은?

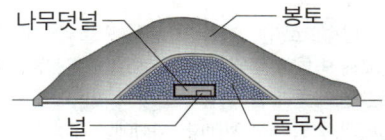

① 중국 남조의 영향을 받았다.
② 고구려의 초기 무덤 형태이다.
③ 천마도가 벽화로 그려져 있다.
④ 도굴이 어려워 많은 양의 부장품이 출토되었다.

31 [2024 국가직 9급] 밑줄 친 '가람'에 대한 설명으로 옳은 것은?

> 우리 왕후께서는 좌평 사택적덕의 따님으로 지극히 오랜 세월에 선인(善因)을 심어 이번 생에 뛰어난 과보를 받아 만민을 어루만져 기르시고 삼보(三寶)의 동량(棟梁)이 되셨기에 능히 <u>가람</u>을 세우시고, 기해년 정월 29일에 사리를 받들어 맞이하셨다. 원하옵나니, 영원토록 공양하고 다함이 없이 이 선(善)의 근원을 배양하여, 대왕 폐하의 수명은 산악과 같이 견고하고 치세는 천지와 함께 영구하며, 위로는 정법을 넓히고 아래로는 창생을 교화하게 하소서.

① 목탑의 양식을 간직한 석탑이 있다.
② 대리석으로 만든 10층 석탑이 있다.
③ 성주산문을 개창한 낭혜화상의 탑비가 있다.
④ 돌을 벽돌 모양으로 만들어 쌓은 모전석탑이 있다.

32 [2019 지방직 9급] 삼국시대 문화에 대한 설명으로 옳지 않은 것은?

① 선덕여왕 때에 첨성대를 세웠다.
② 목탑 양식의 미륵사지석탑이 건립되었다.
③ 가야 출신의 우륵에 의해 가야금이 신라에 전파되었다.
④ 사신도가 그려진 강서대묘는 돌무지무덤으로 축조되었다.

29 | 무령왕릉과 정효공주묘   정답 ②

백제 무령왕릉은 중국 남조의 영향을 받은 벽돌무덤이다. 무령왕릉은 금관 장식과 진묘수 등 우수한 공예품과 함께 왕과 왕비의 지석이 출토되어 무덤의 주인공과 축조 연대가 확실히 밝혀졌다. 지석에는 무령왕을 생전에 사용하던 명칭인 사마왕으로 기록하고 있다. 한편, 양나라에서 들여온 벽돌과 일본에서 수입한 금송으로 만든 목곽은 백제의 대외 교류 관계를 보여준다.

발해 정효공주 묘(화룡현 용두산 고분군)는 벽돌로 무덤 벽을 쌓는 당나라 양식과 평행고임 방식으로 천장을 쌓는 고구려 양식이 결합되어 있으며, 세련된 문장의 묘지(墓誌)와 벽화가 발굴되었다. 정효공주 묘지에는 공주의 아버지인 문왕을 대왕, 성인(聖人) 등으로 부르면서 '황상(皇上)'이란 표현까지 쓰고 있다.

● 오답분석 ㄴ. 정효공주 묘의 천장은 평행 고임 구조로 되어 있지만, 무령왕릉은 그렇지 않다.
ㄷ. 정효공주의 무덤방에만 벽화가 그려져 있다.

● 복습지문
정효공주묘의 천장은 각을 줄여 쌓는 평행 고임 구조로 되어 있다.

30 | 천마총(돌무지덧널무덤)   정답 ④

제시된 자료는 신라의 돌무지덧널무덤의 구조를 보여주는 그림이다. 신라 고유의 양식인 돌무지덧널무덤은 나무로 덧널을 만들고, 그 안에 시신을 담은 널과 껴묻거리 상자를 넣었다. 그리고 덧널 위에 돌을 쌓고, 그 위에는 흙을 산처럼 쌓아 무덤의 형태를 만들었다. 이러한 무덤은 시간이 지나면 나무 상자가 썩게 되고, 돌무지가 흙과 함께 무너져 내리기 때문에 구조상 도굴이 어려워 부장품이 많이 남아 있다.

● 오답분석 ① 공주 송산리 고분군의 6호분과 무령왕릉이 중국 남조의 영향을 받은 벽돌무덤이다.
② 고구려 초기의 무덤 형태는 돌무지무덤이다.
③ 천마총에서 발견된 천마도는 말의 배 가리개에 그린 것으로 벽화가 아니다.

● 복습지문
돌무지덧널무덤은 도굴이 어려워 많은 양의 부장품이 출토되었다.

31 | 익산 미륵사   정답 ①

제시된 자료는 2009년 익산의 미륵사지 석탑을 복원하는 공사 중에 발견된 사리봉안기이므로, 밑줄 친 '가람'은 익산 미륵사이다.
자료에 언급된 사택적덕(沙宅積德)은 백제 무왕(600~641)의 장인으로, 좌평(佐平)을 역임하였다. 사리봉안기에 따르면 사택적덕의 딸인 무왕의 왕후가 기해년(639)에 미륵사를 창건하였다.
백제 무왕(600~641)은 익산 천도를 통한 귀족 세력의 재편성을 기도했으나 실행에 옮기지는 못했다. 대신 호국의 염원을 담아 익산에 미륵사를 건립하였다. 미륵사는 중앙에 목탑을 세우고 동서에 거대한 석탑을 세운 3금당 3탑 양식인데, 지금은 서탑의 일부만이 남아 있다. 우리나라 최고(最古)의 석탑인 미륵사지 석탑은 목탑의 양식을 많이 지니고 있다.

● 오답분석 ② 개성 경천사지 10층 석탑이 대리석으로 만들어졌다.
③ 보령 성주사지에 낭혜 화상의 탑비가 남아 있다.
④ 경주 분황사지에 3층 모전석탑이 남아 있다.

32 | 삼국의 문화   정답 ④

① 신라는 7세기 중엽 선덕여왕(632~647) 때 첨성대를 세워 천문을 관측하였는데, 이는 현존하는 가장 오래된 천문 관측 시설이다.
② 백제 무왕은 신라를 여러 차례 공격하는 한편, 미륵사(익산)를 창건하는 등 국가 부흥을 위해 노력하였다. 익산의 미륵사는 무왕이 건설한 동양 최대 규모의 사찰이었다. 중앙에 목탑을 세우고 동서에 거대한 석탑을 세운 3금당 3탑 양식인데, 지금은 서탑의 일부만이 남아 있다.
③ 대가야가 멸망할 무렵 대가야의 악사였던 우륵은 정치적 탄압을 피해 가야금을 가지고 신라로 망명하여 진흥왕의 중용을 받아 신라에 음악을 전수하였다.

● 오답분석 ④ 사신도가 그려진 강서대묘, 진파리 1호분, 통구 사신총 등은 모두 굴식돌방무덤이다.

Ⅱ. 한국 고대사

33 [2017 지방직 9급] 밑줄 친 '탑'에 대한 설명으로 옳은 것은?

> 신인(神人)이 말하기를, "황룡사의 호법룡은 나의 아들로서 범왕(梵王)의 명을 받아 그 절을 보호하고 있으니, 본국에 돌아가 그 절에 탑을 세우시오. 그렇게 하면 이웃 나라가 항복하고 구한(九韓)이 와서 조공하여 왕업이 길이 태평할 것이오."라고 하였다. …… 백제에서 아비지(阿非知)라는 공장을 초빙하여 이 탑을 건축하고 용춘이 이를 감독했다.
> – 삼국유사 –

① 선종이 보급되면서 승려의 사리를 봉안하기 위해 세웠다.
② 목조탑의 양식을 간직하고 있는 석탑이다.
③ 돌을 벽돌 모양으로 다듬어 쌓았다.
④ 자장 율사가 건의하여 세워졌다.

34 [2017 국가직 7급] 백제가 일본에 전파한 문화에 대한 설명으로 옳지 않은 것은?

① 고안무가 유학을 전해 주었다.
② 노리사치계가 불교를 전해 주었다.
③ 혜관이 일본 삼론종의 시조가 되었다.
④ 아직기가 일본 태자에게 한자를 가르쳤다.

35 [2023 서울시 9급] 〈보기〉의 유물·유적에 대한 설명으로 가장 옳지 않은 것은?

(가)무령왕릉 (나)영광탑 (다)강서대묘 (라)미륵사지 석탑

① (가) – 중국 남조의 영향을 받은 벽돌무덤이다.
② (나) – 발해 때 세워진 5층 벽돌탑이다.
③ (다) – 도교의 영향을 받은 벽화가 그려져 있다.
④ (라) – 무구정광대다라니경이 발견되었다.

36 [2023 지방직 9급] 다음 문화재와 이를 통해 알 수 있는 내용의 연결이 옳지 않은 것은?

① 사택지적비 – 백제가 영산강 유역까지 영역을 확장하였다.
② 임신서기석 – 신라에서 청년들이 유교 경전을 공부하였다.
③ 충주 고구려비 – 고구려가 5세기에 남한강 유역까지 진출하였다.
④ 호우명 그릇 – 5세기 초 고구려와 신라가 밀접한 관계를 맺고 있었다.

33 | 황룡사 9층 목탑   정답 ④

백제의 아비지를 초빙하여 황룡사에 세운 탑은 황룡사 9층 목탑이다. 선덕여왕 때 자장법사가 중국에서 유학하던 중 만난 신인(神人)에게 권유받아 황룡사에 9층의 탑을 세울 것을 왕에게 건의하였고, 백제에서 기술자인 아비지를 데려와 9층 목탑을 세웠다. 황룡사 9층 목탑의 각 층은 9개의 주변 국가를 상징하는 것으로, 탑을 세우면 주변 나라들이 항복하고 조공하며, 외적의 침입을 막을 수 있다는 호국사상이 깃들어 있다.

오답분석 ① 신라 하대에 선종이 보급되었으며 승려의 사리를 봉안하기 위해 승탑이 세워졌다.
② 익산 미륵사지 석탑이 목조탑의 양식을 간직하고 있는 과도기적 형태를 갖추고 있다.
③ 분황사 모전석탑이 돌을 벽돌 모양으로 다듬어 쌓은 양식이다.

34 | 백제 문화의 일본 전파   정답 ③

삼국의 문화는 일본에 전래되어 일본의 고대 국가 성립과 고대 문화 발전에 큰 영향을 주었다. 일본의 고대 문화 형성에는 백제의 영향이 가장 컸는데, 근초고왕 때 왜와 외교관계를 수립하고 적극적으로 선진문화를 전해주었다.
4세기에 아직기는 일본의 태자에게 한자를 가르쳤고, 왕인은 "천자문"과 "논어"를 전하였다.
6세기 초 무령왕 때는 단양이와 고안무가 유학을 전해주었고, 성왕 때 건너간 노리사치계는 불경과 불상을 전하였다.
7세기 백제 무왕 때에는 승려 관륵이 천문, 지리, 둔갑술 등 기술학을 일본에 전파하였다.

오답분석 ③ 고구려의 승려인 혜관은 영류왕 때인 625년 일본에 건너가 삼론종을 전파하여 일본 삼론종의 시조가 되었다.

● **복습지문**
고구려 승려 혜관은 일본에 건너가 일본 삼론종의 시조가 되었다.

35 | 고대의 문화유산   정답 ④

(가) 공주 송산리 고분군의 무령왕릉(송산리 7호분)은 중국 남조의 영향을 받아 벽돌로 무덤 내부를 쌓았다. 이 무덤에서는 금관장식과 진묘수 등 우수한 공예품과 함께 왕과 왕비의 지석이 출토되어 무덤의 주인공과 축조 연대가 확실히 밝혀졌다. 양나라에서 들여온 벽돌과 일본에서 수입한 금송으로 만든 목곽은 백제의 대외교류 관계를 보여준다.
(나) 중국 지린성에 있는 영광탑은 당의 영향을 받아 벽돌을 쌓아 만든 5층 전탑(塼塔)으로, 현재 남아있는 유일한 발해탑이다. 탑 아래에 무덤칸을 만들고 그곳에 시신을 안치한 묘탑장의 형식으로 만들어졌다.
(다) 고구려 초기에는 주로 돌무지무덤을 만들었고, 평양 천도 이후에는 굴식 돌방무덤을 많이 만들었다. 평안남도 강서군에 있는 강서대묘는 굴식 돌방무덤으로 벽면에는 사신도가 그려져 있다.

오답분석 ④ 경주 불국사 3층 석탑에서 무구정광대다라니경이 발견되었다.

36 | 삼국 시대 문화재   정답 ①

② 경주에서 발견된 임신서기석은 비석의 첫머리에 '임신(壬申)'이라는 간지가 새겨져 있고, 내용 중에 충성을 서약하는 글귀가 있어 붙여진 이름이다. 임신서기석에는 두 화랑이 시(詩), 상서(尙書), 예(禮), 전(傳)을 3년 안에 차례로 습득하기로 맹세한 사실이 새겨져 있다.
③ 중원(충주) 고구려비는 고구려 장수왕이 남한강 지역을 점령하고 나서 세운 것으로 추정하고 있다. 이 비는 고구려군이 신라에 머물고 있는 사실과 고구려왕이 신라의 왕과 신하들에게 의복을 하사한 사실을 기록하였다. 고구려왕을 '고려대왕'이라 표현하고, 신라를 '동이', 신라 왕을 '매금'이라 칭하는 것을 통해 당시 고구려 국력의 강대함과 독자적 천하관을 엿볼 수 있다.
④ 경주의 호우총에서 출토된 청동 그릇은 고구려 광개토대왕을 기념하는 명문이 새겨져 있다. 호우명(壺杅銘) 그릇은 광개토대왕을 기념하는 의례 행위에 사용하기 위해 고구려에서 만든 것으로, 경주의 돌무지덧널무덤에서 이 그릇이 발견되었다는 것은 당시 신라에 대한 고구려의 영향력을 짐작케 해준다.

오답분석 ① 사택지적비는 백제의 귀족 사택지적이 말년에 이르러 지난날의 영광과 세월의 덧없음을 한탄하여, 불교에 귀의하고 사찰을 건립했다는 내용을 담고 있다.

2026 9급(국가직·지방직·서울시), 법원직 대비

최근 7개년 9급(국가직, 지방직) 대단원별 기출 분석

대단원	문항 수	비율
Ⅰ. 고조선과 초기 국가	15문항	5.3%
Ⅱ. 한국 고대사	41문항	14.6%
Ⅲ. 한국 중세사	46문항	16.4%
Ⅳ. 근세 전기	33문항	11.8%
Ⅴ. 근세 후기	28문항	10%
Ⅵ. 한국 근대사	43문항	15.3%
Ⅶ. 독립운동사	41문항	14.6%
Ⅷ. 한국 현대사	23문항	8.2%
기타	11문항	4%

1. 중세의 정치
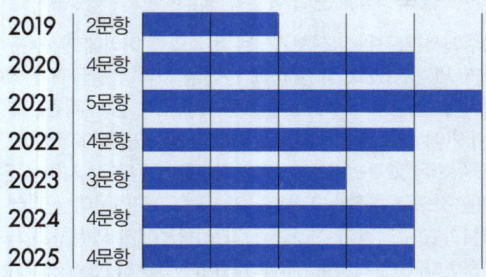

2. 중세의 경제와 사회
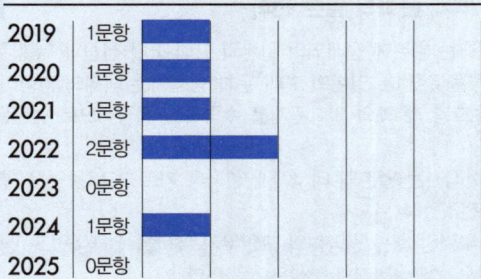

3. 중세의 문화
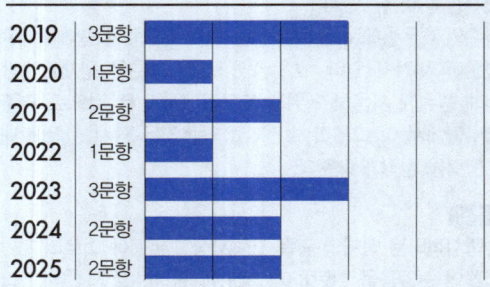

Compact History

III

한국 중세사

01 중세의 정치

02 중세의 경제와 사회

03 중세의 문화

누적 수강생 70만 명의 검증된 역사전문가!
저자 직강 www.megagong.net에서 만날 수 있습니다!

난이도 구분

☐☐■	난이도 하	(정답률 80% 이상)
☐■■	난이도 중	(정답률 60~79%)
■■■	난이도 상	(정답률 59% 이하)

III. 한국 중세사

01 | 중세의 정치

01 [2021 서울시 9급] 〈보기〉의 (가) 인물에 대한 설명으로 가장 옳은 것은?

○ 태조는 정예 기병 5천 명을 거느리고 공산(公山) 아래에서 (가) 을/를 맞아서 크게 싸웠다. 태조의 장수 김락과 신숭겸은 죽고 모든 군사가 패하였으며, 태조는 겨우 죽음을 면하였다.
○ (가) 이/가 크게 군사를 일으켜 고창군(古昌郡)의 병산 아래에 가서 태조와 싸웠으나 이기지 못하였다. 전사자가 8천여 명이었다.

① 오월에 사신을 보내 교류하였다.
② 송악에서 철원으로 도읍을 옮겼다.
③ 기훤, 양길의 휘하에서 세력을 키웠다.
④ 예성강을 중심으로 성장한 해상 세력이다.

02 [2024 법원직] 다음 정책과 같은 목적으로 시행된 것은?

신라 왕 김부가 항복해 오니 그를 경주의 사심관으로 임명하여 부호장 이하의 관직 등에 관한 일을 맡게 하였다. 이에 여러 공신들 역시 이를 본받아 각각 자기 주(州)의 사심관이 되게 하였다.

① 기인제도
② 북진정책
③ 정혜쌍수
④ 독서삼품과

03 [2023 법원직] ⊙ 기간에 일어난 사실로 가장 옳은 것은?

임금이 대광 박술희에 말하였다. "짐은 미천한 가문에서 일어나 그릇되게 사람들의 추대를 받아 몸과 마음을 다하여 노력한 지 19년 만에 삼한을 통일하였다. 외람되게 ⊙ 25년 동안 왕위에 있었으니 몸은 이미 늙었으나 후손들이 사사로운 정에 치우치고 욕심을 함부로 부려 나라의 기강을 어지럽힐까 크게 걱정된다. 이에 훈요를 지어 후세에 전하니 바라건대 아침저녁으로 살펴 길이 귀감으로 삼기 바란다."

① 공산 전투가 전개되었다.
② 노비안검법이 시행되었다.
③ 수덕만세라는 연호가 등장하였다.
④ 최승로가 시무 28조를 제시하였다.

04 [2021 법원직] (가) 시기에 발생한 사건으로 가장 옳지 않은 것은?

태조가 포정전에서 즉위하여 국호를 고려라 하고 연호를 고쳐 천수라 하였다. - 『고려사』 -

⇩

(가)

⇩

고려군의 군세가 크게 성한 것을 보자 갑옷을 벗고 창을 던져 견훤이 탄 말 앞으로 와서 항복하니 이에 적병이 기세를 잃어 감히 움직이지 못하였다. …… 신검이 두 동생 및 문무관료와 함께 항복하였다. - 『고려사』 -

① 고려군이 고창에서 견훤의 후백제군을 패퇴시켰다.
② 신라의 경순왕은 스스로 나라를 고려에 넘겨주었다.
③ 왕건이 이끄는 군대가 후백제의 금성을 함락하였다.
④ 발해국 세자 대광현과 수만 명이 고려에 귀화하였다.

01 | 견훤
정답 ①

(가)는 공산(公山)과 고창군(古昌郡)에서 고려 태조와 전투를 벌인 견훤이다.
927년에 고려군은 공산(대구)에서 견훤의 군대와 전투를 벌였으나 대패하고 신숭겸 등이 전사하였다. 고려는 930년 고창 전투(지금의 안동 지방)를 계기로 경상도 지역에서 후백제 세력을 몰아내고 후백제와의 경쟁에서 우위를 점하게 되었다.
견훤은 전라도 지방의 군사력과 호족 세력을 토대로 889년(진성여왕 3)에 무진주(광주)를 점령하고, 892년에는 스스로 왕을 칭했다. 그리고 900년에 완산주(전주)에 도읍을 정하고 국호를 후백제라 하였다. 견훤은 중국의 오월 및 일본과 외교 관계를 맺는 등 국제적 감각도 갖추었으나 지나치게 조세를 수취하여 농민의 인심을 잃었으며, 신라를 적대시한데다가 호족을 포섭하는 데에도 실패하여 한계를 보였다.
견훤은 넷째 아들 금강을 후계자로 세우다가 장남 신검에 의해 왕위에서 쫓겨나 금산사에 유폐되었다. 견훤은 금산사에서 탈출하여 고려에 귀순하였고, 이듬해 고려의 후백제 정벌에 참여하였다.

오답분석 ② 후고구려를 건국한 궁예가 송악에서 철원으로 도읍을 옮겼다.
③ 궁예가 기훤, 양길의 휘하에서 세력을 키웠다.
④ 왕건이 예성강을 중심으로 성장한 해상 세력이다.

02 | 사심관 제도
정답 ①

자료에 언급된 사심관 제도는 중앙의 고관이 된 사람에게 자기 출신 지역의 부호장 이하 향리를 임명하고 지방의 치안을 책임지도록 한 것인데, 귀순한 경순왕을 경주의 사심관으로 임명한 것이 첫 사례이다.
고려 태조 왕건은 유력한 호족과는 정략결혼을 통하여 관계를 깊게 다지고, 여러 호족들에게 왕씨 성을 수여하는 사성 제도를 실시하여 포섭하였다. 지방의 중소 호족들에게는 향촌 사회에서의 지배권을 부분적으로 인정해 주었다. 그러나 다른 한편으로는 호족 세력을 견제하기 위해 지방에 연고가 있는 고관에게 해당 지역을 다스리도록 사심관으로 임명하는 사심관 제도와 지방 호족의 자제를 볼모로 중앙에 머물게 하는 기인제도를 실시하였다.

03 | 고려 태조(왕건)
정답 ①

제시된 자료는 고려 태조(918~943)가 박술희에게 훈요10조를 전하는 내용이므로, 밑줄 친 '25년 동안'은 태조 왕건의 재위 기간을 가리킨다.
왕건은 궁예의 신하가 되어 한강 유역을 점령하는 등 영토 확장에 공을 세웠다. 특히 수군을 이끌고 금성(나주)을 점령하여 후백제를 배후에서 견제하는 데 큰 공을 세워 수상인 광평성 시중에 올랐다. 궁예가 실정을 거듭하자 신하들은 궁예를 몰아내고 왕건을 국왕으로 추대하였다. 왕건은 국호를 고려라 하고(918), 이듬해 송악으로 도읍을 옮겼다(919).
927년 신라 경애왕의 구원 요청을 받은 고려 태조 왕건은 직접 군사를 이끌고 신라를 구원하였다. 고려군이 공산(대구)에서 전투를 벌였으나 고려군은 대패하고 신숭겸·김락 등이 전사하였다.
고려는 930년 고창 전투(지금의 안동 지방)를 계기로 후백제와의 경쟁에서 우위를 점하게 되었다. 신라에 대한 우호 정책의 결과 935년 신라 경순왕의 항복을 받아 전쟁 없이 신라를 통합할 수 있었다. 935년 후백제에서 정변이 일어나 견훤의 장남 신검이 왕위에 오르고 견훤은 왕건에게 투항하였다. 936년에 왕건은 후백제를 공격하여 일리천(선산) 전투에서 승리하며 후삼국 통일을 완수하였다.

오답분석 ② 광종 때 후삼국 시대의 혼란기에 불법으로 노비가 된 자를 조사하여 다시 양인으로 해방시켜 주는 노비안검법이 시행되었다.
③ 궁예가 후고구려의 국호를 마진(904), 태봉(911)으로 바꾸고 연호를 수덕만세로 정했다.
④ 고려 성종 때 최승로가 시무 28조를 상소하였다.

04 | 후삼국의 통일
정답 ③

고려 건국은 918년, 후백제를 군사적으로 정복하고 후삼국을 통일한 것은 936년의 일이다.
태조 왕건은 신라에 대하여 우호적인 태도를 취하고 후백제와는 대립하는 정책을 취했다. 927년 견훤의 침입을 받은 신라를 구원하기 위해 출병한 고려군은 공산 전투(팔공산)에서 크게 패하여 신숭겸·김락 장군을 잃는 등 피해를 입었다. 고려는 930년 고창 전투(지금의 안동 지방)를 계기로 경상도 지역에서 후백제 세력을 몰아내고 후백제와의 경쟁에서 우위를 점하게 되었다. 신라에 대한 우호 정책의 결과 태조는 신라인의 신망을 얻었고, 935년 신라 경순왕의 항복을 받아 전쟁 없이 신라를 통합할 수 있었다.
926년 거란에 의해 발해가 멸망한 뒤 934년 발해 왕자 대광현이 유민들을 이끌고 고려에 투항해오자, 고려 태조는 이들을 받아들이고 관직과 토지를 하사하였으며 대광현에게는 왕씨 성을 하사하였다.

오답분석 ③ 왕건은 궁예의 신하로서 수군을 이끌고 나주를 점령하여 후백제를 배후에서 견제하는데 공을 세웠다. 왕건의 나주 점령은 고려가 건국되기 이전의 사실이다.

III. 한국 중세사

05 [2022 서울시 9급] 다음과 관련된 왕에 대한 설명으로 가장 옳은 것은?

> ○ 불교의 힘으로 나라를 세웠으므로 사찰을 서로 빼앗지 말 것.
> ○ 사찰을 지을 때에는 도선의 풍수사상에 맞게 지을 것.
> ○ 연등회와 팔관회를 성실하게 지킬 것.
> ○ 농민의 요역과 세금을 가볍게 하여 민심을 얻고 부국안민을 이룰 것.

① 중국에서 귀화한 쌍기의 건의에 따라 과거(科擧) 제도를 시행하였다.
② 귀순한 호족에게 성(姓)을 내려주어 포섭하였다.
③ 경제개혁을 수행하여 전시과(田柴科)를 실시하였다.
④ 관료제도를 안정시키기 위해 공복(公服)을 등급에 따라 제정하였다.

06 [2025 지방직 9급] (가) 국왕의 업적으로 옳지 <u>않은</u> 것은?

> (가) 은/는 김부(金傅)를 경주의 사심관으로 임명하여 부호장(副戶長) 이하의 관직 등에 관한 일을 맡게 하였다. 이에 여러 공신들 역시 이를 본받아 자기 주(州)의 사심이 되었으니, 사심관이 이로부터 비롯되었다.

① 기인제도를 시행하였다.
② 발해 유민을 받아들였다.
③ 개경을 '황도'라고 불렀다.
④ 훈요 10조를 남겼다.

07 [2019 지방직 7급] 밑줄 친 '인물상'에 해당하는 왕의 업적으로 옳은 것은?

> 개성의 현릉 부근에서 발견된 청동제 <u>인물상</u>은 온화한 얼굴에다가 두 손을 맞잡고 있으며, 자비로운 미소를 띠고 있다. 이 상은 황제가 착용한다는 통천관을 쓰고 있어 고려가 황제 국가로 자부하였음을 알 수 있다.

① 유학 교육기관으로 국자감을 설치하였다.
② 거란에 대비하여 30만 광군을 조직하였다.
③ 개경을 황도로, 서경을 서도로 격상하였다.
④ 역분전이라는 토지 제도를 처음으로 시행하였다.

08 [2021 서울시 9급] <보기>의 밑줄 친 '왕'이 재위하던 시기에 대한 설명으로 가장 옳은 것은?

> ● 보기 ●
> <u>왕</u>이 명령하여 노비를 안검하고 시비를 살펴 분별하게 하였다. (이 때문에) 종이 그 주인을 배반하는 자가 헤아릴 수 없을 정도였다. 이 때문에 윗사람을 능멸하는 기풍이 크게 행해지니, 사람들이 모두 원망하였다. 왕비가 간절히 말렸는데도 듣지 않았다.

① 서경 천도를 추진하였다.
② 광덕, 준풍 등의 연호를 사용하였다.
③ 지방관을 파견하고 향리제도를 마련하였다.
④ 기인제도를 최초로 실시하여 호족들을 통제하였다.

05 | 태조(왕건)   정답 ②

제시된 자료는 고려 태조(왕건)가 남긴 『훈요십조』의 일부이다.
태조는 말년에 관리들에게 신하된 자로서 지켜야 할 의무를 기술한 『정계』, 『계백료서』를 지어 반포하였다. 아울러 후대 왕들이 지켜야 할 정책 방향을 제시하는 『훈요십조』를 남기기도 하였다.
태조 왕건은 왕위에 오른 뒤 호족 세력 통합을 중시하였다. 고려 건국과 후삼국 통일에 공을 세운 사람들을 개국 공신과 삼한 공신 등으로 봉하고, 공신들에게는 역분전을 지급하여 경제적 기반을 마련해 주었다. 유력한 호족과는 정략 결혼을 통하여 관계를 깊게 다져 왕후 6명, 부인 23명을 두었다. 호족들에게 왕씨 성을 수여하는 사성 제도를 실시하여 왕족으로 포섭하기도 하였는데, 대표적으로는 명주(강릉) 호족 김순식이 왕씨 성을 부여받았다.

오답분석 ① 광종 때 후주에서 귀화한 쌍기의 건의로 과거 제도를 시행하였다.
③ 경종 때 처음 전시과 제도를 실시하였다(시정 전시과, 976).
④ 광종 때 백관의 공복을 위계에 따라 자색, 단색, 비색, 녹색으로 나누었다.

● 복습지문
태조(왕건)는 귀순한 호족에게 성을 내려주어 포섭하였다(사성정책).

06 | 고려 태조   정답 ③

(가)는 신라의 경순왕 김부를 경주의 사심관으로 임명한 고려 태조(왕건)이다.
태조 왕건은 사심관과 기인 제도를 활용하여 지방 호족들을 견제하고 지방 통치를 보완하였다. 사심관 제도는 중앙의 고관이 된 사람에게 자기 출신 지역의 부호장 이하 향리를 다스리도록 한 것인데, 귀순한 경순왕을 경주의 사심관으로 임명한 것이 첫 사례이다. 기인제도는 지방 호족의 자제를 인질로 수도에 와서 살게 한 것을 말한다.
926년 발해가 멸망하자 유민들이 고려로 망명해왔다. 태조는 이들을 받아들여 민족의 완전한 통합을 꾀하였다. 특히 발해의 세자 대광현에게 왕계(王繼)라는 성명을 내려주어 왕족으로 대우하였다.
태조는 말년에 관리들에게 신하된 자로서 지켜야 할 의무를 기술한 「정계」, 「계백료서」를 지어 반포하였다. 아울러 후대 왕들이 지켜야 할 정책 방향을 제시하는 「훈요십조」를 남기기도 하였다.

오답분석 ③ 광종 때 개경을 황도, 서경을 서도로 격상시켰다.

07 | 태조(왕건)   정답 ④

고려 태조의 능인 개성 현릉(顯陵) 부근에서 1992년에 출토된 청동제 인물상은 고려 태조 왕건(918~943)의 청동 조각상이다. 이 동상은 951년(광종 2) 경에 제작되었으며, 황제의 관인 통천관(通天冠)을 쓰고 있고 금제 허리띠 장식의 옥대(玉帶)를 띠고 있다.
태조 왕건은 고려 건국과 후삼국 통일에 공을 세운 사람들을 개국 공신과 삼한 공신 등으로 봉하고, 공신들에게는 역분전을 지급하여 경제적 기반을 마련해 주었다. 역분전은 관직의 높고 낮음에 상관없이 공로와 충성도 및 인품을 따져 토지의 수조권을 지급하였다. 따라서 역분전은 논공행상의 성격이 강하였고, 자손에게 세습이 가능한 영업전(永業田)의 성격을 갖고 있었다.

오답분석 ① 고려 성종 때 국자감을 설치하였다.
② 고려 정종 때 광군사를 설치하고 광군을 조직하였다.
③ 광종 때 국왕의 권위를 높이기 위해 황제를 칭하고 개성을 황도(皇都), 서경을 서도(西都)로 격상시켰으며, 광덕·준풍 등 독자적인 연호를 사용하는 내제외왕 체제를 구축하였다.

● 복습지문
태조(왕건)는 역분전을 처음 실시하였다.

08 | 광종(노비안검법)   정답 ②

노비안검법(956)을 실시한 왕은 광종(949~975)이다.
노비안검법을 통해 공신이나 호족의 경제적·군사적 기반은 약화되고, 노비들이 양인이 되어 조세와 부역의 의무를 지게 되었으므로 국가의 재정 기반과 왕권이 좀 더 안정되었다.
광종은 국왕의 권위를 높이기 위해 황제를 칭하고 개성을 황도(皇都), 서경을 서도(西都)로 격상시켰으며, 광덕·준풍 등 독자적인 연호를 사용하는 등 황제국을 표방하였다.

오답분석 ① 정종(945~949)과 인종(1122~1146) 때 서경 천도가 추진되었다.
③ 성종(981~997) 때 12목에 지방관을 최초로 파견하고 향리 제도를 마련하였다.
④ 태조(918~943) 때 호족 통제를 위해 사심관 제도와 기인제도를 실시하였다.

Ⅲ. 한국 중세사

09 (가)의 업적으로 옳은 것을 〈보기〉에서 모두 고른 것은? [2020 법원직]

> (가) 7년(956)에 노비를 조사해서 옳고 그름을 분명히 밝히도록 명령하였다. 이 때문에 주인을 배반하는 노비들을 도저히 억누를 수 없었으므로, 주인을 업신여기는 풍속이 크게 유행하였다.
> – 고려사 –

● 보기 ●
ㄱ. 과거제를 시행하였다.
ㄴ. 개경을 황도로 칭하였다.
ㄷ. 의창과 상평창을 설립하였다.
ㄹ. 전국을 5도 양계로 나누었다.

① ㄱ, ㄴ   ② ㄱ, ㄷ   ③ ㄴ, ㄷ   ④ ㄴ, ㄹ

10 밑줄 친 '왕'대 사실로 옳지 않은 것은? [2020 국가직 7급]

> 왕이 노비를 조사하여 그 시비를 가려내게 하자, (노비들이) 그 주인을 등지는 자가 많아지고, 윗사람을 능멸하는 풍조가 성행하였다. 사람들이 모두 탄식하고 원망하자, 대목왕후가 간곡히 간(諫)하였으나 받아들이지 않았다.
> – 『고려사』 –

① 제위보를 설치하였다.
② 귀법사를 창건하였다.
③ 준풍 등 연호를 사용하였다.
④ 12목에 지방관을 파견하였다.

11 다음 정책을 시행한 국왕 대에 있었던 사실로 옳은 것은? [2020 지방직 9급]

> ○ 광덕, 준풍 등의 연호를 사용하였다.
> ○ 개경을 고쳐 황도라 하고 서경을 서도라고 하였다.

① 노비안검법을 시행하였다.
② 전시과 제도를 시행하였다.
③ 개경에 국자감을 설립하였다.
④ 12목을 설치하고 지방관을 파견하였다.

12 밑줄 친 '왕'의 재위 기간에 있었던 일로 옳은 것은? [2022 지방직 9급]

> ○ 평농서사 권신(權信)이 대상(大相) 준홍(俊弘)과 좌승(佐丞) 왕동(王同) 등이 반역을 꾀한다고 참소하자 왕이 이들을 내쫓았다.
> ○ 왕이 쌍기의 건의를 받아 처음으로 과거를 실시하였다. 시(詩)·부(賦)·송(頌) 및 시무책을 시험하여 진사를 뽑았으며, 더불어 명경업·의업·복업 등도 뽑았다.

① 노비안검법을 제정하였다.
② 전민변정도감을 설치하였다.
③ 토지제도로서 전시과를 시행하였다.
④ 12목을 설치하고 지방관을 파견하였다.

09 | 광종　　　　　　　정답 ①

(가)는 노비안검법을 실시한 고려 광종이다.
광종은 후삼국 시대의 혼란기에 불법으로 노비가 된 자를 조사하여 다시 양인으로 해방시켜주는 노비안검법을 실시하여 공신이나 호족의 경제적, 군사적 기반을 약화시키고, 국가의 재정 기반과 왕권을 강화하였다.
광종은 쌍기의 건의로 과거제를 시행하고, 960년에는 관리의 공복을 제정하여 관료의 위계질서를 확립하였다. 과거제 시행으로 관리는 문반과 무반으로 뚜렷하게 구별되고, 공복 제도에 따라 백관의 공복은 위계에 따라 자색, 단색, 비색, 녹색으로 나뉘었다.
광종은 국왕의 권위를 높이기 위해 황제를 칭하고 개성을 황도(皇都), 서경을 서도(西都)로 격상시켰으며, 광덕·준풍 등 독자적인 연호를 사용하는 내제외왕 체제를 구축하였다.

오답분석　ㄷ. 성종 때 흑창을 의창으로 고치고, 상평창을 설립하였다.
ㄹ. 현종(1009~1031) 때 5도 양계의 지방 제도가 확립되었다.

10 | 광종　　　　　　　정답 ④

후삼국 시대의 혼란기에 불법으로 노비가 된 자를 조사하여 다시 양인으로 해방시켜주는 노비안검법(956)을 실시한 왕은 광종(949~975)이다.
노비안검법을 통해 공신이나 호족의 경제적·군사적 기반은 약화되고, 노비들이 양인이 되어 조세와 부역의 의무를 지게 되었으므로 국가의 재정 기반과 왕권이 좀 더 안정되었다.
광종은 국왕의 권위를 높이기 위해 황제를 칭하고 개성을 황도(皇都), 서경을 서도(西都)로 격상시켰으며, 광덕·준풍 등 독자적인 연호를 사용하는 내제외왕 체제를 구축하였다.
광종은 승과 제도를 실시하여 합격한 자에게 승계를 주고 승려의 지위를 보장하였다. 그리고 혜거와 탄문을 국사와 왕사로 삼아 이들로 하여금 왕실의 고문 역할을 맡도록 하였다. 또한 중국에서 법안종을 배워온 혜거로 하여금 법안종을 중심으로 선종을 통합하고, 개성에 화엄종의 본찰로 귀법사를 세우고 균여를 주지로 임명하여 교종을 정비하게 하였다.
광종 때 설치된 제위보는 기금에서 발생하는 이자를 질병의 치료와 빈민 구제에 사용하였다.

오답분석　④ 성종 때 12목에 지방관을 처음 파견하였다.

● **복습지문**
광종 때 귀법사를 창건하고, 제위보를 설치하였다.

11 | 광종　　　　　　　정답 ①

국왕의 권위를 높이기 위해 황제를 칭하고 개성을 황도(皇都), 서경을 서도(西都)로 격상시켰으며, 광덕·준풍 등 독자적인 연호를 사용하는 내제외왕 체제를 구축한 국왕은 고려 광종(949~975)이다.
광종은 혜종과 정종 때의 왕위 계승 다툼으로 불안정했던 왕권을 강화하기 위해 노력하였다. 광종은 주현 단위로 해마다 바치는 공물과 부역의 액수를 책정한 주현공부법을 시행하고(949), 후삼국 시대의 혼란기에 불법으로 노비가 된 자를 조사하여 다시 양인으로 해방시켜주는 노비안검법을 실시하였다(956). 이로써 공신이나 호족의 경제적, 군사적 기반은 약화되고, 노비들이 양인이 되어 조세와 부역의 의무를 지게 되었으므로 국가의 재정 기반과 왕권이 좀 더 안정되었다.

오답분석　② 경종(975~981) 때 중앙 관료들의 경제적 안정을 위해 전시과 제도를 시행하였다.
③ 성종(981~997) 때 정치 이념으로 자리잡은 유학 교육의 진흥을 위해 중앙의 국자감을 정비하고 지방의 12목에는 경학 박사와 의학 박사를 파견하였다.
④ 성종 때 전국에 12목을 설치하여 처음으로 지방관을 파견하였다(983).

● **복습지문**
광종은 개경을 황도, 서경을 서도로 격상하였다.

12 | 광종　　　　　　　정답 ①

대상 준홍과 좌승 왕동 등을 숙청하고, 쌍기의 건의를 수용하여 과거제를 도입한 '왕'은 고려 광종(949~975)이다.
958년에 광종은 후주에서 귀화한 쌍기의 건의를 받아들여 과거제를 시행하였다. 이를 통하여 광종은 유학을 익힌 신진 인사를 등용하여 신구 세력의 교체를 도모하였다. 960년에는 관리의 공복을 제정하여 관료의 위계질서를 확립하였다.
이와 같은 개혁으로 자신감을 갖게 된 광종은 대상 준홍과 좌승 왕동을 비롯하여 많은 공신과 호족 세력을 숙청하여 왕권을 강화하였다.
광종은 후삼국 시대의 혼란기에 불법으로 노비가 된 자를 조사하여 다시 양인으로 해방시켜주는 노비안검법(956)을 실시하였다. 노비안검법을 통해 공신이나 호족의 경제적·군사적 기반은 약화되고, 노비들이 양인이 되어 조세와 부역의 의무를 지게 되었으므로 국가의 재정 기반과 왕권이 좀 더 안정되었다.

오답분석　② 공민왕 때 전민변정도감을 설치하고 신돈을 책임자로 임명하였다.
③ 경종 때 처음으로 전시과를 시행하였다.
④ 성종 때 지방에 12목을 설치하고 지방관을 파견하였다.

Ⅲ. 한국 중세사

13 `2023 법원직` 다음 사건이 일어난 왕의 시기에 있었던 사실로 가장 옳은 것은?

> 소손녕 : 그대 나라는 신라 땅에서 일어났고, 고구려 땅은 우리 땅인데 너희들이 쳐들어와 차지하였다.
> 서 희 : 우리는 고구려를 계승하여 나라 이름을 고려라 하였다. 땅의 경계를 논한다면 그대 나라의 동경도 다 우리 땅이다.

① 발해가 멸망하였다.
② 이자겸이 난을 일으켰다.
③ 최충이 9재 학당을 설치하였다.
④ 중앙 관제를 2성 6부로 정비하였다.

14 `2024 지방직 9급` 다음 상소문이 올라간 국왕 대에 있었던 사실로 옳은 것은?

> 불교는 몸을 닦는 근본이며 유교는 나라를 다스리는 근원입니다. 몸을 닦는 것은 내생을 위한 것이며 나라를 다스리는 일은 곧 오늘의 할 일입니다. 오늘은 극히 가깝고 내생은 지극히 먼 것이니, 가까운 것을 버리고 먼 것을 구하는 일이 그릇된 일이 아니겠습니까.

① 개경에 나성을 쌓았다.
② 전시과 제도를 처음 실시하였다.
③ 전국의 주요 지역에 12목을 설치하였다.
④ 노비안검법을 실시하여 호족 세력을 약화시켰다.

15 `2019 서울시 9급` 〈보기〉의 (가), (나)와 같은 건의를 받은 국왕에 대한 설명으로 가장 옳은 것은?

> ● 보기 ●
> (가) 우리 태조께서는 나라를 통일한 뒤에 외관을 두고자 하였으나, 대개 초창기이므로 일이 번거로워 겨를이 없었습니다. 이제 가만히 보건대, 향호가 매양 공무를 빙자하여 백성을 침해하여 횡포를 부리어 백성이 견디지 못하니, 청컨대 외관을 두도록 하십시오.
> (나) 겸손한 마음을 가지고 항상 조심하고 두려워하며 신하를 예로써 대우할 때 신하는 충성으로써 임금을 섬기는 것입니다.

① 호족과의 혼인정책을 적극적으로 추진하였다.
② 노비안검법을 실시하여 호족의 경제력을 약화시켰다.
③ 양현고를 설치하고 보문각과 청연각을 세워 유학을 진흥시켰다.
④ 연등회를 축소하고 팔관회를 폐지하여 국가적인 불교 행사를 억제하였다.

16 `2021 국가직 9급` 다음 상소문을 올린 왕대에 있었던 사실은?

> 석교(釋敎)를 행하는 것은 수신(修身)의 근본이요, 유교를 행하는 것은 이국(理國)의 근원입니다. 수신은 내생의 자(資)요, 이국은 금일의 요무(要務)로서, 금일은 지극히 가깝고 내생은 지극히 먼 것인데도 가까움을 버리고 먼 것을 구함은 또한 잘못이 아니겠습니까.

① 양경과 12목에 상평창을 설치하였다.
② 균여를 귀법사 주지로 삼아 불교를 정비하였다.
③ 국자감에 7재를 두어 관학을 부흥하고자 하였다.
④ 전지(田地)와 시지(柴地)를 지급하는 경정 전시과를 실시하였다.

13 | 고려 성종   정답 ④

제시된 자료는 거란의 1차 침입(993) 때 서희가 거란의 장수 소손녕과 외교 담판을 하는 내용이다. 서희는 고려가 고구려를 계승한 국가임을 밝히고 여진이 차지하고 있는 땅을 확보해 통로가 열리면 거란과 통교하겠다는 조건으로 거란군을 퇴각시켰다. 이로써 고려 성종(981~997) 때 압록강 동쪽의 강동 6주 지역을 획득하게 되었다.

고려 성종은 최승로의 건의를 수용하여 국가의 재정을 낭비하는 불교 행사를 억제하고, 우리나라의 현실에 맞는 통치 체제를 정비하였다. 당의 제도를 수용하여 2성 6부의 중앙 관제를 마련하고, 전국에 12목을 설치하여 처음으로 지방관을 파견하였다(983). 그리고 새로운 향리 제도를 마련하여 그때까지 지방을 통치하던 호족들을 지방관을 보좌하는 향리로 편입하여 지방 세력을 견제하였다.

오답분석
① 고려 태조 때인 926년에 발해가 멸망하였다.
② 고려 인종(1122~1146) 때 이자겸이 척준경 등과 함께 난을 일으켰다.
③ 고려 문종(1046~1083) 때 최충이 9재 학당을 세워 후진을 양성하였다.

14 | 성종(최승로의 시무 28조)   정답 ③

제시된 자료는 고려 성종(981~997) 때 최승로가 올린 시무28조의 일부이다. 최승로는 유교와 불교의 기능은 구별되어야 한다고 주장하면서, 유교는 국가를 다스리는 이념인 반면 불교는 수신의 근본이며 내생(來生)을 위한 것임을 말하였다.

성종은 최승로의 건의를 수용하여 국가의 재정을 낭비하는 불교 행사를 억제하고, 우리나라의 현실에 맞는 통치 체제를 정비하였다. 당의 제도를 수용하여 2성 6부의 중앙 관제를 마련하고, 전국에 12목을 설치하여 처음으로 지방관을 파견하였다(983). 그리고 새로운 향리 제도를 마련하여 그때까지 지방을 통치하던 호족들을 지방관을 보좌하는 향리로 편입하여 지방 세력을 견제하였다.

오답분석
① 현종 때 강감찬의 건의로 개경에 나성을 쌓았다.
② 경종 때 시정전시과 제도를 실시하였다.
④ 광종 때 노비안검법을 실시하여 호족 세력을 약화시켰다.

15 | 성종   정답 ④

제시된 자료는 최승로가 고려 성종에게 올린 시무 28조의 일부이다. 최승로는 시무28조의 제7조에서 중앙집권 체제를 강조하여 상주하는 외관을 파견할 것을 주장하고, 제14조에서는 귀족 관료의 권위와 특권을 강하게 옹호하고 예우해야 한다고 하였다.

최승로는 시무28조에서 유교와 불교의 기능은 구별되어야 한다고 주장하면서, 유교는 국가를 다스리는 이념인 반면 불교는 수신의 근본이며 내생(來生)을 위한 것임을 말하였다. 또 이와 관련해 불교 승려에 대한 지나친 예우를 삼가고 연등회·팔관회 등의 행사를 철폐하는 한편, 유교 사상을 통해 왕도 정치를 실현할 것을 주장하였다. 성종은 최승로의 건의를 받아들여 연등회를 축소하고 팔관회를 폐지하였다.

오답분석 ① 고려 태조 왕건이 유력한 호족과 정략 결혼을 통하여 관계를 깊게 다져 왕후 6명, 부인 23명을 두었다.
② 광종이 노비안검법을 실시하여 공신이나 호족의 경제적, 군사적 기반을 약화시키고, 국가의 재정 기반과 왕권을 강화시켰다.
③ 예종 때 양현고라는 장학 재단을 두어 관학의 경제 기반을 강화하였으며, 궁중에 청연각·보문각 등의 도서관 겸 학문 연구소를 두어 유학을 진흥시켰다.

16 | 성종(최승로의 시무 28조)   정답 ①

제시된 자료는 고려 성종(981~997) 때 최승로가 올린 시무28조의 일부이다.

최승로는 유교와 불교의 기능은 구별되어야 한다고 주장하면서, 유교는 국가를 다스리는 이념인 반면 불교는 수신의 근본이며 내생(來生)을 위한 것임을 말하였다. 또 이와 관련해 불교 승려에 대한 지나친 예우를 삼가고 연등회·팔관회 등의 행사를 철폐하는 한편, 유교 사상을 통해 왕도 정치를 실현할 것을 주장하였다. 성종 때 농민 경제를 안정시키기 위하여 의창을 마련하고 상평창을 설치하였다. 의창은 원래 태조 때부터 있어 왔던 흑창(黑倉)을 확대·개편하면서 이름을 바꾼 것이었다. 의창은 춘궁기에 농민에게 곡식을 나누어 주었다가 추수기에 상환하도록 하는 진휼 기관이었다. 개경과 서경을 비롯해 지방의 12목(牧)에 설치한 상평창은 물가 조절 기관이었다. 상평창에서는 풍년이 들면 국가에서 곡물을 사들여 곡물 가격을 올리고 흉년에는 곡물을 풀어 곡물 가격을 떨어뜨리는 방식으로 물가를 조절하였다.

오답분석 ② 광종 때 귀법사를 창건하고 균여를 귀법사 주지로 삼아 불교를 정비하였다.
③ 예종(1105~1122) 때 국자감에 7재를 두고 양현고를 설치하여 관학을 부흥하고자 하였다.
④ 문종 때 경정 전시과를 실시하였다.

Ⅲ. 한국 중세사

17 [2018 지방직 9급] 다음 정책을 추진한 국왕의 재위 기간에 있었던 사실로 옳은 것은?

○ 주·부·군·현의 이직(吏職)을 개정하여 …(중략)… 당 대등을 호장으로, 대등을 부호장으로, 낭중을 호정으로, 원외랑을 부호정으로 하였다.
○ 경치 좋은 장소를 택하여 서재와 학교를 크게 세우고 적당한 토지를 주어서 학교의 식량을 해결하며 또 국자감을 창설하라고 명하였다.

- 『고려사』-

① 윤관과 오연총이 동여진을 공격하였다.
② 박서가 몽골 침략에 맞서 귀주성에서 분투하였다.
③ 서희가 외교 담판을 통해 강동 6주 지역을 획득하였다.
④ 양규가 강조의 정변을 구실로 침략한 거란의 군대를 격퇴하였다.

18 [2024 서울시 9급] 〈보기〉의 (가)~(라) 시기에 있었던 사실을 옳게 짝지은 것은?

(가)	(나)	(다)	(라)	
고려 건국	후삼국 통일	노비안검법 실시	시정전시과 시행	거란의 1차 침입

① (가) - 역분전 지급
② (나) - 12목 설치
③ (다) - 과거제 도입
④ (라) - 광군 설치

19 [2024 법원직] (가) 시기에 해당하는 사실로 가장 옳은 것은?

노비를 상세히 조사하고 살펴서 옳고 그름을 따져 밝혀내도록 명하였다. 주인을 배반하는 노비들이 이루 다 셀 수가 없을 정도였다. 이로 말미암아 상전을 능멸하는 풍조가 크게 일어나 사람들이 모두 탄식하고 원망하므로 왕비가 간절하게 간언하였으나, 왕이 받아들이지 않았다.

↓
(가)
↓

가을 7월, 교(敎)하기를, "양민이 된 노비들은 해가 점차 멀어지면 반드시 그 본래의 주인을 가벼이 보고 업신여기게 된다. …… 만약 그 주인을 욕하는 자가 있으면, 다시 천민으로 되돌려 부리게 할 것이다."라고 하였다.

① 강조가 정변을 일으켰다.
② 거란이 개경을 점령하였다.
③ 전시과가 처음으로 제정되었다.
④ 공신들에게 역분전이 지급되었다.

20 [2022 서울시 9급] 밑줄 친 인물이 왕으로 즉위하여 활동하던 기간에 있었던 사실로 가장 옳은 것은?

개경으로 돌아온 강조(康兆)는 김치양 일파를 제거함과 동시에 국왕마저 폐한 후 살해하였다. 이 같은 소용돌이 속에서 <u>대량원군</u>이 임금으로 즉위하였다.

① 부모의 명복을 빌기 위해 현화사(玄化寺)를 창건했다.
② 거란의 침입에 대비하기 위하여 광군 30만을 조직했다.
③ 강동 6주의 땅을 고려 영토로 편입시켰다.
④ 재조대장경의 각판 사업에 착수했다.

17 | 성종 정답 ③

향리제도를 새로 마련하였고, 국자감을 창설한 것은 고려 성종이다.
성종 때인 993년 거란이 고려를 1차 침입하였다. 고려는 청천강에서 거란의 침략을 저지하는 한편 서희가 거란의 장수 소손녕과의 외교 담판에 나섰다. 서희는 고려가 고구려를 계승한 국가임을 밝히고 여진이 차지하고 있는 땅을 확보해 통로가 열리면 거란과 통교하겠다는 조건으로 거란군을 퇴각시켰다. 이로써 고려는 압록강 동쪽의 강동 6주 지역을 획득하였다.

오답분석 ① 예종 때 윤관과 오연총이 별무반을 이끌고 동여진을 공격하여 동북 9성을 설치하였다.
② 고종 때 일어난 몽골의 1차 침입 당시 박서가 몽골의 침략에 맞서 귀주성에서 분투하였다.
④ 현종 때 강조의 정변을 구실로 2차 침입을 감행한 거란의 군대를 양규가 흥화진에서 격퇴하였다.

● **복습지문**
성종 때 거란이 침입하자 서희가 외교 담판을 통해 강동 6주 지역을 획득하였다.

18 | 고려 초기의 발전 정답 ③

광종(949~975)은 혜종과 정종 때의 왕위 계승 다툼으로 불안정했던 왕권을 강화하기 위해 노력하였다. 광종은 주현공부법을 시행하고(949), 노비안검법(956)을 시행하였다. 이로써 공신이나 호족의 경제적·군사적 기반은 약화되고, 노비들이 양인이 되어 조세와 부역의 의무를 지게 되었으므로 국가의 재정 기반과 왕권이 좀 더 안정되었다.
958년에 광종은 후주에서 귀화한 쌍기의 건의를 받아들여 과거제를 시행하였다. 이를 통하여 광종은 유학을 익힌 신진 인사를 등용하여 신구 세력의 교체를 도모하였다. 960년에는 관리의 공복을 제정하여 관료의 위계질서를 확립하였다.

오답분석 ① 고려 태조는 후삼국 통일 이후 (나) 시기에 공신들에게 역분전을 지급하였다.
② 성종(981~997)은 (라) 시기에 12목을 설치하고 지방관을 파견하였다.
④ 정종(945~949)은 (나) 시기에 광군사(光軍司)를 설치하고 광군 30만을 조직해 거란의 침입에 대비하였다.

19 | 고려 초의 정치 발전 정답 ③

제시된 자료는 광종(949~975)의 노비안검법 실시와 성종(981~997)의 노비환천법 시행을 보여주는 기사이다. 따라서 (가)는 광종~성종 시기의 사실이 들어가야 한다.
광종은 후삼국 시대의 혼란기에 불법으로 노비가 된 자를 조사하여 다시 양인으로 해방시켜주는 노비안검법을 실시하였다(956). 이로써 공신이나 호족의 경제적, 군사적 기반은 약화되고, 국가의 재정 기반은 좀 더 강화되었다.
성종은 노비안검법을 재검토하여 노비에서 양민이 된 사람 중 반정부적 색채를 가진 자나 치안을 어지럽히는 자를 선별하여 노비로 환원시켰다(노비환천법).
경종(975~981) 때 역분전 제도와 광종 때에 만들어진 공복 제도를 토대로 시정 전시과가 시행되었다(976). 이때는 관직의 높고 낮음과 함께 인품을 반영하여 전·현직 관리에게 전지와 시지를 지급하였다.

오답분석 ① 1009년에 강조가 정변을 일으켜 목종을 폐하고 외척 김치양 일파를 제거한 뒤 현종(1009~1031)을 옹립하였다.
② 1010년에 거란의 2차 침입으로 개경이 함락되고 현종은 나주까지 피난하였다.
④ 태조 때 후삼국 통일 과정에서 공을 세운 사람들에게 역분전을 나누어 주었다.

20 | 고려 현종 정답 ①

강조가 김치양 일파를 제거하고 목종을 폐위한 후 임금으로 즉위한 대량원군은 현종이다.
목종의 어머니인 천추태후가 김치양과의 사이에서 낳은 아들을 후사로 삼으려 하자 강조는 김치양을 죽인 후 목종을 폐위하고 현종을 옹립하였다(1009).
현종(1009~1031) 때에는 두 차례에 걸쳐 거란의 침입을 격퇴하였다. 전쟁이 끝난 뒤에 고려는 국방을 강화하는 데 더욱 노력하였다. 강감찬의 주장으로 개경에 나성을 쌓아 도성 수비를 강화하였고, 압록강 어귀에서 동해안의 도련포에 이르는 천리장성을 쌓아 거란은 물론 여진의 침입까지 방어하려 하였다(1044).
거란과의 전쟁을 거치며 국초 이래의 기록들이 소실되자, 현종은 역대의 실록을 다시 편찬하도록 하였다. 한편 현종은 거란의 2차 침입 당시 초조대장경 조판을 지시하였다. 이 외에도 성종 이후 중단된 팔관회를 부활하고 부모의 명복을 빌기 위해 현화사(玄化寺)를 크게 창건하였다.

오답분석 ② 고려 정종(945~949) 때 광군 30만을 조직해 거란의 침입에 대비하였다.
③ 고려 성종 때인 993년에 거란이 침입해 오자(1차 침입) 서희는 적장 소손녕과 담판을 벌여 압록강 동쪽의 강동 6주를 확보하였다.
④ 고려 고종 때인 1236년에 대장도감을 설치하고 재조대장경의 제작을 시작하였다.

Ⅲ. 한국 중세사

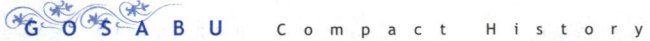

21 [2024 국가직 9급] (가)의 재위 기간에 있었던 사실로 옳은 것은?

> 강조의 군사들이 궁문으로 마구 들어오자, 목종이 모면할 수 없음을 깨닫고 태후와 함께 목 놓아 울며 법왕사로 옮겼다. 잠시 후 황보유의 등이 ┌(가)┐을/를 받들어 왕위에 올렸다. 강조가 목종을 폐위하여 양국공으로 삼고, 군사를 보내 김치양 부자와 유행간 등 7인을 죽였다.

① 윤관이 별무반 편성을 건의하였다.
② 외적이 침입하여 국왕이 복주(안동)로 피난하였다.
③ 서희의 외교 담판으로 강동 6주 지역을 획득하였다.
④ 불교 경전을 집대성한 초조대장경 조판이 시작되었다.

22 [2018 국가직 9급] 다음 (가)에 대한 설명으로 옳지 <u>않은</u> 것은?

> 예전에 성종이 ┌(가)┐ 시행에 따르는 잡기가 정도(正道)에 어긋나는데다가 번거롭고 요란스럽다 하여 이를 모두 폐지하였다. …(중략)… 이것을 폐지한 지가 거의 30년이나 되었는데, 이때에 와서 정당문학 최항이 청하여 이를 부활시켰다.

① 국제 교류의 장이었다.
② 정월 보름에 개최되었다.
③ 토속 신에게 제사를 지냈다.
④ 훈요 10조에서 시행할 것을 강조하였다.

23 [2025 지방직 9급] 다음 대화가 오고 간 시기는?

> 소손녕: 그대 나라는 신라 땅에서 일어났고, 고구려 땅은 우리 땅인데 너희들이 쳐들어와 차지하였다.
> 서 희: 우리는 고구려를 계승하여 나라 이름을 고려라 하였다. 땅의 경계를 논한다면 그대 나라의 동경도 모두 우리 땅이다.

	(가)		(나)		(다)		(라)	
고려 건국		귀주대첩		무신정변		개경 환도		위화도 회군

① (가) ② (나) ③ (다) ④ (라)

24 [2023 국가직 9급] 다음과 같이 말한 인물에 대한 설명으로 옳은 것은?

> 우리나라가 곧 고구려의 옛 땅이다. 그리고 압록강의 안팎 또한 우리의 지역인데 지금 여진이 그 사이에 몰래 점거하여 저항하고 교활하게 대처하고 있어서 …(중략)… 만일 여진을 내쫓고 우리 옛 땅을 되찾아서 성보(城堡)를 쌓고 도로를 통하도록 하면 우리가 어찌 사신을 보내지 않겠는가?
> ― 『고려사』 ―

① 목종을 폐위하였다.
② 귀주에서 거란군을 물리쳤다.
③ 여진을 몰아내고 동북 9성을 쌓았다.
④ 소손녕과 담판하여 강동 6주를 획득하였다.

21 현종(강조의 정변)   정답 ④

(가)는 강조가 김치양 일파를 제거하고 목종을 폐위한 후 임금으로 옹립한 현종이다.
현종(1009~1031) 때에는 두 차례에 걸쳐 거란의 침입을 격퇴하였다. 1010년에 거란은 강조의 정변을 구실로 강동 6주를 넘겨줄 것을 요구하면서 40만 대군으로 다시 침입해 왔다. 개경이 함락되고 현종은 나주까지 피난하였지만, 거란은 흥화진(의주)에서 양규의 저항으로 후방 보급로가 차단될 것을 우려하여 현종의 입조 조건으로 강화하고 퇴각하였다.
현종 2년(1011) 부처의 힘을 빌려 거란의 침입을 물리치고자 하는 염원에서 초조대장경 조판이 시작되었다. 6천여 권의 목판으로 완성된 초조대장경의 경판은 대구 부인사에 보관하였는데, 몽골 침입 때에 불타버리고 인쇄본 일부가 현재 전하고 있다.

오답분석 ① 숙종 때 윤관의 건의로 별무반을 편성하였다.
② 공민왕 때 홍건적이 침입하여 국왕이 복주(안동)로 피난하였다.
③ 성종 때 서희의 외교 담판으로 강동 6주 지역을 획득하였다.

23 거란과의 전쟁   정답 ①

소손녕과 서희가 외교 담판을 벌인 것은 거란의 1차 침입(993) 때이므로, 고려 건국(918)과 귀주대첩(1019) 사이에 들어가야 한다.
거란의 1차 침입 때 고려는 청천강에서 거란의 침략을 저지하는 한편 서희가 거란의 장수 소손녕과의 외교 담판에 나섰다. 서희는 고려가 고구려를 계승한 국가임을 밝히고 여진이 차지하고 있는 땅을 확보해 통로가 열리면 거란과 통교하겠다는 조건으로 거란군을 퇴각시켰다. 이로써 고려는 압록강 동쪽의 강동 6주 지역을 획득하였다.

22 팔관회   정답 ②

고려 성종 때 폐지되었다가 현종 때 최항의 건의에 따라 부활한 (가)는 팔관회이다. 팔관회는 토착 민간 신앙과 불교가 융합된 행사로, 태조 왕건이 훈요 10조에 하늘과 5악(岳)·명산·대천·용신(龍神) 등에 봉사하는 것으로 성격을 규정하며 경건히 시행할 것을 강조하였다.
팔관회는 개경에서는 11월 15일, 서경에서는 10월 15일에 열려 왕과 신하가 함께 춤과 노래를 즐기고 부처와 천지신명, 나라를 위해 목숨을 바친 영웅들에게 제사하면서 국가와 왕실의 태평을 기원하였다. 팔관회에는 주변 여러 나라의 상인과 사신들이 와서 조공을 바치고 답례품을 받아가는 형식의 무역이 이루어지기도 했다.

오답분석 ② 팔관회는 개경에서는 11월 15일, 서경에서는 10월 15일에 개최되었다.

● **복습지문**
팔관회는 성종 때 폐지되었다가 현종 때 부활되었다.
팔관회는 토속 신에게 제사를 지냈다.

24 서희   정답 ④

제시된 자료는 거란의 1차 침입 때 서희가 거란의 소손녕과 담판에서 한 말이다.
993년(성종 12)에 소손녕이 이끄는 거란군이 침입하여, 안주(安州) 일대까지 내려왔으나 고려의 항전으로 더 이상 진출하지 못하고 있었다. 당시 고려 조정에서는 서경 이북의 땅을 떼어 주고 강화를 맺자는 의견이 다수였으나, 서희가 스스로 강화 회담에 나섰다.
거란의 소손녕은 자신들이 고구려를 계승한 국가라는 점을 주장하고 고려가 송(宋)과 교류하고 있음을 문제 삼아, 고려에서 점거하고 있는 옛 고구려 땅을 거란에게 바치고 거란과 국교를 맺으라고 강요하였다. 이에 대해 서희는 고려는 고구려를 계승한 국가이며, 거란과 교류하려 하여도 압록강 일대의 여진족 때문에 길이 막혀 있다는 점을 들어 이 일대에 대한 영유권을 주장하였다. 이에 고려의 국왕이 친히 거란에 조회하고 거란의 연호를 사용하는 조건에 합의하자, 거란은 압록강 하류 동쪽 편의 여진족 거주지 280리에 대한 고려의 영유권을 인정하고 회군하였다. 이후 고려는 이 일대에 성을 쌓아 6주를 개척하였다(강동 6주).

오답분석
① 강조가 정변을 일으켜 김치양 일파를 제거하고 목종을 폐위한 후 현종을 새롭게 왕으로 옹립하였다.
② 강감찬이 거란의 3차 침입 때 귀주에서 거란군을 물리쳤다.
③ 윤관이 별무반을 이끌고 여진을 몰아낸 뒤 동북 9성을 쌓았다.

Ⅲ. 한국 중세사

25 [2022 지방직 9급] (가) 인물에 대한 설명으로 옳은 것은?

> 군대를 이끌고 통주성 남쪽으로 나가 진을 친 (가) 은/는 거란군에게 여러 번 승리를 거두었다. 하지만 자만하게 된 그는 결국 패해 거란군의 포로가 되었다. 거란의 임금이 그의 결박을 풀어 주며 "내 신하가 되겠느냐?"라고 물으니, (가) 은/는 "나는 고려 사람인데 어찌 너의 신하가 되겠느냐?"라고 대답하였다. 재차 물었으나 같은 대답이었으며, 칼로 살을 도려내며 물어도 대답은 같았다. 거란은 마침내 그를 처형하였다.

① 묘청의 난을 진압하였다.
② 별무반의 편성을 건의하였다.
③ 목종을 폐위하고 현종을 옹립하였다.
④ 거란과 협상하여 강동 6주 지역을 고려 영토로 확보하였다.

26 [2024 서울시 9급] 〈보기〉의 사건을 시간 순으로 바르게 나열한 것은?

> ● 보기 ●
> ㄱ. 서희는 거란과 담판을 해 강동 6주를 확보하였다.
> ㄴ. 강조의 정변을 구실로 거란이 침입해 왔다.
> ㄷ. 개경이 함락되자 현종이 나주로 피난하였다.
> ㄹ. 강감찬이 이끄는 고려군이 귀주대첩에서 거란군을 격파하였다.

① ㄱ - ㄴ - ㄷ - ㄹ
② ㄱ - ㄹ - ㄴ - ㄷ
③ ㄴ - ㄱ - ㄹ - ㄷ
④ ㄴ - ㄷ - ㄹ - ㄱ

27 [2025 법원직] 다음 (가), (나) 시기의 사이에 일어난 사실로 가장 옳은 것은?

> (가) 7조 국왕이 백성을 다스림은 집집마다 가서 돌보고 날마다 이를 살피는 것이 아닙니다. 그러므로 수령을 나누어 보내어 가서 백성의 이익과 손해를 살피게 하는 것입니다. …… 이제 제가 보건대 향리의 토호들이 늘 공무를 빙자해 백성들을 침해하고 학대하므로 백성들이 명령을 감당하지 못하니, 청컨대 외관을 두소서.
> (나) 서경 임원역의 땅은 음양가들이 말하는 대화세(명당)에 해당합니다. 이곳에 궁궐을 짓고 옮기면 천하를 다스릴 수 있습니다. 또한 금이 예물을 가져와 스스로 항복할 것이요, 주변 서른 여섯 나라가 모두 머리를 조아릴 것입니다.

① 만적이 신분 해방 운동을 시도하였다.
② 강감찬이 귀주에서 거란군을 물리쳤다.
③ 노비안검법이 실시되어 양민의 수가 늘어났다.
④ 도평의사사는 중앙의 최고 권력 기구로 기능하였다.

28 [2022 법원직] 밑줄 친 '왕'의 재위 기간에 있었던 사실로 가장 옳은 것은?

> 왕은 윤관이 이끄는 별무반을 파견하여 여진을 정벌한 후 동북쪽에 9개의 성을 쌓아 방어하도록 하였다.

① 광덕, 준풍이라는 연호를 사용하였다.
② 최승로가 시무 28조의 개혁안을 제시하였다.
③ 양현고를 설치하여 관학을 진흥시키고자 하였다.
④ 의천 등의 건의를 받아들여 주전도감을 설치하였다.

25 | 강조 **정답 ③**

(가)는 통주성(지금의 평안북도 선천군)에서 거란군에 맞서 싸우다 포로가 된 강조이다.
목종의 어머니인 천추태후가 김치양과의 사이에서 낳은 아들을 후사로 삼고자 하자 강조는 김치양을 죽인 후 목종을 폐위하고 현종을 옹립하였다(1009). 현종 즉위 초 거란은 강조의 정변을 구실로 강동 6주를 넘겨줄 것을 요구하면서 40만 대군으로 침입해왔다(1010). 강조가 이끄는 고려군은 통주에서 거란군에 맞서 싸웠으나 패배하고 강조는 사로잡혀 처형되었다.

오답분석 ① 김부식이 관군을 이끌고 묘청의 난을 진압하였다.
② 윤관이 숙종에게 기병을 보강한 별무반 편성을 건의하였다.
④ 거란의 1차 침입 때 서희가 거란과 협상하여 강동 6주 지역을 확보하였다.

26 | 거란과의 전쟁 **정답 ①**

ㄱ. 거란의 제1차 침입(993) 때 서희는 소손녕과 외교 담판을 통해 강동 6주를 획득하였다.
ㄴ. 1010년에 거란은 강조의 정변을 구실로 강동 6주를 넘겨줄 것을 요구하면서 40만 대군으로 다시 침입해 왔다(거란의 제2차 침입).
ㄷ. 거란의 제2차 침입 때 개경이 함락되고 현종은 나주까지 피난하였다.
ㄹ. 거란의 제3차 침입 때 거란군은 귀주에서 강감찬이 지휘하는 고려군에게 섬멸되었다(귀주대첩, 1019).

27 | 고려 전기의 정치 발전 **정답 ②**

(가)는 고려 성종 때 최승로가 올린 시무 28조이고, (나)는 인종 때 묘청, 정지상 등 서경 세력이 주장한 서경천도론이다.
성종 때인 993년에 거란이 침입하자(1차 침입) 서희는 적장 소손녕과 담판을 벌여 압록강 동쪽의 강동 6주를 확보하였다.
현종(1009~1031) 때에는 두 차례에 걸쳐 거란의 침입을 격퇴하였다. 1010년에 거란은 강조의 정변을 구실로 고려를 침입해 왔다. 개경이 함락되고 현종은 나주까지 피난하였다. 거란은 현종의 입조 약속을 받고 철수하였다.
고려가 입조의 약속을 지키지 않자 거란은 다시 침입하였다(1018). 거란군은 개경 부근까지 진출했으나 도처에서 고려군의 저항을 받아 퇴각하다가 귀주에서 강감찬이 지휘하는 고려군에게 섬멸되었다(귀주대첩, 1019).

오답분석 ① 최충헌 집권기에 개경에서 만적이 신분 해방 운동을 시도하였다.
③ 광종 때 노비안검법이 실시되었다.
④ 충렬왕 때 도병마사가 도평의사사로 개편되고 중앙의 최고 권력 기구로 기능하였다.

28 | 고려 예종 **정답 ③**

윤관이 여진을 정벌하고 동북9성을 쌓은 것은 고려 예종 때의 사실이다.
고려 중기에는 최충의 문헌공도(9재 학당)를 비롯한 사학 12도가 융성하여 국자감의 관학 교육이 위축되었다. 이에 정부는 관학 진흥을 위한 여러 시책을 추진하였다. 예종은 국자감에 7재라는 전문 강좌를 설치하여 유학 교육을 전문화시켰고, 양현고라는 장학 재단을 두어 관학의 경제 기반을 강화하였다. 또한 궁중에 도서관 겸 학문 연구소인 청연각과 보문각을 두었다.

오답분석 ① 광종 때 광덕, 준풍이라는 연호를 사용하였다.
② 성종 때 최승로가 시무 28조의 개혁안을 제시하였다.
④ 숙종 때 의천 등의 건의를 받아들여 주전도감을 설치하였다.

복습지문
예종 때 윤관은 별무반을 이끌고 여진을 정벌한 후 9성을 쌓았다.

Ⅲ. 한국 중세사

29 2020 지방직 9급
밑줄 친 '이 부대'에 대한 설명으로 옳은 것은?

> 윤관이 아뢰기를, "신이 적의 기세를 보건대 예측하기 어려울 정도로 굳세니, 마땅히 군사를 쉬게 하고 군관을 길러서 후일을 기다려야 할 것입니다. 또 신이 싸움에서 진 것은 적은 기병(騎兵)인데 우리는 보병(步兵)이라 대적할 수가 없었기 때문입니다."라 하였다. 이에 그가 건의하여 처음으로 이 부대를 만들었다.

① 정종 2년에 설치되었다.
② 귀주대첩에서 큰 활약을 하였다.
③ 여진족에 대처하기 위해 조직되었다.
④ 응양군, 용호군, 신호위 등의 2군과 6위로 편성되었다.

30 2019 국가직 9급
(가) 왕의 시기에 일어난 사실로 옳은 것은?

> 이자겸, 척준경이 말하기를 "금이 예전에는 작은 나라여서 요와 우리나라를 섬겼으나, 지금은 갑자기 흥성하여 요와 송을 멸망시켰다. …(중략)… 작은 나라로서 큰 나라를 섬기는 것은 선왕의 도이니, 마땅히 우선 사절을 보내야 합니다."라고 하니 (가) 이/가 그 의견을 따랐다.
> － 『고려사』 －

① 도평의사사를 중심으로 정치를 주도하였다.
② 성리학을 수용하면서 『주자가례』를 보급하였다.
③ 서경에 대화궁을 짓게 하고 칭제건원을 주장하였다.
④ 몽골의 침략에 대응하기 위해 강화도로 도읍을 옮겼다.

31 2020 법원직
(가), (나)에 대한 다음 설명으로 가장 옳은 것은?

> 이 싸움은 낭가 및 불교 대 유교의 싸움이며, 국풍파 대 한학파의 싸움이다. 또 독립당 대 사대당의 싸움이고, 진취 사상 대 보수 사상의 싸움이다. (가) 은/는 전자의 대표요, (나) 은/는 후자의 대표였다. 이 싸움에서 (가) 이/가 패하고 (나) 이/가 승리하였으므로, 조선의 역사가 사대적이고 보수적인 유교에 정복되고 말았다.

① (가)는 금을 정벌할 것을 주장하였다.
② (가)는 전민변정도감 설치를 건의하였다.
③ (나)는 당시 대표적인 성리학자였다.
④ (나)는 『삼국유사』를 편찬하였다.

32 2023 법원직
(가)~(다) 사건을 일어난 순서대로 가장 바르게 나열한 것은?

> (가) 이고 등이 임종식, 이복기, 한뢰를 비롯하여 왕을 모시던 문관 및 대소 신료들을 살해하였다. 정중부 등이 왕을 모시고 궁으로 돌아왔다.
> (나) 김부식이 군대를 모아서 서경을 공격하였다. 서경이 함락되자 조광은 스스로 불에 뛰어들어 죽었다.
> (다) 최사전의 회유에 따라 척준경은 마음을 돌려 계책을 정하고 이자겸을 제거하였다.

① (나) － (가) － (다)
② (나) － (다) － (가)
③ (다) － (가) － (나)
④ (다) － (나) － (가)

29 | 별무반 정답 ③

윤관이 건의하여 만든 '이 부대'는 별무반이다.
12세기 초 만주 하얼빈 지방에서 일어난 완옌부의 추장이 여진족을 통합하면서 정주까지 남하하여 고려와 충돌을 빚게 되었다. 여진과의 일차 접촉에서 패한 고려는 윤관의 건의에 따라 기병을 보강한 별무반을 편성하여 여진 정벌을 준비하였다. 윤관은 별무반을 이끌고 천리장성을 넘어 여진족을 북방으로 쫓아 버리고(1107), 동북 지방 일대에 9성을 쌓았다. 그러나 여진족의 계속된 침입으로 9성 수비에 어려움을 겪고 있던 고려는 여진족이 해마다 조공을 바치겠다고 하면서 9성 반환을 요청하자 1년 만에 돌려주었다(1109).

오답분석 ① 숙종 때 별무반을 설치하였고, 정종(945~949) 때는 광군을 설치하였다.
② 거란군을 섬멸한 귀주대첩(1019)은 별무반 설치 이전의 사실이다.
④ 별무반은 기병인 신기군, 보병인 신보군, 승병인 항마군 등으로 편성되었다.

30 | 인종(금의 사대 요구) 정답 ③

이자겸, 척준경의 의견을 따라 금과 사대관계를 맺은 것은 고려 인종(1122~1146) 때이다.
인종 때 크게 세력을 확대한 금은 고려에게 형제의 관계로 국교를 맺도록 강요하였고, 1125년에 요(거란)를 멸망시킨 후에는 군신 관계를 요구하였다. 고려는 그들의 사대 요구를 둘러싸고 정치적 분쟁을 겪기도 했지만, 현실적으로 금과 무력 충돌을 하기 어려운 점을 고려하여 결국 금의 요구를 받아들였다(1126).
이자겸의 난(1126) 이후 인종은 실추된 왕권의 회복과 민생안정, 국방력 강화를 위해 15개조의 유신령을 내리고 정치 개혁을 추진하였다. 이때 묘청·정지상 등 서경파는 보수적인 개경의 문벌 귀족 세력을 누르고 자주적인 혁신정치를 시행하기 위해 풍수지리설을 내세워 서경(평양)으로 도읍을 옮기고자 하였다. 이들은 서경에 대화궁이라는 궁궐을 짓고, 토착신을 숭배하는 팔성당을 건설하였다.

오답분석 ① 충렬왕 때 도병마사가 도평의사사로 개칭되었다.
② 원 간섭기에 신진사대부들이 성리학을 수용하고 『주자가례』의 보급에 힘썼다.
④ 최우 집권 시기에 강화도로 도읍을 옮기고 몽골에 대한 항전을 이어갔다.

31 | 묘청의 난 정답 ①

제시된 자료는 신채호가 '조선 역사상 일천년래 제일대사건'에서 묘청의 서경 천도운동(1135)을 평한 것으로, (가)는 묘청, (나)는 김부식이다.
묘청·정지상 등 서경파는 보수적인 개경의 문벌 귀족 세력을 누르고 자주적인 혁신 정치를 시행하기 위해 풍수지리설을 내세워 서경(평양)으로 도읍을 옮기고자 하였다. 이들은 서경에 대화궁이라는 궁궐을 짓고, 토착신을 숭배하는 팔성당을 건설하였다. 또 서경파는 황제를 칭하고 독자적으로 연호를 세워 당당하게 금에 맞서야 하며, 금을 정벌해야 한다고 주장하였다.

오답분석 ② 공민왕 때 신돈이 전민변정도감 설치를 건의하였다.
③ 김부식은 유학자였지만 성리학자는 아니었다. 성리학은 고려 후기에 고려에 전해졌다.
④ 김부식은 인종의 명으로 기전체 사서인 「삼국사기」를 편찬하였다.

32 | 12세기 정치 발전 정답 ④

(다) 1126년 이자겸은 도참설(십팔자위왕설)을 믿고 스스로 왕이 되려고 척준경과 함께 난을 일으켰으나 척준경이 인종 편으로 돌아서면서 실패하였다.
(나) 1135년에 묘청 세력은 국호를 대위, 연호를 천개(天開)라 칭하고 서경에서 난을 일으켰으나 김부식이 이끈 관군에 의해 진압되었다.
(가) 1170년 정중부, 이고, 이의방 등 무신들은 보현원에서 정변을 일으켜 문신들을 참살하고 의종을 폐한 뒤 명종을 세워 정권을 장악하였다.

Ⅲ. 한국 중세사

33 [2018 서울시 9급] 〈보기〉의 빈칸에 공통적으로 해당하는 국가와 관련하여 고려시대에 발생한 일로 가장 옳은 것은?

> ● 보기 ●
> • 모든 관리들을 소집해 ☐☐☐☐을/를 상국으로 대우하는 일의 가부를 의논하게 하자 모두 불가하다고 했으나, 이자겸과 척준경만이 찬성하고 나섰다.
> • ☐☐☐☐은/는 전성기를 맞아 우리 조정이 그들의 신하임을 칭하도록 하고자 하였다. 여러 의견들이 뒤섞여 어지러운 가운데, 윤언이가 홀로 간쟁하여 말하기를 …… 여진은 본래 우리 조정 사람들의 자손이기 때문에 신하가 되어 차례로 우리 임금께 조공을 바쳐왔고, 국경 근처에 사는 사람들은 모두 우리 조정의 호적에 올라 있는 지 오래 되었습니다. 우리 조정이 어찌 거꾸로 그들의 신하가 될 수 있겠습니까?

① 이 국가의 침입으로 인해 국왕은 나주로 피난하였다.
② 묘청 일파는 이 국가의 정벌을 주장하였다.
③ 이 국가와 함께 강동성에 포위된 거란족을 격파하였다.
④ 이 국가의 침략에 대비하여 광군을 설치하였다.

34 [2021 지방직 9급] (가)에 대한 설명으로 옳은 것은?

> 건국 초부터 북진 정책을 추진한 고려는 발해를 멸망시킨 (가) 를/을 견제하고 송과 친선 관계를 맺었다. 이에 송과 대립하던 (가) 는/은 고려를 경계하여 여러 차례 고려에 침입하였다.

① 강조의 정변을 구실로 고려를 침략하였다.
② 고려에 동북 9성을 돌려달라고 요구하였다.
③ 다루가치를 배치하여 고려의 내정을 간섭하였다.
④ 쌍성총관부를 두어 철령 이북의 땅을 지배하였다.

35 [2020 지방직 7급] (가)와 고려의 관계에 대한 설명으로 옳지 않은 것은?

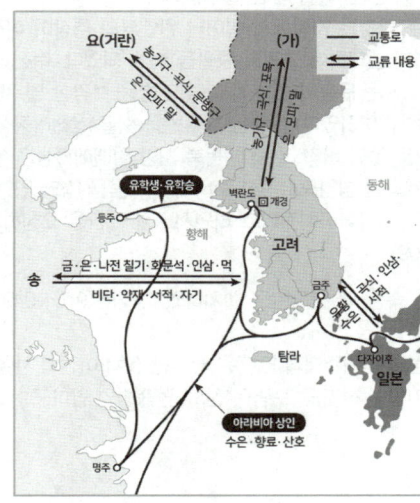

① (가) 사신인 서긍은 『고려도경』에서 고려청자의 우수함을 서술하였다.
② 윤관은 별무반을 이끌어 (가)를 몰아내고, 북방 영토를 개척하였다.
③ (가)가 빼앗긴 지역의 반환을 간청하자, 고려는 조공을 받는 조건으로 돌려주었다.
④ (가)는 1115년 나라를 세운 뒤 고려에 군신 관계를 요구하였다.

36 [2018 지방직 9급] 밑줄 친 '이곳'에서 일어난 일로 옳은 것은?

> 고려 정종 때 이곳으로 천도 계획을 세웠으나 실현되지 못했고, 문종 때 이곳 주위에 서경기 4도를 두었다.

① 이곳에서 현존 세계 최고의 직지심체요절이 간행되었다.
② 지눌이 이곳을 중심으로 수선사 결사 운동을 전개하였다.
③ 조위총이 정중부 등의 타도를 위해 이곳에서 반란을 일으켰다.
④ 강조가 군사를 이끌고 이곳으로 들어와 김치양 일파를 제거하였다.

33 | 고려의 대외관계　　　　　　　　　정답 ②

이자겸과 척준경이 상국으로 대우하는 일에 찬성하였고, 여진이 세운 국가라는 사실을 통해 빈칸에 해당하는 국가는 금나라임을 알 수 있다.
동북 9성의 반환 이후 강성해진 여진족은 만주 일대를 장악하여 황제라 칭하고 금을 건국하였다(1115). 금은 고려에 형제관계로 국교를 맺도록 강요하였고, 1125년 요를 멸망시킨 후 고려에 군신관계를 요구하자 이자겸이 이를 수용하였다. 한편 묘청·정지상 등 서경파는 자주적 혁신 정치를 시행하기 위해 풍수지리설을 내세워 서경으로 도읍을 옮기고자 하였다. 이들은 서경에 대화궁이라는 궁궐을 짓고 황제를 칭할 것과 금을 정벌할 것을 주장하였다.

오답분석 ① 거란의 2차 침입 때 현종이 나주로 피난하였다.
③ 고려군은 몽골군과 함께 강동성에 포위된 거란족을 격파하였다.
④ 정종 때 거란의 침입에 대비해 광군을 설치하였다.

35 | 고려의 대외관계　　　　　　　　　정답 ①

고려의 북동쪽에 있었던 (가)는 금(여진)이다.
12세기 초 만주 하얼빈 지방에서 일어난 완옌부의 추장이 여진족을 통합하면서 정주까지 남하하여 고려와 충돌을 빚게 되었다. 고려는 윤관의 건의에 따라 기병을 보강한 별무반을 편성하여 여진 정벌을 준비하였다. 윤관은 별무반을 이끌고 여진족을 북방으로 쫓아 버리고, 동북 지방 일대에 9성을 쌓았다. 고려는 여진족이 해마다 조공을 바치겠다고 하면서 9성 반환을 요청하자 1년 만에 돌려주었다(1109).
그 후 더욱 강성해진 여진족은 만주 일대를 장악하여 황제라 칭하고 금을 건국하였다(1115). 금은 고려에게 형제의 관계로 국교를 맺도록 강요하였고, 1125년에 요(거란)를 멸망시킨 후에는 군신 관계를 요구하였다. 고려는 금과 무력 충돌을 하기 어려운 점을 고려하여 결국 금의 요구를 받아들였다(1126).

오답분석 ① 서긍은 송의 사신으로 고려를 방문한 뒤 『고려도경』을 편찬하였다.

34 | 요(거란)　　　　　　　　　　　　정답 ①

(가)는 발해를 멸망시키고, 여러 차례 고려를 침입한 거란(요)이다.
거란의 1차 침입(993) 때 고려는 청천강에서 거란의 침략을 저지하는 한편 서희가 거란의 장수 소손녕과의 외교 담판에 나섰다. 서희는 고려가 고구려를 계승한 국가임을 밝히고 여진이 차지하고 있는 땅을 확보해 통로가 열리면 거란과 통하겠다는 조건으로 거란군을 퇴각시켰다. 이로써 고려는 압록강 동쪽의 강동 6주 지역을 획득하였다.
현종 때 거란은 강조의 정변을 구실로 강동 6주를 넘겨줄 것을 요구하면서 40만 대군으로 다시 침입해 왔다(1010). 개경이 함락되고 현종은 나주까지 피난하였지만, 거란은 흥화진에서 양규의 저항으로 후방 보급로가 차단될 것을 우려하여 현종의 입조 조건으로 강화하고 퇴각하였다. 이후 거란은 또다시 고려를 침입했으나 고려군의 저항으로 퇴각하다 귀주에서 강감찬이 지휘하는 고려군에게 섬멸되었다.

오답분석 ② 고려 예종 때 여진이 고려에 동북 9성을 돌려달라고 요구하였다.
③ 몽골이 다루가치를 배치하여 고려의 내정을 간섭하였다.
④ 몽골이 쌍성총관부를 두어 철령 이북의 땅을 지배하였다.

36 | 평양(서경)　　　　　　　　　　　정답 ③

고려 정종 때 천도 계획을 세웠고, 문종 때 서경기(西京畿) 4도를 둔 지역은 서경(평양)이다.
고려는 국초부터 고구려의 옛 땅을 되찾고자 의욕적으로 강력한 북진정책을 추진하였다. 태조 때 평양을 서경(西京)으로 삼고 북진 정책의 전진 기지로 적극 개발하였고, 분사제도를 실시하여 독립적인 행정기구를 갖추었다. 정종 때에는 개경 호족들을 견제하기 위해 평양천도 계획을 세웠으나 좌절되었고, 문종 때에는 개경의 경기에 준하는 서경기 4도가 설치되었다. 그러나 인종 때 묘청의 난이 진압된 후 일부 관서와 서경기 4도가 폐지되었고, 무신집권기에 조위총의 난이 진압된 후에는 서경의 모든 관서들을 중앙에 소속시켜 일원적 행정체계를 이루게 하였다.

오답분석 ① 청주 흥덕사에서 『직지심체요절』이 간행되었다.
② 지눌은 팔공산 거조사(경북 영천)에서 정혜결사를 만들어 불교 혁신 운동을 전개하였는데, 정혜결사는 전남 순천으로 옮겨가서 수선사 결사로 명칭을 바꿨다.
④ 서북면도순검사로 있던 강조는 개경으로 들어와 김치양 일파를 제거하였다.

Ⅲ. 한국 중세사

37 [2020 국가직 7급] (가), (나) 사건 사이에 있었던 사실로 옳은 것만을 모두 고르면?

> (가) 윤관이 여진을 공격하여 동북지방의 여러 지역을 점령하고 9성을 쌓아 군사를 주둔시켰다.
> (나) 최충헌이 정권을 장악한 이후 교정도감을 설치하였다.

● 보기 ●
ㄱ. 강화로 천도하였다.
ㄴ. 이자겸의 난이 발생하였다.
ㄷ. 묘청 등이 서경 천도 운동을 일으켰다.
ㄹ. 강감찬이 퇴각하는 거란군을 귀주에서 격파하였다.

① ㄱ, ㄴ ② ㄱ, ㄹ ③ ㄴ, ㄷ ④ ㄷ, ㄹ

38 [2021 지방직 9급] (가)에 들어갈 기구로 옳은 것은?

> 고려 시대 중서문하성과 중추원의 고위 관료들은 도병마사와 (가) 에서 국가의 중요한 일을 논의하였다. 도병마사에서는 국방과 군사 문제를 다루었고, (가) 에서는 제도와 격식을 만들었다.

① 삼사 ② 상서성
③ 어사대 ④ 식목도감

39 [2018 법원직] (가), (나)에 관한 설명으로 옳은 것은?

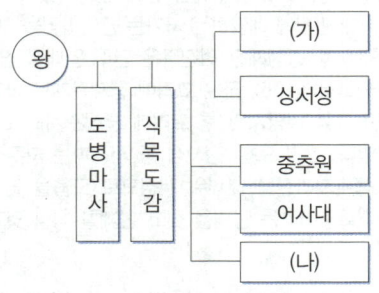

① (가) – 소속 관원인 승선은 대간으로 불렸다.
② (가) – 국정을 총괄하고 정책을 심의·결정하는 최고 관서이다.
③ (나) – 관리의 비리를 감찰하는 기구이다.
④ (나) – 재신과 추밀이 모여 관리 임용을 결정하였다.

40 [2024 법원직] (가)에 들어갈 내용으로 가장 옳지 않은 것은?

> ○○ : 고려 시대 중서문하성의 낭사와 어사대의 관원을 합쳐서 불렀다. 이들은 (가) 의 역할을 담당하였다.
> – 『한국사 용어 사전』 –

① 왕의 잘못을 논하는 간쟁
② 중추원의 추밀과 함께 법제와 격식 제정
③ 관원 임명시 동의 여부에 서명할 수 있는 서경
④ 잘못된 왕명을 시행하지 않고 되돌려 보내는 봉박

37 | 12세기 정치 발전 정답 ③

(가) 윤관은 예종 때인 1107년에 여진을 정벌하고 동북9성을 쌓았고, (나) 최충헌은 1196년에 이의민을 제거하고 정권을 장악하였다.

예종이 죽자 이자겸은 자신의 외손인 14세의 인종(1122~1146)을 즉위시키고 두 딸을 인종의 비로 들이는 한편, 한안인 등 측근 세력을 제거하면서 자신의 권세를 강화하였다. 이자겸은 도참설(십팔자위왕설)을 믿고 스스로 왕이 되려고 시도하다 실패하고 영광으로 유배되었다(이자겸의 난, 1126).

인종은 이자겸의 난 이후 실추된 왕권의 회복과 민생안정, 국방력 강화를 위해 15개조의 유신령을 내리고 정치 개혁을 추진하였다. 묘청·정지상 등의 서경파가 풍수지리설을 내세워 서경길지설을 주장하자 인종은 서경에 대화궁을 짓고 수시로 서경을 순행하기도 하였다. 서경파가 내세운 서경천도론·금국정벌론·칭제건원론 등이 김부식 등의 보수 세력에 의해 좌절되자 묘청과 정지상 등 서경파는 국호를 대위국, 연호를 천개라 하여 난을 일으켰다(묘청의 난, 1135).

오답분석 ㄱ. 최우 집권기에 몽골과의 항쟁을 결정하고 강화로 천도하였다.
ㄹ. 현종 때인 1019년에 강감찬이 귀주에서 거란군을 섬멸하였다.

38 | 식목도감 정답 ④

고려는 중서문하성의 재신과 중추원의 추신이 합좌하여 국가중대사를 결정하는 회의 기구인 도병마사와 식목도감을 두었다. 도병마사는 국방 문제를 담당하는 임시 기구였으나 고려 후기에 도평의사사(도당)로 개편되면서 국정 전반에 걸친 중요 사항을 담당하는 최고 정무 기구로 발전하였다. 식목도감은 임시 기구로서 국내 정치에 관한 법의 제정이나 각종 시행 규정을 다루었다.

오답분석 ① 고려 시대의 삼사는 화폐와 곡식의 출납에 대한 회계를 담당하였다.
② 상서성은 실제 정무를 나누어 담당하는 6부를 두고 정책의 집행을 담당하였다.
③ 어사대는 정치의 잘잘못을 논하고 관리들의 비리를 감찰하는 임무를 맡은 기구였다.

39 | 고려의 중앙 정치 제도 정답 ②

제시된 자료는 고려의 중앙 정치조직으로 (가)는 중서문하성, (나)는 삼사 정도로 추정할 수 있다.

중서문하성의 장관인 문하시중은 국정을 총괄하며, 국왕과 더불어 국가의 정책을 심의·결정하는 역할을 수행하였다. 삼사는 화폐와 곡식의 출납과 회계 사무를 담당하였다.

오답분석 ① 대간은 중서문하성 낭사와 어사대 관원을 가리킨다.
③ 어사대가 관리의 비리를 감찰하는 기구이다.
④ 도병마사, 식목도감이 재신과 추밀이 합좌하는 기구이다.

40 | 대간 정답 ②

고려 시대 어사대의 관리를 대관, 중서문하성의 낭사를 간관이라고도 불렀다. 이들은 똑같이 언관으로 활동하였으므로 둘을 합쳐 대간(대성)이라 하였다.

대간은 왕의 잘못을 논하는 간쟁, 잘못된 왕명을 시행하지 않고 되돌려 보내는 봉박, 관리의 임명과 법령의 개정이나 폐지 등에 동의하는 서경권을 가지고 있었다. 대간은 비록 직위는 낮았지만, 왕이나 고위 관리들의 활동을 지원하거나 제약하여 정치 운영에 견제와 균형을 이루었다.

오답분석 ② 식목도감이 중서문하성의 재신과 중추원의 추밀이 함께 국내 정치에 관한 법의 제정이나 각종 시행 규정을 다루었다.

Ⅲ. 한국 중세사

41 [2020 서울시 9급] 고려의 지방제도에 대한 설명으로 옳은 것을 〈보기〉에서 모두 고른 것은?

● 보기 ●
ㄱ. 양계 지역은 계수관이 관할하였다.
ㄴ. 수령이 파견된 주현보다 수령이 파견되지 않은 속현의 수가 많았다.
ㄷ. 성종 때 12목이 설치되었다.
ㄹ. 향·소·부곡 등의 특수행정조직이 있었다.

① ㄱ, ㄴ, ㄷ
② ㄱ, ㄴ, ㄹ
③ ㄱ, ㄷ, ㄹ
④ ㄴ, ㄷ, ㄹ

42 [2019 서울시 9급] 고려시대 군사제도에 대한 설명으로 가장 옳지 않은 것은?

① 북방의 양계지역에는 주현군을 따로 설치하였다.
② 2군(二軍)인 응양군과 용호군은 왕의 친위부대였다.
③ 6위(六衛) 중의 감문위는 궁성과 성문수비를 맡았다.
④ 직업군인인 경군에게 군인전을 지급하고 그 역을 자손에게 세습시켰다.

43 [2023 법원직] 다음 사실이 있었던 시대에 대한 내용으로 옳은 것을 〈보기〉에서 모두 고른 것은?

엄수안은 영월군의 향리로 키가 크고 담력이 있었다. 나라의 법에 향리에게 아들 셋이 있으면 아들 하나는 벼슬하는 것이 허락되어서, 엄수안은 관례에 따라 중방서리로 보임되었다. 원종 때 과거에 급제하여 도병마녹사에 임명되었다.

● 보기 ●
ㄱ. 주현이 속현보다 적었다.
ㄴ. 모든 군현에 수령이 파견되었다.
ㄷ. 중서문하성의 낭사는 어사대와 함께 대간으로 불렸다.
ㄹ. 전국을 8도로 나누고 그 아래 부·목·군·현을 두었다.

① ㄱ, ㄴ
② ㄴ, ㄹ
③ ㄱ, ㄷ
④ ㄷ, ㄹ

44 [2019 지방직 7급] 고려시대 음서에 대한 설명으로 옳은 것만을 모두 고르면?

ㄱ. 문종 때 처음 실시되었다.
ㄴ. 음서로 등용된 사람들은 고위 관직에 오르지 못했다.
ㄷ. 사위나 외손자에게도 적용되었다.
ㄹ. 공신의 자손, 조종 묘예, 문무 5품 이상 관인의 자손 등이 대상이었다.

① ㄱ, ㄴ
② ㄱ, ㄷ
③ ㄴ, ㄹ
④ ㄷ, ㄹ

41 | 고려의 지방 제도
정답 ④

ㄷ. 고려의 지방 행정 조직은 성종 때 12목이 설치된 후 현종 때 골격이 완성되었다. 현종은 전국을 5도와 양계, 경기로 크게 나누고, 그 안에 3경, 4도호부, 8목을 비롯하여 군·현·진 등을 설치하였다.
ㄴ. 5도에는 주와 군·현을 설치하였는데, 주와 군에는 지사, 현에는 현령을 두어 다스리게 하였다. 현까지는 중앙에서 지방관을 파견하는 것이 원칙이었지만, 지방관이 파견되지 않은 속현이 더 많았다.
ㄹ. 고려 시대에 향·부곡·소 등의 주민은 양민이면서도 일반 양민에 비하여 규제가 심하고 더 많은 세금을 부담하였다. 이들은 거주지가 소속 집단 내로 제한되어 다른 지역으로 이주하는 것이 원칙적으로 금지되었다. 향·부곡에 거주하는 사람은 농업을, 소에 거주하는 사람은 수공업이나 광업품의 생산을 주된 생업으로 하였다.

오답분석 ㄱ. 북방의 국경 지대에는 동계·북계의 양계를 설치하여 병마사를 파견하였다. 고려 시대 계수관은 경(京), 목(牧), 도호부 등의 외관을 말한다.

42 | 고려의 군사제도
정답 ①

② 고려의 군사 제도는 크게 중앙군과 지방군으로 구성되었다. 중앙군은 경군(京軍)이라고도 하였는데 2군 6위 체제였다. 이 중 2군은 응양군·용호군으로, 이들은 국왕 친위군의 성격을 띠었다.
③ 6위 중 좌우위, 신호위, 흥위위는 수도 경비와 국경 방어를 담당하였는데, 가장 규모가 커서 중앙군의 핵심을 이루는 실질적인 군사력이었다. 금오위는 수도의 치안을 담당했고, 천우위는 의장대로서 국왕을 시종하였으며, 감문위는 궁성 문의 수비를 맡았다.
④ 중앙군은 직업 군인으로 편성되었기 때문에 군적에 올라 군인전을 지급받고 그 역은 자손에게 세습되었다. 이들은 전공을 세워 무신으로 신분을 상승시킬 수도 있는 중류층이었다.

오답분석 ① 지방군은 군적에 오르지 못한 일반 농민으로 16세 이상의 장정들로 편성되었다. 지방군은 국경 지방인 양계에 주둔하는 주진군과 5도의 일반 군현에 주둔하는 주현군으로 이루어졌다.

● 복습지문
고려의 경군은 직업군인으로 군인전을 지급받고 그 역을 자손에 세습시켰다.

43 | 고려의 지방 제도
정답 ③

'중방', '원종', '도병마녹사' 등의 단서를 통해 제시된 자료는 고려 시대에 있었던 사실임을 알 수 있다.
고려 시대에는 중앙에서 지방관이 파견되지 않는 속현이나 향·소(所)·부곡이 많았기 때문에, 대부분의 지역에서 향리들은 행정 실무를 자치적으로 수행하였다. 이들은 주로 세금을 징수하고 부역을 징발하며, 직접 상경하거나 주변의 큰 군현에서 역을 행하기도 하였다. 이에 대한 대가로 국가로부터 토지를 지급받았다. 향리의 자제는 과거 응시가 가능하였으므로 일부는 과거(科擧)를 통해 지배 신분층으로 편입되었다.
고려 시대에는 전국을 5도와 양계, 경기로 크게 나누고, 그 안에 3경, 4도호부, 8목을 비롯하여 군·현·진 등을 설치하였다. 중앙에서 지방관이 직접 파견되는 것은 군·현과 진까지였다. 그러나 지방관이 파견되는 주현보다 파견되지 않는 속현이 더 많았다.
고려 시대에는 어사대의 관리를 대관, 중서문하성의 낭사를 간관이라고도 불렀다. 이들은 똑같이 언관으로 활동하였으므로 둘을 합해 대간 또는 대성이라 하였다. 대간은 왕의 잘못을 논하는 간쟁, 잘못된 왕명을 시행하지 않고 되돌려 보내는 봉박, 관리의 임명과 법령의 개정이나 폐지 등에 동의하는 서경권을 가지고 있었다.

오답분석
ㄴ. 고려 시대에는 지방관이 파견되지 않는 속군·속현이 많았고, 조선 시대에 모든 군현에 수령이 파견되었다.
ㄹ. 조선 시대에 전국을 8도로 나누고 그 아래에 부·목·군·현을 두었다.

44 | 고려의 음서제도
정답 ④

고려 시대의 음서는 조상이 왕족, 공신, 5품 이상의 문·무관인 경우 등 크게 세 부류로 나뉜다. 음서제는 국초부터 시행되어 왕족과 공신의 후예 중 18세 이상 된 자는 조상의 공로로 관직에 나아갈 수 있었다.
목종(997~1009)은 즉위하면서 문무 5품 이상 관원의 아들에게 음직(蔭職)을 주도록 정하였다. 음서를 지급하는 대상은 친아들이 가장 우선권이 있었으며, 아들이 없을 경우 조카, 사위, 친손자와 외손자, 양자 등의 순으로 지급받을 수 있었다.
음서 출신자라도 과거 출신자들처럼 5품 이상의 직에 오를 수 있었고, 특히 음서로 출사한 자의 50~60%가 재상으로까지 올랐다는 사실은 음서제가 고려 사회의 귀족적 성격을 대표하는 제도임을 보여준다.

오답분석 ㄱ. 공신과 왕족에게 음서를 지급한 경우는 건국 직후부터 보이며, 5품 이상의 관원에게 지급한 최초의 사례는 997년(목종 즉위년)의 기록이다.
ㄴ. 고려 시대에는 음서로 등용되어도 고위 관직에 오를 수 있었다.

● 복습지문
고려 시대 공신의 자손, 왕족, 문무 5품 이상 관인의 자손은 음서를 통해 관직에 오를 수 있었다.

Ⅲ. 한국 중세사

45 [2024 법원직] 밑줄 친 'ⓐ, ⓑ'에 대한 설명으로 가장 옳은 것은?

> 이지영이 장군이 되었다. 그가 최충수 집의 비둘기를 빼앗았는데, 최충수가 화가 나서 그 형인 ⓐ 최충헌에게 그 사실을 아뢰고 ⓑ 이의민 부자를 죽이자고 하니, 최충헌이 그렇게 하자고 하였다. 이의민이 미타산 별장에 갔을 때, 최충헌 등이 가서 그를 죽이고 머리를 저자에 내걸었다. 당시 이지순은 대장군이었고, 이지광은 장군이었는데, 변란의 소식을 듣고 가동을 이끌고 길에서 싸웠다.
> - 『고려사』 -

① ⓐ - 하층민 출신의 권력자였다.
② ⓐ - 교정도감을 설치하여 국정을 장악하였다.
③ ⓑ - 개혁안 봉사 10조를 올렸다.
④ ⓑ - 정방을 통해 인사권을 장악하였다.

46 [2020 서울시 9급] 〈보기〉의 ⓐ에 해당하는 인물에 대한 설명으로 가장 옳은 것은?

> ● 보기 ●
> (ⓐ)의 노비인 만적 등 여섯 명이 북산(北山)에 나무하러 갔다가 공사(公私) 노비들을 모아 놓고 말하기를, "장군과 재상이 어찌 타고난 씨가 따로 있겠는가? 때만 만나면 누구나 될 수 있는 것이다. 우리라고 어찌 뼈 빠지게 일만 하고 채찍 아래에서 고통만 당하겠는가?"라고 하였다. (중략) "각자 자기 주인들을 때려 죽이고 노비 문서를 불태워버리자. 이로써 이 나라에 다시는 천인이 없게 하면, 공경장상을 우리들이 모두 차지할 수 있을 것이다."라고 하였다.

① 풍수지리설을 앞세워 서경천도를 적극 추진하였다.
② 노비안검법을 실시하여 억울하게 노비가 된 자를 해방하였다.
③ 딸들을 왕에게 시집보내어 권력을 잡고 척준경과 함께 난을 일으켰다.
④ 교정도감을 설치하여 국정을 장악하는 한편 도방을 통해 군사적 기반을 강화하였다.

47 [2020 국가직 9급] (가) 인물에 대한 설명으로 옳은 것은?

> 신종 원년 사노비 만적 등이 북산에서 땔나무를 하다가 공사의 노비들을 모아 모의하기를, "우리가 성 안에서 봉기하여 먼저 (가) 등을 죽인다. 이어서 각각 자신의 주인을 죽이고 천적(賤籍)을 불태워 삼한에서 천민을 없게 하자. 그러면 공경장상이라도 우리가 모두 할 수 있을 것이다."라고 하였다.

① 정방을 설치하여 인사권을 장악하였다.
② 치안유지를 위해 야별초를 설립하였다.
③ 이의방을 제거하고 권력을 장악하였다.
④ 봉사십조를 올려 사회개혁안을 제시하였다.

48 [2025 국가직 9급] 다음 사건 발생 이후에 있었던 사실로 옳은 것은?

> 노비 만적 등 6인이 개경의 북산에서 나무하다가 공노비와 사노비들을 불러 모의하기를, "정중부의 반란과 김보당의 반란 이후로 고관이 천민과 노비에서 많이 나왔다. 장상(將相)의 씨가 따로 있으랴!"라고 하였다.

① 정방 설치
② 동북 9성 축조
③ 노비안검법 실시
④ 상수리 제도 시행

45 | 이의민과 최충헌   정답 ②

1170년 정중부, 이의방 등과 함께 무신정변에 가담했던 이의민은 김보당의 난과 조위총의 난을 진압하며 출세하였고, 경대승이 사망한 후 집권자의 자리에 올랐다.
이의민을 제거하고 권력을 장악한 최충헌은 봉사 10조와 같은 사회 개혁책을 제시하는 한편, 광명·계발의 난(1200), 이비·패좌의 난(1202) 등 농민 항쟁을 적극적으로 진압하면서 무신정권 초기의 혼란을 수습하였다. 최충헌은 최고 집정부의 구실을 하는 교정도감을 설치하고 자신이 교정별감이 되어 권력을 장악하였다. 또, 경대승 사후 폐지되었던 도방을 부활시켜 신변을 경호하였다.

오답분석 ① 이의민이 하층민 출신이었고, 최충헌은 귀족 가문 출신의 무신이었다.
③ 최충헌이 개혁안 봉사 10조를 올렸다.
④ 최충헌의 아들 최우가 정방을 설치하여 인사권을 장악하였다.

46 | 최충헌   정답 ④

만적은 최충헌의 사노비였으므로 (가)에 들어갈 인물은 최충헌이다.
만적은 1198년 개경 북산에서 노비들을 모아놓고 봉기를 계획했다. 그러나 한충유의 가노인 순정의 밀고로 만적을 비롯한 주동자 100여 명이 체포되어 강에 던져짐으로써 봉기는 실패로 끝났다.
이의민을 제거하고 권력을 차지한 최충헌은 명종을 폐위하고, 그 뒤 네 명의 왕(신종·희종·강종·고종)을 마음대로 바꾸었다. 최충헌은 봉사 10조와 같은 사회 개혁책을 제시하는 한편, 농민 항쟁을 적극적으로 진압하는 등 강력한 독재 정치로 무신정권 초기의 혼란을 수습하였다. 최충헌은 최고 집정부의 구실을 하는 교정도감을 설치하고 자신이 교정별감이 되어 권력을 장악하였다. 또, 경대승 사후 폐지되었던 도방을 부활시켜 신변을 경호하였다.

오답분석 ① 묘청 등 서경 세력이 풍수지리설을 앞세워 서경천도를 추진하였다.
② 광종이 노비안검법을 실시하였다.
③ 이자겸이 딸들을 예종, 인종에게 시집보내어 권력을 잡고 척준경과 함께 난을 일으켰다.

47 | 최충헌   정답 ④

신종(1197~1204)은 최충헌이 명종을 폐하고 옹립한 왕이고, 만적은 최충헌의 사노비였으므로 (가)에 들어갈 인물로는 최충헌이 적절하다.
이의민을 제거하고 권력을 차지한 최충헌은 명종을 폐위하고, 그 뒤 네 명의 왕(신종·희종·강종·고종)을 마음대로 바꾸었다. 최충헌은 봉사 10조와 같은 사회 개혁책을 제시하는 한편, 농민 항쟁을 적극적으로 진압하는 등 강력한 독재 정치로 무신정권 초기의 혼란을 수습하였다. 최충헌은 최고 집정부의 구실을 하는 교정도감을 설치하고 자신이 교정별감이 되어 권력을 장악하였다. 또, 경대승 사후 폐지되었던 도방을 부활시켜 신변을 경호하였다.

오답분석 ① 최우가 자기 집에 정방을 설치하고 문신을 정색승선으로 임명하여 인사권을 장악하였다.
② 최우가 개경 치안을 위해 야별초를 설치하고, 마별초라는 기병 부대를 따로 두었다. 야별초는 뒤에 삼별초로 확대되어 최씨 정권의 무력 기반이 되었다.
③ 1174년에 정중부는 이의방을 제거하고 무신정권의 최고 권력자가 되었다.

48 | 만적의 난   정답 ①

제시된 자료는 최충헌의 사노비였던 만적이 신분 해방 운동을 모의하면서 발언한 내용이다.
만적은 1198년 개경 북산에서 노비들을 모아놓고 봉기를 계획했다. 그러나 한충유의 가노인 순정의 밀고로 만적을 비롯한 주동자 100여 명이 체포되어 강에 던져짐으로써 봉기는 실패로 끝났다.
최충헌의 아들인 최우는 교정도감을 통하여 정치권력을 행사하고, 자기 집에 정방을 설치하고 문신을 정색승선으로 임명하여 인사권을 장악하였다. 최우는 정국이 안정되자 문학적인 소양과 행정 실무 능력을 갖춘 문신들의 등용을 확대하고, 서방을 설치하여 문사들로 하여금 숙위하면서 정치적 자문 역할을 담당하게 하였다. 그리고 개경 치안을 위해 야별초를 설치하였다.

오답분석 ② 예종 때인 1107년에 윤관이 여진을 정벌하고 동북 9성을 쌓았다.
③ 광종(949~975) 때 노비안검법을 실시하였다.
④ 신라에서 지방 세력을 견제하기 위하여 상수리 제도를 실시하였다.

Ⅲ. 한국 중세사

49 `2025 법원직` 다음 (가) 인물이 집권한 시기에 있었던 사실로 가장 옳은 것은?

> (가) 이/가 정방(政房)을 자기 집에 설치하고 학문하는 선비들을 선발하여 여기에 소속시켰다. 그가 벼슬자리에 올릴 사람을 결정하여 의견을 달아 올리면, 왕은 그 명단에 다만 점을 찍어 임명할 뿐이었다.

① 명종이 즉위하였다.
② 도방이 처음 조직되었다.
③ 교정도감이 처음 설치되었다.
④ 이연년 형제가 난을 일으켰다.

50 `2021 서울시 9급` 〈보기〉에 나타난 사건과 시기상 가장 먼 것은?

> ● 보기 ●
> 처음 충주 부사 우종주가 매양 장부와 문서로 인하여 판관 유홍익과 틈이 있었는데, 몽골군이 장차 쳐들어 온다는 말을 듣고 성 지킬 일을 의논하였다. 그런데 의견상 차이가 있어서 우종주는 양반별초를 거느리고, 유홍익은 노군과 잡류별초를 거느리고 서로 시기하였다. 몽골군이 오자 우종주와 유홍익은 양반 등과 함께 다 성을 버리고 도주하고, 오직 노군과 잡류만이 힘을 합하여 쳐서 이를 쫓았다.

① 처인성에서 몽골 장수를 사살하였다.
② 몽골군이 경주의 황룡사 9층 탑을 불태웠다.
③ 진주의 공사노비와 합주의 부곡민이 합세하였다.
④ 수도를 강화도로 옮기고 주민을 산성과 섬으로 피난시켰다.

51 `2025 법원직` 다음 자료의 사건이 일어났을 당시의 무신 집권자에 대한 설명으로 가장 옳지 않은 것은?

> 김윤후는 일찍이 승려가 되어 백현원에 살았는데 몽골병이 오자 처인성으로 난을 피하였다. 몽골의 원수 살리타이가 쳐들어와서 처인성을 공격하자 김윤후가 그를 활로 쏴 죽였다. 왕이 그 공을 가상히 여겨 상장군을 제수하였으나, 김윤후는 공을 다른 사람에게 양보하여 말하기를, "싸울 때를 당하여 나는 활과 화살이 없었는데 어찌 감히 헛되이 무거운 상을 받으리오" 하고 굳이 사양하고 받지 않았다. 이에 (훨씬 낮은 계급인) 섭낭장으로 고쳐 제수하였다.

① 사병 조직인 도방을 확대하였다.
② 정방을 설치하여 인사권을 장악하였다.
③ 수도를 강화도로 옮겨 몽골에 항전하였다.
④ 서방을 두어 능력 있는 문신들에게 자문하였다.

52 `2017 지방직 7급` 몽골 침입 시기에 발생한 사건 중 옳은 것만을 모두 고른 것은?

> ㄱ. 망이·망소이, 만적 등이 봉기하였다.
> ㄴ. 강화도 천도에 대해 삼별초가 반대하였다.
> ㄷ. 황룡사 구층목탑과 초조대장경이 불에 탔다.
> ㄹ. 김윤후와 처인 부곡민들이 몽골 장수 살리타 군대를 물리쳤다.
> ㅁ. 부처의 힘으로 몽골군을 물리치기 위해 팔만대장경을 조판하였다.

① ㄱ, ㄴ   ② ㄱ, ㅁ   ③ ㄴ, ㄷ, ㄹ   ④ ㄷ, ㄹ, ㅁ

49 | 최우 정답 ④

(가)는 정방을 설치해 문무백관의 인사권을 장악한 최우(崔瑀)이다.
최우(崔瑀)는 최충헌의 아들로서 1219년(고종 6년)부터 1249년(고종 36)까지 집권하였다. 정방은 최우가 자신의 집에 설치한 기관으로, 문무백관의 인사 행정을 취급하였다. 정방은 최우가 죽은 뒤에도 계속 유지되어 충선왕, 공민왕 때 일시 폐지되었다가 1388년(창왕 1) 최종적으로 혁파되었다. 이연년 형제는 고려 고종 때인 1237년에 전라도의 원율, 담양 등지에서 무리를 모아 백제 부흥을 표방하며 난을 일으켰다.

오답분석 ① 명종은 무신정변 직후인 1170년에 즉위하였다.
② 경대승 집권기에 도방이 처음 조직되었다.
③ 최충헌 집권기에 교정도감이 처음 설치되었다.

50 | 몽골과의 전쟁 정답 ③

제시된 자료는 몽골의 1차 침입(1231) 당시 충주성의 하층민인 노군과 잡류가 몽골군을 물리친 상황을 보여준다.
몽골과의 전쟁 당시 집권자인 최우는 장기 항전을 계획하고 강화도로 도읍을 옮기고(1232), 주민을 산성과 섬으로 피난시켰다.
1232년 살리타가 이끄는 몽골군은 개경 환도를 요구하며 다시 침입해왔다. 이때 처인성(경기 용인) 전투에서 승려 출신 김윤후가 살리타를 사살하여 몽골군을 퇴각시키는 전과를 거두었다.
몽골군의 침략 과정에서 많은 문화재가 소실되었다. 2차 침입 때는 대구 부인사에 보관 중이던 초조대장경이, 3차 침입(1235~8) 때는 경주의 황룡사 9층 목탑이 소실되었다.

오답분석 ③ 최충헌 집권기인 1200년에 경상도 합주(陜州: 지금의 경상남도 합천)에서 발생한 광명·계발의 난 때 진주의 공·사노비와 합주의 부곡민이 합세하였다.

51 | 처인부곡 전투(최우) 정답 ①

김윤후는 몽골군의 2차 침입(1232) 때 처인 부곡민과 함께 살리타이를 사살하였고, 당시의 집권자는 최우였다.
최충헌이 죽은 뒤 그의 아들 최우가 모든 권력을 물려받았다. 최우는 교정도감을 통하여 정치 권력을 행사하고, 자기 집에 정방을 설치하고 인사권을 장악하였다. 최우는 정국이 안정되자 문학적인 소양과 행정 실무 능력을 갖춘 문신들의 등용을 확대하고, 서방을 설치하여 문사들로 하여금 숙위하면서 정치적 자문 역할을 담당하게 하였다. 그리고 개경 치안을 위해 야별초를 설치하였는데, 뒤에 삼별초로 확대되어 최씨 정권의 무력 기반이 되었다.
1231년에 몽골은 저고여 피살 사건을 구실로 고려를 침입하였다. 몽골군은 귀주성에서 박서의 완강한 저항에 부딪히자 우회하여 개경을 포위하였다. 이에 고려는 몽골의 요구를 받아들이게 되었고, 몽골군도 물러갔다. 그 후 최우 정권은 몽골과의 장기 항전을 계획하고 강화도로 도읍을 옮겼다(1232).

오답분석 ① 경대승이 도방을 처음 설치하였고, 최충헌이 도방을 확대하여 신변을 보호하였다.

52 | 몽골과의 전쟁 정답 ④

몽골은 1231년부터 1256년까지 여섯 차례에 걸쳐 고려를 침입하였다. 몽골의 2차 침입(1232) 당시 처인성(경기 용인) 전투에서 승려 출신인 김윤후가 부곡민들과 합세하여 살리타를 사살하고 몽골군을 퇴각시키는 전과를 거두었다.
한편, 몽골의 2차 침입(1232) 때 대구 부인사에 보관 중이던 초조대장경이 소실되었고, 3차 침입 때는 경주의 황룡사 9층 목탑이 소실되었다. 당시 지배층은 민심을 모으고 부처의 힘으로 몽골군을 물리치기 위해 2차 침입 때 소실된 초조대장경을 대신하여 재조대장경(팔만대장경)을 조판하였다.

오답분석 ㄱ. 망이·망소이의 난(1176)은 정중부 집권기에, 만적의 난(1198)은 최충헌 집권기에 일어났다.
ㄴ. 삼별초는 고려 왕실의 개경 환도 명령에 반대하여 대몽항쟁을 이어나갔다.

● **복습지문**
몽골의 침입으로 황룡사 9층 목탑과 초조대장경이 불탔다.

Ⅲ. 한국 중세사

53 [2023 지방직 9급] (가) 군사 조직에 대한 설명으로 옳은 것은?

> 고려 정부는 몽골과 강화를 맺고 개경으로 환도하였다. 대몽항전에 적극적이었던 (가) 은/는 개경 환도를 반대하고 반란을 일으켰다. 이어 진도로 근거지를 옮기면서 항쟁을 전개하였다.

① 포수, 사수, 살수의 삼수병으로 편제되었다.
② 윤관의 건의로 편성된 기병 중심의 부대였다.
③ 도적을 잡기 위해 설치한 야별초에서 시작되었다.
④ 양계 지방에서 국경 지역 방어를 맡았던 상비적인 전투부대였다.

54 [2020 법원직] 다음과 같은 상황이 나타난 시기에 볼 수 있는 모습으로 가장 옳은 것은?

> 옹주는 지극히 예뻐하던 딸이 공녀로 가게 되자 근심하고 번민하다가 병이 생겼다. 결국 지난 9월에 세상을 떠나니 나이가 55세였다. 우리나라의 자녀들이 서쪽 원나라로 끌려가기를 거른 해가 없다. 비록 왕실의 친족과 같이 귀한 집안이라도 숨기지 못하였으며 어미와 자식이 한번 이별하면 만날 기약이 없다.
> – 수령옹주 묘지명 –

① 몽골군을 물리치는 김윤후와 처인부곡민
② 농민의 토지를 빼앗아 농장을 확대하는 권문세족
③ 왕명을 받아 『삼국사기』를 편찬하는 김부식
④ 별무반과 함께 여진 정벌에 나서는 윤관

55 [2018 지방직 9급] (가), (나) 사이 시기의 사실로 옳은 것을 〈보기〉에서 고른 것은?

> (가) 장군 배중손, 지유 노영희 등이 삼별초를 인솔하고 반역하였는데 승화후 왕온을 겁박하여 왕으로 삼고 관부를 설치하였다.
> (나) 유인우가 쌍성을 함락하였다. 총관 조소생과 천호 탁도경은 도주하였으며, 원에 빼앗겼던 화주, 등주 등 각 주와 선덕, 원흥 등 여러 진을 수복하였다.

● 보기 ●
ㄱ. 첨의부와 4사 체제가 운영되었다.
ㄴ. 재정 수입의 확대를 위한 소금 전매제가 시행되었다.
ㄷ. 예안 향약이 실시되어 유교 윤리 확산에 기여하였다.
ㄹ. 요세가 법화 신앙에 기반하여 백련결사 운동을 전개하였다.

① ㄱ, ㄴ　② ㄱ, ㄹ　③ ㄴ, ㄷ　④ ㄷ, ㄹ

56 [2024 서울시 9급] 원(元) 간섭기에 대한 설명으로 가장 옳은 것은?

① 원의 도움으로 정치도감의 개혁은 성공하였다.
② 국왕 측근 세력이 응방을 통해 관리의 인사를 담당하였다.
③ 친원 세력은 고려를 원의 행성(行省)으로 만들고자 시도하였다.
④ 고려의 풍속을 바꾸지 않는다는 원칙에 따라 왕실 용어도 그대로 유지되었다.

53 | 삼별초   정답 ③

(가)는 개경 환도를 반대하고 진도를 근거지로 대몽항쟁을 지속한 삼별초이다.

고려 왕실이 개경 환도를 결정하고 삼별초 해산 명령을 내리자 대몽 항쟁에 앞장섰던 삼별초는 배중손의 지휘 아래 반기를 들었다(1270). 삼별초는 왕족인 승화후 온을 왕으로 옹립하고 항몽 정권을 수립하였다. 이들은 진도로 옮겨 용장성을 쌓고 항전하다 김방경이 이끄는 여·몽 연합군에 함락되었다. 진도가 함락된 뒤에는 일부가 다시 제주도로 가서 김통정의 지휘 아래 계속 항쟁하였으나, 이들도 제압되면서 삼별초의 항쟁은 끝났다(1273).

삼별초는 최우가 치안 유지를 위해 설치한 야별초에서 유래하였으며, 야별초에서 분리된 좌별초, 우별초와 몽골에 포로로 잡혀갔던 병사들로 조직된 신의군으로 구성되었다. 삼별초는 최씨 무신 정권의 사병이었으나, 국왕 시위와 도적 체포 등 공적인 역할도 하였다.

오답분석
① 훈련도감이 포수, 사수, 살수의 삼수병으로 편제되었다.
② 고려 숙종 때 윤관의 건의로 기병 중심의 별무반을 편성하였다.
④ 고려 시대 양계 지방에 주진군을 두어 국경 수비를 맡게 하였다.

54 | 원 간섭기의 모습   정답 ②

처녀들이 공녀로 뽑혀 원나라로 끌려간 것은 원간섭기의 상황이다. 원의 공녀 요구는 고려에 심각한 사회 문제를 가져왔다. 결혼도감을 통하여 많은 고려의 처녀들이 공녀로 뽑혀가서 원의 황실에서 궁인으로 일했는데, 기황후와 같이 특별한 지위에 오른 사람도 있었지만 대부분 고통스럽게 살았다. 한편 고려 사회에서는 공녀 징발을 피하기 위해 13세 이전에 결혼시키는 조혼의 풍속이 생겨났다.

원 간섭기에는 권문세족이 새로운 지배층으로 성장하였다. 이들은 대부분 부원 세력으로, 이들 중 일부는 충선왕 대에 왕실과 혼인할 수 있는 재상지종(宰相之宗)으로 정해졌다. 권문세족들은 정계의 요직을 장악한 최고 권력층이었으며, 가문의 힘을 이용하여 음서로써 신분을 세습시켜 갔다. 이들은 강과 하천을 경계로 삼을 만큼 대규모의 농장을 소유하였으나 국가에 세금을 내지 않았고, 또한 몰락한 농민들을 농장으로 끌어들여 노비처럼 부리며 부를 축적하였다.

오답분석 ① 몽골군의 2차 침입 때 김윤후가 처인부곡민과 함께 살리타를 사살하였다.
③ 고려 중기 인종 때 김부식이 왕명으로 「삼국사기」를 편찬하였다.
④ 고려 중기 숙종 때 윤관은 별무반을 조직하고, 예종 때 여진을 정벌하고 동북 9성을 쌓았다.

55 | 원 간섭기의 사실   정답 ①

(가)는 1270년 삼별초가 몽골과의 강화에 반대하며 승화후 왕온을 왕으로 추대하고, 항몽 정권을 수립한 상황이다.
(나)는 1356년 공민왕 때 유인우 등을 보내어 쌍성총관부 및 원에 빼앗겼던 지역을 무력으로 수복한 상황이다. 따라서 (가)와 (나) 사이에는 원 간섭기의 사실이 해당될 수 있다.

원 간섭기에 고려의 국왕은 원의 공주와 결혼하여 원나라 황제의 부마가 되었고, 이에 따라 왕실의 호칭과 격도 부마국에 맞게 바뀌었다. 또한 중서문하성과 상서성은 첨의부로 합쳐지고 중추원은 밀직사로, 6부는 4사(전리사, 판도사, 군부사, 전법사)로 개편되었다.
충선왕 때에는 소금 전매제(각염법)를 시행하여 사원과 권문세가에서 소금을 독점하여 폭리를 취하는 것을 막고 국가 재정을 확충하였다.

오답분석 ㄷ. 예안향약은 1556년(명종 11) 이황이 안동 예안지방에서 시행하기 위해 만들었다.
ㄹ. 요세(1163~1245)는 무신집권기에 백련결사 운동을 전개하였다.

56 | 원 간섭기의 정치   정답 ③

충선왕 때부터 충혜왕 때까지 친원 세력은 고려를 원나라의 직속령인 성(省)으로 만들려는 입성책동을 여러 차례 벌였으나 모두 좌절되었다.

오답분석 ① 충목왕(1344~1348) 때 이제현, 박충좌 등이 주도하여 정치도감을 설치하고 개혁을 추진하였으나 원과 친원 세력의 방해로 실패하였다.
② 응방은 매(鷹)의 사냥과 사육을 위해 두었던 관청으로, 몽골이 고려에 조공품으로 요구하는 매를 몽골에 보내기 위해 설치하였다. 정방은 최우가 설치한 기구로 원 간섭기에는 국왕 측근 세력이 관리의 인사를 담당하였다.
④ 원 간섭기에는 고려의 국왕이 원의 공주와 결혼하고 왕위에 오르는 것이 관례가 되었다. 이에 따라 고려 왕실의 호칭과 격도 부마국에 걸맞은 것으로 바뀌었다.

Ⅲ. 한국 중세사

57 [2018 지방직 7급] 고려후기 개혁정치에 대한 설명이다. ㉠과 ㉡에 들어갈 내용으로 옳은 것은?

> 충선왕의 관제 개혁으로 ㉠ 은 시정(施政)에 대한 국왕의 고문 기능 겸 전주(銓注)와 왕명출납을 관장하는 권력기구로 부상하여 개혁의 중심 기관이 되었다. 충목왕은 ㉡ 이라는 임시기구를 설치하여 부원세력을 척결하면서 권세가들이 불법으로 차지한 토지와 노비를 조사하여 본 주인에게 돌려주었다.

	㉠	㉡
①	사림원	교정도감
②	편민조례추변도감	정치도감
③	사림원	정치도감
④	교정도감	편민조례추변도감

58 [2022 국가직 9급] (가) 시기의 사실로 옳지 않은 것은?

무신정권 몰락
↓
(가)
↓
공민왕 즉위

① 만권당이 만들어졌다.
② 정동행성이 설치되었다.
③ 쌍성총관부가 수복되었다.
④ 『제왕운기』가 저술되었다.

59 [2022 법원직] (가) 시기에 있었던 사실로 가장 옳은 것은?

<○○ 왕조 계보도>
원종 - 충렬왕 - 충선왕 - 충숙왕 - 충혜왕 - 충목왕 - 충정왕 - 공민왕
―――――――――(가)―――――――――

① 서경 유수 조위총이 난을 일으켰다.
② 정동행성 이문소가 내정을 간섭하였다.
③ 홍건적의 침입으로 왕이 복주로 피신하였다.
④ 삼별초가 진도와 제주도에서 항쟁을 전개하였다.

60 [2019 국가직 7급] 고려 후기 권문세족에 대한 설명으로 옳지 않은 것은?

① 음서는 이들의 지위를 유지할 수 있는 중요한 제도적 장치였다.
② 재지지주로서 녹과전과 녹봉을 유력한 경제적 기반으로 삼았다.
③ 첨의부 등의 고위 관직을 독점하면서 도당의 구성원으로서 권력을 장악하였다.
④ 왕실 또는 자기들 상호 간에 중첩되는 혼인을 맺어 긴밀한 유대관계를 가지고 있었다.

57 | 고려 후기의 정치 개혁   정답 ③

원 간섭기에는 정치·사회적 혼란을 해결하기 위해 여러 차례 폐정개혁 기관들이 설치되었다. 충선왕은 사림원을 설치하여 충렬왕의 측근 세력을 제거하고 관제를 바꾸었으며, 강제로 노비가 된 사람을 양민으로 환원시키는 개혁을 추진하였다.
충목왕 때에는 이제현, 박충좌 등이 주도하여 정치도감을 설치하고, 지방관의 탐학과 정동행성 관리의 작폐, 일반 백성들의 피역(避役), 환관과 권세가들의 토지의 탈점과 겸병 등을 조사하여 응징·시정하는 개혁을 추진하였다.

오답분석 교정도감은 최충헌이 설치한 사찰 기구이고, 편민조례추변도감은 충혜왕 때 설치된 기관이다.

● **복습지문**
> 충목왕은 정치도감을 설치하여 개혁을 추진하였다.

58 | 원 간섭기의 모습   정답 ③

1270년에 무신정권이 완전히 종식되고, 1351년에 공민왕이 즉위하였다. 두 사건 사이의 (가) 시기는 대체로 원이 고려의 내정에 영향력을 행사하였으므로 원간섭기라고 구분한다.
최초의 부마왕 충렬왕(1274~1308)은 원과의 우호 관계를 배경으로 왕실의 지위를 어느 정도 회복할 수 있었으나 원의 간섭을 피할 수는 없었다. 고려는 원의 일본 원정에 동원되어 함선과 군대, 그리고 군량미를 부담해야 했다. 1차 원정(1274)이 태풍으로 실패한 뒤, 원은 개경에 정동행성을 설치하고 다시 일본 정벌을 시도하였으나 2차 원정 역시 실패하였다(1281). 원은 일본 원정이 실패한 뒤에도 정동행성을 계속 유지하여 내정 간섭 기구로 삼았다.
충렬왕 때에는 안향에 의해 성리학이 수용되고, 일연의 『삼국유사』와 이승휴의 『제왕운기』가 편찬되어 역사와 문화의 정체성을 찾으려는 노력이 전개되었다.
충선왕(1298, 1308~1313)은 사림원을 설치하여 충렬왕의 측근 세력을 제거하고 관제를 바꾸었으며, 강제로 노비가 된 사람을 양민으로 환원시키는 개혁을 추진하였다. 그러나 개혁이 권세가들의 반발로 실패하자 아들 충숙왕에게 왕위를 물려주고 북경으로 가서 만권당이라는 연구 기관을 설립하고 문화 교류에 힘썼다.

오답분석 ③ 1356년 공민왕은 유인우 등을 보내어 쌍성총관부 및 원에 빼앗겼던 지역을 무력으로 수복하였다.

59 | 원 간섭기의 모습   정답 ②

충렬왕부터 충정왕까지의 시기는 원이 고려의 내정에 영향력을 행사한 원 간섭기로 구분한다.
원 간섭기에는 고려의 국왕이 원의 공주와 결혼하고 왕위에 오르는 것이 관례가 되었다. 이에 따라 고려 왕실의 호칭과 격도 부마국에 걸맞은 것으로 바뀌었다. 원에 충성한다는 의미로 묘호에서 앞에 '충'자를 붙이고, 조·종을 왕으로 격하하였다.
원 간섭기에 고려는 원의 일본 원정에 동원되어 함선과 군대, 그리고 군량미를 부담해야 했다. 1차 원정(1274)이 태풍으로 실패한 뒤, 원은 개경에 정동행성을 설치하고 다시 일본 정벌을 시도하였으나 2차 원정 역시 실패하였다(1281). 원은 일본 원정이 실패한 뒤에도 정동행성을 계속 유지하여 내정 간섭 기구로 삼았다. 정동행성의 부속 기관 중 하나인 이문소는 원래 개경에서 몽골 관계의 범죄 행위를 다스리는 업무를 맡았다. 그러나 부원 세력의 불법과 전횡을 옹호하고, 토지와 백성의 점탈을 방조하며, 반원 세력을 억누르는 기관이 되어 그 피해가 컸다.

오답분석 ① 무신집권기에 서경 유수 조위총이 평양에서 난을 일으켰다.
③ 공민왕 때 홍건적의 침입으로 왕이 복주로 피신하였다.
④ 원종 때인 1270년에 삼별초가 개경 환도에 반대하며 진도와 제주도에서 항쟁을 전개하였다.

60 | 권문세족   정답 ②

원 간섭기에 지배층으로 성장한 권문세족은 대부분 부원 세력으로, 이들 중 일부는 충선왕 대에 왕실과 혼인할 수 있는 재상지종(宰相之宗)으로 정해졌다.
권문세족들은 첨의부 등 정계의 요직을 장악한 최고 권력층이었으며, 가문의 힘을 이용하여 음서로써 신분을 세습시켜 갔다. 이들은 강과 하천을 경계로 삼을 만큼 대규모의 농장을 소유하였으나 국가에 세금을 내지 않았고, 또한 몰락한 농민들을 농장으로 끌어들여 노비처럼 부리며 부를 축적하였다.

오답분석 ② 권문세족은 대규모의 농장을 소유하였으나 개경에 거주하는 부재지주였다.

● **복습지문**
> 권문세족은 부재지주로서 대토지를 소유하였으며, 음서나 혼인을 통해 세력을 확대하였다.
> 권문세족은 첨의부 등의 고위 관직을 독점하면서 도당의 구성원으로 권력을 장악하였다.

Ⅲ. 한국 중세사

61 [2025 국가직 9급] 밑줄 친 '왕'의 재위 기간에 있었던 사실로 옳은 것은?

> 왕이 신돈에게 국정을 맡겼다. 신돈은 힘있는 자들이 나라의 토지와 약한 자들의 토지를 모두 빼앗고 양민을 자신들의 노비로 삼고 있는 현실을 지적하였다. 그리고 관청을 만들어 그 문제를 개혁하려고 했다.

① 사심관 제도를 실시하였다.
② 정동행성 이문소를 폐지하였다.
③ 광덕, 준풍 등의 연호를 사용하였다.
④ 최승로의 시무 28조 건의를 수용하였다.

62 [2023 국가직 9급] (가)에 대한 설명으로 옳은 것은?

> 신돈이 ┌(가)┐ 을/를 설치하자고 요청하자, …(중략)… 이제 도감이 설치되었다. …(중략)… 명령이 나가자 권세가 중에 전민을 빼앗은 자들이 그 주인에게 많이 돌려주었으며, 전국에서 기뻐하였다. – 『고려사』 –

① 시전의 물가를 감독하는 임무를 담당하였다.
② 국가재정의 출납과 회계 업무를 총괄하였다.
③ 불법적으로 점유된 토지와 노비를 조사하였다.
④ 부족한 녹봉을 보충하고자 관료에게 녹과전을 지급하였다.

63 [2020 지방직 9급] 다음 사건 이후에 일어난 일로 옳은 것은?

> 개경을 떠나 피난 중인 왕이 안성현을 안성군으로 승격시켰다. 홍건적이 양광도를 침입하자 수원은 항복하였는데, 작은 고을인 안성만이 홀로 싸워 승리함으로써 홍건적이 남쪽으로 내려오지 못하게 하였기 때문이다.

① 화약 무기를 사용해 진포해전에서 승리하였다.
② 처인성 전투에서 적의 장수 살리타를 사살하였다.
③ 기철 일파를 제거하고 쌍성총관부의 관할 지역을 수복하였다.
④ 적의 침략을 물리치기 위한 염원에서 팔만대장경을 만들었다.

64 [2019 지방직 7급] 밑줄 친 '왕'의 재위 기간에 있었던 일로 옳은 것은?

> 왕이 복주에 이르렀다. 정세운은 성품이 충성스럽고 청렴하였는데, 왕의 파천(播遷) 이래 밤낮으로 근심하고 분하게 여겨서 홍건적을 물리치고 개경을 회복하는 것을 자신의 임무로 여겼다. …(중략)… 마침내 정세운을 총병관으로 임명하였다. – 『고려사절요』 –

① 『향약구급방』이 편찬되었다.
② 정치도감이 설치되었다.
③ 『직지심체요절』이 금속활자로 인쇄되었다.
④ 이제현에 의해 『사략』이 편찬되었다.

61 | 공민왕 　　　　　　　　　　　　　정답 ②

신돈을 등용하여 전민변정사업을 추진한 '왕'은 고려 공민왕이다. 1366년 공민왕은 출신이 한미한 승려 신돈을 기용하여 개혁을 추진하였다. 신돈은 전민변정도감을 설치하여 권문세족이 불법적으로 빼앗은 토지를 원주인에게 돌려주고, 불법적으로 노비가 된 자를 양인으로 해방시켰다. 이를 통하여 권문세족들의 경제기반을 약화시키고 국가 재정 수입의 기반을 확대하였다.

공민왕(1351~1374)은 원·명 교체기를 이용하여 밖으로는 반원 정책을 통해 고려의 자주권을 회복하고, 안으로는 권문세족을 누르고 왕권과 민생을 동시에 안정시키는 정책을 추진하였다. 변발과 호복 등 몽골 풍속을 폐지하고, 권문세족이 장악하고 있던 정방을 폐지하였다. 이어 원의 연호 사용을 폐지하고, 원의 간섭으로 바뀌었던 관제를 복구하였다. 그리고 고려의 내정을 간섭하던 정동행성 이문소를 폐지하고, 기철로 대표되던 친원 세력을 숙청하였다. 또, 쌍성총관부를 공격하여 철령 이북의 땅을 수복하였다.

오답분석 ① 고려 태조가 사심관 제도를 실시하였다.
③ 고려 광종 때 광덕, 준풍 등의 연호를 사용하였다.
④ 고려 성종이 최승로의 시무 28조 건의를 수용하였다.

62 | 전민변정도감 　　　　　　　　　　정답 ③

(가)는 공민왕 때 신돈의 요청으로 설치된 전민변정도감이다.
고려 후기에는 권력을 잡은 권세가들이 불법적으로 대토지를 사유하거나, 토지를 빼앗긴 양인 농민이 세력가의 노비로 전락하여 국가적 문제가 되었다. 전민변정도감은 이렇게 불법적으로 빼앗긴 토지를 원래 주인에게 돌려주고, 권세가에 의해 강압적으로 노비가 된 사람들의 양인 신분을 회복시켜 주기 위해 설치되었다.
공민왕 때 신돈은 전민변정도감을 설치하여 권문세족이 불법적으로 빼앗은 토지를 원주인에게 돌려주고, 불법적으로 노비가 된 자를 양인으로 해방시켰다.

오답분석
① 경시서가 시전의 물가를 감독하는 임무를 담당하였다.
② 고려 시대의 삼사가 국가재정의 출납과 회계 업무를 총괄하였다.
④ 개경 환도 직후인 1271년에 녹과전을 설치하여 관료에게 경기 8현의 토지를 녹봉 대신 지급하였다.

63 | 공민왕(홍건적의 침입) 　　　　　　정답 ①

홍건적의 침입으로 개경을 떠나 복주(안동)로 피난한 왕은 고려 공민왕(1351~1374)이다.
홍건적은 원나라 말기의 혼란을 틈타 반란을 일으킨 자들로서, 머리에 홍건(紅巾, 붉은 두건)을 둘렀기 때문에 홍건적이라 불렸다. 홍건적의 제1차 침입은 1359년(공민왕 8년)에 일어났다. 홍건적 4만 명이 서경 일대까지 침입하였다. 1361년(공민왕 10년)에 10만여 명이 압록강을 건너 제2차 침입을 감행하였다. 이후 홍건적은 개경을 점령하여 공민왕은 경북 안동으로 피난하였다.
최무선은 원나라 상인 이원을 통해서 화약 제조법을 터득하였다. 1377년(우왕 3) 최무선의 건의로 화약 및 화기의 제조를 담당하는 화통도감을 설치하였다. 최무선은 화통도감의 책임자가 되어 화약과 화포 제작을 담당하였다. 화통도감에서 제작한 화약 무기는 진포(금강 하구) 싸움 등에 이용되어 왜구를 격퇴하는 데 큰 위력을 발휘하였다.

오답분석 ② 1232년 몽골의 2차 침입 때 김윤후가 처인성에서 부곡민을 지휘하여 살리타를 사살하였다.
③ 1356년 공민왕은 유인우 등을 보내어 쌍성총관부 및 원에 빼앗겼던 지역을 무력으로 수복하였다.
④ 강화도로 천도한 최우 정권은 1236년 대장도감을 설치하고 팔만대장경을 만들었다.

64 | 공민왕 　　　　　　　　　　　　　정답 ④

홍건적의 침입 때 복주(안동)까지 파천(播遷)한 왕은 고려 공민왕이다.
홍건적은 원나라 말기의 혼란을 틈타 반란을 일으킨 자들로서, 머리에 홍건(紅巾, 붉은 두건)을 둘렀기 때문에 홍건적이라 불렸다. 홍건적의 제1차 침입은 1359년(공민왕 8년)에 일어났다. 홍건적 4만 명이 공격하여 서경 일대까지 침략을 당하였다. 1361년(공민왕 10년)에 10만여 명이 압록강을 건너 제2차 침입을 감행하였다. 이후 홍건적은 개경을 점령하여 공민왕은 경북 안동으로 피난을 떠나야 했다. 정세운은 이방실, 김득배 등과 함께 홍건적을 대파하고 개경 탈환에 성공하지만 공을 시기한 간신 김용의 주도하에 모두 살해되었다.
1357년(공민왕 6)에 이제현은 고려 태조에서 숙종 때까지의 역대 임금의 치적을 정리한 『사략』을 저술하였는데, 현재 『사략』에 실렸던 사론만 전한다. 그는 영토를 넓히고 도덕적인 유교 정치를 실현한 임금을 높이 평가하고, 사치와 낭비를 가져왔거나 간신들을 등용한 임금을 비판하였다.

오답분석 ① 고려 고종 재위기에 대장도감에서 팔만대장경과 함께 『향약구급방』이 편찬되었다.
② 충목왕 때 개혁 추진 기구로 정치도감이 설치되었다.
③ 우왕 때 청주 흥덕사에서 『직지심체요절』이 금속활자로 인쇄되었다.

65 [2018 국가직 7급]
다음과 같은 시기에 재위하였던 국왕대의 사실로 옳은 것은?

> 성균관을 다시 짓고 이색을 판개성부사 겸 성균관 대사성으로 삼았다. …(중략)… 이색이 다시 학칙을 정하고 매일 명륜당에 앉아서 경전을 나누어 수업하였는데, 강의를 마치면 함께 논쟁하느라 지루함을 잊었다. 이에 학자들이 모여들기 시작하였고 서로 함께 눈으로 보고 느끼게 되니, 정주 성리학이 비로소 흥기하게 되었다. - 「고려사」 -

① 정동행성을 설치하였다.
② 정치도감을 설치하였다.
③ 전민변정도감을 설치하였다.
④ 각염제를 처음으로 시행하였다.

66 [2022 지방직 9급]
밑줄 친 '왕'의 재위 기간에 있었던 일로 옳은 것은?

> 왕의 어릴 때 이름은 모니노이며, 신돈의 여종 반야의 소생이었다. 어떤 사람은 "반야가 낳은 아이가 죽어서 다른 아이를 훔쳐서 길렀는데, 공민왕이 자신의 아들이라고 칭하였다."라고 하였다. 왕은 공민왕이 죽은 뒤 이인임의 추대로 왕위에 올랐다. 이후 이인임, 염흥방, 임견미 등이 권력을 잡아 극심하게 횡포를 부렸다.

① 이종무가 왜구의 소굴인 대마도를 정벌하였다.
② 삼별초가 반란을 일으켜 대몽 항쟁을 계속하였다.
③ 쌍성총관부를 공격해 철령 이북 지역을 수복하였다.
④ 요동 정벌을 위해 출병한 이성계가 위화도에서 회군하였다.

67 [2017 국가직 9급]
밑줄 친 '이 기구'가 설치된 왕 대에 있었던 사실로 옳은 것은?

> 조정은 중국의 화약 제조 기술을 터득하여 이 기구를 두고, 대장군포를 비롯한 20여 종의 화기를 생산하였으며, 화약과 화포를 제작하였다.

① 복원궁을 건립하여 도교를 부흥시켰다.
② 흥덕사에서 직지심체요절을 간행하였다.
③ 교장도감을 설치하여 속장경을 간행하였다.
④ 시무 28조를 수용하여 유교정치를 구현하였다.

68 [2020 지방직 7급]
다음 문화유산이 간행된 왕대에 대한 설명으로 옳은 것은?

> 「직지심체요절」은 백운화상이 저술한 책을 청주 흥덕사에서 1377년 7월에 금속활자로 인쇄한 것이다. 1972년 '세계 도서의 해'에 출품되어 세계 최고의 금속 활자본으로 공인되었다. 이 책은 이러한 가치를 인정받아 2001년 9월에 유네스코 세계 기록유산으로 등재되었다.

① 원 황실은 북쪽으로 도망가고 명이 건국되었다.
② 기존의 토지 문서를 불태워 버리고 과전법을 시행하였다.
③ 원에 만권당을 설치하여 고려와 원의 지식인들이 교류하였다.
④ 명은 철령위를 설치한다고 고려에 통보하였다.

65 | 공민왕　　　　　　　　　　　　정답 ③

성균관을 다시 짓고 이색을 성균관 대사성으로 삼아 학칙을 새로 제정한 것은 고려 공민왕 때의 사실이다.
공민왕은 원·명 교체기를 이용하여 밖으로는 반원 정책을 통해 고려의 자주권을 회복하고, 안으로는 권문세족을 누르고 왕권과 민생을 동시에 안정시키는 정책을 추진했다. 이를 위해 신돈을 등용하고 전민변정도감을 설치하여 권문세족이 불법적으로 빼앗은 토지를 원주인에게 돌려주고, 불법적으로 노비가 된 자를 양인으로 해방시켜 권문세족들의 경제 기반을 약화시키고 국가 재정 수입의 기반을 확대하였다.

오답분석 ① 충렬왕 때 정동행성을 설치하였다.
② 충목왕 때 정치도감을 설치하여 개혁을 추진하였다.
④ 충선왕 때인 1309년 각염제(소금전매제)를 시행하였다.

66 | 우왕　　　　　　　　　　　　　정답 ④

공민왕의 아들로, 이인임 등의 추대로 왕위에 오른 '왕'은 우왕(1374~1388)이다.
우왕 때 명나라가 철령위를 설치하여 철령 이북의 땅을 명의 직속령으로 삼겠다고 통고하자, 고려는 최영을 팔도도통사, 조민수를 좌군도통사, 이성계를 우군도통사로 삼아 요동 출병을 단행하였다. 이성계는 4불가론을 내세워 요동 출병에 반대하였으나 묵살되자, 위화도에서 회군하여 최영 등 집권 세력을 제거하였다(위화도 회군, 1388). 그리고 조민수와 이색의 추천을 받아 당시 9세였던 우왕의 아들을 창왕으로 세웠다.

오답분석 ① 조선 세종 때 이종무가 대마도를 정벌하였다.
② 고려 원종 때인 1270년에 삼별초가 개경 환도 명령을 거부하고 대몽 항쟁을 계속하였다.
③ 고려 공민왕 때 쌍성총관부를 공격해 철령 이북 지역을 수복하였다.

67 | 우왕(화통도감)　　　　　　　　정답 ②

밑줄 친 기구는 고려 우왕 때 화약·화기의 제조를 위해 설치한 화통도감(1377~1388)이다.
공민왕 사후 뒤를 이어 즉위한 우왕 때에는 흥덕사에서 직지심체요절이 간행되었고(1377), 명의 철령위 설치 통보에 대항하여 요동 출병을 단행했으나 이성계가 위화도에서 회군하였다(1388).

오답분석 ① 고려 예종 때 복원궁을 건립하였다.
③ 교장도감은 1086년 선종 때 속장경 판각을 위해 의천이 흥왕사에 설치하였다.
④ 시무 28조는 성종 때 최승로가 정치개혁을 위해 제시한 상소문이다.

68 | 우왕(직지심체요절)　　　　　　정답 ④

세계 최고의 금속 활자본으로 공인된 『직지심체요절』은 고려 우왕(1374~1388) 때 청주 흥덕사에서 금속활자로 인쇄되었다.
우왕 때 명나라가 철령위를 설치하여 철령 이북의 땅을 명의 직속령으로 삼겠다고 통고하자, 고려는 최영을 팔도도통사, 조민수를 좌군도통사, 이성계를 우군도통사로 삼아 요동 출병을 단행하였다. 이성계는 4불가론을 내세워 요동 출병에 반대하였으나 묵살되자, 위화도에서 회군하여 최영 등 집권 세력을 제거하였다(위화도 회군, 1388).

오답분석 ① 공민왕 때 명이 건국되었다.
② 공양왕 때 신진사대부가 주도하여 과전법을 시행하였다.
③ 충선왕이 왕에서 물러난 뒤 연경에 만권당을 세웠다.

● **복습지문**
우왕 때 청주 흥덕사에서 직지심체요절을 간행하였다.

Ⅲ. 한국 중세사

69 [2024 지방직 9급] (가)에 해당하는 기구로 옳은 것은?

비로소 ___(가)___ 을 설치했다. 판사 최무선의 말을 따른 것이다. 이때에 원나라의 염초 장인 이원이 최무선과 같은 동네 사람이었다. 최무선이 몰래 그 기술을 물어서 집의 하인들에게 은밀하게 배워서 시험하게 하고 조정에 건의했다.
― 『고려사절요』 ―

① 교정도감
② 대장도감
③ 식목도감
④ 화통도감

70 [2022 간호직 8급] (가), (나) 인물에 대한 설명으로 옳은 것은?

위화도 회군 후 신진 사대부는 사회 개혁을 둘러싸고 급진 개혁파와 온건 개혁파로 나뉘었다. 훗날 '동방 이학(理學)의 조(祖)'라고 불린 ___(가)___ 을/를 중심으로 한 다수의 온건 개혁파는 고려 왕조를 유지하려 하였다. 반면 급진 개혁파인 ___(나)___ 은/는 『불씨잡변』을 통해 불교를 비판하고 성리학을 새로운 통치이념으로 제시하였다.

① (가)는 『조선경국전』을 편찬하였다.
② (가)는 과전법 실시를 주장하였다.
③ (나)는 『고려국사』를 편찬하였다.
④ (나)는 만권당에서 원의 학자들과 교류하였다.

71 [2019 법원직] (가) 시기에 일어난 사건으로 가장 옳은 것은?

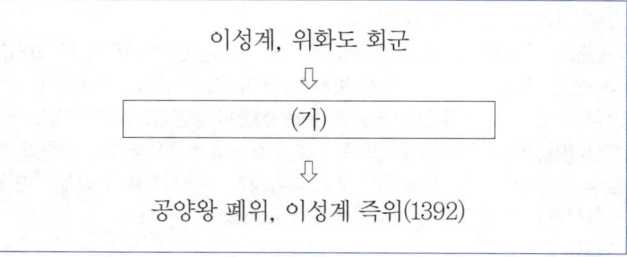

① 과전법 실시
② 전민변정도감 설치
③ 제1차 왕자의 난 발생
④ 정도전의 요동 정벌 추진

72 [2024 국가직 9급] 위화도 회군 이후에 있었던 사실로 옳지 <u>않은</u> 것은?

① 과전법이 실시되었다.
② 정몽주가 살해되었다.
③ 한양으로 도읍을 이전하였다.
④ 황산 대첩에서 왜구를 토벌하였다.

69 | 화통도감 　　　　　　　　　　　　정답 ④

(가)는 최무선의 건의로 설치된 화통도감이다.
고려 말에 최무선은 원나라 상인 이원을 통해서 화약 제조법을 터득하였다. 우왕 때 최무선의 건의로 화약 및 화기의 제조를 담당하는 화통도감을 설치하였다. 최무선은 화통도감의 책임자가 되어 화약과 화포 제작을 담당하였다. 화통도감에서 제작한 화약 무기는 진포(금강 하구) 싸움 등에 이용되어 왜구를 격퇴하는 데 큰 위력을 발휘하였다.

70 | 신진사대부 　　　　　　　　　　　정답 ③

(가)는 온건 개혁파 신진 사대부의 중심 인물인 정몽주, (나)는 급진 개혁파인 정도전이다.
조선 건국 후 정도전은 조선 왕조의 통치 규범을 종합적으로 제시한 『조선경국전』과 『경제문감』을 저술하여 재상 중심의 합리적인 관료 지배 체제와 민본 사상을 강조하였다. 또, 『불씨잡변』을 저술하여 불교의 사회적 폐단과 철학적 비합리성을 비판하고, 성리학을 통치 이념으로 확립시켰다. 태조 때 정도전·정총 등은 고려 시대의 역사를 편년체로 정리한 『고려국사』를 편찬하여 조선 건국의 정당성을 밝히려 하였다.

오답분석 ① 정도전이 『조선경국전』을 편찬하였다.
② 정도전, 조준 등 급진 개혁파들이 과전법 실시를 주장하였다.
④ 백이정, 이제현, 박충좌 등이 북경의 만권당에서 원의 학자들과 교류하면서 성리학에 대한 이해를 높였다. 정몽주, 정도전 등은 공민왕 때 성균관에서 성리학을 공부하였다.

71 | 고려의 멸망 　　　　　　　　　　　정답 ①

위화도 회군(1388) 직후 당시 9세였던 우왕의 아들이 창왕으로 즉위하였다. 그러나 급진 개혁파(혁명파) 사대부 세력은 가짜 왕을 폐하고 진짜 왕을 세운다는 이른바 폐가입진의 명분으로 창왕을 폐하고 공양왕을 세웠다(1389). 그리고 전제 개혁을 단행하여 옛 토지 대장을 모두 불태우고 몰수한 토지를 농민들에게 분배하였다. 이 과정에서 전제개혁에 저항하는 세력을 누르기 위해 1391년 1월에 삼군도총제부를 설치하여 근권을 장악하고, 1391년 5월에는 과전법을 새로 마련하여 전제개혁을 마무리하였다. 이를 바탕으로 경제적인 실권도 잡게 된 이성계와 급진 개혁파 사대부 세력은 정몽주 등 온건파를 제거하여 혁명의 걸림돌을 없앴다. 마침내 이들은 고려를 멸망시키고 조선을 건국하였다(1392).

오답분석 ② 공민왕 때 전민변정도감을 설치하여 권문세족이 부당하게 빼앗은 토지와 노비를 본래의 소유주에게 돌려주거나 양민으로 해방시켰다.
③ 1398년(태조 7)에 1차 왕자의 난이 일어나 정도전이 제거되었다.
④ 조선 건국 직후 태조 때 정도전이 요동 정벌을 추진하였다.

72 | 위화도 회군 　　　　　　　　　　　정답 ④

고려 우왕 때 명나라가 철령위를 설치하여 철령 이북의 땅을 명의 직속령으로 삼겠다고 통고하자, 고려는 최영 주도로 요동 출병을 단행하였다. 이성계는 4불가론을 내세워 요동 출병에 반대하였으나 묵살되자, 위화도에서 회군하여 최영 등 집권 세력을 제거하였다(위화도 회군, 1388).
위화도 회군 이후 급진 개혁파(혁명파) 사대부는 전제 개혁을 단행하여 옛 토지 대장을 모두 불태우고 몰수한 토지를 농민들에게 분배하였다. 이 과정에서 1391년 5월에는 과전법을 새로 마련하여 전제 개혁을 마무리하였다. 이후 정몽주 등 온건파 사대부를 제거하고, 1392년 7월 이성계는 도평의사사의 추대를 받아 왕위에 올랐다. 새 정권은 나라 이름을 '조선'으로 선포하고, 1394년에 한양으로 도읍을 옮겼다.

오답분석 ④ 1380년(우왕 6)에 이성계가 이끈 고려군이 황산(荒山)에서 왜구를 크게 격퇴하였다. 이 전투로 인하여 왜구의 기세가 현저하게 약화되었고, 이성계는 국가의 영웅으로 칭송받았다.

III. 한국 중세사

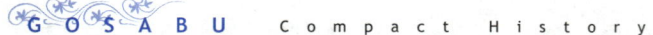

02 중세의 경제와 사회

01 [2019 법원직] (가) 제도와 관련된 설명으로 가장 적절한 것은?

> 고려의 토지제도는 대체로 당(唐)의 제도를 모방하였다. 경작하는 토지의 수를 헤아리고 그 비옥함과 척박함을 나누어, 문무의 백관으로부터 부병(府兵)과 한인(閑人)에 이르기까지 과(科)에 따라 받지 않은 자가 없었으며, 또한 과에 따라 땔나무를 베어낼 땅도 지급하였으니, 이를 일컬어 [(가)] 라고 하였다. - 『고려사』 -

① 광종 때 처음으로 만들어졌다.
② 양반전은 원칙적으로 세습이 허용되었다.
③ 목종 때에는 인품을 기준으로 토지를 지급하였다.
④ 문종 때에는 지급 대상을 현직 관리로 제한하였다.

02 [2020 국가직 7급] 우리나라 토지제도에 대한 설명으로 옳지 않은 것은?

① 태조 왕건은 역분전을 지급하였다.
② 신문왕은 관료전을 지급하고 녹읍을 폐지하였다.
③ 세조는 현직 관리에게만 과전을 지급하는 직전제를 시행하였다.
④ 목종은 인품과 공복을 기준으로 토지를 지급하는 시정 전시과를 시행하였다.

03 [2019 국가직 9급] (가) 토지제도에 대한 설명으로 옳은 것은?

> 비로소 직관(職官)·산관(散官) 각 품(品)의 [(가)] 을/를 제정하였는데, 관품의 높고 낮은 것은 논하지 않고 다만 인품만 가지고 그 등급을 결정하였다. - 『고려사』 -

① 4색 공복을 기준으로 문반, 무반, 잡업으로 나누어 지급 결수를 정하였다.
② 산관이 지급 대상에서 제외되었으며 무반의 차별 대우가 개선되었다.
③ 전임 관료와 현임 관료를 대상으로 경기지방에 한하여 지급하였다.
④ 고려의 건국과정에서 충성도와 공로에 따라 차등 지급되었다.

04 [2020 서울시 9급] 〈보기〉의 고려 토지 제도 (가)~(라) 각각에 대한 설명으로 가장 옳지 않은 것은?

> ● 보기 ●
> (가) 조신(朝臣)이나 군사들의 관계(官階)를 따지지 않고 그 사람의 성품, 행동의 선악(善惡), 공로의 크고 작음을 보고 차등 있게 역분전을 지급하였다.
> (나) 경종 원년 11월에 비로소 직관(職官), 산관(散官)의 각 품(品)의 전시과를 제정하였다.
> (다) 목종 원년 12월에 양반 및 군인들의 전시과를 개정하였다.
> (라) 문종 30년에 양반전시과를 다시 개정하였다.

① (가)-후삼국 통일 전쟁에 공이 있는 사람들에게 지급하였다.
② (나)-인품을 반영하여 토지를 지급하였다.
③ (다)-실직이 없는 산관은 토지 지급 대상에서 제외되었다.
④ (라)-현직 관리에게만 토지가 지급되고, 문무관의 차별이 거의 사라졌다.

01 | 전시과 제도
정답 ④

(가)는 고려 시대 관리들에게 관직 복무의 대가로 토지와 시지를 지급한 전시과 제도이다.

경종 때 시정 전시과를 시행하여 관직의 높고 낮음과 함께 인품을 반영하여 전·현직 관리에게 전지와 시지를 지급하였다.

목종 때에는 전시과의 지급 기준과 지급량을 개정하였다(998). 개정 전시과에서는 인품 요소를 배제하고 오로지 관품만을 기준으로 18과로 나누어 차등 지급하였다.

문종 때 시행된 경정 전시과는 현직 관료에게만 과전을 배분하고 퇴직시 반납하도록 하였으며 산관은 지급대상에서 배제하였다. 또한 한외과는 폐지되었으며, 무산계 전시와 별사전이 새롭게 추가되었다.

오답분석 ① 경종 때 전시과가 처음 만들어졌다(시정 전시과).
② 양반전, 즉 과전은 관직 복무와 직역에 대한 대가로 지급되었으므로 토지를 받은 자가 죽거나 관직에서 물러날 때에는 토지를 국가에 반납하는 것이 원칙이었다.
③ 목종 대의 개정 전시과에서는 인품의 요소가 배제되고 오로지 관품만을 기준으로 18등급으로 나누어 지급하였다.

● 복습지문
목종 때 개정전시과가 실시되어 인품이 배제되고 관품만을 기준으로 토지를 지급하였다.
문종 때 경정전시과가 실시되어 현직관리에게만 토지를 지급하였다.

02 | 역대 토지 제도
정답 ④

② 신문왕(681~692)은 문무 관리에게 관료전을 지급하고(687) 녹읍을 폐지하여(689) 귀족의 경제 기반을 축소하였다. 관료전은 세금은 물론 노동력도 수취할 수 있던 녹읍과 달리, 농지에서 세금만 수취할 수 있었다.
① 태조 왕건은 후삼국 통일 과정에서 공을 세운 사람들에게 역분전을 나누어 주었다. 역분전은 관직의 높고 낮음에 상관없이 공로와 충성도 및 인품을 따져 토지의 수조권을 지급하였다. 따라서 역분전은 논공행상의 성격이 강하였고, 자손에게 세습이 가능한 영업전(永業田)의 성격을 갖고 있었다.
③ 조선 초기에 시행된 과전법은 공신전과 수신전·휼양전 등의 명목으로 토지가 사실상 세습되고, 전·현직 관리의 증가로 새로 관직에 나간 관리에게 줄 토지가 부족하게 되었다. 이러한 문제를 해결하려고 세조 때에는 퇴직 관료에게 지급하던 과전을 없애고 현직 관료에게만 수조권을 지급하는 직전법을 시행하였다(1466).

오답분석 ④ 고려 경종 때 시정 전시과를 시행하여 관직의 높고 낮음과 함께 인품을 반영하여 전·현직 관리에게 전지와 시지를 지급하였다. 목종 때에는 개정 전시과를 시행하였다.

03 | 전시과 제도
정답 ①

제시된 자료는 『고려사』 식화지에 실린 시정전시과에 대한 내용이다. 자료에서 '관품의 높고 낮은 것은 논하지 않고'라는 표현은 광종 대에 정비된 공복제에 따라 관료들을 자삼·단삼·비삼·녹삼의 네 부류로 분류하고 다시 그 하위에 문반, 무반, 잡업 등으로 구별하여 인품을 적용한 상황을 반영한 것이다. 시정전시과는 직사(職事)가 있는 실직과 관계(官階)만 있고 관직이 없는 산관(散官)이 모두 수급 대상이었다.

오답분석 ② 문종 때 실시된 경정전시과에서 현직 관리에게만 수조권을 지급하고 산관이 지급 대상에서 제외되었다.
③ 공양왕 때 실시된 과전법에서 경기지방의 토지를 전·현직 관리에게 지급하였다.
④ 태조 때 실시된 역분전이 충성도와 공훈을 따져 토지를 지급하였다.

● 복습지문
시정전시과는 4색 공복을 기준으로 문반, 무반, 잡업으로 나누어 지급 결수를 정하였다.

04 | 고려의 토지 제도
정답 ③

(가) 태조 왕건은 후삼국 통일 과정에서 공을 세운 사람들에게 역분전을 나누어 주었다. 역분전은 관직의 높고 낮음에 상관없이 공로와 충성도 및 인품을 따져 토지의 수조권을 지급하였다. 따라서 역분전은 논공행상의 성격이 강하였고, 자손에게 세습이 가능한 영업전(永業田)의 성격을 갖고 있었다.
(나) 경종 때 역분전 제도와 공복 제도를 토대로 시정전시과(976)가 시행되었다. 이때는 4색 공복을 기준으로 관직의 높고 낮음과 함께 인품을 반영하여 전·현직 관리에게 전지와 시지를 지급하였다. 지급 규정에 미치지 못하는 한외과(限外科)에는 15결의 토지를 주었다.
(다) 목종 때 시행된 개정 전시과에서는 인품 요소를 배제하고 오로지 관품만을 기준으로 18과로 나누어 차등 지급하였으며, 시정 전시과에 비해 전체적으로 지급 액수가 줄어들었다.
(라) 문종 30년(1076)에 시행한 경정 전시과는 산관은 지급대상에서 배제하고 현직 관리에게만 토지를 지급하였으며, 무반에 대한 대우가 향상되었다. 또한 한인·잡류 등이 18과에 포함됨으로써 한외과(限外科)가 폐지되었고, 무산계 전시(향리, 탐라 왕족, 여진 추장, 노병, 공장, 악인 등)와 별사전시(법계를 가진 승려, 풍수지리업의 지사)가 도입되었다.

오답분석 ③ 개정 전시과에는 실직이 없는 산관(散官)에게도 토지가 지급되었다.

Ⅲ. 한국 중세사

05 [2025 법원직] (가)~(라)는 다음의 토지 제도를 처음 시행한 왕이다. (가)~(라) 왕에 대한 설명으로 가장 옳지 않은 것은?

〈고려 토지 제도의 변천〉

(가)	—	역분전
(나)	—	시정 전시과
(다)	—	개정 전시과
(라)	—	경정 전시과

① (가)는 훈요 10조를 남겼다.
② (나)는 사색공복 제도를 제정하였다.
③ (다)는 강조의 정변으로 폐위되었다.
④ (라)는 이자연의 딸을 왕비로 맞았다.

06 [2017 서울시 9급] 고려시대 토지제도에 대한 설명으로 옳은 것은?

① 6품 이상의 관리는 전시과 이외에도 공음전을 받아 자손에게 물려줄 수 있었다.
② 전시과에서는 문무관리, 군인, 향리 등을 9등급으로 나누어, 토지를 주었다.
③ 후삼국을 통일한 태조 왕건은 공신, 군인 등을 대상으로 그들의 공로에 따라 차등을 두어 역분전을 지급하였다.
④ 국가는 왕실 경비를 마련하기 위해서 공해전을 지급하였다.

07 [2017 지방직 9급] 고려시대 토지 종목 중 ㉠에 해당하는 것은?

> 원종 12년 2월에 도병마사가 아뢰기를, "근래 병란이 일어남으로 인해 창고가 비어서 백관의 녹봉을 지급하지 못하여 사인(士人)을 권면할 수 없었습니다. 청컨대 경기 8현을 품등에 따라 ㉠ 으로 지급하소서."라고 하였다.
> — 고려사 —

① 공음전
② 구분전
③ 녹과전
④ 사패전

08 [2021 법원직] (가) ~ (다)를 일어난 순서대로 바르게 나열한 것은?

> (가) 은병을 만들어 화폐로 썼는데, 은 한 근으로 만들되 우리나라 지형을 본떴다. 민간에서는 활구라 불렸다.
> (나) 원년 11월에 처음으로 직관과 산관 각 품의 전시과를 제정하였는데, 관품의 높고 낮음은 따지지 않고 단지 인품으로만 이를 정하였다.
> (다) 도평의사사에서 상서하여 과전을 지급하는 법을 정할 것을 청하니, 그 의견을 따랐다. …… 경기는 사방의 근본이므로 마땅히 과전을 두어 사대부를 우대한다.

① (가) – (나) – (다)
② (가) – (다) – (나)
③ (나) – (가) – (다)
④ (나) – (다) – (가)

05 | 고려의 토지 제도 정답 ②

(가)는 역분전을 지급한 고려 태조, (나)는 시정 전시과를 시행한 경종, (다)는 개정 전시과를 시행한 목종, (라)는 경정 전시과를 시행한 문종이다.
고려 태조는 말년에 관리들에게 신하로서 지켜야 할 의무를 기술한 「정계」, 「계백료서」를 지어 반포하였다. 아울러 후대 왕들이 지켜야 할 정책 방향을 제시하는 「훈요십조」를 남기기도 하였다.
목종의 어머니인 천추태후가 김치양과의 사이에서 낳은 아들을 후사로 삼으려 하자 강조는 정변을 일으켜 김치양을 죽인 후 목종을 폐위하고 현종을 옹립하였다(1009).
대표적인 문벌 귀족인 경원 이씨는 이자연이 세 딸을 모두 문종의 비로 들이고 문하시중에 공신까지 겸하여 막강한 외척 세력으로 등장했다.

오답분석 ② 광종이 백관의 공복을 위계에 따라 자색, 단색, 비색, 녹색으로 제정하였다.

07 | 녹과전 정답 ③

고려 원종 때 경기 8현을 품등에 따라 구분하여 지급한 토지는 녹과전이다.
고려 중기 이후 귀족들이 토지를 독점하여 세습하는 경향이 커지면서 전시과 제도가 제대로 운영되지 못하였다. 이런 폐단은 무신 정변을 거치며 극도로 악화되었고, 관리들에게 줄 녹봉이 부족해지자 원종 때인 1271년에 관료들에게 부족한 녹봉을 보충해 주기 위해 경기 8현의 토지를 '녹과전'이라 하여 등급에 따라 수조권을 나누어주었다.

오답분석 ① 공음전은 5품 이상의 고위 관리에게 나누어준 토지로 자손에게 세습이 가능한 토지였다.
② 구분전은 하급관료와 군인의 유가족, 퇴역 군인에게 지급되던 토지이다.
④ 사패전(賜牌田)은 고려 후기에 토지 개간을 목적으로 사패를 지급한 토지이다.

06 | 고려의 토지 제도 정답 ③

후삼국을 통일한 태조 왕건은 940년(태조 23) 후삼국 통일에 공을 세운 공신·군인 등에게 관계(官階)의 고하에 관계없이, 충성도와 공로에 따라 수조지(收租地)로 역분전을 지급하였다. 역분전 제도는 전시과(田柴科) 제도가 마련될 때까지 존속하였다.

오답분석 ① 5품 이상의 고위 관리가 공음전을 지급받았다.
② 전시과에서는 18등급으로 나누어 토지를 지급하였다.
④ 왕실 경비로 지급한 토지는 내장전이고, 공해전은 관청의 공비를 충당하기 위해 지급된 토지이다.

● **복습지문**
후삼국을 통일한 태조 왕건은 개국공신들에게 공로에 따라 차등을 두어 역분전을 지급하였다.

08 | 고려의 경제 정책 정답 ③

(나) 고려 경종 때 역분전 제도와 공복제도를 토대로 시정 전시과(976)가 시행되었다. 이때는 관직의 높고 낮음과 함께 인품을 반영하여 전·현직 관리에게 전지와 시지를 지급하였다.
(가) 고려 숙종은 의천의 건의에 따라 주전도감을 설치하고 삼한통보, 해동통보, 해동중보 등의 동전과 활구(은병)라는 은전을 주조하여 통용시켰다.
(다) 고려 공양왕 때 신진사대부 주도로 과전법을 시행하여 전·현직 관리에게 경기도의 토지를 수조지로 지급하였다.

Ⅲ. 한국 중세사

09 [2022 국가직 9급] 밑줄 친 '이 나라'의 경제 상황에 대한 설명으로 옳지 않은 것은?

> 이 나라에는 관리에게 정해진 면적의 토지에서 조세를 거둘 수 있는 권리를 나누어주는 전시과라는 제도가 있었다. 농민은 소를 이용해 깊이갈이를 하기도 했으며, 시비법의 발달로 휴경지가 점차 줄어들었다. 밭농사는 2년 3작의 윤작법이 점차 보급되었다. 이 나라의 말기에는 직파법 대신 이앙법이 남부 지방 일부에 보급될 정도로 논농사에 변화가 나타났다. 또한 이암에 의해 중국 농서인『농상집요』도 소개되었다.

① 재정을 운영하는 관청으로 삼사를 두었다.
② 공물 부과 기준이 가호에서 토지로 바뀌었다.
③ 생산량의 10분의 1에 해당하는 조세를 거두었다.
④ '소'라는 행정구역의 주민이 국가에서 필요로 하는 물품을 생산하였다.

10 [2024 국가직 9급] 고려의 경제 상황에 대한 설명으로 옳은 것은?

① 진대법이라는 구휼 제도를 시행하였다.
② 건원중보가 발행되었으나 널리 이용되지 못하였다.
③ 광산 경영 방식에서 덕대제가 유행하기 시작하였다.
④ 전통적 농업기술을 정리한『농사직설』이 편찬되었다.

11 [2018 서울시 9급] 고려시대의 경제생활에 대한 설명으로 옳은 것을〈보기〉에서 모두 고른 것은?

> ㄱ. 성종은 건원중보를 만들어 전국적으로 사용하게 하려 했으나 성공하지 못하였다.
> ㄴ. 고려 후기 관청수공업이 쇠퇴하면서 민간수공업이 발달하였다.
> ㄷ. 예성강 어귀의 벽란도는 고려의 국제무역항이었다.
> ㄹ. 원간섭기에는 원의 지폐인 보초가 들어와 유통되기도 하였다.

① ㄱ, ㄴ, ㄷ
② ㄱ, ㄷ, ㄹ
③ ㄴ, ㄷ, ㄹ
④ ㄱ, ㄴ, ㄷ, ㄹ

12 [2017 국가직 9급] 다음에서 설명하는 화폐가 사용된 시기의 경제 상황으로 옳은 것은?

> 초기에는 은 1근으로 우리나라 지형을 본떠 만들었는데 그 가치는 포목 100필에 해당하는 고액이었다. 주로 외국과의 교역에 사용되었으며 후에 은의 조달이 힘들어지고 동을 혼합한 위조가 성행하자, 크기를 축소한 소은병을 만들었다.

① 이앙법이 전국적으로 보급되었다.
② 책, 차 등을 파는 관영상점을 두었다.
③ 동시전이 설치되어 시장을 감독하였다.
④ 청해진이 설치되어 무역권을 장악하였다.

09 | 고려의 경제 생활   정답 ②

전시과 제도를 시행하고, 2년 3작의 윤작법이 보급된 '이 나라'는 고려이다.

고려에서는 재정과 관련된 기관으로 호부와 삼사가 있었다. 호부에서는 호적과 양안을 작성하여 인구와 토지를 파악하고 관리하였다. 삼사에서는 재정 수입과 지출에 관련된 회계 사무 등을 담당하였다. 실제의 조세 수취와 집행은 각 해당 관청에서 담당하였다.

조세는 토지에 부과된 세금으로 생산량의 10분의 1을 납부하였다. 조세는 토지를 논과 밭으로 나누어 비옥한 정도에 따라 3등급으로 나누어 부과하였다.

소(所)는 금, 은, 철, 구리 등의 광산물과 각종 옷감, 자기, 종이, 기와, 먹 등의 수공업품, 그리고 차와 생강 등의 특정 물품을 생산하여 공물로 바치는 특수 행정 구역이었다.

오답분석 ② 조선 광해군 때 대동법이 실시되면서 공물 부과 기준이 가호에서 토지로 바뀌었다.

10 | 고려의 경제 상황   정답 ②

고려 성종은 철전 화폐인 건원중보를 제작하여 유통시키려 하였다. 그러나 화폐의 필요성이 적었고, 귀족들도 국가가 화폐 발행을 독점하고 강제적으로 사용하게 하는 것에 불만이 많아 성공하지 못하였다.
그 후 숙종은 의천의 건의에 따라 주전도감을 설치하고 삼한통보, 해동통보, 해동중보 등의 동전과 활구(은병)라는 은전을 주조하여 통용시켰다.

오답분석 ① 고구려 고국천왕 때 봄에 곡식을 빌려주고 가을에 돌려받는 진대법을 시행하였다.
③ 조선 후기에 상업 자본가인 물주가 광산 시설과 자금을 투자하고, 광산 전문가인 덕대(德大)가 광산 경영을 전담하는 형태가 유행하였다.
④ 조선 전기 세종 때 정초 등이 농부들의 실제 농사 경험을 바탕으로 『농사직설』을 편찬하였다.

11 | 고려의 경제 활동   정답 ④

ㄱ. 고려 성종은 철전과 동전으로 건원중보를 제작하여 전국적으로 유통시키려 하였다. 그러나 화폐의 필요성이 적었고, 귀족들도 국가가 화폐 발행을 독점하고 강제적으로 사용하게 하는 것에 불만이 많아 성공하지 못하였다.
ㄴ. 고려 전기에 관청 수공업과 소(所) 수공업이 활발하였고, 후기에 이르러서는 관청수공업이 쇠퇴하고 민간 수공업과 사원 수공업이 발달하였다.
ㄷ. 예성강 어귀의 벽란도는 대외 무역의 발전과 함께 국제 무역항으로 번성하였다.
ㄹ. 원나라는 초기에 금나라의 제도를 받아들여 교초(交鈔)를 만들었고, 원 세조 때부터 중통보초(中統寶鈔)·지원보초(至元寶鈔) 등을 만들어 유통시켰다. 원 간섭기에 원의 지폐인 보초(寶鈔)가 고려에 들어와 유통되기도 하였다.

● **복습지문**
원 간섭기에는 원의 지폐인 보초가 들어와 유통되었다.

12 | 고려의 경제 상황(은병)   정답 ②

우리나라 지형을 본떠 은으로 만들어졌으며, 하나의 가치가 포목 100필에 해당한다는 사실 등을 통해 제시문의 화폐는 고려 시대에 만들어진 활구(은병)임을 알 수 있다.
고려 시대에는 개경에 시전을 설치하였고, 서경, 동경 등 대도시에는 관영 상점을 운영하기도 했다. 관영상점은 관청의 수공업장에서 생산한 물품을 판매하는 서적점, 약점과 술, 차 등을 파는 주점, 다점 등이 있었다. 또한 경시서를 설치하여 시전과 관영 상점의 상행위를 감독하고 물가를 조절하도록 하였다.

오답분석 ① 고려시대엔 남부 일부 지방에 이앙법이 보급되었고, 조선 후기에 이앙법이 전국으로 보급되었다.
③ 신라 지증왕 때 경주에 동시전이 설치되었다.
④ 통일 신라의 흥덕왕 때 장보고가 청해진을 설치하여 무역권을 장악하였다.

Ⅲ. 한국 중세사

13 [2022 법원직] 밑줄 친 '왕'의 재위 시기에 있었던 사실로 옳은 것을 <보기>에서 모두 고른 것은?

주전도감에서 왕에게 아뢰기를 "나라의 백성이 돈을 사용하는 것의 유리함을 이해하고 그것을 편리하다고 생각하게 되었으니 이 사실을 종묘에 고하십시오."라고 하였다. 이 해에 또 은병도 만들어 화폐로 사용하였는데, 그 제도는 은 한 근으로 만들되 우리나라의 지형을 따서 만들었고, 민간에서는 활구라고 불렀다.

●보기●
ㄱ. 해동통보가 발행되었다.
ㄴ. 의천이 화폐 주조를 건의하였다.
ㄷ. 원의 화폐인 지원보초가 유통되었다.
ㄹ. 저화라고 불린 지폐가 제작되어 사용되었다.

① ㄱ, ㄴ   ② ㄱ, ㄷ   ③ ㄴ, ㄹ   ④ ㄷ, ㄹ

14 [2023 서울시 9급] <보기1>이 사건이 있었던 시대의 화폐를 <보기2>에서 모두 고른 것은?

●보기1●
왕이 명령하기를, "백성들을 부유하게 하고 나라에 이익을 가져오게 하는 데 돈보다 중요한 것은 없다. …… 그러므로 이제 비로소 금속을 녹여 돈을 만드는 법령을 제정한다. 부어서 만든 돈 15,000꾸러미를 재추와 문무 양반과 군인들에게 나누어 주어 돈 통용의 시초로 삼고 돈에 새기는 글은 해동통보라 한다. ……"라고 하였다.

●보기2●
ㄱ. 조선통보   ㄴ. 해동중보
ㄷ. 십전통보   ㄹ. 삼한통보

① ㄱ, ㄷ   ② ㄱ, ㄹ   ③ ㄴ, ㄷ   ④ ㄴ, ㄹ

15 [2017 지방직 9급] 다음 상황이 나타난 시기에 볼 수 있는 모습으로 옳은 것은?

대외 무역이 발전하면서 예성강 어귀의 벽란도가 국제 무역항으로 번성했으며, 대식국(大食國)으로 불리던 아라비아 상인들도 들어와 수은·향료·산호 등을 팔았다.

① 해동통보와 은병(銀甁) 같은 화폐를 만들어 사용하였다.
② 인구·토지면적 등을 기록한 장적(帳籍, 촌락문서)이 작성되었다.
③ 개성의 송상은 전국에 송방(松房)이라는 지점을 개설해서 활동하였다.
④ 지방 장시의 객주와 여각은 상품의 매매뿐 아니라 숙박·창고·운송 업무까지 운영하였다.

16 [2019 서울시 9급] <보기>에 나열된 고려시대의 사건들을 시간순으로 바르게 나열한 것은?

●보기●
ㄱ. 거란의 소손녕이 수십만 대군을 이끌고 고려를 침입하여, 서희가 외교담판으로 거란군의 철수를 이끌어 냈다.
ㄴ. 노비의 신분을 조사해 본래 양인인 사람들을 환속시켰다.
ㄷ. 송나라 사신 서긍이 고려를 방문하고 『고려도경』을 지었다.
ㄹ. 전지(田地)와 시지(柴地)를 실직(實職)이 있는 사람과 없는 사람 모두에게 처음 지급하였다.

① ㄱ→ㄴ→ㄹ→ㄷ   ② ㄱ→ㄷ→ㄴ→ㄹ
③ ㄴ→ㄱ→ㄹ→ㄷ   ④ ㄴ→ㄹ→ㄱ→ㄷ

13 | 숙종(주전도감)　　　정답 ①

주전도감에서 은병(활구)을 주조한 것은 고려 숙종 때의 사실이다.
고려 시대에는 상업과 대외 무역의 발달에 따라 화폐의 필요성이 증대되었다. 고려 성종 때 우리나라 최초의 화폐인 건원중보를 만들어 유통시켰으나 널리 이용되지는 못하였다. 숙종은 의천의 건의에 따라 주전도감을 설치하고 삼한통보, 해동통보, 해동중보 등의 동전과 은 1근으로 우리나라 지형을 본떠 만든 활구(은병)를 통용시켰다.

오답분석　ㄷ. 원 간섭기에 원의 지폐인 보초(寶鈔)가 고려에 들어와 유통되기도 하였다.
ㄹ. 고려 말 공양왕 때 저화가 처음 제작되었고, 조선 태종 때 사섬서를 두고 저화 유통을 담당하도록 했다.

● **복습지문**
숙종 때 주전도감에서 해동통보를 발행하였다.

14 | 고려의 화폐(해동통보)　　　정답 ④

자료에 언급된 '해동통보'는 고려 숙종(1095~1105) 때 발행된 동전이다.
고려 성종 때 우리나라 최초의 화폐인 건원중보를 만들어 유통시켰으나 널리 이용되지는 못하였다. 숙종은 의천의 건의에 따라 주전도감을 설치하고 삼한통보, 해동통보, 해동중보 등의 동전과 은 1근으로 우리나라 지형을 본떠 만든 활구(은병)를 통용시켰다.

오답분석　ㄱ. 조선 초기 세종 때 조선통보를 주조하였다. 조선 후기 인조 때 조선통보(팔분체)를 다시 주조하였다.
ㄷ. 조선 후기 효종 때 십전통보를 주조하여 유통시켰다.

15 | 고려의 경제 활동　　　정답 ①

예성강 어귀의 벽란도가 국제 무역항으로 번성하고, 대식국 상인들이 왕래한 시기는 고려 시대이다.
고려 성종 때 우리나라 최초의 화폐인 건원중보가 만들어져 유통되었으나 널리 이용되지 못하였다. 숙종 때에는 의천의 건의에 따라 주전도감을 설치하고 삼한통보, 해동통보, 해동중보 등의 동전과 활구(은병)라는 은전을 주조하여 통용시켰다.

오답분석　② 장적(帳籍, 촌락문서)은 통일 신라 시대에 작성되었다.
③ 조선 후기에 송상이 전국에 송방(松房)을 개설해 활동하였다.
④ 객주와 여각이 상품의 매매, 숙박·창고·운송 업무까지 운영한 것은 조선 후기의 사실이다.

16 | 고려 시대 주요 사건　　　정답 ④

ㄴ. 광종 때 노비안검법(956)을 실시하여 원래 노비가 아니었는데 전쟁에서 포로로 잡혔거나, 빚을 갚지 못하여 강제로 노비가 된 자를 이전의 상태로 돌아가게 하였다.
ㄹ. 경종 때 시정 전시과(976)를 시행하면서 전·현직 관리에게 전지와 시지를 처음으로 지급하였다.
ㄱ. 거란의 제1차 침입(993) 때 서희가 거란의 장수 소손녕과 담판에 나서 거란군을 퇴각시키고 강동 6주를 확보하였다.
ㄷ. 1123년(인종 1)에 송나라 사절의 한 사람으로 고려에 왔던 서긍이 귀국한 뒤 『고려도경』을 지었다.

● **복습지문**
인종 때 송나라 사신 서긍이 고려를 방문하고 "고려도경"을 지었다.

17 [2021 법원직] (가) 세력에 대한 설명으로 가장 옳은 것은?

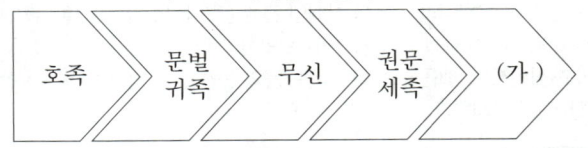

▶고려 지배층의 변화◀
호족 〉 문벌귀족 〉 무신 〉 권문세족 〉 (가)

① 성리학을 통해 불교의 폐단을 지적하였다.
② 주로 음서를 통하여 관직에 진출하였다.
③ 권력을 앞세워 대규모 농장을 소유하였다.
④ 친원적 성향의 이들은 도평의사사를 장악하였다.

18 [2017 서울시 9급] 다음 〈보기〉의 (　)에 들어갈 낱말을 바르게 나열한 것은?

고려의 지배층과 피지배층 사이에는 중류층이 자리잡고 있었다. 중앙 관청의 말단 서리인 (㉠), 궁중 실무 관리인 (㉡), 직업 군인으로 하급 장교인 (㉢) 등이 있었다.

	㉠	㉡	㉢
①	잡류	역리	군반
②	남반	군반	역리
③	잡류	남반	군반
④	남반	군반	잡류

19 [2021 국가직 9급] 고려시대 향리에 대한 설명으로 옳은 것만을 모두 고르면?

ㄱ. 부호장 이하의 향리는 사심관의 감독을 받았다.
ㄴ. 상층 향리는 과거로 중앙 관직에 진출할 수 있었다.
ㄷ. 일부 향리의 자제들은 기인으로 선발되어 개경으로 보내졌다.
ㄹ. 속현의 행정 실무는 향리가 담당하였다.

① ㄱ
② ㄱ, ㄴ
③ ㄴ, ㄷ, ㄹ
④ ㄱ, ㄴ, ㄷ, ㄹ

20 [2022 법원직] 밑줄 친 '이들'에 대한 설명으로 가장 옳은 것은?

이들의 첫 벼슬은 후단사이며, 두 번째 오르면 병사(兵史)·창사(倉史)가 되고, 세 번째 오르면 주·부·군·현의 사(史)가 되며, 네 번째 오르면 부병정(副兵正)·부창정(副倉正)이 되며, 다섯 번째 오르면 부호정(副戶正)이 되고, 여섯 번째 오르면 호정이 되며, 일곱 번째 오르면 병정·창정이 되고, 여덟 번째 오르면 부호장이 되고, 아홉 번째 오르면 호장(戶長)이 된다.
　　　　　　　　　　　　　　　　　　－『고려사』－

① 자손이 음서의 혜택을 받았다.
② 속현의 조세와 공물의 징수, 노역 징발 등을 담당하였다.
③ 수군, 조례, 역졸, 조졸 등으로 칠반천역이라고도 불렸다.
④ 수령의 행정 실무를 보좌하는 세습적인 아전으로 활동하였다.

17 | 신진사대부   정답 ①

(가)는 고려 후기에 권문세족의 뒤를 이어 지배층으로 등장한 신진사대부이다.
원 간섭기에 원과의 관계가 진전되면서 원의 세력을 배경으로 권문세족이 새로운 지배층으로 대두하였다. 고려는 원에서 성리학을 받아들였으며, 이후 성리학을 수용한 신진 사대부가 등장하였다. 이들은 유교적인 생활 관습을 시행하고자 소학과 주자가례를 중시하고, 권문세족과 불교의 폐단을 비판하였다. 이후 고려의 불교는 쇠퇴하게 되었고, 성리학이 새로운 국가 사회의 지도 이념으로 등장하였다.

오답분석 ② 신진사대부는 대체로 지방 향리 출신으로 과거를 통해 관직에 진출하였다. 권문세족이 가문의 힘을 이용하여 음서를 통하여 관직에 진출하였다.
③ 신진사대부는 지방의 중소 지주 출신이 많았다. 권문세족이 권력을 앞세워 강과 하천을 경계로 삼을 만큼 대규모의 농장을 소유하였다.
④ 권문세족이 대부분 부원 세력으로 도평의사사 등 정계의 요직을 장악하였다.

18 | 고려의 여러 신분   정답 ③

고려 시대 지배층과 피지배층 사이에는 지배 기구의 말단 행정직을 담당한 중류층이 있었다.
중류층에는 ㉠ 잡류(중앙 관청의 말단 서리), ㉡ 남반(궁중 실무 관리), ㉢ 군반(직업 군인), 향리(지방 행정의 실무를 담당), 역리(지방의 역을 관리) 등이 속하였다. 잡류는 관청이나 관원에게 분급되어 잡직에 종사하였으며, 남반은 궁중에서 왕의 시종, 경비, 의장, 왕명 전달 사무 등을 맡아보았다. 군반은 2군 6위의 군역(軍役)을 담당하던 특수한 신분집단이었다. 이들은 직역을 세습적으로 물려받았고, 그에 상응하는 토지를 국가로부터 받았다.

● **복습지문**
고려의 중류층으로 중앙 관청의 말단 서리인 잡류, 궁중 실무 관리인 남반 등이 있었다.

19 | 고려의 향리   정답 ④

고려는 사심관과 기인 제도를 활용하여 지방 호족들을 견제하고 지방 통치를 보완하였다. 사심관 제도는 개국 공신이나 중앙 관리를 출신 지역의 사심관으로 삼아 부호장 이하의 향직 임명권을 부여하는 한편, 지방의 치안을 책임지도록 한 것이다.
기인제는 지방 향리의 자제들을 선발하여 서울에 인질로 잡아 둠으로써 지방 세력을 견제, 회유하기 위해 둔 제도였다. 이는 본래 신라의 상수리 제도에서 기인한 것이다.
고려 초 성종 때 지방관 파견과 향직 개편을 계기로 중소 호족 출신들은 지방관을 보좌하는 향리로 편제되었다. 호장, 부호장 등의 상층 향리는 해당 고을의 향리가 수행하던 말단 실무 행정을 총괄하였다. 이들은 지방의 실질적 지배층으로 통혼 관계나 과거 응시 자격에 있어서도 하위의 향리와는 구별되었다.
고려 시대에는 지방관이 파견되는 군·현보다 파견되지 않는 속군·속현이 더 많았다. 지방관이 파견되지 않은 속현과 향·소·부곡에서는 향리가 직접 조세와 역역(力役)의 징수 및 간단한 소송의 처리 등을 담당하여 실질적인 지방관의 역할을 하였다.

● **복습지문**
사심관은 부호장 이하의 향리를 감독하였다.
향리 자제는 기인으로 선발되어 개경으로 보내졌다.

20 | 고려 향리   정답 ②

밑줄 친 '이들'은 호장, 부호장 등의 벼슬을 가진 향리이다.
고려 초 성종 때 지방관 파견과 향직 개편을 계기로 중소 호족 출신들은 지방관을 보좌하는 향리로 편제되었다. 현종 때 지방제도의 정비와 함께 향리의 정원제·공복제가 시행되었으며, 문종 때 향리의 승진 규정을 정하였다.
신라 말, 고려 초기의 중소 호족 출신인 향리는 통치 체제가 정비되는 과정에서 주민과 직접 접촉하는 행정 실무자가 되었다. 향리는 지방관을 보좌하여 부세 징수와 간단한 소송 등 행정 실무를 담당하였는데, 주현과 속현에 설치된 읍사에 모여 고을의 사무를 처리하였다. 지방관이 파견되지 않은 속현과 향·소·부곡에서는 향리가 실질적인 지방관의 역할을 하였다.

오답분석 ① 고려 시대에는 왕족, 공신, 5품 이상의 문·무관 자손이 음서의 혜택을 받았다.
③ 조선 시대에 양인 중에서 천역을 담당하는 수군, 조례, 역졸, 조졸 등이 칠반천역으로 불렸다.
④ 조선 시대의 향리가 수령의 행정 실무를 보좌하는 세습적인 아전으로 활동하였다.

III. 한국 중세사

21 [2017 지방직 9급] (가)의 주민에 대한 설명으로 옳은 것은?

> 예종 3년에 왕이 명하기를, "구리, 철, 자기, 종이, 먹 등을 만드는 (가) 에서 공물을 지나치게 많이 거두어 주민들이 어려움을 이기지 못해 도망하고 있다. 이제 해당 관청에서는 그 공물의 양을 다시 정하여 보고하도록 하라."라고 하였다.

① 증여, 상속의 대상이었다.
② 양인이지만 군현민에 비해 차별을 받았다.
③ 대부분 관청에 소속되어 수공업 제품을 생산하였다.
④ 조세, 공물의 징수와 요역 징발 등 행정 실무를 담당하였다.

22 [2025 법원직] 다음 (가), (나)와 같은 행정 구역에 대한 설명으로 가장 옳은 것은?

> ○ 명종 6년 망이의 고향인 (가) 을/를 충순현으로 승격시켜 그들을 달래었다.
> ○ 고종 42년 충주의 (나) 이/가 몽골군을 막는데 공을 세워 현으로 승격시켰다.

① 군사적인 특수 지역에 설치되었다.
② 일반 군현에 비해 세금 부담이 컸다.
③ 원주, 청주 등 다섯 곳에 설치되었다.
④ 지역 순찰을 위해 안찰사가 파견되었다.

23 [2019 지방직 7급] ㉠, ㉡의 거주민에 대한 설명으로 옳은 것은?

> ○ 이제 살펴보건대, 신라가 주·군을 설치할 때 그 전정(田丁), 호구(戶口)가 현의 규모가 되지 못하는 곳에는 ㉠ , ㉡ 을/를 두어 소재지의 읍에 속하게 하였다. - 『신증동국여지승람』 -
> ○ 지난 왕조 때 5도와 양계에 있던 역과 진에서 역을 부담한 사람과 ㉡ 의 사람은 모두 고려 태조 때의 명령을 거역한 사람이므로, 고려는 이들에게 천하고 힘든 일을 맡게 했다. - 『태조실록』 -

① 향리층의 지배를 받았다.
② 관직의 진출에 제한을 받지 않았다.
③ 백정이라고 불렸으며 조·용·조를 면제받았다.
④ 개인의 소유물로 인정되어 매매나 증여, 상속의 대상이 되었다.

24 [2020 국가직 9급] (가)에 들어갈 기관으로 옳은 것은?

> 5월에 조서를 내리기를 "개경 내의 사람들이 역질에 걸렸으니 마땅히 (가) 을/를 설치하여 이들을 치료하고, 또한 시신과 유골은 거두어 묻어서 비바람에 드러나지 않게 할 것이며, 신하를 보내어 동북도와 서남도의 굶주린 백성을 진휼하라."라고 하였다. - 『고려사』 -

① 의창
② 제위보
③ 혜민국
④ 구제도감

21 향·소·부곡
정답 ②

(가)는 고려시대에 구리, 철, 자기, 종이, 먹 등의 공물을 생산했던 특수 행정 구역인 소(所)이다.
향·부곡·소 등의 특수 행정 구역에 거주했던 주민은 양민이었지만 일반 군현민과 구별되었다. 이들은 과거 응시에 제한을 받았고, 거주하는 곳도 소속 집단 내로 제한되어 거주 이전의 자유가 없었으며, 일반 군현민에 비해 과중한 세금부담을 져야 했다.

오답분석 ① 노비에 대한 설명이다.
③ 공장(관영수공업자)에 대한 설명이다.
④ 향리에 대한 설명이다.

22 향·부곡·소
정답 ②

(가), (나)는 고려 시대에 광산물과 수공업 제품 등을 생산하여 국가에 바쳤던 특수 행정 구역인 소(所)이다.
1176년에 특수 행정 구역인 공주 명학소에서 망이·망소이가 일으킨 봉기는 그 규모가 충청도 일대를 장악할 정도로 컸고 1년 반 동안 지속되었다. 정부는 명학소를 충순현으로 승격시켜 주민들의 불만을 무마하였다. 이를 계기로 특수 행정 구역인 향·소·부곡 등은 점차 일반 군현으로 승격되어 갔다.
고려 시대에 양민이면서도 일반 양민에 비하여 규제가 심하고 더 많은 세금을 부담하는 특수 집단이 있었다. 이들은 향·부곡·소 등의 특수 행정 구역에 거주하였다. 이들은 과거 응시에 제한을 받았고, 거주하는 곳도 소속 집단 내로 제한되어 다른 지역으로 이주하는 것이 원칙적으로 금지되었다. 향·부곡에 거주하는 사람은 농업을, 소(所)에 거주하는 사람은 수공업이나 광업품의 생산을 주된 생업으로 하였다.

오답분석 ① 고려 시대 군사적인 특수 지역에는 진(鎭)이 설치되었다.
③ 통일신라의 5소경이 원주, 청주, 충주, 남원, 김해 등 다섯 곳에 설치되었다.
④ 고려 시대 5도에 지역 순찰을 위해 안찰사가 파견되었다.

23 향·소·부곡
정답 ①

㉠, ㉡은 군현으로 편제할 수 없는 곳에 편제된 향과 부곡이다.
향과 부곡은 이미 신라 때부터 있었으며, 전정이나 호구가 적어 현이 되지 못하는 곳에 설치되었다고 한다. 향과 부곡은 피정복민이나 반역죄인의 집단적 거주지 혹은 현으로 편입되기에는 규모가 작은 지역으로, 그 주민은 일반촌민에 비해 공물 부담이 더 컸던 것으로 추정된다.
고려 시대에 향·소·부곡 등의 특수 행정 구역은 일반 군현으로 승격되기도 하고 반란이 일어난 일반 군현이 특수 행정 구역으로 강등되기도 하였는데, 무신 집권기 이후에는 점차 그 수가 축소되었다. 지방관이 파견되지 않은 속현과 향·소·부곡에서는 향리가 실질적인 지방관의 역할을 하기도 하였다. 조선 건국 후 지방관이 파견되지 않던 속현과 향·소·부곡 등 특수 행정 구역은 일반 군현에 소속시키거나 독립 군현으로 승격시켰다. 나아가 모든 군현에 수령을 파견하여 전국의 주민을 국가가 직접 지배하였다.

오답분석 ② 향, 부곡의 주민은 과거에 응시할 수 없어 관직 진출에 제한을 받았다.
③ 고려 시대 농민들이 백정이라고 불렸다.
④ 노비가 사유재산으로 인정되어 매매, 증여, 상속의 대상이 되었다.

● 복습지문
향, 부곡에 거주하는 주민은 향리층의 지배를 받았다.
향, 부곡에 거주하는 주민은 관직 진출에 제한을 받았다.

24 구제도감
정답 ④

고려 시대에 역질(전염병) 치료 및 병사자의 매장을 위해 임시로 설치한 (가)는 구제도감이다.
예종 4년(1109) 5월 개경에 역질이 유행하여 사망자가 많이 생기고 심지어는 시체를 거리에 버리는 등의 사태가 발생하게 되어 구제도감을 설치하였다. 구제도감은 동·서대비원과 마찬가지로 병자의 치료와 빈민의 구제를 목적으로 한 것이었지만, 무엇보다도 유행병의 치료를 목적으로 하였다. 구제도감은 상설기구가 아니라 필요에 따라 설치되었던 임시 기구로, 충목왕 4년(1348) 3월에는 같은 목적으로 진제도감이, 공민왕 3년 6월에는 진제색이 설치되어 기민을 구제하였다.

오답분석 ① 전국 각 주에 설치된 의창은 평상시에 곡물을 비치하였다가 흉년에 빈민을 구제하였다.
② 광종 때 설치된 제위보는 기금에서 발생하는 이자를 질병의 치료와 빈민 구제에 사용하였다.
③ 개경에는 혜민국을 설치하고, 주·부·군·현에 약점을 두어 백성들이 필요로 하는 약을 조제하여 판매했다.

Ⅲ. 한국 중세사

25 [2018 법원직] 다음의 봉기를 일으킨 주동자에 관한 설명으로 옳은 것은?

> 경계 이후 공경대부는 천예 속에서 많이 나왔다. 장상의 종자가 어찌 따로 있겠는가? 때가 오면 누구나 할 수 있는 것이다. 우리가 어찌 상전의 채찍 밑에서 힘겨운 일에 시달리기만 하겠는가. (중략) 모두 자신의 주인을 죽이고 천예들의 호적을 불살라서 삼한에 천인이 없게 하면 공경과 장상은 우리 모두 할 수 있다.
> – 고려사 –

① 서경의 유수로서, 정권 탈취를 목적으로 하였다.
② 개경에서 노비들을 모아서 노비 해방을 주장하였다.
③ 경주 지역 세력과 연합하여 신라 부흥을 주장하였다.
④ 공주 명학소에서 신분 차별에 반발하여 봉기를 일으켰다.

26 [2018 서울시 9급] 무신집권기 지방민과 천민의 동요에 대한 설명으로 가장 옳지 않은 것은?

① 조위총은 백제 부흥을 위해 봉기하였다.
② 망이·망소이의 난은 일반 군현이 아닌 소에서 일어났다.
③ 경주를 중심으로 한 지역에서는 신라부흥을 내걸고 반란이 일어나기도 했다.
④ 만적은 노비해방을 내세우며 반란을 모의하였다.

27 [2019 서울시 9급] 〈보기〉에서 밑줄 친 '그'가 활동하던 시대상황에 대한 설명으로 가장 옳지 않은 것은?

> ● 보기 ●
> 그가 북산에서 나무하다가 공, 사노비를 불러 모아 모의하기를, "나라에서 경인, 계사년 이후로 높은 벼슬이 천한 노비에게서 많이 나왔으니, 장수와 재상이 어찌 씨가 따로 있으랴. 때가 오면 누구나 할 수 있는데, 우리들이 어찌 고생만 하면서 채찍 밑에 곤욕을 당해야 하겠는가?"라고 하니, 여러 노비들이 모두 그렇게 여겼다.
> –『고려사』–

① 최충의 9재 학당을 비롯한 사학 12도가 융성하였다.
② 경주 일대에서 고려 왕조를 부정하는 신라부흥운동이 일어났다.
③ 정혜쌍수와 돈오점수를 주장하는 수선사결사운동이 전개되었다.
④ 소(所)의 거주민은 금, 은, 철 등 광업품이나 수공업 제품을 생산하여 바치기도 하였다.

28 [2017 지방직 7급] 고려 사회에 대한 설명으로 옳은 것만을 모두 고른 것은?

> ㄱ. 여성은 재혼이 가능하였다.
> ㄴ. 여성은 호주가 될 수 없었다.
> ㄷ. 부모의 재산은 아들과 딸의 구분 없이 고르게 상속되었다.
> ㄹ. 결혼할 때 여성이 데려온 노비에 대한 소유권은 남편에게 귀속되었다.

① ㄱ, ㄴ   ② ㄱ, ㄷ   ③ ㄴ, ㄹ   ④ ㄷ, ㄹ

25 | 만적의 난 정답 ②

제시된 자료는 최충헌의 사노비였던 만적이 신분 해방 운동을 모의하면서 발언한 내용이다.
만적은 1198년 개경 북산에서 공·사 노비들을 모아놓고 봉기를 계획했다. 그런데 약속한 날에 모인 무리가 수백 명에 불과하여 날을 바꾸어 다시 거사하기로 하였다. 그러나 한충유의 가노인 순정의 밀고로 만적을 비롯한 주동자 100여 명이 체포되어 강에 던져짐으로써 봉기는 실패로 끝났다.

오답분석 ① 조위총의 난에 대한 설명이다.
③ 이비·패좌의 난에 대한 설명이다.
④ 망이·망소이의 난에 대한 설명이다.

● 복습지문
만적은 개경에서 노비들을 모아 노비 해방을 주장하였다.

26 | 무신집권기 사회 혼란 정답 ①

무신 정권이 수립된 이후 권력자들의 권력 다툼은 중앙 정부의 지방 통제력을 약화시켰고, 무신들의 토지 겸병과 과도한 수취는 농민을 궁핍하게 만들었다. 또한 이의민과 같은 천민 출신 최고 권력자의 등장은 하층민들의 사회의식을 변화시켜 농민과 천민의 대규모 봉기가 곳곳에서 일어났다.
② 정중부 집권기에 공주 명학소에서 일어난 망이·망소이의 봉기는 향·소·부곡민의 신분해방운동과 농민반란의 두 가지 성격이 결합된 것이었다.
③ 1202년에는 이비·패좌 등이 경주를 중심으로 신라 부흥을 명분으로 반란을 일으켰다.
④ 1198년에는 최충헌의 노비 만적이 노비해방을 내세우며 반란을 모의했는데, 거사가 발각되어 수백 명의 노비들이 체포되어 실패하였다.

오답분석 ① 1174년 서경 유수 조위총은 무신정권 토벌을 내세워 서경에서 반란을 일으켰으나 실패하였다. 최우 집권 시기에 담양에서 이연년 형제가 백제 부흥을 내세워 봉기하였다.

● 복습지문
정중부 집권기에 망이·망소이는 공주 명학소에서 신분 차별에 항거하여 난을 일으켰다.

27 | 만적의 난 정답 ①

제시된 자료는 최충헌의 사노비였던 만적이 신분 해방 운동을 모의하면서 발언한 내용이다.
만적은 1198년 개경 북산에서 노비들을 모아놓고 봉기를 계획했다. 그러나 한충유의 가노인 순정의 밀고로 만적을 비롯한 주동자 100여 명이 체포되어 강에 던져짐으로써 봉기는 실패로 끝났다.
1202년 이비와 패좌 등이 경주를 중심으로 운문, 울진, 초전 등지에서 신라 부흥을 명분으로 반란을 일으켰다.
지눌은 1190년 『권수정혜결사문』을 선포하고 정혜결사를 만들어 불교 혁신 운동을 전개하였다. 승려 본연의 자세로 돌아가 독경과 선 수행, 노동에 고루 힘쓰자는 정혜결사는 1205년(희종 1) 전남 순천으로 옮겨가서 수선사 결사로 명칭을 바꿨다.
고려 시대에는 향·부곡·소 등의 특수 행정 구역이 있었다. 향·부곡에 거주하는 사람은 농업을, 소(所)의 거주민은 광물·수공업품·차와 생강 등의 특정 물품을 생산하는 것을 주된 생업으로 하였다.

오답분석 ① 고려 중기에 9재 학당을 비롯한 사학 12도가 융성하였다. 그러나 예종과 인종의 국자감 교육 강화 정책으로 사학의 위상이 하락하고 무신집권기에는 사학의 일부가 소멸하기도 하였다.

28 | 고려의 사회생활 정답 ②

고려시대에는 일상생활에서 여성의 지위가 존중되고 자녀사이에 차별을 두지 않았다. 여성의 재혼이 비교적 자유롭게 이루어졌고, 그 소생 자식의 사회적 진출에도 차별을 두지 않았다. 호적은 태어난 순으로 기재하여 남녀 차별을 하지 않아 여성이 호주가 되는 경우도 있었고, 부모의 재산은 남녀나 출생 순서에 관계없이 자녀에게 골고루 분배되었다.

오답분석 ㄴ. 고려 시대에는 여성도 호주가 될 수 있었다.
ㄹ. 결혼할 때 여성이 데려온 노비에 대한 소유권은 여성에게 귀속되었다.

● 복습지문
고려 시대 여성은 재혼이 가능했고, 호주가 될 수도 있었다.
고려 시대 부모의 재산은 아들과 딸의 구분 없이 고르게 상속되었다.

III. 한국 중세사

03 중세의 문화

01 [2020 법원직] 다음 자료와 관련된 고려 정부의 대응으로 가장 옳은 것은?

> 최충이 후진들을 모아 열심히 교육하니, 유생과 평민이 그의 집과 마을에 차고 넘치게 되었다. 마침내 9재로 나누었다. …… 이를 시중 최공의 도라고 불렀다. 의관자제로서 과거에 응시하려는 자들은 반드시 먼저 이 도에 속하여 공부하였다. …… 세상에서 12도라고 일컬었는데, 최충의 도가 가장 성하였다.

① 원으로부터 성리학을 수용하였다.
② 주자가례와 소학을 널리 보급하였다.
③ 국학에 처음으로 양현고를 설치하였다.
④ 만권당을 짓고 유명한 학자들을 초청하였다.

02 [2021 국가직 9급] 밑줄 친 '유학자'에 대한 설명으로 옳은 것은?

> 풍기군수 주세붕은 고려시대 <u>유학자</u>의 고향인 경상도 순흥면 백운동에 회헌사(晦軒祠)를 세우고, 1543년에 교육시설을 더해서 백운동 서원을 건립하였다.

① 해주향약을 보급하였다.
② 원 간섭기에 성리학을 국내로 소개하였다.
③ 『성학십도』를 저술하여 경연에서 강의하였다.
④ 일본의 동정을 담은 『해동제국기』를 저술하였다.

03 [2022 서울시 9급] 이름과 활동을 옳게 짝지은 것은?

> ㄱ. 이제현 - 만권당에서 원의 학자들과 교류하였다.
> ㄴ. 안향 - 공민왕이 중영한 성균관의 대사성이 되었다.
> ㄷ. 이색 - 충렬왕 때 고려에 성리학을 본격적으로 소개하였다.
> ㄹ. 정몽주 - 역사서『사략』을 저술하였다.

① ㄱ ② ㄴ ③ ㄷ ④ ㄹ

04 [2024 법원직] (가)~(다) 사건이 일어난 순서대로 바르게 나열된 것은?

> (가) 이미 우리 고향을 현으로 승격하고 또 수령을 두어 어루만지고 위로하더니, 돌이켜 다시 군대를 일으켜 토벌하러 와서 우리 어머니와 아내를 옥에 가두었으니 그 뜻은 어디에 있는가?
> (나) 의천이 불전과 경서 1,000권을 바치고, 또 흥왕사에 교장도감을 둘 수 있기를 아뢰었다. 요와 송에서 책을 사들여 4,000권에 이를 정도로 많았는데 죄다 간행하였으며, 천태종을 처음 열어 국청사에 두었다.
> (다) 성균관을 다시 정비하고 이색을 판개성부사 겸 성균대사성으로 삼았다. …… 이색이 다시 가르치는 방법을 정하고 매일 명륜당에 앉아서 경전을 나누어 수업하였는데, 강의를 마치면 함께 논쟁하느라 지루함을 잊을 정도였다.

① (가) - (나) - (다)   ② (나) - (가) - (다)
③ (나) - (다) - (가)   ④ (다) - (나) - (가)

01 관학진흥책
정답 ③

고려 중기에 최충이 설립한 문헌공도(9재 학당)를 비롯하여 사학 12도가 융성하여 관학이 위축되었다. 사학에서 공부한 학생들이 과거에서 좋은 성적을 거두게 되자 귀족의 자제들은 국자감보다 사학 입학을 선호하였다.

정부에서는 위축된 관학 진흥을 위한 여러 시책을 추진하였다. 숙종 때에는 국자감에 서적포를 두어 서적 간행을 활성화하였다. 예종 때에는 최충이 설립한 9재를 모방하여 국자감에 7재라는 전문 강좌를 설치하여 유학 교육을 전문화시켰다. 또, 양현고라는 장학 재단을 두어 관학의 경제 기반을 강화하였으며, 궁중에 청연각·보문각 등의 도서관 겸 학문 연구소를 두어 유학을 진흥시켰다. 인종 때에는 국자감에 경사 6학을 정비하여 국자학, 태학, 사문학, 율학, 서학, 산학이 만들어지고, 지방에도 주요 군현에 향교를 증설하여 유학 교육을 강화하였다.

오답분석 ① 충렬왕을 따라 원에 갔던 안향이 『주자전서』를 필사해 와 고려에 성리학을 처음 소개하였다.
② 조선 중기에 사림이 주자가례와 소학을 널리 보급하였다.
④ 충선왕이 왕위에서 물러난 후 원의 수도에 만권당을 짓고 고려와 원의 학자들을 교류시켰다.

02 안향
정답 ②

주세붕이 백운동 서원을 세워 그 덕행을 기린 고려시대 유학자는 안향이다. 안향은 경상북도 영주(풍기) 출신으로 순흥(順興)이 본관이고, 호는 회헌(晦軒)이다.
충렬왕을 따라 원에 갔던 안향은 『주자전서』를 필사해 와 고려에 성리학을 처음 소개하였다. 안향은 김문정 등을 중국에 보내 공자와 그 제자들의 화상, 그리고 유교 경전을 구해 오도록 하였다. 인재 양성에 필요한 재원을 마련하기 위해 섬학전을 설치할 것을 건의하고 경사교수도감을 설치하여 경전 공부를 장려하였다. 만년에는 주자의 초상을 걸어 놓고 경모하는 등 주자를 신봉하며 유학과 성리학 발전에 기여하였다.

오답분석 ① 이이가 해주향약, 서원향약을 보급하였다.
③ 이황이 성리학의 요체를 도표를 곁들여 설명한 『성학십도』를 저술하여 선조에게 바쳤다.
④ 세종 때 일본에 다녀온 신숙주가 일본의 동정을 담은 『해동제국기』를 저술하였다.

03 성리학자
정답 ①

이제현은 1314년 충선왕의 부름을 받아 만권당에 머물며 원의 유명한 학자문인들과 교류하였다. 1342년에는 시문(詩文), 사록(史錄)에 관한 설화를 모아 『역옹패설』을 저술하였고, 충목왕이 재위한 이후에는 여러 항목의 개혁안을 제시하여 문란해진 정치기강을 바로잡고자 하였다. 공민왕 때 이제현은 고려 태조에서 숙종 때까지의 역대 임금의 치적을 정리한 『사략』을 저술하였다. 『사략』은 현재 사론만 전해지고 있다.

오답분석 ② 안향은 충렬왕 때 원으로부터 성리학을 들여왔으며, 성균관 부흥에 중요한 역할을 하였다. 이색이 공민왕 때 성균관의 대사성으로 임명되었다.
③ 이색은 원의 과거에 급제하고 돌아와 공민왕 때 성균관 대사성으로 있으면서 정몽주, 권근, 정도전 등을 가르쳐 성리학을 확산시켰다.
④ 정몽주는 개성에 오부학당(五部學堂)을 설치하고 지방에도 향교를 세워 유교 진흥에 힘썼으며, 성리학의 기본 경전인 사서(四書)의 이해 수준이 매우 높아 '동방이학의 조'로 존숭받았다. 이제현이 공민왕 때 『사략』을 저술하였다.

04 고려 시대 주요 사건
정답 ②

(나) 의천(1055~1101)은 선종 때 송(宋)나라로 유학을 간 후 여러 종파의 학승들과 교유하였다. 귀국한 뒤에는 흥왕사에 교장도감을 두고 4,740권에 달하는 교장(教藏)을 간행하였다.
(가) 정중부 집권기인 1176년에 망이·망소이가 명학소에서 난을 일으켜 청주, 아산 일대까지 함락하였다. 정부는 명학소를 충순현으로 승격시켜 주민들의 불만을 무마하였다. 하지만, 정부가 약속과 달리 군대를 보내 가족들을 잡아 가두고 자신들을 토벌하려고 했기 때문에 망이 등은 재차 봉기하였으나 결국 진압되고 말았다.
(다) 공민왕은 개경에 성균관을 새로 짓고 이색을 성균대사성으로 임명하여 성균관을 순수 유교 교육 기관으로 개편하였다. 이러한 조치는 당대 신진사대부들이 성균관에 모여 성리학을 공부하면서 교류를 나누고 고려 말 새로운 정치 세력으로 성장할 수 있는 기반이 되었다.

Ⅲ. 한국 중세사

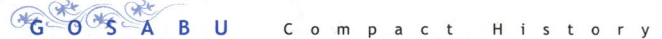

05 [2019 국가직 7급] ㉠에 들어갈 인물에 대한 설명으로 옳은 것은?

> ㉠ 는(은) 원에서 크게 성행하고 있었던 성리학을 국내에 소개하였으며, 중국 강남에 사람을 보내 공자와 제자들의 초상화 및 문묘에서 사용할 제기와 서적 등을 구해 오게 하였다.

① 최초의 성리학 입문서인 『학자지남도』를 편찬하였다.
② 충선왕이 세운 만권당에서 원의 학자들과 교류하였다.
③ 원의 과거에 급제하고 돌아와 성균관을 중심으로 성리학을 확산시켰다.
④ 이 인물을 배향하기 위해 설립된 서원은 뒤에 조선 최초의 사액서원이 되었다.

06 [2021 지방직 9급] 다음 내용의 역사서에 대한 설명으로 옳은 것은?

> 왕께서는 "우리나라 사람들은 유교 경전과 중국 역사에 대해서는 자세히 말하는 사람이 있으나 우리나라의 사실에 이르러서는 잘 알지 못하니 매우 유감이다. 중국 역사서에 우리 삼국의 열전이 있지만 상세하게 실리지 않았다. 또한, 삼국의 고기(古記)는 문체가 거칠고 졸렬하며 빠진 부분이 많으므로, 이런 까닭에 임금의 선과 악, 신하의 충과 사악, 국가의 안위 등에 관한 것을 다 드러내어 그로써 후세에 권계(勸戒)를 보이지 못했다. 마땅히 일관된 역사를 완성하고 만대에 물려주어 해와 별처럼 빛나도록 해야 하겠다."라고 하셨습니다.

① 불교를 중심으로 신화와 설화를 정리하였다.
② 유교적인 합리주의 사관에 따라 기전체로 서술되었다.
③ 단군조선을 우리 역사의 시작으로 본 통사이다.
④ 진흥왕의 명을 받아 거칠부가 편찬하였다.

07 [2023 지방직 9급] 다음 글을 쓴 인물에 대한 설명으로 옳은 것은?

> 세상에서 동명왕의 신이(神異)한 일을 많이 말한다. …(중략)… 지난 계축년 4월에 『구삼국사』를 얻어 『동명왕 본기』를 보니 그 신기한 사적이 세상에서 얘기하는 것보다 더하였다. 그러나 처음에는 믿지 못하고 귀신이나 환상이라고만 생각하였는데, 두세 번 반복하여 읽어서 점점 그 근원에 들어가니 환상이 아닌 성스러움이며, 귀신이 아닌 신성한 이야기였다.

① 사실의 기록보다 평가를 강조한 강목체 사서를 편찬하였다.
② 단군부터 고려 충렬왕 때까지의 역사를 서사시로 기록하였다.
③ 단군신화와 전설 등 민간에서 전승되는 자료를 광범위하게 수록하였다.
④ 김부식의 『삼국사기』에 동명왕의 신이한 사적이 생략되어 있다고 평하였다.

08 [2019 국가직 7급] 이규보의 역사의식에 대한 설명으로 옳은 것은?

① 불교사를 중심으로 새로운 고대사 체계를 세웠다.
② 유교적 합리주의 사관에 입각하여 기전체 사서를 편찬하였다.
③ 고구려 계승 의식을 통해 고려의 기원을 신성시하고자 하였다.
④ 우리 역사를 중국과 대등하게 파악하며 단군을 민족 시조로 인식하였다.

05 | 안향 정답 ④

원에서 성행하던 성리학을 국내에 소개한 ⊙은 안향이다.
충렬왕을 따라 원에 갔던 안향이 『주자전서』를 필사해 와 고려에 성리학을 처음 소개하였다. 안향은 김문정 등을 중국에 보내 공자와 그 제자의 화상, 그리고 유교 경전을 구해 오도록 하였다.
1543년(중종 38)에 풍기 군수 주세붕은 안향을 배향하기 위해 안향의 본관인 순흥에 백운동서원을 세웠다. 1550년(명종 5년)에 풍기 군수 이황이 백운동서원에 국왕의 이름으로 편액(扁額)과 서적·토지·노비를 보내달라는 청을 올리자, 국왕이 이를 받아들이면서 백운동서원이 소수서원으로 이름을 바꾸게 되었다.

오답분석 ① 정도전이 성리학 입문서인 『학자지남도』를 편찬하였다.
② 백이정, 이제현, 박충좌 등이 북경의 만권당에서 원의 학자들과 교류하면서 성리학에 대한 이해를 높였다.
③ 이색이 원의 과거에 급제하였으며, 성균관 대사성으로 있으면서 성리학을 부흥시켰다.

06 | 삼국사기 정답 ②

제시된 자료는 고려 인종 때 김부식 등이 왕명을 받아 편찬한 『삼국사기』의 서문이다.
『삼국사기』는 현재 전해지는 우리나라 최고의 역사서로, 사마천의 『사기』를 모범으로 삼아 기전체 방식을 도입하여 본기·연표·지·열전으로 구성되었다. 본기는 삼국 왕실의 역사를 균형있게 기록하여 외형적으로는 중립적 입장에 서있으나, 연표·지·열전 등은 신라사에 치중되어 있다. 또한 고구려는 호전적인 국가, 백제는 속임수가 많은 국가로 비판하며 고구려 및 백제와 연결된 고조선, 삼한의 역사를 삭제하여 신라 계승 의식을 많이 반영하고 있다. 『삼국사기』는 고려 초에 쓰여진 『구삼국사』를 기본으로 유교적 합리주의 사관에 기초하여 서술되었고, 신이사관을 배격하였다.

오답분석 ① 일연이 지은 『삼국유사』가 불교를 중심으로 고대의 신화와 설화를 정리하였다.
③ 조선 성종 때 서거정 등이 편찬한 『동국통감』이 단군조선을 우리 역사의 시작으로 본 최초의 통사이다.
④ 진흥왕의 명을 받아 거칠부는 『국사』를 편찬하였다.

07 | 이규보(동명왕편) 정답 ④

제시된 자료는 이규보가 지은 『동명왕편』의 서문이다.
이규보는 『동명왕편』을 저술한 이유에 대해 동명왕 설화가 환상이 아니고 성(聖)이며, 귀신이 아니라 신(神)이라는 점을 깨닫고, 이 것을 시로 써서 우리나라가 원래 성인의 나라였음을 천하에 알리려 한다고 그 의도를 밝혔다. 『동명왕편』은 『삼국사기』에서는 제외된 고구려의 신이한 건국 사적을 서술함으로써, 신라 계승 의식을 비판하고 고려가 고구려를 계승하고 있다는 고려인의 자부심과 민족의식을 드러내 보였다.

오답분석 ① 『동명왕편』은 고구려 건국 시조의 일대기를 서사시(5언시) 형태로 서술하였다.
② 이승휴가 지은 『제왕운기』가 단군부터 고려 충렬왕 대까지의 역사를 서사시로 기록하였다.
③ 일연이 지은 『삼국유사』가 단군신화와 전설 등 민간에서 전승되는 자료를 광범위하게 수록하였다.

08 | 이규보 정답 ③

이규보는 1193년에 고구려 건국의 영웅인 동명왕의 업적을 서사시로 엮은 『동명왕편』을 지었다. 『동명왕편』은 『삼국사기』의 신라 계승 의식을 비판하고 고려가 고구려를 계승하고 있다는 고려인의 자부심과 민족의식을 드러내 보였다.

오답분석 ① 『삼국유사』가 불교사를 중심으로 고대사를 서술하였다.
② 『삼국사기』가 유교적 합리주의 사관에 입각하여 기전체로 편찬되었다.
④ 『삼국유사』와 『제왕운기』가 단군을 민족 시조로 인식하였다.

● 복습지문

이규보는 '동명왕편'에서 고구려 계승 의식을 통해 고려의 기원을 신성시하고자 하였다.

Ⅲ. 한국 중세사

09 [2019 국가직 9급] 다음 내용이 실린 사서에 대한 설명으로 옳은 것은?

> 제왕이 장차 일어날 때는 하늘의 명령과 상서로운 기운을 받아서 반드시 보통 사람과는 다른 점이 있으니, 그런 뒤에야 능히 큰 변화를 타서 제왕의 지위를 얻고 대업을 이루었다. …(중략)… 삼국의 시조들이 모두 신이(神異)한 일로 탄생했음이 어찌 괴이하겠는가. 이것이 책 첫머리에 기이(紀異) 편이 실린 까닭이며, 그 의도도 여기에 있는 것이다.

① 불교 승려의 전기를 수록한 고승전이다.
② 불교 중심의 고대 민간 설화를 수록하였다.
③ 고조선부터 고려 말까지의 역사를 정리하였다.
④ 유교적 사관에 기초하여 기전체로 서술하였다.

11 [2018 지방직 9급] (가)에 들어갈 내용으로 옳은 것은?

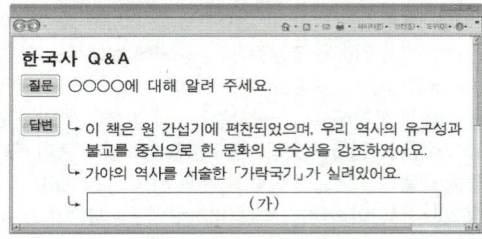

① 신라의 역사를 상고, 중고, 하고로 구분하였어요.
② 기전체 서술 방식에 따라 본기, 연표, 지, 열전으로 구성하였어요.
③ 기자 조선-마한-신라 정통론의 입장에서 강목법에 따라 서술하였어요.
④ 고구려 계승 의식을 바탕으로 동명왕의 업적을 서사시로 표현하였어요.

10 [2022 법원직] 밑줄 친 '이 책'에 대한 설명으로 가장 옳은 것은?

> 이 책은 보각국사 일연의 저서로 왕력(王歷).기이(紀異).흥법(興法).탑상(塔像).의해(義解).신주(神呪).감통(感通).피은(避隱).효선(孝善) 등 9편목으로 구성되어 있다. 여러 고대 국가의 역사, 불교 수용 과정, 탑과 불상, 고승들의 전기, 효도와 선행 이야기 등 불교사와 관련된 일화를 중심으로 서술한 것이 특징이다.

① 기전체 형식으로 서술되었다.
② 현존하는 가장 오래된 역사서이다.
③ 단군의 건국 이야기가 수록되었다.
④ 대의명분을 중시하는 성리학적 사관을 반영하였다.

12 [2019 국가직 9급] 단군에 대한 인식을 설명한 것으로 옳지 않은 것은?

① 이승휴의 『제왕운기』에서는 우리 역사를 단군부터 서술하였다.
② 홍만종의 『동국역대총목』은 단군 정통론의 입장에서 기술하였다.
③ 이규보의 『동명왕편』은 단군의 건국 과정을 다루고 있다.
④ 『기미독립선언서』에는 '조선건국 4252년'으로 연도를 표기하였다.

09 삼국유사 정답 ②

제시된 자료는 일연이 편찬한 『삼국유사』의 서문이다.
『삼국유사』는 전체 5권 2책으로 되어 있고, 권과는 별도로 왕력(王歷)·기이(紀異)·흥법(興法)·탑상(塔像)·의해(義解)·신주(神呪)·감통(感通)·피은(避隱)·효선(孝善) 등 9편목으로 구성되어 있다.
『삼국유사』는 불교사를 중심으로 고대의 민간 설화나 전래기록을 야사체·기사본말체로 충실히 저술하였다. 또한 단군의 건국 이야기를 기록하여 우리 역사의 출발점을 고조선으로 설정하였다.

오답분석 ① 각훈이 편찬한 『해동고승전』에 대한 설명이다.
③ 『삼국유사』는 고조선부터 후삼국 시대까지를 서술 대상으로 하였다.
④ 김부식이 편찬한 『삼국사기』가 유교적 사관에 기초하여 기전체로 서술되었다.

● 복습지문
"삼국유사"는 불교 중심의 고대 민간 설화를 수록하였다.
"삼국유사"는 신라의 역사를 상고, 중고, 하고로 구분하였다.

10 삼국유사 정답 ③

'이 책'은 일연이 편찬하였으며, 왕력·기이·흥법·탑상·의해·신주·감통·피은·효선 등 9편목으로 구성된 『삼국유사』이다.
『삼국유사』는 불교사를 중심으로 고대의 민간 설화나 전래기록을 야사체·기사본말체로 충실히 저술하였다. 또한 단군의 건국 이야기를 기록하여 우리 역사의 출발점을 고조선으로 설정하였다.

오답분석 ① 『삼국유사』는 기사본말체 형식으로 서술되었고, 『삼국사기』가 기전체 형식으로 서술되었다.
② 『삼국사기』가 현존하는 가장 오래된 역사서이다.
④ 공민왕 때 이제현이 저술한 『사략』이 대의명분을 중시하는 성리학적 사관을 반영하였다.

11 삼국유사 정답 ①

원 간섭기에 편찬된 역사서로 불교를 중심으로 한 문화적 우수성을 강조하였고, 『가락국기』가 수록되어 있는 책은 『삼국유사』이다.
충렬왕 때에 일연이 지은 『삼국유사』는 불교사를 중심으로 고대의 민간 설화와 전래 기록을 기사본말체로 충실히 서술하였다. 단군의 건국 이야기를 기록하여 우리 역사의 출발점을 고조선으로 설정하였고, 신라의 역사를 상고·중고·하고로 구분하였다.

오답분석 ② 김부식의 『삼국사기』가 본기, 연표, 지, 열전으로 구성되었다.
③ 홍여하가 『휘찬여사』, 『동국통감제강』을 저술하여 기자 조선-마한-신라 정통론을 내세웠다.
④ 이규보의 『동명왕편』이 동명왕의 업적을 서사시로 표현하였다.

● 복습지문
홍여하의 "동국통감제강"은 기자-마한-신라 정통론의 입장에서 강목법에 따라 서술되었다.

12 단군에 대한 인식 정답 ③

① 충렬왕 때 이승휴가 지은 『제왕운기』는 서사시의 형식을 취하고 있으며, 단군을 민족의 시조로 서술하여 우리 역사를 중국사와 대등하게 파악하고, 요동 동쪽 지역을 중국과 다른 소중화의 세계로 인식하여 우리 민족 문화의 독자성을 강조하였다.
② 홍만종은 『동국역대총목』에서 단군을 정통의 시조로 두고 이후 기자를 서술함으로써 단군-기자-마한-통일신라로 이어지는 정통론의 체계를 설정하였다. 이런 입장은 나중에 이익, 안정복에게로 계승되었다.
④ 단군의 건국 신화가 소개되어 있는 책은 『삼국유사』, 『제왕운기』, 『세종실록지리지』, 『응제시주』, 『동국여지승람』 등이 있는데, 단군이 고조선을 건국했다고 하는 연도는 기록에 따라 다르다. 기원전 2333년은 서거정이 편찬한 『동국통감』에서 처음 주장하였으며, 조선 시대 이후 대체로 이 주장을 따랐다. 기미독립선언서(1919)는 조선건국 4252년으로 연도를 표기하였고, 1948년부터 1961년까지 단군기원이 공용연호로 사용되기도 하였다.

오답분석 ③ 이규보의 『동명왕편』에는 고구려 시조 동명왕의 이야기가 실려 있다.

● 복습지문
홍만종의 "동국역대총목"은 단군 정통론의 입장에서 서술되었다.

Ⅲ. 한국 중세사

13 [2020 국가직 9급] 밑줄 친 '이 책'에 대한 설명으로 옳은 것은?

> 신(臣)이 이 책을 편수하여 바치는 것은 …(중략)… 중국은 반고부터 금국에 이르기까지, 동국은 단군으로부터 본조(本朝)에 이르기까지 처음 일어나게 된 근원을 간책에서 다 찾아보아 같고 다른 것을 비교하여 요점을 취하고 읊조림에 따라 장을 이루었습니다.

① 성리학적 유교 사관이 반영되어 대의명분을 강조하였다.
② 국왕, 훈신, 사림이 서로 합의하여 통사체계를 구성하였다.
③ 원 간섭기에 중국과 구별되는 우리 역사의 독자성을 강조하였다.
④ 왕명으로 단군조선에서 고려 말까지의 역사를 노래 형식으로 정리하였다.

14 [2023 서울시 9급] 〈보기〉의 인물이 활동하던 시기에 해당하는 설명으로 가장 옳은 것은?

> ● 보기 ●
> ○ 새로 창건한 귀법사의 주지가 되었다.
> ○ 불교 대중화에 관심이 있어 『보현십원가』를 지었다.
> ○ 화엄학에 대한 주석서를 쓰는 등 화엄 교학을 정비하였다.

① 강조를 토벌한다는 명분으로 거란이 침략하였다.
② 대장경에 대한 주석서인 교장을 간행하였다.
③ 중국에 승려들을 보내 법안종을 수용하였다.
④ 현화사를 창건하였다.

15 [2025 국가직 9급] 밑줄 친 '그'에 대한 설명으로 옳은 것은?

> 그는 문종의 넷째 아들인데, 출가하여 승려가 되었다. 송나라로 유학을 가서 화엄학과 천태학을 공부하였다. 이후 천태학을 부흥시켜 천태종을 창립하였다.

① 유·불 일치설을 주장하였다.
② 백련사에서 결사를 조직하였다.
③ 정혜쌍수의 수행법을 제시하였다.
④ 『신편제종교장총록』을 편찬하였다.

16 [2024 법원직] 밑줄 친 '후(煦)'에 대한 설명으로 가장 옳은 것은?

> 후(煦)는 문종의 넷째 아들로서 송나라 황제와 이름이 같으므로 그것을 피하여 자(字)로 행세하였다. 문종이 여러 아들에게, "누가 승려가 되어 복전(福田)의 이익을 짓겠느냐?"라고 물으니 후(煦)가, "상(上)의 명령대로 하겠다." 하고, 출가하여 영통사(靈通寺)에 거처하였다. 그는 송나라에 들어가 법을 구하려 했으나 문종이 허락하지 않았다. 하지만 후(煦)는 송나라로 들어가 황제를 만나 여러 절을 다니며 법을 묻겠다고 하였다.

① 교관겸수를 제창하였다.
② 왕오천축국전을 남겼다.
③ 유불 일치설을 주장하였다.
④ 수선사 결사를 조직하였다.

13 | 제왕운기 정답 ③

'중국은 반고부터 금국', '동국은 단군으로부터 본조', 읊조림' 등의 단서를 통해 '이 책'은 충렬왕 때 이승휴가 지은 「제왕운기」임을 추론할 수 있다.
두 권으로 편찬된 「제왕운기」는 중국의 신화시대부터 금(金)·원(元)의 흥기에 이르기까지 중국의 역사와 단군조선 시대부터 고려 충렬왕 때까지의 역사를 서사시로 노래하였다.
「제왕운기」는 단군을 민족의 시조로 서술하여 우리 역사를 중국사와 대등하게 파악하였고, 부여와 고구려, 옥저, 삼한 등을 모두 단군의 후손이라고 서술하여 고조선 이래로의 역사 계승을 한국사 전체로 확장시켰다.
이승휴는 요동 동쪽 지역을 중국과 다른 소중화의 세계로 인식하여 우리 민족 문화의 독자성을 강조하였다.

오답분석 ① 충렬왕 때 고려에 성리학이 소개되었고, 민지의 「본조편년강목」·이제현의 「사략」에 성리학적 유교 사관이 반영되었다.
② 조선 성종 때 편찬된 「동국통감」에 대한 설명이다.
④ 조선 세종 때 권제 등에게 명하여 단군조선에서 고려 말까지의 역사를 노래 형식으로 정리하게 하여 「동국세년가」를 편찬하였다.

14 | 균여 정답 ③

광종 때 창건된 귀법사의 주지로 임명되고, 『보현십원가』를 지은 인물은 균여(923~973)이다.
균여는 귀법사의 주지로서 화엄 사상을 정비하고 보살의 실천행을 펼쳤는데, 이를 위해 『보현십원가』 등 불교의 교리를 담은 향가를 지어 대중에 전파하는 데 힘썼다.
광종은 승과 제도를 실시하여 합격한 자에게 승계를 주고 승려의 지위를 보장하였다. 그리고 968년에는 혜거를 국사(國師)로 삼고, 탄문을 왕사(王師)로 삼음으로써 국사·왕사 제도의 체계를 완성하였다. 광종은 중국에서 법안종을 배워온 혜거로 하여금 법안종을 중심으로 선종을 통합하게 하였으며, 화엄종의 본찰로 귀법사를 세우고 균여를 주지로 임명하여 교종을 정비하게 하였다.

오답분석 ① 현종(1009~1031) 때 거란은 강조의 정변을 구실로 고려를 침략하였다(1010).
② 선종(1083~1094) 때 의천이 교장도감을 설치하고 교장 간행에 착수하였다.
④ 현종(1009~1031)이 부모의 명복을 빌기 위해 현화사를 창건하였다.

15 | 의천 정답 ④

고려 문종의 넷째 아들로, 천태종을 창립한 '그'는 대각국사 의천이다.
의천은 문종의 아들로 속명은 왕후(王煦), 호는 우세(祐世)이다. 의천은 송나라에서 유학하며 화엄학과 천태학을 공부하고 고려로 돌아와 여러 종파의 대립을 해소하기 위해 교단 통합운동을 펼쳤다. 그는 흥왕사를 근거지로 삼아 화엄종을 중심으로 교종 각파의 사상을 종합·절충하려 노력하였으며, 국청사를 창건하여 해동천태종을 창시하고 선종을 통합하려 하였다. 이를 뒷받침할 사상적 바탕으로 의천은 이론의 연마와 실천을 아울러 강조하는 교관겸수를 제창하였다.
의천은 초조대장경의 내용을 보완하기 위해 교장을 편찬하였다. 이를 위해 의천은 흥왕사에 교장도감을 설치하고, 고려는 물론 송, 요, 일본 등에서 대장경에 대한 주석서를 수집하여 『신편제종교장총록』이라는 불서 목록을 만들고 이를 토대로 10여 년에 걸쳐 4,700여 권의 전적을 간행하였다.

오답분석 ① 혜심이 유·불 일치설을 주장하였다.
② 요세가 강진 백련사에서 결사를 조직하였다.
③ 지눌이 정혜쌍수의 수행법을 제시하였다.

16 | 의천 정답 ①

밑줄 친 '후(煦)'는 문종의 넷째 아들로 송나라에서 화엄학과 천태학을 공부한 대각국사 의천이다.
의천은 흥왕사의 주지가 되어 교장 간행에 힘쓰는 한편, 화엄종 연구에 몰두하여 『원종문류』·『석원사림』·『천태사교의주』 등을 저술하여 불교 사상의 정리와 조화에 힘썼다. 그는 흥왕사를 근거지로 삼아 화엄종을 중심으로 교종 각파의 사상을 종합·절충하려 노력하였다. 또한 국청사를 창건하여 해동 천태종을 창시하고 교종의 입장에서 선종을 통합하려 하였다. 의천은 교종과 선종의 통합을 위한 사상으로 이론의 연마와 실천을 아울러 강조하는 교관겸수를 주장하였다.

오답분석 ② 혜초가 인도와 중앙아시아를 순례하고 『왕오천축국전』을 지었다.
③ 혜심이 유불 일치설을 주장하며 심성의 도야를 강조하여 장차 성리학을 수용할 수 있는 사상적 토대를 마련하였다.
④ 지눌이 승려 본연의 자세로 돌아가 독경과 선 수행, 노동에 고루 힘쓰자는 수선사 결사를 제창하였다.

Ⅲ. 한국 중세사

17 [2023 지방직 9급] 밑줄 친 '그'에 대한 설명으로 옳은 것은?

> 그는 화엄종을 중심으로 교종을 통합하고 해동 천태종을 창시하여 선종까지 포섭하려 하였다. 그러나 그의 사후에 교단은 다시 분열되었고, 권력층과 밀착되어 타락하는 양상까지 나타났다.

① 이론적인 교리 공부와 실천적인 수행을 아우를 것을 주장하였다.
② 참선과 독경은 물론 노동에도 힘을 쓰자고 하면서 결사를 제창하였다.
③ 삼국 시대 이래 고승들의 전기를 정리하여 『해동고승전』을 편찬하였다.
④ 백련사를 결성하여 극락왕생을 기원하는 참회와 염불 수행을 강조하였다.

18 [2025 지방직 9급] (가) 인물에 대한 설명으로 옳은 것은?

> (가) 은/는 무신집권기 불교의 세속화를 비판하면서 불교 본연의 정신을 확립하자는 결사 운동을 주도하여 수선사를 결성하였다. 그는 깨달음을 얻은 뒤에도 수행을 게을리하지 않아야 한다는 돈오점수를 내세웠다.

① 천태종을 창시하였다.
② 임제종을 도입하였다.
③ 교종의 입장에서 선종을 통합하려 하였다.
④ 정혜쌍수라는 실천 수행 방법을 제시하였다.

19 [2022 간호직 8급] 다음 글을 쓴 인물에 대한 설명으로 옳지 않은 것은?

> 하루는 같이 공부하는 사람 10여 인과 약속하였다. 마땅히 명예와 이익을 버리고 산림에 은둔하여 같은 모임을 맺자. 항상 선을 익히고 지혜를 고르는 데 힘쓰고, 예불하고 경전을 읽으며 힘들여 일하는 것에 이르기까지 각자 맡은 바 임무에 따라 경영한다.
> – 『권수정혜결사문』 –

① 선종 중심으로 교종을 통합하려는 사상 체계를 정립하였다.
② 단박에 깨달음을 얻고 깨달은 후에도 꾸준히 수행해야 한다고 주장하였다.
③ 깨달음을 얻기 위해 참선을 하되 교리 공부를 함께할 것을 제안하였다.
④ 교단을 통합, 정리하는 것이 불교계의 폐단을 바로잡는 우선 과제라고 생각하였다.

20 [2024 서울시 9급] 〈보기〉의 글을 쓴 인물에 대한 설명으로 가장 옳은 것은?

> ● 보기 ●
> 이 모임이 파한 연후에 마땅히 명예와 이익을 버리고 선원에 은둔하여 동사(同社)를 결성하고 항상 선정을 익히고 지혜를 고르게 하기에 힘쓰고 예불과 독경을 하고 나아가서는 노동하기에도 힘쓰자. 각기 소임에 따라 경영하고 인연에 따라 심성을 수양하여 한평생을 자유롭게 지내며, 멀리 달사와 진인의 고행을 좇는다면 어찌 기쁘지 않으리오.

① 통일신라 이전 고승 30여 명의 전기를 지었다.
② 돈오점수와 정혜쌍수를 바탕으로 결사 운동을 전개하였다.
③ 불교사를 중심으로 설화와 야사를 수록한 역사책을 저술하였다.
④ 천태종을 개창하였고, 교종을 중심으로 선종을 통합하고자 하였다.

17 | 의천
정답 ①

밑줄 친 '그'는 화엄종을 중심으로 교종을 통합하고 해동 천태종을 창시하여 선종을 포섭하려 노력한 의천이다.

의천은 흥왕사의 주지가 되어 교장도감을 설치하고 교장 간행에 힘쓰는 한편, 화엄종 연구에 몰두하여 『원종문류』·『석원사림』·『천태사교의주』 등을 저술하여 불교사상의 정리와 조화에 힘썼다. 그는 숙종의 후원을 받아 흥왕사를 근거지로 삼아 화엄종을 중심으로 교종 각파의 사상을 종합·절충하려 노력하였다. 한편 국청사를 창건하여 해동 천태종을 창시하고 선종을 통합하려 하였다. 의천은 교종과 선종의 통합을 위한 사상으로 이론의 연마와 실천을 아울러 강조하는 교관겸수와 내외겸전을 제창하였다.

오답분석
② 지눌이 송광사를 중심으로 승려 본연의 자세로 돌아가 독경과 선 수행, 노동에 고루 힘쓰자는 수선사 결사를 제창하였다.
③ 각훈이 고려 고종 때인 1215년에 삼국 시대 이래의 고승들의 행적을 기록한 『해동고승전』을 저술하였다.
④ 요세가 강진 만덕사(백련사)에서 백련결사를 만들어 자신의 행동을 진정으로 참회하는 법화 신앙과 정토신앙을 실천 방향으로 강조하였다.

18 | 지눌
정답 ④

(가)는 수선사를 결성하고 돈오점수를 내세운 지눌이다.

지눌은 명리에 집착하는 당시 불교계의 타락상을 비판하고, 경북 영천에서 정혜결사를 만들어 불교 혁신 운동을 전개하였다. 승려 본연의 자세로 돌아가 독경과 선 수행, 노동에 고루 힘쓰자는 정혜결사는 전남 순천으로 옮겨가서 수선사 결사로 명칭을 바꿨다.

지눌은 송광사에서 조계종을 개창하고, 돈오점수와 정혜쌍수를 기치로 선종 중심으로 교종을 통합하는 노력을 전개하였다. 지눌은 내가 곧 부처라는 깨달음을 위한 노력과 함께 꾸준한 수행으로 깨달음의 확인을 아울러 강조한 돈오점수를 주장하였다. 또한 철저한 수행을 위한 방편으로는 정혜쌍수를 강조하였는데, 이는 참선뿐만 아니라 불경 연구도 같이 병행해야 한다는 것이었다.

오답분석 ① 의천이 (해동)천태종을 창시하였다.
② 보우가 원으로부터 임제종을 들여오고 9산 선문의 통합을 주장하였다.
③ 의천이 교종의 입장에서 선종을 통합하려 하였고, 지눌은 선종의 입장에서 교종을 통합하려 하였다.

19 | 지눌
정답 ④

제시된 자료는 지눌이 작성한 「권수정혜결사문」이다.

지눌은 1190년 「권수정혜결사문」을 선포하고 정혜결사를 만들어 불교 혁신 운동을 전개하였다. 정혜결사는 1205년(희종 1) 전남 순천으로 옮겨가서 수선사 결사로 명칭을 바꿨다.

지눌은 송광사에서 조계종을 개창하고, 돈오점수와 정혜쌍수를 기치로 선종 중심으로 교종을 통합하는 불교 통합 운동을 전개하였다. 지눌은 내가 곧 부처라는 깨달음을 위한 노력과 함께 꾸준한 수행으로 깨달음의 확인을 아울러 강조한 돈오점수를 주장하였다. 또한 철저한 수행을 위한 방편으로는 정혜쌍수를 강조하였는데, 이는 선종에서 중시하는 참선뿐만 아니라 교종에서 중시하는 불경 연구도 같이 병행해야 한다는 것이었다.

오답분석 ④ 고려 중기 의천과 고려 후기 보우가 교단을 통합, 정리하는 방향의 불교 개혁을 추진하였다.

● **복습지문**
지눌은 단박에 깨달음을 얻고 깨달은 후에도 꾸준히 수행해야 한다고 주장하였다(돈오점수).

20 | 지눌
정답 ②

제시된 자료는 지눌이 작성한 「권수정혜결사문」이다.

지눌은 1190년 「권수정혜결사문」을 선포하고 정혜결사를 만들어 불교 혁신 운동을 전개하였다. 정혜결사는 1205년(희종 1) 전남 순천으로 옮겨가서 수선사 결사로 명칭을 바꿨다.

지눌은 송광사에서 조계종을 개창하고, 돈오점수와 정혜쌍수를 기치로 선종 중심으로 교종을 통합하는 불교 통합 운동을 전개하였다. 지눌은 내가 곧 부처라는 깨달음을 위한 노력과 함께 꾸준한 수행으로 깨달음의 확인을 아울러 강조한 돈오점수를 주장하였다. 또한 철저한 수행을 위한 방편으로는 정혜쌍수를 강조하였는데, 이는 선종에서 중시하는 참선뿐만 아니라 교종에서 중시하는 불경 연구도 같이 병행해야 한다는 것이었다.

오답분석 ① 각훈이 왕명에 의해 삼국시대 이래의 고승들의 전기를 정리한 『해동고승전』을 편찬하였다.
③ 충렬왕 때 일연이 불교사를 중심으로 고대의 민간 설화나 전래 기록을 수록한 『삼국유사』를 저술하였다.
④ 의천이 국청사를 창건하여 해동 천태종을 창시하고 교종의 입장에서 선종을 통합하려 하였다.

Ⅲ. 한국 중세사

21 [2020 지방직 7급] (가)~(다)와 설명이 옳게 짝지어진 것만 모두 고르면?

- (가) 명예와 이익을 버리고 산림에 은둔하여 항상 선정을 익히고 지혜를 고루하기에 힘쓰며, 예불과 독경을 하고 나아가서는 노동에도 힘을 쏟자.
- (나) 불교를 행하는 것은 몸을 닦는 근본이며, 유교를 행하는 것은 나라를 다스리는 근원이니 몸을 닦는 것은 내생을 위한 것이며, 나라를 다스리는 것은 오늘의 할 일입니다.
- (다) 나는 옛날 공의 문하에 있었고 공은 지금 우리 수선사에 들어왔으니, 공은 불교의 유생이요, 나는 유교의 불자입니다. …(중략)… 유교와 불교는 다름이 없다고 보아야 하지 않겠습니까?

─● 보기 ●─
ㄱ. (가) - 불교의 세속화에 반대하고 불교 본연의 자세를 찾으려 하였다.
ㄴ. (나) - 불교 행사를 장려하는 구실이 되었다.
ㄷ. (다) - 성리학 수용의 사상적 토대를 마련하였다.

① ㄱ, ㄴ   ② ㄱ, ㄷ   ③ ㄴ, ㄷ   ④ ㄱ, ㄴ, ㄷ

22 [2019 지방직 9급] 다음 ㉠~㉣에 들어갈 인물을 바르게 연결한 것은?

- (㉠)는/은 『신편제종교장총록』을 편찬하였다.
- (㉡)는/은 원의 불교인 임제종을 들여와서 전파시켰다.
- (㉢)는/은 강진에 백련사를 결사하여 법화신앙을 내세웠다.
- (㉣)는/은 『목우자수심결』을 지어 마음을 닦고자 하였다.

	㉠	㉡	㉢	㉣
①	수기	보우	요세	지눌
②	의천	각훈	요세	수기
③	의천	보우	요세	지눌
④	의천	요세	각훈	수기

23 [2018 법원직] (가), (나)를 주장한 승려들에 관한 설명으로 옳은 것은?

- (가) 교(敎)를 배우는 이는 대개 안의 마음을 버리고 외면에서 구하고, 선(禪)을 익히는 이는 인연을 잊고 안의 마음을 밝히기를 좋아하니, 모두 한쪽에 치우친 것으로 두 극단에 모두 막힌 것이다.
- (나) 지금의 불교계를 보면, 아침저녁으로 하는 일들이 비록 부처의 법에 의지하였다고 하나, 자신을 내세우고 이익을 구하는 데 열중하여 세속의 일에 골몰한다. 도덕을 닦지 않고 옷과 밥만 허비하니, 비록 출가하였다고 하나 무슨 덕이 있겠는가?

① (가) - 천태종의 신앙 결사체인 백련사를 조직하였다.
② (가) - 중국에서 도입한 법안종을 중심으로 선종을 정리하였다.
③ (나) - 선을 중심으로 교학을 포용하고자 하였다.
④ (나) - 유교와 불교의 통합을 시도하며 유불 일치설을 주장하였다.

24 [2017 국가직 7급] ㉠에 대한 설명으로 옳은 것은?

> 평장사 최윤의 등 17명의 신하에게 명하여 고금의 서로 다른 예문을 모아 참작하고 절충하여 50권의 책을 만들고 ㉠ (이)라 이름하였다. - 『동국이상국집』 -

① 교서관에서 갑인자로 인쇄되었다.
② 금속활자로 인쇄한 판본이 남아있다.
③ 최씨 집권기에 활자본 28부를 간행하였다.
④ 현재 프랑스 국립도서관에서 소장하고 있다.

21 | 고려의 승려들 정답 ②

(가)는 수선사 결사를 제창한 지눌, (나)는 유교 사상에 입각한 28조의 개혁안을 건의한 최승로, (다)는 유불 일치설을 주장한 혜심이다.

지눌은 명리에 집착하는 당시 불교계의 타락상을 비판하고, 승려 본연의 자세로 돌아가 독경과 선 수행, 노동에 고루 힘쓰자는 정혜(수선사)결사를 제창하였다.

지눌의 제자인 혜심은 유불일치설을 주장하며 심성의 도야를 강조하여 장차 성리학을 수용할 수 있는 사상적 토대를 마련하였다.

오답분석 ㄴ. 성종은 최승로의 건의를 수용하여 유교 정치 이념을 확립하고 팔관회와 연등회 등 불교 행사를 억제하였다.

● **복습지문**
> 혜심은 유불일치설을 주장하여 성리학 수용의 사상적 토대를 마련하였다.

22 | 고려의 승려들 정답 ③

㉠ 의천은 흥왕사에 교장도감을 설치하고, 고려는 물론 송, 요, 일본 등에서 대장경에 대한 주석서를 수집하여 『신편제종교장총록』이라는 불서 목록을 만들고 이를 토대로 10여 년에 걸쳐 4,700여 권의 전적을 간행하였다.
㉡ 원간섭기에 보우(普愚)와 혜근 등이 원에서 임제종을 들여와 전파시킴으로써 전통 불교를 대신하여 새로운 불교의 주류가 되었다. 태고 보우는 공민왕의 왕사가 되어 9산 선문의 통합 등 교단을 정비하려 하였으나 뜻을 이루지 못하였다.
㉢ 요세는 강진 만덕사(백련사)에서 백련결사를 만들어 불교계 혁신 및 민중 교화에 진력하였다. 백련결사는 자신의 행동을 진정으로 참회하는 법화신앙과 정토 신앙을 실천 방향으로 강조하였다.
㉣ 지눌은 목우자(牧牛子)를 자호로 삼아 평생을 선 수행에 전념하여 수행관을 이론화하였다. 지눌은 마음 닦는 비결을 제시한 『목우자수심결』을 지어 정혜쌍수(定慧雙修)·돈오점수(頓悟漸修)를 주장하였다.

● **복습지문**
> 공민왕 때 보우는 원의 불교인 임제종을 들여와 전파시켰다.
> 지눌은 '목우자수심결'을 지어 마음을 닦고자 하였다.

23 | 의천과 지눌 정답 ③

(가)는 교(敎)와 선(禪)을 함께 수행하는 '교관겸수'를 주장한 의천이며, (나)는 승려 본연의 자세로 돌아가 독경과 선 수행에 힘쓸 것을 주장한 지눌이다.

지눌은 송광사에서 조계종을 개창하고, 돈오점수와 정혜쌍수를 기치로 선종 중심으로 교종을 통합하는 불교 통합 운동을 전개하였다. 지눌은 철저한 수행을 위한 방편으로는 정혜쌍수를 강조하였는데, 이는 선종에서 중시하는 참선뿐만 아니라 교종에서 중시하는 불경 연구도 같이 병행해야 한다는 것이었다.

오답분석 ① 요세가 백련사를 조직하였다.
② 광종 때 혜거가 법안종을 중심으로 선종을 정리하였다.
④ 혜심이 유불일치설을 주장하였다.

24 | 상정고금예문 정답 ③

인종 때 왕명에 따라 최윤의 등이 편찬한 ㉠은 "상정고금예문"이다.
"상정고금예문"은 우리나라의 고금예의와 당나라의 예의를 참작해 왕실의 면복(冕服)·여로(輿輅)·노부(鹵簿) 등의 의례부터 백관(百官)의 장복(章服)에 이르기까지를 다룬 전례서(典禮書)로 오늘날 전하지는 않고 있다. 기록에 따르면 몽골군의 침입으로 도읍을 강화로 옮기는 과정에서 예관들이 이를 미처 챙기지 못하였는데 최우가 소장하던 판본이 남아 있어, 이를 금속활자로 28부를 간행하여 여러 관사에 나누어 보관했다고 한다.

오답분석 ① 갑인자는 조선 세종 때인 1434년 주자소에서 만들어진 활자이다.
② "상정고금예문"은 현재 전하지는 않는다.
④ 현존하는 최고(最古)의 금속활자 인쇄물인 "직지심체요절"이 현재 프랑스 국립도서관에 소장되어 있다.

● **복습지문**
> 인종 때 최윤의가 만든 "상정고금예문"은 최우 집권기에 금속활자로 28부가 인쇄되었다.

Ⅲ. 한국 중세사

25 [2017 국가직 9급] 다음에 나타난 사상에 대한 설명으로 옳지 않은 것은?

> 신(臣)들이 서경의 임원역 지세를 관찰하니, 이곳이 곧 음양가들이 말하는 매우 좋은 터입니다. 만약 궁궐을 지어서 거처하면 천하를 병합할 수 있고, 금나라가 폐백을 가지고 와 스스로 항복할 것이며, 36국이 모두 신하가 될 것입니다.

① 서경 천도 운동의 배경이 되었다.
② 문종 때 남경 설치의 배경이 되었다.
③ 하늘에 제사 지내는 초제의 사상적 근거가 되었다.
④ 공민왕과 우왕 때 한양 천도 주장의 근거가 되었다.

27 [2024 국가직 9급] 밑줄 친 '이 나라'의 문화유산으로 옳지 않은 것은?

> 송나라 사신 서긍은 그의 저술에서 이 나라 자기의 빛깔과 모양에 대해, "도자기의 빛깔이 푸른 것을 사람들은 비색이라고 부른다. 근래에 와서 만드는 솜씨가 교묘하고 빛깔도 더욱 예뻐졌다. 술그릇의 모양은 오이와 같은데, 위에 작은 뚜껑이 있고 연꽃이나 엎드린 오리 모양을 하고 있다. 또, 주발, 접시, 사발, 꽃병 등도 있었다."라고 하였다.

① 안동 봉정사 극락전
② 구례 화엄사 각황전
③ 예산 수덕사 대웅전
④ 영주 부석사 무량수전

26 [2024 지방직 9급] (가) 문화유산에 대한 설명으로 옳은 것은?

> (가) 은/는 1377년 청주 흥덕사에서 인쇄한 것이다. 독일 구텐베르크가 인쇄한 책보다 70여 년 앞서 간행된 것으로 밝혀졌다. 현재 유네스코 세계 기록 유산으로 등재되어 있다.

① 최윤의 등이 지은 의례서를 인쇄한 것이다.
② 몽골의 침략을 물리치려는 염원을 담고 있다.
③ 현존하는 금속활자본 중에서 가장 오래된 것이다.
④ 우리나라 풍토에 맞는 처방과 약재 등이 기록되어 있다.

28 [2022 국가직 9급] 다음 설명에 해당하는 문화유산은?

> 이 건물은 주심포 양식에 맞배지붕 건물로 기둥은 배흘림 양식이다. 1972년 보수 공사 중에 공민왕 때 중창하였다는 상량문이 나와 우리나라에서 가장 오래된 목조 건물로 보고 있다.

① 서울 흥인지문
② 안동 봉정사 극락전
③ 영주 부석사 무량수전
④ 합천 해인사 장경판전

25 | 풍수지리설   정답 ③

제시된 자료는 고려 중기 묘청의 서경천도 운동에서 서경길지설을 주장한 내용으로, 풍수지리설을 사상적 근거로 내세웠다.
풍수지리설은 신라 말기의 승려 도선이 체계화한 것으로, 당시 지방 호족의 지역적 근거 및 정당성 확보를 위해 활용되었다. 고려 시대에는 묘청의 서경천도 운동, 문종 때 남경 설치, 공민왕과 우왕 때 남경길지설에 따른 한양천도주장 등의 근거가 되기도 했다. 조선시대에는 사대부들에 의해 미신이라 비판받았지만 집자리, 조상의 무덤 자리를 선정할 때 반드시 참고하는 등 생활에는 큰 영향을 미쳤다.

오답분석 ③ 소격서에서 주관한 초제는 도교를 사상적 근거로 삼았다.

27 | 고려의 문화유산(고려도경)   정답 ②

송나라 사신 서긍이 방문한 '이 나라'는 고려이다.
1123년(인종 1)에 송나라 사절의 한 사람으로 고려에 왔던 서긍은 귀국한 뒤 『선화봉사고려도경』을 지어 자신이 보고 듣고 느낀 고려의 산천과 풍속, 각종 제도, 왕래 도로 등을 상세히 기록했다.
고려 시대 목조 건축물은 주로 주심포 양식이 유행하였는데, 안동 봉정사 극락전, 영주 부석사 무량수전, 예산 수덕사 대웅전 등이 지금까지 남아있다. 수덕사 대웅전은 단층의 맞배지붕의 구조이며, 부석사 무량수전은 단층의 팔작지붕 건물로 수덕사 대웅전과 마찬가지로 배흘림 기둥을 사용하여 안정감을 주는 특징을 보인다.

오답분석 ② 구례 화엄사 각황전은 법주사 팔상전, 금산사 미륵전과 함께 17세기(조선 후기)에 건립된 불교 건축물이다.

26 | 직지심경   정답 ③

(가)는 1377년에 청주 흥덕사에서 인쇄한 『직지심체요절』이다.
청주 흥덕사에서 1377년에 금속활자로 인쇄한 『직지심체요절』은 세계 최고의 금속활자본으로 공인되었다. 『직지심체요절』은 1886년 조불수호통상조약 이후 초대 공사를 지낸 콜랭 드 플랑시가 국내에서 구매해 프랑스로 가져갔으며, 프랑스 국립도서관에 소장되어 있다.

오답분석 ① 인종 때 최윤의 등이 의례서 『상정고금예문』을 편찬하고, 1234년에 이를 금속 활자로 인쇄하였다.
② 재조대장경(팔만대장경)이 몽골의 침략을 물리치려는 염원에서 판각되었다.
④ 『향약구급방』이 우리나라 풍토에 맞는 처방과 약재 등이 기록되어 있다.

28 | 주심포 양식   정답 ②

주심포 양식에 맞배지붕 건물로 우리나라에서 가장 오래된 목조 건물은 안동 봉정사 극락전이다.
고려 시대 목조 건축물은 주로 주심포 양식이 유행하였는데, 13세기 이후에 지은 안동 봉정사 극락전, 영주 부석사 무량수전, 예산 수덕사 대웅전 등이 지금까지 남아 있다. 안동 봉정사 극락전은 공민왕 12년(1363)에 중창했다는 상량문이 발견되어 현존 최고(最古)의 목조 건물임이 확인되었다.

오답분석 ① 서울 흥인지문은 조선 건국 직후 한성 도성 건설 때 만들어졌다.
③ 우왕 2년(1376)에 새로 지은 영주 부석사 무량수전은 주심포 양식에다 배흘림 기둥, 팔작 지붕이 조화를 잘 이루고 있다.
④ 합천 해인사 장경판전은 15세기에 건립되었으며 대장경 목판 보관을 목적으로 지어진 세계에서 유일한 건축물이다.

Ⅲ. 한국 중세사

29 [2022 지방직 9급] 밑줄 친 '이 시기'에 있었던 사실로 옳은 것은?

> 이 시기의 불교 조각은 지역에 따라 다양하게 제작되었다. 처음에는 하남 하사창동의 철조 석가여래 좌상과 같은 대형 철불이 많이 제작되었다. 또한 덩치가 큰 석불이 유행하였는데, 논산 관촉사 석조 미륵보살 입상이 대표적이다. 이 불상은 큰 규모에 비해 조형미는 다소 떨어지지만, 소박한 지방 문화의 모습을 잘 보여 준다.

① 성골 출신의 국왕이 재위하였다.
② 지방 세력으로 호족이 존재하였다.
③ 풍양 조씨 등 특정 가문이 정권을 장악하였다.
④ 성리학에 투철한 사림 세력이 정국을 주도하였다.

31 [2020 국가직 7급] (가) 왕대에 볼 수 없었던 조형물은?

> 대리석으로 만든 10층 석탑으로 원래는 경천사에 세워졌다. 이후 원위치에서 불법 반출되어 일본으로 건너갔다가 반환되는 우여곡절을 겪기도 했다. 이 석탑은 표면에 새겨진 명문에 의하여 (가) 왕대에 건립된 것으로 알려져 있다.

① 불국사 다보탑
② 원각사 10층 석탑
③ 법천사 지광국사탑
④ 관촉사 석조미륵보살입상

30 [2023 국가직 9급] 고려시대 문화유산에 대한 설명으로 옳지 않은 것은?

① 황해도 사리원 성불사 응진전은 다포 양식의 건물이다.
② 월정사 팔각 9층 석탑은 원의 석탑을 모방하여 제작하였다.
③ 여주 고달사지 승탑은 통일 신라의 팔각원당형 양식을 계승하였다.
④ 『직지심체요절』은 세계기록유산으로 등재된 현존하는 가장 오래된 금속활자본이다.

32 [2021 서울시 9급] 〈보기〉에서 고려시대 회화 작품을 모두 고른 것은?

> ● 보기 ●
> ㄱ. 고사관수도
> ㄴ. 부석사 조사당 벽화
> ㄷ. 예성강도
> ㄹ. 송하보월도

① ㄱ, ㄷ   ② ㄱ, ㄹ   ③ ㄴ, ㄷ   ④ ㄴ, ㄹ

29 | 고려의 불상　　　　　　　　　　　정답 ②

하남 하사창동 철조 석가여래 좌상, 논산 관촉사 석조 미륵보살 입상은 모두 고려 초기에 제작된 불상이다.

고려 초기에는 대형 철불이 많이 조성되었는데, 이 가운데서 가장 큰 것은 하남 하사창동 석가여래좌상으로 높이가 2.88m에 달하며 주조기술도 뛰어나고 표현기법도 비교적 우수한 작품이다. 또한 논산 관촉사 석조 미륵보살 입상이나 개태사지 석불 입상과 같이 거대한 불상도 많이 만들어졌다.

신라 하대에 '호족'이라고 불리는 지방 세력이 등장하였다. 고려를 건국한 태조 왕건은 유력한 호족과는 정략 결혼을 통하여 관계를 깊게 다지고, 왕씨 성을 수여하는 사성 제도를 실시하여 왕족으로 포섭하는 한편, 사심관과 기인 제도를 활용하여 지방 호족들을 견제하고 지방 통치를 보완하였다.

오답분석　① 신라 진덕여왕(647~654) 때까지 성골 출신의 국왕이 재위하였다.
③ 19세기 세도정치 시기에 안동 김씨, 풍양 조씨 등 특정 가문이 정권을 장악하였다.
④ 조선 선조 이후에 사림 세력이 정국을 주도하였다.

30 | 고려 시대 문화유산　　　　　　　　정답 ②

① 고려 후기에 공포를 기둥뿐 아니라 기둥 사이에도 설치한 다포식 건물이 등장하였다. 이 양식은 건물의 규모가 클 때 많이 쓰며, 조선 시대 건축에까지 큰 영향을 끼쳤다. 황해도 사리원의 성불사 응진전이 고려 시대에 지어진 대표적인 다포 양식의 건물이다.
③ 고려 시대의 승탑은 고달사지 승탑과 같이 신라 후기의 팔각원당형 양식을 계승하는 것이 많았지만, 여주 신륵사 보제존자 석종과 같이 석종형의 승탑이 처음 만들어지고, 법천사 지광국사 현묘탑과 같은 특이한 형태를 띠는 승탑도 만들어졌다.
④ 고려에서는 일찍부터 활판 인쇄술의 개발에 힘을 기울였으며, 12세기 말이나 13세기 초에 금속활자 인쇄술을 발명하였다. 몽골과 전쟁 중이던 강화도 피난시에는 금속활자로 상정고금예문을 인쇄하였다(1234). 그러나 이 책은 오늘날 전해지지 않고 있으며, 청주 흥덕사에서 간행한 직지심체요절(1377)이 현존하는 세계 최고의 금속활자본으로 공인받고 있다.

오답분석　② 월정사 8각 9층 석탑은 고려 전기에 송의 영향을 받아 제작된 석탑이다. 12세기경에 건립된 석탑으로, 고려시대 다층다각 석탑을 대표하는 유물이다.

● **복습지문**
고달사지 승탑은 통일 신라의 팔각원당형 양식을 계승하였다.

31 | 경천사 10층 석탑　　　　　　　　정답 ②

자료에서 설명하는 석탑은 경천사지 10층 석탑으로 고려 후기 충목왕 때 건립되었다.

경천사지 10층 석탑은 화강암이 아닌 대리석으로 만들어졌고, 원에서 유행하던 티베트 불교(라마교)의 영향을 받아 화려한 조각이 새겨져 있다. 경천사지 10층 석탑은 1907년에 일본으로 반출되었다가 광복 후 반환되어 경복궁에 있었는데, 파손된 부분을 해체 복원하여 국립 중앙 박물관으로 옮겼다.

신라 중대에 건립한 불국사 다보탑, 고려 전기에 건립한 법천사 지광국사탑과 관촉사 석조미륵보살입상은 충목왕 대에도 볼 수 있었던 조형물이다.

오답분석　② 경천사지 10층 석탑의 영향을 받은 원각사지 10층 석탑은 조선 세조 때 건립되었다.

32 | 고려 시대의 그림　　　　　　　　정답 ③

고려 시대에는 그림을 관장하는 도화원이 있어 여기에 소속된 화원이 다양한 그림을 그렸다. 예성강도를 그린 이령과 그의 아들 이광필이 화원으로 이름을 날렸으나, 그들의 그림은 전하지 않는다.

고려 후기에는 사대부층이 성장하면서 사군자 중심의 문인화가 유행하고, 왕실과 권문세족의 구복적 요구에 따라 불화가 많이 그려졌다. 이 밖에, 사찰과 고분의 벽화가 일부 남아 있는데, 영주 부석사 조사당 벽화의 사천왕상과 보살상이 대표적이다.

오답분석　ㄱ. 조선 초기에 활동한 문인 화가 강희안이 고사관수도를 그렸다.
ㄹ. 조선 중기에 활동한 노비 출신의 화원 이상좌가 송하보월도를 그렸다.

2026 9급(국가직 · 지방직 · 서울시), 법원직 대비

최근 7개년 9급(국가직, 지방직)
대단원별 기출 분석

대단원	문항 수	비율
Ⅰ. 고조선과 초기 국가	15문항	5.3%
Ⅱ. 한국 고대사	41문항	14.6%
Ⅲ. 한국 중세사	46문항	16.4%
Ⅳ. 근세 전기	33문항	11.8%
Ⅴ. 근세 후기	28문항	10%
Ⅵ. 한국 근대사	43문항	15.3%
Ⅶ. 독립운동사	41문항	14.6%
Ⅷ. 한국 현대사	23문항	8.2%
기타	11문항	4%

1. 근세 전기의 정치

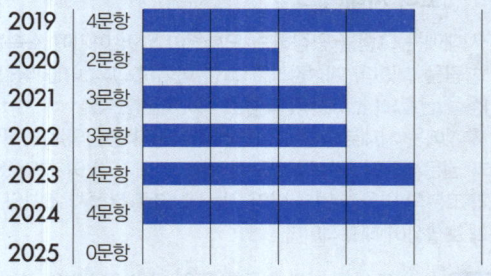

2. 근세 전기의 경제와 사회

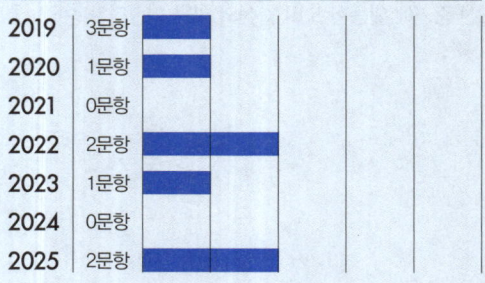

3. 근세 전기의 문화

2019	3문항
2020	1문항
2021	0문항
2022	2문항
2023	1문항
2024	0문항
2025	2문항

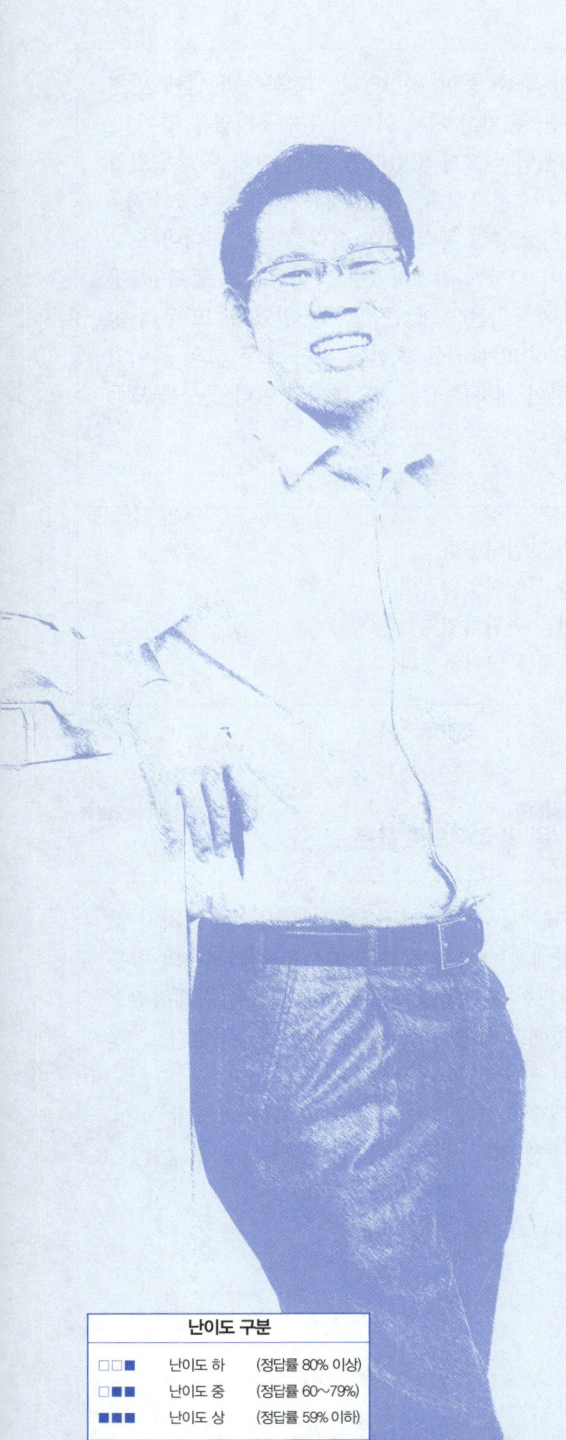

Compact History

IV

근세 전기

01 근세 전기의 정치

02 근세 전기의 경제와 사회

03 근세 전기의 문화

누적 수강생 70만 명의 검증된 역사전문가!
저자 직강 www.megagong.net에서 만날 수 있습니다!

난이도 구분

□□■ 난이도 하 (정답률 80% 이상)
□■■ 난이도 중 (정답률 60~79%)
■■■ 난이도 상 (정답률 59% 이하)

IV. 근세 전기

01 | 근세 전기의 정치

01 [2017 국가직 9급] 밑줄 친 '그'에 대한 설명으로 옳은 것은?

> 그는 이성계를 추대하여 조선 왕조를 개창한 공으로 개국 1등 공신이 되었으며, 의정부를 중심으로 하는 재상 중심의 관료정치를 주장하였다. 그리고 『불씨잡변』을 저술하여 불교의 사회적 폐단을 비판하였다.

① 왜구의 소굴인 쓰시마 섬을 정벌하였다.
② 백성들의 윤리서인 "삼강행실도"를 편찬하였다.
③ 여진족을 두만강 밖으로 몰아내고 6진을 개척하였다.
④ "조선경국전"을 편찬하여 왕조의 통치 규범을 마련하였다.

02 [2019 지방직 9급] 밑줄 친 '그'에 대한 설명으로 옳지 않은 것은?

> 그와 남은이 임금을 뵈옵고 요동을 공격하기를 요청하였고, 그리하여 급하게 『진도(陣圖)』를 익히게 하였다. 이보다 먼저 좌정승 조준이 휴가를 받아 집에 있을 때, 그와 남은이 조준을 방문하여, "요동을 공격하는 일은 지금 이미 결정되었으니 공(公)은 다시 말하지 마십시오."라고 말하였다.

① 만권당에서 원의 학자들과 교류하였다.
② 맹자의 역성혁명론을 조선건국에 적용하였다.
③ 한양 도성의 성문과 궁궐 등의 이름을 지었다.
④ 『경제문감』을 저술하여 재상 중심의 정치를 주장하였다.

03 [2022 법원직] 밑줄 친 '그'에 대한 설명으로 옳은 것을 <보기>에서 모두 고른 것은?

> 참찬문하부사 하륜 등이 청하였다. "정몽주의 난에 만일 그가 없었다면, 큰일이 거의 이루어지지 못하였을 것이고, 정도전의 난에 만일 그가 없었다면, 또한 어찌 오늘이 있었겠습니까? …… 청하건대, 그를 세워 세자를 삼으소서." 임금이 말하기를, "경 등의 말이 옳다."하고, 드디어 도승지에게 명하여 도당에 전지하였다. "…… 나의 동복(同腹) 아우인 그는 개국하는 초에 큰 공로가 있었고, 또 우리 형제 4, 5인이 성명(性命)을 보전한 것이 모두 그의 공이었다. 이제 명하여 세자를 삼고, 또 내외의 여러 군사를 도독하게 한다."

● 보기 ●
ㄱ. 영정법을 도입하였다.
ㄴ. 호패법을 시행하였다.
ㄷ. 경국대전을 편찬하였다.
ㄹ. 6조 직계제를 실시하였다.

① ㄱ, ㄴ   ② ㄱ, ㄷ   ③ ㄴ, ㄹ   ④ ㄷ, ㄹ

04 [2022 간호직 8급] 밑줄 친 '왕'의 업적으로 옳은 것은?

> 왕은 6조 직계제를 시행하여 6조에서 의정부를 거치지 않고 곧바로 왕에게 재가를 받도록 함으로써 의정부의 힘을 약화시켰다. 또한 사간원을 독립시켜 대신들을 견제하였으며, 사병을 없애고 사원이 소유한 토지를 몰수하였다.

① 『정간보』를 창안하였다.
② 계미자를 주조하였다.
③ 『동국병감』을 간행하였다.
④ 『천상열차분야지도』를 돌에 새겼다.

01 | 정도전 정답 ④

이성계를 추대하여 조선 왕조를 개창하였고, "불씨잡변"을 저술한 인물은 정도전이다.
정도전은 1394년 "조선경국전"을 편찬하여 왕조의 통치 규범을 마련하였고, 1395년 정총 등과 더불어 "고려국사", "경제문감" 등을 지었다.

오답분석 ① 세종 때 이종무로 하여금 왜구의 소굴인 쓰시마 섬을 정벌하게 하였다.
② 세종 때 설순 등이 왕명에 의해 "삼강행실도"를 편찬하였다.
③ 세종 때 김종서의 주도로 북방의 여진족을 두만강 밖으로 몰아내고 6진을 개척하였다.

● **복습지문**
정도전은 "조선경국전", "경제문감" 등을 저술하여 왕조의 통치 규범을 마련하였다.

02 | 정도전 정답 ①

밑줄 친 '그'는 남은과 함께 진법 훈련을 강화하며 요동정벌을 준비한 정도전(1342~1398)이다.
위화도 회군(1388) 이후 정도전, 조준 등 급진 개혁파는 고려 왕조를 부정하는 역성혁명을 주장하였다. 이들 급진 개혁파는 역성혁명을 반대하던 정몽주를 비롯한 온건파 사대부를 제거하고 조선을 건국하였다(1392).
조선 건국 후 정도전은 조선 왕조의 통치 규범을 종합적으로 제시한 『조선경국전』과 『경제문감』을 저술하여 재상 중심의 합리적인 관료 지배 체제와 민본 사상을 강조하였다. 또, 『불씨잡변』을 저술하여 불교의 사회적 폐단과 철학적 비합리성을 비판하고, 성리학을 통치 이념으로 확립시켰다.
조선 왕조는 건국 후 수도를 개성에서 한양으로 옮기고 태조 4년(1395)부터 정도전의 주도하에 도성을 건설하였다. 이때 정도전은 도성의 성문과 궁궐의 전각에 이름을 지었는데, 도성의 4대문은 유교사상인 인·의·예·지 덕목을 담아 흥인문(동대문), 돈의문(서대문), 숭례문(남대문), 숙정문(북대문)이라 이름을 지었다.

오답분석 ① 만권당은 고려 충선왕이 원나라의 수도에 지은 독서당이다. 충선왕은 이제현, 백이정, 박충좌 등을 불러 들여 만권당에서 원의 학자들과 교류하게 하였다.

03 | 태종 정답 ③

'그'는 조선 건국에 반대한 정몽주를 살해하고, 제1차 왕자의 난을 통해 정도전 등을 제거한 이방원(태종)이다.
태종(1400~1418)은 1401년 명목상으로만 존재하던 문하부를 혁파하여 의정부를 최고 아문으로 정립하고, 간쟁을 담당하던 문하부 낭사를 사간원으로 독립시켜 대신들을 견제하게 하였다. 1414년에는 6조 직계제를 채택하여 의정부와 재상의 권한을 약화시켰다. 지방 행정구역도 정비하여 8도제를 확립하고 군현제를 재조정하여 속현을 없애고 모든 군현에 지방관을 파견하였다. 아울러 호구와 인구 파악을 위해 호패법을 실시하고, 창덕궁 앞에 신문고를 설치하여 고변을 신고하게 하였다. .

오답분석 ㄱ. 인조 때 영정법을 시행하여 풍년과 흉년에 관계없이 전세를 4~6두로 고정시켰다.
ㄷ. 성종 때 경국대전의 편찬을 완료하여 반포하였다.

04 | 태종(6조 직계제) 정답 ②

6조 직계제를 실시하고, 문하부 낭사를 사간원으로 독립시킨 '왕'은 태종이다.
두 차례에 걸친 왕자의 난을 통하여 개국 공신 세력을 몰아내고 왕위에 오른 태종은 왕권을 강화하고 국왕 중심의 통치 체제를 정비하고자 하였다. 태종은 6조 직계제를 채택하였으며, 언론 기관인 사간원을 독립시켜 대신들을 견제하게 하였다.
태종 때 주자소를 설치하고 구리로 계미자(1403)를 주조하였다.

오답분석 ① 세종 때 소리의 장단과 높낮이를 표현할 수 있는 『정간보』를 창안하였다.
③ 문종 때 고조선에서 고려 말까지 한국과 중국 사이에 일어난 전쟁사를 정리한 『동국병감』을 간행하였다.
④ 태조 때 고구려의 천문도를 바탕으로 『천상열차분야지도』를 돌에 새긴 별자리 지도를 만들었다.

IV. 근세 전기

05 2024 법원직
(가), (나) 사이 시기에 있었던 사실로 가장 옳은 것은?

> (가) 봉화백(奉化伯) 정도전·의성군(宜城君) 남은과 부성군(富城君) 심효생(沈孝生) 등이 여러 왕자들을 해치려 꾀하다가 성공하지 못하고 형벌에 복종하여 참형을 당하였다.
>
> (나) 상왕이 말하기를, "만약 물리치지 못하고 항상 침노만 받는다면, 한(漢)나라가 흉노에게 욕을 당한 것과 무엇이 다르겠는가. …… 구주(九州)에서 온 왜인만은 구류하여 경동하는 일이 없게 하라. 또 우리가 약한 것을 보이는 것은 불가하니, 후일의 환이 어찌 다함이 있으랴."하고, 곧 이종무를 삼군 도체찰사로 명하여, 중군을 거느리게 하였다.

① 경연이 폐지되었다.
② 홍문관이 설치되었다.
③ 6조 직계제가 시행되었다.
④ 위화도 회군이 단행되었다.

06 2018 지방직 9급
(가) 인물의 업적으로 옳은 것은?

> 왕세자를 세우는 것은 나라의 근본을 정하는 일이다. (가) 은/는 문무의 자질을 겸비하고 뛰어난 덕을 갖추었으며, 상왕께서 개국(開國)하던 때에 대의를 주장하였다. 또한 형인 과인을 호위하여 큰 공을 세웠으므로 이에 (가) 을/를 왕세자로 삼는다.

① 사간원을 독립시켜 대신을 견제하였다.
② 사림을 등용하여 훈구의 독주를 막았다.
③ 경국대전을 편찬하여 통치 체제를 정비하였다.
④ 이조 전랑의 3사 관리 추천 관행을 폐지하였다.

07 2020 국가직 7급
(가)를 편찬한 왕대에 일어난 사실로 옳은 것은?

> S# 15. 어전회의
> 국왕: 짐이 오랫동안 농사에 관심을 두고 있어 옛글의 농사짓는 방법에도 관심이 있었소. 그런데, 옛글에 있는 방법으로 농사를 지으니 지방에 따라 농사가 잘 되는 곳과 안 되는 곳이 있다는 보고가 있었소. 짐의 생각으로는 지방마다 풍토가 달라 곡식을 심고 가꾸는 데 각기 맞는 방법이 있을 것 같은데, 이를 알아낼 방도를 말해 보시오.
> 신하 1: 여러 도의 감사에게 명하여 고을의 나이 많은 농부에게 물어 이미 그 효과가 입증된 것을 아뢰도록 하는 것이 어떨까 합니다.
> 국왕: 아주 좋은 생각이오. 그렇게 수집된 것 중 중요한 것을 추려서 편찬하고 책의 제목을 (가) (이)라고 하는 것이 어떻겠소?

① 대보단을 설치하였다.
② 구리로 만든 계미자를 주조하였다.
③ 여민락 등을 짓고 정간보를 창안하였다.
④ 기유약조를 맺고 일본과의 무역을 허용하였다.

08 2022 지방직 9급
밑줄 친 '왕'의 업적으로 옳은 것은?

> 풍토에 따라 곡식을 심고 가꾸는 법이 다르니, 고을의 경험 많은 농부를 각 도의 감사가 방문하여 농사짓는 방법을 알아본 후 아뢰라고 왕께서 명령하셨다. 이어 왕께서 정초와 변효문 등을 시켜 감사가 아뢴 바 중에서 꼭 필요하고 중요한 것만을 뽑아『농사직설』을 편찬하게 하셨다.

① 공법을 제정하였다.
② 한양으로 도읍을 옮겼다.
③『경국대전』을 완성하였다.
④ 조광조를 등용하여 개혁 정치를 실시하였다.

05 | 왕자의 난과 대마도 정벌 정답 ③

(가)는 이방원(태종)이 정도전, 남은 등을 제거한 제1차 왕자의 난(1398), (나)는 1419년(세종 1) 이종무의 대마도 정벌에 대한 기사이다.
정종의 양위를 받아 등극한 태종(1400~1418)은 명목상으로만 존재하던 문하부를 혁파하여 의정부를 최고 아문으로 정립하고, 간쟁을 담당하던 문하부 낭사를 사간원으로 독립시켜 대신들을 견제하게 하였다. 1414년에는 6조 직계제를 채택하여 육조에서 국왕에게 직접 계문하도록 함으로써, 왕—의정부—육조의 국정 체제를 왕—육조의 체제로 전환해 왕권과 중앙집권을 크게 강화하였다.

오답분석 ① 세조 때 단종 복위 사건을 계기로 집현전을 없애고 경연과 사가독서제를 폐지하였다.
② 성종 때 집현전을 계승한 홍문관을 설치하고 관원들로 하여금 경연관을 겸하게 하였다.
④ 1388년에 이성계가 위화도에서 회군하여 정권을 장악하였다.

06 | 태종 정답 ①

상왕(태조 이성계)이 개국(開國)하였고, 형인 과인(정종)을 호위하여 왕자의 난에서 큰 공을 세웠다는 사실을 통해 (가) 인물은 태종 이방원임을 알 수 있다.
두 차례에 걸친 왕자의 난을 통하여 개국 공신 세력을 몰아내고 왕위에 오른 태종은 왕권을 강화하고 국왕 중심의 통치 체제를 정비하고자 하였다. 태종은 6조 직계제를 채택하였으며, 언론 기관인 사간원을 독립시켜 대신들을 견제하게 하였다. 지방 행정구역도 정비하여 8도제를 확립하고 군현제를 재조정하여 속현을 없애고 모든 군현에 지방관을 파견하였다. 또한 국가 재정 확충에도 힘써 양전 사업을 통해 120만여 결의 전지를 확보하고, 호구와 인구 파악을 위해 호패법을 실시하였으며, 창덕궁 앞에 신문고를 설치하여 고변을 신고하게 하였다.

오답분석 ② 성종 때 훈구 세력을 견제하기 위해 사림을 등용하였다.
③ 성종 때 『경국대전』을 편찬하여 통치 체제를 정비하였다.
④ 영조가 이조 전랑이 3사의 관리를 선발하는 통청권을 혁파하였다.

07 | 세종 정답 ③

고을의 나이 많은 농부들의 실제 경험을 토대로 편찬한 농서는 『농사직설』이다.
세종 때에 정초, 변효문 등이 편찬한 『농사직설』은 우리나라 기후 풍토에 알맞은 독자적인 농법을 처음으로 정리한 농서이며, 이후 간행된 농서들의 모범이 되었다. 편찬 직후 각 도의 감사와 주·부·군·현 및 경중(京中)의 2품 이상에게 널리 나누어 주고, 각 지방에서 활용하도록 하였다.
세종 때 박연 등이 60여 종의 악기를 개량하고, 악곡과 악보를 정리하여 아악을 체계화함으로써 아악이 궁중 음악으로 발전하게 하였다. 세종 자신도 '여민락' 등의 악곡을 짓고 소리의 장단과 높낮이를 표현할 수 있는 정간보를 창안하였다.

오답분석 ① 숙종 때 창덕궁에 대보단을 세워 임진왜란 때 군대를 보내 준 명나라 신종황제를 제사 지냈다.
② 태종 때 주자소를 설치하고 구리로 계미자(1403)를 주조하였다.
④ 광해군 때 기유약조(1609)를 맺고 일본과의 무역을 허용하였다.

● **복습지문**
세종 때 여민락을 짓고 정간보를 창안하였다.

08 | 세종 정답 ①

정초, 변효문 등에게 『농사직설』을 편찬하게 한 '왕'은 세종이다.
세종 때 경상·충청·전라도 관찰사에게 왕명을 내려 노농(老農)을 찾아가 각 지역의 농업 기술을 조사하고 그 내용을 기록하여 보고하게 하였다. 이를 기초로 정초와 변효문이 내용을 정리하고 체제를 갖추어 『농사직설』을 편찬하였다.
세종 때 농민 부담의 경감과 공평 과세를 위해 공법절목을 마련하고 공법(貢法)을 시행하였다. 그 결과 토지의 비옥도를 6등급으로 나누고 풍흉의 정도를 9등급으로 나누어, 조세 액수를 1결당 최고 20두에서 최하 4두를 내도록 하였다. 이를 각각 전분6등법(수등이척)과 연분9등법이라 한다.

오답분석 ② 조선 건국 후 태조 때 한양으로 도읍을 옮겼다.
③ 성종 때 『경국대전』을 완성하여 반포하였다.
④ 중종 때 조광조 등 사림 세력을 등용하였다.

Ⅳ. 근세 전기

09 [2017 지방직 7급] 세종 재위 기간에 있었던 사실만을 모두 고른 것은?

ㄱ. 왜구의 소굴인 쓰시마 섬을 정벌하였다.
ㄴ. 삼포에 대한 조선 정부의 통제가 강화되자, 삼포왜란이 일어났다.
ㄷ. 김종서를 함경도 관찰사로 임명하여 두만강 유역에 6진을 개척하였다.
ㄹ. 압록강 방면에 여진족의 침입이 잦아지자, 최윤덕을 파견하여 그들을 토벌하였다.
ㅁ. 쓰시마 도주(島主)와 계해약조를 맺어 연간 50척의 세견선을 파견할 수 있게 하였다.

① ㄱ, ㄴ
② ㄱ, ㄷ, ㄹ
③ ㄱ, ㄷ, ㄹ, ㅁ
④ ㄴ, ㄷ, ㄹ, ㅁ

10 [2019 지방직 9급] 다음 정책을 추진한 국왕 대에 있었던 사실로 옳은 것은?

옛적에 관가의 노비는 아이를 낳은 지 7일 후에 입역(立役)하였는데, 아이를 두고 입역하면 어린 아이에게 해로울 것이라 걱정하여 100일간의 휴가를 더 주게 하였다. 그러나 출산에 임박하여 일하다가 몸이 지치면 미처 집에 도착하기 전에 아이를 낳는 경우가 있다. 만일 산기에 임하여 1개월 간의 일을 면제하여 주면 어떻겠는가. 가령 저들이 속인다 할지라도 1개월까지야 넘길 수 있겠는가. 상정소(詳定所)로 하여금 이에 대한 법을 제정하게 하라.

① 사형의 판결에는 삼복법을 적용하였다.
② 주자소를 설치하여 계미자를 주조하였다.
③ 국방력 강화를 위해 진관체제를 실시하였다.
④ 도평의사사를 개편하여 의정부를 설치하였다.

11 [2017 지방직 9급] 다음과 같은 명을 내린 왕에 대한 설명으로 옳은 것은?

삼강은 인도의 근본이니, 군신·부자·부부의 도리를 먼저 알아야 할 것이다. 이제 내가 유신에게 명하여 고금의 사적을 편집하고 아울러 그림을 붙여 만들어 이름을 '삼강행실'이라 하고, 인쇄하게 하여 서울과 외방에 널리 펴고자 한다.

① 압록강과 두만강 지역에 4군 6진을 설치하였다.
② 훈구세력을 견제하기 위해 사림을 적극 중용하였다.
③ 국조오례의를 편찬하여 국가의 예법과 절차를 정하였다.
④ 토지 등급을 대부분 하등으로 정하여 전세를 경감해 주었다.

12 [2022 법원직] (가) 인물에 대한 설명으로 가장 옳은 것은?

○ 황보인, 김종서 등이 역모를 품고 몰래 안평 대군과 연결하고, 환관들과 은밀히 내통하여 날짜를 정하여 반란을 꾀하고자 하였다. 이에 (가) 와 정인지, 한확, 박종우, 한명회 등이 그 기미를 밝혀 그들을 제거하였다.
○ (가) 이/가 명하기를, "집현전을 없애고, 경연을 정지하며, 거기에 소장하였던 서책은 모두 예문관에서 관장하게 하라."라고 하였다.

① 전민변정도감을 설치하였다.
② 석보상절을 한글로 번역하여 편찬하였다.
③ 불교 종파를 선·교 양종으로 병합하였다.
④ 정여립 모반 사건을 계기로 기축옥사를 일으켰다.

09 | 세종   정답 ③

세종은 이종무로 하여금 왜구의 소굴인 쓰시마섬(대마도)를 정벌하게 하여 왜구의 근절을 약속받았고, 1443년 쓰시마 도주(島主)와 세견선 50척, 세사미두 200석의 제한된 범위 내에서 교역을 허락하는 계해약조를 맺었다.
한편 세종 때에는 여진족의 침입이 잦아짐에 따라 최윤덕이 압록강 유역의 4군을, 김종서가 두만강 유역의 6진을 개척하여 압록강과 두만강을 경계로 하는 국경선을 확정지었다.

오답분석 ㄴ. 중종 때 삼포에 대한 외교적인 혜택을 중단하고 엄격한 법규를 적용하자, 1510년 부산포·내이포·염포 등 삼포에서 거주하고 있던 왜인들이 난을 일으켰다(삼포왜란).

● **복습지문**
세종 때 쓰시마 도주와 계해약조를 맺어 연간 50척의 세견선 파견을 허락하였다.

10 | 세종   정답 ①

관비의 출산휴가를 산전 한 달, 산후 100일로 늘려주고, 그 남편에게도 산후 한 달간 휴가를 주는 정책을 시행한 국왕은 조선 세종이다.
세종은 공법(貢法)을 실시하여 전세를 낮추고 공평하게 부과하였으며, 의창제를 실시하여 빈민을 구제하였다. 공법을 제정할 때 조정의 신하와 지방의 촌민에 이르기까지 18만 명의 의견을 묻는 등 백성들의 여론을 존중하였다. 이밖에도 감옥 시설을 개선하고 사형수에 대한 복심제를 도입하는 등 형벌 제도를 정비하였다.

오답분석 ② 태종 때 주자소를 설치하고 구리로 계미자(1403)를 주조하였다.
③ 세조 때 군사 제도를 정비하여 중앙군으로 5위를 설치하고 이를 지휘하는 5위도총부를 두었으며, 보법을 실시하고 진관 체제를 확립하였다.
④ 정종 때인 1400년에 이방원(뒤의 태종)의 주도하에 국정의 최고 의결·집행기관이었던 도평의사사를 개편하여 의정부를 설치하였다.

● **복습지문**
세종은 사형수에 대한 복심제를 시행하였다.
세종은 관비의 출산 휴가를 늘려주었다.

11 | 세종(삼강행실도)   정답 ①

제시문은 세종 때 편찬된 "삼강행실도"의 서문이다.
세종은 집현전 부제학 설순 등에게 군신·부자·부부의 삼강(三綱)에 모범이 될 만한 충신·효자·열녀의 행실을 모아 그림을 붙여 "삼강행실도"를 편찬하게 하였다.
세종 때에는 북방의 여진족의 침입이 잦아짐에 따라 최윤덕이 압록강 유역의 4군을, 김종서가 두만강 유역의 6진을 개척하여 압록강과 두만강을 경계로 하는 국경선을 확정지었다.

오답분석 ② 성종 때 훈구세력을 견제하기 위해 사림을 적극 중용하였다.
③ 성종 때 "국조오례의"를 편찬하여 간행하였다.
④ 인조 때 토지 등급을 대부분 하등으로 정하여 전세를 경감해 준 영정법이 시행되었다.

12 | 세조(수양대군)   정답 ②

(가)는 계유정난(1453)을 일으켜 김종서, 황보인 등을 제거하고 정권을 장악한 뒤 단종의 선양으로 왕위에 올랐던 수양대군(세조)이다.
세조는 강력한 왕권을 행사하기 위하여 통치 체제를 6조 직계제로 고쳤고, 1456년 사육신 등이 단종 복위를 꾀하다가 발각된 사건을 계기로 집현전을 없애고 경연과 사가독서제를 폐지하였다.
세종은 소헌왕후가 세상을 떠나자 왕후의 명복을 빌기 수양대군에게 명하여 석가모니의 일대기와 설법, 불교의 전래 과정 등을 담아 책을 펴내도록 하였다. 수양대군은 각종 불전에서 관련 내용을 뽑아 한글로 번역한 『석보상절』을 완성하였다. 세종은 『석보상절』의 내용을 노랫말로 직접 지어 『월인천강지곡』을 만들었다.

오답분석 ① 고려 공민왕이 전민변정도감을 설치하고 신돈을 책임자로 임명하였다.
③ 세종 때 불교 종파를 선·교 양종으로 병합하였다.
④ 선조 때 정여립 모반 사건을 계기로 기축옥사(1589)가 발생하였다.

13 [2024 국가직 9급] 조선 세조 대에 있었던 사실로 옳은 것만을 모두 고르면?

ㄱ. 사병을 혁파하였다.
ㄴ. 집현전을 폐지하였다.
ㄷ. 『경국대전』을 완성하였다.
ㄹ. 6조 직계제를 시행하였다.

① ㄱ, ㄷ　② ㄱ, ㄹ　③ ㄴ, ㄷ　④ ㄴ, ㄹ

14 [2017 지방직 9급] 다음 정책을 추진한 왕의 재위 기간에 있었던 사실로 옳은 것은?

왕은 왕권을 안정시키고 중앙 집권 체제를 강화하였으며, 경국대전 편찬 사업에 착수하였다. 또한 국가 재정을 안정시키기 위해 과전을 현직 관료에게만 지급하는 직전법을 실시하였다.

① 정책 연구 기관인 집현전과 경연이 폐지되었다.
② 훈구 세력을 견제하기 위해 사림이 등용되었다.
③ 이종무가 왜구의 근거지인 쓰시마 섬을 토벌하였다.
④ 학문 연구 및 언론 기능을 지닌 홍문관이 설치되었다.

15 [2017 서울시 9급] 밑줄 친 '왕'에 대한 설명으로 옳은 것은?

왕은 왕권 강화를 위해 중앙집권체제를 강화하고, 변방 중심에서 전국적인 지역 중심 방어체제로 바꾸는 등 국방을 강화하였다. 또 국가재정을 안정시키기 위해 과전을 현직 관료에게만 지급하기 시작하였다.

① "경국대전"의 편찬을 마무리하여 반포하였다.
② 간경도감을 두어 "월인석보"를 언해하여 간행하였다.
③ 6조 직계제를 채택하고 사간원을 독립시켜 대신을 견제하였다.
④ 대마도주와 계해약조를 맺어 무역선을 1년에 50척으로 제한하였다.

16 [2019 법원직] (가), (나) 사이의 시기에 있었던 사실로 가장 옳은 것은?

(가) 의정부의 여러 일을 나누어 6조에 귀속시켰다. …… 처음에 왕은 의정부의 권한이 막중함을 염려하여 이를 없앨 생각이 있었지만, 신중히 여겨 서둘지 않았다가 이때에 이르러 단행하였다. 의정부가 관장한 일은 사대문서와 중죄수의 심의에 관한 것뿐이었다.
(나) 상왕이 나이가 어려 무릇 조치하는 바는 모두 대신에게 맡겨 논의 시행하였다. 지금 내가 명을 받아 왕통을 물려받아 군국 서무를 아울러 자세히 듣고 헤아려다 조종의 옛 제도를 되살린다. 지금부터 형조의 사형수를 뺀 모든 서무는 6조가 저마다 직무를 맡아 직계한다.

① 4군 6진을 개척하였다.
② 대립의 만연으로 군포 징수제가 점차 확산되었다.
③ 직전법을 폐지하고 관리들에게 녹봉만 지급하였다.
④ 홍문관을 두어 주요 관리들을 경연에 참여하게 하였다.

13 | 세조　　　　　　　　　　　정답 ④

세조는 계유정난(1453)을 일으켜 김종서 등을 제거하고 정권을 장악한 뒤 단종의 선양으로 왕위에 올랐다. 세조는 강력한 왕권을 행사하기 위하여 다시 6조 직계제를 실시하였다. 또, 군사제도를 정비하여 보법을 실시하고 진관 체제를 확립하였다.
한편 세조는 1456년 사육신 등이 단종 복위를 꾀하다가 발각된 사건을 계기로 집현전을 없애고 경연을 폐지하여 공신이나 언관들의 활동을 견제하였다.

오답분석 ㄱ. 정종 때 이방원(태종)이 주도하여 사병을 혁파하여 내외의 병권을 의흥삼군부로 집중시켰다.
ㄷ. 성종 때 조선의 기본 법전인 『경국대전』의 편찬이 완료되었다.

14 | 세조　　　　　　　　　　　정답 ①

경국대전 편찬을 시작하고 직전법을 실시한 왕은 세조이다.
세조는 강력한 왕권을 행사하기 위하여 6조 직계제를 실시하였고, 공신이나 언관들의 활동을 견제하기 위하여 집현전을 없앴으며, 경연과 사가독서제도 폐지했다. 그 동안 정치 참여가 제한되었던 종친들을 등용하기도 했다. 그리고 국가 통치 체제를 확립하기 위해 경국대전 편찬을 시작하고, 보법을 실시하고 5위와 진관 체제를 확립했다.

오답분석 ② 성종 때 사림이 중앙 정계에 본격적으로 진출하였다.
③ 세종 때 대마도를 정벌하였다.
④ 성종 때 홍문관을 설치하였다.

● **복습지문**
세조 때 집현전과 경연이 폐지되었다.

15 | 세조　　　　　　　　　　　정답 ②

지역 중심 방어체제인 진관체제를 확립하고, 직전법을 실시한 왕은 세조이다.
세조는 강력한 왕권을 행사하기 위하여 6조 직계제를 실시하였고, 공신이나 언관들의 활동을 견제하기 위하여 집현전을 없앴으며, 경연과 사가독서제도 폐지했다. 그리고 국가 통치 체제를 확립하기 위해 경국대전 편찬을 시작하고, 보법을 실시하고 5위와 진관 체제를 확립했다.
세조는 배불 정책을 외면하고 불교 진흥책을 펼쳐서 일시적으로 불교가 중흥되었다. 세조는 "석보상절"과 "월인천강지곡"을 합본하여 "월인석보"를 출간하고, 간경도감을 설치하여 많은 불교 경전을 훈민정음으로 번역하여 간행하였다. 그리고 지금의 탑골 공원 자리에 원각사를 창건하고 대리석으로 10층 석탑도 세웠다.

오답분석 ① 성종 때 "경국대전"이 반포되었다.
③ 태종 때 6조 직계제를 실시하고, 사간원을 독립시켰다.
④ 세종 때 대마도주와 계해약조를 체결하였다.

● **복습지문**
세조는 간경도감을 두어 "월인석보"를 간행하였다.

16 | 6조 직계제(태종, 세조)　　　　정답 ①

(가)는 태종의 6조 직계제 시행, (나)는 세조의 6조 직계제 부활을 보여주는 사료이다.
태종의 뒤를 이어 즉위한 세종은 의정부에서 정책을 심의하는 의정부 서사제를 실시하여 왕의 권한을 의정부에 많이 넘겨주고, 인사와 군사에 관한 일은 직접 처리함으로써 왕권과 신권의 조화를 이루었다.
또한 세종은 대외적으로 대마도를 정벌하고, 북쪽 국경 지대에 4군과 6진을 설치하여 압록강과 두만강을 경계로 하는, 오늘날과 같은 국경선을 확정하였다.

오답분석 ② 16세기에 들어와 군역 대상자가 입번(立番)할 때 다른 사람을 사서 군역을 대신하게 하는 대립제가 나타나고, 군역에 복무해야 할 사람에게 포나 쌀을 받고 군역을 면제해 주는 방군수포가 불법적으로 행해졌다. 이에 중종 때에는 정식으로 군적수포제가 실시되기에 이르렀다.
③ 명종 때 직전법이 폐지되어 관리에게는 녹봉만 지급되었다.
④ 성종 때 집현전의 후신으로 홍문관을 확충하여 관원 모두에게 경연관을 겸하게 하였다. 경연은 정승을 비롯한 주요 관리들도 다수 참여하여, 왕과 신하들이 함께 정책을 토론하고 심의하는 중요한 자리가 되었다.

Ⅳ. 근세 전기

17 [2024 국가직 9급] 밑줄 친 '왕'의 재위 기간에 편찬된 서적으로 옳은 것은?

○ 왕은 집현전을 계승한 홍문관을 설치하고 중단되었던 경연을 다시 열었다.
○ 왕은 훈구 세력을 견제하기 위해 사림 세력을 등용하였다.

① 대전통편
② 동사강목
③ 동국여지승람
④ 훈민정음운해

18 [2018 국가직 7급] 조선초기 국왕의 업적에 대한 설명으로 옳지 않은 것은?

① 태조는 한양으로 천도하고 한성부로 이름을 바꾸었다.
② 태종은 창덕궁과 창경궁을 새로 건설하였다.
③ 세종은 사가독서제를 실시하여 학문 활동을 장려하였다.
④ 세조는 간경도감을 설치하여 불경을 번역하고 간행하였다.

19 [2018 지방직 7급] 다음과 관련된 사건에 대한 설명으로 옳은 것은?

'조룡(祖龍)이 어금니와 뿔을 휘두른다'고 한 것은 세조를 가리켜 시황제에 비긴 것이요, '회왕을 찾아내어 민망(民望)에 따랐다'고 한 것은 노산군을 가리켜 의제(義帝)에 비긴 것이고, '그 인의를 볼 수 있다'고 한 것은 노산을 가리킨 것이니 의제의 마음에 비추어 말한 것이다.

① 폐비 윤씨 사건에 관련된 자들과 사림세력이 제거되었다.
② 훈구세력은 조광조 일파를 모함하여 죽이거나 유배 보냈다.
③ 훈구세력이 사관 김일손의 사초 내용을 문제 삼아 사림을 축출하였다.
④ 훈구세력이 폭정을 일삼던 연산군을 몰아내고, 중종을 왕으로 세웠다.

20 [2017 국가직 7급] ㉠ 인물에 대한 설명으로 옳지 않은 것은?

(㉠)은/는 초야의 미천한 선비로 세조대에 과거에 급제하였다. 성종대에 발탁되어 경연에 두어 오랫동안 시종의 자리에 있었다. 병으로 물러나게 되자 성종은 소재지 관리를 통해 특별히 미곡을 내려 주었다. 지금 그의 제자 김일손이 사초에 부도덕한 말로써 선왕의 일을 거짓으로 기록하고 스승인 (㉠)의 조의제문을 실었다.

① 고려 말 정몽주, 길재의 학풍을 이었다.
② 외가인 밀양에 서원이 세워져 봉사되었다.
③ 김굉필, 조광조가 그의 도학을 계승하였다.
④ "여씨향약"을 도입하여 언문으로 간행하였다.

17 | 성종(동국여지승람) 정답 ③

밑줄 친 '왕'은 홍문관을 설치하고 사림 세력을 등용한 조선 성종이다. 성종은 『경국대전』의 편찬을 마무리하여 반포함으로써 법치주의에 바탕을 둔 통치 규범을 확립하였다. 이어 집현전의 후신으로 홍문관을 확충하여 관원 모두에게 경연관을 겸하게 하였다.
성종 때 양성지 등이 『팔도지리지』를 편찬하였고, 노사신·양성지 등이 군현의 연혁, 지세, 인물, 풍속, 산물, 교통 등을 자세히 수록한 『동국여지승람』을 편찬하였다. 중종 때 『동국여지승람』을 보충한 『신증동국여지승람』이 편찬되어 오늘날까지 전해지고 있다.

오답분석 ① 정조 때 『대전통편』을 편찬하였다.
② 정조 때 안정복이 『동사강목』을 편찬하였다.
④ 영조 때 신경준이 『훈민정음운해』를 편찬하였다.

18 | 조선 초기 국왕의 업적 정답 ②

① 1394년 10월 태조 이성계는 개경에서 한양으로 천도하고 1395년 한양부를 한성부로 이름을 바꾸었다.
③ 세종은 집현전의 젊은 문신들에게 휴가를 주어 독서에 전념할 수 있도록 사가독서제를 실시하였다.
④ 세조는 간경도감을 설치하여 『월인석보』를 언해하여 간행하는 등 불교 진흥책을 펼쳤다.

오답분석 ② 태종 때 창덕궁이 건축되었고, 성종 때 세조·덕종·예종의 왕후의 거처를 위해 수강궁 터에 창경궁을 지었다.

● **복습지문**
태종 때 창덕궁, 성종 때 창경궁이 건립되었다.
세종 때 사가독서제를 실시하여 학문을 장려하였다.

19 | 무오사화(조의제문) 정답 ③

노산군(단종)을 의제에 비유하고, 세조를 의제를 죽인 항우에 비유한 것은 세조의 왕위찬탈을 풍자한 김종직의 조의제문(弔義帝文)이다.
연산군 즉위 후 김일손의 사초와 김종직의 '조의제문'을 빌미로 무오사화(1498)가 일어났다. 이로 인해 김종직은 부관참시(剖棺斬屍)를 당하였고, 많은 사림들이 죽거나 귀양을 가게 되었다.

오답분석 ① 갑자사화로 인해 폐비 윤씨 사건에 관련된 자들과 사림세력이 제거되었다.
② 기묘사화를 통해 훈구세력은 조광조 일파를 모함하여 죽이거나 유배보냈다.
④ 훈구세력은 중종반정을 통해 연산군을 몰아내고 중종을 왕으로 세웠다.

● **복습지문**
무오사화 때 김일손 등 김종직 제자들이 피해를 입었다.

20 | 김종직 정답 ④

세조 때부터 관직 생활을 하였고, '조의제문(弔義帝文)'을 저술한 ⊙은 김종직이다.
김종직은 정몽주·길재의 학통을 이어받은 사림 출신으로 성종 때 이조참판, 형조판서, 홍문관 제학 등을 역임하였으며, 정여창, 김굉필, 김일손 등을 가르쳤다. 그의 제자 김굉필은 조광조와 같은 인물을 배출하기도 하였다.
성종이 김종직을 등용함에 따라 그 문인들이 본격적으로 중앙 정계에 진출하여 권력에 참여하였고, 사림이 정치적으로 성장할 수 있었다. 그러나 연산군 즉위 후 김일손의 사초와 김종직의 '조의제문'을 빌미로 무오사화가 일어났고, 이로 인해 김종직은 부관참시(剖棺斬屍)를 당하였고, 많은 사림들이 죽거나 귀양을 가게 되었다. 이후 김종직은 중종반정으로 신원되었고, 밀양의 예림서원을 비롯해 선산의 금오서원, 함양의 백연서원, 김천의 경렴서원 등에 제향되었다.

오답분석 ④ 조광조가 "여씨향약"을 소개하였으며, 김안국이 언문으로 간행하였다.

Ⅳ. 근세 전기

21 [2023 법원직] 다음 사건과 관련 있는 내용으로 가장 옳은 것은?

> 왕이 어머니 윤씨가 왕비자리에서 쫓겨나고 죽은 것이 성종의 후궁인 엄씨와 정씨의 참소 때문이라 여기고, 밤에 그들을 궁정에 결박해 놓고 손으로 함부로 치고 짓밟았다.
> – 『조선왕조실록』 –

① 수양대군이 단종을 내쫓고 왕위에 올랐다.
② 조광조를 비롯한 많은 사림이 피해를 입었다.
③ 연산군이 훈구파들을 제거하고 권력을 강화하였다.
④ 이조 전랑의 임명 문제를 둘러싸고 사림간 대립이 일어났다.

22 [2019 법원직] 자료의 '○○왕'의 재위시기에 있었던 일로 가장 옳은 것은?

> 사신은 논한다. ……저들 도적이 생겨나는 것은 도적질하기를 좋아해서가 아니다. 굶주림과 추위에 몹시 시달리다가 부득이 하루라도 더 먹고살기 위해 도적이 되는 자가 많기 때문이다. 그렇다면 백성을 도적으로 만든 자가 과연 누구인가? 권세가의 집은 공공연히 벼슬을 사려는 자들로 시장을 이루고 무뢰배들이 백성을 약탈한다. 백성이 어찌 도적이 되지 않겠는가?
> – "○○실록" –

① 위훈삭제를 감행한 사림세력들이 제거되었다.
② 대비의 복상 문제로 두 차례 예송이 전개되었다.
③ 외척 간의 세력 다툼으로 을사사화가 발생하였다.
④ 정여립 모반 사건을 계기로 동인은 남인과 북인으로 나뉘었다.

23 [2020 지방직 9급] 다음 사건이 일어난 왕의 재위 기간에 대한 설명으로 옳은 것은?

> 임꺽정은 양주 백정으로, 성품이 교활하고 날래고 용맹스러웠다. 그 무리 수십 명이 함께 다 날래고 빨랐는데, 도적이 되어 민가를 불사르고 소와 말을 빼앗고, 만약 항거하면 몹시 잔혹하게 사람을 죽였다. 경기도와 황해도의 아전과 백성들이 임꺽정 무리와 은밀히 결탁하여, 관에서 잡으려 하면 번번이 먼저 알려주었다.

① 동인과 서인의 붕당이 형성되었다.
② 문정왕후가 수렴청정하며 불교를 옹호하였다.
③ 삼포에서 4~5천 명의 일본인이 난을 일으켰다.
④ 조광조가 내수사 장리의 폐지, 소격서 폐지 등을 주장하였다.

24 [2019 국가직 7급] 다음과 같은 명령을 내린 국왕의 재위 기간에 있었던 일로 옳은 것은?

> 국가에 반역한 큰 도적인 임꺽정 등이 이제 모두 잡혀 내 마음이 매우 기쁘다. 토포사 남치근, 군관 곽순수·홍언성 및 전 사복(司僕) 윤임에게 각각 한 자급씩을 더해 주고, 종사관 한홍제와 박호원에게는 각각 말을 내려 주라.

① 불교의 선교 양종을 부활하고 선과를 다시 설치하였다.
② 현직 관료에게만 과전을 지급하는 직전제를 도입하였다.
③ 현량과 시행을 통해서 유교의 이상 정치를 실현하려고 하였다.
④ 기축옥사(己丑獄事)를 계기로 동인이 남인과 북인으로 갈리었다.

21 갑자사화
정답 ③

제시된 자료는 1504년(연산군 10)에 발생한 갑자사화와 관련한 자료이다. 연산군의 어머니인 윤씨는 투기가 심하다는 이유로 폐비되었다가 얼마 뒤에 사약을 받고 죽임을 당하였다. 연산군은 윤씨의 폐비는 성종의 후궁 엄씨 및 정씨의 모함에서 비롯되었다는 주장을 믿고 두 사람을 죽였으며, 자신의 모후를 폐비시키고 사사하는 데 반대하지 않았던 모든 신료들을 처벌하였다. 결국 갑자사화로 그나마 왕을 견제하던 훈구 세력까지 축출되었고, 사림 계열 역시 막대한 피해를 당했다.

오답분석
① 수양대군은 계유정난(1453)을 일으켜 김종서, 황보인 등을 제거하고 정권을 장악한 뒤 단종의 선양으로 왕위에 올랐다.
② 중종 때 조광조 등의 사림 세력이 위훈삭제 등의 급진적 개혁을 추진하다 기묘사화(1519)로 정계에서 제거되었다.
④ 선조 때 김효원과 심충겸의 이조 전랑 천거 문제로 사림 내부에서 대립이 일어나 동인과 서인이 형성되었다.

22 명종
정답 ③

'도적', '권세가', '벼슬을 사려는 자들', '무뢰배들이 백성을 약탈' 등의 단서를 통해 조선 중기 명종 때 발생한 임꺽정의 난에 대한 사료 정도로 추론할 수 있다.
명종 때는 윤원형 등 중신들이 권력을 배경으로 부정 축재를 자행하고 각종 비리를 저질러 엄청난 재물을 쌓았다. 정치 혼란과 관리의 부패가 심해져 민심이 흉흉해지자 백정 출신 임꺽정은 황해도와 경기도 일대에서 의적 활동을 벌였다.
명종이 어린 나이에 즉위했기 때문에 문정왕후가 수렴청정하고 외척 윤원형이 세력을 잡았다. 윤원형 등 소윤 세력은 인종의 외척인 윤임 등 대윤 세력을 제거하는 을사사화(1545)를 일으켰다. 을사사화와 곧 이어진 양재역 벽서 사건(정미사화, 1547)으로 이언적 등 많은 사림들이 정계에서 축출되었다.

오답분석 ① 중종 때 기묘사화(1519)로 위훈삭제를 주장한 조광조 일파가 제거되었다.
② 현종 때 기해예송(1659)과 갑인예송(1674)이 일어났다.
④ 선조 때 정여립 모반 사건(1589)을 계기로 동인은 온건파인 남인과 강경파인 북인으로 나뉘었다.

● **복습지문**
명종 때 외척 간의 다툼으로 을사사화가 일어났다.

23 명종(임꺽정)
정답 ②

임꺽정은 양주의 백정 출신으로 명종 때인 1559년부터 1562년까지 황해도 일대를 중심으로 경기도 북부, 평안도, 함경도, 강원도 지역에 출몰하여 활동했으나, 남치근의 관군에게 패해 1562년에 죽었다.
인종이 재위 8개월 만에 죽고, 이복 동생 경원대군이 명종(1545~1567)으로 즉위하였다. 명종이 어린 관계로 문정왕후가 수렴청정하고 외척 윤원형이 세력을 잡았다. 명종 때에는 문정왕후에 의해 숭불 정책이 시행되었다. 보우(普雨)가 중용되어 봉은사 주지가 되었고, 1550년에 선·교 양종을 부활하였으며, 1551년에는 승과를 설치하였다.

오답분석 ① 선조(1567~1608) 때 사림이 동인과 서인으로 붕당을 형성하였다.
③ 중종 때인 1510년에 삼포에 거류하던 일본인들이 조선의 교역통제에 불만을 갖고 난동을 일으켰다. 이 사건으로 비변사가 처음 설치되었으며, 임신약조가 체결되었다.
④ 중종(1506~1544) 때 조광조 등 사림세력이 중용되어 내수사 장리의 폐지, 소격서 폐지 등 개혁을 추진하였다.

24 명종(임꺽정)
정답 ①

자료의 '임꺽정'은 조선 명종 대에 활동한 도적이었다.
명종(1545~1567)이 어린 나이에 즉위하였기 때문에 문정왕후가 수렴청정하고 외척 윤원형이 세력을 잡았다. 명종 때는 윤원형 등 중신들이 권력을 배경으로 부정 축재를 자행하고 각종 비리를 저질러 엄청난 재물을 쌓았다. 정치 혼란과 관리의 부패가 심해져 민심이 흉흉해지자 백정 출신 임꺽정은 황해도와 경기도 일대에서 의적 활동을 벌였다.
한편, 대비 문정왕후는 불교를 숭신하여 보우를 중용하고 승과를 부활하였다.

오답분석 ② 세조 때 직전법을 시행하였다.
③ 중종 때 조광조 등의 주장으로 현량과가 시행되었다.
④ 선조 때 정여립 모반 사건을 계기로 기축옥사가 일어났다.

IV. 근세 전기

25 [2020 서울시 9급] 〈보기〉의 조선시대 사건을 시간순으로 바르게 나열한 것은?

●보기●
ㄱ. 기묘사화   ㄴ. 을묘왜변
ㄷ. 계유정난   ㄹ. 무오사화

① ㄱ-ㄴ-ㄷ-ㄹ   ② ㄴ-ㄷ-ㄹ-ㄱ
③ ㄷ-ㄹ-ㄱ-ㄴ   ④ ㄹ-ㄱ-ㄴ-ㄷ

26 [2023 국가직 9급] (나) 시기에 일어난 사실로 옳은 것은?

(가) 삼포왜란이 발발하였다.
⇩
(나)
⇩
(다) 임진왜란이 발발하였다.

① 을사사화가 일어났다.
② 『경국대전』이 반포되었다.
③ 『향약집성방』이 편찬되었다.
④ 금속활자인 갑인자가 주조되었다.

27 [2021 법원직] (가), (나) 사이의 시기에 있었던 사실로 가장 옳은 것은?

(가) 기묘사화가 일어나 사림이 피해를 입었다.
(나) 서인이 반정을 일으켜 정권을 장악하였다.

① 동인이 남인과 북인으로 분화하였다.
② 환국을 거치며 노론과 소론이 갈라섰다.
③ 1차 예송에서 승리한 서인이 집권하였다.
④ 조광조가 훈구 세력의 위훈 삭제를 주장하였다.

28 [2022 국가직 9급] 조선 시대의 관청에 대한 설명으로 옳은 것은?

① 사간원 – 교지를 작성하였다.
② 한성부 – 시정기를 편찬하였다.
③ 춘추관 – 외교문서를 작성하였다.
④ 승정원 – 국왕의 명령을 출납하였다.

25 | 조선 전기의 주요 사건   정답 ③

ㄷ. 1453년(단종 1)에 수양대군(세조)은 계유정난을 일으켜 김종서 등을 제거하고 정권을 장악한 뒤 단종의 선양으로 왕위에 올랐다.
ㄹ. 1498년(연산군 4) 김일손의 사초와 김종직의 '조의제문(弔義帝文)'을 빌미로 무오사화가 일어나 김일손 등의 사림이 죽거나 유배되었다.
ㄱ. 1519년(중종 14) 조광조 등의 신진 사림이 훈구 세력에 의해 화를 입은 기묘사화가 발생하였다.
ㄴ. 1555년(명종 10) 세견선의 감소로 곤란을 겪던 왜인들이 전라도를 침범한 을묘왜변이 일어났다.

26 | 16세기 정치와 문화   정답 ①

(가) 중종 때인 1510년에 부산포·내이포·염포에 거주하고 있던 왜인들이 난을 일으켰고, (나) 1592년에 왜군이 조선을 침략하여 임진왜란이 발발하였다. 따라서 (나)는 1510년부터 1592년 사이의 사실이 들어가야 한다.
인종이 재위 8개월 만에 죽고, 이복동생 경원대군이 명종(1545~1567)으로 즉위하였다. 명종이 어린 관계로 문정왕후가 수렴청정하고 외척 윤원형이 세력을 잡았다. 윤원형 등 소윤 세력은 인종의 외척인 윤임 등 대윤 세력을 제거한 을사사화(1545)를 일으켰다. 이 사건 이후 윤원형을 비롯한 척신들이 정국을 주도하였고, 사림의 세력은 크게 꺾였다.

오답분석
② 성종 때 『경국대전』이 완성되어 반포되었다.
③ 세종 때 『향약집성방』이 편찬되었다.
④ 세종 때 금속활자인 갑인자가 주조되었다.

27 | 16세기 정치 발전   정답 ①

(가)는 중종 때 등용된 조광조 일파가 제거된 기묘사화(1519), (나)는 서인이 광해군을 몰아내고 인조를 옹립한 인조반정(1623)이다.
선조(1567~1608) 때 김효원과 심충겸의 이조 전랑 천거 문제로 사림 내부에서 대립이 일어났다. 당시 심의겸을 지지하는 기성 사림은 척신 정치의 과감한 개혁에 소극적이었고, 김효원과 같은 입장에 있었던 신진 사림은 척신 정치 청산을 주장하였다. 이후 김효원 중심의 신진 사림이 동인을, 심의겸 중심의 기성 사림이 서인을 형성하면서 사림은 분화하였다. 동인은 이황과 조식, 서경덕의 학문을 계승한 사람들이 참여하였고, 서인은 이이와 성혼의 문인이 가담하였다.
선조 때 정여립 모반 사건(기축옥사, 1589)으로 다수의 동인들이 처형되었다. 정여립은 체포 직전 자결하였으며 조사를 담당한 서인 정철은 많은 동인 인사들을 연루시켜 제거하였다. 한편, 2년 뒤 좌의정 정철이 세자 책봉을 건의한 사건(건저)으로 서인이 실각하였다. 이 때 서인의 처벌을 둘러싸고 동인은 강경파인 북인과 온건파인 남인으로 나뉘었다. 북인은 주로 서경덕 학파와 조식 학파의 인물들로, 광해군 때 집권하여 광해군의 정책을 지지하였다.

오답분석 ② 숙종 때 환국을 거치며 서인이 송시열 중심의 노론과 윤증 중심의 소론으로 갈라섰다.
③ 현종 때 1차 예송(기해예송)에서 서인이 승리하였고, 2차 예송(갑인예송)에서는 남인이 승리하였다.
④ 중종 때 조광조가 훈구 세력의 위훈 삭제(僞勳削除) 등 급진적 개혁을 추진하다가 기묘사화로 제거되었다.

28 | 중앙 정치 기구   정답 ④

승정원은 왕명을 출납하는 국왕의 비서 기관으로, 정원(政院)·후원(喉院)·은대(銀臺)·대언사(代言司) 등으로 불렸다. 정3품 당상관인 도승지 이하 6승지가 6조를 분담하였고, 정7품의 주서(注書)는 왕과 신하 간에 오고간 문서와 국왕의 일과를 매일 기록하여 『승정원일기』를 작성하였다.

오답분석 ① 사간원은 국왕에 대한 간쟁과 봉박을 담당하였고, 예문관에서 임금의 교지(敎旨)를 작성하거나 회의록[史草]을 작성하였다.
② 한성부는 수도인 한성의 행정과 치안을 담당하였고, 춘추관에서 정부 각 기관이 작성한 업무일지[등록] 등을 연월일순으로 정리하여 시정기를 작성하였다.
③ 춘추관에서는 시정을 기록하고 역사 편찬을 관장하였고, 승문원에서 외교문서 작성을 관장하였다.

Ⅳ. 근세 전기

29 [2021 지방직 9급]

(가)에 들어갈 기구로 옳은 것은?

> ○ 무릇 관직을 받은 자의 고신(임명장)은 5품 이하일 때는 ____(가)____ 과/와 사간원의 서경(署經)을 고려하여 발급한다.
> ○ ____(가)____ 는/은 시정(時政)을 논하고, 모든 관원을 규찰하며, 풍속을 바르게 하는 등의 일을 맡는다.
> － 『경국대전』 －

① 사헌부　　　　② 교서관
③ 승문원　　　　④ 승정원

30 [2019 국가직 9급]

다음은 어떤 인물에 대한 연보이다. 밑줄 친 ㉠~㉣의 설명으로 옳은 것은?

> 1566년(31세) ㉠ 사간원 정언에 제수되다.
> 1568년(33세) ㉡ 이조좌랑이 되었으나 외할머니 이씨의 병환 소식을 듣고 사퇴하다.
> 1569년(34세) 동호독서당에 머물면서 『동호문답』을 찬진하다.
> 1574년(39세) ㉢ 승정원 우부승지에 제수되어 『만언봉사』를 올리다.
> 1575년(40세) ㉣ 홍문관 부제학에서 사퇴하고 『성학집요』를 편찬하다.

① ㉠ - 왕명을 출납하면서 왕의 비서기관의 업무를 하였다.
② ㉡ - 삼사의 관리를 추천하는 권한이 있었다.
③ ㉢ - 왕의 정책을 간쟁하고 관원의 비행을 감찰하였다.
④ ㉣ - 서적 출판 및 간행의 업무를 전담하였다.

31 [2018 법원직]

(가), (나) 시기의 지방 행정 제도에 대한 설명으로 옳은 것은?

> (가) 5도 양계를 중심으로 지방 제도가 마련되었다.
> (나) 전국을 8도로 나누고, 그 아래에 부·목·군·현을 설치하였다.

① (가) - 5도에 관찰사가 파견되었다.
② (가) - 모든 군현에 수령이 파견되었다.
③ (나) - 유향소를 설치하여 수령을 보좌하였다.
④ (나) - 향리는 행정·사법·군사권을 행사하는 국왕의 대리인이다.

32 [2023 법원직]

(가)에 들어갈 내용으로 옳은 것을 〈보기〉에서 모두 고른 것은?

> 평택현감 변징원이 하직하니, 임금이 그를 내전으로 불러 만났다. 임금이 변징원에게 "그대는 이미 수령을 지냈으니, 백성을 다스리는 데 무엇을 먼저 하겠는가?"라고 물었다. 이에 변징원이 "마땅히 칠사(七事)를 먼저 할 것입니다"라고 하였다. 임금이 "칠사라는 것은 무엇인가?"라고 질문하니, 변징원이 대답하기를, ____(가)____
> － 『성종실록』 －

● 보기 ●
ㄱ. 호구를 늘리는 것입니다.
ㄴ. 농상(農桑)을 성하게 하는 것입니다.
ㄷ. 역을 고르게 부과하는 것입니다.
ㄹ. 사송(詞訟)을 간략하게 하는 것입니다.

① ㄱ　　　　　　② ㄱ, ㄴ
③ ㄱ, ㄴ, ㄷ　　④ ㄱ, ㄴ, ㄷ, ㄹ

29 | 사헌부   정답 ①

(가)는 사간원과 함께 서경의 권한을 가지고 있었던 사헌부이다.
조선 시대에는 5품 이하의 관리를 등용할 때 사헌부, 사간원에서 해당 인물의 경력, 출신 성분 등을 조사하여 등용의 가부를 결정하는 서경을 거치도록 하였다.
백관(百官)을 감찰하는 업무를 관장하였던 기관으로 신라의 사정부, 발해의 중정대, 고려의 어사대가 있었고 조선 시대에는 사헌부가 이를 담당하였다. 사헌부는 백부(栢府)·상대(霜臺)·오대(烏臺)라는 별칭으로도 불렸다. 사간원과 사헌부는 언론 기능을 담당하여 언론 양사(言論 兩司)라고도 하였다.

오답분석   ② 교서관은 경적의 간행과 제사 때 쓰이는 향과 축문·인신(印信 : 도장) 등을 관장하였다.
③ 승문원은 외교문서를 작성하는 곳이었다.
④ 승정원은 왕명을 출납하는 국왕의 비서 기관으로, 도승지를 비롯한 6승지는 6조를 분담하고, 정7품 주서(注書)는 승정원일기를 작성하였다.

31 | 고려와 조선의 지방제도   정답 ③

(가)는 고려의 지방 행정 조직인 5도 양계, (나)는 조선의 지방 행정조직인 8도제이다.
조선 시대에는 중앙 집권 강화와 함께 지방민의 자치를 허용하여 지방 유력 양반들이 유향소를 운영하였는데, 유향소는 자율적으로 규약을 만들고 여론을 수렴하면서 백성을 교화하고 수령을 보좌하였다.

오답분석   ① 고려 시대 5도에는 안찰사가 파견되었다.
② 고려 시대에는 수령이 파견되지 않은 속현의 수가 더 많았다.
④ 수령이 국왕의 대리인으로 행정·사법·군사권을 행사하였다.

30 | 어떤 인물의 연보   정답 ②

이조 정랑(정5품)과 이조 좌랑(정6품)을 합쳐 이조 전랑이라 하였는데, 홍문관 출신의 명망 있고 젊은 문신 중에서 선임되었다. 각 부서 당하관의 천거, 홍문관 등 삼사 관리의 추천[통청권], 재야 인재의 추천[부천권], 후임 전랑의 지명[자천권] 등 여러 가지 특권을 갖고 있었다. 영조 때 이조 전랑이 자신의 후임자를 천거하는 권한[자천권]과 3사의 관리를 선발하던 관행[통청권]을 혁파하였다.

오답분석   ① 사간원의 정언(정6품)은 간관으로서 국왕에 대한 간쟁과 봉박을 담당하였다. 승정원이 왕명을 출납하면서 왕의 비서기관의 업무를 하였다.
③ 승정원은 왕명을 출납하는 국왕의 비서 기관으로, 도승지·좌승지·우승지·좌부승지·우부승지·동부승지 등 6인의 승지(정3품)가 있었다. 사헌부의 관헌이 관원의 비행을 감찰하면서 왕의 정책을 간쟁하였다.
④ 홍문관은 궁중의 경서(經書)·사적(史籍)의 관리와 문한(文翰)의 처리 및 왕의 각종 자문에 응하는 일을 관장하였다. 교서관이 경적(經籍)의 인쇄와 제사 때 쓰이는 향과 축문·인신(印信) 등을 관장하였다.

● **복습지문**
이조전랑은 삼사의 관리를 추천하는 권한이 있었다.

32 | 수령칠사   정답 ④

제시된 자료는 조선시대 수령이 지방을 통치함에 있어 힘써야 할 7가지를 정리한 '수령 칠사'에 대한 기사이다.
수령은 국왕의 대리인으로 부윤, 대도호부사, 목사, 도호부사, 군수, 현령, 현감 등을 통칭하였다. 조선 시대의 수령은 고려 시대보다 권한이 강화되어 지방의 농업 발전, 호구 확보, 학교 진흥, 부세 수취, 군대 정비, 소송 간결, 향리 단속 등 일곱 가지 업무를 수행하였는데, 이를 '수령 칠사(七事)'라 하였다.

Ⅳ. 근세 전기

33 [2021 서울시 9급] 〈보기〉의 제도가 처음 시행된 시기의 군사제도에 대한 설명으로 가장 옳은 것은?

> **보기**
> 경성과 지방의 군사에 보인을 지급하는데 차등이 있다. 장기 복무하는 환관도 2보를 지급한다. 장정 2인을 1보로 하고, 갑사에게는 2보를 지급한다. 기병, 수군은 1보 1정을 준다. 보병, 봉수군은 1보를 준다. 보인으로서 취재에 합격하면 군사가 될 수 있다.

① 중앙군을 5군영으로 편성하였다.
② 2군 6위가 중앙과 국경을 수비하였다.
③ 지방군은 진관 체제를 바탕으로 조직되었다.
④ 양반부터 노비까지 모두 속오군에 편입시켰다.

34 [2017 국가직 7급] 고려와 조선시대 과거제도에 대한 설명으로 옳은 것을 모두 고른 것은?

> ㄱ. 고려시대에는 제술업이 명경업보다 중시되어 그 합격자를 중용하였다.
> ㄴ. 고려시대 국자감시는 국자감의 학생만을 대상으로 치르는 시험이었다.
> ㄷ. 조선시대에 잡과에 합격한 기술관은 해당 관청에서 최고 정3품까지 승진할 수 있었다.
> ㄹ. 조선시대의 음서 대상도 고려시대와 동일하여 음서를 통하여 고위 관리까지 진출하였다.

① ㄱ, ㄷ   ② ㄱ, ㄹ   ③ ㄴ, ㄷ   ④ ㄷ, ㄹ

35 [2023 지방직 9급] (가), (나)에 들어갈 말을 바르게 연결한 것은?

> 조선시대 과거 제도에는 문과·무과·잡과가 있었는데, 이 가운데 문과를 가장 중시하였다. 『경국대전』에 따르면 문과 시험 업무는 (가) 에서 주관하고, 정기 시험인 식년시는 (나) 마다 실시하는 것이 원칙이었다.

	(가)	(나)		(가)	(나)
①	이조	2년	②	이조	3년
③	예조	2년	④	예조	3년

36 [2019 지방직 7급] 다음의 사건을 시대순으로 바르게 나열한 것은?

> (가) 이종무가 대마도를 토벌하였다.
> (나) 김윤후가 용인에서 살리타를 사살하였다.
> (다) 김헌창이 공주를 근거로 반란을 일으켰다.
> (라) 이시애가 길주에서 군사를 일으켰다.

① (나) → (가) → (다) → (라)
② (나) → (다) → (라) → (가)
③ (다) → (나) → (가) → (라)
④ (다) → (나) → (라) → (가)

33 | 보법   정답 ③

제시된 자료는 조선 세조 때 처음 시행된 보법에 대한 설명이다.
조선 초기에 양인개병제가 시행되어 모든 양인은 현역으로 복무하는 정군이 되거나 정군을 경제적으로 지원하는 보인(봉족)이 되어야 했다. 세조 때 기존 호 단위의 봉족 제도를 인정 단위의 보법으로 개편하여 장정 2인을 1보로 묶어 정군을 지원하도록 하였다.
세조는 군사 제도를 정비하여 중앙군으로 5위를 설치하고 이를 지휘하는 5위 도총부를 두었으며, 지방군은 진관 체제를 확립하였다. 진관 체제는 병마절도사나 수군절도사의 주진(主鎭) 아래에 몇 개의 거진을 두고 거진의 첨절제사가 여러 진을 통할하도록 하였다.

오답분석 ① 조선 후기에 중앙군을 5군영으로 편성하였다.
② 고려 시대에 중앙군으로 2군 6위를 두어 중앙과 국경을 수비하였다.
④ 조선 후기에 양반부터 노비까지 모두 속오군에 편입시켰다.

34 | 고려와 조선의 과거제도   정답 ①

고려시대의 문과는 문학적 재능과 정책 능력을 시험하는 제술업과 유교 경전에 대한 이해 능력을 시험한 명경업이 있었다. 고려시대에는 외교와 행정 실무에 문학적 재능을 가진 사람이 많이 필요했기 때문에 명경업보다 제술업이 중시되었다.
조선시대에 잡과는 3년마다 치러졌고, 초시·복시만 있고 분야별로 정원이 있었다. 잡과에 합격한 기술관들은 해당 기술 관청에 근무하여 원칙상 최고 3품까지 승진할 수 있었다.

오답분석 ㄴ. 제술업과 명경업의 경우 향시 합격자인 향공과 국자감 학생, 사학12도의 학생들이 국자감시에 응시할 수 있었다. 국자감시에 합격하면 향공진사·국자진사·태학진사 등의 칭호를 얻게 되고 본 시험인 예부시에 응시할 자격이 주어졌다.
ㄹ. 고려시대에는 공신과 종실의 자손, 5품 이상의 고위 관료의 자손에게 음서의 혜택이 주어졌다. 조선시대에는 공신과 2품 이상 고급 관리 등의 자제에게 음서의 혜택이 주어졌고, 제수 받는 관품도 낮아져 문과에 합격하지 않은 음서 출신은 고관으로 승진하기 어려웠다.

복습지문
잡과에 합격한 기술관은 해당 관청에서 최고 3품까지 승진할 수 있었다.

35 | 조선의 과거 제도   정답 ④

조선시대 과거에는 문과·무과·잡과와 문과의 예비시험으로서 생원·진사시가 있었다. 문과와 생원·진사시는 예조에서 주관하였고, 무과는 병조에서 주관하였으며, 잡과는 예조와 해당 관청에서 주관하였다.
문과는 3년마다 정기적으로 실시하는 식년시와 국가에 큰 경사가 있을 때 수시로 실시하는 증광시, 임금이 성균관에서 문묘를 배알하고 치르는 알성시 등의 부정기 시험이 있었다. 문과는 식년시의 경우에는 초시에서 7배수인 240명을 각 도의 인구비례로 뽑고, 예조에서 주관한 복시에서 도별 안배를 없애고 성적순으로 33명을 뽑았으며, 국왕이 직접 주관하는 전시에서 갑과 3명, 을과 7명, 병과 23명의 순위를 정하였다. 전시에서 정해진 순위에 따라 최고 6품에서 최하 9품의 품계를 주었으며, 현직 관원이 급제한 경우에는 현재의 직급에서 1~4계를 올려주었다.

복습지문
문과는 예조에서 주관하고, 정기 시험인 식년시는 3년마다 실시하였다.

36 | 시대별 주요 사건   정답 ③

(다) 신라 하대에 김헌창이 공주에서 반란을 일으켰다.
(나) 고려 시대 몽골의 2차 침입 시기에 김윤후가 처인 부곡민을 이끌고 살리타에 맞서 항전하였다.
(가) 조선 세종 때 이종무가 대마도를 토벌하였다.
(라) 조선 세조 때 함경도 지역에서 이시애가 반란을 일으켰다.

Ⅳ. 근세 전기

37 [2019 지방직 7급] 조선 전기 대외관계에 대한 설명으로 옳지 않은 것은?

① 유구와 교류하여 불경·유교 경전·범종 등을 전해 주었다.
② 대마도주와 계해약조를 맺어 제한된 범위 내에서 교역을 허락하였다.
③ 태조 때 명으로부터 1년에 세 차례 이상의 정례적 사신 파견을 요청받았다.
④ 여진이나 일본과는 교린 관계를 유지하였고, 토벌과 회유의 양면정책을 추진하였다.

39 [2018 지방직 9급] 다음 사건을 발생한 순서대로 바르게 나열한 것은?

ㄱ. 이순신이 명량에서 일본 수군을 격파하였다.
ㄴ. 의주로 피난했던 국왕 일행이 한성으로 돌아왔다.
ㄷ. 권율이 행주산성에서 일본군의 공격을 격파하였다.
ㄹ. 원균이 이끄는 조선 수군이 칠천량에서 크게 패배하였다.

① ㄴ → ㄷ → ㄱ → ㄹ
② ㄴ → ㄷ → ㄹ → ㄱ
③ ㄷ → ㄴ → ㄱ → ㄹ
④ ㄷ → ㄴ → ㄹ → ㄱ

38 [2023 서울시 9급] 〈보기〉의 사건을 시간순으로 바르게 나열한 것은?

● 보기 ●

ㄱ. 이여송이 거느린 5만여 명의 명나라 지원군이 조선군과 합하여 평양성을 탈환하였다.
ㄴ. 왜군이 총공격을 가해오자 이순신 함대는 한산도 앞바다로 적을 유인하여 대파하였다.
ㄷ. 권율이 행주산성에서 1만여 명의 병력으로 전투를 벌여 3만여 명의 병력으로 공격해 온 일본군을 물리쳤다.
ㄹ. 진주에서 목사 김시민이 3,800여 명의 병력으로 2만여 명의 일본군을 맞아 성을 방어하는 데 성공했다.

① ㄴ-ㄹ-ㄱ-ㄷ
② ㄴ-ㄹ-ㄷ-ㄱ
③ ㄹ-ㄴ-ㄱ-ㄷ
④ ㄹ-ㄴ-ㄷ-ㄱ

40 [2025 법원직] 다음 (가)~(라)를 시기순으로 바르게 나열한 것은?

(가) 신립이 충주에 이르러 여러 장수의 의견을 따르지 않고 들판에서 싸우려고 하였다. 적의 복병이 아군의 후방을 포위하여 아군이 대패하였다.
(나) 아군이 왜적을 유인하여 한산 앞바다로 끌어냈다. 아군이 학익진을 쳐 일시에 나란히 진격하며 …… 왜적들을 무찌르고 적선 63척을 불살라버렸다.
(다) 적이 수만 명의 대군을 출동시켜 새벽에 행주산성을 포위하였다. 요새 안이 두려움에 사로잡혔는데, 권율이 거듭 영을 내려 진정시켰다. …… 적이 결국 패해 후퇴하였다.
(라) 국왕의 행차가 서울로 돌아왔으나 성안은 타다 남은 건물 잔해와 시체로 가득하였고, 밖에서는 곳곳에서 도적들이 일어났다.

① (가) - (나) - (다) - (라)
② (나) - (다) - (가) - (라)
③ (다) - (나) - (라) - (가)
④ (라) - (가) - (다) - (나)

37 조선 초기의 대외관계 정답 ③

① 조선 전기에는 유구(류큐, 오키나와), 시암, 자바 등 동남아시아의 여러 나라와도 교류하였다. 이들 나라는 각종 토산품을 조공 혹은 진상하고 옷, 옷감, 문방구 등을 회사품으로 가져갔다. 특히, 유구와의 교역이 활발하였는데, 불경, 유교 경전, 범종, 부채 등을 전해 주어 유구의 문화 발전에 기여하기도 하였다.

② 조선은 대마도주의 요구를 받아들여 부산포(동래)와 제포(창원), 염포(울산)를 개항하였는데, 이 삼포의 개항장에는 왜관을 설치하여 교역과 접대의 장소로 삼았다. 1443년(세종 25)에는 제한된 범위 내에서 교역을 허락하는 계해약조를 맺었다. 계해약조에 의하면 대마도주가 보내는 세견선은 1년에 50척, 세사미두는 200석으로 제한하였다.

④ 조선 초기의 대외 정책은 사대교린(事大交隣)으로 구체화되었다. 조선은 명나라에 대해서는 사대로서, 여진·일본·류큐 및 동남아시아 국가에 대해서는 교린으로서 평화적인 대외 관계를 보장받고자 한 정책이었다. 이에 조선은 여진과 일본에 대하여는 회유와 토벌을 병행하는 양면 정책을 취하였다.

오답분석 ③ 명나라는 주변국에 3년에 한 번의 조공만 허용했지만 조선은 '1년 3공'을 고집해 결국 관철시켰다. 조선은 수시로 사신을 파견하여 토산물을 조공으로 바치고 대신 필요한 물품을 회사라는 형식으로 받아왔다.

● **복습지문**
조선은 유구(류큐)와 교류하여 불경, 유교경전, 범종 등을 전해주었다.

38 임진왜란 정답 ①

ㄴ. 1592년 7월에 일본 수군이 총공세를 가해오자 이순신 함대는 한산도 앞바다에서 크게 물리쳤다(한산도대첩).
ㄹ. 1592년 10월 진주 목사 김시민은 의병 곽재우 부대 및 군민들을 이끌고 진주성을 공격하는 일본군을 물리쳤다(진주대첩).
ㄱ. 1593년 1월에 조·명 연합군이 평양성 탈환에 성공하였다(평양성 전투).
ㄷ. 1593년 2월 명나라 장수 이여송이 벽제관에서 대패한 후 행주산성이 고립되었으나 권율을 중심으로 관민이 합세하여 크게 승리하였다(행주대첩).

39 임진왜란의 전개 정답 ④

ㄷ. 1593년 2월 전라도관찰사 권율이 행주산성에서 일본군의 공격을 격파하였다(행주대첩).
ㄴ. 조·명 연합군의 반격으로 기세가 꺾인 일본군은 1593년 4월 한양에서 철수하여 경상도 해안 일대로 물러났다. 의주로 피난했던 국왕 일행은 10월 한성으로 돌아왔다.
ㄹ. 1597년 1월 명과 일본 사이의 강화 회담이 결렬되고 일본군이 다시 침입해왔다. 원균이 이끄는 조선 수군은 무모한 출전으로 일본군에 패배한 후 칠천량에서 전열을 가다듬었으나, 기습해 온 일본군에 크게 패배하였다.
ㄱ. 칠천량에서의 패배 이후 조정에서는 이순신을 다시 삼도수군통제사로 임명하였다. 1597년 9월 이순신은 명량(울돌목)에서 13척의 배로 10배 이상의 일본군을 맞아 적을 대파하는 승리를 올렸다.

40 임진왜란의 전개 정답 ①

(가) 1592년 4월 28일 신립은 충주 탄금대에서 배수진(背水陣)을 치고 일본군과 맞서 싸웠으나 패하고 달천강에 투신하였다.
(나) 1592년 7월에 이순신 함대는 한산도 앞바다에서 일본 수군을 물리쳤다(한산도 대첩).
(다) 1593년 2월 행주산성에서 권율이 지휘하는 조선군과 백성들이 일본군과 격전을 벌여 크게 이겼다. 이후 왜군은 남쪽으로 물러나 명과 강화협상을 벌였다.
(라) 1593년 10월에 의주로 피신했던 선조는 서울(한성)로 돌아왔다.

Ⅳ. 근세 전기

41 [2019 지방직 9급] 다음 자료에 나타난 상황과 관련 있는 사건은?

> 경성에는 종묘, 사직, 궁궐과 나머지 관청들이 또한 하나도 남아 있는 것이 없으며, 사대부의 집과 민가들도 종루 이북은 모두 불탔고 이남만 다소 남은 것이 있으며, 백골이 수북이 쌓여서 비록 치우고자 해도 다 치울 수 없다. 경성의 수많은 백성들이 도륙을 당했고 남은 이들도 겨우 목숨만 붙어 있다. 굶어 죽은 시체가 길에 가득하고 진제장(賑濟場)에 나아가 얻어먹는 자가 수천 명이며 매일 죽는 자가 60~70명 이상이다.
>
> — 성혼, 『우계집』에서 —

① 병자호란 ② 임진왜란
③ 삼포왜란 ④ 이괄의 난

42 [2018 법원직] 다음 군사 조직에 대한 설명으로 가장 옳은 것은?

> 국왕의 행차가 서울로 돌아왔으나, …… 이때에 임금께서 도감을 설치하여 군사를 훈련시키라고 명하시고 나를 그 책임자로 삼으시므로, …… 얼마 안 되어 수천 명을 얻어 조총 쏘는 법과 창, 칼 쓰는 기술을 가르치게 하였다. 또 당번을 정하여 궁중을 숙직하게 하고, 국왕의 행차가 있을 때 이들로써 호위하게 하니 민심이 점차 안정되었다.
>
> — 서애집 —

① 갑사와 정군으로 구성되었다.
② 포수, 사수, 살수로 조직되었다.
③ 제승방략 체제에 맞는 군사 조직이었다.
④ 신분 구분 없이 노비에서 양반까지 편성되었다.

43 [2022 법원직] 자료를 통해 알 수 있는 전쟁의 영향으로 가장 옳은 것은?

> 건주(建州)의 여진족이 왜적을 무찌르는 데 2만 명의 병력을 지원하겠다고 하자, 명군 장수 형군문이 허락하려 하였다. 그러나 명 사신 양포정은 만약 이를 허락한다면 명과 조선의 병력, 조선의 산천 형세를 여진족이 알게 될 수 있다고 하여 거절하였다.

① 4군 6진이 개척되었다.
② 일본의 도자기 문화가 발달하였다.
③ 부산포, 제포, 염포에 왜관이 설치되었다.
④ 황룡사 9층 목탑 등 문화재가 소실되었다.

44 [2023 지방직 9급] 밑줄 친 '곽재우'에 대한 설명으로 옳지 않은 것은?

> 여러 도에서 의병이 일어났다. …(중략)… 도내의 거족(巨族)으로 명망 있는 사람과 유생 등이 조정의 명을 받들어 의(義)를 부르짖고 일어나니 소문을 들은 자들은 격동하여 원근에서 이에 응모하였다. …(중략)… 호남의 고경명·김천일, 영남의 곽재우·정인홍, 호서의 조헌이 가장 먼저 일어났다.
>
> — 『선조수정실록』 —

① 홍의장군이라 칭하였다.
② 의령을 거점으로 봉기하였다.
③ 행주산성에서 일본군을 크게 무찔렀다.
④ 익숙한 지리를 활용한 기습 작전으로 일본군에 타격을 주었다.

41 | 임진왜란   정답 ②

제시된 자료는 전란으로 경성, 즉 한양의 주요 건물이 불타고 수많은 백성들이 어려움에 처한 상황을 보여주고 있다.
『우계집』을 지은 성혼(1535~1598)은 율곡 이이(1536~1584)와 평생을 함께한 절친으로, 이이가 죽은 뒤 서인의 영수 가운데 한 사람이 되었다. 1575년의 을해당론으로 사림이 동인과 서인을 형성할 때 이이와 성혼의 제자들은 서인에 가담하였다. 따라서 성혼은 16세기에 활동한 인물이라 추론하고 답을 고르는 것이 합리적이다.

오답분석 ① 1636년에 청의 침입으로 병자호란이 일어났다.
③ 1510년에 일어난 삼포왜란은 한양과는 관련이 없는 제포(내이포), 부산포, 염포에서 발생하였다.
④ 1624년에 이괄이 평안북도에서 반란을 일으켜 서울까지 점령하는 사태가 벌어졌다.

42 | 훈련도감   정답 ②

제시된 자료에서 '도감을 설치하여 군사를 훈련', '조총 쏘는 법과 창, 칼 쓰는 기술', '서애집' 등의 단서를 통해 임진왜란 중에 설치된 훈련도감에 대한 기술임을 알 수 있다.
명과 일본군 사이에 강화 협상이 진행되는 동안 조선은 훈련도감을 설치하여 군대의 편제와 훈련 방법을 바꾸었고, 속오법을 실시하여 지방군의 편제를 개편하였다. 훈련도감은 왜군의 조총에 대항하기 위하여 기존의 활과 창으로 무장한 부대 외에 조총으로 무장한 부대를 만들었다. 훈련도감은 포수(조총), 사수(활), 살수(창·칼)의 삼수병으로 편제되었으며, 군병은 장기간 근무를 하고 일정한 급료를 받는 직업군인이었다.

오답분석 ① 조선 전기 중앙군(5위)이 갑사와 정군으로 구성되었다.
③ 임진왜란 중 제승방략체제에서 진관체제로 변경하였다.
④ 속오군에 양반부터 노비까지 편성되었다.

● **복습지문**
임진왜란 중에 설치된 훈련도감은 포수, 사수, 살수 등 삼수병으로 구성되었다.

43 | 임진왜란   정답 ②

여진족이 왜적을 격퇴하기 위해 병력을 지원하겠다고 한 것은 임진왜란 시기의 사실이다.
7년 동안 벌어진 임진왜란은 국내에 많은 변화를 가져왔으며, 동아시아의 정세에도 커다란 영향을 주었다. 조선에 많은 병력을 지원한 명은 막대한 전쟁 비용으로 국력이 약화되었다. 명과 조선이 일본과 싸우면서 힘을 소진하는 사이 북방 여진족(누르하치)은 세력을 키워 나갔다. 일본에서는 도쿠가와 이에야스가 1603년 에도에 막부를 개창하고, 260여 년에 걸친 에도 시대를 열었다.
한편, 임진왜란은 일본의 문화가 크게 발전할 수 있는 계기를 만들어 주었다. 정유재란 때 의병장으로 활약한 강항은 포로 생활 중에 일본에 성리학을 전하여 일본 성리학의 원조가 되었으며 많은 일본인 유학자들을 배출하였다. 포로로 잡혀간 인쇄공에 의해 일본에 처음으로 금속활자 인쇄술이 전래되고, 도공 이삼평·심당길 등에 의해 도자기 산업이 비약적으로 발전하였다.

오답분석 ① 세종 때 최윤덕과 김종서의 노력으로 4군 6진이 개척되었다.
③ 세종 때 부산포, 제포, 염포에 왜관이 설치되었다.
④ 몽골 침입 때 황룡사 9층 목탑 등 문화재가 소실되었다.

44 | 의병장(곽재우)   정답 ③

임진왜란이 일어나자 전국 각지에서 의병이 조직되어 나라를 지키기 위한 전투를 벌였다. 의병은 자기 고장에 대한 지리적 정보를 활용한 전술과 전략을 개발하여 적은 병력으로도 적에게 큰 피해를 입혔다. 의병은 경상도에서 곽재우가 처음 일으킨 후 조헌, 고경명, 정문부 등 유생 및 관료 출신은 물론 서산대사(휴정), 사명대사(유정), 처영, 영규 등 승려들이 의병장으로 활약하였고, 농민들도 적극적으로 의병에 참여하였다.
곽재우(1552~1617)는 임진왜란이 일어나자 의령에서 가장 먼저 의병을 일으켰고, 붉은 옷을 입고 의병을 지휘하며 스스로 홍의장군이라 했다. 전쟁 이후 벼슬에 연연하지 않고 정치적 분쟁에도 관여하지 않은 채 조용히 여생을 마감했다

오답분석
③ 권율이 행주산성 전투에서 일본군을 대파하였다.

Ⅳ. 근세 전기

45 [2024 법원직] (가)와 (나) 사이에 있었던 사실로 가장 옳은 것은?

(가) 명군 도독 이여송이 대병력의 관군을 거느리고 곧바로 평양성 밖에 다다라 제장에게 부서를 나누어 본성을 포위하였습니다. …… 조선의 장군들이 군사를 거느리고 가서 매복하고 함께 대로로 나아가니 왜적들은 사방으로 도망가다가 복병의 요격을 입었습니다.

(나) 화의가 나라를 망친 것은 어제 오늘의 일이 아니고, 옛날부터 그러하였으나 오늘날처럼 심한 적은 없었습니다. 명은 우리나라에는 부모의 나라이고 노적은 우리나라에는 부모의 원수입니다. …… 어찌 차마 이런 시기에 다시 화의를 제창할 수 있겠습니까?

① 강홍립이 이끄는 조선군은 후금에 항복하였다.
② 신립 장군은 충주에서 일본군에게 패배하였다.
③ 인조는 삼전도에 나가 굴욕적인 항복을 하였다.
④ 조선은 왜구의 약탈을 근절하고자 대마도를 정벌하였다.

46 [2023 지방직 9급] (가) 시기에 있었던 사실로 옳지 않은 것은?

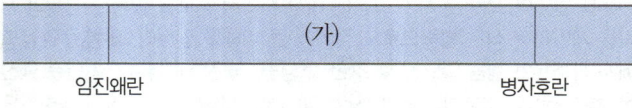

① 인조반정이 발생하였다.
② 영창 대군이 사망하였다.
③ 강홍립이 후금에 항복하였다.
④ 청에 인질로 끌려갔던 봉림대군이 귀국하였다.

47 [2022 간호직 8급] 다음 사건을 시기순으로 바르게 나열한 것은?

(가) 임진왜란
(나) 병자호란
(다) 삼포왜란
(라) 정묘호란

① (가) → (다) → (나) → (라)
② (가) → (다) → (라) → (나)
③ (다) → (가) → (나) → (라)
④ (다) → (가) → (라) → (나)

48 [2017 국가직 7급] 밑줄 친 '왕'의 재위 기간 중에 있었던 사실로 옳은 것은?

최명길이 마침내 국서를 가지고 비변사에서 다시 수정하였다. 예조판서 김상헌이 밖에서 들어와 그 글을 보고는 통곡하면서 찢어 버리고, 왕께 아뢰기를 "명분이 일단 정해진 뒤에는 적이 반드시 우리에게 군신의 의리를 요구할 것이니 성을 나가는 일을 면하지 못할 것입니다. …(중략)… 깊이 생각하소서."라고 하였다.

① 수도 외곽의 방어를 위하여 총융청을 설치하였다.
② 훈련도감을 신설하고 포수, 사수, 살수 등 삼수병을 두었다.
③ 북벌 계획에 따라 어영청을 정비하여 화포병과 기병을 늘렸다.
④ 도성을 수비하기 위해 기병과 훈련도감군의 일부를 주축으로 금위영을 설치하였다.

45 | 임진왜란과 병자호란   정답 ①

(가)는 임진왜란 당시의 평양성 전투(1593년 1월), (나)는 병자호란(1636) 무렵의 주전·주화 논쟁에 대한 기사이다.
선조의 뒤를 이어 즉위한 광해군(1608~1623)은 대내적으로 전후 복구 사업을 실시하면서 대외적으로는 명과 후금 사이에서 신중한 중립 외교 정책으로 대처하였다. 1619년 명과 후금 사이에 전쟁이 일어나자 광해군은 강홍립을 도원수로 삼아 명에 원군을 파견하면서 상황에 따라 적절히 대처하도록 명령하였다. 결국 조·명 연합군은 패하고, 강홍립 등은 후금에 항복하였다.

오답분석 ② 1592년 4월 28일 신립은 충주 탄금대에서 배수진(背水陣)을 치고 일본군과 맞서 싸웠으나 패하고 달천강에 투신하였다.
③ 병자호란이 일어나자 인조와 소현세자는 남한산성으로 피신하여 40여 일 동안 항전하였으나 결국 삼전도에서 항복하였다.
④ 1419년(세종 1) 이종무는 대마도를 정벌하여 왜구의 근절을 약속받고 돌아왔다.

46 | 두 차례 전란   정답 ④

임진왜란은 1592년(선조 25)에 일어났고, 병자호란은 1636년(인조 14)에 일어났다.
선조의 뒤를 이어 즉위한 광해군(1608~1623)은 대내적으로 전후 복구 사업을 실시하면서 대외적으로는 명과 후금 사이에서 신중한 중립 외교 정책으로 대처하였다. 광해군의 명의 원군 요청에 강홍립을 도원수로 삼아 원군을 파견하면서 상황에 따라 적절히 대처하도록 명령하였다. 결국 조·명 연합군은 패하고, 강홍립 등은 후금에 항복하였다. 이후에도 광해군은 압록강 입구의 가도에 주둔한 명의 모문룡 부대에 식량을 지원하면서도 다른 한편으로는 후금과 친선을 도모하는 등 중립적인 정책을 취했다. 광해군은 불안정한 왕위를 지키기 위하여 영창대군을 살해하고 인목대비를 폐위하여 도덕적으로 비난을 받았고(계축옥사, 1613), 무리한 토목 공사를 벌여 재정의 악화와 민심의 이탈을 불러왔다. 서인 세력은 반정을 일으켜 광해군을 축출하고 능양군(인조)을 왕으로 추대하였다(인조반정, 1623).

오답분석 ④ 병자호란이 끝난 이후 소현세자와 봉림대군이 청에 인질로 끌려갔다.

47 | 양난의 극복   정답 ④

(다) 1510년(중종 5) 부산포, 제포, 염포에서 무역 활동을 하고 있던 일본인들이 일으킨 삼포왜란을 계기로 임시기구로 비변사가 설치되었다.
(가) 1592년(선조 25) 일본의 도요토미 정권이 조선을 침략하면서 임진왜란이 시작되었다.
(라) 1627년(인조 5년)에 후금의 태종은 광해군을 위하여 보복한다는 명분을 내걸고 정묘호란을 일으켰다.
(나) 1636년(인조 14) 후금은 국호를 청으로 고치고 조선이 군신관계를 요구하였으나 조선이 거부하자 조선을 침입하였다.

48 | 인조(병자호란)   정답 ①

제시된 자료는 병자호란 때 남한산성에서 김상헌이 청에 항복하는 것을 반대하는 상황을 보여주므로, 밑줄 친 '왕'은 인조임을 알 수 있다.
1623년 반정으로 인조가 왕위에 오르고, 서인이 집권하면서 조선은 사상적으로 성리학 중심주의가 뿌리내리게 되었다. 외교적으로는 친명배금론과 대명의리론이 대세가 되었고, 후금과의 관계는 악화되었다.
한편 1624년 논공행상 결과에 반감을 품은 이괄이 일으킨 난에서 반군이 경기도의 방어망을 쉽게 뚫고 서울을 점령하는 문제가 발생하였다. 이로 인해 국왕의 호위군을 강화하기 위해 어영청이 설치되었고, 후금의 침입에 대비해 수도 외곽의 북부지역을 방비하는 총융청과 남한산성 일대를 방어하기 위한 수어청이 설치되었다.

오답분석 ② 임진왜란 중 훈련도감이 신설되었다.
③ 효종 때 북벌 계획에 따라 어영청이 정비되었다.
④ 숙종 때 국왕의 호위와 수도 방어를 위해 금위영이 설치되었다.

● **복습지문**
인조 때 어영청, 총융청, 수어청 등의 군영이 설치되었다.

Ⅳ. 근세 전기

49 [2024 국가직 9급] 다음 사건 이후에 있었던 사실로 옳은 것은?

> 홍서봉 등이 한(汗)의 글을 받아 되돌아왔는데, 그 글에, "대청국의 황제는 조선의 관리와 백성들에게 알린다. 짐이 이번에 정벌하러 온 것은 원래 죽이기를 좋아하고 얻기를 탐해서가 아니다. 본래는 늘 서로 화친하려고 했는데, 그대 나라의 군신이 먼저 불화의 단서를 야기시켰다."라고 하였다.

① 삼전도비가 세워졌다.
② 이괄이 난을 일으켰다.
③ 인조가 강화도로 피난하였다.
④ 정봉수가 용골산성에서 항전하였다.

50 [2025 법원직] 다음 〈보기〉의 사건 중 첫 번째와 세 번째로 일어난 사건을 순서대로 나열한 것으로 옳은 것은?

── 보기 ──
ㄱ. 조선과 청은 군신관계를 맺었다.
ㄴ. 강홍립의 군대가 명에 파견되었다.
ㄷ. 서인 세력은 인조를 왕으로 세웠다.
ㄹ. 가도에 주둔하던 명의 모문룡이 제거되었다.

① ㄱ, ㄹ   ② ㄴ, ㄷ   ③ ㄴ, ㄹ   ④ ㄷ, ㄱ

51 [2017 국가직 9급] 다음 상소 이후에 나타난 사실로 옳지 않은 것은?

> 윤집(尹集)이 상소하기를 "화의가 나라를 망친 것은 어제 오늘의 일이 아니고 옛날부터 그러하였으나 오늘날처럼 심한 적은 없었습니다. 명나라는 우리나라에 있어서 부모의 나라이고 노적은 우리나라에 있어서 부모의 원수입니다. … 지난날 성명께서 크게 분발하시어 의리에 의거하여 화의를 물리치고 중외에 포고하고 명나라에 알리시니, 온 동토(東土) 수천 리가 모두 크게 기뻐하여 서로 고하기를 '우리가 오랑캐가 됨을 면하였다.'고 하였습니다."
>
> ─ 『인조실록』 ─

① 소현세자는 청에서 서양의 문물에 관심을 가지고, 천문관련 서적 등을 가져왔다.
② 조선은 청과 굴욕적인 형제의 맹약을 맺었다.
③ 조선은 복수설치(復讐雪恥)를 과제로 삼았다.
④ 숭정처사(崇禎處士), 대명거사(大明居士)로 자처하며 출사를 거부하는 인물이 있었다.

52 [2018 서울시 9급] 조선시대의 대외관계에 대한 설명으로 가장 옳은 것은?

① 태조는 북방의 여진족을 몰아내고 4군 6진을 개척하였다.
② 왜란이 끝난 후 조선은 일본에 통신사를 파견하여 국교 재개를 요청하였다.
③ 조선후기 북학운동의 한계를 느낀 지식인들은 북벌운동을 전개하였다.
④ 조선후기 중국과의 외교와 무역에 은이 대거 소비되면서 은광이 활발하게 개발되었다.

49 | 병자호란
정답 ①

'대청국의 황제', '정벌' 등의 단서를 통해 제시된 자료는 병자호란(1636) 때의 상황임을 알 수 있다.
1636년 후금은 국호를 청이라 바꾼 뒤 조선에 사신을 보내 군신 관계와 조공을 요구하였다. 조선의 조정에서 김상헌과 3학사(윤집·오달제·홍익한) 등이 강경하게 주전론을 주장하여 척화의지를 분명히 하자, 청은 다시 대군을 이끌고 침입해왔다(병자호란, 1636).
병자호란이 일어나자 세자빈과 봉림대군·인평대군 등 왕족과 역대 선왕들의 신주(神主)가 먼저 강화도로 피난하였다. 인조와 소현세자는 강화도로 가는 길이 막히자 남한산성으로 피신하여 40여 일 동안 항전하였으나 결국 삼전도에서 항복하였다. 병자호란에서 패한 조선은 청과 군신 관계를 맺게 되었고, 소현세자와 봉림대군(효종), 그리고 3학사 등 강경파 주전론자와 수만 명의 백성들이 청으로 끌려갔다. 삼전도에는 청 태종의 공덕을 칭송하고 청군의 승전을 기리는 내용의 삼전도비(三田渡碑)가 세워졌다.

오답분석 ② 1624년에 이괄이 인조반정(1623)의 논공행상에 불만을 품고 난을 일으켰다.
③ 정묘호란(1627) 때 인조가 강화도로 피난하였다.
④ 정묘호란 때 정봉수가 용골산성에서 항전하였다.

50 | 대청 관계
정답 ③

ㄴ. 1619년 광해군은 명의 원군 요청에 강홍립을 도원수로 삼아 원군을 파견하면서 상황에 따라 적절히 대처하도록 명령하였다. 결국 조·명 연합군은 패하고, 강홍립 등은 후금에 항복하였다.
ㄷ. 1623년 서인 세력은 광해군이 영창대군을 죽이고 인목대비를 유폐시킨 것을 구실 삼아 정변을 일으켜 광해군을 축출하고 인조를 왕으로 추대하였다(인조반정).
ㄹ. 1621년 평안도 철산 앞바다의 가도(椵島)를 점령한 모문룡은 조선을 후금의 공략기지로 삼는다면서 한족(漢族)들을 동원해 후금을 자극하고 조선의 국경을 어지럽혔다(가도사건). 1629년 명나라의 충신 원숭환에 의해 직무태만과 부정부패를 이유로 참수당했다. 1637년 병자호란 직후 조선과 청의 군대에 의해 가도는 최종적으로 점령 파괴되었다.
ㄱ. 병자호란(1636)이 일어나자 인조와 소현세자는 남한산성으로 피신하여 40여 일 동안 항전하였으나 결국 삼전도에서 항복하였다. 전쟁에서 패한 조선은 청과 군신 관계를 맺게 되었고, 소현세자와 봉림대군(효종), 그리고 3학사 등 강경파 주전론자와 수만 명의 백성들이 청으로 끌려갔다.

51 | 척화주전론(병자호란)
정답 ②

제시된 자료는 병자호란이 발발하기 직전인 1636년 11월에 윤집이 상소한 내용이다. 1636년 후금은 국호를 청이라 바꾼 뒤 조선에 사신을 보내 군신관계와 조공을 요구하였다. 이때 김상헌과 3학사(윤집·오달제·홍익한) 등은 척화주전론을 제기하였다.
결국 12월에 청은 군대를 이끌고 침입해 왔다(병자호란). 인조는 남한산성으로 피난하여 40여 일 동안 항전하였으나 결국 삼전도에서 항복하였다. 이때 소현세자와 봉림대군은 청에 볼모로 가게 되었다.
심양에서 인질생활을 하던 소현세자는 조선으로 귀국하기 직전에는 북경에서 아담 샬을 만나 학술과 종교에 대해 많은 것을 배웠고, 천문관련 서적 등을 가지고 조선에 귀국하였다. 그러나 귀국 후 2달 만에 소현세자가 급사하였고, 그의 동생인 봉림대군이 인조의 뒤를 이어 왕위에 올랐다. 효종은 즉위 후 '숭명배청(崇明排淸)', '복수설치(復讐雪恥 : 청나라에 당한 수치를 복수하고 설욕함)'를 과제로 삼아 북벌 운동을 전개하였다.
한편, 1644년 명나라가 멸망하자 조선에서는 '숭정처사(崇禎處士)', '대명거사(大明居士)'라 자처하며 출사를 거부하고 학문 활동에만 전념하는 인물들이 나타났다.

오답분석 ② 정묘호란(1627) 때 조선과 후금(청)이 형제관계를 맺었다.

52 | 조선의 대외관계
정답 ④

16세기 초 납에서 은을 분리하는 제련법이 발명되고, 17세기에는 청과의 무역으로 은의 수요가 늘어나면서 은광이 활발하게 개발되었다. 그 결과 17세기 말에는 전국에 70개소에 달하는 은광이 개발되었는데, 평안도 단천과 경기도의 파주·교하가 유명하였다.

오답분석 ① 세종 때 최윤덕과 김종서가 북방의 여진족을 몰아내고 4군과 6진을 개척하였다.
② 왜란이 끝난 후 일본의 에도막부가 조선에 국교재개를 요청하였고, 1636년부터 통신사를 파견하였다.
③ 병자호란 이후 효종 때 서인을 중심으로 북벌운동이 전개되었고, 18세기 중엽 북학파 실학자들을 중심으로 청의 문물을 적극적으로 수용하자는 북학운동이 전개되었다.

IV. 근세 전기

02 근세 전기의 경제와 사회

01 [2019 서울시 9급]
조선 태종 대의 주요 정책에 대한 설명으로 가장 옳은 것은?

① 사섬서를 두어 지폐인 저화를 발행하였다.
② 상평통보를 발행하여 화폐경제를 촉진하였다.
③ 지계를 발급하여 토지소유권을 공고히 하였다.
④ 연분 9등법과 전분 6등법을 시행하여 조세제도를 개편하였다.

02 [2017 지방직 7급]
다음 자료 이후에 나타난 사실로 옳은 것은?

대사헌 조준이 글을 올려 아뢰기를 "… 근년에는 (토지를) 겸병하는 일이 더욱 심해져 간사하고 흉악한 무리의 토지가 주(州)에 걸치고 군(郡)을 포괄하며, 산천을 경계로 삼을 정도입니다. 1무(畝)의 주인이 5, 6명이나 되고 1년에 조세를 받는 횟수가 8, 9차에 이릅니다. 위로는 어분전(御分田)부터 종실·공신·조정·문무관의 토지, 외역·진·역·원·관의 토지와 백성들이 여러 대 동안 심은 뽕나무와 지은 집에 이르기까지 모두 빼앗아 차지하니 호소할 곳 없는 불쌍한 백성들이 사방으로 흩어져 떠돌아다닙니다."

① 전시과를 공포하여 전제개혁을 단행하였다.
② 전제개혁으로 신진사대부들은 심각한 타격을 받았다.
③ 이성계에 반대하는 신하들에게는 토지를 분배하지 않았다.
④ 과전 지급 지역은 경기에 한정되었고, 지급 대상은 전직, 현직 관리였다.

03 [2023 서울시 9급]
〈보기〉의 밑줄 친 '법'에 대한 설명으로 가장 옳은 것은?

● 보기 ●
12월에 새 왕이 즉위하자, 대사헌 조준 등이 또 상소하여 토지 제도에 대해 논하여 말하기를, "하늘이 재앙을 내린 것을 후회하시어 흉악한 무리들을 이미 멸망시켰으며 신돈이 이미 제거되었으니, 마땅히 사전(私田)을 모두 없애 이 민(民)이 부유하고 장수하는 영역을 여는 것, 이것이 그 기회입니다. …… 이를 규정된 법으로 정하셔서 백성과 더불어 다시 시작하십시오. ……"라고 하였다.
3년 5월 도평의사사에서 토지를 지급하는 법을 정할 것을 청하니, 그 의견대로 하였다.

① 전지와 시지를 지급하였다.
② 경기 지역의 토지만 지급하였다.
③ 현직 관리에게만 토지를 지급하였다.
④ 토지에 부과하는 세금을 4~6두로 고정하였다.

04 [2024 서울시 9급]
〈보기〉의 (가)~(라)에 대한 설명으로 가장 옳은 것은?

조선 왕조 개창 당시 관리의 경제적 기반을 보장하기 위해 ㅤ(가)ㅤ을/를 시행하였다. 이는 경기 지방의 토지를 대상으로 했으며, 관리 사후 지급받은 토지를 국가에 반납하는 것이었다. 하지만 관리 사후 아내가 재혼하지 않았으면 그 전부 혹은 일부를 ㅤ(나)ㅤ(으)로 지급했으며, 부모가 모두 죽고 자손이 20세 미만이면 이들의 부양을 위해 ㅤ(다)ㅤ(으)로 주어졌다. 이후 세조는 이러한 제도를 고쳐 ㅤ(라)ㅤ을/를 시행하여, 그 지급 대상을 축소했다.

① (가)는 '과전법'으로, 현직 관리에게만 지급한 것이다.
② (나)는 '전시과'로, 전지와 시지를 나누어 주는 것이다.
③ (다)는 '구분전'으로, 수조권을 지급하는 것이다.
④ (라)는 '직전법'으로, 그 시행에 따라 수신전이 폐지되었다.

01 태종의 경제정책   정답 ①

태종 원년(1401) 하륜의 건의를 받아들여 조폐 기관으로 사섬서를 설치하고, 다음해 저화를 처음으로 발행하여 통용시켰다. 저화 발행은 태종이 정치·군사권을 장악한 데 이어 경제권까지 장악하려는 중앙관제 정비과정의 일환으로 실시되었다.

그러나 한성을 제외한 지역은 저화가 사용되지 않고 쌀과 삼베만 거래 수단으로 기능하여, 1415년에는 지방에서도 포화의 사용을 허용하였고, 곧이어 서울에서도 그것이 묵인되었다. 저화 통용책이 성과를 거두지 못하자 그 대안으로 부상한 동전 발행론에 따라 세종 때에는 조선통보를 발행하였다.

오답분석 ② 조선 후기 숙종 때 상평통보를 법화로 발행하였다.
③ 대한제국 시기에 양전사업을 실시하고 지계를 발급하였다.
④ 세종 때 연분 9등법과 전분 6등법을 시행하였다.

● **복습지문**
태종 때 사섬서를 두어 지폐인 저화를 발행하였다.

02 과전법   정답 ④

제시된 자료는 고려 말에 조준이 문란해진 토지 제도를 비판하면서 토지 개혁을 주장하는 사료이다.

당시 권문세족은 대규모의 토지를 점탈하고 몰락한 농민을 모아 농장을 형성하였고, 이로 인해 국가 재정이 파탄 지경에 이르렀다. 위화도 회군 이후 권력을 장악한 조준·정도전 등 신진사대부는 농민들에게 극심한 고통을 주었던 농장 혁파 등 사전 개혁에 착수하였다. 이들은 기존의 공사전적(토지대장)을 불태우고 전국의 토지를 새로 측량하여 권문세족의 토지를 몰수해 천민을 제외한 농민들에게 분배하였다. 이로써 국가가 수조권을 행사하는 공전이 크게 늘어나 국가의 재정 기반이 확대되었다.

이러한 토지개혁의 기반 위에 1391년 전·현직 관료들에게 경기도 지방의 토지의 수조권을 분급한 과전법이 제정되어 신진 사대부들의 경제적 기반을 마련해주었다.

오답분석 ① 고려 경종 때 전시과 제도가 시행되었다.
② 전제개혁을 통해 신진사대부들의 경제기반이 마련되었다.
③ 이성계에 반대하는 신하들은 10결 혹은 5결의 군전(軍田)만을 지급받았다.

● **복습지문**
과전법에서는 과전 지급 지역은 경기로 한정되었으며, 지급 대상은 전·현직 관리였다.

03 과전법   정답 ②

조준 등 신진사대부 세력이 주도하여 도평의사사에서 제정한 '법'은 과전법이다.

위화도 회군(1388) 이후 조준·정도전 등은 농민들에게 극심한 고통을 주었던 농장의 혁파 등 사전 개혁에 착수하였다. 이들은 권문세족의 토지를 몰수해 천민을 제외한 농민들에게 분배하였다. 그리고 1391년에는 관료들에게 수조지를 분급하는 과전법을 제정하였다.

과전법에 따라 관료들은 18과로 나뉘어 최고 150결에서 최하 10결의 토지를 수조지로 받게 되었다. 과전법에서는 전시과와 달리 시지를 지급하지 않고 전지만 분급했다. 과전법에 따라 전·현직 관리는 경기 지방의 토지를 과전으로 지급받았는데, 받은 사람이 죽거나 반역을 하면 국가에 반환하도록 하였다. 정부는 죽은 관료의 가족들이 생계를 유지할 수 있도록 과전 중 일부를 수신전, 휼양전 등으로 다시 지급하였다.

오답분석 ① 전시과에서 전지와 시지를 지급하였고, 과전법에서는 전지만 지급하였다.
③ 과전법은 전·현직 관리에게 토지를 지급하였다.
④ 과전법에서 전세는 1결의 최대 생산량을 300두로 정하고 수확량의 10분의 1을 거두었고, 영정법에서 전세를 4~6두로 고정하였다.

04 조선의 토지 제도   정답 ④

(가)는 과전법, (나)는 수신전, (다)는 휼양전, (라)는 직전법이다.

고려 말 권문세족의 대토지 소유와 토지 겸병으로 국가 재정이 부족해졌다. 1391년 신진사대부들은 과전법을 시행하여 권문세족이 겸병한 토지를 몰수하고, 관료에게는 경기 지역의 토지 수조권을 지급하였다.

과전법 시행 이후 수신전, 휼양전, 공신전 세습과 증가로 신진 관료에게 지급할 수조지가 부족해졌다. 이에 세조 때 직전법을 시행하여 현직 관리만을 대상으로 수조지를 분급하고 수신전·휼양전을 폐지하였다.

오답분석 ① 과전법은 전직 관리에게도 지급하였다.
② (나)는 죽은 관리의 부인에게 지급한 수신전이다.
③ (다)는 죽은 관리의 유자녀에게 지급한 휼양전이다.

IV. 근세 전기

05 (가)~(라) 제도를 시행된 순서대로 바르게 나열한 것은? [2022 법원직]

(가) 그 사람의 성품과 행동의 선악, 공로의 크고 작음을 참작하여 역분전을 차등 있게 주었다.
(나) 문무의 백관으로부터 부병(府兵)과 한인(閑人)에 이르기까지 과(科)에 따라 받지 않은 자가 없었으며, 또한 과에 따라 땔나무를 베어낼 땅도 지급하였다.
(다) 경기는 사방의 근본이니 마땅히 과전을 설치하여 사대부를 우대한다. 무릇 경성에 거주하여 왕실을 시위(侍衛)하는 자는 직위의 고하에 따라 과전을 받는다.
(라) 경상도.전라도.충청도는 상등, 경기도.강원도.황해도 3도는 중등, 함길도.평안도는 하등으로 삼으며 …… 각 도의 등급과 토지 품질의 등급으로써 수세하는 수량을 정한다.

① (가) – (나) – (다) – (라)
② (가) – (나) – (라) – (다)
③ (나) – (가) – (다) – (라)
④ (나) – (다) – (라) – (가)

06 조선 초기의 과전(科田)에 대한 설명 중 가장 옳은 것은? [2019 서울시 9급]

① 과전은 성종 대까지 경기도에 한정되었다.
② 현직 관리에게 소유권과 수조권(收租權)을 부여하였다.
③ 전직 관리와 현직 관리에게 모두 수조권을 지급하였다.
④ 과전에 대해서 상속권을 인정해 주었다.

07 다음 정책을 시행한 시기를 시대순으로 바르게 나열한 것은? [2020 국가직 7급]

(가) 경기도에 처음으로 대동법을 시행하였다.
(나) 종래 상민에게만 거두었던 군포를 양반에게도 징수하였다.
(다) 풍년과 흉년에 관계없이 전세를 고정시키는 영정법을 시행하였다.
(라) 신해통공으로 육의전을 제외한 시전의 금난전권을 폐지하였다.

① (가) → (다) → (라) → (나)
② (가) → (라) → (나) → (다)
③ (다) → (가) → (라) → (나)
④ (다) → (가) → (나) → (가)

08 (가)~(라)를 시기 순으로 바르게 나열한 것은? [2024 지방직 9급]

(가) 지주에게 결작이라 하여 토지 1결당 미곡 2두씩을 부담시켰다.
(나) 전세를 풍흉에 관계없이 토지 1결당 미곡 4~6두로 고정시켰다.
(다) 조세는 토지 1결당 수확량 300두의 10분의 1 수취를 원칙으로 삼았다.
(라) 조세를 토지 비옥도와 풍흉의 정도에 따라 1결당 최고 20두에서 최하 4두로 하였다.

① (다) → (라) → (가) → (나)
② (다) → (라) → (나) → (가)
③ (라) → (다) → (가) → (나)
④ (라) → (다) → (나) → (가)

05 역대 경제 정책　　　정답 ①

(가) 고려 태조 왕건은 후삼국 통일 과정에서 공을 세운 사람들에게 성품, 행동의 선악, 공로의 많고 적음을 참작하여 역분전을 지급하였다.
(나) 고려 경종 때 전시과 제도가 시행되어 전·현직 관리에게 전지와 시지를 지급하였다. 지급 규정에 미치지 못하는 한외과(限外科)에는 15결의 토지를 주었다.
(다) 위화도 회군(1388) 이후 정권을 장악한 조준·정도전 등은 관료들에게 경기도의 토지를 수조지를 분급하는 과전법을 제정하여 신진 사대부들의 경제적 기반을 마련해 주었다.
(라) 조선 세종 때 농민 부담의 경감과 공평 과세를 위해 공법절목을 마련하고 공법(貢法)을 시행하였다. 공법은 토지의 비옥도와 풍흉의 정도에 따라 조세액을 정하였는데, 공법 시행 초기에는 경상도·전라도·충청도는 상등, 경기도·강원도·황해도는 중등, 함길도·평안도는 하등으로 토지의 등급[土品]을 정하고, 또 본래 정했던 전적(田籍)의 상·중·하등에 따라 그대로 전품을 나누어 1결당 최고 20말에서 최저 12말을 거두도록 하였다.

06 과전법　　　정답 ③

위화도 회군(1388) 이후 조준·정도전 등은 농민들에게 극심한 고통을 주었던 농장혁파 등 사전 개혁에 착수하였다. 이들은 권문세족의 토지를 몰수해 천민을 제외한 농민들에게 분배하였다. 그리고 1391년에는 관료들에게 수조지를 분급하는 과전법을 제정하여 신진 사대부들의 경제적 기반을 마련해 주었다.
과전법에 따라 관료들은 18과로 나뉘어 최고 150결에서 최하 10결의 토지를 수조지로 받게 되고, 6도의 한량(閑良) 관리들은 10결 혹은 5결의 군전(軍田)만을 받게 되었다. 수조권자에게 바치는 전조는 생산량의 10분의 1인 토지 1결당 30두로 정해졌고, 지주와 작인 사이에 이루어지던 차경의 관행은 금지되었다.

오답분석　① 태종 때 과전의 3분의 1을 하삼도(충청, 전라, 경상도)에 옮겨 나누어 주었다가(1417), 세종 때 다시 경기도로 환급하고 과전의 지급 결수를 줄였다(1431).
② 과전법에 따라 전·현직 관리에게 경기 지방의 토지에 대한 수조권을 부여하였다.
④ 과전법은 받은 사람이 죽거나 반역을 하면 국가에 반환하도록 하였다.

07 조선의 경제정책　　　정답 ①

(가) 광해군 즉위년에 이원익의 건의에 따라 경기도에 처음으로 대동법을 시행하였다.
(다) 인조 때 영정법을 시행하여 풍년과 흉년에 관계없이 전세를 4~6두로 고정시켰다.
(라) 정조 때 신해통공(1791)으로 육의전을 제외한 시전의 금난전권을 폐지하였다.
(나) 흥선대원군이 호포법(동포법)을 시행하여 종래 상민에게만 거두었던 군포를 양반에게도 징수하였다.

08 수취 제도의 변화　　　정답 ②

(다) 조선 초기에 과전법에 따라 전세는 1결의 최대 생산량을 300두로 정하고 수확량의 10분의 1을 거두었는데, 매년 풍흉에 따른 수확량과 손실량을 조사하여 납부액을 조정하였다.
(라) 세종 때 공법을 실시하여 토지의 비옥도를 6등급으로 나누고(전분6등법) 풍흉의 정도를 9등급으로 나누어(연분9등법), 조세 액수를 1결당 최고 20두에서 최하 4두를 내도록 하였다.
(나) 인조 때 영정법을 시행하여 풍년과 흉년에 관계없이 전세를 4~6두로 고정시켰다.
(가) 영조 때 균역법을 실시하면서 줄어든 재정을 보충하고자 지주에게 토지 1결당 미곡 2두씩을 부담시켰다.

Ⅳ. 근세 전기

09 2022 법원직
다음 사실을 시기 순으로 바르게 나열한 것은?

(가) 강희맹이 경기 지역의 농사 경험을 토대로 『금양잡록』을 편찬하였다.
(나) 신속이 벼농사 중심의 수전 농법을 소개한 『농가집성』을 편찬하였다.
(다) 이암이 중국 화북 지역의 농사법을 반영한 『농상집요』를 도입하였다.
(라) 정초, 변효문 등이 왕명에 의해 우리나라 풍토에 맞는 농법을 정리한 『농사직설』을 편찬하였다.

① (가)-(다)-(나)-(라)
② (나)-(다)-(라)-(가)
③ (다)-(라)-(가)-(나)
④ (다)-(라)-(나)-(가)

10 2025 국가직 9급
다음 업적이 있는 왕의 재위 기간에 볼 수 있는 모습은?

○ 우리 풍토에 맞는 농서인 『농사직설』을 편찬하였다.
○ 최윤덕과 김종서를 파견하여 4군 6진을 개척하였다.

① 송파장에 담배를 사려고 나온 농민
② 금난전권 폐지에 항의하는 시전 상인
③ 전분6등법을 처음 시행하기 위해 찬반 의견을 묻는 관료
④ 천주교 신자가 되어 어머니 제사를 거부하는 유생

11 2017 지방직 9급
밑줄 친 제도에 대한 설명으로 옳은 것은?

국왕이 말했다. "나는 일찍부터 이 제도를 시행해 여러 해의 평균을 파악하고 답험(踏驗)의 폐단을 영원히 없애려고 해왔다. 신하들부터 백성까지 두루 물어보니 반대하는 사람은 적고 찬성하는 사람이 많았으므로 백성의 뜻도 알 수 있다."

① 토지의 비옥도에 따라 조세를 차등 징수하였다.
② 풍흉에 상관없이 1결당 4~6두를 조세로 징수하였다.
③ 토지 소유자에게 1결당 미곡 12두를 조세로 징수하였다.
④ 토지 소유자에게 수확량의 10분의 1을 조세로 징수하였다.

12 2023 법원직
다음 사건이 일어난 시기에 볼 수 있는 모습으로 가장 옳은 것은?

전제상정소에서 다음과 같이 논의하였다. "우리나라는 지질의 고척(膏堉)이 남쪽과 북쪽이 같지 아니합니다. 하지만 그 전품(田品)의 분등(分等)을 8도를 통한 표준으로 계산하지 않고 있습니다. 다만 1도(道)로써 나누었기 때문에 납세의 경중(輕重)이 다릅니다. 부익부 빈익빈이 심해지니 옳지 못한 일입니다. 여러 도의 전품을 통고(通考)하여 6등급으로 나눈다면 전품이 바로잡힐 것이며 조세도 고르게 될 것입니다." 임금은 이를 그대로 따랐다.

① 3포 왜란으로 입은 피해를 걱정하는 어부
② 벽란도에서 송나라 선원과 흥정하는 상인
③ 농가집성의 내용을 읽으며 공부하는 농부
④ 불법적인 상행위를 감시하는 경시서 관리

09 | 농서 편찬 　　　　　　　　　　정답 ③

(다) 고려 후기에 이암이 원에서 『농상집요』를 들여와 중국의 농법을 소개하였다. 『농상집요』는 중국 화북 지방의 농법을 정리한 책으로 공민왕 때 간행되어 널리 보급되었다.
(라) 조선 세종 때 나이 많은 농부들의 실제 경험을 토대로 정초와 변효문이 『농사직설』을 편찬하였다. 『농사직설』은 우리나라 현실과 기후 풍토에 알맞은 독자적인 농법을 처음으로 정리한 농서로서, 우리 농학 연구 및 농서 편찬의 출발점이 되었다.
(가) 조선 성종 때 강희맹은 금양현(경기도 시흥)에서 직접 농사를 지으면서 자신의 체험과 농민들과의 대화를 토대로 『금양잡록』을 편찬하였다.
(나) 17세기 중엽에 신속은 『농사직설』, 『사시찬요』, 『금양잡록』 등을 합쳐 『농가집성』을 편찬하였다. 벼농사 중심의 농법을 소개한 『농가집성』은 이앙법의 보급과 수리 시설의 확대에 기여하였다.

10 | 세종 　　　　　　　　　　정답 ③

『농사직설』이 편찬되고, 최윤덕과 김종서가 4군과 6진을 개척한 것은 조선 세종 때의 사실이다.
세종 때 농민 부담의 경감과 공평 과세를 위해 공법절목을 마련하고 공법(貢法)을 시행하였다. 그 결과 토지의 비옥도를 6등급으로 나누고(전분6등법) 풍흉의 정도를 9등급으로 나누어(연분9등법), 조세 액수를 1결당 최고 20두에서 최하 4두를 내도록 하였다. 세종은 공법을 제정할 때 조정의 신하와 지방의 촌민에 이르기까지 18만 명의 의견을 묻는 등 백성들의 여론을 존중하였다.

오답분석 ① 조선 후기에 이현, 칠패, 송파 등에 시장이 형성되고 담배 등의 외래작물이 재배되었다.
② 조선 후기 정조 때 육의전을 제외한 시전 상인의 금난전권을 폐지하였다.
④ 조선 후기에 천주교가 전래되어 신앙으로 받아들여졌다.

11 | 공법(연분 9등법) 　　　　　　　　　　정답 ①

답험의 폐단을 없애고자 하였고, 신하들부터 백성까지 두루 의견을 수렴하였다는 사실을 통해 밑줄 친 '이 제도'는 공법(貢法)임을 알 수 있다. 세종 26년(1444)에 이르러 공법이 시행되었다.
공법은 기존의 3등급으로 토지를 구분하던 것을 비옥도에 따라 6등급으로 구분하고(전분 6등법), 세액은 수확량의 10분의 1을 징수하던 것에서 해마다 풍흉을 고려하여 상상년~하하년의 9등급으로 나누어 징수하는 것으로 개정하였다(연분 9등법). 이때 토지를 측량하던 양전척(量田尺)을 기존의 수지척(手指尺)에서 주척(周尺)으로 바꾸었다.

오답분석 ② 영정법이 풍흉에 상관없이 1결당 4~6두 징수하였다.
③ 대동법이 토지 1결당 미곡 12두를 징수하였다.
④ 과전법의 조세액이 수확량의 10분의 1로 정해졌다.

● 복습지문
세종 때 실시된 공법은 풍흉과 토지 비옥도에 따라 조세를 차등 징수하였다.

12 | 조선 전기의 경제 모습(공법) 　　　　　　　　　　정답 ④

'전제상정소'는 조선 세종 때 토지 제도와 조세 제도를 개편하기 위해 설치한 기관으로, 전분6등법과 연분9등법을 제정하였다.
세종 때 농민 부담의 경감과 공평 과세를 위해 공법절목을 마련하고 공법(貢法)을 시행하였다. 그 결과 토지의 비옥도를 6등급으로 나누고 풍흉의 정도를 9등급으로 나누어, 조세 액수를 1결당 최고 20두에서 최하 4두를 내도록 하였다.
조선 시대에는 종로 운종가에 대규모의 상가(시전)를 조성하고, 이를 상인들에게 임대하였다. 시전을 임차한 상인들은 특정 상품에 대한 독점권을 부여 받는 대신 상세와 점포세를 내고 왕실이나 관청의 관수품을 조달하는 국역을 담당하였다. 정부는 경시서를 설치하여 시전 상인으로부터 세금을 징수하고, 도량형과 물가 등을 감독하여 시전 상인들의 상행위를 통제하였다. 시전(市廛)의 관리·감독을 위해 설치되었던 경시서는 1466년(세조 12)에 평시서로 개칭되었다.

오답분석
① 중종 때 부산포·내이포·염포에 거주하고 있던 왜인들이 난을 일으켰다(삼포왜란, 1510).
② 고려 시대에 벽란도를 통해 송나라 상인들이 고려와 교역하였다.
③ 조선 후기 효종 때 신속이 『농가집성』을 편찬하였다.

Ⅳ. 근세 전기

13 [2019 서울시 9급] 〈보기〉와 같은 폐단을 해결하기 위해 실시한 제도에 대한 설명으로 가장 옳지 <u>않은</u> 것은?

● 보기 ●
각 고을에서 공물을 상납하려 할 때 각 관청의 사주인들이 여러 가지로 농간을 부려 좋은 것도 불합격 처리를 하기 때문에 바칠 수가 없게 되었습니다. 이리하여 사주인은 자기가 갖고 있는 물품으로 관청에 대신 내고 그 고을 농민들에게는 자기가 낸 물건 값을 턱없이 높게 쳐서 열 배의 이득을 취하니, 이것은 백성의 피와 땀을 짜내는 것입니다.
— 『선조실록』 —

① 광해군 시기에 실시하였다.
② 토지 결수를 기준으로 1결당 쌀 12두를 납부하게 하였다.
③ 왕실과 관청에서 필요한 수요품을 구해 납품하는 덕대가 등장하였다.
④ 물품 구매와 상품 수요가 증가하면서 상품 화폐 경제가 한층 발전하였다.

14 [2023 국가직 9급] (가)에 대한 설명으로 옳지 <u>않은</u> 것은?

임진왜란 이후에 우의정 유성룡도 역시 미곡을 거두는 것이 편리하다고 주장하였으나, 일이 성취되지 못하였다. 1608년에 이르러 좌의정 이원익의 건의로 (가) 을/를 비로소 시행하여, 민결(民結)에서 미곡을 거두어 서울로 옮기게 하였다.
— 『만기요람』 —

① 장시의 확대에 기여하였다.
② 지주에게 결작을 부과하였다.
③ 공납의 폐단을 막기 위해 실시하였다.
④ 공인에게 비용을 지급하고 필요 물품을 조달하였다.

15 [2019 법원직] 밑줄 친 ㉠의 폐단을 시정하고자 실시한 제도와 관련된 설명으로 가장 옳은 것은?

정인홍이 아뢰기를 "민생이 곤궁한 것은 공상할 물건은 얼마 되지도 않는데 ㉠ 방납으로 모리하는 무리에게 들어가는 양이 거의 3분의 2가 넘고, 게다가 수령이 욕심을 부리고 아전이 애를 먹여서 그 형세가 마치 삼분오열로 할거하듯 하니 민생이 어찌 곤궁하지 않겠습니까."
— 선조실록 —

① 공납의 호세화가 촉진되었다.
② 상품 화폐 경제의 발달에 영향을 주었다.
③ 영조 대에 토지 1결당 쌀 4두를 징수하였다.
④ 농민들의 군포부담이 2필에서 1필로 줄어들었다.

16 [2018 법원직] (가) 세금 제도에 관한 설명으로 옳은 것은?

우의정 김육이 아뢰다. "…… (가) 는/은 역을 고르게 하여 백성을 편안케 하니 실로 시대를 구할 수 있는 좋은 계책입니다. …… 다만 교활한 아전은 명목이 간단함을 싫어하고 모리배들은 방납하기 어려움을 원망하여 반드시 헛소문을 퍼뜨려 어지럽게 할 것입니다. 삼남에는 부호가 많은데 이 법의 시행을 부호들이 좋아하지 않으나 국가에서 법령을 시행할 때에는 마땅히 소민들이 원하는 대로 해야 합니다."

① 풍흉에 관계없이 1결당 쌀 4~6두씩을 내게 하였다.
② (가)의 실시로 공인이라는 특허 상인이 등장하게 되었다.
③ (가) 시행 이후에는 현물 납부가 완전히 사라지게 되었다.
④ (가)의 시행으로 줄어든 재정을 보충하고자 선무군관포가 신설되었다.

13 | 대동법 정답 ③

제시된 자료는 중앙 관청의 서리가 공물을 미리 국가에 대신 내고 그 대가를 비싸게 책정해서 농민에게 받아내는 방납의 폐단을 설명하는 기사이다. 방납의 폐단을 시정하고, 임진전쟁 이후 부족해진 국가의 재정을 보완하기 위해 정부는 대동법을 시행하였다.
이원익과 한백겸의 주장에 따라 광해군 즉위년(1608) 경기도에서 시범적으로 시행되었고, 인조 원년(1623)에는 강원도, 17세기 중엽에는 충청·전라·경상도, 숙종 34년(1708)에는 황해도까지 확대 실시되었다. 대동법의 실시로 과세 기준과 공물 납부 방식이 바뀌었다. 민호를 대상으로 토산물을 징수하는 대신 토지 결수에 따라 쌀, 삼베나 무명, 동전 등으로 납부하게 하였다. 이러한 대동법에 따라 농민들은 대체로 토지 1결당 미곡 12두를 납부하였다.
대동법 실시 이후 공인들이 시장에서 많은 물품을 구매하였으므로 상품 수요가 증가하였다. 농민들도 대동세를 내기 위하여 토산물을 시장에 내다 팔아 쌀, 베, 돈을 마련하였다. 이와 같이 물품의 수요와 공급이 증가하면서 상품 화폐 경제가 한층 발전하였다.

오답분석 ③ 대동법 실시 이후 왕실과 관청에서 필요한 물품을 전문적으로 조달하는 공인이 등장하였다.

● 복습지문
> 대동법 실시 이후 물품 구매와 상품 수요가 증가하면서 상품 화폐 경제가 한층 발전하였다.

14 | 대동법 정답 ②

(가)는 광해군 즉위년인 1608년에 이원익의 건의로 시행한 대동법이다.
16세기에 이르러 중앙 관청의 서리가 공물을 미리 국가에 대신 내고 그 대가를 비싸게 책정해서 농민에게 받아내는 방납의 폐단이 극심하여 농민의 부담이 크게 늘어났다. 선조 때 이이와 유성룡 등은 방납의 폐단을 개혁하기 위하여 공납을 쌀로 내게 하는 수미법(收米法)을 주장하였다. 광해군 때 부족한 국가재정을 보완하고 농민의 부담을 경감시키기 위한 방편으로 대동법이 실시되었다. 대동법의 실시로 호를 기준으로 토산물을 징수하는 대신 토지 결수에 따라 쌀, 삼베나 무명, 동전 등으로 거두었다. 농민들은 대체로 토지 1결당 미곡 12두를 납부하게 되어, 토지가 없거나 적은 농민들의 공물 부담은 없어지거나 어느 정도 경감되었다.
대동법 실시 이후 정부에서 필요로 하는 물품을 전문적으로 조달하는 공인이 등장하였다. 공인들이 시장에서 많은 물품을 구매하였으므로 상품수요가 증가하였다. 이와 같이 물품의 수요와 공급이 증가하면서 상품 화폐 경제가 한층 발전하였다.

오답분석 ② 영조 때 균역법을 실시하면서 토지 1결당 쌀 2두를 결작으로 징수하였다.

15 | 대동법 정답 ②

방납의 폐단을 시정하기 위해 실시한 제도는 대동법이다.
16세기에 이르러 중앙 관청의 서리가 공물을 미리 국가에 대신 내고 그 대가를 비싸게 책정해서 농민에게 받아내는 방납의 폐단이 극심하여 농민의 부담이 크게 늘어났다.
왜란 이후 부족한 국가 재정을 보완하고 농민의 부담을 경감시키기 위한 방편으로 대동법이 실시되었다. 대동법에 따라 농민들은 대체로 토지 1결당 미곡 12두(처음에는 16두)를 납부하였다. 이 때문에 토지가 없거나 적은 농민에게 과중하게 부과되었던 공물 부담은 없어지거나 어느 정도 경감되었다.
대동법 실시 이후 정부에서 필요로 하는 물품을 전문적으로 조달하는 공인이 등장하였다. 공인들이 시장에서 많은 물품을 구매하였으므로 상품수요가 증가하였다. 농민들도 대동세를 내기 위하여 토산물을 시장에 내다 팔아 쌀, 베, 돈을 마련하였다. 이와 같이 물품의 수요와 공급이 증가하면서 상품 화폐 경제가 한층 발전하였다.

오답분석 ① 대동법에 따라 토지가 과세 기준이 되어 공납의 전세화가 촉진되었다.
③ 인조 때 영정법을 시행하면서 토지 1결당 쌀 4두를 징수하였고, 영조 때 균역법을 실시하면서 토지 1결당 쌀 2두를 결작으로 징수하였다.
④ 영조 때 균역법이 시행되면서 농민들의 군포부담이 1필로 줄어들었다.

16 | 대동법 정답 ②

제시된 자료에서 '김육', '방납' 등의 단서를 통해 (가)는 대동법임을 알 수 있다.
대동법은 공납의 폐단을 개선하기 위해 공물을 현물 대신 쌀로 거두고자 한 제도로 기존에 민호를 대상으로 현물을 징수한 대신 토지 결수에 따라 쌀, 삼베나 무명, 동전 등으로 납부하게 되었다. 대동법 실시 이후에는 정부에서 필요한 물품을 전문적으로 조달하는 공인이 등장하였다.

오답분석 ① 영정법에서 전세액이 1결당 4~6두로 정해졌다.
③ 별공과 진상이 남아있어 현물 납부가 사라지지는 않았다.
④ 결작, 선무군관포는 균역법 실시에 따른 재정보완책이다.

17 [2020 서울시 9급] 〈보기1〉의 밑줄 친 '이 법'에 대한 옳은 설명을 〈보기2〉에서 모두 고른 것은?

●보기1●
영의정 이원익이 아뢰기를, "각 고을에서 바치는 공물이 각급 관청의 방납인들에 의해 중간에서 막혀 물건 하나의 가격이 몇 배 또는 몇 십 배, 몇 백 배가 되어 그 폐단이 이미 고질화되었습니다. 그러니 지금 마땅히 별도로 하나의 청을 설치하여 이 법을 시행하도록 하소서."라고 하니 왕이 따랐다.

●보기2●
ㄱ. 이 법이 실시된 뒤 현물 징수가 완전히 없어졌다.
ㄴ. 처음에는 경기도에서 시험적으로 시행되었다.
ㄷ. 과세 기준을 가호 단위에서 토지 결 수로 바꾸었다.
ㄹ. 풍흉의 정도에 따라 조세 액수를 조정하였다.

① ㄱ, ㄴ   ② ㄱ, ㄷ   ③ ㄴ, ㄷ   ④ ㄷ, ㄹ

18 [2024 법원직] 밑줄 친 '방법'에 대한 설명으로 가장 옳은 것은?

남편은 세상을 떴으나 뱃속에 아기가 있었지요. …… 포대기에 쌓인 갓난아기 장정으로 군적에 올려서 문이 닳도록 찾아와 군포를 바치라고 독촉하고 어제는 아기를 업고 관가에 점호를 받으러 갔다오. …… 점호라고 받고 돌아오니 아기는 이미 죽어 있었지요.

이 시에서 나타낸 조세 제도를 감면한 뒤 발생한 재정 부족 문제를 해결한 **방법**은 무엇일까요?

① 관료전을 지급하고 녹읍을 폐지하였다.
② 풍흉에 관계없이 일정하게 조세를 거두었다.
③ 부유한 양민에게 선무군관포를 내게 하였다.
④ 토지 소유자에게 공납을 쌀·동전 등으로 내게 하였다.

19 [2025 법원직] 다음 밑줄 친 '대책'에 해당하는 내용으로 옳은 것을 〈보기〉에서 모두 고른 것은?

양역(良役)의 절반을 감하라고 명하였다. 임금이 명정전에 나아가 말하기를, "결포(結布)는 이미 정해진 세율이 있으니 결코 더 부과하기가 어렵고, 호포(戶布)가 조금 나을 것 같아 1필을 감하고 호전(戶錢)을 걷기로 하였으나 마음은 매우 불쾌하다. …… 호포나 결포나 모두 문제가 있기 마련이다. 이제는 1필을 감하는 정사로 온전히 돌아가야 할 것이니, 1필을 감한 대책을 경들은 잘 강구하라."

●보기●
ㄱ. 원납전을 징수하였다.
ㄴ. 선무군관포를 거두었다.
ㄷ. 삼정이정청을 설치하였다.
ㄹ. 어염선세를 국고로 전환하였다.

① ㄱ, ㄴ   ② ㄱ, ㄷ   ③ ㄴ, ㄹ   ④ ㄷ, ㄹ

20 [2018 서울시 9급] 〈보기〉의 (갑)은 조선시대 신분층에 대한 설명이다. (갑)에 대한 내용으로 가장 옳지 <u>않은</u> 것은?

●보기●
무릇 (갑)의 매매는 관청에 신고해야 하며 사사로이 몰래 사고 팔았을 때는 관청에서 (갑)과 그 대가로 받은 물건을 모두 몰수한다. 나이 16세 이상 50세 이하는 값이 저화 4천 장이고, 15세 이하 50세 이상은 3천 장이다.
- 『경국대전』 -

① 재산으로 취급되어 매매나 상속의 대상이 되었다.
② 부모 모두가 (갑)일 경우에만 그 자녀도 (갑) 신분이 되었다.
③ 주인과 떨어져 독립된 생활을 하며 신공(身貢)을 바치기도 했다.
④ 국가에 소속된 경우 관청의 잡무 처리와 물품 제작에 참여했다.

17 | 대동법 정답 ③

밑줄 친 '이 법'은 방납의 폐단을 시정하기 위해 이원익의 건의로 시행된 대동법이다.

대동법은 이원익의 주장에 따라 광해군 즉위년(1608) 경기도에서 시범적으로 시행되었고, 인조 때 강원도로, 효종 때는 충청·전라도, 숙종 때에는 경상·황해도까지 확대 실시되었다. 대동법은 토지 소유자인 양반관료와 방납인들의 반발이 심했기 때문에 전국적으로 실시되는데 100여 년이 걸렸다.

대동법의 실시로 호를 기준으로 토산물을 징수하는 대신 토지 결수에 따라 쌀, 삼베나 무명, 동전 등으로 거두었다. 농민들은 대체로 토지 1결당 미곡 12두를 납부하게 되어, 토지가 없거나 적은 농민들의 공물 부담은 없어지거나 어느 정도 경감되었다.

오답분석 ㄱ. 대동법 실시 이후에도 진상이나 별공은 그대로 남아 현물 징수가 완전히 폐지되지는 않았다.
ㄹ. 대동법은 풍흉에 정도에 상관없이 토지 1결당 미곡 12두를 납부하게 하였다.

18 | 균역법 정답 ③

제시된 시는 조선 후기 '황구첨정' 등 군역의 폐단을 보여준다.

양 난 이후 5군영 체제가 성립되면서 그 경비를 마련하기 위해 군역 대신 군포를 징수하였다. 농민 장정은 1년에 2필의 군포만 납부하면 되었지만, 군적이 제대로 정비되지 않고 징수 기관도 통일되지 않아 이중 삼중으로 부담하는 경우가 많았다. 또 수령과 아전의 농간까지 겹쳐 실제 납부액은 훨씬 많았다. 이에 도망간 농민의 군포를 이웃이나 친척에게 징수하는 인징과 족징, 죽은 자나 어린아이에게 군포를 징수하는 백골징포와 황구첨정 등의 폐단이 나타났다.

영조 때 균역법을 시행하여 군포를 연간 1필로 낮추어 징수하였다. 균역법의 시행으로 감소된 재정을 보충하기 위해 정부는 결작이라고 하여 토지 1결당 미곡 2두(혹은 돈 5전)를 부담시키고, 일부 상류층에게 선무군관이라는 칭호를 주고 군포 1필을 납부하게 하였으며(선무군관포), 어염세·선박세 등 왕실의 잡세 수입을 균역청에서 관할하게 하였다.

오답분석 ① 신라 신문왕 때 관료전을 지급하고 녹읍을 폐지하였다.
② 인조 때 영정법을 시행하여 풍흉에 관계없이 전세를 4~6두로 고정하였다.
④ 광해군 때 공납의 폐단을 시정하기 위해 토산물 대신 쌀·동전 등으로 납부하게 하였다.

19 | 균역법 정답 ③

제시된 자료는 균역법 실시를 보여주는 기사로, 밑줄 친 '대책'은 균역법 실시에 따른 재정보완책을 가리킨다.

군역의 폐단을 시정하려는 양역변통론이 제기되어 숙종, 영조 시기에 본격적으로 논의되었다. 영조는 1750년(영조 26)에 균역법을 시행하여 농민들의 군포 부담을 1년에 1필로 감해주었다. 균역법의 시행으로 감소된 재정을 보충하기 위해 정부는 평안도와 함경도를 제외한 전국 6도에서 결작이라고 하여 토지 1결당 미곡 2두(혹은 돈 5전)를 부담시키고, 일부 상류층에게 선무군관(選武軍官)이라는 칭호를 주고 군포 1필을 납부하게 하였으며(선무군관포), 어염세·선박세 등 왕실의 잡세 수입을 균역청에서 관할하게 하였다.

오답분석 ㄱ. 고종 때 흥선대원군이 경복궁 중건을 위해 원납전을 징수하였다.
ㄷ. 철종 때 임술농민봉기(1862)를 계기로 삼정이정청을 설치하였다.

20 | 조선의 노비 정답 ②

제시된 보기는 『경국대전』의 일부로 매매의 대상이 된 (갑)은 노비이다. 노비는 주인에게 예속된 비자유민으로, 재산으로 간주되어 매매, 증여, 상속의 대상이 되었다.

개인에 예속된 사노비는 솔거노비와 외거노비로 구분되었다. 솔거노비는 주인과 함께 살며 허드렛일을 하거나 토지를 경작하였고, 외거노비는 상전으로부터 독립된 가호와 가계를 유지하면서 매년 신공을 바쳐야 했다.

국가에 소속된 공노비는 선상(選上)노비와 납공(納貢)노비로 구분된다. 선상노비는 일정한 기간 동안 중앙 또는 지방 관청의 잡무를 처리하거나 장인(匠人)으로서 관청에서 관수요품을 제조하였다. 납공노비는 외방에 거주하면서 관청 소속의 토지를 경작하여 매년 2분의 1의 소작료 외에 남자는 무명 1필과 저화 20장, 여자는 무명 1필과 저화 10장을 신공으로 국가에 바쳤다.

오답분석 ② 부모 중 한쪽이 노비일 경우 그 자녀도 노비가 되는 일천즉천 제도가 일반적으로 시행되었다.

● **복습지문**
노비는 재산으로 취급되어 매매나 상속의 대상이 되었다.

Ⅳ. 근세 전기

21 [2022 지방직 9급] 밑줄 친 '이들'에 해당하는 것은?

> 이들의 과거 응시와 벼슬을 제한한 것은 우리나라의 옛 법이 아니다. 그런데 『경국대전』을 편찬한 뒤부터 이들을 금고(禁錮)하였으니, 아직 백 년이 채 되지 않았다. 또한 다른 나라에 이러한 법이 있다는 말은 듣지 못했다. 경대부(卿大夫)의 자식인데 오직 어머니가 첩이라는 이유만으로 대대로 이들의 벼슬길을 막아, 비록 훌륭한 재주와 쓸만한 자질이 있어도 이를 발휘할 수 없게 하였으니, 참으로 안타깝다.

① 향리　② 노비　③ 서얼　④ 백정

22 [2022 법원직] 밑줄 친 '이 기구'에 대한 설명으로 가장 옳지 않은 것은?

> ○ 앞서 이 기구의 사람들이 향중(鄕中)에서 권위를 남용하여 불의한 짓을 행하니, 그 폐단이 많았습니다. 그래서 선왕께서 폐지하였던 것입니다. 간사한 아전을 견제하고 풍속을 바로잡는 것은 수령이 해야 할 일인데, 만약 모두 이 기구에 위임한다면 수령은 할 일이 없지 않겠습니까?
> ○ 전하께서 다시 이 기구를 세우고 좌수와 별감을 두도록 하였는데, 나이가 많고 덕망이 높은 자를 추대하여 좌수로 일컫고, 그 다음으로 별감이라 하여 한 고을을 규찰하고 관리하게 하였다.
> － 『성종실록』 －

① 경재소를 통해 중앙의 통제를 받았다.
② 향촌 사회의 풍속을 교화하는 데 기여하였다.
③ 수령을 보좌하고 향리를 감찰하는 역할을 하였다.
④ 전통적 공동 조직에 유교 윤리를 가미하여 만들었다.

23 [2017 국가직 9급] 다음 족보가 편찬된 시기의 사회상으로 가장 적절한 것은?

> 우리나라는 자고로 종법이 없고 보첩(譜牒)도 없어서 비록 거가대족(巨家大族)이라도 가승(家乘)이 전혀 없어서 겨우 몇 대를 전할 뿐이므로 고조나 증조의 이름도 호(號)도 기억하지 못하는 이가 있다.
> － 『안동권씨 성화보』 서문 －

① 남자는 대개 결혼 후에 바로 친가에서 거주하였다.
② 자손이 없으면 무후(無後)라 하고 양자를 널리 맞아들였다.
③ 아들을 먼저 기록하고 딸을 그 다음에 기록하였다.
④ 윤회봉사·외손봉사 등이 행해졌다.

24 [2017 국가직 9급] 다음 제도를 시행한 목적에 해당하는 것만을 〈보기〉에서 모두 고른 것은?

> ○ 무릇 민호(民戶)는 그 이웃과 더불어 모으되, 가족 숫자의 다과(多寡)와 재산의 빈부에 관계없이 다섯 집마다 한 통(統)을 만들고, 통 안에 한 사람을 골라서 통수(統帥)로 삼아 통 안의 일을 맡게 한다.
> ○ 1리(里) 마다 5통 이상에서 10통까지는 소리(小里)를 삼고, …(중략)… 리(里) 안에서 또 이정(里正)을 임명한다.
> － 『비변사등록』 －

● 보기 ●
ㄱ. 농민들의 도망과 이탈 방지
ㄴ. 부세와 군역의 안정적인 확보
ㄷ. 재지사족 중심의 향촌 자치 활성화
ㄹ. 향권을 둘러싼 구향과 신향 간의 향전 억제

① ㄱ, ㄴ　② ㄱ, ㄹ　③ ㄴ, ㄷ　④ ㄷ, ㄹ

21 | 서얼   정답 ③

제시된 자료에서 '경대부(卿大夫)의 자식인데 오직 어머니가 첩'이라는 표현을 통해 밑줄 친 '이들'은 서얼임을 알 수 있다.
서얼은 양반의 첩에게서 태어난 자식으로, 이들은 중인과 같은 신분적 처우를 받았으므로 중서라고도 불리었다. 태종 때 서얼을 현직(顯職: 높고 중요한 직위) 관리로 등용할 수 없도록 하였지만(서얼차대법), 조선 초기에는 비교적 서얼에 대한 차별이 크지 않았다. 그러다가 『경국대전』에서 서얼의 한품서용을 명시하여 서얼의 문·무 관직 진출에 제한을 두었다.

22 | 유향소   정답 ④

'좌수', '별감', '간사한 아전을 견제하고 풍속을 바로잡는 것' 등의 단서를 통해 밑줄 친 '이 기구'는 유향소임을 알 수 있다.
조선 초기 향촌 사회의 지배층인 유향품관들은 향촌 자치 기구로 유향소를 설치하였다. 유향소는 수령을 보좌하고 향리를 감찰하며 향촌 사회의 풍속을 바로잡는 역할을 하였다. 중앙 정부는 중앙과 지방의 연락 업무를 담당하는 경재소를 두어 현직 관료로 하여금 연고지의 유향소를 통제하게 하였다. 유향소는 세조 때 이시애의 난을 계기로 폐지되었다가 성종 때 다시 설치되었다. 유향소는 임원으로 좌수와 별감을 선출하여 자율적으로 규약을 만들고, 수시로 향회를 소집하여 여론을 수렴하면서 백성을 교화하였다.

오답분석 ④ 조선 중기에 전통적 공동 조직에 유교 윤리를 가미하여 향약을 만들었다.

23 | 족보 편찬   정답 ④

제시된 자료는 현존하는 가장 오래된 족보인 『안동권씨 성화보』의 서문으로 조선 전기인 1476년(성종 7)에 편찬되었다. 이 족보는 권제가 중국의 소씨보(蘇氏譜)를 모방하여 편찬한 것을 아들 권람이 보완하였으나 일을 마치지 못하고 죽자, 외손인 서거정이 다시 편집·교열한 뒤 간행하였다. 조선 전기에 편찬된 족보는 친손과 외손을 구별하지 않고 모두 수록한 만성보(萬姓譜)의 성격을 지니고 있었다.
조선 전기까지는 친손과 외손의 구별이 그리 엄격하지 않았고, 제사를 담당하는 봉사자 역시 다양한 방식으로 정해졌다. 이에 따라 아들과 딸이 돌아가면서 제사를 맡아 지내는 윤회봉사(輪回奉祀), 딸의 자손이 제사를 지내는 외손봉사(外孫奉祀), 죽은 장자의 부인이 제사를 지내는 총부봉사(冢婦奉祀) 등이 시행되었다.
17세기 이후부터 종법적 가족질서가 확립되면서 적장자봉사로 바뀌어 나갔다.

오답분석 ① 조선 전기에는 혼인 후에 여자 집에서 아이를 출산하여 기르다가 시집으로 오는 것이 관례였다.
② 조선 후기 아들이 없는 집안에서는 양자를 들이는 것이 일반화되었다.
③ 조선 후기에 부계위주의 족보가 편찬됨에 따라 아들을 먼저 기록하고 딸을 그 다음에 기록하였다.

24 | 오가작통제, 면리제   정답 ①

자료는 오가작통제와 면리제에 대한 설명이다.
오가작통제는 다섯 집을 1통으로 하고, 5~10통을 소리(小里), 11~20통을 중리(中里), 21~30통을 대리(大里)로 하며, 이(里)에 이정(里正)과 이유사(里有司) 각 1명을 두도록 하였다. 그리고 자연촌 단위의 몇 개의 이(里)를 면으로 묶은 면리제를 실시하고 향민 중에서 면장(면임)·이정을 선임하였다. 이들은 수령의 명령에 따라 인구 파악과 조세 수취, 부역 징발을 주로 담당하였다. 정부는 촌락 주민에 대한 지배를 원활히 하며 농민의 유망을 막고 통제를 더욱 강화하기 위해 오가작통제와 면리제를 시행하였다.

오답분석 ㄷ. 재지사족 중심의 향촌 자치 활성화의 목적으로 시행된 것으로 유향소, 향약 등이 있다.
ㄹ. 오가작통제와 면리제는 향전 억제와는 관련이 없다.

● **복습지문**
면리제와 오가작통제는 농민들의 도망과 이탈을 방지할 목적으로 실시하였다.

IV. 근세 전기

03 | 근세 전기의 문화

01 [2018 지방직 9급] 다음 교육 기관에 대한 설명으로 옳은 것은?

우리 태조께서 즉위하시고 국학(國學)을 동북쪽에 설립하였는데, 그 규모와 제도가 완전하지 않은 것이 없었다. 건물을 지어 스승과 제자가 강학하는 장소로 삼고, 이를 명륜당이라고 하였다. 학관(學官)은 대사성 이하 몇 사람을 두는데, 아침에 북을 울리어 학생을 뜰 아래 도열시키고, 한 번 읍한 다음에 명륜당에 올라 경(經)을 가지고 논쟁하며, 군신, 부자, 장유, 부부, 붕우의 도를 강론하였다.

① 흥선 대원군에 의해 철폐되었다.
② 유학부와 기술학부로 구성되었다.
③ 사학 12도의 융성으로 위축되었다.
④ 공자의 위패를 모신 대성전을 두었다.

02 [2017 서울시 9급] 조선시대의 교육제도에 관한 설명으로 옳지 않은 것은?

① 왕세자는 궁 안의 시강원에서 교육을 받았다.
② 성균관에는 생원이나 진사만 입학할 수 있었다.
③ 서울에는 서학, 동학, 남학, 중학이 설치되었다.
④ 향교의 교생 가운데 시험 성적이 나쁜 사람은 군역에 충정되기도 하였다.

03 [2025 법원직] 다음 조선 시대 (가), (나) 교육 기관에 대한 설명으로 가장 옳은 것은?

○ (가) 에는 양인 이상의 신분이면 누구나 입학할 수 있었으며, 생원·진사시를 준비하는 교육을 받았다. 동학, 서학, 남학, 중학이 있었다.
○ (나) 은/는 성현에 대한 제사와 유생의 교육, 주민의 교화를 위해 부·목·군·현에 하나씩 설치되었다. 이에 대한 관리를 수령 7사에 포함시켜 수령의 평가 기준으로 삼았다.

① (가)는 한성에 설치되었다.
② (가)는 풍기 군수 주세붕에 의해 처음 세워졌다.
③ (나)는 흥선대원군 때 전국에 47개소만 남기고 폐지되었다.
④ (나)에 입학하기 위해서는 생원 또는 진사의 지위를 지녀야 했다.

04 [2019 국가직 7급] 조선 초기 향교에 대한 설명으로 옳지 않은 것은?

① 원칙적으로 모든 양인 남자에게 입학이 허용되었고 학비는 없었다.
② 모든 군현에 향교를 두기로 하고 군현의 규모에 따라 정원을 정하였다.
③ 매년 자체적으로 정기시험을 치러 성적 우수자에게는 성균관 입학 자격이 주어졌다.
④ 학업 중 군역이 면제되었으나 성적 미달로 자격이 박탈될 경우 군역을 지도록 하였다.

01 성균관   정답 ④

'국학(國學)', '명륜당', '대사성' 등의 단서를 통해 자료의 교육기관은 성균관임을 알 수 있다. 조선은 한양을 수도로 정한 뒤 경복궁의 동북쪽인 숭교방(崇敎坊) 부근(지금의 성균관대학교)에 최고 학부의 구실을 하는 성균관을 두었다.
성균관에는 공자를 비롯한 성현을 봉사하는 문묘(文廟), 학문을 강의하는 명륜당(明倫堂), 유생의 기숙사인 동재와 서재, 도서관인 존경각, 과거장인 비천당 등이 있어 제사와 교육의 기능을 겸하였다. 한편 문묘(文廟)에는 공자의 위패를 모신 정전인 대성전이 위치하고 있다.

오답분석 ① 사립 교육기관인 서원이 흥선 대원군에 의해 철폐되었다.
② 고려의 국자감이 유학부와 기술학부로 구성되었다.
③ 고려시대에 사학 12도가 융성하여 국학이 위축되었다.

● **복습지문**
성균관에는 공자의 위패를 모신 문묘(대성전), 학문을 강의하는 명륜당, 기숙사인 재(동재, 서재) 등이 있었다.

02 조선의 교육제도   정답 ②

① 조선 초기에는 세자관속(世子官屬)이라는 기구를 설치하여 왕세자에 대한 교육, 즉 서연(書筵)을 담당하게 하였다. 세조 때 서연을 담당하는 기구인 세자관속의 명칭을 세자시강원으로 바꾸고, 홍문관·예문관·성균관·승문원 등에서 당대 최고의 학자들을 선발하여 왕세자 교육을 담당하게 하였다.
③, ④ 조선은 국립 교육 기관으로 성균관과 4부 학당, 향교를 설치하였다. 최고 학부인 성균관은 4부 학당이나 향교를 거쳐 소과에 합격한 자들이 입학·학습하여 문과를 치루는 것이 정규과정이었다. 중등 교육기관으로는 서울의 4부 학당(서학, 동학, 남학, 중학)과 지방의 향교가 있었다. 향교에서는 매년 두 번씩 시험을 치러 우등자는 생원·진사 시험의 초시를 면제해 주고 성적 미달의 낙강생은 군역을 지도록 하였다.

오답분석 ② 성균관에는 상재생(上齋生)인 생원과 진사가 많았지만 하재생(下齋生)이라 하여 소정의 입학시험(승보시)에 합격한 자 또는 현직 관료 중의 지망자들도 입학하여 문과를 준비하였다.

03 부학과 향교   정답 ①

(가), (나)는 조선 시대 중등 교육 기관인 4부 학당과 향교이다.
4부 학당은 한성부의 4곳에 세운 중학, 동학, 남학, 서학을 말하는데, 정원은 각각 100명이고, 교육 내용은 향교와 동일했다.
고려 시대에는 주요 군현에만 향교가 있었으나 조선 시대에는 모든 군현에 향교가 설립되었다. 향교는 문묘·명륜당·기숙사(동재와 서재) 등을 갖추고 성현에 대한 제사와 유생의 교육, 지방민의 교화를 담당하였다. 향교에는 양반은 물론 평민도 입학할 수 있었는데, 향교의 정원은 인구 비례에 따라 책정되었다. 향교는 규모와 지역에 따라 중앙에서 교관인 교수(종 6품) 또는 훈도(종 9품)를 파견하였다. 향교에서는 매년 두 번씩 시험을 치러 우등자는 생원·진사 시험의 초시를 면제해 주고 성적 미달의 낙강생은 군역을 지도록 하였다.

오답분석 ② 서원이 풍기 군수 주세붕에 의해 처음 세워졌다.
③ 서원이 흥선대원군 때 전국에 47개소만 남기고 폐지되었다.
④ 성균관에 입학하기 위해 생원 또는 진사의 지위를 지녀야 했다.

04 향교   정답 ③

①, ② 고려 시대에는 주요 군현에만 향교가 있었으나 조선 시대에는 모든 군현에 향교가 설립되었다. 향교는 문묘·명륜당·기숙사(동재와 서재) 등을 갖추고 성현에 대한 제사와 유생의 교육, 지방민의 교화를 담당하였다. 향교에는 양반은 물론 평민도 입학할 수 있었는데, 향교의 정원은 군현의 인구 비례에 따라 책정되었다. 향교는 규모와 지역에 따라 중앙에서 교관인 교수(종 6품) 또는 훈도(종 9품)를 파견하였다. 교생들은 여름의 농번기에는 방학을 하여 농사를 돌보고, 가을에 추수가 끝나면 기숙사인 재에 들어가 기거하면서 유학 경전을 공부하였다.
④ 향교에서는 매년 두 번씩 시험을 치러 우등자는 생원·진사 시험의 초시를 면제해 주고 성적 미달의 낙강생은 군역을 지도록 하였다.

오답분석 ③ 향교의 성적 우수자는 생원시·진사시의 초시가 면제되었다.

● **복습지문**
향교의 학생은 군역이 면제되었으나 성적 미달로 자격이 박탈될 경우 군역을 지도록 하였다.

Ⅳ. 근세 전기

05 [2019 국가직 9급] (가) 교육기관에 대한 설명으로 옳은 것은?

> 주세붕이 비로소 (가) 을/를 창건할 적에 세상에서 자못 의심했으나, 그의 뜻은 더욱 독실해져 무리들의 비웃음을 무릅쓰고 비방을 극복하여 전례 없던 장한 일을 이루었습니다. …(중략)… 최충, 우탁, 정몽주, 길재, 김종직, 김굉필 같은 이가 살던 곳에 (가) 을/를 건립하게 될 것입니다.
> ―『퇴계집』―

① 지방의 군현에 있던 유일한 관학이다.
② 선비와 평민의 자제에게 『천자문』 등을 가르쳤다.
③ 성적 우수자는 문과의 초시를 면제해 주었다.
④ 학문 연구와 선현의 제사를 위해 설립된 사설 교육기관이다.

06 [2017 국가직 7급] ㉠~㉢에 대한 설명으로 가장 적절한 것은?

> (㉠)에 소속된 주서는 왕과 신하 간에 오고 간 문서와 국왕의 일과를 매일 기록하여 (㉡)을/를 작성하였다. 왕이 바뀌면 전왕의 통치기록인 사초, 시정기, 조보 등을 합하여 (㉢)을/를 편찬하여 4부를 만들고 한성에는 (㉣)에 보관하였다.

① ㉠ - 의정의 합좌 기관으로 백관과 서무를 총괄하였다.
② ㉡ - 실록 편찬의 기본 자료였으며, 세계기록유산이다.
③ ㉢ - 임진왜란 이후 전주, 성주, 충주에 지은 사고에 각기 보관하였다.
④ ㉣ - 국왕의 교서를 제찬하고 외교사무를 관장하였다.

07 [2019 지방직 7급] 조선 시대 기록 문화에 대한 설명으로 옳지 않은 것은?

① 실록청에서 사초·시정기·승정원일기 등을 바탕으로 실록을 편찬하였다.
② 임진왜란 이전에 실록은 4부를 만들어 한양의 춘추관과 전주·성주·충주의 사고에 보관하였다.
③ 후대 왕에게 본보기로 제공하고자 국왕의 언행을 실록에서 가려 뽑아 『국조보감』을 편찬하였다.
④ 국왕과 대신이 국정을 논의할 때 예문관 한림이 사관으로 참가하여 시정기를 작성하였다.

08 [2017 지방직 9급] 조선시대 의궤에 대한 설명으로 옳지 않은 것은?

① 가례도감의궤는 임진왜란 이후부터 편찬되기 시작하였다.
② 조선왕조의궤는 유네스코 세계기록유산으로 등재되었다.
③ 정조 때 화성 행차 일정, 참가자 명단, 행차 그림 등을 수록한 의궤가 편찬되었다.
④ 가례도감의궤의 말미에 그려진 반차도에는 당시 왕실 혼례의 행렬 모습이 담겨 있다.

05 | 서원
정답 ④

주세붕이 처음 세웠으며, 최충·우탁·정몽주·길재·김종직·김굉필 등 선현을 기리기 위해 건립한 (가)는 서원이다.

서원은 훌륭한 유학자들을 제사지내고 성리학을 연구하는 사립 교육 기관으로, 1543년(중종 38)에 풍기 군수 주세붕이 세운 백운동 서원이 시초이다. 백운동 서원은 뒤에 풍기 군수로 부임한 이황의 건의로 1550년(명종 5)에 소수 서원이라는 최초의 사액 서원이 되었다. 국가에서는 사액 서원을 지정하고 토지와 노비, 서적 등을 지급하여 학문 연구를 장려하였기 때문에 전국 각처에 많은 서원이 세워졌다. 점차 양반 자제들은 서원에 입학하고, 평민 자제들은 향교에 가는 것이 관례가 되어갔다.

오답분석 ① 지방의 군현에는 관학으로 향교가 설치되었다.
② 초등 교육 시설인 서당에서 「천자문」, 「동몽선습」 등을 가르쳤다.
③ 향교의 성적 우수자는 소과의 초시를 면제해 주었고, 성균관의 학생 중 성적이 우수한 자에게 문과의 초시를 면제해 주었다.

복습지문
서원은 학문 연구와 선현의 제사를 위해 설립된 사설 교육기관이다.

06 | 조선의 통치 기록
정답 ②

㉠은 승지와 주서 등으로 구성된 승정원, ㉡은 승정원의 주서가 작성하는 "승정원일기", ㉢은 전왕의 역사를 정리한 실록, ㉣은 실록 편찬과 보관을 담당한 춘추관이다.
조선은 각 왕대의 역사를 후대에 남기기 위한 실록의 편찬을 매우 중요하게 여겼다. 왕위가 바뀌면 춘추관을 중심으로 실록청을 설치하고, 전왕의 통치 기록을 모두 합하여 실록을 편찬하였다. 승정원에서 국왕의 일과를 매일 기록한 "승정원일기", 각 관청의 업무 일지인 "등록"과 춘추관에서 편찬한 "시정기", 그리고 예문관의 한림이 사관으로서 기록한 사초 등이 실록 편찬의 기본 자료가 되었다.

오답분석 ① 의정의 합좌 기관은 영의정·좌의정·우의정 등으로 구성된 의정부를 가리킨다.
③ 세종 때 춘추관 실록각을 만들고, 충청도 충주·경상도 성주·전라도 전주에 사고를 더 지어 4대 사고를 정비하였다. 임진왜란 때 춘추관·충주·성주의 사고가 소실되어, 춘추관·강화·묘향산·태백산·오대산의 5사고가 마련되었고, 광해군 때 적상산에 사고를 마련하고 묘향산 사고의 실록을 옮겨 봉안하기 시작하여 1633년(인조 11)까지 모두 옮겨서 보관하였다.
④ 국왕의 교서를 제찬하는 기구는 예문관이고, 외교사무를 관장하였던 기구는 승문원이다. 춘추관에서는 시정을 기록하고 역사 편찬을 관장하였다.

07 | 조선의 기록 문화
정답 ④

① 조선 시대에는 왕위가 바뀌면 춘추관을 중심으로 실록청을 설치하고 전왕의 통치 기록을 모두 합하여 실록을 편찬했다. 각 관청의 업무 일지인 등록과 춘추관에서 편찬한 시정기, 승정원에서 국왕의 일과를 매일 기록한 승정원일기, 그리고 예문관의 한림이 사관으로서 기록한 사초 등이 실록 편찬의 기본 자료가 되었다.
② 조선 초기에는 실록을 모두 4부를 만들어 춘추관과 전주, 성주, 충주 사고에 분산하여 보관했다. 그러나 왜란 이후에는 춘추관과 오대산, 태백산, 마니산(→ 정족산), 묘향산(→ 적상산)에 사고를 새로 만들었다.
③ 세조 때부터는 실록 중에서 선왕의 치적을 발췌한 「국조보감」을 편찬하여 후대의 왕들이 귀감으로 삼도록 하였다.

오답분석 ④ 예문관 한림이 사관으로 참가하여 작성한 것은 사초이다.

복습지문
국왕과 신하가 국정을 논의할 때 예문관 한림이 사관으로 참가하여 사초를 작성하였다.

08 | 조선 왕실의 의궤
정답 ①

조선시대에는 왕실의 혼사·장례, 궁중의 잔치, 국왕의 행차, 궁궐의 영건 등 주요 사건이 있을 때 의궤를 만들어 행사의 주요 장면과 도구를 그림으로 그리고, 진행과정·참가자·행사비용 등을 후대에 참고하도록 하기 위해 상세하게 기록해두었다. 2007년에는 보존가치를 인정받아 유네스코 세계기록유산으로 등재되었다.
의궤는 조선 초기부터 만들어진 것으로 보이나, 조선 전기에 만들어진 것은 전해지지 않고, 현재 전하고 있는 것들은 모두 조선 후기의 것들이다. 1600년 만들어진 의인왕후의 "빈전도감의궤"와 "산릉도감의궤"가 현존하는 의궤 중 가장 오래된 것이다.
정조 때에는 화성의 건축과 관련된 사항이 담긴 "화성성역의궤"와 정조 어머니인 혜경궁 홍씨의 회갑연을 수원 화성에서 거행하며 화성 행차 일정, 참가자 명단, 행차 그림 등을 수록한 "원행을묘정리의궤"가 편찬되었다.
한편, 국혼(國婚)의 절차를 기록한 "가례도감의궤"에는 왕실 혼례의 행렬 모습이 담겨져 있는데, 행사의 장면을 그림으로 기록한 '반차도'가 수록되었다.

오답분석 ① 현존하는 "가례도감의궤" 중 가장 오래된 것은 소현세자 가례 때의 것이나, 임진왜란 이전에도 의궤는 만들어졌다.

Ⅳ. 근세 전기

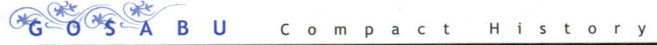

09 [2019 국가직 9급] 밑줄 친 '성상(聖上)'대에 편찬된 서적에 대한 설명으로 옳은 것은?

> 세조가 신하들에게 말씀하시기를, "법의 과목(科目)이 너무 번잡하고 앞뒤가 맞지 않았기 때문에 상세히 살펴 다듬어 자손만대의 성법(成法)을 만들고자 한다."라고 하셨다. 형전(刑典)과 호전(戶典)은 이미 반포되어 시행하고 있으나 나머지 네 법전은 미처 교정을 마치지 못했다. 이에 성상(聖上)께서 세조의 뜻을 받들어 여섯 권의 법전을 완성하게 하여 중외에 반포하셨다.

① 『동국병감』은 고조선에서 고려말까지의 전쟁을 정리한 병서이다.
② 『동몽선습』은 중국과 우리나라의 역사를 담은 아동교육서이다.
③ 『삼강행실도』는 모범적인 효자·충신·열녀를 다룬 윤리서이다.
④ 『국조오례의』는 국가의 여러 행사에 필요한 의례를 정비한 의례서이다.

10 [2019 서울시 9급] 밑줄 친 '이것'에 대한 설명으로 옳지 않은 것은?

> 이것은 조선시대 법령의 기본이 된 법전이다. 조선 건국 초의 법전인 『경제육전』의 원전과 속전, 그리고 그 뒤의 법령을 종합하여 만든 통치의 기본이 되는 통일 법전이다. (……) 편제와 내용은 『경제육전』과 같이 6분 방식에 따랐고, 각 전마다 필요한 항목으로 분류하여 균정하였다.

① 성종 때 완성되었다.
② 조준이 편찬을 주도하였다.
③ 이·호·예·병·형·공전으로 나뉘어 정리되었다.
④ 세조 때 만세불변의 법전을 만들기 위해 편찬을 시작하였다.

11 [2018 국가직 9급] 밑줄 친 '이 지도'에 대한 설명으로 옳지 않은 것은?

> 1402년 제작된 이 지도는 조선 학자들에 의해 제작된 세계지도이다. 권근의 글에 의하면 중국에서 수입한 '성교광피도'와 '혼일강리도'를 기초로 하고, 우리나라와 일본의 지도를 합해서 제작하였다고 한다.

① 유럽과 아프리카 대륙까지 묘사하였다.
② 중국이 세계의 중심이라는 중화사상이 반영되었다.
③ 이 지도의 작성에는 이슬람 지도학의 영향이 있었다.
④ 우리나라에 해당하는 부분은 백리척을 사용하여 과학화에 기여하였다.

12 [2025 지방직 9급] 밑줄 친 '국왕'에 대한 설명으로 옳은 것은?

> 이달에 국왕이 친히 언문 28자를 지었는데, 그 글자는 옛 글자를 모방하였고, 초성·중성·종성으로 조합해야 한 음절이 이루어졌다. 무릇 문자로 기록한 것과 말로만 전해지는 것을 모두 쓸 수 있으며, 글자는 비록 쉽고 간단하지만 무궁무진한 표현이 가능하니, 이를 '훈민정음'이라고 한다.

① 『경국대전』을 반포하였다.
② 『삼강행실도』를 편찬하였다.
③ 『국조오례의』를 간행하였다.
④ 『동국여지승람』을 편찬하였다.

09 | 경국대전   정답 ④

제시된 자료는 『경국대전』의 서문으로, 밑줄 친 '성상(聖上)'은 경국대전의 편찬을 완료하여 반포한 성종을 가리킨다.

성종(1469~1494)은 세조 때 시작된 『경국대전』의 편찬을 마무리하여 반포함으로써 법치주의에 바탕을 둔 통치규범을 확립하고 각종 문물 제도의 유교적 정비를 마무리 지었다.

성종 때는 우리나라 전국 지리지인 『동국여지승람』, 우리나라 역대 문장의 정수를 모은 『동문선』, 세조 때부터 착수해 온 우리나라 통사인 『동국통감』, 그리고 국가의 여러 행사에 필요한 의례를 정비한 『국조오례의』 편찬을 완료하였다. 『국조오례의』는 제사 의식인 길례, 관례와 혼례 등의 가례, 사신 접대 의례인 빈례, 군사 의식에 해당하는 군례, 상례 의식인 흉례의 예법과 절차 등을 그림을 곁들여 정리한 책이다.

오답분석 ① 문종 때 고조선에서 고려 말까지 한국과 중국 사이에 일어난 전쟁사를 정리한 『동국병감』을 간행하였다.
② 중종 때 박세무가 성리학적 사회 질서의 보급을 위해 아동용 교육서인 『동몽선습』을 저술하였다.
③ 세종 때 설순 등이 모범이 될 만한 충신, 효자, 열녀 등의 행적을 모아 『삼강행실도』를 편찬하였다.

10 | 경국대전   정답 ②

『경제육전』과 그 뒤의 법령을 종합하여 만들었으며, 조선시대 법령의 기본이 된 법전은 『경국대전』이다.

세조는 즉위 직후 당시까지의 모든 법을 전체적으로 조화시켜 만세성법(萬世成法)을 이룩하기 위해 육전상정소를 설치하고 통일 법전 편찬에 착수하였다. 1460년(세조 6) 호전의 완성을 시작으로 형전, 이전, 예전, 병전, 공전의 6전이 완성되었고, 재검토 과정을 거쳐 성종 때인 1485년에 반포되었다. 『경국대전』은 『경제육전』과 같이 「이전」·「호전」·「예전」·「병전」·「형전」·「공전」의 순서로 되어 있다. 『경국대전』의 완성으로 법치주의에 입각한 왕조 통치의 법적 기초라 할 수 있는 통치규범 체계가 확립되었다.

오답분석 ② 조준(1346~1405)은 『경제육전』의 편찬을 주도하였다.

● **복습지문**
성종 때 반포된 경국대전은 이·호·예·병·형·공전 등 6전으로 구성되었다.

11 | 혼일강리역대국도지도   정답 ④

태종 때인 1402년 이회 등이 제작한 세계지도는 『혼일강리역대국도지도』이다.

『혼일강리역대국도지도』의 하단에 기록된 권근의 발문에 의하면 원나라의 세계지도인 『성교광피도』와 중국지도인 『혼일강리도』를 기초로 우리나라와 일본의 지도를 합해서 만들어졌음을 확인할 수 있다.

『혼일강리역대국도지도』는 아시아·유럽·아프리카를 포함한 세계지도로, 유럽과 아프리카는 중국을 통해 전파된 이슬람 지도학의 영향을 받아 그린 것으로 볼 수 있다. 『혼일강리역대국도지도』는 전통적 '천원지방'의 천지관에 토대를 두어 중심에 중국을 두고 거대한 영역을 차지하도록 그려내어 중화사상이 반영되었음을 확인할 수 있다. 지도는 원본이 전해지지 않고 있으며 일본의 류코쿠 대학, 혼코사에서 모사본이 발견되었다.

오답분석 ④ 영조 때 정상기가 제작한 『동국지도』에 최초로 100리척이 사용되었다.

12 | 세종(훈민정음 창제)   정답 ②

'언문 28자' 즉 훈민정음을 창제한 '국왕'은 세종이다.

1428년(세종 10년) 아버지를 살해한 사건의 죄인을 엄벌하자는 주장이 논의되었을 때, 세종은 엄벌에 앞서 세상에 효행(孝行)의 풍습을 알릴 수 있는 서적을 간행하여 배포하는 것이 좋겠다고 하고 이 책의 편찬을 명하였다. 설순 등은 조선과 중국의 서적에서 군신(君臣)·부자(父子)·부부(夫婦) 등 3강(三綱)의 모범이 될 만한 충신·효자·열녀를 모두 105명을 뽑아 그 행적을 그림으로 그리고 설명을 붙여 내용을 쉽게 알아볼 수 있게 하였다.

오답분석 ① 성종 때 『경국대전』을 완성하여 반포하였다.
③ 성종 때 국가의 여러 행사에 필요한 의례를 정리한 『국조오례의』를 간행하였다.
④ 성종 때 노사신·양성지 등이 『팔도지리지』와 『세종실록지리지』 등을 참고하여 『동국여지승람』을 편찬하였다.

Ⅳ. 근세 전기

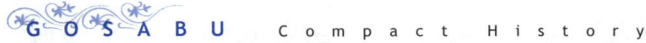

13 [2021 국가직 9급] 밑줄 친 '왕'에 대한 설명으로 옳은 것은?

> 1919년 3월 1일 탑골 공원에서 민족대표 33인이 서명한 독립선언서가 낭독되었다. 이 공원에 있는 탑은 왕이 세운 것으로 경천사 10층 석탑의 영향을 받았다.

① 우리나라 전쟁사를 정리한 『동국병감』을 편찬하였다.
② 우리나라 역대 문장의 정수를 모은 『동문선』을 편찬하였다.
③ 6조 직계제를 실시하여 국왕 중심의 정치체제를 구축하였다.
④ 한양으로 다시 천도하면서 이궁인 창덕궁을 창건하였다.

14 [2018 국가직 9급] 밑줄 친 '국왕'의 재위 기간에 있었던 일로 옳은 것은?

> 지금 국왕께서 풍속을 바꾸려는 데에 뜻이 있으므로 신은 지극하신 뜻을 받들어 완악한 풍속을 고치고자 합니다. … (중략) … 『이륜행실(二倫行實)』로 말하면 신이 전에 승지가 되었을 때에 간행할 것을 청했습니다. 삼강이 중한 것은 아무리 어리석은 부부라도 모두 알고 있으나, 붕우·형제의 이륜에 이르러서는 평범한 사람들이 제대로 모르는 경우가 있습니다.

① 주세붕이 백운동 서원을 세웠다.
② 김시습이 『금오신화』를 저술하였다.
③ 『국조오례의』가 편찬되고 『동국여지승람』이 만들어졌다.
④ 문화와 제도를 유교식으로 갖추기 위해 집현전을 창설하였다.

15 [2017 국가직 9급] 밑줄 친 '이 사람'에 대한 설명으로 옳은 것은?

> 이 사람은 34세에 문과에 급제하여 관직 생활을 시작하였지만 곧 모친상을 당하여 3년간 상복을 입었다. 삼년상이 끝나고 관직에 복귀하였으나 을사사화 등으로 조정이 어지러워지자 이내 관직 생활의 뜻을 접고, 1546년 40대 중반의 나이에 향리로 퇴거하여 학문 연구에 전념하였다. 이후 경상도 풍기군수로 있으면서 주세붕이 창설한 백운동서원에 대한 사액을 청원하여 실현을 보게 되었으니, 이것이 조선 왕조 최초의 사액서원인 '소수서원'이다.

① 서리망국론을 부르짖으며 당시 서리의 폐단을 강력하게 비판하였다.
② 아홉 차례의 과거 시험에 모두 장원하여 '구도장원공'이라는 별칭을 얻었다.
③ 주희의 성리설을 받아들였으며, 이기철학에서 이(理)의 절대성을 주장하였다.
④ 우주자연은 기(氣)로 구성되어 있으며, 기는 영원불멸하면서 생명을 낳는다고 보았다.

16 [2018 서울시 9급] 왕의 수신 교과서인 『성학십도』를 집필한 인물에 대한 설명으로 가장 옳은 것은?

① 아동용 수신서인 『동몽선습』을 편찬하였다.
② 그의 학설을 따르는 이들이 처음에는 서인을 형성하였다.
③ 기(氣)보다는 이(理)를 중시했고, 예안향약을 만들었다.
④ 『주자대전』의 중요 부분을 발췌하여 『주자문록』을 편찬하였다.

13 | 원각사지 10층 석탑(세조)   정답 ③

탑골 공원에 있으며, 경천사 10층 석탑의 영향을 받은 탑은 원각사지 10층 석탑이다. 세조(1455~1468)가 지금의 탑골공원 자리에 원각사를 창건하고 대리석으로 원각사 10층 석탑을 세웠다.

어린 단종이 즉위하면서 김종서, 황보인 등 재상들이 정치의 실권을 장악하여 왕권이 크게 약화되었다. 이에 수양대군이 계유정난(1453)을 일으켜 김종서 등을 제거하고 정권을 장악한 뒤 단종의 선양으로 왕위에 올랐다. 세조는 강력한 왕권을 행사하기 위하여 다시 6조 직계제를 실시하였다. 또, 1456년 사육신 등이 단종 복위를 꾀하다가 발각된 사건을 계기로 집현전을 없애고 경연과 사가독서제를 폐지하여 공신이나 언관들의 활동을 견제하였다.

오답분석 ① 문종 때 고조선에서 고려 말까지 한국과 중국 사이에 일어난 전쟁사를 정리한 『동국병감』을 편찬하였다.
② 성종 때 서거정 등이 우리나라 역대 문장의 정수를 모은 『동문선』을 편찬하였다.
④ 태종 때 일시적으로 개경으로 천도했다가 한양으로 다시 천도하면서 이궁인 창덕궁을 창건하였다.

복습지문
세조 때 건립된 원각사 10층 석탑은 고려후기 경천사 10층 석탑의 영향을 받았다.

14 | 이륜행실도(중종)   정답 ①

연장자와 연소자, 친구 사이에서 지켜야 할 윤리를 강조한 『이륜행실도』가 편찬된 것은 중종 때의 사실이다.

중종은 유교 정치를 회복하고 훈구 대신들을 견제하여 약화된 왕권을 강화하기 위해 조광조 등 사림을 등용하였다. 조광조 일파는 향약의 보급에 힘쓰고, 『이륜행실도』, 『소학』, 『주자가례』를 보급하여 향촌 지배력을 확대시키려 하였다.

한편, 1543년에는 풍기 군수인 주세붕이 안향이 살던 백운동에 서원을 건립하여 선현에 대한 제사와 학문 연구, 사림 자제들의 교육장소로 삼았다.

오답분석 ② 15세기에 김시습(1435~1493)이 『금오신화』를 저술하였다.
③ 성종 때 『국조오례의』가 편찬되고 『동국여지승람』이 만들어졌다.
④ 세종 때 문화와 제도를 유교식으로 갖추기 위해 집현전을 창설하였다.

복습지문
중종 때 "이륜행실도"가 편찬되었다.
중종 때 주세붕이 백운동 서원을 세웠다.

15 | 이황   정답 ③

풍기군수로 있을 때 주세붕이 세운 백운동 서원의 사액을 청원한 인물은 퇴계 이황이다.

이황은 이언적의 철학을 발전시켜 주리론을 확립했으며 이귀기천 사상에 입각하여 이기호발설을 전개하여 이의 자발성·운동성을 주장하였다.

오답분석 ① 조식에 대한 설명이다.
② 이이에 대한 설명이다.
④ 서경덕에 대한 설명이다.

복습지문
조식은 서리망국론을 부르짖으며 당시 서리의 폐단을 비판하였다.

16 | 이황   정답 ③

『성학십도』를 집필한 인물은 퇴계 이황이다.

이황은 이언적의 철학을 발전시켜 주리론을 수립하였으며, 주자의 이론을 계승하여 이기이원론을 주장하고 이귀기천(理貴氣賤)으로 이를 기보다 우위에 두었다. 또한 이기호발설을 통해 이의 자발성·운동성을 주장하였다. 이황은 『주자대전』 중 중요한 부분을 발췌하여 『주자서절요』를 저술하였고, 왕 스스로가 인격과 학식을 수양하기 위해 부단히 노력해야 한다는 점을 강조한 『성학십도』를 저술하기도 했다.

한편 이황은 1556년(명종 11) 경북 안동 예안지방에서 시행하기 위해 중국의 『여씨향약』을 본떠 『예안향약』을 만들었다.

오답분석 ① 박세무가 아동용 수신서인 『동몽선습』을 편찬하였다.
② 율곡 이이의 학설을 따르는 이들이 서인을 형성하였다.
④ 기대승이 『주자대전』의 중요 부분을 발췌하여 『주자문록』을 편찬하였고, 이황은 주자의 서찰을 추려 『주자서절요』를 편찬하였다.

복습지문
이황은 기보다는 이를 중시했고, 예안향약을 만들었다.

IV. 근세 전기

17 [2025 지방직 9급] (가) 인물에 대한 설명으로 옳은 것은?

> ［(가)］은/는 삼가 두 번 절하고 아뢰옵니다. …(중략)… 성학(聖學)에는 강령이 있고, 심법(心法)에는 지극히 요긴한 것이 있습니다. …(중략)… 이것을 합하여 『성학십도』를 만들어서 각 그림 아래에 또한 외람되게 신의 의견을 덧붙여서 조심스럽게 꾸며 올립니다.

① 한전론을 주장하여 토지 소유를 균등하게 하려고 하였다.
② (가)의 학문은 김장생 등에게 이어져 기호학파가 형성되었다.
③ (가)의 학문은 유성룡 등에게 이어져 영남학파가 형성되었다.
④ 여전제를 주장하여 토지를 마을 단위로 공동소유하게 하였다.

18 [2022 지방직 9급] 밑줄 친 '저'에 대한 설명으로 옳은 것은?

> 올해 초가을에 비로소 저는 책을 완성하여 그 이름을 『성학집요』라고 하였습니다. 이 책에는 임금이 공부해야 할 내용과 방법, 정치하는 방법, 덕을 쌓아 실천하는 방법과 백성을 새롭게 하는 방법이 실려 있습니다. 또한 작은 것을 미루어 큰 것을 알게 하고 이것을 미루어 저것을 밝혔으니, 천하의 이치가 여기에서 벗어나지 않을 것입니다. 따라서 이것은 저의 글이 아니라 성현의 글이옵니다.

① 예안향약을 만들었다.
② 『동호문답』을 저술하였다.
③ 백운동 서원을 건립하였다.
④ 왕자의 난 때 죽임을 당했다.

19 [2017 지방직 9급] 다음 인물에 대한 설명으로 옳은 것은?

> 그는 성리학의 정치 이론서인 대학연의가 간결하지 못한 점을 비판하고, 군주가 성학(聖學)을 이해하는 데 신하의 역할을 중시하는 입장을 담은 책을 저술하였다. 이 책은 통설, 수기, 정가, 위정, 성현도통 등으로 구성되어 있으며, 이후 사상계에 널리 영향을 미쳤다.

① 주자의 중요한 서찰을 뽑아 주자서절요를 편찬하였다.
② 주자의 학설을 절대적 가치로 내세우며 예송 논쟁에 앞장섰다.
③ 성리학적 사회 질서의 보급을 위해 아동용인 동몽선습을 저술하였다.
④ 수취 제도의 개혁안을 비롯한 개혁 방안을 담은 동호문답을 저술하였다.

20 [2017 지방직 9급] 밑줄 친 '왕'의 재위 기간에 있었던 사실로 옳지 않은 것은?

> 왕이 이순지, 김담 등에게 명하여 중국의 선명력, 수시력 등의 역법을 참조하여 새로운 역법을 만들게 하였다. 이 역법은 내편과 외편으로 구성되었다. 내편은 수시력의 원리와 방법을 해설한 것이며, 외편은 회회력(이슬람력)을 해설, 편찬한 것이다.

① 천체 관측 기구인 혼의, 간의 등을 제작하였다.
② 경기 지역의 농사 경험을 토대로 금양잡록을 편찬하였다.
③ 경자자(庚子字), 갑인자(甲寅字) 등 금속 활자를 주조하였다.
④ 우리 풍토에 맞는 약재와 치료법을 정리한 향약집성방을 편찬하였다.

17 이황 　　　　　　　　　　　　　　　정답 ③

(가)는 『성학십도』를 저술한 이황이다.
이황은 이언적의 철학을 발전시켜 주리론을 확립했으며, 주자의 이론에 조선의 현실을 반영시켜 나름대로의 체계를 세우려고 하였다. 주자의 중요한 서찰을 선별해 『주자서절요』를 편찬하고, 『성학십도』에서는 왕 스스로가 인격과 학식을 수양하기 위해 부단히 노력해야 한다는 점을 강조하였다.
임진왜란 이후 이황의 사상은 일본에 전해져 일본의 성리학 발전에도 영향을 미쳤다. 이황의 학문은 유성룡, 김성일 등에게 계승되어 영남학파를 형성하였다.

오답분석 ① 이익, 박지원이 토지 소유의 균등을 위한 한전론을 주장하였다.
② 이이의 학문이 조헌, 김장생 등에게 이어져 기호학파가 형성되었다.
④ 정약용이 마을 토지를 공동 경작하고 노동량에 따라 소득을 분배하는 여전론을 주장하였다.

18 이이 　　　　　　　　　　　　　　　정답 ②

'저'는 『성학집요』를 저술한 율곡 이이(1536~1584)이다.
이이는 『성학집요』를 저술하여 현명한 신하가 왕의 수양을 도와주어야 한다고 주장하면서 신하의 적극적인 역할을 중시하였다. 『성학집요』는 왕이 지켜야 할 왕도정치의 규범을 체계화한 것으로 통설, 수기, 정가, 위정, 성현도통으로 구성되어 있다.
이이는 현실세계를 구성하는 기를 중시한 주기론의 입장으로, 그의 사상은 현실적이며 개혁적인 성격을 갖고 있었다. 이이는 당시 조선 사회를 폐단이 누적된 시기로 경장(更張)에 힘써야 할 때라 주장하며 『동호문답』, 『만언봉사』 등을 저술하여 통치 체제의 정비와 수취 제도의 개혁 등 다양한 방안을 제시하였다.

오답분석 ① 이황이 예안향약을 만들었고, 이이는 해주향약을 만들었다.
③ 주세붕이 풍기 군수로 있을 때 백운동 서원을 건립하였다.
④ 정도전이 제1차 왕자의 난(1398) 때 죽임을 당했다.

19 이이(성학집요) 　　　　　　　　　　정답 ④

자료는 군주가 성학(聖學)을 이해하는데 신하의 역할을 중시하는 입장에서 이이가 저술한 "성학집요"에 대한 설명이다.
이이는 기의 역할을 강조한 주기론의 입장이었고, 기발이승일도설로 사물의 작동 원리를 주장했다. 이이의 사상은 관념적 도덕 세계와 경험적 현실 세계를 같이 강조하여 현실적이며 개혁적인 성격을 가지고 있었는데, 수취 제도의 개혁을 비롯한 개혁 방안을 담은 『동호문답』 등의 저술을 통해 16세기 조선 사회의 모순을 극복하는 방안을 제시하였다.

오답분석 ① 이황이 주자서절요를 편찬하였다.
② 송시열 등 서인 학자들에 대한 설명이다.
③ 중종 때 박세무가 동몽선습을 저술하였다.

20 세종(칠정산) 　　　　　　　　　　　정답 ②

이순지, 김담 등이 중국의 선명력, 수시력 등을 참고하여 만든 새로운 역법은 칠정산이다. 칠정산은 우리나라 역사상 최초로 서울(한양)을 기준으로 천체 운동을 계산한 역법서로 조선 세종 때 만들었다.
세종 때에는 경복궁 안에 간의대라는 천문대를 설치하고, 천체 관측 기구로 혼의(혼천의)와 간의를 제작하였다. 그리고 우리 고유의 약재와 치료 방법을 정리하여 노중례·유효통 등이 "향약집성방"을 편찬하였고, 중국의 역대 의서를 집대성하여 "의방유취"라는 의학 백과사전을 간행하였다. 또한 경자자(1420)에 이어 글자 모습이 아름답고 인쇄에 편리한 갑인자(1434)를 주조하였고, 밀랍으로 활자를 고정시키는 방법 대신 식자판을 조립하는 방법을 창안하여 인쇄 능률을 높였다.

오답분석 ② "금양잡록"은 강희맹이 1492년(성종)에 저술한 농서이다.

● 복습지문
세종 때 혼의, 간의 등의 천체 관측 기구가 만들어졌다.

Ⅳ. 근세 전기

21 [2023 서울시 9급] 〈보기〉의 ㉠ 에 들어갈 책으로 가장 옳은 것은?

● 보기 ●
세종이 예문제학 정인지 등에 명하여 (㉠)을/를 지었다. 처음에 고려 최성지가 충선왕을 따라 원나라에 들어가서 『수시력』을 얻어 돌아와서 추보하여 사용하였다. 그러나 일월교식(일식과 월식이 같이 생기는 것)과 오행성이 움직이는 도수에 관해 곽수경의 산술을 알지 못하였다. 조선이 개국해서도 역법은 『수시력』을 그대로 썼다. 『수시력』에 일월교식 등이 빠졌으므로 임금이 정인지·정초·정흠지 등에게 명하여 추보하도록 하니 ……
－『연려실기술』－

① 향약채취월령　② 의방유위
③ 농사직설　　　④ 칠정산내외편

22 [2020 서울시 9급] 〈보기〉에서 설명하는 책의 제목으로 가장 옳은 것은?

● 보기 ●
○ 1433년(세종 15)에 편찬되었다.
○ 각종 병론(病論)과 처방을 적었다.
○ 전통적인 경험에 기초했다.
○ 조선의 약재를 중시했다.

① 향약집성방
② 동의보감
③ 금양잡록
④ 칠정산

23 [2017 국가직 9급] 밑줄 친 '왕'이 재위하던 시기에 편찬되지 않은 것은?

지금 우리 왕께서도 밝은 가르침을 계승하시고 다스리는 도리를 도모하시어 더욱 백성들의 일에 뜻을 두셨다. 여러 지방의 풍토가 같지 않아 심고 가꾸는 방법이 지방에 따라서 차이가 있기 때문에 옛 글의 내용과 모두 같을 수가 없었다. 이에 각 도의 감사들에게 명령하시어, 주·현의 노농(老農)을 방문하여 그 땅에서 몸소 시험한 결과를 자세히 듣게 하시었다. 또 신 정초(鄭招)에게 명하시어 말의 순서를 보충케 하시고, 신 종부소윤 변효문(卞孝文) 등이 검토해 살피고 참고하게 하여, 그 중복된 것은 버리고 절실하고 중요한 것은 취해서 한 편의 책을 만들었다.

① 『향약제생집성방』
② 『향약집성방』
③ 『향약채취월령』
④ 『의방유취』

24 [2023 지방직 9급] 조선 세종 대에 있었던 사실로 옳지 않은 것은?

① 갑인자를 주조하였다.
② 화통도감을 설치하였다.
③ 역법서인 『칠정산』을 편찬하였다.
④ 간의를 만들어 천체를 관측하였다.

21 | 칠정산   정답 ④

㉠은 세종 때 정인지 등이 편찬한 역법서인 칠정산이다.
세종 때 중국의 수시력과 아라비아의 회회력을 참고하여 칠정산을 만들었다. 칠정산은 우리나라 역사상 최초로 서울(한양)을 기준으로 천체 운동을 계산한 역법서이다. 칠정산은 명나라 원통이 편찬한 『대통력통궤』(수시력)를 참고한 내편과 아라비아의 역을 도입해 만든 『회회력』을 수정하여 만든 외편으로 구성되었다.

오답분석 ① 『향약채취월령』은 세종 때 약초의 적절한 채취 시기를 월령으로 만든 의서이다.
② 『의방유취』는 중국의 역대 의서를 집대성하여 간행한 의학 백과사전이다.
③ 『농사직설』은 세종 때 정초, 변효문 등이 편찬한 농서이다. 『농사직설』은 우리나라 현실과 기후 풍토에 알맞은 독자적인 농법을 처음으로 정리한 농서로서, 우리 농학 연구 및 농서 편찬의 출발점이 되었다.

22 | 향약집성방   정답 ①

세종 때 편찬되었으며, 우리 풍토에 알맞은 약재와 치료 방법을 정리한 의서는 『향약집성방』이다.
세종 때 우리 의학의 자주적 체계 수립을 위한 노력이 이루어졌다. 1431년 민간에서 월별로 채취해야 할 약재의 명칭을 목록화한 『향약채취월령』이 간행되었다. 1433년에 노중례·유효통 등은 우리 고유의 약재와 치료 방법을 개발·정리하여 『향약집성방』을 편찬하였다. 1445년에는 집현전 학자들이 3년에 걸친 편찬 작업 끝에 중국의 역대 의서를 집대성하여 『의방유취』라는 의학 백과사전을 간행하였다.

오답분석 ② 『동의보감』은 광해군 때 허준이 우리나라의 전통 한의학을 체계적으로 정리하여 편찬하였다.
③ 『금양잡록』은 조선 성종 때 강희맹이 금양현(경기도 시흥)에서 자신의 체험과 농민들과의 대화를 토대로 편찬하였다.
④ 『칠정산』은 세종 때 우리나라 역사상 최초로 한양(서울)을 기준으로 천체 운동을 계산한 역법서이다.

23 | 농사직설(세종)   정답 ①

제시된 자료는 노농(老農)들의 실제 경험을 바탕으로 정초, 변효문 등이 편찬한 "농사직설"의 서문으로, 밑줄 친 '왕'은 세종이다.
세종 때에는 우리 의학의 자주적 체계 수립을 위한 노력이 이루어졌다. 1433년 우리 고유의 약재와 치료 방법을 정리하여 노중례·유효통 등이 "향약집성방"을 편찬하였고, 1445년에는 중국의 역대 의서를 집대성하여 "의방유취"라는 의학 백과사전을 간행하였다. 또한 향약의 채취와 재배법이 정립되었는데, 1431년 민간에서 월별로 채취해야할 약재의 명칭을 목록화한 "향약채취월령"이 간행되었다.

오답분석 ① 태조 때인 1398년 조준·권중화 등이 "향약제생집성방"을 편찬하였다.

● **복습지문**
세종 때 "향약집성방", "향약채취월령", "의방유취"가 편찬되었다.

24 | 세종 대의 과학기술   정답 ②

① 세종 때에는 인쇄 기술이 혁신적으로 발전하였다. 경자자(1420)에 이어 글자 모습이 아름답고 인쇄에 편리한 갑인자(1434)를 주조하였고, 밀랍으로 활자를 고정시키는 방법 대신 식자판을 조립하는 방법을 창안하여 종전보다 두 배 정도의 인쇄 능률을 올리게 되었다.
③ 세종 때 중국의 수시력과 아라비아의 회회력을 참고로 하여 칠정산을 만들었다. 칠정산은 우리나라 역사상 최초로 서울(한양)을 기준으로 천체 운동을 계산한 역법서이다.
④ 세종 때 경복궁 안에 간의대라는 천문대를 설치하고, 천체 관측 기구로 혼의(혼천의)와 간의를 제작하고, 시간 측정 기구로 물시계인 자격루와 해시계인 앙부일구 등을 만들었다.

오답분석
② 고려 우왕 때 최무선의 건의로 화통도감을 설치하고 화약과 화포 등을 제작하였다.

Ⅳ. 근세 전기

25 [2024 서울시 9급] 조선 시대의 과학기술과 관련된 설명으로 가장 옳지 않은 것은?

① 측우기를 사용하여 강우량을 측정하였다.
② 휴대용으로 작은 앙부일구를 제작하였다.
③ 당시 동아시아 의학을 종합한 의서인 『의방유취』가 편찬되었다.
④ 향약을 이용하여 처방할 수 있는 방법을 기록한 『향약구급방』이 편찬되었다.

26 [2020 국가직 9급] 조선 전기 문화에 대한 설명으로 옳은 것은?

① 「어우야담」을 비롯한 야담·잡기류가 성행하였다.
② 유서(類書)로 불리는 백과사전이 널리 편찬되었다.
③ 「동문선」이 편찬되어 우리 문학의 독자성을 강조하였다.
④ 중인층을 중심으로 시사가 결성되어 문학 활동을 벌였다.

27 [2018 서울시 9급] 〈보기〉에서 조선 전기 건축물을 모두 고른 것은?

● 보기 ●
ㄱ. 무위사 극락전
ㄴ. 법주사 팔상전
ㄷ. 금산사 미륵전
ㄹ. 해인사 장경판전

① ㄱ, ㄹ   ② ㄴ, ㄹ   ③ ㄷ, ㄹ   ④ ㄱ, ㄷ

28 [2017 지방직 9급] 조선시대 도성 한양에 대한 설명으로 옳지 않은 것은?

① 경복궁 근정전의 이름은 정도전이 지었다.
② 경복궁의 동쪽에 사직이, 서쪽에 종묘가 각각 배치되었다.
③ 유교사상인 인·의·예·지 덕목을 담아 도성 4대문의 이름을 지었다.
④ 도성 밖 10리 안에는 개인의 무덤을 쓰거나 벌채를 하지 못하도록 규제하였다.

25 | 조선 시대 과학기술 정답 ④

① 조선 세종 때 세계 최초로 측우기를 만들어(1441) 한양의 서운관(書雲觀)을 비롯한 각 지방 관청의 뜰에 측우기를 설치하고 전국 각지의 강우량을 측정하였다.
② 세종 때 경복궁 안에 간의대라는 천문대를 설치하고, 천체 관측 기구로 혼의(혼천의)와 간의를 제작하고, 시간 측정 기구로 물시계인 자격루와 해시계인 앙부일구 등을 만들었다. 앙부일구(仰釜日晷)는 해의 운행에 따라 발생하는 그림자를 통해 시간을 측정하는 기구로, 간편하게 사용할 수 있는 작은 크기의 해시계도 함께 만들어졌다.
③ 세종 때 우리 의학의 자주적 체계 수립을 위한 노력이 이루어졌다. 1433년에 노중례·유효통 등은 우리 풍토에 알맞은 약재와 치료 방법을 개발 정리하여 『향약집성방』을 편찬하였다. 1445년에는 중국의 역대 의서를 집대성하여 『의방유취』라는 의학 백과사전을 간행하였다. 『의방유취』는 약 2백 종에 가까운 의학 관련 서적이 인용되었고 중국과 우리나라의 최신 의학 이론을 집대성한 문헌이다.

오답분석 ④ 고려 후기에 대장도감에서 『향약구급방』을 간행하였다.

26 | 조선 전기의 문화 정답 ③

조선 초기에는 국가적 차원에서 민족 문화를 정리하는 저술이 활발하였다. 이런 흐름 속에서 성종 때 「동문선」이 편찬되었다. 서거정 등이 삼국 시대부터 조선 초기까지의 시와 산문 중에서 빼어난 것을 골라 편찬한 「동문선」은 우리나라의 글에 대한 자주의식을 보여준다.

오답분석 ① 두 차례의 외침을 겪은 후인 17세기에 차천로의 「오산집」, 유몽인의 「어우야담」을 비롯하여 많은 야담, 잡기류가 유행하였다.
② 조선 후기에 실학이 발달하고 문화 인식의 폭이 넓어짐에 따라 유서(類書)로 불리는 백과 사전류의 저서가 많이 편찬되었다.
④ 조선 후기에 중인층의 시인들이 서울 주변 지역에서 시사를 조직하여 문학 활동을 전개하였다.

● **복습지문**
조선후기에는 "어우야담" 등의 야담·잡기류가 성행하였다.

27 | 조선 전기의 건축 정답 ①

조선 전기에 검박하고 단정한 특징을 지닌 강진 무위사 극락전과 팔만대장경을 보관하고 있는 합천 해인사 장경판전이 세워졌다. 해인사 장경판전은 원활한 통풍과 습도, 온도 조절을 위해 창의 크기를 다르게 하였다.

오답분석 ㄴ, ㄷ. 조선 후기인 17세기에 법주사 팔상전, 금산사 미륵전, 화엄사 각황전과 같은 규모가 큰 다층 건물이 세워졌다.

● **복습지문**
조선 전기에 무위사 극락전, 해인사 장경판전 등이 만들어졌다.

28 | 한양 도성 정답 ②

① 조선 왕조는 건국 후 수도를 개성에서 한양으로 옮기고 태조 4년(1395)부터 정도전의 주도하에 도성을 건설하였다. 먼저 경복궁의 주요 전각 등을 지어 궁궐의 기본구조를 갖춘 다음 1399년에 그 둘레에 궁성을 쌓고 건춘문, 영추문, 광화문을 세웠다. 궁궐 주위에는 백악·낙산·목멱산·인왕산을 연결하는 도성을 축조하고, 4개의 대문과 4개의 소문을 건설하였다.
③ 근정전(勤政殿)은 경복궁의 중심 건물로, '천하의 일은 부지런하면 잘 다스려진다'는 의미를 담아 정도전이 이름을 지었다. 도성의 4대문은 유교사상인 인·의·예·지 덕목을 담아 흥인지문(동대문), 돈의문(서대문), 숭례문(남대문), 숙정문(북대문)이라 이름을 지었다.
④ 도성 밖 10리의 지역을 성저십리(城底十里)라 하여 개인의 무덤을 쓰거나 벌채를 하지 못하도록 규제하였다.

오답분석 ② 좌묘우사(左廟右社)의 원칙에 따라 동쪽(왕이 바라본 방향의 좌측)에 종묘, 서쪽(우측)에 사직이 배치되었다.

● **복습지문**
정도전은 유교 덕목을 담아 궁궐 전각과 4대문의 이름을 지었다.
경복궁의 동쪽에는 종묘, 서쪽에는 사직이 배치되었다.

2026 9급(국가직·지방직·서울시), 법원직 대비

최근 7개년 9급(국가직, 지방직) 대단원별 기출 분석

대단원	문항 수	비율
Ⅰ. 고조선과 초기 국가	15문항	5.3%
Ⅱ. 한국 고대사	41문항	14.6%
Ⅲ. 한국 중세사	46문항	16.4%
Ⅳ. 근세 전기	33문항	11.8%
Ⅴ. 근세 후기	28문항	10%
Ⅵ. 한국 근대사	43문항	15.3%
Ⅶ. 독립운동사	41문항	14.6%
Ⅷ. 한국 현대사	23문항	8.2%
기타	11문항	4%

1. 근세 후기의 정치
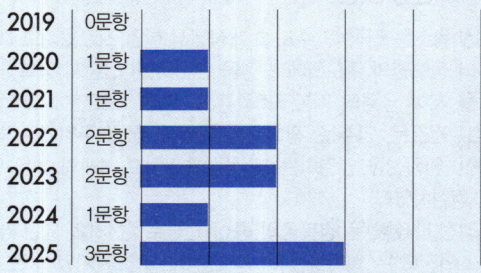

2. 근세 후기의 경제와 사회
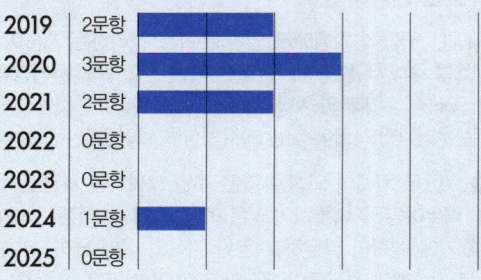

3. 근세 후기의 문화
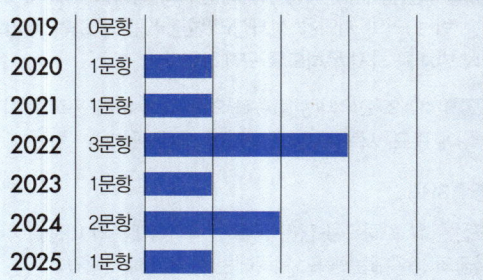

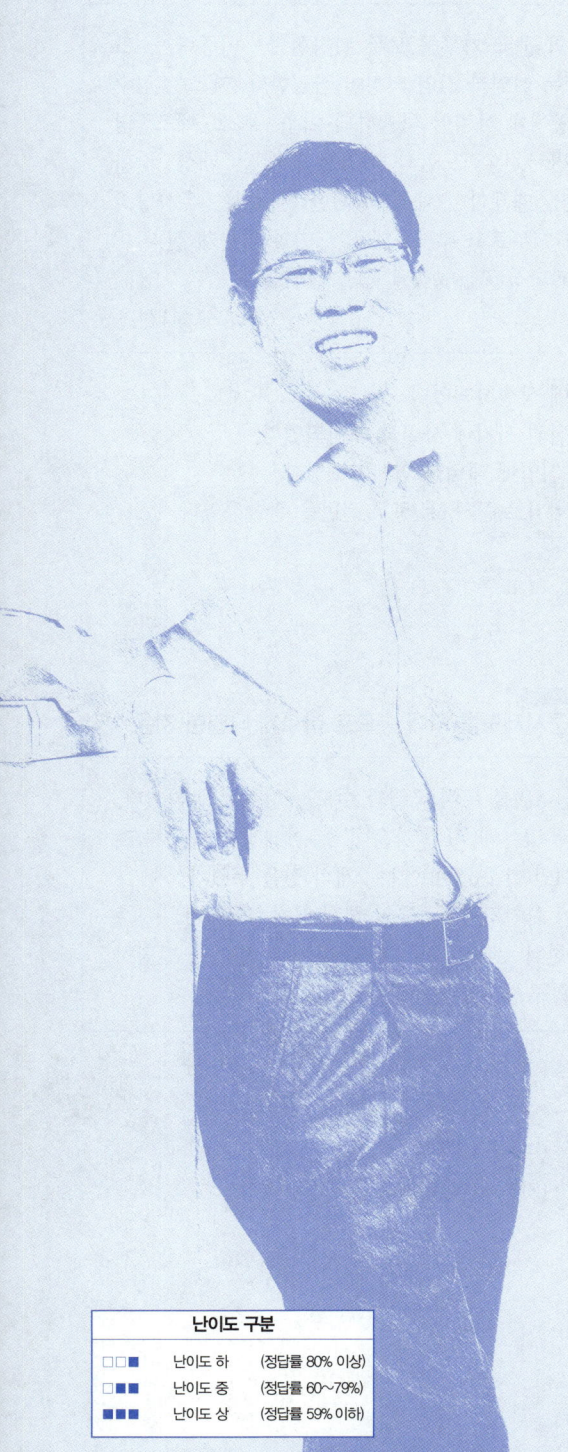

Compact History

V

근세 후기

01 근세 후기의 정치

02 근세 후기의 경제와 사회

03 근세 후기의 문화

누적 수강생 70만 명의 검증된 역사전문가!
저자 직강 www.megagong.net에서 만날 수 있습니다!

난이도 구분

□□■ 난이도 하 (정답률 80% 이상)
■■■ 난이도 중 (정답률 60~79%)
■■■ 난이도 상 (정답률 59% 이하)

V. 근세 후기

01 | 근세 후기의 정치

01 [2022 서울시 9급] (가) 기구에 대한 설명으로 가장 옳은 것은?

> 임시로 ┌(가)┐를 설치하였는데, … 이것은 일시적인 전쟁 때문에 설치한 것으로서, 국가의 중요한 모든 일을 다 맡긴 것은 아니었다. 그런데 오늘에 와서 … 의정부는 한갓 헛이름만 지니고 6조는 모두 그 직임을 상실하였다.

① 오직 군사 문제만을 다루었다.
② 고종 대에 폐지되었다.
③ 세종 대에 설치되었다.
④ 임진왜란이 끝난 후 위상이 추락하였다.

02 [2025 법원직] 다음 밑줄 친 '이 기구'와 관련된 내용으로 가장 옳은 것은?

> 요즈음 큰 일이건 작은 일이건 이 기구에서 모두 다룹니다. 의정부는 한갓 이름뿐이고 6조는 할 일을 모두 빼앗기고 말았습니다. 이름은 변방 방비를 위해서라고 하면서 과거나 왕비와 후궁 간택까지도 모두 여기서 처리합니다.

① 3사 관리의 추천권을 가지고 있었다.
② 사헌부, 홍문관과 함께 3사로 불렸다.
③ 3포왜란 이후 임시 기구로 설치되었다.
④ 서얼 출신 학자들이 검서관에 등용되었다.

03 [2020 국가직 7급] 다음 관청에 대한 설명으로 옳지 않은 것은?

> 중앙과 지방의 군국 기무를 모두 관장한다. …(중략)… 도제조(都提調)는 현임과 전임 의정이 겸임한다. 제조는 정수가 없으며, 왕에게 아뢰어 차출하되 이조·호조·예조·병조·형조의 판서, 훈련도감과 어영청의 대장, 개성·강화의 유수(留守), 대제학이 예겸(例兼)한다. 4명은 유사당상(有司堂上)이라 부르고 부제조가 있으면 예겸하게 한다. 8명은 팔도구관당상(八道句管堂上)을 겸임한다.
> - 『속대전』 -

① 삼포왜란 중에 상설화되었다.
② 흥선대원군 집권 시기에 사실상 폐지되었다.
③ 본래 외적의 침입에 대비한 임시기구였다.
④ 임진왜란을 계기로 군사 및 정무 전반을 관할하였다.

04 [2020 지방직 7급] 다음의 군사제도를 시대 순으로 바르게 나열한 것은?

> (가) 중앙군인 5위를 두어 궁궐과 수도를 방어하게 하였다.
> (나) 10정을 두었는데, 9주 가운데 8주에 1정씩 배치하고, 국경지대인 한주(漢州)에는 2개의 정을 두었다.
> (다) 금위영이 설치되면서 5군영 체제가 갖추어졌다.
> (라) 국왕의 친위 부대인 2군, 수도 및 국경 방어를 담당하는 6위로 구성되었다.

① (가) → (라) → (나) → (다)
② (가) → (라) → (다) → (나)
③ (나) → (가) → (다) → (라)
④ (나) → (라) → (가) → (다)

01 | 비변사 정답 ②

(가) 기구는 왜구와 여진의 침입에 대비하여 임시기구로 설치하였던 비변사이다.
1510년 삼포왜란이 일어나자 지변사 재상을 소집하여 대책을 논의하는 한편, 임시기구로 비변사를 설치하였다. 비변사는 1555년 을묘왜변을 계기로 정식 관청이 되어 점차 기능이 확대·강화되었다. 비변사에는 **전현직 정승을 비롯하여 공조를 제외한 5조의 판서, 각 군영대장, 대제학, 강화 유수 등 국가의 중요 관원들이 참여했다.**
초기에는 군사 문제만을 다루었으나 이후 외교, 재정, 사회, 인사 문제 등 거의 모든 정무를 총괄하게 되었고, 임진왜란 이후 비변사가 최고 정치 기구로 자리를 굳힘에 따라 왕권이 약화되고 의정부와 6조 중심의 행정 체계도 유명무실해졌다. 고종 때 흥선대원군은 비변사를 혁파하고 의정부와 삼군부의 기능을 부활시켰다.

오답분석 ① 비변사는 초기에는 군사 문제를 다루었으나 임진왜란 이후 외교, 재정, 사회, 인사 문제 등 거의 모든 정무를 총괄하였다.
③ 비변사는 중종 때 삼포왜란을 계기로 처음 설치되었다.
④ 임진왜란 이후 비변사의 구성원이 확대되고 기능이 강화되어 최고 정치 기구로 자리를 굳혔다.

02 | 비변사 정답 ③

처음에는 변방의 방비를 담당하기 위해 설치하였으나, 조선 후기에는 국가 최고 기관이 된 '이 기구'는 비변사이다.
중종 때 삼포에 대한 외교적인 혜택을 중단하고 엄격한 법규를 적용하자, 1510년 부산포·내이포·염포에 거주하고 있던 왜인들이 난을 일으켰다(삼포왜란). 삼포왜란이 일어나자 정부는 임시 기구로 비변사를 설치하였다. 비변사는 1555년 을묘왜변을 계기로 정식 관청이 되어 점차 기능이 확대·강화되었다.
비변사에는 전현직 정승을 비롯하여 공조를 제외한 5조의 판서, 각 군영 대장, 대제학, 강화 유수 등 국가의 중요 관원들이 참여했다. 초기에는 군사 문제만을 다루었으나 이후 외교, 재정, 사회, 인사 문제 등 거의 모든 정무를 총괄하게 되었고, 임진왜란 이후 비변사가 최고 정치 기구로 자리를 굳힘에 따라 왕권이 약화되고 의정부와 6조 중심의 행정 체계도 유명무실해졌다. 흥선대원군 때 비변사가 혁파되고 의정부와 삼군부의 기능이 부활되었다.

오답분석 ① 이조 전랑이 3사 관리의 추천권을 가지고 있었다.
② 사간원이 사헌부, 홍문관과 함께 3사로 불렸다.
④ 정조 때 규장각에 서얼 출신 학자들이 검서관으로 등용되었다.

03 | 비변사 정답 ①

군국 기무를 모두 관장하며, 공조판서를 제외한 5조 판서와 군영대장 등 국가의 중요 관원들이 참여한 관청은 비변사이다.
조선은 성종 때 왜구와 여진의 침입에 대한 대책을 수립하기 위해 의정부의 3의정과 원로 재상, 국경 지방의 요직을 지낸 인물을 참여시켜 지변사재상(知邊事宰相)을 구성하였고, 군사 방략을 논의하게 하였다. 1510년 삼포왜란이 일어나자 지변사재상을 소집하여 대책을 논의하는 한편, 임시기구로 비변사를 설치하였다. 비변사는 1555년 을묘왜변을 계기로 정식 관청이 되어 점차 기능이 확대·강화되었다. 비변사에는 전현직 정승을 비롯하여 공조를 제외한 5조의 판서, 각 군영 대장, 대제학, 강화 유수 등 국가의 중요 관원들이 참여했다.
초기에는 군사 문제만을 다루었으나 이후 외교, 재정, 사회, 인사 문제 등 거의 모든 정무를 총괄하게 되었고, 왜란 이후 비변사가 최고 정치 기구로 자리를 굳힘에 따라 왕권이 약화되고 의정부와 6조 중심의 행정 체계도 유명무실해졌다. 흥선대원군은 비변사를 혁파하고 의정부와 삼군부의 기능을 부활시켰다.

오답분석 ① 비변사는 16세기 초 중종 때 삼포왜란을 계기로 임시 기구로 설치되었고, 명종 때 을묘왜변(1555)을 계기로 상설 기구가 되었다.

04 | 군사제도 정답 ④

(나) 통일 신라 시대에 지방군으로 10정을 두었다.
(라) 고려 시대에 중앙군으로 2군과 6위를 두었다.
(가) 조선 초기에 중앙군으로 5위를 두었다.
(다) 조선 후기에 훈련도감, 어영청, 총융청, 수어청, 금위영이 설치되었다.

V. 근세 후기

05 `2018 지방직 7급` 지방 군사제도의 변천 과정을 시대 순으로 바르게 나열한 것은?

- ㄱ. 국방 요지인 영·진에 소속되어 복무하는 영진군이 있었다.
- ㄴ. 양반부터 천인에 이르는 신분으로 구성된 속오군이 편성되었다.
- ㄷ. 10정은 각 주마다 1정씩 배치되었는데, 한주(漢州)에는 2정이 설치되었다.
- ㄹ. 5도의 일반 군현에 주둔하는 주현군과 양계 지역의 주진군으로 구성되었다.

① ㄱ → ㄴ → ㄷ → ㄹ
② ㄱ → ㄷ → ㄹ → ㄴ
③ ㄷ → ㄱ → ㄹ → ㄴ
④ ㄷ → ㄹ → ㄱ → ㄴ

06 `2024 국가직 9급` (가)~(라)를 시기순으로 바르게 나열한 것은?

- (가) 13도 창의군이 결성되었다.
- (나) 지방군은 10정으로 조직하였다.
- (다) 친위 부대인 장용영을 설치하였다.
- (라) 중앙군은 2군 6위제로 운영하였다.

① (나) → (라) → (가) → (다)
② (나) → (라) → (다) → (가)
③ (라) → (나) → (가) → (다)
④ (라) → (나) → (다) → (가)

07 `2025 국가직 9급` 밑줄 친 '왕'의 재위 기간에 있었던 사실로 옳은 것은?

> 영의정 이원익은 공물 제도가 방납인에 의한 폐단이 크며, 경기도가 특히 심하다고 생각하였다. 그래서 별도의 관청을 만들어 경기 지역 백성들에게 봄과 가을에 토지 1결마다 8두씩 쌀로 거두고, 이것을 방납인에게 주어 수시로 물품을 구입하여 납부하게 하자고 <u>왕</u>에게 건의하였다. <u>왕</u>은 그 의견을 받아들였다.

① 삼수병으로 구성된 훈련도감을 설치하였다.
② 조광조 등 사림을 등용하여 훈구세력을 견제하였다.
③ 유능한 관료를 재교육하는 초계문신 제도를 시행하였다.
④ 일본과 제한된 범위의 무역을 허용하는 기유약조를 맺었다.

08 `2024 지방직 9급` 밑줄 친 '왕'의 재위 기간에 있었던 사실로 옳은 것은?

> 당초에 강홍립 등이 압록강을 건너게 된 것은 <u>왕</u>이 명 조정의 지원군 요청을 거부하기 어려워 출사시킨 것이었다. 우리나라는 애초부터 그들을 원수로 대하지 않아 싸울 뜻이 없었다. 그래서 <u>왕</u>이 강홍립에게 비밀리에 명령을 내려 오랑캐와 몰래 통하게 하였던 것이다.

① 전국에 대동법을 실시하였다.
② 허준이 동의보감을 편찬하였다.
③ 자의대비의 복상 문제로 예송이 일어났다.
④ 청과 국경을 정하기 위해 백두산정계비를 세웠다.

05 지방 군사 제도
정답 ④

ㄷ. 통일 신라 신문왕 때 군사조직인 9서당과 10정을 정비하였다. 지방군인 10정은 9주의 각 주마다 1정씩 배치되었고, 한주(漢州)에는 2정이 설치되었다.
ㄹ. 고려의 지방군은 군현에는 주현군을 배치하였고, 양계에는 주진군을 배치하여 좌군·우군·초군으로 구성하였다.
ㄱ. 조선 전기에 지방군은 지방의 요충지인 영·진에 소속되어 복무하였기 때문에 '영진군'이라 불렸다.
ㄴ. 조선 후기에는 양반부터 천인에 이르는 신분으로 구성된 속오군 체제로 지방군을 정비하였다.

06 역대 군사 제도
정답 ②

(나) 통일 신라 신문왕 때 중앙군으로 9서당을 설치하고 지방군으로 10정을 두었다.
(라) 고려 시대 중앙군이 국왕의 친위 부대인 2군(응양군·용호군)과 수도 경비와 국경 방어를 담당하는 6위로 구성되었다.
(다) 조선 후기 정조 때 친위 부대인 장용영을 설치하여 왕권을 뒷받침하는 군사적 기반을 갖추었다.
(가) 1907년에 봉기한 정미의병이 양주에 집결하여 이인영을 총대장, 허위를 군사장으로 하는 13도 창의군을 결성하여 서울 진공 작전을 전개하였다.

07 광해군
정답 ④

이원익의 건의를 받아들여 대동법을 실시한 '왕'은 광해군이다.
대동법은 이원익의 주장에 따라 광해군 즉위년(1608)에 경기도에서 시범적으로 시행하면서 시작하였다. 대동법은 집집마다 부과하여 토산물을 징수하던 공물 납부 방식을 토지의 결수에 따라 쌀, 삼베나 무명, 동전 등으로 납부하게 하는 제도였다.
임진왜란 이후 조선은 일본과의 외교 관계를 단절하였다. 선조 때인 1607년경 일본과 국교를 재개하고 부산 두모포에 왜관을 설치하여 무역을 허용하였으며, 광해군 때인 1609년에는 세사미두 100석, 세견선 20척으로 무역 제한 규정을 엄격하게 한 기유약조를 체결하였다.

오답분석 ① 선조 때 임진왜란을 계기로 훈련도감을 설치하였다.
② 중종 때 조광조 등 사림을 등용하여 훈구세력을 견제하였다.
③ 정조 때 초계문신 제도를 시행하였다.

08 광해군
정답 ②

명의 요청에 따라 강홍립을 지원군으로 파견한 '왕'은 광해군이다.
광해군은 대내적으로 전후 복구 사업을 실시하면서 대외적으로는 명과 후금 사이에서 신중한 중립 외교 정책으로 대처하였다. 광해군은 명의 원군 요청에 강홍립을 도원수로 삼아 원군을 파견하면서 상황에 따라 적절히 대처하도록 명령하였다. 결국 조·명 연합군은 패하고, 강홍립 등은 후금에 항복하였다.
허준은 선조의 명으로 중국과 우리나라의 의서들을 집대성하기 시작하여 1610년(광해 2)에 『동의보감』을 완성하였다. 우리의 전통 한의학을 체계적으로 정리한 『동의보감』은 예방 의학에 중점을 두고 전통 약재를 사용한 치료 방법을 개발하였다.

오답분석 ① 광해군 때 경기도에서 시범적으로 대동법을 실시하고 숙종 때 함경도와 평안도를 제외한 전국에 대동법을 실시하였다.
③ 현종 때 자의대비의 복상 문제로 두 차례 예송이 일어났다.
④ 숙종 때 청과 국경을 정하기 위해 백두산정계비를 세웠다.

V. 근세 후기

09 [2022 법원직] (가) 붕당에 대한 설명으로 옳은 것만을 〈보기〉에서 모두 고른 것은?

> (가) 은/는 반정을 주도하여 정권을 잡은 이후 훈련도감을 비롯하여 새로 설치된 어영청, 총융청, 수어청의 병권을 장악하여 권력 유지의 기반으로 삼았다.

● 보기 ●
ㄱ. 북벌론을 주장하였다.
ㄴ. 인목대비의 폐위를 주장하였다.
ㄷ. 조식 학파를 중심으로 형성되었다.
ㄹ. 예송 논쟁으로 남인과 대립하였다.

① ㄱ, ㄴ ② ㄱ, ㄹ ③ ㄴ, ㄷ ④ ㄷ, ㄹ

10 [2018 지방직 9급] 밑줄 친 '대의(大義)'를 이루기 위해 효종이 한 일로 옳은 것은?

> 병자년 일이 완연히 어제와 같은데, 날은 저물고 갈 길은 멀다고 하셨던 성조의 하교를 생각하니 나도 모르게 눈물이 솟는구나. 사람들은 그것을 점점 당연한 일처럼 잊어가고 있고 대의(大義)에 대한 관심도 점점 희미해져 북녘 오랑캐를 가죽과 비단으로 섬겼던 일을 부끄럽게 생각지 않고 있으니 그것을 생각한다면 그 아니 가슴 아픈 일인가.
> — 『조선왕조실록』 —

① 남한산성을 복구하고 어영청을 확대하였다.
② 훈련별대를 정초군과 통합하여 금위영을 발족시켰다.
③ 명과 후금 사이에서 실리를 추구하는 중립외교 정책을 펼쳤다.
④ 호위청, 총융청, 수어청 등의 부대를 창설하여 국방력을 강화하였다.

11 [2022 서울시 9급] 다음 글에 대한 설명으로 가장 옳지 않은 것은?

> 우리나라는 실로 신종 황제의 은혜를 입어 임진왜란 때 나라가 폐허가 되었다가 다시 존재하게 되었고 백성은 거의 죽었다가 다시 소생하였으니, 우리나라의 나무 한 그루와 풀 한 포기와 백성의 터럭 하나하나에도 황제의 은혜가 미치지 않은 것이 없습니다. 그런즉 오늘날 크게 원통해 하는 것이 온 천하에 그 누가 우리와 같겠습니까?

① 송시열이 제출하였다.
② 효종에게 올린 글이다.
③ 북벌 정책에 대해 논하였다.
④ 청의 문물 수용을 건의하였다.

12 [2018 국가직 7급] ㉠~㉣에 대한 설명으로 옳지 않은 것은?

> 예조가 아뢰기를, "㉠자의 왕대비께서 선왕의 상에 입어야 할 복제를 결정해야 하는데, ㉡어떤 사람은 삼년복을 입어야 한다고 하고 ㉢어떤 사람은 기년복(期年服)을 입어야 한다고 하니 어떻게 결정해야 할지 모르겠습니다."라고 하였다. 이에 국왕은 여러 대신에게 의견을 물은 다음 ㉣기년복으로 결정하였다.
> — 『조선왕조실록』 —

① ㉠ – 인조의 계비 조대비를 가리킨다.
② ㉡ – 윤휴는 왕통을 이었으면 적장자로 보아야 하므로 3년복을 입어야 한다고 주장하였다.
③ ㉢ – 송시열은 '체이부정(體而不正)'을 내세워 기년복을 입어야 한다고 주장하였다.
④ ㉣ – 『국조오례의』의 상복 규정에 따라 기년복으로 결정되었다.

09 | 서인 정답 ②

(가)는 인조반정(1623)을 주도하였으며, 어영청·총융청·수어청 등을 새로 설치한 서인이다.

선조 때 기성 사림을 중심으로 서인이 형성되었고, 이이와 성혼의 문인들이 가담함으로써 붕당의 모습을 갖추게 되었다. 서인은 인조반정을 주도하여 정권을 주도하였고, 남인 일부와 연합하여 정국을 이끌었다. 이후 현종 때까지는 서인이 우세한 가운데 남인과 연합하는 구도가 유지된 채 붕당 정치가 전개되었다.

병자호란이 끝나고 청과 군신 관계를 맺은 조선은 겉으로는 청에 사대하는 형식의 외교를 추진했다. 그러나 내심으로는 오랑캐에 당한 수치를 씻고, 명에 대한 의리를 지켜 청에 복수하자는 북벌 운동이 전개되었다. 효종은 송시열, 송준길 등 서인과 이완 등을 중용하여 북벌을 준비했다.

현종 때 효종의 왕위 계승에 대한 정통성과 관련하여 두 차례의 예송이 발생하면서 서인과 남인 사이에 대립이 격화되었다.

오답분석 ㄴ. 광해군 때 북인들이 인목대비의 폐위를 주장하였다.
ㄷ. 광해군 때 집권 세력인 북인이 조식 학파를 중심으로 형성되었다.

10 | 효종의 북벌운동 정답 ①

'병자년 일(병자호란)', '북녘 오랑캐(청)를 가죽과 비단으로 섬겼던 일' 등의 단서를 통해 밑줄 친 '대의(大義)'를 이루기 위해 효종이 한 일은 북벌 정책임을 알 수 있다.

효종은 즉위 후 '숭명배청(崇明排淸)', '복수설치(復讐雪恥: 청나라에 당한 수치를 복수하고 설욕함)'를 내세워 북벌 운동을 전개하였다. 수도 방위를 위해 설치한 어영청을 대폭 개편·강화하였고, 금군(禁軍)을 기병화하였다. 또한 남한산성을 복구하고 수어청을 강화하였으며, 네덜란드인 하멜 등을 훈련도감에 들여 조총·화포 등의 신무기를 개량, 보수하였다.

오답분석 ② 숙종 때 정초군과 훈련별대를 통합하여 금위영을 발족시켰다.
③ 광해군이 명과 후금 사이에서 실리를 추구하는 중립외교를 펼쳤다.
④ 인조 때 호위청, 총융청, 수어청 등의 부대를 창설하였다.

11 | 송시열 정답 ④

제시된 자료는 송시열이 효종에게 올린 『기축봉사』(1649)의 일부이다.

송시열은 이 글에서 임진왜란 때 조선을 도운 명(신종)의 은혜를 강조하며 북벌을 당위성을 강조하고, 이를 실현하기 위한 방법으로 안으로는 위축된 사회 경제 기반과 군사력을 재건하면서, 밖으로는 청나라의 무력 간섭을 배제하고 중화 중심의 세계 질서를 회복하자고 주장하였다.

오답분석 ④ 북학파들이 청의 문물 수용을 건의하였다.

12 | 예송논쟁 정답 ④

'자의 왕대비께서 선왕의 상에 입어야할 복제를 결정'이라는 단서를 통해 제시된 실록기사는 1659년 효종이 사망한 후에 벌어진 기해예송에 대한 사실임을 알 수 있다.

효종이 사망한 후 인조의 계비 자의대비 조씨의 상복기한을 두고 기해예송이 발생하였다. 허목, 윤휴, 윤선도 등 남인은 『국조오례의』를 근거로 왕실의 예는 사대부의 예와 다르다는 주장을 내세웠고, 윤휴는 왕통을 이었으면 적장자로 보아야 하므로 3년복을 입어야 한다고 주장하였다.

반면 송시열, 송준길 등 서인은 왕실도 사대부와 같이 『주자가례』를 따라야 한다고 주장하였고, 송시열은 체이부정(體而不正: 대통을 계승하였어도 적장자가 아니면 삼년복을 입지 않음)의 논리를 내세워 기년복을 입어야 한다고 주장하였다. 기해예송의 결과 정치적 실권을 장악하고 있던 서인의 주장이 받아들여졌다.

오답분석 ④ 서인이 주장한 『주자가례』의 상복 규정에 따라 기년복이 결정되었다.

● 복습지문
기해예송에서 송시열은 체이부정의 논리를 내세워 기년복을 입어야 한다고 주장하였다.

V. 근세 후기

13 [2023 법원직] 밑줄 친 '신'이 속한 붕당에 대한 설명으로 가장 옳은 것은?

> 소현 세자가 일찍 세상을 뜨고 효종이 인조의 제2 장자로서 종묘를 이었으니, 대왕대비께서 효종을 위하여 3년의 상복을 입어야 할 것은 예제로 보아 의심할 것이 없는데, 지금 그 기간을 줄여 1년으로 했습니다. 대체로 3년의 상복은 장자를 위하여 입는데 그가 할아버지, 아버지의 정통을 이을 사람이기 때문입니다. 지금 효종으로 말하면 대왕대비에게는 이미 적자이고, 또 왕위에 올라 존엄한 몸인데, 그의 복제에서는 3년 상복을 입을 수 없는 자와 동등하게 되었으니, 어디에 근거를 둔 것인지 신(臣)은 모르겠습니다.

① 노론과 소론으로 분열되었다.
② 기사환국을 통해 재집권하였다.
③ 인목대비의 폐위를 주장하였다.
④ 성혼의 학파를 중심으로 형성되었다.

14 [2018 지방직 9급] (가), (나) 붕당에 대한 설명으로 옳은 것은?

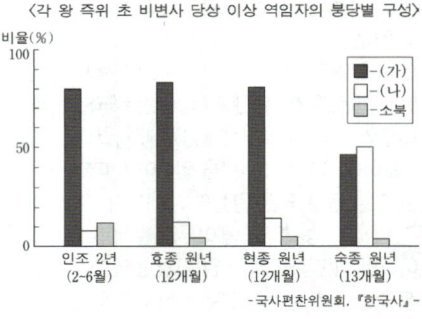

① (가) - 갑인예송에서 왕실의 예는 사대부와 다르다고 주장하였다.
② (가) - 이이와 성혼의 학문을 계승한 사림이 대부분을 차지하였다.
③ (나) - 환국을 거치면서 노론과 소론으로 분화되었다.
④ (나) - 희빈 장씨 소생의 왕자를 세자로 책봉하는 것에 반대하였다.

15 [2024 법원직] (가), (나) 집단에 대한 설명으로 가장 옳은 것은?

> 효종의 사망과 관련하여 인조의 계비 자의대비의 복제(服制)가 쟁점이 되었다. (가) 은/는 효종이 적장자가 아니라는 근거를 들어 왕과 사대부에게 같은 예가 적용되어야 한다는 입장을 내세웠다. 반면 (나) 은/는 왕에게는 일반 사대부와 다른 예가 적용되어야 한다고 주장하였다.

① (가) - 인조반정으로 몰락하였다.
② (가) - 경신환국으로 정권을 장악하였다.
③ (나) - 노론과 소론으로 분화되었다.
④ (나) - 송시열을 중심으로 세력을 확대하였다.

16 [2023 지방직 9급] 조선시대 붕당의 상황에 대한 설명으로 옳지 않은 것은?

① 선조 대 - 사림이 동인과 서인으로 분열하였다.
② 광해군 대 - 북인이 집권하였다.
③ 인조 대 - 남인이 정권을 독점하였다.
④ 숙종 대 - 서인이 노론과 소론으로 갈라졌다.

13 | 예송논쟁(남인)   정답 ②

제시된 자료는 효종의 장례에 대왕대비가 1년복을 입은 것을 비판하고 있으므로, 밑줄 친 '신'은 3년복을 주장한 남인임을 알 수 있다.

효종이 사망한 후 인조의 계비 자의대비 조씨의 상복기한을 두고 기해예송이 발생하였다. 이때 송시열, 송준길 등 서인은 왕실도 사대부와 같이 『주자가례』를 따라야 하며, 자의대비는 기년복을 입어야 한다고 주장하였다. 반면 허목, 윤휴, 윤선도 등 남인은 왕실의 예는 사대부의 예와 다르다는 주장을 내세웠고, 3년복을 입어야 한다고 주장하였다.

1688년 남인과 연결되어 있는 역관 집안 출신의 소의 장씨가 왕자를 낳았다. 이듬해 숙종은 태어난 지 두 달된 왕자의 명호를 '원자(元子)' 즉 차기에 왕위를 계승할 아이로 못 박고자 했다. 이에 대해 송시열이 원자 정호(定號)를 비판하는 상소를 올렸고, 숙종은 송시열의 관작을 삭탈하고 문외출송하는 동시에 서인을 축출하고 남인계 인물들로 대체시키는 환국을 단행했다(기사환국).

오답분석
① 경신환국(1680) 이후 남인 숙청에 대한 의견상의 대립이 나타나 서인은 노론과 소론으로 분열되었다.
③ 광해군 때 북인들이 인목대비의 폐위를 주장하였다.
④ 서인 중 소론이 성혼의 학파를 중심으로 형성되었다.

14 | 서인과 남인   정답 ②

인조~현종 연간에 정권을 주도한 (가) 붕당은 서인이고, 현종 말년의 갑인예송에서 승리해 숙종 초에 서인 세력을 능가한 (나) 붕당은 남인이다. 선조 때 기성 사림을 중심으로 서인이 형성되었고, 이이와 성혼의 문인들이 가담함으로써 붕당의 모습을 갖추게 되었다. 서인은 인조반정을 주도하여 정권을 주도하였고, 남인 일부와 연합하여 정국을 이끌었다. 이후 현종 때까지는 서인이 우세한 가운데 남인과 연합하는 구도가 유지된 채 붕당 정치가 전개되었다. 서인과 남인은 서로의 학문적 입장을 인정하는 토대 위에서 상호 비판적인 공존 체제를 이루어나갔다.

그러나 현종 때 효종의 왕위 계승에 대한 정통성과 관련하여 두 차례의 예송이 발생하면서 서인과 남인 사이에 대립이 격화되었다.

오답분석 ① 남인이 예송논쟁에서 『국조오례의』를 근거로 왕실의 예는 사대부의 예와 다르다고 주장하였다.
③ 서인이 숙종 대에 환국을 거치면서 노론과 소론으로 분화되었다.
④ 송시열을 비롯한 서인들이 희빈 장씨 소생의 왕자를 세자로 책봉하는 것에 반대하였다.

● **복습지문**
이이와 성혼의 학문을 계승한 사림이 서인을 이루었다.
서인은 희빈 장씨 소생의 왕자를 세자로 책봉하는 것을 반대하였다.

15 | 예송논쟁(서인과 남인)   정답 ②

(가)는 서인, (나)는 남인이다.
현종 때 효종의 왕위 계승에 대한 정통성과 관련하여 두 차례의 예송이 발생하면서 서인과 남인 사이에 대립이 격화되었다. 송시열, 송준길 등 서인은 왕실도 사대부와 같이 『주자가례』를 따라야 한다고 주장했다. 허목, 윤휴, 윤선도 등 남인은 『국조오례의』를 근거로 왕실의 예는 사대부의 예와 다르다는 주장을 내세웠다.

숙종은 즉위 직후 갑인예송 등에 대한 책임을 물어 서인을 정계에서 몰아내고 남인을 집권시켰다(1674). 수세에 몰렸던 서인은 남인의 영수 허적이 역모를 꾸몄다고 고발하여 허적·윤휴 등을 사사(賜死)시키고 나머지 남인들도 축출하였다(경신환국, 1680).

오답분석 ① 서인이 주도한 인조반정(1623)으로 북인이 몰락하였다.
③ 경신환국 이후 서인이 노론과 소론으로 분화되었다.
④ 송시열은 서인의 중심 인물이다.

16 | 조선의 붕당   정답 ③

① 선조 때 김효원과 심충겸의 이조 전랑 천거 문제로 사림 내부에서 대립이 일어났다. 이후 김효원 중심의 신진 사림이 동인을, 심의겸 중심의 기성 사림이 서인을 형성하면서 사림은 분화하였다.
② 광해군 때 집권한 북인은 서인과 남인 등을 배제한 채 정권을 독점하고, 성리학적 의리명분론에 구애받지 않고 중립 외교를 취하였다. 이런 정책은 서인과 남인의 반발을 불러일으켜 결국 서인이 주도한 인조반정에 의해 북인은 몰락하였다.
③ 인조반정을 주도한 서인은 남인 일부와 연합하여 정국을 운영해 나갔다. 이후 현종 때까지는 서인이 우세한 가운데 남인과 연합하여 공존하는 구도가 유지된 채 붕당 정치가 전개되었다. 현종 때 두 차례의 예송이 발생하면서 서인과 남인 사이에 대립이 격화되었다.
④ 숙종 때 서인이 남인을 역모로 몰아 정권을 독점한 경신환국(1680) 이후 서인은 노론과 소론으로 나뉘게 되었다. 갑술환국(1694) 이후 남인은 사실상 재기불능의 상태가 되었으며, 이후 노론과 소론의 대립이 본격화되었다.

오답분석
③ 인조 대부터 현종 대까지는 서인과 남인이 연합하여 공존하는 구도가 유지되었다.

Ⅴ. 근세 후기

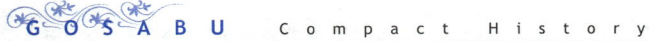

17 `2023 국가직 9급`   다음과 같이 상소한 인물이 속한 붕당에 대한 설명으로 옳은 것만을 모두 고르면?

> 상소하여 아뢰기를, "신이 좌참찬 송준길이 올린 차자를 보았는데, 상복(喪服) 절차에 대하여 논한 것이 신과는 큰 차이가 있었습니다. 장자를 위하여 3년을 입는 까닭은 위로 '정체(正體)'가 되기 때문이고 또 전중(傳重: 조상의 제사나 가문의 법통을 전함)하기 때문입니다. …(중략)… 무엇보다 중요한 것은 할아버지와 아버지의 뒤를 이은 '정체'이지, 꼭 첫째이기 때문에 참최 3년복을 입는 것은 아닙니다."라고 하였다.
> ― 『현종실록』 ―

●보기●
ㄱ. 기사환국으로 정권을 장악하였다.
ㄴ. 인조반정을 주도하여 집권 세력이 되었다.
ㄷ. 정조 시기에 탕평정치의 한 축을 이루었다.
ㄹ. 이이와 성혼의 문인을 중심으로 형성되었다.

① ㄱ, ㄴ   ② ㄱ, ㄷ   ③ ㄴ, ㄹ   ④ ㄷ, ㄹ

18 `2020 지방직 9급`   (가)와 (나) 사이의 시기에 있었던 일로 옳은 것은?

> (가) 남인들이 대거 관직에서 쫓겨나고 허적과 윤휴 등이 처형되었다.
> (나) 인현왕후가 복위되고 노론과 소론이 정계에 복귀하였다.

① 송시열과 김수항 등이 처형당하였다.
② 서인과 남인이 두 차례에 걸쳐 예송을 전개하였다.
③ 서인 정치에 한계를 느낀 정여립이 모반을 일으켰다.
④ 청의 요구에 따라 조총부대를 영고탑으로 파견하였다.

19 `2021 서울시 9급`   〈보기〉의 사건들을 일어난 순서대로 바르게 나열한 것은?

●보기●
ㄱ. 남인이 제2차 예송을 통해 집권하였다.
ㄴ. 노론과 소론이 민비를 복위하는 과정을 거쳐 집권하였다.
ㄷ. 서인은 허적이 역모를 꾸몄다고 고발하여 남인을 축출하고 집권하였다.
ㄹ. 남인은 장희빈이 낳은 왕자가 세자로 책봉되는 과정을 거쳐 집권하였다.

① ㄱ-ㄷ-ㄹ-ㄴ   ② ㄴ-ㄹ-ㄷ-ㄱ
③ ㄷ-ㄱ-ㄴ-ㄹ   ④ ㄹ-ㄷ-ㄱ-ㄴ

20 `2017 서울시 9급`   다음의 비문에 관한 설명으로 옳지 않은 것은?

> 오라총관 목극등은 국경을 조사하라는 교지를 받들어 이곳에 이르러 살펴보고 서쪽은 압록강으로 하고 동쪽은 토문강으로 경계를 정해 강이 갈라지는 고개 위에 비석을 세워 기록하노라.

① 조선과 청의 대표는 현지 답사를 생략한 채 비를 세웠다.
② 토문강의 위치는 간도 귀속 문제와도 관련이 되었다.
③ 국경 지역 조선인의 산삼 채취나 사냥이 비 건립의 한 배경이었다.
④ 조선 숙종 대 세워진 비석의 비문 내용이다.

17 | 예송논쟁(남인)   정답 ②

서인 송준길이 올린 차자(상소문)을 비판하며, 3년복을 주장한 붕당은 남인이다.

현종(1659~1674) 때 두 차례의 예송이 발생하면서 서인과 남인 간의 대립이 격화되었다. 송시열, 송준길 등 서인은 왕실도 사대부와 같이 『주자가례』를 따라야 한다고 주장했다. 허목, 윤휴, 윤선도 등 남인은 『국조오례의』를 근거로 왕실의 예는 사대부의 예와 다르다는 주장을 내세웠다. 효종 사망 후 벌어진 1차 예송(기해예송, 1659) 때 서인은 기년복(1년)을 주장하였고, 남인은 3년복을 주장하였다.

숙종 때 경신환국(1680) 이후 9년간 집권한 서인은 희빈 장씨가 낳은 왕자를 원자로 책봉하는 것에 반대하다 송시열, 김수항이 죽임을 당하고 정권에서 밀려났다(기사환국, 1689). 이후 남인이 집권 세력이 되었다.

영조의 뒤를 이어 즉위한 정조(1776~1800)는 각 붕당의 주장이 옳은지 그른지를 명백하게 가려 수용하는 적극적인 탕평책(준론 탕평)을 추진하였다. 그는 먼저 영조 때에 세력을 키워 온 척신(홍인한)과 환관 등을 제거하고 그동안 권력에서 배제되었던 소론과 채제공·이가환 등 남인 계열 인사들을 중용하였다.

오답분석
ㄴ. 서인이 인조반정(1623)을 주도하여 집권 세력이 되었다.
ㄹ. 서인이 이이와 성혼의 문인을 중심으로 형성되었다.

18 | 숙종(경신환국, 갑술환국)   정답 ①

(가)는 허적과 윤휴 등이 처형되고 서인이 집권한 경신환국(1680), (나)는 인현황후가 복위되고 노론과 소론이 집권한 갑술환국(1694)이다.

숙종 초기에 집권한 남인은 북벌론을 내세워 군사 훈련을 강화하는 등 군비 확장에 노력하였다. 수세에 몰렸던 서인은 남인의 영수 허적이 역모를 꾸몄다고 고발하여 허적·윤휴 등을 사사(賜死)시키고 나머지 남인들도 축출하였다(경신환국, 1680). 이후 남인 숙청에 대한 의견상의 대립이 나타나 서인은 노론과 소론으로 분화하였다.

송시열을 중심으로 결집한 노론은 대의명분을 존중하고 민생 안정을 강조하였다. 윤증을 중심으로 결집한 소론은 실리를 중시하고 적극적인 북방 개척을 주장하였다. 9년간 집권한 서인은 희빈 장씨가 낳은 왕자를 원자로 책봉하는 것에 반대하다 송시열, 김수항이 죽임을 당하고 정권에서 밀려났다(기사환국, 1689). 그러나 숙종이 폐위된 인현왕후를 복위시키고 장희빈을 강등시키면서, 남인이 축출되고 서인이 다시 권력을 장악하게 되었다(갑술환국, 1694).

오답분석 ② 현종(1659~1674) 때 기해예송(1659)과 갑인예송(1674)이 발생하면서 서인과 남인 간의 대립이 격화되었다.
③ 선조 때 정여립 모반 사건(기축옥사, 1589)으로 다수의 동인들이 처형되었다.
④ 효종 때 청의 요청으로 1654년과 1658년에 조총 부대를 흑룡강 일대로 파견하였다(나선정벌).

19 | 17세기 후반의 주요 사건   정답 ①

ㄱ. 1674년 효종비가 사망한 후 벌어진 2차 예송(갑인예송)에서는 서인이 대공복(9개월)을, 남인은 기년복을 주장하였다. 숙종은 즉위 직후 갑인예송 등에 대한 책임을 물어 서인을 정계에서 몰아내고 남인을 집권시켰다.
ㄷ. 1680년 서인은 남인의 영수 허적이 역모를 꾸몄다고 고발하여 허적·윤휴 등을 사사(賜死)시키고 나머지 남인들도 축출하였다(경신환국).
ㄹ. 1689년에 숙종은 태어난 지 두 달된 왕자의 명호를 '원자(元子)', 즉 차기에 왕위를 계승할 아이로 정하고 장씨를 희빈으로 승격시켰다. 숙종은 원자 정호에 반대한 송시열 등 서인을 축출하고 남인계 인물들로 대체시키는 기사환국을 단행했다.
ㄴ. 1694년에 숙종은 폐위된 인현왕후를 복위시키고, 왕후가 되었던 세자의 생모 장씨를 다시 희빈(禧嬪)으로 강등시켰다. 또한 남인을 축출하고 소론과 노론을 다시 집권시켰다(갑술환국).

20 | 백두산 정계비   정답 ①

'오라총관 목극등', '서쪽은 압록강으로 하고 동쪽은 토문강으로 경계를 정해', '고개 위에 비석을 세워 기록' 등의 단서를 통해 제시된 비문은 '백두산 정계비'임을 알 수 있다.

청나라는 중국 대륙을 차지한 후 그들의 본거지였던 만주 지방을 성역화하였다. 그런데 숙종 대에 조선인 일부가 두만강을 넘어 산삼 채취, 사냥을 하는 경우가 있어 청과 조선 간의 국경 분쟁이 발생했다. 이에 따라 1712년(숙종 38년) 조선 관원들과 청나라 오라총관 목극등 등이 현지를 답사하고, 2,200m 고지 분수령에 정계비를 세우게 되었다. 비문 중 '西位鴨綠 東位土門'이라는 글귀에서 '土門'을 두고 조선은 쑹화강의 한 지류로, 청나라는 두만강의 다른 이름으로 해석하여 간도 귀속 문제가 발생하게 되었다.

오답분석 ① 조선의 관원들과 청나라의 오라총관 목극등이 현지를 답사하고 정계비를 세웠다.

Ⅴ. 근세 후기

21 [2022 간호직 8급] 밑줄 친 '왕'의 재위 기간에 있었던 사실로 옳은 것은?

> 왕이 명정전에 나아가 양역의 변통에 대해 대신들에게 말하기를 "호포나 결포나 모두 구애되는 사단은 있기 마련이다. 이제 납부할 포를 한 필로 감하고자 하니 한 필을 감하고 난 후 부족해질 재정을 보충할 대책을 강구하도록 하라."라고 하였다.

① 초계문신제를 실시하였다.
②『속대전』,『속오례의』 등을 편찬하였다.
③ 삼정이정청을 설치하여 농민의 부담을 완화하려 하였다.
④ 청과 조선 사이의 국경을 확정하고자 백두산정계비를 세웠다.

22 [2022 지방직 9급] 밑줄 친 '나'가 국왕으로 재위하던 기간에 있었던 일은?

> 팔순 동안 내가 한 일을 만약 나 자신에게 묻는다면
> 첫째는 탕평책인데, 스스로 '탕평'이란 두 글자가 부끄럽다.
> 둘째는 균역법인데, 그 효과가 승려에게까지 미쳤다.
> 셋째는 청계천 준설인데, 만세에 이어질 업적이다.
> … (하략) …
> －『어제문업(御製問業)』－

① 장용영이 창설되었다.
② 나선정벌이 단행되었다.
③ 홍경래의 난이 발생하였다.
④『동국문헌비고』가 편찬되었다.

23 [2025 지방직 9급] 밑줄 친 '국왕'의 정책으로 옳은 것은?

> 국왕은 성균관 앞에 "두루 사귀되 편당을 짓지 않는 것이 군자의 공정한 마음이요, 편당을 짓고 두루 사귀지 않는 것은 소인의 사사로운 마음이다."라는 내용을 새긴 탕평비를 세웠다.

① 균역법을 실시하였다.
② 수원 화성을 건설하였다.
③ 초계문신제를 시행하였다.
④『대전회통』을 편찬하였다.

24 [2020 법원직] 밑줄 친 '그'에 대한 설명으로 옳은 것을 〈보기〉에서 모두 고른 것은?

> 그는 균역법을 시행하여 백성들에게 큰 부담이 되었던 군역 부담을 줄여주었고, 형벌 제도를 개선하여 가혹한 형벌을 금지하였다.

● 보기 ●
ㄱ. 청계천 정비   ㄴ. 속대전 편찬
ㄷ. 탁지지 편찬   ㄹ. 초계 문신제 실시

① ㄱ, ㄴ   ② ㄱ, ㄷ   ③ ㄴ, ㄷ   ④ ㄴ, ㄹ

21 | 영조   정답 ②

제시된 자료는 균역법의 실시를 명하는 상황이므로 밑줄 친 '왕'은 영조이다.
영조 때 시행된 균역법에 따라 농민들은 1년에 군포 1필만 부담하면 되었다. 감소된 재정을 보충하기 위해 정부는 지주에게 토지 1결당 미곡 2두를 결작으로 부담시키고, 일부 상류층에게 선무군관이라는 칭호를 주고 군포 1필을 납부하게 하였으며, 어장세·선박세 등 잡세 수익을 균역청에서 관할하게 했다.
영조는 『경국대전』 간행 이후의 법전과 수교(受敎) 등을 종합한 『속대전』을 새로 편찬하였다. 영조는 이외에도 『속오례의』, 『속병장도설』, 『동국문헌비고』 등을 편찬하여 시대의 변화에 맞게 문물 제도를 정비하였다.

오답분석 ① 정조 때 신진 인물이나 중하급 관리(당하관) 중에서 유능한 인사를 재교육하는 초계문신제를 실시하였다.
③ 철종 때 임술농민봉기(1862)를 계기로 삼정이정청을 설치하였다.
④ 숙종 때 조선과 청의 관리들이 백두산 일대를 답사하고 백두산 정계비를 세워 조선과 청 사이의 국경을 확정하였다.

22 | 영조   정답 ④

'탕평책', '균역법', '청계천 준설'과 모두 연관된 왕은 영조(1724~1776)이다.
영조는 탕평정책에 동의하는 온건하고 타협적인 인물을 적극적으로 등용해 정국을 운영하였는데, 이것을 '완론 탕평'이라 한다. 탕평 정치를 통해 정국을 안정시킨 영조는 민생 안정과 산업 진흥을 위한 개혁을 추진하였다. 균역법을 시행하여 양역의 불균형을 바로잡고 군역 부담을 크게 줄였다(1750). 가혹한 형벌을 폐지하는 등 형벌 제도를 개선하고, 사형수에 대한 삼심제를 엄격하게 시행하였다. 또한 영조는 청계천의 범람을 막기 위해 준천사를 신설하여 청계천 준설 사업을 실시하였다.
영조는 『경국대전』 간행 이후의 법전과 수교(受敎) 등을 종합한 『속대전』을 새로 편찬하였다. 영조는 이외에도 『속오례의』, 『속병장도설』, 『동국문헌비고』 등을 편찬하여 시대의 변화에 맞게 문물 제도를 정비하였다.

오답분석 ① 정조 때 장용영을 설치하여 왕권을 뒷받침하는 군사적 기반을 갖추었다.
② 효종 때 청의 요청으로 총수병을 파견하여 흑룡강 방면에서 남하하는 나선(러시아) 세력을 격퇴하였다.
③ 순조 때 평안도에서 지역 차별 타파를 기치로 홍경래의 난이 발생하였다.

23 | 영조   정답 ①

성균관 앞에 탕평비를 세운 '국왕'은 영조이다.
영조는 즉위 초 탕평교서를 반포하고, 탕평 정책에 동의하는 온건하고 타협적인 인물을 적극적으로 등용해 정국을 운영해 나갔다. 이인좌의 난 직후 성균관 반수교에 탕평비를 세워 탕평책에 대한 왕의 의지를 나타냈다.
영조는 균역법을 시행하여 군포를 연간 1필로 낮추어 징수하였다. 균역법의 시행으로 감소된 재정을 보충하기 위해 정부는 결작이라고 하여 토지 1결당 미곡 2두(혹은 돈 5전)를 부담시키고, 일부 상류층에게 선무군관이라는 칭호를 주고 군포 1필을 납부하게 하였으며(선무군관포), 어염세·선박세 등 왕실의 잡세 수입을 균역청에서 관할하게 하였다.

오답분석 ② 정조 때 수원 화성을 건설하였다.
③ 정조 때 초계문신제를 시행하였다.
④ 고종 때 흥선대원군이 『대전회통』을 편찬하였다.

24 | 영조   정답 ①

균역법을 시행하고, 형벌 제도를 개선하여 가혹한 형벌을 금한 '그'는 영조이다.
탕평 정치를 통해 정국을 안정시킨 영조는 민생 안정과 산업 진흥을 위한 개혁을 추진하였다. 균역법을 시행하여 양역의 불균형을 바로잡고 군역 부담을 크게 줄였다(1750). 『무원록』을 편찬하여 가혹한 형벌을 폐지하는 등 형벌 제도를 개선하고, 사형수에 대한 삼심제를 엄격하게 시행하였다. 일반민의 여론을 정치에 반영하려고 신문고 제도를 부활하고, 노비종모법을 법제화하여 노비가 양인이 되는 길을 넓혀 주었다.
영조는 청계천의 범람을 막기 위해 준천사를 신설하여 청계천 준설 사업을 실시하였다. 또한 영조는 『속대전』, 『속오례의』, 『동국문헌비고』 등을 편찬하여 시대의 변화에 맞게 문물제도를 정비하였다.

오답분석 ㄷ. 정조 때 호조의 기능을 정리한 『탁지지』를 편찬하였다.
ㄹ. 정조는 자신의 권력과 정책을 뒷받침하기 위하여 신진 인물이나 중하급 관리 중에서 유능한 인사를 재교육하는 초계 문신제를 실시하였다.

V. 근세 후기

25 [2021 지방직 9급] 밑줄 친 '왕'의 재위 기간에 있었던 사실로 옳은 것은?

> 왕은 노론과 소론, 남인을 두루 등용하였으며 젊은 관료들을 재교육하기 위해 초계문신제를 시행하였다. 또 서얼 출신의 유능한 인사를 규장각 검서관으로 등용하였다.

① 동학이 창시되었다.
② 『대전회통』이 편찬되었다.
③ 신해통공이 시행되었다.
④ 홍경래의 난이 발생하였다.

26 [2024 법원직] 밑줄 친 '국왕'에 대한 설명으로 가장 옳지 않은 것은?

> 국왕은 현륭원(顯隆園)을 수원에 봉안하고 1년에 한 번씩 참배할 준비를 하였다. 옛 규례에는 한강을 건널 때 용배[龍舟]를 사용하였으나, 그 방법이 불편한 점이 많다 하여 배다리의 제도로 개정하고 묘당으로 하여금 그 세목을 만들어 올리게 하였다. 그러나 뜻에 맞지 않았기에 국왕은 주교지남(舟橋指南)을 편찬하였다.

① 탕평비를 세웠다.
② 장용영을 설치하였다.
③ 무예도보통지를 간행하였다.
④ 초계문신 제도를 시행하였다.

27 [2024 서울시 9급] 〈보기〉의 정책을 실시한 왕에 대한 설명으로 가장 옳은 것은?

> ● 보기 ●
> ○ 창덕궁에 규장각을 설치하고 개혁정치의 중심 공간으로 삼았다.
> ○ 화성을 건설하고 자주 화성 행차에 나섰다.
> ○ 시전 상인의 금난전권을 폐지하는 신해통공을 추진하였다.

① 『병학통』과 『무예도보통지』를 편찬하였다.
② 1760년 청계천 준설 사업을 실시하였다.
③ 백두산 아래에 정계비를 설치하여 청나라와 경계선을 정하였다.
④ 『속대전』과 『속오례의』 등을 편찬하여 문예 부흥의 기틀을 마련하였다.

28 [2023 서울시 9급] 〈보기 1〉의 밑줄 친 '이 왕'이 시행한 정책을 〈보기 2〉에서 모두 고른 것은?

> ● 보기 1 ●
> 이 왕은 반대 세력을 무력으로 제압하고 자신의 신변을 보호하기 위한 친위 부대로 장용영을 설치하였다. 장용영은 기존에 국왕의 호위를 담당하던 숙위소를 폐지하고 새롭게 조직을 갖추어 편성된 부대다.

> ● 보기 2 ●
> ㄱ. 탕평의 의지를 반영하여 성균관 입구에 탕평비를 세웠다.
> ㄴ. 상공업을 진흥시키기 위해 통공정책을 단행하였다.
> ㄷ. 젊은 관료의 재교육을 위해 초계문신제도를 시행하였다.

① ㄴ   ② ㄷ   ③ ㄴ, ㄷ   ④ ㄱ, ㄴ, ㄷ

25 | 정조 정답 ③

초계문신제를 시행하고 서얼 출신을 규장각 검서관으로 등용한 '왕'은 정조이다.

정조는 자신의 권력과 정책을 뒷받침하기 위해 신진인물이나 중하급 관리 중 유능한 인사를 재교육하는 초계문신 제도를 실시하고, 규장각을 강력한 정치 기구로 육성하였다. 한편, 정조는 신분을 초월한 인재를 등용하기 위해 규장각의 실무를 담당하는 검서관에 관직 진출이 막혀 있던 서얼을 등용하였다. 검서관은 국왕 가까이에서 서적을 편찬, 간행, 관리하는 업무를 담당하였는데 유득공, 이덕무, 박제가, 서이수 등이 등용되었.

조선 후기에 시전 상인들이 정부로부터 금난전권을 얻어나 난전의 활동을 규제하자 사상들은 정부와 결탁하거나 도성 외곽의 송파 등으로 상권을 확대하였다. 시전의 독점에 대한 비판 여론이 높아지자 정조는 신해통공(1791)을 발표하여 육의전을 제외한 나머지 시전의 금난전권을 폐지하였다. 이로써 사상들은 육의전 상품이 아닌 것은 자유롭게 시전 상인과 경쟁하면서 판매할 수 있게 되었고, 마침내 시전 이외의 새로운 시장을 형성하게 되었다.

오답분석 ① 철종 재위기인 1860년에 경주 출신의 최제우가 동학을 창시하였다.
② 고종 때 흥선대원군이 『대전회통』을 편찬하였고, 정조 때는 『대전통편』을 편찬하였다.
④ 순조 재위기인 1811년에 평안도에서 지역차별에 반대하는 홍경래의 난이 발생하였다.

26 | 정조(화성 능행) 정답 ①

아버지 사도세자의 묘(현륭원)를 수원에 봉안한 '국왕'은 정조이다.

정조는 아버지 사도세자의 명예 회복을 위해 수원으로 사도세자의 묘(현륭원)를 옮기고, 팔달산 아래에 화성을 건설하여 자신의 정치적 이상을 실현하는 상징적 도시로 육성하고자 하였다.

정조는 자신의 권력과 정책을 뒷받침하기 위하여 신진 인물이나 중하급 관리(당하관) 중에서 유능한 인사를 재교육하는 초계문신 제도를 실시하고, 규장각을 강력한 정치 기구로 육성하였다. 또한, 친위 부대인 장용영을 설치하여 왕권을 뒷받침하는 군사적 기반을 갖추었다.

정조 재위 시기에는 중국의 『고금도서집성』을 수입하여 학문 정치의 기초를 다졌고, 왕조의 통치 규범을 전반적으로 재정리하기 위하여 『대전통편』을 편찬하였다. 그 밖에 외교문서를 정리한 『동문휘고』, 호조의 기능을 정리한 『탁지지』, 역대의 형사법과 재판 제도를 정리한 『추관지』, 병법서인 『무예도보통지』 등 수백 종의 서적을 편찬하였다.

오답분석 ① 영조 때 성균관에 탕평비를 세웠다.

27 | 정조 정답 ①

창덕궁에 규장각을 설치하고 화성을 건설한 왕은 정조이다.
정조는 규장각을 설치하여 정책 자문 기구로 삼고, 신진 인물이나 중·하급 관리 중에서 유능한 인재를 재교육하는 초계문신제를 실시하여 개혁 세력을 육성하였다.

정조 재위 시기에는 전통문화를 계승하면서도 중국과 서양의 과학기술을 적극 받아들였다. 중국의 『고금도서집성』을 수입하여 학문 정치의 기초를 다졌고, 왕조의 통치 규범을 전반적으로 재정리하기 위하여 『대전통편』을 편찬하였다. 그 밖에 외교문서를 정리한 『동문휘고』, 호조의 기능을 정리한 『탁지지』, 역대의 형사법과 재판 제도를 정리한 『추관지』, 병법서인 『병학통』과 『무예도보통지』 등 수백 종의 서적을 편찬하였다.

오답분석 ② 영조 때 준천사를 설치하고 청계천 준설 사업을 실시하였다.
③ 숙종 때 백두산정계비를 설치하여 청나라와 경계선을 정하였다.
④ 영조 때 『속대전』, 『속오례의』 등을 편찬하였다.

28 | 정조 정답 ③

밑줄 친 '이 왕'은 친위 부대로 장용영을 설치한 정조이다.
정조는 규장각을 설치하여 정책 자문 기구로 삼고, 신진 인물이나 중·하급 관리 중에서 유능한 인재를 재교육하는 초계문신제를 실시하여 개혁 세력을 육성하였다. 한편, 친위 부대인 장용영을 설치하여 왕권을 뒷받침하는 군사 기반도 확보하였다.

조선 후기에 시전의 독점에 대한 비판 여론이 높아지자 정조는 신해통공(1791)을 발표하여 육의전을 제외한 나머지 시전의 금난전권을 폐지하였다. 이로써 사상들은 육의전 상품이 아닌 것은 자유롭게 시전 상인과 경쟁하면서 판매할 수 있게 되었고, 마침내 시전 이외의 새로운 시장을 형성하게 되었다.

오답분석 ㄱ. 영조가 이인좌의 난 이후 성균관 반수교 위에 탕평비(蕩平碑)를 세웠다.

V. 근세 후기

29 [2020 서울시 9급] 〈보기〉의 정책이 시행된 왕대에 대한 설명으로 가장 옳은 것은?

● 보기 ●
백성들이 육전[육의전(六矣廛)] 이외에는 허가받은 시전 상인들과 같이 장사를 할 수 있도록 하셨다. 채제공이 아뢰기를 "(전략) 마땅히 평시서(平市署)로 하여금 20, 30년 사이에 새로 벌인 영세한 가게 이름을 조사해 내어 모조리 없애도록 하고, 형조와 한성부에 분부하여 육전이 아니라면 난전이라 하여 잡혀 오는 자들을 처벌하지 말도록 할 뿐만 아니라 잡아 온 자를 처벌하시면, 장사하는 사람들은 서로 매매하는 이익이 있을 것이고 백성들도 가난에 대한 걱정이 없어질 것입니다."라고 하니 왕께서 따랐다.

① 법령을 정비하여 속대전을 편찬하였다.
② 조세제도를 개편하여 영정법을 시행하였다.
③ 청과 국경선을 정하고 백두산정계비를 세웠다.
④ 인재를 양성하기 위해 초계문신제를 시행하였다.

30 [2019 법원직] 밑줄 친 '왕'의 재위시기에 있었던 사실로 가장 옳은 것은?

왕은 서얼과 노비에 대한 차별을 완화하였으며, 민생의 안정과 문화 부흥에도 힘썼다. 또, 전통 문화를 계승하면서 중국과 서양의 과학 기술을 받아들였다. 그 밖에, 외교문서를 정리한 동문휘고, 병법서인 무예도보통지 등을 편찬하여 문물 제도를 재정비하였다.

① 북벌운동이 전개되었다.
② 산림의 존재를 부정했다.
③ 3사의 관리 추천권을 없앴다.
④ 수령이 향약을 주관하여 권한이 강화되었다.

31 [2022 법원직] (가), (나) 국왕에 대한 설명으로 가장 옳은 것은?

○ (가) 은/는 붕당의 이익을 대변하던 이조 전랑의 후임자 천거권과 3사 관리 선발 관행을 혁파하고, 탕평 의지를 내세우기 위해 성균관 앞에 탕평비를 세웠다.
○ (나) 은/는 초계문신제를 실시하여 개혁 세력을 육성하였으며, 통공 정책을 실시하여 육의전을 제외한 시전의 금난전권을 폐지하였다.

① (가) - 장용영을 설치하여 군사권을 장악하였다.
② (가) - 조선과 청의 국경을 정하는 백두산정계비를 세웠다.
③ (나) - 대전통편을 편찬하여 법령을 정비하였다.
④ (나) - 삼정의 문란을 개혁하기 위해 삼정이정청을 설치하였다.

32 [2022 국가직 9급] (가)~(라) 국왕 대에 있었던 사실로 옳지 않은 것은?

조선 시대 국가를 운영하는 핵심 법전인 『경국대전』은 세조 대에 그 편찬이 시작되어 (가) 대에 완성되었다. 이후 여러 차례의 전쟁으로 혼란에 빠진 국가 체제를 수습하고 새로운 정치·사회적 변화에 대응하기 위해 법전 정비가 필요하게 되었다. 이에 따라 (나) 대에 『속대전』을 편찬하였으며, (다) 대에 『대전통편』을, 그리고 (라) 대에는 『대전회통』을 편찬하였다.

① (가) - 홍문관을 두어 집현전을 계승하였다.
② (나) - 서원을 붕당의 근거지로 인식하여 대폭 정리하였다.
③ (다) - 사도세자의 무덤을 옮기고 화성을 축조하였다.
④ (라) - 삼정의 문란을 바로잡기 위해 삼정이정청을 설치했다.

29 | 정조(신해통공)   정답 ④

제시된 자료는 도성 안에서 시전 상인이 아닌 난전의 상업 활동을 허락한 신해통공(1791)의 실시를 보여주는 기사이다.
정조 때 채제공의 건의에 따라 육의전을 제외한 일반 시전 상인들의 금난전권을 폐지하여 이전보다 자유롭게 상인들이 유입될 수 있도록 조치를 취하였다. 이 조치는 난전의 활동을 비교적 자유롭게 허가하고 시장의 독점권을 완화하는 역할을 하였다.
정조는 붕당을 억제하고 왕이 중심이 되는 정치 질서를 추구하여 각 붕당의 주장이 옳은지 그른지를 명백하게 가려 수용하는 적극적인 탕평책(준론탕평)을 추진하였다. 그동안 권력에서 배제되었던 소론과 남인 계열 인사들을 중용하고 규장각을 강력한 정치 기구로 육성하였다. 그리고 자신의 권력과 정책을 뒷받침하기 위해 신진 인물이나 중하급 관리 중 유능한 인사를 재교육하는 초계문신 제도를 실시하였다.

오답분석 ① 영조 때 『속대전』을 편찬하였다.
② 인조 때 영정법을 시행하여 전세를 4~6두로 고정하였다.
③ 숙종 때 청과의 국경선을 확정한 백두산정계비를 세웠다.

30 | 정조   정답 ④

『동문휘고』, 『무예도보통지』 편찬과 관련된 밑줄 친 '왕'은 정조이다.
정조는 지방 사림이 주관하던 군현 단위의 향약을 수령이 직접 주관하게 하였다. 이로써 지방 사족의 향촌 지배력을 억제하고 백성에 대한 국가의 통치력을 강화하였다.

오답분석 ① 효종 때 송시열, 송준길, 이완 등을 등용하여 군대를 양성하고 성곽을 수리하는 등 북벌을 준비하였다.
② 영조 때 붕당의 뿌리를 제거하기 위해서 공론의 주재자로서 인식되던 산림의 존재를 인정하지 않았다.
③ 영조 때 이조 전랑이 자신의 후임자를 천거하고, 3사의 관리를 선발하던 관행을 없앴다. 그러나 이조 전랑의 후임자 천거권은 정조 대에 가서야 완전히 폐지되었다.

31 | 영조와 정조   정답 ③

(가)는 영조, (나)는 정조이다.
영조는 세제로 있을 당시 노론과 소론이 자신을 놓고 대립하는 것을 지켜보며 당쟁의 폐단을 뼈저리게 느낀 후에 왕위에 올랐다. 이에 따라 영조는 1727년 탕평교서를 반포하고, 1742년 성균관에 탕평비를 건립하여 탕평책에 대한 의지를 밝혔다.
정조는 자신의 권력과 정책을 뒷받침하기 위하여 신진 인물이나 중하급 관리 중에서 유능한 인사를 재교육하는 초계문신 제도를 실시하고, 규장각을 강력한 정치 기구로 육성하였다. 한편, 조선 후기에 시전의 독점에 대한 비판 여론이 높아지자 정조는 신해통공(1791)을 발표하여 육의전을 제외한 나머지 시전의 금난전권을 폐지하였다. 이로써 사상들은 육의전 상품이 아닌 것은 자유롭게 시전 상인과 경쟁하면서 판매할 수 있게 되었고, 마침내 시전 이외의 새로운 시장을 형성하게 되었다.
『경국대전』의 시행 이후 시간이 지남에 따라 법령이 증가하였고, 법전과 법령 간에 상호 모순이 되는 것이 많은 문제점을 해결하기 위해 영조 때에는 『속대전』을 편찬하였다. 정조 때는 통치규범을 전반적으로 재정리하기 위해 『대전통편』을 편찬하였다.

오답분석 ① 정조 때 장용영을 설치하여 왕권을 뒷받침하는 군사적 기반을 갖추었다.
② 숙종 때 조선과 청의 국경을 정하는 백두산정계비를 세웠다.
④ 철종 때 임술농민봉기(1862)를 계기로 삼정이정청을 설치하였다.

32 | 시대별 법전 편찬   정답 ④

(가) 성종, (나) 영조, (다) 정조, (라) 고종이다.
성종(1469~1494)은 『경국대전』의 편찬을 마무리하여 반포함으로써 법치주의에 바탕을 둔 통치규범을 확립하고 각종 문물 제도의 유교적 정비를 마무리 지었다. 이어 집현전의 후신으로 홍문관을 확충하여 관원 모두에게 경연관을 겸하게 하였다.
영조는 탕평정책에 동의하는 온건하고 타협적인 인물을 적극적으로 등용해 정국을 운영하였는데, 이것을 '완론 탕평'이라 한다. 당론과 관련된 상소를 금지하고, 붕당의 뿌리를 제거하기 위하여 당쟁의 소굴인 서원 200여 개를 정리하였으며, 당쟁을 주도하던 산림을 정치권에서 배제하였다.
정조는 아버지 사도 세자의 명예 회복을 위해 수원으로 사도 세자의 묘를 옮기고, 팔달산 아래에 화성을 건설하여 자신의 정치적 이상을 실현하는 상징적 도시로 육성하고자 하였다. 정조는 화성에 행궁과 유수부를 두고 장용영의 외영을 설치하였으며, 국영 농장인 대유둔전을 설치하여 화성 경비에 충당하고 만석거와 만년제 등 수리 시설을 개선하였다.

오답분석 ④ 철종 때 임술농민봉기(1862)를 계기로 삼정이정청을 설치하였다.

Ⅴ. 근세 후기

02 근세 후기의 경제와 사회

01 [2019 지방직 7급] 조선 후기 사회경제적 변동에 대한 설명으로 옳은 것만을 모두 고르면?

ㄱ. 박지원의 『과농소초』와 서호수의 『해동농서』 등을 비롯한 여러 농서가 편찬되었다.
ㄴ. 담배·채소·약재 등을 상품작물로 재배하여 수익을 올리는 부농이 나타났다.
ㄷ. 청으로부터 유황·구리 등을 수입하여 일본에 수출하였다.
ㄹ. 지대납부 방식이 도조법에서 타조법으로 전환되었다.

① ㄱ, ㄴ ② ㄱ, ㄷ ③ ㄴ, ㄹ ④ ㄷ, ㄹ

02 [2020 서울시 9급] 조선 후기 광업에 대한 설명으로 가장 옳지 <u>않은</u> 것은?

① 정부의 통제 정책으로 잠채가 사라졌다.
② 자본과 경영이 분리된 생산 방식이었다.
③ 청과의 무역으로 은의 수요가 증가하였다.
④ 17세기 이후 민간인의 광산 채굴을 허용하였다.

03 [2021 국가직 9급] 밑줄 친 '이 농법'에 대한 설명으로 옳은 것만을 모두 고르면?

대개 이 농법을 귀중하게 여기는 이유는 다음과 같다. 두 땅의 힘으로 하나의 모를 서로 기르는 것이고, …(중략)… 옛 흙을 떠나 새 흙으로 가서 고갱이를 씻어 내어 더러운 것을 제거하는 것이다. 무릇 벼를 심는 논에는 물을 끌어들일 수 있는 하천이나 물을 댈 수 있는 저수지가 꼭 필요하다. 이러한 것이 없다면 볏논이 아니다. - 『임원경제지』 -

● 보기 ●
ㄱ. 세종 때 편찬된 『농사직설』에도 등장한다.
ㄴ. 고랑에 작물을 심도록 하였다.
ㄷ. 『경국대전』의 수령칠사 항목에서도 강조되었다.
ㄹ. 직파법보다 풀 뽑는 노동력을 절약할 수 있었다.

① ㄱ, ㄴ ② ㄱ, ㄹ ③ ㄴ, ㄷ ④ ㄷ, ㄹ

04 [2018 법원직] 다음 농법의 결과로 나타난 현상으로 옳지 <u>않은</u> 것은?

가물 때도 마르지 않는 무논을 가려 2월 하순에서 3월 상순까지에 갈아야 한다. 그 무논의 10분의 1에 모를 기르고 나머지 9분에는 모를 심을 수 있게 준비한다. 먼저, 모를 기를 자리를 갈아 법대로 잘 다듬고 물을 빼고서 부드러운 버드나무 가지를 꺾어다 두껍게 덮은 다음 밟아 주며, 바닥을 볕에 말린 뒤 물을 댄다. …… 모가 4촌(寸) 이상 자라면 옮겨 심을 수 있다.

① 농민 수입의 증가로 농촌 내 빈부격차가 줄어들었다.
② 농사에 필요한 노동력이 절감되어 광작이 가능해졌다.
③ 벼·보리의 이모작이 가능해져 보리 농사가 성행하였다.
④ 머슴을 고용하여 농토를 직접 경영하는 지주가 생겨났다.

01 | 조선 후기의 경제 변동　　　정답 ①

조선 후기에 상업적 농업이 발달하고 농업의 영역이 확대됨에 따라, 실학자들은 벼농사 중심의 농업 정책을 비판하면서 채소, 과수, 원예, 양잠, 축산 등의 농업 기술을 소개하는 농서를 편찬하였다. 박세당의 『색경』, 홍만선의 『산림경제』, 박지원의 『과농소초』, 서호수의 『해동농서』 등이 편찬되어 농업 기술 향상에 이바지하였다. 서호수의 아들인 서유구는 한양 주변의 농촌에 거주하면서 『임원경제지』라는 농촌 생활 백과사전을 편찬하였다.
18세기경부터 농업 분야에서도 상업화가 촉진되어 시장에서의 판매를 목적으로 하는 작물 재배가 확대되었다. 장시가 점차 증가하여 상품의 유통이 활발해지면서, 농민들은 쌀, 목화, 채소, 담배, 약초 등을 재배하여 팔아 가계 수입을 늘렸다. 17세기 초 일본으로부터 전래된 담배가 농촌의 소득 증대에 크게 기여하였고, 서울·평양 등 도시 근교에서는 도시민을 상대로 한 채소 재배가 성행하였다.

오답분석　ㄷ. 일본으로부터 구리, 유황 등 광산물과 향료, 약재 등을 수입하였다.
ㄹ. 조선 후기에 지대납부 방식은 타조법에서 도조법으로 전환되었다.

● **복습지문**
조선 후기에는 담배, 약재 등을 상품작물로 재배하여 수익을 올리는 부농이 나타났다.

02 | 조선 후기 광업　　　정답 ①

② 조선 후기의 광산 경영은 상업 자본가인 물주가 광산 시설과 자금을 투자하고, 광산 전문가인 덕대(德大)가 경영을 전담하는 형태가 일반적이었다. 덕대는 채굴업자와 채굴 노동자, 제련 노동자 등을 고용하여 광물을 채굴·제련하고 물주에게 일정한 몫을 분배하였다.
③ 조선 후기에 민영 수공업의 발달에 따라 그 원료인 광물의 수요가 급증하고, 특히 청과의 무역으로 은의 수요가 늘어나면서 광산 개발이 촉진되었다.
④ 효종 때 민간인에게 광산 채굴을 허용하고 세금을 받는 설점수세제 정책을 실시하였다(1651). 18세기 후반에는 정부의 감독을 받지 않고 민간인이 광물을 자유롭게 채굴할 수 있도록 하였다(1775).

오답분석　① 광산 개발은 이득이 많았기 때문에 광물을 몰래 채굴하는 잠채가 성행하였다.

03 | 모내기법　　　정답 ②

밑줄 친 '이 농법'은 벼의 모종을 모판(못자리)에서 싹을 틔운 뒤에 논에 옮겨 심는 모내기법(이앙법)이다.
모내기법은 제초 노동력을 절약하면서도 더 많은 수확을 올릴 수 있는 이점이 있었다. 직파법으로 벼를 재배할 경우 4, 5회의 전면적인 제초 작업을 실시해야 하는 것에 비해서 이앙법을 시행할 경우는 2, 3회의 제초 작업만으로 충분하였다.
모내기법은 고려 후기에 최초로 시행되었으며 조선 전기에 남부 일부 지역에 보급되었다. 세종 때에 정초, 변효문 등이 편찬한 『농사직설』에 씨앗의 저장법, 토질의 개량법, 모내기법 등이 언급되어 있다. 모내기법이 행해진 일부 지역에서는 벼와 보리의 이모작이 가능해 생산량을 증가시킬 수 있었으나, 정부는 봄 가뭄에 따른 피해를 우려하여 모내기법을 금지하였다. 모내기법이 실시되기 위해서는 모를 옮겨 심는 시기에 맞추어 물을 논에 대주어야 하는데 이를 뒷받침할 수리 시설이 충분하지 않았기 때문이다.

오답분석　ㄴ. 깊이 판 고랑에 작물을 심는 농법은 견종법이다.
ㄷ. 『경국대전』이 편찬된 조선 전기에는 봄 가뭄에 따른 피해를 우려하여 모내기법을 정부에서 금지하였다.

● **복습지문**
모내기법은 직파법에 비해 풀 뽑는 노동력을 절약할 수 있었다.

04 | 모내기법　　　정답 ①

제시된 자료는 볍씨를 모판(못자리)에서 싹을 틔운 뒤 논에 옮겨 심는 모내기법을 설명한 글이다.
모내기의 시행으로 잡초를 제거하는 일손이 줄어들면서 생산량이 급격히 증가하였고, 벼와 보리의 이모작이 가능해지면서 보리농사가 성행하였다. 또한, 광작이 가능해지면서 부농층이 등장하였는데, 이들은 소작지를 회수하고 노비나 머슴을 통해 넓은 농토를 직접 경영하였다.

오답분석　① 모내기법과 광작의 성행으로 일부 농민들은 부농층으로 성장했고, 지주들도 더 많은 수익을 올릴 수 있었다. 그러나 다수의 농민은 경작지를 잃게 됨에 따라 농민층의 빈부격차가 심화되고 계층 분화 현상이 일어나게 되었다.

V. 근세 후기

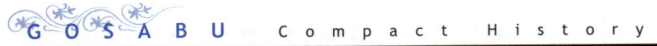

05 [2017 국가직 9급] 다음의 자료에 보이는 시기의 경제 상황에 대한 설명으로 옳지 <u>않은</u> 것은?

> 황해도 관찰사의 보고에 따르면, 수안군에는 본래 금광이 다섯 곳이 있었다. 올해 여름에 새로 39개소의 금혈을 뚫었는데, 550여 명의 광꾼들이 모여들었다. 도내의 무뢰배들이 농사를 짓지 않고 다투어 모여들 뿐만 아니라 다른 지방에서 이익을 좇는 무리들도 소문을 듣고 몰려온다. …(중략)… 금점을 설치한 지 이미 여러 해가 된 곳에는 촌락이 즐비하고 상인들이 물품을 유통시켜 큰 도회지를 이루고 있다.

① 밭농사에서는 견종법이 보급되었다.
② 면화, 담배 등 상품 작물을 재배하였다.
③ 일부 지방에서 도조법으로 지대를 납부하였다.
④ 개간을 장려하기 위해 사패전을 부농층에 분급하였다.

06 [2020 지방직 7급] 조선 후기의 농업 변화에 대한 설명으로 옳지 <u>않은</u> 것은?

① 벼농사에서 이앙법이 널리 보급되면서 노동력이 절감되고 수확량이 늘어났다.
② 담배, 인삼, 채소 등 상품작물을 재배하는 상업적 농업이 발달하였다.
③ 고구마 종자는 청(淸)에 파견된 연행사가 가져왔다.
④ 밭에서의 재배 방식으로 견종법(畎種法)이 보급되었다.

07 [2019 국가직 9급] 밑줄 친 ㉠~㉢과 관련된 임란 이후 경제에 대한 설명으로 옳지 <u>않은</u> 것은?

> ○ ㉠ 서울 안팎과 번화한 큰 도시에 파·마늘·배추·오이 밭 따위는 10묘의 땅에서 얻은 수확이 돈 수만을 헤아리게 된다. 서도 지방의 ㉡ 담배 밭, 북도 지방의 삼밭, 한산의 모시밭, 전주의 생강 밭, 강진의 ㉢ 고구마 밭, 황주의 지황 밭에서의 수확은 모두 상상등전(上上等田)의 논에서 나는 수확보다 그 이익이 10배에 이른다.
> ○ 작은 보습으로 이랑에다 고랑을 내는데, 너비 1척, 깊이 1척이다. 이렇게 한 이랑, 즉 1묘 마다 고랑 3개와 두둑 3개를 만들면, 두둑의 높이와 너비는 고랑의 깊이와 너비와 같아진다. 그 뒤 ㉣ 고랑에 거름 재를 두껍게 펴고, 구멍 뚫린 박에 조를 담고서 파종한다.

① ㉠ – 신해통공을 반포하여 육의전의 금난전권을 폐지하였다.
② ㉡ – 인삼과 더불어 대표적인 상업작물로 재배되었다.
③ ㉢ – 『감저보』, 『감저신보』에서 재배법을 기술하였다.
④ ㉣ – 밭농사에서 농업 생산력의 발전을 가져온 농법이었다.

08 [2024 서울시 9급] <보기>의 사회에서 볼 수 있는 모습으로 가장 옳지 <u>않은</u> 것은?

● 보기 ●

> 허생은 만 금을 얻어 생각하기를 "저 안성은 기(畿)·호(湖)의 어우름이요, 삼남의 어귀이다." 하고는 이에 머물러 살았다. 그리하여 대추, 밤, 감, 배, 석류, 귤, 유자 등의 과실을 모두 두 배 값으로 사서 저장하였다. 허생이 과실을 몽땅 사들이자 온 나라가 잔치나 제사를 치르지 못하게 되었다. 그런지 얼마 아니 되어서 두 배 값을 받은 장사들이 도리어 열 배의 값을 치렀다.
> – 『허생전』 –

① 광산을 운영하는 덕대
② 장시를 이동하는 보부상
③ 상평통보를 사용하는 상인
④ 부곡에서 농사를 짓는 농민

05 | 조선 후기 경제 상황 정답 ④

제시된 자료는 조선 후기에 민간인에게 광산 채굴을 허용하고 세금을 받는 설점수세제 실시 이후 민영 광산이 증가한 상황을 서술하고 있다.
조선 후기에는 이앙법의 전국적 확대에 따라 광작이 성행하였고, 면화, 채소, 담배, 약초 등 상품 작물의 재배가 활발해졌다. 또한 밭농사에서는 대형 쟁기가 사용되며 깊이 판 밭고랑에 곡식을 심는 견종법이 보급되기도 했다. 일부 지방에서는 타조법 대신 도조법으로 지대를 납부하기도 하였다.

오답분석 ④ 사패전(賜牌田)은 고려 후기~조선 초기에 토지 개간을 목적으로 사패를 지급한 토지이다.

●● 복습지문
조선 후기에는 일부 지방에서 도조법으로 지대를 납부하였다.

06 | 조선 후기 농업 변화 정답 ③

① 조선 후기의 농민들은 제초 노동력을 절약하면서도 더 많은 수확을 올릴 수 있는 모내기법(이앙법)을 확대하였다. 논에 벼를 옮겨 심기 전까지는 보리 등 밭작물을 재배하여 토지 효율성을 높였다. 논에서의 보리 농사는 대체로 소작료의 수취 대상이 되지 않았기 때문에, 소작농들은 보리 농사를 선호하였다.
② 조선 후기에 농민들은 시장에 팔기 위한 작물을 재배하여 가계 수입을 증가시켰다. 장시가 점차 증가하여 상품의 유통이 활발해짐에 따라, 농민은 쌀, 목화, 채소, 담배, 약초 등을 재배하여 팔았다. 특히, 쌀의 상품화가 활발하였다.
④ 조선 후기에 밭농사에서는 대형 쟁기가 사용되면서 깊이 판 밭고랑에다 곡식을 심는 견종법이 보급되었다. 견종법은 가뭄과 서리 피해를 방지하고, 노동력을 절감시켜 주는 효과가 있었다.

오답분석 ③ 고구마는 1764년에 일본에 통신사로 갔던 조엄이 가져왔으며 감자는 청에서 종자를 가져왔다.

●● 복습지문
고구마 종자는 영조 때 일본에 통신사로 다녀온 조엄이 가져왔다.

07 | 조선 후기 경제 상황 정답 ①

담배는 원산지가 남아메리카로, 신대륙 발견 이후 유럽에 전파되었고, 우리나라에는 광해군 대에 도입된 것으로 추측된다. 담배는 국내외의 수요가 증대하여 재배가 확대되었고, 18세기 이후에는 인삼과 더불어 대표적인 상업작물로 재배되어 농촌의 소득 증대에 크게 기여하였다.
고구마는 영조 때 통신사 조엄이 대마도에서 종자를 들여온 이래 구황식물로서의 중요성 때문에 일반서민층에 급격히 보급되었으며, 수많은 서민들을 기아로부터 구제할 수 있었다. 영조 때 강필리는 우리나라 최초로 고구마의 재배·이용법을 기술한 『감저보』를 저술하였다. 순조 때 김장순은 고구마재배법을 정리하여 『감저신보』를 저술하였다.
조선 후기 밭농사에서는 대형 쟁기가 사용되면서 깊이 판 밭고랑에다 곡식을 심는 견종법이 보급되었다. 견종법은 가뭄과 서리 피해를 방지하고, 노동력을 절감시켜 주는 효과가 있었다.

오답분석 ① 신해통공에 따라 육의전을 제외한 시전상인의 금난전권이 폐지되었다.

●● 복습지문
정조 때 신해통공을 반포하여 육의전을 제외한 시전 상인의 금난전권을 폐지하였다.
조선 후기에 담배, 인삼 등의 상업 작물이 널리 재배되었다.

08 | 조선 후기의 경제 모습 정답 ④

제시된 자료는 박지원의 『허생전』의 일부로 조선 후기에 독점적 도고 상업이 성행한 상황을 보여주고 있다.
조선 후기 효종 때 민간인에게 광산 채굴을 허용하고 세금을 받는 설점수세제 정책을 실시하였고, 18세기 후반에는 정부의 감독을 받지 않고 민간인이 광물을 자유롭게 채굴할 수 있도록 하였다. 이에 따라 돈을 가진 물주가 광산 시설과 자금을 투자하고, 광산 전문가인 덕대(德大)가 경영을 전담하는 형태가 유행하기 시작하였다.
장시는 15세기 말 남부 지방에서 개설되기 시작하였는데, 18세기 중엽에 이르러서는 개설된 곳이 전국에 1000여 개소에 달할 정도로 지방의 장시가 확대되었다. 보부상은 장시를 돌아다니며 다른 지방의 산물을 유통시켜 농촌의 장시를 하나의 유통망으로 연계시켰다.
조선 후기에 농업 생산력이 증가하고, 이에 따라 상업이 발달하면서 교환 수단으로서 화폐 수요가 증가하였다. 이에 1678년(숙종 4) 상평통보를 발행하면서 중앙의 관청이나 지방의 감영에도 그 주조를 허가함으로써 동전이 널리 보급되었다.

오답분석 ④ 조선 초에 중앙집권 체제가 강화되면서 고려 시대에 널리 존재했던 향·소·부곡 등 특수 행정 구역은 소멸되었다.

V. 근세 후기

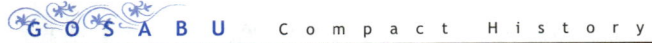

09 [2021 법원직] 자료에 해당하는 시기의 경제 상황에 대한 설명으로 가장 옳은 것은?

> "내 조금 시험해 볼 일이 있어 그대에게 만 금(萬金)을 빌리러 왔소." 하였다. 변씨는 "그러시오."하고 곧 만 금을 내주었다. …… 대추, 밤, 감, 배, 석류, 귤, 유자 등의 과실을 모두 두 배 값으로 사서 저장하였다. 허생이 과실을 몽땅 사들이자 온 나라가 잔치나 제사를 치르지 못하게 되었다. 그런지 얼마 아니 되어서 두 배 값을 받은 장사꾼들이 도리어 열 배의 값을 치렀다.

① 지대 납부 방식이 타조법으로 바뀌었다.
② 상품 작물 재배가 늘면서 쌀에 대한 수요가 줄었다.
③ 상인 자본이 장인에게 돈을 대는 선대제가 성행하였다.
④ 정부에서 덕대를 직접 고용해 광산 개발을 주도하였다.

10 [2021 국가직 9급] 시기별 대외 교류에 관한 설명으로 옳지 <u>않은</u> 것은?

① 백제: 노리사치계가 일본에 불경과 불상을 전하였다.
② 통일신라: 장보고가 청해진을 설치하여 해상권을 장악하였다.
③ 고려: 예성강 하구의 벽란도가 국제항으로 번성하였다.
④ 조선: 명과의 교류에서 중강개시와 책문후시가 전개되었다.

11 [2019 법원직] 다음 시기의 경제 상황으로 옳은 것을 〈보기〉에서 고른 것은?

> 나라 제도로서 인정(人丁)에 대한 세를 신포(身布)라 하였는데 충신과 공신의 자손에게는 모두 신포가 면제되어 있었다. 이 법이 시행된 지도 이미 오래됨에 턱없이 면제된 자가 많았다. 그 모자라는 액수는 반드시 평민에게 덧붙여 징수하여 보충하고 있었다. 대원군은 이를 수정하고자 동포(洞布)라는 법을 제정하였다.

● 보기 ●
ㄱ. 도조법의 유행
ㄴ. 견종법의 확산
ㄷ. 삼한통보의 유통
ㄹ. 관영 수공업의 발달

① ㄱ, ㄴ   ② ㄱ, ㄷ   ③ ㄴ, ㄷ   ④ ㄷ, ㄹ

12 [2018 지방직 9급] 다음 상황이 전개되던 시기에 볼 수 있는 모습으로 옳은 것은?

> 사행이 책문을 출입할 때 의주 상인과 개성 상인 등이 은(銀), 삼(蔘)을 몰래 가지고 인부나 마필 속에 섞여 들어 물종을 팔아 이익을 꾀하였다. 되돌아올 때는 걸음을 일부러 늦추어 사신을 먼저 책문으로 나가게 하여 거리낄 것이 없게 한 뒤에 저희 마음대로 매매하고 돌아오는데 이것을 책문후시라고 한다.
> - 『만기요람』 -

① 직전법 실시에 반발하는 관리
② 주자소에서 계미자를 주조하는 장인
③ 전민변정도감 설치 소식에 기뻐하는 노비
④ 공가를 받아 물품을 구입해 관청에 납부하는 공인

09 조선 후기 경제 상황   정답 ③

제시된 자료는 박지원의 『허생전』의 일부로 조선 후기에 독점적 도고 상업이 성행한 상황을 보여주고 있다.
도고는 조선 후기에 대규모 자본을 바탕으로 매점매석을 통해 이윤을 극대화하던 상인이나 상인 조직을 가리킨다. 도고 상업의 발달은 유통 경제의 활성화와 상업 자본의 축적이 가능하게 하였다. 반면에 많은 영세 상인이 몰락하고 상품의 독점 판매로 인한 물가 상승, 탈세 등의 문제도 발생하였다.
조선 후기에는 상품 화폐 경제가 진전되면서 시장 판매를 위한 수공업 제품의 생산이 활발해졌다. 민간 수공업자들은 대체로 작업장과 자본의 규모가 소규모여서 원료의 구입과 제품의 처분에서 상업 자본의 지배를 받았다. 대부분 공인이나 상인에게 주문을 받는 데에 그치지 않고, 자금과 원료를 미리 받아 제품을 생산하는 선대제가 성행하였다.

오답분석 ① 조선 후기에는 지대 납부 방식이 수확량의 반을 내던 타조법에서 일정 액수를 곡물이나 화폐로 내도록 하는 도조법으로 바뀌어 갔다.
② 상품 작물 재배가 늘면서 쌀의 수요가 크게 늘어나 장시에서 가장 많이 거래되었다.
④ 조선 후기에는 물주가 덕대를 직접 고용해 광산을 개발하는 민영 광업이 발달하였다.

10 시대별 대외 교류   정답 ④

① 삼국의 문화는 일본에 전래되어 일본의 고대 국가 성립과 고대 문화 발전에 큰 영향을 주었다. 일본의 고대 문화 형성에는 백제의 영향이 가장 컸다. 4세기에 아직기는 일본의 태자에게 한자를 가르쳤고, 왕인은 『천자문』과 『논어』를 전하고 가르쳤다. 6세기 초 무령왕 때에는 단양이와 고안무가 유학을 전해주었으며, 성왕 때 노리사치계는 불경과 불상을 전하였다.
② 9세기 전반 장보고는 지금의 완도에 청해진을 설치하고 해적을 소탕하여 남해와 황해의 교통과 무역을 장악하였다. 장보고는 당과 일본에 견당매물사, 회역사 등으로 불리는 교역 사절과 교관선(무역선)을 파견하였다.
③ 고려 시대에는 국내 상업이 발전하면서 송, 요 등 외국과의 무역도 활발해졌다. 예성강 하구의 벽란도는 개경과도 가까워 고려 시기 제일의 항구로 발전하였고, 국제적인 무역항으로 번성하였다. 벽란도를 통해 송나라 상인뿐만 아니라, 일본과 아라비아 상인들까지 드나들며 교역을 하였다.

오답분석 ④ 조선 후기에 중강개시와 책문후시를 통해 청과의 무역이 전개되었다.

● **복습지문**
조선 후기 청과의 무역에서 중강개시와 책문후시가 전개되었다.

11 조선 후기 경제 상황   정답 ①

제시된 자료는 흥선 대원군의 호포제 시행을 설명하는 글이다. 따라서 보기에서 조선 후기에 나타난 경제적 변화를 골라주는 것이 적당하다.
조선 후기에는 지주제가 일반화되면서 소작 농민들은 좀 더 유리한 경작 조건을 얻어 내기 위하여 지주에게 대항하여 소작 쟁의를 벌였다. 이러한 과정에서 소작권을 인정받아 지주가 함부로 소작지를 빼앗지 못하고, 수확량의 반이나 내던 소작료도 일정 액수를 곡물이나 화폐로 내도록 하는 도조법이 나타났다.
조선 후기 밭농사에서는 대형 쟁기가 사용되면서 깊이 판 밭고랑에다 곡식을 심는 견종법이 보급되었다. 견종법은 가뭄과 서리 피해를 방지하고, 노동력을 절감시켜 주는 효과가 있었다.

오답분석 ㄷ. 고려 숙종 때 삼한통보, 해동통보, 해동중보 등의 동전이 주조되었으나 널리 유통되지는 못하였다.
ㄹ. 조선 후기에는 관영 수공업이 쇠퇴하고 민영 수공업이 발달하였다.

12 조선 후기 경제 상황   정답 ④

책문 후시에서 의주 상인(만상)과 개성 상인(송상)이 사무역을 전개했다는 사실을 통해 자료의 상황이 나타난 시기는 조선 후기임을 알 수 있다.
광해군 즉위년(1608) 이원익과 한백겸의 주장에 따라 경기도에서 대동법이 시범적으로 시행되었고, 인조 때 강원도로, 효종 때는 충청·전라·경상도, 숙종 때에는 황해도까지 확대 실시되었다. 대동법의 시행에 따라 공물의 부과 기준이 가호에서 토지로 바뀌는 결과를 가져왔고, 농민들은 토지 1결당 미곡 12두를 납부하게 되었다.
대동법 실시 이후 정부에서 필요로 하는 물품을 전문적으로 조달하는 공인이 등장하였다. 이들은 관청에서 공가를 미리 받아 필요한 물품을 사서 납부하는 방식으로 특정 물품을 독점적으로 공급하였다.

오답분석 ① 조선 전기 세조 때 직전법이 실시되었다.
② 태종 때 주자소를 설치하고 계미자를 주조하였다.
③ 고려 공민왕 때 전민변정도감을 설치하여 권문세족이 부당하게 빼앗은 토지와 노비를 바로잡았다.

V. 근세 후기

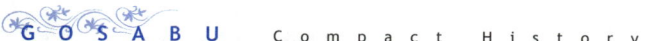

13 [2018 지방직 9급]

(가)에 대한 설명으로 옳은 것은?

> 진휼청에서 아뢰기를, "관직을 주는 일과 관직을 높여 주는 일 등의 문서를 올봄 각 도에 보내 1만여 석의 곡식을 모아 흉년이 든 백성들을 도와 주는 데 보탰습니다. 금년 충청, 경상, 전라도의 흉년은 작년보다 심하니 관직에 임명하는 값을 낮추지 않으면 응할 사람이 줄어들 것입니다. 신 등이 여러 번 상의하여 각 항목별로 ___(가)___ 의 가격을 줄였습니다."라고 하였다.
> ― 『비변사등록』 ―

① 지계아문에서 발급하였다.
② 대간의 서경을 받아 작성되었다.
③ 승려의 수를 제한하는 데 활용되었다.
④ 부유한 상민의 신분 상승에 이용되었다.

15 [2020 국가직 9급]

(가), (나) 신분층에 대한 설명으로 옳지 않은 것은?

> 오래도록 막혀 있으면 반드시 터놓아야 하고, 원한이 쌓이면 반드시 풀어야 하는 것이 하늘의 이치다. ___(가)___ 와/과 ___(나)___ 에게 벼슬길이 막히게 된 것은 우리나라의 편벽된 일로 이제 몇백 년이 되었다. ___(가)___ 은/는 다행히 조정의 큰 성덕을 입어 문관은 승문원, 무관은 선전관에 임명되고 있다. 그런데도 우리들 ___(나)___ 은/는 홀로 이 은혜를 함께 입지 못하니 어찌 탄식조차 없겠는가?

① (가)의 신분 상승 운동은 (나)에게 자극을 주었다.
② (가)는 수차례에 걸친 집단 상소를 통해 관직 진출의 제한을 없애 줄 것을 요구하였다.
③ (나)에 해당하는 인물로는 정조 때 규장각 검서관으로 등용된 유득공, 박제가, 이덕무 등이 있다.
④ (나)는 주로 기술직에 종사하며 축적한 재산과 탄탄한 실무 경력을 바탕으로 신분 상승을 추구하였다.

14 [2020 법원직]

〈표〉와 같은 변화가 나타나게 된 원인에 대한 탐구활동으로 옳은 것을 〈보기〉에서 모두 고른 것은?

〈표〉 (단위: %)

시기	양반 호	상민 호	노비 호	합계
1729년	26.29	59.78	13.93	100
1765년	40.98	57.01	2.01	100
1804년	53.47	45.61	0.92	100
1867년	65.48	33.96	0.56	100

● 보기 ●
ㄱ. 납속의 혜택에 대하여 조사해본다.
ㄴ. 공명첩을 구입한 사람들의 신분을 조사해본다.
ㄷ. 선무군관포의 부과 대상에 대하여 조사해본다.
ㄹ. 서원 숫자의 변화를 조사해본다.

① ㄱ, ㄴ   ② ㄱ, ㄷ   ③ ㄴ, ㄷ   ④ ㄴ, ㄹ

16 [2020 국가직 9급]

다음 사실이 있었던 시기의 향촌사회에 대한 설명으로 옳지 않은 것은?

> 황해도 봉산 사람 이극천이 향전(鄕戰) 때문에 투서하여 그와 알력이 있는 사람들을 무고하였는데, 내용이 감히 말할 수 없는 문제에 저촉되었다.

① 향전의 전개 속에서 수령의 권한이 강화되었다.
② 신향층은 수령과 그를 보좌하는 향리층과 결탁하였다.
③ 수령은 경재소와 유향소를 연결하여 지방통치를 강화하였다.
④ 재지사족은 동계와 동약을 통해 향촌사회에 대한 영향력을 유지하려 하였다.

13 공명첩 정답 ④

관직을 주거나, 관직을 높여주는 대신 곡식을 모아 진휼사업에 사용했다는 사실을 통해 (가)는 공명첩임을 알 수 있다.

임진왜란 중에 처음 시행한 공명첩은 수취자의 이름을 기재하지 않은 백지 임명장의 형태이다. 조선 후기에 국가의 재정부족이 장기화됨에 따라 정부는 공명첩을 발행하여 재정 및 군량의 부족, 진휼사업, 사찰 중수 비용을 얻고자 하였다. 공명첩은 관직이나 관작의 임명장인 공명고신첩, 양역의 면제를 인정하는 공명면역첩, 천인에게 양인이 되는 것을 인정하는 공명면천첩, 향리에게 역을 면제해주는 공명면향첩 등이 있었다. 조선 후기 경제발달에 따라 부를 축적한 상민들은 공명첩을 이용하여 신분을 상승시켰다.

오답분석 ① 대한제국 때 양전사업을 실시하며 근대적 토지증서인 지계를 발급하였다.
② 대간의 서경은 5품 이하의 관리 임명이나 입법·개법 등의 중요 사안에 이루어졌다.
③ 조선 정부는 도첩제를 통해 승려의 출가를 제한하였다.

14 조선 후기 신분제의 동요 정답 ①

제시된 자료는 조선 후기에 양반 호가 증가하고 상민 호·노비 호가 감소되는 상황을 보여준다.

조선 후기에 정부는 부족한 재정 보충 및 빈민 구제를 목적으로, 돈이나 곡물을 납부한 사람에게 특혜를 준 납속을 추진하였다. 신분을 올려 주거나 직역을 면해주었으며, 관직을 주는 경우도 있었다. 또한 나라의 재정을 보충하기 위하여 부유층으로부터 돈이나 곡식을 받고 명예직 임명장인 공명첩을 팔기도 하였다. 이런 추세 속에서 조선 후기의 부농층은 재력을 바탕으로 신분을 상승시킬 수 있었다. 신분 상승을 위한 합법적인 방법으로는 납속을 하거나 공명첩을 사들이는 것이 있었고, 편법으로는 족보를 사거나 위조하는 방식이 있었다. 양반이 되면 군역을 면제받고 지배층의 수탈을 피할 수 있어서 부를 축적하는 데 각종 편의를 얻을 수 있었기 때문이다. 그 결과 조선 후기에 양반의 수는 크게 증가하여 전체 주민의 과반수가 양반으로 호적에 기록되고 상민과 노비의 수는 갈수록 줄어들었다.

오답분석 ㄷ. 영조 때 균역법 실시에 따른 재정 부족을 보충하기 위해 일부 양인층에게 선무군관포를 부과하였다.
ㄹ. 조선 후기에 붕당정치가 전개되면서 서원이 급격히 증가하였다.

15 중인과 서얼 정답 ③

'문관은 승문원, 무관은 선전관에 임명되고 있다'는 표현은 청요직 진출이 가능해졌다는 의미이므로 (가)는 서얼, (나)는 기술직 중인이다.

조선 후기에는 과거에 합격하더라도 청요직이라 불리는 승문원·홍문관 등에는 한양 양반(경화사족)이 임용되었고, 중인은 승진이 어려운 교서관(경적의 간행과 제사 때 쓰이는 향과 축문·도장 등을 관장)에 임용되는 것이 관례였다.

조선 후기에 서얼은 수차례의 집단 상소를 통해 동반(문반)이나 홍문관 같은 청요직 진출을 허용해 줄 것을 요구하였다. 영조 때 법제적으로 서얼 허통을 허용하였으나 실제 행해지지 못하다가 정조 때 유득공, 이덕무, 박제가, 서이수 등 서얼 출신이 규장각 검서관으로 등용되며 어느 정도 해소되었다. 그리고 철종 때 신해허통(1851)으로 문과 합격자에 대한 서얼의 차별이 철폐되어 서얼의 청요직 진출이 허용되었다.

서얼의 신분 상승 운동은 기술직 중인들의 신분 상승 운동에 자극을 주었다. 기술직 중인들은 실무 경력을 바탕으로 상당한 재산을 축적하고 있었기 때문에 이를 토대로 신분 상승을 추구하였다. 그리하여 철종 때 1,800여 명의 서울 중인들이 대대적인 소청 운동(연합 상소 운동)을 벌여 청직과 현직의 허통을 요구했으나 정부의 거부로 실패하였다.

오답분석 ③ 정조 때 규장각 검서관에 등용된 유득공, 박제가, 이덕무 등은 서얼 출신이다.

● **복습지문**
서얼은 수차례에 걸친 집단 상소를 통해 관직 진출의 제한을 없애 줄 것을 요구하였다.

16 향촌 질서의 변화(향전) 정답 ③

향전(鄕戰)은 조선 후기에 부농층 등으로 구성된 신향이 기존의 재지사족인 구향과 향촌의 운영을 둘러싸고 대립한 것을 가리킨다.

신향은 수령을 중심으로 하는 관권과 결탁하여 향안에 이름을 올리는가 하면, 향회를 장악하고자 하였다.

따라서 양반이 향촌 사회 내부에서 지녔던 권위도 점차 약해져, 군현을 단위로 하여 농민을 지배하기 어려운 지경에 이르렀다. 이에 양반들은 자기들의 지위를 유지하기 위해 촌락 단위로 동약을 조직하여 실시하고 족적 결합을 강화하였다. 이에 따라 전국에 많은 동족 마을이 만들어졌고, 문중을 중심으로 서원, 사우가 많이 세워졌다.

향촌 사회에서 양반의 힘이 약해지고 수령과 향리 등 관권이 강화됨에 따라 향회는 지방 양반의 이익을 대변하던 자치 기구에서 수령의 부세 자문 기구로 성격이 변하였다. 수령과 향리 등 관권의 강화는 세도정치 시기에는 수령과 향리의 자의적인 농민 수탈이 심화되는 결과를 가져왔다.

오답분석 ③ 경재소는 1603년에 폐지되었고, 지방 양반의 이익을 대변하던 향회(유향소)는 수령의 부세 자문 기구로 성격이 변하였다.

V. 근세 후기

17 [2020 법원직] 다음 상소가 작성되었던 시기에 볼 수 있었던 모습으로 가장 옳은 것은?

> 작위의 높고 낮음은 조정에서만 써야 할 것이고 적자와 서자의 구별은 한 집안에서만 통용되어야 할 것입니다. …… 공사천 신분이었다가 면천된 이들은 벼슬을 받기도 하고 아전이었다가 관직을 받은 이들은 높은 자리에 오르기도 하는데 저희들은 한번 낮아진 신분이 대대로 후손에게 이어져 영구히 서족이 되어 훌륭한 임금이 다스리는 세상임에도 그저 버려진 사람들이 되어 있습니다.

① 외래문화 수용에 선구적 역할을 한 역관
② 포구에서 상품 매매를 중개하며 성장한 덕대
③ 왕의 명령으로 혼일강리역대국도지도를 제작하는 관리
④ 대규모 통청 운동으로 중앙 관직 진출이 허락된 기술직 중인

18 [2018 법원직] 다음 사회현상에 대한 설명으로 옳지 않은 것은?

> 영덕의 오래된 가문은 모두 남인이며, 이른바 신향(新鄕)은 모두 서리와 품관의 자손으로 자칭 서인이라고 하는 자들이다. 근래 신향이 향교를 주관하면서 구향(舊鄕)과 마찰을 빚었다.
> – 승정원 일기 –

① 부농층은 수령과 결탁하여 향안에 이름을 올렸다.
② 수령과 결탁한 부농층은 향촌사회를 완전히 장악하였다.
③ 향전은 수령과 향리의 권한이 강해지는 결과를 가져왔다.
④ 세도정치 아래에서 농민수탈이 극심해지는 배경이 되었다.

19 [2024 법원직] (가)~(다) 사건을 일어난 순서대로 옳게 나열한 것은?

> (가) 황사영 백서 사건이 일어났다.
> (나) 이승훈이 최창현·홍낙민 등과 함께 서소문 밖에서 참수되었다.
> (다) 윤지충과 권상연을 사형에 처하고, 진산군(珍山郡)은 현(縣)으로 강등하라는 명이 내려졌다.

① (가) – (나) – (다)
② (나) – (가) – (다)
③ (다) – (가) – (나)
④ (다) – (나) – (가)

20 [2022 서울시 9급] 조선의 천주교 전파 상황을 순서대로 바르게 나열한 것은?

> ㄱ. 이승훈이 북경에서 서양 신부에게 영세를 받고 돌아왔다.
> ㄴ. 윤지충이 모친상 때 신주를 불사르고 천주교 의식을 행하였다.
> ㄷ. 이수광이 『지봉유설』에서 마테오 리치의 『천주실의』를 소개하였다.
> ㄹ. 황사영이 북경에 있는 프랑스인 주교에게 군대를 동원하여 조선에서 신앙과 포교의 자유를 보장받을 수 있도록 청하는 서신을 보내려다 발각되었다.

① ㄱ – ㄴ – ㄹ – ㄷ
② ㄱ – ㄷ – ㄹ – ㄴ
③ ㄷ – ㄱ – ㄴ – ㄹ
④ ㄷ – ㄴ – ㄱ – ㄹ

17 | 조선 후기 사회 모습(서얼통청운동) 정답 ①

제시된 자료는 조선 후기에 서얼들이 허통을 요구하며 올린 상소이다. '공사천 신분이었다가 면천된 이들도 벼슬을 받기도 하고'라는 표현은 조선 후기에 납속과 공명첩 등을 통해 신분상승이 이루어졌음을 보여준다.
조선 후기에 기술직 중인들은 실무 경력을 바탕으로 상당한 재산을 축적하고 있었기 때문에 이를 토대로 신분 상승을 추구하였다. 그리하여 철종 때 1,800여 명의 서울 중인들이 대대적인 소청 운동(연합 상소 운동)을 벌여 청직과 현직의 허통을 요구했으나 정부의 거부로 실패하였다. 기술직 중인들은 비록 신분 상승에는 실패하였지만 새로운 사회 수립에 기여하였다. 특히 역관들은 서학을 비롯한 외래문화 수용에 있어서 선구적 역할을 수행하여 개화사상의 성립에 커다란 영향을 주었다.

오답분석 ② 객주, 여각이 포구에서 상품 매매를 중개하였고, 덕대는 전문 광산 경영인이다.
③ 조선 초기 태종 때 혼일강리역대국도지도가 제작되었다.
④ 기술직 중인의 대규모 통청 운동은 실패하여 청요직 진출이 허락되지 않았다.

19 | 천주교 박해 정답 ④

(다) 1791년 윤지충은 어머니 상(喪)에 유교 의식을 거부하여 신주를 없애고 제사를 지내 권상연과 함께 처형을 당하였다(신해박해).
(나) 1801년 이승훈, 이가환, 정약종, 권철신 등 300여 명의 신도와 청나라 신부(주문모)가 처형되고 정약전·정약용 형제가 유배되었다(신유박해).
(가) 신유박해가 일어나자 황사영은 조선 정부의 천주교 박해 사실을 자세히 기록하고, 신앙의 자유와 교회의 재건 방안을 호소하는 글을 썼다. 그리고 그 백서를 베이징의 주교에게 전달하려다 발각되어 능지처참에 처해졌다.

18 | 향촌 질서의 변화(향전) 정답 ②

제시된 자료는 조선 후기에 벌어진 향전의 양상을 보여주는 기록이다.
조선 후기 부농층이 새롭게 성장하면서 수령은 재지사족을 견제하기 위해 부농층과 결탁하였다. 부농층은 수령과 결탁하여 향안에 이름을 올리고 향회를 장악하고자 하였다. 이러한 부농층 외에도 기존 향촌 지배에서 소외되었던 서얼·중인층이 포함된 새로운 세력인 신향은 기존의 재지사족인 구향과 향촌의 운영을 둘러싸고 대립을 하게 되었는데, 이를 향전이라고 한다.
향촌 사회에서 양반의 힘이 약해지고 수령과 향리 등 관권이 강화됨에 따라 향회는 지방 양반의 이익을 대변하던 자치 기구에서 수령의 부세 자문 기구로 성격이 변하였다. 수령과 향리 등 관권의 강화는 세도정치 시기에는 수령과 향리의 자의적인 농민 수탈이 심화되는 결과를 가져왔다.

오답분석 ② 조선 후기에 부농층이 성장하기는 하였지만 향촌사회를 완전히 장악한 것은 아니다.

20 | 천주교 정답 ③

ㄷ. 광해군 때 실학의 선구자였던 이수광은 『지봉유설』에서 예수회 신부 마테오 리치가 지은 『천주실의』를 소개하였다.
ㄱ. 1783년(정조 7) 이승훈이 북경에서 서양인 신부에게 세례를 받고 귀국한 이후로 천주교 포교는 더욱 활발해졌다.
ㄴ. 1791년 윤지충은 어머니 상(喪)에 유교 의식을 거부하여 신주를 없애고 제사를 지내 권상연과 함께 처형을 당하였다(신해박해).
ㄹ. 1801년 이승훈, 이가환, 정약종, 권철신 등 300여 명의 신도와 청나라 신부(주문모)가 처형되고 정약전·정약용 형제가 유배되었다(신유박해). 곧이어 프랑스에 무력 동원을 요청하는 황사영의 편지가 발각되어 천주교에 대한 탄압은 더욱 강화되었다(황사영 백서 사건).

V. 근세 후기

21 [2019 지방직 9급] 조선후기 서학과 관련한 설명으로 옳지 <u>않은</u> 것은?

① 이승훈이 북경에서 영세를 받았다.
② 윤지충 사건을 계기로 하여 기해박해가 일어났다.
③ 안정복이 천주교를 비판하는 『천학문답』을 저술하였다.
④ 최초의 한국인 신부 김대건이 귀국하여 포교 중 순교하였다.

22 [2024 법원직] 다음 사건이 있었던 시기에 대한 설명으로 가장 옳은 것은?

> 평서 대원수는 급히 격문을 띄우노니 관서 지역의 부로자제와 공사천민은 모두 이 격문을 들으라. …… 조정에서는 관서 지역을 썩은 흙과 같이 버렸다. 심지어 권세 있는 집의 노비들도 서토 사람만 보면 반드시 '평안도 놈'이라고 말한다. 어찌 억울하고 원통하지 않은 자 있겠는가. …… 이제 격문을 띄워 먼저 여러 고을의 군후에게 알리노니, 절대로 동요하지 말고 성문을 활짝 열어 우리 군대를 맞으라.

① 왕실과 혼인을 맺은 일부 가문이 정권을 장악하였다.
② 유득공 등 서얼들을 규장각 검서관으로 임용하였다.
③ 대동법을 처음 실시하여 공납을 토지 기준으로 걷었다.
④ 육의전을 제외한 시전 상인들의 금난전권을 철폐하였다.

23 [2020 국가직 9급] 다음 자료에 나타난 사상에 대한 설명으로 옳은 것은?

> 사람이 곧 하늘이라. 그러므로 사람은 평등하며 차별이 없나니, 사람이 마음대로 귀천을 나눔은 하늘을 거스르는 것이다. 우리 도인은 차별을 없애고 선사의 뜻을 받들어 생활하기를 바라노라.

① 이 사상에 대해 순조 즉위 이후 대탄압이 가해졌다.
② 이 사상을 바탕으로 『동경대전』과 『용담유사』가 편찬되었다.
③ 이 사상을 근거로 몰락한 양반의 지휘 아래 평안도에서 난이 일어났다.
④ 이 사상을 근거로 단성에서 시작된 농민봉기는 진주로 이어졌다.

24 [2024 지방직 9급] (가)~(라)의 사건을 시기 순으로 바르게 나열한 것은?

> (가) 남쪽 지방에서 반란군이 봉기하였다. 가장 심한 자들은 운문을 거점으로 한 김사미와 초전의 효심이었다. 이들은 유랑민을 불러 모아 주현을 습격하여 노략질하였다.
> (나) 진주의 난민들이 소동을 일으킨 것은 오로지 전 우병사 백낙신이 탐욕을 부려 수탈하였기 때문입니다. …(중략)… 이에 민심이 들끓고 노여움이 일제히 폭발해서 전에 듣지 못하던 변란으로 나타난 것입니다.
> (다) 여러 주·군에서 공물과 조세를 보내지 않아 나라의 씀씀이가 궁핍하게 되었으므로 왕이 사자를 보내 독촉하였다. 이로인해 도적들이 곳곳에서 벌떼처럼 일어났다. 원종과 애노 등이 사벌주를 근거지로 반란을 일으켰다.
> (라) 평서대원수는 급히 격문을 띄우노라. …(중략)… 조정에서는 서쪽 땅을 더러운 흙처럼 버렸다. 심지어 권세 있는 집의 노비들도 서쪽 사람을 보면 반드시 평안도 놈이라 일컫는다. 서쪽 땅에 있는 자로서 어찌 억울하고 원통하지 않겠는가.

① (가) → (다) → (나) → (라)
② (가) → (다) → (라) → (나)
③ (다) → (가) → (나) → (라)
④ (다) → (가) → (라) → (나)

21 천주교(서학) 정답 ②

①, ③ 조선 후기에 서학으로 전래된 천주교는 처음에는 학문적 호기심에서 연구되다가, 18세기 후반에 이르러 신앙으로 받아들여졌다. 이익의 제자들 중 권철신, 이벽, 이가환, 정약종 등 남인 계열 실학자들 일부가 천주교 서적을 읽고 신앙 생활을 시작하였다. 1784년(정조 8) 이승훈이 북경에서 서양인 신부에게 영세를 받고 귀국한 이후로 천주교 포교는 더욱 활발해졌다. 불우한 처지의 양반이나 중인 그리고 일부 유식한 평민들이 천주교에 입교했다. 이 무렵 안정복은 「천학문답」을 지어 성리학의 입장에서 천주교를 비판하였다.
④ 풍양 조씨가 집권하고 있던 1839년에는 프랑스 신부 3인과 수십 명의 신도가 처형된 기해박해가 일어나고, 1846년의 병오박해 때는 우리나라 최초의 신부인 김대건이 당진을 근거로 포교하다 붙잡혀 처형되었다.

오답분석 ② 정조 때인 1791년에 일어난 신해박해로 윤지충과 권상연이 사형에 처해졌다.

22 홍경래의 난 정답 ①

'평서대원수', '관서 지역', '평안도 놈' 등의 단서를 통해 순조 때 일어난 홍경래의 난(1811) 때 발표된 격문임을 알 수 있다.
순조 때부터 철종에 이르는 세도 정치기에는 안동 김씨, 풍양 조씨 등 유력한 외척 가문이 권력을 전횡하였다. 소수의 가문 출신이 권력을 장악하면서 중앙 정치를 주도하는 정치 집단은 그 기반이 축소되었다. 정치적 기능은 고위 관리에 집중되었고, 그 아래의 관리들은 언론 활동 같은 정치적 기능을 거의 잃은 채 행정 실무만 맡게 되었다. 따라서 의정부와 6조를 중심으로 하는 체제는 이름만 남게 되었고, 실질적인 힘은 비변사로 집중되었다. 비변사에서도 중요한 역할을 담당하는 자리는 대개 유력한 가문 출신 인물들이 차지하였다.

오답분석 ② 정조 때 유득공 등 서얼들을 규장각 검서관으로 임용하였다.
③ 광해군 때 대동법을 처음 실시하여 공납을 토지 기준으로 걷었다.
④ 정조 때 육의전을 제외한 시전 상인들의 금난전권을 철폐하였다.

23 동학 정답 ②

제시된 자료는 동학의 인내천(人乃天) 사상을 설명하는 글이다.
동학은 1860년에 경주 출신의 몰락 양반 최제우가 창시하였다. 동학의 교리와 사상은 '사람 속에 있는 하느님을 모시라[侍天主]', '사람이 곧 하늘[人乃天]' 그리고 '사람 섬기기를 하늘 같이 하라[事人如天]'에 집약적으로 표현되어 있다. 모든 사람이 평등하다고 강조한 동학은 양반과 상민의 차별이 사라지고, 여성과 어린이의 인격을 존중하며, 천민이 없는 사회를 추구하였다.
동학이 삼남 지방을 중심으로 급속히 전파되자, 정부는 교조 최제우를 '세상을 어지럽히고 백성을 현혹한다(혹세무민)'는 죄목으로 체포하여 처형하였다(1864). 2대 교주 최시형은 최제우가 지은 「동경대전」과 「용담유사」를 펴내어 교리를 정리하고, 포·접 등 교단 조직을 정비하였다.

오답분석 ① 순조 즉위 이후 천주교에 대한 대탄압이 가해졌다.
③ 1860년에 창시한 동학은 1811년에 일어난 홍경래의 난의 사상적 근거가 될 수 없다.
④ 1862년에 일어난 임술농민봉기는 동학을 사상적 근거로 하지는 않았다.

24 시대별 주요 농민봉기 정답 ④

(다) 9세기 후반 진성여왕(887~897) 때에는 중앙 정부의 강압적인 수취에 저항하는 농민봉기가 전국적으로 일어났다. 889년(진성여왕 3)에 원종과 애노의 난이 일어나고, 896년에는 적고적으로 불린 반란군이 경주 외곽까지 진격했다.
(가) 이의민이 집권하고 있던 1193년 운문(청도)의 김사미가 반란을 일으켜 초전(울산)에서 봉기한 효심의 반란군과 연합해 세력을 확산하였다.
(라) 1811년에 몰락 양반인 홍경래는 평안도 지방의 영세 농민, 중소 상인, 광산 노동자 등을 규합한 뒤 지방차별 타파를 구호로 난을 일으켰다.
(나) 1862년에 경상도 우병사 백낙신의 가렴주구에 견디다 못한 진주 민중은 몰락 양반인 유계춘의 주도로 관아를 부수고 한때 진주성을 점령하였다. 이를 계기로 농민의 항거는 전국적으로 퍼져 나갔다.

V. 근세 후기

03 | 근세 후기의 문화

01 [2017 지방직 9급] 조선 후기의 사상 동향에 대한 설명으로 옳은 것만을 모두 고른 것은?

> ㄱ. 서울 부근의 일부 남인 학자는 천주교를 수용하였다.
> ㄴ. 정조는 기존의 문체에 얽매이지 않는 신문체를 장려하였다.
> ㄷ. 복상 기간에 대한 견해차로 인해 예송(禮訟)이 전개되었다.
> ㄹ. 노론과 남인 간에 인성(人性)·물성(物性) 논쟁이 전개되었다.

① ㄱ, ㄴ ② ㄱ, ㄷ ③ ㄴ, ㄹ ④ ㄷ, ㄹ

02 [2018 서울시 9급] 〈보기〉는 어느 책의 일부를 발췌한 것이다. 이 책을 저술한 사람은?

> ● 보기 ●
> 하늘이 재능을 균등하게 부여하는데 관리의 자격을 대대로 벼슬하던 집안과 과거 출신으로만 한정하고 있으니 항상 인재가 모자라 애태우는 것은 당연한 일이다. 어느 시대, 어느 나라에서 노비나 서얼이어서 어진 인재를 버려두고, 어머니가 개가했으므로 재능을 쓰지 않는다는 것은 듣지 못했다.

① 이황 ② 이이
③ 허균 ④ 유형원

03 [2019 국가직 7급] 양명학에 대한 설명으로 옳은 것만을 모두 고르면?

> ㄱ. 명종 대에 처음 전래되어 이황에 의해 이단으로 비판받았다.
> ㄴ. 수용 초기 양명학자들은 성리학을 배척하여 양립할 수 없었다.
> ㄷ. 박은식의 유교 구신론과 정인보의 조선학 운동에 큰 영향을 끼쳤다.
> ㄹ. 정권에서 소외된 소론과 왕가의 종친 그리고 서얼 출신 인사들 사이에서 가학(家學)으로 이어지면서 퍼졌다.

① ㄱ, ㄴ ② ㄱ, ㄹ ③ ㄴ, ㄷ ④ ㄷ, ㄹ

04 [2018 법원직] (가) 정책에 대한 설명으로 옳은 것은?

> 중농 학파인 유형원은 토지개혁을 주장하였는데, "반계수록"에서 자영농을 육성하는 방법으로 ⎡ (가) ⎦을/를 주장하였다.

① 영업전을 설정하여 최소한의 농민 생활을 보장하고자 하였다.
② 신분 차별 없이 모든 사람에게 균등한 토지 분배를 강조하였다.
③ 관리, 선비, 농민 등에게 차등을 두어 토지를 분배할 것을 주장하였다.
④ 한 마을을 단위로 토지를 공동 소유하고 공동 경작할 것을 강조하였다.

01 | 조선후기 사상 동향   정답 ②

16세기 말에서 17세기 초 중국을 왕래하는 사신들에 의해 서학(천주교)이 처음 소개되었다. 학문적 호기심에서 연구되던 천주교는 18세기 후반에 이르러 신앙으로 받아들여졌다. 이익의 제자들 중 권철신, 이가환, 정약종 등 서울 부근의 일부 남인 학자들은 천주교 서적을 읽고 신앙 생활을 시작하였다.
현종 때에는 효종과 효종의 비 인선왕후의 사망을 계기로 인조의 계비인 자의대비 조씨의 복상 기간에 대한 서인과 남인의 견해차로 인해 예송(禮訟)이 전개되었다.

오답분석 ㄴ. 정조는 당시 유행하였던 박지원의 패관소품 문제 등 참신한 문체들이 정통 고문체를 어지럽힌다고 비판하며, 순수한 6경 고문(古文)의 문체로 돌아갈 것을 주장하였다.
ㄹ. 인간과 사물의 본성이 동일한 것인지의 여부를 두고 벌어진 '호락논쟁'은 노론 내부에서 전개되었다.

● **복습지문**
정조는 기존의 문체에 얽매이지 않는 신문체를 비판하였다(문체반정).

02 | 허균(유재론)   정답 ③

〈보기〉는 허균이 지은 '유재론'의 일부이다.
허균의 문집인 『성소부부고』에 수록된 '유재론'에는 인재등용을 위해 신분·적서 차별을 타파해야한다고 주장하여 당시 신분제 사회의 문제점을 비판하였다. 허균은 『홍길동전』을 저술하여 자신이 구상한 이상적인 사회의 모습을 구체화하기도 하였다.
허균은 인목대비의 폐위에 앞장서 폐비를 반대하던 세력에 의해 배격되었고, 1618년 그의 심복이 남대문에 격문을 붙인 사건에 연루되어 역모 혐의로 능지처참 당하였다.

● **복습지문**
허균은 '유재론'에서 인재등용에서 신분과 적서의 차별을 타파해야 한다고 주장하였다.

03 | 양명학   정답 ④

양명학은 명나라의 왕양명이 주창했던 새로운 유교 학설로 '심즉리', '지행합일', '치양지'를 내세워 성리학의 절대화와 형식화를 비판하며 실천성을 강조하였다. 양명학은 16세기 전반 중종 때 『전습록』이 전해진 후, 주로 서경덕 학파와 종친들에 의해 확산되어 갔다. 그러나 이황이 『전습록변』을 써 양명학의 지행합일설을 정면으로 비판하자, 허균·최명길 등 몇몇 학자들에 의해 명맥만 유지되었다.
양명학은 정권에서 소외된 소론 계열과 왕실 종친, 그리고 서얼 출신 인사들 사이에서 가학으로 이어지면서 계승되었다. 18세기 초 정제두는 몇몇 소론 학자가 명맥을 이어가던 양명학을 체계적으로 연구하여 강화 학파(하곡학파)로 발전시켰다. 한말과 일제 강점기에 이건창, 박은식, 정인보 등은 양명학을 계승하여 민족 운동을 전개하였다.

오답분석 ㄱ. 양명학은 중종 때 처음 조선에 전해졌다.
ㄴ. 수용 초기 양명학자들은 학문적으로 성리학을 기본으로 하고 양명학을 겸행하는 경우가 많았다.

● **복습지문**
양명학은 중종 때 처음 전래되었으나 이황에 의해 이단으로 비판받았다.
양명학은 소론과 일부 종친, 서얼 출신 인사들에 의해 가학으로 계승되었다.

04 | 균전론(유형원)   정답 ③

농업 중심 개혁론의 선구자인 유형원은 일생 동안 농촌에 묻혀 살면서 학문 연구에 몰두하였다. 유형원은 실학을 최초로 체계화한 "반계수록"에서 균전제를 실시하여 관리·선비·농민 등 신분에 따라 차등 있게 토지를 재분배하고 조세와 병역도 조정하자고 주장하였다.
또한, 그는 수확량을 기준으로 토지 면적을 책정하는 결부법을 폐지하고 토지 면적을 단위로 계량한 경무법을 주장하였으며, 양반 문벌제도와 과거 제도, 노비 제도의 모순 등을 비판하였다.

오답분석 ① 이익의 한전론에 대한 설명이다.
② 균등한 토지 분배는 균전론의 주장으로 홍대용은 성인 남성에게 2결씩 토지를 분배할 것을 주장하기도 하였다. 유형원은 토지를 차등적으로 분배할 것을 주장하였다.
④ 정약용의 여전론에 대한 설명이다.

● **복습지문**
유형원은 관리, 선비, 농민 등에게 차등을 두어 토지를 분배할 것을 주장하였다.

V. 근세 후기

05 [2023 법원직] 다음 주장을 펼친 인물에 대한 설명으로 가장 옳은 것은?

> 국가는 마땅히 한 집의 생활에 맞추어 재산을 계산해서 토지 몇 부(負)를 1호의 영업전으로 한다. 땅이 많은 자는 빼앗아 줄이지 않고 미치지 못하는 자도 더 주지 않으며, 돈이 있어 사고자 하는 자는 비록 천백 결이라도 허락하여 주고, 땅이 많아서 팔고자 하는 자는 다만 영업전 몇 부 이외에는 허락하여 준다.

① 한국사의 독자적인 정통론을 체계화하였다.
② '목민심서'와 '경세유표' 등의 저술을 남겼다.
③ 나라를 좀먹는 여섯 가지의 폐단을 지적하였다.
④ 신분에 따라 차등 있게 토지를 분배하는 균전론을 내세웠다.

06 [2018 서울시 9급] 〈보기〉의 내용을 주장한 인물에 대한 설명으로 가장 옳은 것은?

> ● 보기 ●
> 국가는 마땅히 한 집의 생활에 맞추어 재산을 계산해서 토지 몇 부(負)를 한 호의 영업전으로 한다. 그러나 땅이 많은 자는 빼앗아 줄이지 않고 미치지 못하는 자도 더 주지 않으며, 돈이 있어 사고자 하는 자는 비록 천백 결이라도 허락해 주고, 땅이 많아서 팔고자 하는 자는 다만 영업전 몇 부 이외에는 허락한다.

① 『목민심서』를 저술하는 등 실학을 집대성하였다.
② 발해사를 우리나라 역사로 체계화할 목적으로 『발해고』를 저술하였다.
③ 전국의 자연환경과 인물, 풍속 등을 정리한 『택리지』를 저술하였다.
④ 천지·인사·만물·경사·시문 등 5개 부문으로 나누어 우리나라와 중국의 문화를 백과사전식으로 소개, 비판한 『성호사설』을 저술하였다.

07 [2017 지방직 9급] 다음 글을 쓴 사람에 대한 설명으로 옳은 것은?

> 오늘날 백성을 다스리는 자는 백성에게서 걷어들이는 데만 급급하고 백성을 부양하는 방법은 알지 못한다. …(중략)… '심서(心書)'라고 이름 붙인 까닭은 무엇인가? 백성을 다스릴 마음은 있지만 몸소 실행할 수 없기 때문에 그렇게 이름 붙인 것이다.

① 우리나라에서 처음으로 지전설을 주장하였다.
② "농가집성"을 펴내 이앙법 보급에 공헌하였다.
③ 홍역 관련 의서를 종합해 "마과회통"을 저술하였다.
④ 조선시대의 역사를 서술한 "열조통기"를 편찬하였다.

08 [2023 서울시 9급] 〈보기〉의 밑줄 친 '나'에 대한 설명으로 가장 옳은 것은?

> ● 보기 ●
> 지금 농사를 하고자 하는 사람은 토지를 얻고, 농사를 하지 않는 사람은 토지를 얻지 못하도록 한다. 즉 여전(閭田)의 법을 시행하면 나의 뜻을 이룰 수 있을 것이다. ……무릇 1여의 토지는 1여의 사람들로 하여금 공동으로 경작하게 하고, 내 땅 네 땅의 구분 없이 오직 여장의 명령만을 따른다. 매 사람마다의 노동량은 매일 여장이 장부에 기록한다. 가을이 되면 무릇 오곡의 수확물을 모두 여장의 집으로 보내어 그 식량을 분배한다. 먼저 국가에 바치는 공세를 제하고, 다음으로 여장의 녹봉을 제하며, 그 나머지를 날마다 일한 것을 기록한 장부에 의거하여 여민들에게 분배한다.

① 북학의를 저술하였다.
② 성호사설을 저술하였다.
③ 반계수록을 저술하였다.
④ 목민심서를 저술하였다.

05 | 이익 　　　　　　　　　　　　　　정답 ③

제시된 자료는 이익의 한전론이다.

18세기 전반에 활동한 이익(1681~1763)은 유형원의 실학 사상을 계승 발전시켜 당시의 사회 제도를 실증적으로 분석·비판하고, 『성호사설』 등의 저서를 통해 개혁안을 제시하였다. 이익은 『곽우록』에서 매 호마다 영업전을 갖게 하고, 나머지 토지는 매매를 허락하여 점진적으로 토지 균등을 이루어 나가는 한전론을 주장했다. 또한 노비 제도·과거 제도·양반 문벌 제도·사치와 미신·승려·게으름 등 나라를 좀먹는 여섯 가지 폐단을 지적하였다(육두론).

한편, 이익은 실증적이며 비판적인 역사 서술을 제시하고, 중국 중심의 역사관에서 벗어나 우리 역사를 체계화할 것을 주장하였다. 이런 역사의식은 그의 제자 안정복에게로 계승되었다.

오답분석

① 안정복이 『동사강목』을 통해 단군-기자-마한으로 이어지는 독자적 정통론을 체계화하였으며, 역사 사실들을 치밀하게 고증하여 고증 사학의 토대를 닦았다.
② 정약용이 『목민심서』, 『경세유표』, 『흠흠신서』 등을 비롯하여 500여 권의 책을 저술하여 실학을 집대성하였다.
④ 유형원이 『반계수록』을 짓고 신분에 따라 차등 있게 토지를 분배하는 균전론을 내세웠다.

06 | 이익 　　　　　　　　　　　　　　정답 ④

<보기>는 이익의 한전론이다.

이익은 매 호마다 영업전을 갖게 하고, 영업전의 매매를 금지하고 나머지 토지만 매매를 허용하자고 주장하였다.

이익은 자영농 육성을 위한 방안으로 한전론을 주장하였고, 노비 제도·과거 제도·양반문벌제도·사치와 미신·승려·게으름 등 나라를 좀먹는 여섯 가지 폐단을 지적하였으며(육두론), 유통경제의 발전이 농촌 경제를 파탄시킨다고 우려하여 고리대와 화폐의 폐단을 비판한 '폐전론'을 주장하기도 했다. 그는 천지·인사·만물·경사·시문 등 5개 부문으로 나누어 우리나라와 중국의 문화를 백과사전식으로 소개·비판한 『성호사설』을 저술하였다.

오답분석　① 정약용이 『목민심서』 등 500여권의 저술을 통해 실학을 집대성하였다.
② 유득공이 『발해고』를 저술하여 발해사를 우리나라 역사로 체계화하였다.
③ 이중환이 『택리지』를 통해 전국의 자연환경과 인물, 풍속 등을 정리하였다.

● 복습지문

이익은 우리나라와 중국의 문화를 백과사전식으로 소개, 비판한 "성호사설"을 저술하였다.

07 | 정약용 　　　　　　　　　　　　정답 ③

자료는 임금이나 수령이 백성을 다스리고 기르는 일, 즉 목민(牧民)에 대해 언급하고 있으며, 책의 제목을 '심서(心書)'라고 하였다는 내용을 통해 정약용의 "목민심서(牧民心書)" 임을 알 수 있다.

정약용은 지방 행정의 개혁에 대하여 쓴 "목민심서", 중앙 정치 제도의 개혁 방안을 다룬 "경세유표", 형벌 제도의 개혁 방안을 다룬 "흠흠신서" 등을 비롯해 500여 권의 책을 저술하여 실학을 집대성 하였다. 또한 마진(홍역)에 대한 의서인 "마과회통"을 통해 제너의 종두법을 처음으로 소개하였다.

오답분석　① 김석문이 처음으로 지전설을 주장하였다.
② 신속이 "농가집성"을 펴냈다.
④ 안정복은 조선 태조로부터 영조까지의 역사를 편년체로 기록한 "열조통기"를 편찬하였다.

● 복습지문

정약용은 홍역 관련 의서를 종합해 "마과회통"을 저술하였다.

08 | 정약용(여전론) 　　　　　　　정답 ④

제시된 자료는 여전론에 대한 설명이므로, 밑줄 친 '나'는 정약용이다. 정약용이 『전론』에서 토지개혁론으로 주장한 여전론은 대략 30호 정도로 말단 행정조직인 여(閭)를 만들고 토지를 집단화하여 공동 경작하고 노동량에 따라 수확량을 분배하는 일종의 공동농장 제도였다.

정약용은 신유박해(1801)에 연루되어 전라도 강진에서 18년 동안 귀양살이를 하였는데, 이 기간 동안 국가 제도의 개혁 방안을 다룬 『경세유표』, 수령이 지켜야 할 지침을 밝히며 지방 행정의 개혁에 대하여 쓴 『목민심서』, 형벌 제도의 개혁 방안을 다룬 『흠흠신서』 등을 비롯해 500여 권의 책을 저술하여 실학을 집대성하였다.

오답분석　① 박제가가 『북학의』를 저술하였다.
② 이익이 『성호사설』을 저술하였다.
③ 유형원이 『반계수록』을 저술하였다.

V. 근세 후기

09 [2017 지방직 7급] ㉠~㉢에 들어갈 책의 이름이 옳은 것은?

- ㉠ 에서는 "주례"에 나타난 주나라 제도를 모범으로 하여 중앙과 지방의 정치제도를 개혁할 것을 제안했다.
- ㉡ 는 수령들이 백성을 수탈하는 도적으로 변한 현실을 바로잡기 위해 백성을 기르는 목민관으로서 지켜야 할 규범을 제시한 일종의 수신교과서이다.
- ㉢ 는 백성들이 억울한 벌을 받지 않도록 형법을 신중하게 집행하기 위해 지은 책이다.

	㉠	㉡	㉢
①	경세유표	목민심서	흠흠신서
②	목민심서	경세유표	흠흠신서
③	흠흠신서	목민심서	경세유표
④	경세유표	흠흠심서	목민심서

10 [2024 서울시 9급] 〈보기〉에서 조선 후기 실학과 북학에 관한 설명으로 옳은 것을 모두 고른 것은?

● 보기 ●
ㄱ. 유형원은 농촌 사회의 안정을 위해 토지 재분배가 필요하다고 주장했다.
ㄴ. 이익은 전라도 부안의 우반동에서 제자들을 양성했다.
ㄷ. 18세기 중엽 이후 청나라를 배우자는 학풍을 '북학'이라 한다.
ㄹ. 박지원은 농업 관계 저술인 『과농소초』를 펴내기도 했다.
ㅁ. 홍대용은 『우서』에서 지구 자전설을 주장하고, 다른 별들에도 우주인이 있을 수 있다는 것을 피력했다.

① ㄱ, ㄴ, ㅁ
② ㄱ, ㄷ, ㄹ
③ ㄴ, ㄷ, ㄹ
④ ㄴ, ㄷ, ㅁ

11 [2017 국가직 9급] 다음과 같이 주장한 조선후기의 실학자에 대한 설명으로 옳은 것은?

천체가 운행하는 것이나 지구가 자전하는 것은 그 세가 동일하니, 분리해서 설명할 필요가 없다. 생각건대 9만 리의 둘레를 한 바퀴 도는 데 이처럼 빠르며, 저 별들과 지구와의 거리는 겨우 반경(半徑)밖에 되지 않는데도 오히려 몇 천만 억의 별들이 있는지 알 수가 없다. 하물며 은하계 밖에도 또 다른 별들이 있지 않겠는가!

① "북학의"에서 소비를 권장하여 생산을 촉진하자고 주장하였다.
② "임하경륜"에서 성인 남자에게 2결의 토지를 나누어 주자고 주장하였다.
③ "반계수록"에서 신분에 따라 토지를 차등 있게 재분배하자고 주장하였다.
④ "우서"에서 상업적 경영을 통해 농업 생산성을 높여야 한다고 주장하였다.

12 [2020 지방직 9급] 밑줄 친 '그'의 저술로 옳은 것은?

서울의 노론 집안에서 태어난 <u>그</u>는 「양반전」을 지어 양반사회의 허위를 고발하였다. <u>그</u>는 또한 한전론을 주장하였으며, 상공업 진흥에도 관심을 기울여 수레와 선박의 이용 등에 대해서도 주목하였다.

① 「북학의」
② 「과농소초」
③ 「의산문답」
④ 「지봉유설」

09 정약용 정답 ①

정약용은 이익의 실학 사상을 계승하면서 이용후생을 강조하는 북학 사상도 적극적으로 수용하여 가장 포괄적이고 종합적인 개혁안을 내놓았다. 정약용은 "주례"의 이념을 근거로 조선의 현실에 맞도록 조정하여 정치·사회·경제제도의 개혁 방안을 다룬 "경세유표", 수령이 지켜야할 지침을 밝히며 관리들의 폭정을 비판하고 지방 행정의 개혁에 대하여 쓴 "목민심서", 형식적이고 무성의하게 진행되던 당시 형벌 제도의 개혁 방안을 다룬 "흠흠신서" 등을 비롯해 500여 권의 책을 저술하여 실학을 집대성 하였다.

● **복습지문**

정약용의 "목민심서"에서 수령(목민관)이 지켜야 할 규범을 제시하였다.

10 실학과 북학 정답 ②

ㄱ. 중농 실학의 선구자인 유형원(1622~1673)은 일생 동안 전라도 부안의 농촌에서 학문 연구에 몰두하였다. 유형원은 실학을 최초로 체계화한 『반계수록』에서 균전제를 실시하여 관리·선비·농민 등 신분에 따라 차등 있게 토지를 재분배하고 조세와 병역도 조정하자고 주장하였다.
ㄷ. 18세기 이후 노론 일부 학자들을 중심으로 북학론이 제기되었다. 북학파는 청은 이미 현실적으로 오랫동안 중국을 지배하고 있기 때문에 오랑캐로만 볼 수 없으며, 오랑캐 문화라도 우리보다 나은 것이 있으면 마땅히 배워야 하고, 그래야 원수도 갚을 수 있다고 주장하였다.
ㄹ. 박지원은 『열하일기』에서 상공업의 진흥을 강조하면서 수레와 선박의 이용, 화폐 유통의 필요성 등을 주장하고, 양반 문벌 제도의 비생산성을 비판하였다. 또한 박지원은 농업기술과 농업 정책을 다룬 『과농소초』도 지었는데, 이 책의 「한민명전의」라는 글에서 토지 소유의 상한선을 설정하는 한전론을 주장하였다.

오답분석 ㄴ. 이익은 경기도 광주목(현 안산시) 첨성촌에 은거하면서 실학 연구에 전념하여 『성호사설』을 비롯해 여러 저술을 남기고, 많은 제자들을 길러 내었다.
ㅁ. 이용후생 학파의 선구자인 유수원(1694~1755)이 『우서』를 저술하였고, 홍대용은 『의산문답』에서 지구 자전설을 주장하였다.

11 홍대용 정답 ②

제시된 자료의 지전설은 홍대용이 주장하였다.
홍대용은 지전설과 무한우주론 등 파격적인 우주관을 제시하여 중국 중심의 세계관을 비판하였다. 홍대용은 이외에도 청에 왕래하면서 얻은 경험을 토대로 "임하경륜", "의산문답" 등을 저술하였는데, "임하경륜"에서는 성인 남자에게 2결의 토지를 나누어 주자는 균전제와 선비들도 생업에 종사할 것을 주장하였다.

오답분석 ① "북학의"는 박제가의 저서이다.
③ "반계수록"은 중농실학의 선구자 유형원의 저술이다.
④ "우서"는 중상주의 실학의 선구자 유수원의 저서이다.

● **복습지문**

홍대용은 "임하경륜"에서 성인 남자에게 2결의 토지를 나누어 주는 균전론을 제시하였다.

12 박지원 정답 ②

노론 출신으로 「양반전」을 짓고, 한전론을 주장한 인물은 박지원(1737~1805)이다.
박지원은 「열하일기」에서 상공업의 진흥을 강조하면서 수레와 선박의 이용, 화폐 유통의 필요성 등을 주장하고, 양반 문벌 제도의 비생산성을 비판하였다. 또, 농업에서도 영농 방법의 혁신, 상업적 농업의 장려, 농기구의 개량, 수리 시설의 확충 등을 통하여 농업 생산력을 높이는 데 관심을 기울였다. 박지원은 농업 기술과 농업 정책을 다룬 「과농소초」도 지었는데, 이 책의 「한민명전의」라는 글에서 토지 소유의 상한선을 설정하는 한전론을 주장하였다.

오답분석 ① 박제가가 청에 다녀온 후 「북학의」를 저술하였다.
③ 홍대용이 「의산문답」을 저술하여 지구가 우주의 중심이 아니라 무수한 별 중의 하나라는 무한 우주론을 주장하였다.
④ 이수광이 「지봉유설」을 저술하여 우리나라와 중국의 문화 전통을 폭넓게 정리하였다.

● **복습지문**

박지원은 한전론을 주장하였으며 수레와 선박의 이용을 주목하였다.

V. 근세 후기

13 [2021 서울시 9급] 〈보기〉와 같은 주장을 편 인물에 대한 설명으로 가장 옳은 것은?

●보기●

토지 소유를 제한하는 법령을 세우십시오. 모년 모월 이후부터 제한된 토지보다 많은 자는 더 가질 수 없고, 그 법령 이전부터 소유한 것은 비록 광대한 면적이라 해도 불문에 부치며, 그 자손에게 분급해 주는 것은 허락하고, 혹시 사실대로 하지 않고 숨기거나 법령 이후에 제한을 넘어 더 점유한 자는 백성이 적발하면 백성에게 주고, 관아에서 적발하면 관아에서 몰수하십시오. 이렇게 한다면 수십 년이 못 가서 전국의 토지는 균등하게 될 것입니다. —『한민명전의』—

① 『북학의』를 저술하여 청 문물의 수용을 역설하였다.
② 『양반전』, 『호질』 등을 지어 놀고먹는 양반을 비판하였다.
③ 화폐 제도의 문제점을 지적하며 폐전론을 주장하였다.
④ 마을 단위로 토지를 공동 경작하여 분배할 것을 제안하였다.

14 [2025 국가직 9급] 밑줄 친 '그'에 대한 설명으로 옳은 것은?

그는 『양반전』을 지어 양반 사회의 허위의식을 고발하였다. 그는 상공업 진흥에도 관심을 기울여 수레와 선박의 이용 등에 대해서도 주목하였다.

① 효종의 북벌 운동을 지지하였다.
② 『과농소초』에서 한전제를 주장하였다.
③ 화성 건설을 위해 거중기를 설계하였다.
④ 우리 역사를 체계화한 『동사강목』을 저술하였다.

15 [2022 국가직 9급] 다음 주장을 한 실학자가 쓴 책은?

토지를 겸병하는 자라고 해서 어찌 진정으로 빈민을 못살게 굴고 나라의 정치를 해치려고 했겠습니까? 근본을 다스리고자 하는 자라면 역시 부호를 심하게 책망할 것이 아니라 관련 법제가 세워지지 않은 것을 걱정해야 할 것입니다. …… 진실로 토지의 소유를 제한하는 법령을 세워, "어느 해 어느 달 이후로는 제한된 면적을 초과해 소유한 자는 더는 토지를 점하지 못한다. 이 법령이 시행되기 이전부터 소유한 것에 대해서는 아무리 광대한 면적이라 해도 불문에 부친다. 자손에게 분급해 주는 것은 허락한다. 만약에 사실대로 고하지 않고 숨기거나 법령을 공포한 이후에 제한을 넘어 더 점한 자는 백성이 적발하면 백성에게 주고, 관(官)에서 적발하면 몰수한다."라고 하면, 수십 년이 못 가서 전국의 토지 소유는 균등하게 될 것입니다.

① 반계수록　　② 성호사설
③ 열하일기　　④ 목민심서

16 [2024 지방직 9급] 다음과 같이 주장한 인물에 대한 설명으로 옳은 것은?

이용할 줄 모르니 생산할 줄 모르고, 생산할 줄 모르니 백성은 나날이 궁핍해지는 것이다. 비유하건대, 대체로 재물은 우물과 같다. 퍼내면 가득 차고, 버려두면 말라 버린다. 그러므로 비단을 입지 않아서 나라에 비단 짜는 사람이 없게 되면, 여공이 쇠퇴한다. 쭈그러진 그릇을 싫어하지 않고 기교를 숭상하지 않아서 공장이 숙련되지 못하면 기예가 망하게 된다.

① 청과의 통상과 수레의 이용을 주장하였다.
② 양명학을 연구하여 강화학파를 형성하였다.
③ 토지의 매매를 제한하는 한전론을 주장하였다.
④ 지전설을 주장하여 중국 중심의 세계관을 비판하였다.

13 | 박지원(한전론) 정답 ②

제시된 자료는 박지원이 『과농소초』의 「한민명전의」에서 제기한 한전론이다.
박지원은 청에 다녀온 후 저술한 『열하일기』에서 상공업의 진흥을 강조하면서 수레와 선박의 이용, 화폐 유통의 필요성 등을 주장하였다. 한편 박지원은 농업기술과 농업 정책을 다룬 『과농소초』도 지었는데, 이 책의 「한민명전의」라는 글에서 토지 소유의 상한선을 설정하는 한전론을 주장하였다. 박지원은 이 글에서 토지 소유의 상한선을 정하고 그 이상의 소유를 허락하지 않으면 수십 년 후 매매와 상속을 통해 토지 소유가 균등해질 것이라고 주장하였다.
박지원은 『양반전』, 『허생전』, 『호질』, 『민옹전』 등의 한문 소설을 통해 양반의 무능과 허위의식을 풍자하였다. 특히, 박지원은 우리의 고유한 정서를 그대로 표현할 수 있는 문체인 패관소품체로 혁신할 것을 주장하여서 정조의 문체반정의 대상이 되기도 했다.

오답분석 ① 박제가가 청에 다녀온 후 『북학의』를 저술하였다.
③ 이익이 화폐 제도의 문제점을 지적하며 폐전론을 주장하였다.
④ 정약용이 마을 토지를 공동 경작하고 노동량에 따라 소득을 분배하는 여전론을 주장하였다.

14 | 박지원 정답 ②

『양반전』을 지어 양반 사회의 허위의식을 고발한 '그'는 박지원이다.
박지원은 『열하일기』에서 상공업의 진흥을 강조하면서 수레와 선박의 이용, 화폐 유통의 필요성 등을 주장하고, 양반 문벌 제도의 비생산성을 비판하였다. 또, 농업에서도 영농 방법의 혁신, 상업적 농업의 장려, 농기구의 개량, 수리 시설의 확충 등을 통하여 농업 생산력을 높이는 데 관심을 기울였다. 박지원은 농업 기술과 농업 정책을 다룬 『과농소초』도 지었는데, 이 책의 「한민명전의」라는 글에서 토지 소유의 상한선을 설정하는 한전론을 주장하였다.

오답분석 ① 송시열, 송준길 등이 효종의 북벌 운동을 지지하였다.
③ 정약용이 화성 건설을 위해 거중기를 설계하였다.
④ 안정복이 우리 역사를 체계화한 『동사강목』을 저술하였다.

15 | 박지원(한전론) 정답 ③

제시된 자료는 토지 소유의 상한선을 정하고 그 이상의 소유를 허락하지 않으면 수십 년 후 매매와 상속을 통해 토지 소유가 균등해질 것이라는 주장으로 박지원(1737~1805)이 제기하였다.
박지원은 『열하일기』에서 상공업의 진흥을 강조하면서 수레와 선박의 이용, 화폐 유통의 필요성 등을 주장하고, 양반 문벌 제도의 비생산성을 비판하였다. 또, 농업에서도 영농 방법의 혁신, 상업적 농업의 장려, 농기구의 개량, 수리 시설의 확충 등을 통하여 농업 생산력을 높이는 데 관심을 기울였다. 박지원은 농업 기술과 농업 정책을 다룬 『과농소초』도 지었는데, 이 책의 『한민명전의』라는 글에서 토지 소유의 상한선을 설정하는 한전론을 주장하였다.

오답분석 ① 유형원이 『반계수록』을 저술하여 관리, 선비, 농민 등 신분에 따라 토지를 차등 분배하자는 균전론을 주장하였다.
② 이익이 천지·인사·만물·경사·시문 등 5개 부문으로 나누어 우리나라와 중국의 문화를 백과사전식으로 소개·비판한 『성호사설』을 저술하였다.
④ 정약용이 목민관, 곧 수령이 지켜야 할 지침을 밝히면서 관리들의 폭정을 비판한 『목민심서』를 저술하였다.

16 | 박제가 정답 ①

제시된 자료는 생산과 소비와의 관계를 우물물에 비유하면서 생산을 자극하기 위해서는 절약보다 소비를 권장해야 한다는 주장으로, 박제가에 의해 제기되었다.
서자 출신의 박제가(1750~1815)는 박지원의 문하에서 이덕무, 유득공 등과 교유하며 실학을 연구하였다. 박제가는 채제공을 수행하여 청에 다녀온 후 청에서 보고 들은 것을 정리해 『북학의』를 집필하였다. 그는 『북학의』를 통해 청의 문물을 적극적으로 수용할 것을 제창하였고, 청과의 통상 강화, 수레와 선박의 이용, 신분제 타파 등 상공업 발전방안을 역설하였다.

오답분석 ② 정제두가 양명학을 체계적으로 연구하여 강화학파로 발전시켰다.
③ 이익과 박지원이 토지 제도 개혁론으로 한전론을 주장하였다.
④ 김석문이 『역학도해』에서 최초로 지전설을 주장하였고, 홍대용도 『의산문답』에서 지전설을 주장하였다.

V. 근세 후기

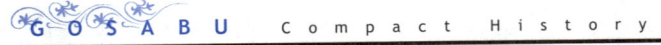

17 [2020 서울시 9급] <보기>의 글을 쓴 학자의 주장에 대한 설명으로 가장 옳은 것은?

● 보기 ●
검소하다는 것은 물건이 있어도 남용하지 않는 것을 말하는 것이지 자신에게 물건이 없다 하여 스스로 단념하는 것을 말하는 것이 아니다. 지금 우리나라 안에는 구슬을 캐는 집이 없고 시장에 산호 따위의 보배가 없다. …… 이것은 물건을 이용하는 방법을 모르기 때문이다. 이용할 줄 모르니 생산할 줄 모르고, 생산할 줄 모르니 백성은 나날이 궁핍해지는 것이다.

① 균전론을 내세워 사농공상 직업에 따라 토지를 분배하여 자영농을 육성할 것을 주장하였다.
② 상공업을 육성하고 선박, 수레, 벽돌 등 발달된 청의 기술을 적극적으로 수용하자고 제안하였다.
③ 처음에는 여전론, 이후에는 정전제를 내세워 자영농 육성을 위한 토지 제도 개혁을 주장하였다.
④ 통일신라와 발해가 병립한 시기를 남북국 시대로 설정하여 발해를 우리 역사의 체계 속에 적극적으로 포용하였다.

18 [2020 법원직] 다음과 관련된 인물의 주장으로 옳은 것을 <보기>에서 모두 고른 것은?

비유컨대, 재물은 대체로 우물과 같은 것이다. 퍼내면 차고, 버려두면 말라 버린다. 그러므로 비단옷을 입지 않아서 나라에 비단을 짜는 사람이 없게 되면 여공이 쇠퇴하고, 찌그러진 그릇을 싫어하지 않고 기교를 숭상하지 않아서 장인이 작업하는 일이 없게 되면 기예가 망하게 된다.

● 보기 ●
ㄱ. 수레와 선박의 이용을 확대해야 한다.
ㄴ. 사농공상은 직업적으로 평등해야 한다.
ㄷ. 청에서 행해지는 국제 무역에 참여해야 한다.
ㄹ. 자영농을 중심으로 군사와 교육 제도를 재정비해야 한다.

① ㄱ, ㄴ   ② ㄱ, ㄷ   ③ ㄴ, ㄷ   ④ ㄷ, ㄹ

19 [2017 국가직 7급] 다음과 같이 주장한 실학자에 대한 설명으로 옳은 것은?

재물은 대체로 샘과 같다. 퍼내면 차고, 버려두면 말라버린다. 그러므로 비단옷을 입지 않아서 나라에 비단 짜는 사람이 없게 되면 여공이 쇠퇴하며, 찌그러진 그릇을 싫어하지 않고 기교를 숭상하지 않아서 공장(工匠)이 기술을 익히지 않게 되면 기예가 사라지게 되고, 농사가 황폐해져서 그 법을 잊었으므로, 사민이 모두 곤궁하여 서로 구제할 수 없게 된다.

① "의산문답"에서 중국이 세계의 중심이라는 생각을 비판하였다.
② 서양 선교사를 초빙하여 서양의 과학·기술을 배우자고 제안하였다.
③ 신분별로 차등을 둔 토지 재분배로 자영농을 안정시킬 것을 주장하였다.
④ 중국과 일본에 있는 우리나라 관련 기록을 참조하여 "해동역사"를 저술하였다.

20 [2018 지방직 9급] 다음에서 설명하는 인물의 저술로 옳은 것은?

○ 종래의 조선 농학과 박물학을 집대성하였다.
○ 전국 주요 지역에 국가 시범 농장인 둔전을 설치하여 혁신적 농법과 경영 방법으로 수익을 올려서 국가 재정을 보충할 것을 제안했다.

① 색경
② 산림경제
③ 과농소초
④ 임원경제지

17 | 박제가 정답 ②

제시된 자료는 생산과 소비와의 관계를 우물물에 비유하면서 생산을 자극하기 위해서는 절약보다 소비를 권장해야 한다는 주장으로 박제가에 의해 제기되었다.
서얼 출신의 박제가(1750~1815)는 박지원의 문하에서 이덕무, 유득공 등과 교유하며 실학을 연구하였다. 박제가는 채제공을 수행하여 청에 다녀온 후 청에서 보고 들은 것을 정리해 『북학의』를 집필하였다. 그는 이 책에서 청의 문물을 적극적으로 수용할 것을 제창하고, 청과의 통상 강화, 수레와 선박의 이용, 신분제 타파 등 상공업 발전 방안을 역설하였다.

오답분석 ① 유형원이 『반계수록』을 저술하여 관리, 선비, 농민 등 신분에 따라 토지를 차등 분배하자는 균전론을 주장하였다.
③ 정약용이 토지 제도의 개혁론으로 여전론을 처음에 내세웠다가 후에 정전제를 현실에 맞게 실시할 것을 주장하였다.
④ 유득공이 『발해고』를 편찬하여 발해와 신라의 역사를 '남북국사'로 체계화하였다.

18 | 박제가 정답 ②

제시된 자료는 생산과 소비와의 관계를 우물물에 비유하면서 생산을 자극하기 위해서는 절약보다 소비를 권장해야 한다는 주장으로 박제가에 의해 제기되었다.
박제가는 채제공을 수행하여 청에 다녀온 후 청에서 보고 들은 것을 정리해 『북학의』를 집필하였다. 그는 이 책에서 청의 문물을 적극적으로 수용할 것을 제창하고, 청과의 통상 강화, 수레와 선박의 이용, 신분제 타파 등 상공업 발전 방안을 역설하였다. 또한 박제가는 1786년 정조에게 '병오소회(丙午所懷)'를 올려 해외통상을 위한 항로를 개발하고, 서양 선교사를 초빙하여 과학·기술을 배우며, 관직이 없는 사족들을 상업에 종사하게 할 것 등을 건의하였다.

오답분석 ㄴ. 유수원은 자신의 사회 개혁안을 기술한 『우서』에서 상공업의 진흥과 기술의 혁신을 강조하고, 사농공상의 직업 평등과 전문화를 주장하였다.
ㄹ. 유형원, 정약용이 균전제, 여전제를 통해 조세와 병역 제도 등을 재정비할 것을 주장하였다.

● **복습지문**
> 박제가는 청에서 행해지는 국제 무역에 참여해야 한다고 주장하였다.

19 | 박제가 정답 ②

제시된 자료는 박제가가 우물물(샘)의 비유를 통해 생산을 자극하기 위해서는 절약보다 소비를 권장해야 한다고 주장하는 글이다.
서자 출신인 박제가는 박지원의 문하에서 이덕무, 유득공과 교류하며 실학을 연구하였다. 박제가는 채제공을 수행하여 청에 다녀온 후 청에서 보고 들은 것을 정리해 『북학의』를 집필하였다. 그는 『북학의』를 통해 청의 문물을 적극적으로 수용할 것을 제창하였고, 청과의 통상 강화, 수레와 선박의 이용, 신분제 타파 등 상공업 발전 방안을 역설하였다.
또한 박제가는 1786년 정조에게 '병오소회(丙午所懷)'를 올려 해외통상을 위한 항로를 개발하고, 서양 선교사를 초빙하여 과학·기술을 배우며, 관직이 없는 사족들을 상업에 종사하게 할 것 등을 건의하였다.

오답분석 ① 홍대용이 『의산문답』을 저술하였다.
③ 유형원이 신분에 따라 차등있게 토지를 재분배하는 균전제를 주장하였다.
④ 한치윤이 단군조선부터 고려시대까지를 서술한 『해동역사』를 편찬하였다.

20 | 서유구 정답 ④

조선의 농학과 박물학을 집대성하고, 둔전론을 주장한 인물은 서유구이다.
서유구는 한양 주변의 농촌에 거주하면서 농촌생활에 필요한 지식과 기술 등을 총망라하여 농촌생활 백과사전인 『임원경제지』를 편찬하였다. 또한 둔전론을 주장하여 소농 생활의 안정을 위해 세금을 줄일 뿐만 아니라 둔전을 설치하여 부농, 지주들을 통해 선진농법을 전파하고, 자금을 출자하는 국영 농장 형태의 경영안을 제시하였다.

오답분석 ① 『색경』은 박세당이 과수, 축산, 기후 등에 중점을 두고 저술한 농서이다.
② 『산림경제』는 홍만선의 저술로 농업·임업·축산업·식품가공 등을 망라한 농서이다.
③ 『과농소초』는 박지원이 편찬한 농서로 농업기술과 농업정책에 관하여 논하였다.

● **복습지문**
> 서유구는 『임원경제지』를 저술하였으며, 전국 주요 지역에 국가 시범 농장인 둔전을 설치하자고 주장하였다.

V. 근세 후기

21 [2022 국가직 9급] (가), (나)에 대한 설명으로 옳은 것은?

> (가) 역사서의 저자는 다음과 같은 글을 지어 왕에게 바쳤다. "성상 전하께서 옛 사서를 널리 열람하시고, '지금의 학사 대부는 모두 오경과 제자의 책과 진한(秦漢) 역대의 사서에는 널리 통하여 상세히 말하는 이는 있으나, 도리어 우리나라의 사실에 대하여서는 망연하고 그 시말(始末)을 알지 못하니 심히 통탄할 일이다. 하물며 신라·고구려·백제가 나라를 세우고 정립하여 능히 예의로써 중국과 통교한 까닭으로 범엽의 『한서』나 송기의 『당서』에는 모두 열전이 있으나 국내는 상세하고 국외는 소략하게 써서 자세히 실리지 않았다. …… 일관된 역사를 완성하고 만대에 물려주어 해와 별처럼 빛나게 해야 하겠다.'라고 하셨다."
>
> (나) 역사서에는 다음과 같은 서문이 실려 있다. "부여씨와 고씨가 망한 다음에 김씨의 신라가 남에 있고, 대씨의 발해가 북에 있으니 이것이 남북국이다. 여기에는 마땅히 남북국사가 있어야 할 터인데, 고려가 그것을 편찬하지 않은 것은 잘못이다."

① (가)는 동명왕의 업적을 칭송한 영웅 서사시이다.
② (가)는 불교를 중심으로 고대 설화를 수록하였다.
③ (나)는 만주 지역까지 우리 역사의 범위를 확장하였다.
④ (나)는 고조선부터 고려에 이르는 역사를 체계적으로 정리하였다.

22 [2018 지방직 9급] 다음과 같은 특징을 가진 조선 후기 역사서는?

> ○ 단군으로부터 고려에 이르기까지의 우리 역사를 치밀한 고증에 입각하여 엮은 통사이다.
> ○ 마한을 중시하고 삼국을 무통(無統)으로 보는 입장에서 우리 역사를 체계화하였다.

① 허목의 동사
② 유계의 여사제강
③ 한치윤의 해동역사
④ 안정복의 동사강목

23 [2022 지방직 9급] 역사서에 대한 설명으로 옳은 것만을 모두 고르면?

> ㄱ. 김부식의 『삼국사기』에는 단군 신화가 수록되어 있다.
> ㄴ. 이규보의 『동명왕편』은 고구려 계승 의식을 강조하였다.
> ㄷ. 안정복의 『동사강목』은 기사본말체로 역사를 서술하였다.
> ㄹ. 유득공의 『발해고』에는 남북국이라는 용어가 사용되었다.

① ㄱ, ㄴ   ② ㄱ, ㄷ   ③ ㄴ, ㄹ   ④ ㄷ, ㄹ

24 [2021 지방직 9급] (가), (나)에 들어갈 이름을 바르게 연결한 것은?

> (가) 는/은 『북학의』를 저술하여 청의 선진 기술을 적극적으로 수용할 것과 상공업 육성 등을 역설하였다. 한편, (나) 는/은 중국 및 일본의 방대한 자료를 참고하여 『해동역사』를 편찬함으로써, 한·중·일 간의 문화 교류를 잘 보여주었다.

	(가)	(나)
①	박지원	한치윤
②	박지원	안정복
③	박제가	한치윤
④	박제가	안정복

21 | 역사서   정답 ③

(가)는 김부식 등이 편찬한 『삼국사기』, (나)는 유득공이 편찬한 『발해고』이다.
『삼국사기』는 현존하는 우리나라 최고의 역사서로, 사마천의 『사기』를 모범으로 삼아 기전체 방식을 도입하여 본기·연표·지·열전으로 구성되었다. 본기는 삼국 왕실의 역사를 균형있게 기록하여 외형적으로는 중립적 입장에 서있으나, 연표·지·열전 등은 신라사에 치중되어 있다. 『삼국사기』는 고려 초에 쓰여진 『구삼국사』를 기본으로 유교적 합리주의 사관에 기초하여 서술되었고, 신이사관을 배격하였다.
유득공은 한국과 중국, 일본의 사서를 참고하여 『발해고』를 편찬하였다. 그는 신라의 삼국 통일을 불완전한 것으로 규정하고, 당시를 신라와 발해가 병립한 '남북국 시대'로 파악하였다. 이를 통해 한반도 중심의 사관을 극복하고 고대사 연구의 시야가 만주와 연해주 지방까지 확대되었다.

오답분석 ① 이규보가 지은 『동명왕편』이 동명왕의 업적을 칭송한 영웅 서사시이다.
② 일연이 지은 『삼국유사』가 불교를 중심으로 고대 설화를 수록하였다.
④ 서거정 등이 지은 『동국통감』이 고조선부터 고려에 이르는 역사를 처음 체계적으로 정리하였다.

22 | 동사강목(안정복)   정답 ④

단군조선부터 고려까지의 역사를 다루었고, 마한을 중시하고 삼국을 무통으로 보는 입장에서 우리역사를 체계화한 역사서는 안정복의 『동사강목』이다.
『동사강목』은 명분론에 입각한 역사의식과 실증적 역사 연구를 집대성한 조선 후기의 대표적인 통사로, 안정복은 주자의 『자치통감강목』의 범례를 규범으로 삼아 『동사강목』을 서술하였다. 안정복은 단군-기자-마한-통일신라(문무왕 9년 이후)를 정통으로 설정하였고, 삼국시대의 경우 주자가 병립(並立)한 국가들을 무통(無統)으로 처리한 예에 따라 무통으로 설정하였다. 또한 위만조선은 왕위를 찬탈한 왕조로 보아 정통으로 인정하지 않았으며, 발해를 우리 역사의 범주로 인정하지 않고 외기(外記)로 분류해 서술하였다.

오답분석 ① 허목의 『동사』는 세가에서 단군·기자·위만·신라·고구려·백제 6국을 서술하였고, 열전에 부여·숙신·삼한·대가야·예맥·말갈 등 10국을 서술하였다.
② 유계는 『여사제강』을 통해 고려의 역사를 서술하였다.
③ 한치윤의 『해동역사』는 단군 조선부터 고려 시대까지를 500여 종의 중국 및 일본 자료를 참고하여 서술한 유서(類書)적 성격의 사서이다.

● 복습지문
안정복은 "동사강목"에서 마한을 중시하고 삼국을 무통으로 보는 입장에서 우리 역사를 체계화하였다.

23 | 역사서   정답 ③

『삼국사기』는 현존하는 우리나라 최고의 역사서로, 사마천의 『사기』를 모범으로 삼아 기전체 방식을 도입하여 본기·연표·지·열전으로 구성되었다. 1193년에 이규보는 고구려 건국의 영웅인 동명왕의 업적을 서사시로 엮은 『동명왕편』을 지었다. 『동명왕편』은 『삼국사기』의 신라 계승 의식을 비판하고 고려가 고구려를 계승하고 있다는 고려인의 자부심과 민족의식을 드러내 보였다.
『동사강목』은 명분론에 입각한 역사의식과 실증적 역사 연구를 집대성한 조선 후기의 대표적인 통사이다. 안정복은 주자의 『자치통감강목』의 범례를 규범으로 삼아 『동사강목』을 서술하였다. 고조선에서 고려 말까지의 역사를 서술한 『동사강목』은 단군-기자-마한으로 이어지는 독자적 정통론을 체계화하였으며, 역사 사실들을 치밀하게 고증하여 고증 사학의 토대를 닦았다.
유득공은 한국과 중국, 일본의 사서를 참고하여 『발해고』를 편찬하여 발해사를 우리 역사로 인식하고 한반도 중심의 사관을 극복하는데 기여하였다. 그는 신라의 삼국 통일을 불완전한 것으로 규정하고, 당시를 신라와 발해가 병립한 '남북국 시대'로 파악하였다.

오답분석 ㄱ. 김부식은 신이사관을 배격하였기 때문에 단군 신화를 수록하지 않았다.
ㄷ. 동사강목은 강목체의 서술 방식을 따랐다.

24 | 박제가와 한치윤   정답 ③

(가)는 『북학의』를 저술한 박제가(1750~1815)이다. 서자 출신의 박제가는 박지원의 문하에서 이덕무, 유득공 등과 교유하며 실학을 연구하였다. 박제가는 채제공을 수행하여 청에 다녀온 후 청에서 보고 들은 것을 정리해 『북학의』를 집필하였다. 그는 『북학의』를 통해 청의 문물을 적극적으로 수용할 것을 제창하였고, 청과의 통상 강화, 수레와 선박의 이용, 신분제 타파 등 상공업 발전방안을 역설하였다.
(나)는 『해동역사』를 저술한 한치윤이다. 『해동역사』는 단군 조선부터 고려 시대까지를 500여 종의 중국 및 일본 자료를 참고하여 서술한 유서(類書)적 성격의 사서이다. 『해동역사』는 기전체의 형식을 취하고 있지만 열전(列傳)은 없고 세기(世紀)·지(志)·고(考)로 구성되었고, 발해사를 세기(世紀)로 다루어 신라사와 동등하게 취급하였다.

V. 근세 후기

25 [2022 서울시 9급] 다음 내용 중 옳은 것을 모두 고른 것은?

> ㄱ. 정상기는 최초로 백 리를 한 자로 축소한 『동국여지도』를 만들어 우리나라의 지도 제작 수준을 한 단계 높였다.
> ㄴ. 국어에 대한 연구도 활발하여 신경준의 『고금석림』과 유희의 『언문지』가 나왔다.
> ㄷ. 유득공은 『동사강목』을 지어 고조선부터 고려 말까지의 우리 역사를 체계적으로 정리하였다.
> ㄹ. 이중환의 『택리지』는 각 지역의 경제생활까지 포함하여 집필되었다.
> ㅁ. 허준의 『동의보감』은 우리나라뿐 아니라 중국 및 일본의 의학 발전에 큰 영향을 끼쳤는데, 예방의학에 중점을 둔 것이다.

① ㄱ, ㄴ ② ㄴ, ㅁ ③ ㄷ, ㄹ ④ ㄹ, ㅁ

26 [2023 국가직 9급] 조선시대 지도와 천문도에 대한 설명으로 옳지 <u>않은</u> 것은?

① 대동여지도는 거리를 알 수 있도록 10리마다 눈금을 표시하였다.
② 혼일강리역대국도지도는 중국에서 들여온 곤여만국전도를 참고하였다.
③ 천상열차분야지도는 하늘을 여러 구역으로 나누고 별자리를 표시한 그림이다.
④ 동국지도는 정상기가 실제 거리 100리를 1척으로 줄인 백리척을 적용하여 제작하였다.

27 [2018 서울시 9급] 조선시대에 편찬된 서적과 관련된 설명으로 옳은 것을 〈보기〉에서 모두 고른 것은?

> ● 보기 ●
> ㄱ. 『경국대전』 : 조선의 통치 규범과 법을 정리하였다.
> ㄴ. 『동문선』 : 우리 풍토에 맞는 약재와 치료법을 정리하였다.
> ㄷ. 『동의수세보원』 : 중국과 일본의 자료를 참고하여 민족사 인식을 확대하였다.
> ㄹ. 『금석과안록』 : 북한산비가 진흥왕 순수비임을 밝혔다.

① ㄱ, ㄴ ② ㄴ, ㄷ ③ ㄱ, ㄹ ④ ㄴ, ㄹ

28 [2017 서울시 9급] 조선 후기에 전개된 국학 연구에 대한 설명으로 옳지 <u>않은</u> 것은?

① 유희는 "언문지"를 지어 우리말의 음운을 연구하였다.
② 이의봉은 "고금석림"을 편찬하여 우리의 어휘를 정리하였다.
③ 한치윤은 "기언"을 지어 토지제도의 개혁을 주장하였다.
④ 이종휘는 "동사"를 지어 고구려사에 대한 관심을 고조시켰다.

25 | 조선 후기 국학 연구   정답 ④

ㄹ. 영조 때 이중환은 30년간 현지를 답사한 경험을 바탕으로 1751년에 『택리지』를 저술하였다. 이 책은 각 지방의 자연 환경, 풍속, 인물, 물산 등을 자세히 서술하였는데, 어느 지역이 살기 좋은 곳인가를 평가하였다.

ㅁ. 광해군 때 허준(1546~1615)이 편찬한 『동의보감』은 중국과 우리나라의 의학서적을 집대성하여 편찬한 의학책이다. 선조의 명으로 편찬에 착수하여 1613년(광해군 5년)에 간행하였다. 인체의 모든 병증에 대하여 당시까지 전해지던 이론과 처방을 일목요연하게 정리한 동시에, 독자적인 질병 분류체계를 세워 조선의 의학 수준과 의료 환경을 한 차원 끌어올린 역작으로 평가된다. 이 책은 중국과 일본에서도 간행되었는데, 병을 치료적 관점에서만이 아니라 예방적 관점에서 보아 병이 발생하기 전에 미리 예방하는 양생(養生)을 가장 좋은 방책으로 보았다.

오답분석 ㄱ. 정상기는 최초로 백리척을 사용한 『동국지도』를 제작하였다. 『동국여지도』는 영조 때 신경준이 제작한 채색 지도집이다.
ㄴ. 영조 때 신경준은 훈민정음의 음운 원리를 그림을 그려 역학적으로 풀이한 『훈민정음운해』를 지었고, 순조 때 유희는 한글 및 한자음에 관해 연구한 『언문지』를 편찬하였다. 『고금석림』은 이의봉이 우리의 방언과 해외 언어를 정리한 책이다.
ㄷ. 유득공은 한국과 중국, 일본의 사서를 참고하여 『발해고』를 편찬하고, 신라와 발해의 남북국사를 체계화하였다. 안정복은 고조선에서 고려 말까지의 역사를 강목체인 『동사강목』으로 저술하였다.

26 | 조선 시대 지도와 천문도   정답 ②

① 철종 때인 1861년에 김정호는 목판본 대동여지도를 완성하였다. 대동여지도는 22첩을 모두 연결하면 약 6.6m에 이르는 거대한 조선전도로, 산맥·하천·포구·도로망의 표시가 정밀해지고, 거리를 알 수 있도록 10리마다 눈금이 표시되었다.
③ 조선 태조 때 평양의 한 주민으로부터 고구려의 석각 천문도 탁본을 기증받아 천상열차분야지도를 제작하였다. 천상열차분야지도는 하늘의 별자리를 여러 구역으로 나누어 차례로 배열한 천문도이다.
④ 영조 대에 활약한 정상기는 지도 제작 수준을 한 단계 높였다. 정상기가 만든 동국지도는 최초로 실제 거리 100리를 1척으로 줄인 백리척 축척법을 사용하여 지도 제작의 과학화에 크게 기여하였다.

오답분석 ② 태종 때 김사형, 이회 등이 제작한 혼일강리역대국도지도는 현존하는, 동양에서 가장 오래된 세계 지도이다. 이 지도는 원나라의 세계 지도인 성교광피도와 혼일강리도를 참고하였고, 모사본이 일본 교토의 류코쿠(龍谷)대학 도서관에 소장되어 있다. 곤여만국전도는 이탈리아의 예수회 선교사 마테오 리치가 1602년(선조 35) 명나라에서 제작한 세계 지도로 조선 후기에 조선에 전해졌다.

27 | 조선의 서적   정답 ③

『경국대전』은 세조 때부터 육전상정소를 설치하여 편찬을 시작하였고, 성종 때에 완성된 법전으로, 조선의 통치 규범과 법을 정리한 것이다.
『금석과안록』은 조선 후기 김정희가 진흥왕의 순수비 중 황초령비와 북한산비의 비문을 판독한 책이다. 김정희는 『금석과안록』을 통해 북한산비가 진흥왕 순수비임을 고증하였다.

오답분석 ㄴ. 『동문선』은 성종 때 서거정 등이 왕명으로 역대 시와 산문을 모아 편찬한 책이다. 『향약집성방』이 세종 때 우리 풍토에 맞는 약재와 치료법을 정리한 책이다.
ㄷ. 『동의수세보원』은 이제마가 저술한 사상의학서이다. 500여 종의 중국과 일본의 자료를 참고하여 단군조선부터 고려시대까지의 역사를 정리하여 민족사의 인식을 확대한 서적은 한치윤의 『해동역사』이다.

● **복습지문**
김정희는 "금석과안록"에서 북한산비가 진흥왕 순수비임을 밝혔다.

28 | 조선 후기 국학 연구   정답 ③

①, ② 조선 후기에 민족의 전통과 현실에 대한 관심이 깊어져 우리의 역사, 지리, 언어, 풍속 등을 연구하는 국학의 발달이 이루어졌다. 음운 연구와 어휘 수집 등 국어에 대한 연구에서는 훈민정음에 관한 연구서로 신경준의 "훈민정음운해"와 유희의 "언문지" 등이 나왔고, 이의봉은 우리의 방언과 해외 언어를 정리한 "고금석림"을 편찬하였다.
④ 역사 연구에서는 한반도 중심의 사관을 극복하려는 노력도 전개되었다. 이종휘는 고구려를 중심으로 민족사를 서술한 "동사(東史)"에서 발해를 고구려 유민이 세운 나라로 설명하여 발해사를 한국사에 편입시켰다. 유득공은 한국과 중국, 일본의 사서를 참고하여 "발해고"를 편찬하고, 신라와 발해의 남북국사를 체계화하였다.

오답분석 ③ "기언"은 허목의 저서이다. 한치윤은 500여 종의 중국 및 일본의 자료를 참고하여 "해동역사"를 편찬하였다.

● **복습지문**
조선 후기 어문에 대한 연구서로 유희의 "언문지", 이의봉의 "고금석림" 등이 있다.

3. 근세 후기의 문학 ■ 253

V. 근세 후기

29 [2017 서울시 9급] 다음 저서에 대한 설명으로 옳지 <u>않은</u> 것은?

| 가. 『산림경제』 | 나. 『색경』 |
| 다. 『과농소초』 | 라. 『농가집성』 |

① 가 : 홍만선의 저술로 농업, 임업, 축산업, 식품가공 등을 망라하였다.
② 나 : 박세당의 저술로 과수, 축산, 기후 등에 중점을 두었다.
③ 다 : 정약용의 저술로 농업기술과 농업정책에 관하여 논하였다.
④ 라 : 신속의 저술로 이앙법을 언급하였다.

30 [2019 서울시 9급] 조선 후기 지도 편찬에 대한 설명으로 가장 옳지 <u>않은</u> 것은?

① 김정호는 『대동여지도』를 편찬하기 이전에 이미 『청구도』 등을 제작하였다.
② 정상기는 백리척을 이용하여 『동국지도』를 제작하였다.
③ 모눈종이를 이용한 정밀한 지도도 제작되었다.
④ 『대동여지도』가 완성되자 나라의 기밀을 누설시킬 우려가 있다고 하여 판목은 압수 소각되었다.

31 [2023 법원직] 다음 주장이 제기된 시기의 문화적 특징으로 옳은 것을 〈보기〉에서 모두 고른 것은?

> 폐를 끼치는 것으로는 담배만한 것이 없습니다. 추위를 막지도 못하고 요깃거리도 못 되면서 심는 땅은 반드시 기름져야 하고 흙을 덮고 김매는 수고는 대단히 많이 드니 어찌 낭비가 아니겠습니까? 그리고 장사치들이 왕래하며 팔고 있어 이에 쓰는 돈이 적지 않습니다. 조정에서 전황(錢荒)에 대해 걱정하고 있는데, 그 근원을 따져 보면 여기에서 비롯된 것이 아니라고는 장담할 수 없습니다. 만약 담배 재배를 철저히 금한다면 곡물을 산출하는 땅이 더욱 늘어나고 농사에 힘쓰는 백성들이 더욱 많아질 것입니다.

● 보기 ●
ㄱ. 문화 인식의 폭이 확대되어 백과사전류의 저서가 편찬되었다.
ㄴ. 격식에 구애받지 않고 감정을 표현하는 사설시조가 유행하였다.
ㄷ. 주자소가 설치되어 계미자를 비롯한 다양한 활자를 주조하였다.

① ㄱ ② ㄱ, ㄴ ③ ㄴ ④ ㄴ, ㄷ

32 [2019 서울시 9급] 〈보기〉의 의서(醫書)를 편찬된 순서대로 바르게 나열한 것은?

● 보기 ●
ㄱ. 동의보감(東醫寶鑑)
ㄴ. 마과회통(麻科會通)
ㄷ. 의방유취(醫方類聚)
ㄹ. 향약구급방(鄕藥救急方)

① ㄱ-ㄴ-ㄷ-ㄹ ② ㄷ-ㄹ-ㄴ-ㄱ
③ ㄹ-ㄷ-ㄱ-ㄴ ④ ㄹ-ㄷ-ㄴ-ㄱ

29 | 조선후기 농서   정답 ③

제시된 저서들은 모두 농업과 관련된 조선 시대의 농서들이다.
① 홍만선이 지은 "산림경제"는 농업, 임업, 축산업, 식품가공 등 의식주 전반의 중요 사항을 수록하였다.
② 박세당이 지은 "색경"은 과수, 원예, 양잠, 축산, 수리, 기후 등을 중심으로 서술하였다.
④ 신속이 지은 "농가집성"은 벼농사 중심의 농법을 소개하여 이앙법 보급에 기여하였다.

오답분석 ③ 박지원이 "과농소초"를 저술하여 중국 농법의 도입 및 재래 농사 기술의 개량 등을 주장하였다.

● 복습지문
조선 후기의 농서로 신속의 "농가집성", 홍만선의 "산림경제", 박세당의 "색경" 등이 있다.

30 | 조선 후기 지도 편찬   정답 ④

① 평민출신의 김정호는 신헌·최한기 등의 도움을 얻어 여러 관찬지도를 집대성하여 1834년(순조 34)에 『청구도(靑丘圖)』라는 지도책을 발간하였다. 그리고 이를 더욱 발전시켜서 1861년(철종 12)에는 목판본 『대동여지도』를 완성하였다. 목판본 『대동여지도』 22첩을 모두 연결하면 남북 약 6.6m에 이르는 거대한 조선전도가 되어, 산맥·하천·포구·도로망의 표시가 정밀해지고, 거리를 알 수 있도록 10리마다 눈금이 표시되었다. 『대동여지도』는 목판으로 대량 인쇄되어 대중들에게 보급되었다.
② 조선 영조 대에 활약한 정상기는 지도제작 수준을 한 단계 높였다. 정상기가 만든 『동국지도』는 최초로 백리척 축척법을 사용하여 지도제작의 과학화에 크게 기여하였다.
③ 조선 후기에는 모눈종이를 사용한 지도도 유행하여 지도제작이 한층 정밀해졌다.

오답분석 ④ 김정호가 백두산을 일곱 번 올랐으며, 『대동여지도』의 목판이 모두 압수되어 불태워졌다는 이야기가 전해졌으나 모두 거짓이라는 것이 밝혀졌다. 현재 남아있는 『대동여지도』 판목은 국립중앙박물관에 소장되어 있다.

● 복습지문
김정호는 "청구도"를 만든 후 1861년(철종 12) 목판본 "대동여지도"를 완성하였다.

31 | 조선 후기 문화계 동향   정답 ②

'담배'는 조선 후기에 전래되어 재배되었고, '전황(錢荒)'은 상평통보가 발행된 이후에 나타난 현상이므로 제시된 자료는 조선 후기에 제기된 주장임을 알 수 있다.
조선 후기에 실학이 발달하고 문화 인식의 폭이 넓어짐에 따라 유서(類書)로 불린 백과사전류의 저서가 많이 편찬되었다. 이 방면의 효시가 된 이수광의 "지봉유설"은 광해군 때 편찬되었고, 그 뒤를 이어 이익의 "성호사설", 이덕무의 "청장관전서", 서유구의 "임원경제지", 이규경의 "오주연문장전산고" 등이 편찬되어 우리나라의 전통 문화를 폭넓게 정리하였다.
조선 후기에는 형식에 구애받지 않고 서민들의 감정을 솔직하게 표현한 사설시조가 유행하였다. 사설시조는 주로 몰락한 양반이나 서리, 기생들에 의해 지어졌으며, 남녀 간의 사랑이나 현실에 대한 비판을 사실적으로 표현하였다.

오답분석
ㄷ. 조선 전기 태종 때 주자소를 설치하고 계미자 등의 활자를 주조하였다.

32 | 시대별 주요 의서   정답 ③

ㄹ. 고려 강화 천도기에 강화도의 대장도감에서 간행한 『향약구급방』은 현존하는 우리나라 최고(最古)의 의학 서적이다.
ㄷ. 세종 27년(1445)에 중국의 역대 의서를 집대성하여 365권에 달하는 『의방유취』라는 의학 백과사전을 간행하였다.
ㄱ. 허준은 선조의 명으로 중국과 우리나라의 의서들을 집대성하여 광해군 때 『동의보감』을 완성하였다.
ㄴ. 정조 때 정약용은 홍역(마진)에 대한 연구를 진전시키고 이 분야의 의서를 종합하여 『마과회통』을 편찬하였다.

V. 근세 후기

33 [2019 법원직] 밑줄 친 '이 시기'에 관한 다음 설명 중 가장 옳지 않은 것은?

청화 백자
까치호랑이문 항아리

이 시기에는 형태가 단순하고 꾸밈이 거의 없는 것이 특색인 백자가 유행하였고, 흰 바탕에 푸른 색깔로 그림을 그린 청화 백자도 많이 만들어졌다. 특히, 청화 백자는 문방구, 생활용품 등의 용도로 많이 제작되었다.

① 판소리, 잡가, 가면극이 유행하였다.
② 위선적인 양반의 생활을 풍자하는 '양반전', '허생전' 등의 한문 소설이 유행하였다.
③ 서얼이나 노비 출신의 문인들이 등장하였고, 황진이와 같은 여류 작가들도 활동하였다.
④ 김제 금산사 미륵전, 보은 법주사 팔상전, 논산 쌍계사 등이 이 시기를 대표하는 불교 건축물이다.

34 [2018 국가직 9급] 다음 해외 견문 기록을 시기순으로 바르게 나열한 것은?

ㄱ. 『표해록』
ㄴ. 『열하일기』
ㄷ. 『서유견문』
ㄹ. 『해동제국기』

① ㄱ → ㄴ → ㄹ → ㄷ
② ㄱ → ㄹ → ㄷ → ㄴ
③ ㄹ → ㄱ → ㄴ → ㄷ
④ ㄹ → ㄷ → ㄱ → ㄴ

35 [2024 지방직 9급] (가), (나)에 해당하는 건축물을 옳게 짝지은 것은?

(가) 은 고려시대 건축물이며 배흘림기둥과 주심포 양식으로 단아하면서도 세련된 아름다움을 담고 있다.
(나) 은 우리나라에 남아 있는 조선시대 건축물 중 유일한 5층 목탑이다.

	(가)	(나)
①	영주 부석사 무량수전	김제 금산사 미륵전
②	영주 부석사 무량수전	보은 법주사 팔상전
③	합천 해인사 장경판전	김제 금산사 미륵전
④	합천 해인사 장경판전	보은 법주사 팔상전

36 [2019 국가직 9급] 우리나라 문화유산에 대한 설명으로 옳지 않은 것은?

① 개성 경천사지 10층 석탑은 원의 석탑을 본떠 만들어졌다.
② 영주 부석사 무량수전은 주심포식 목조 건물이다.
③ 부여 정림사지 5층 석탑에서는 백제 무왕의 왕후가 넣은 사리기가 발견되었다.
④ 김제 금산사 미륵전은 다층 건물이나 내부가 하나로 통한다.

33 | 조선후기 문화 동향 　　정답 ③

'청화백자'가 많이 만들어진 '이 시기'는 조선 후기이다. 조선 후기에는 다양한 형태의 청화 백자가 널리 유행하였는데, 제기와 문방구 등 생활 용품이 많았다.

조선 후기에는 서민 문화의 발달에 따라 판소리, 탈춤과 산대놀이 등의 가면극이 서민들에게 큰 인기를 얻었다. 직업적인 광대나 기생들은 판소리, 산조와 잡가 등을 창작하여 발전시켰다.

조선 후기에는 사회의 부조리한 현실을 예리하게 비판하는 한문학도 등장하였다. 박지원은 『양반전』, 『허생전』, 『호질』, 『민옹전』 등의 한문 소설을 통해 양반의 무능과 허위 의식을 풍자하였다.

조선 후기에는 불교의 사회적 지위가 재고되어 사원 건축도 활발하였다. 17세기에는 김제 금산사 미륵전, 구례 화엄사 각황전, 보은 법주사 팔상전 등 규모가 큰 다층 건물이 많이 세워졌다. 18세기에는 장식성이 강한 논산 쌍계사, 부안 개암사, 안성 석남사 같은 사원이 세워졌다.

오답분석 ③ 황진이는 조선 전기인 16세기에 활동하였다.

● **복습지문**
김제 금산사 미륵전, 보은 법주사 팔상전 등이 17세기를 대표하는 불교 건축물이다.

34 | 해외 견문 기록 　　정답 ③

ㄹ. 1443년 서장관으로 일본에 다녀온 신숙주는 1471년 성종의 명으로 일본의 지세와 국정, 교빙내왕의 연혁, 사신관대예접의 절목을 기록한 『해동제국기』를 작성하였다.

ㄱ. 1488년(성종 19) 최부가 『표해록』을 작성하였다. 『표해록』에는 최부가 제주에서 나주로 가던 중 표류하여 중국의 절강성 영파부에 도착한 후 북경과 요동, 의주를 거쳐 한양으로 돌아온 여정이 기록되어 있다.

ㄴ. 1780년 박지원은 박명원을 수행하여 청나라에 간 후 열하를 여행하고 돌아와 문인·명사들과의 교류, 문물제도를 접한 결과를 기록한 『열하일기』를 편찬하였다.

ㄷ. 1883년 보빙사 민영익의 수행원으로 미국에 파견되었던 유길준은 유학생활을 하던 중 갑신정변의 소식을 듣고 1885년 귀국하였다. 귀국 후 유길준은 청의 내정간섭과 개화파 탄압을 피해 한규설의 집에 유폐되었다가 1887년 민영익의 별장으로 거처를 옮긴 후 『서유견문』 집필을 시작하였다. 『서유견문』은 1889년 완성되었으나 출판되지 못하였다가, 1895년에 발간되었다.

35 | 불교 건축물 　　정답 ②

(가) 고려시대 목조 건축물 중에서 주심포 양식으로 지어진 건물은 안동 봉정사 극락전, 영주 부석사 무량수전, 예산 수덕사 대웅전 등이 지금까지 남아 있다. 이중 봉정사 극락전은 맞배지붕에 배흘림기둥을 사용하였으며, 부석사 무량수전은 단층의 팔작지붕 건물로 배흘림기둥을 사용하였다.

(나) 우리나라에 남아 있는 조선시대 건축물 중 유일한 5층 목조탑은 보은 법주사 팔상전이다. 팔상전은 벽면에 부처의 일생이 8장면으로 그려져 있어 붙인 명칭이다.

36 | 주요 불교 문화재 　　정답 ③

① 고려 후기 충목왕 때 건립된 경천사지 10층 석탑은 화강암이 아닌 대리석으로 만들어졌고, 원에서 유행하던 티베트 불교(라마교)의 영향을 받아 화려한 조각이 새겨져 있다. 조선 세조 때 만든 원각사지 10층 석탑은 그 영향을 받은 것으로 보인다.

② 고려 시대 목조 건축물은 주로 주심포 양식이 유행하였는데, 13세기 이후에 지은 안동 봉정사 극락전, 영주 부석사 무량수전, 예산 수덕사 대웅전 등이 지금까지 남아 있다. 우왕 2년(1376)에 새로 지은 영주 부석사 무량수전은 공포가 기둥 위에만 있는 주심포 양식에다 배흘림 기둥, 팔작 지붕이 조화를 잘 이루고 있다.

④ 김제 금산사의 미륵전은 정유재란 때 불탄 것을 조선 인조 때 다시 지은 뒤 여러 차례의 수리를 거쳐 오늘에 이르고 있다. 미륵전은 3층의 팔작지붕 건물로, 지붕 처마를 받치기 위해 장식한 공포가 기둥 위뿐만 아니라 기둥 사이에도 있는 다포 양식이다. 건물 내부는 3층 전체가 하나로 터진 통층이며, 제일 높은 기둥을 하나의 통나무가 아닌 몇 개를 이어서 사용한 것이 특이하다.

오답분석 ③ 익산 미륵사지 석탑에서 무왕의 왕후가 넣은 사리기가 발견되었다.

2026 9급(국가직·지방직·서울시), 법원직 대비

최근 7개년 9급(국가직, 지방직) 대단원별 기출 분석

대단원	문항 수	비율
Ⅰ. 고조선과 초기 국가	15문항	5.3%
Ⅱ. 한국 고대사	41문항	14.6%
Ⅲ. 한국 중세사	46문항	16.4%
Ⅳ. 근세 전기	33문항	11.8%
Ⅴ. 근세 후기	28문항	10%
Ⅵ. 한국 근대사	43문항	15.3%
Ⅶ. 독립운동사	41문항	14.6%
Ⅷ. 한국 현대사	23문항	8.2%
기타	11문항	4%

1. 외세의 침략적 접근과 개항
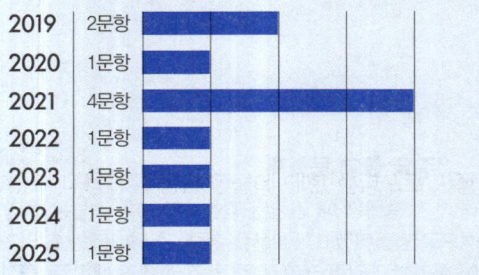

2. 개화 정책의 추진과 반발
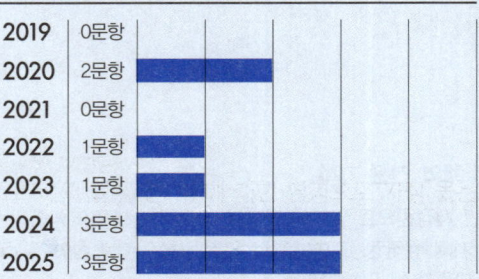

3. 동학 농민 운동과 갑오·을미개혁
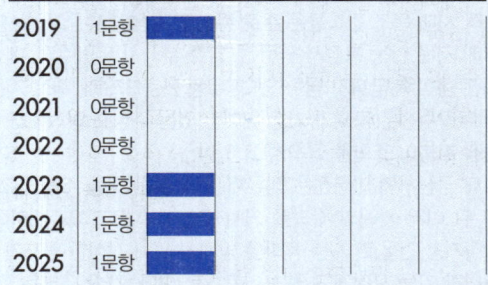

4. 구국 민족 운동의 전개
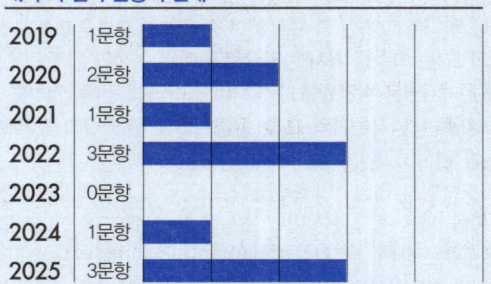

5. 근대의 경제와 사회·문화
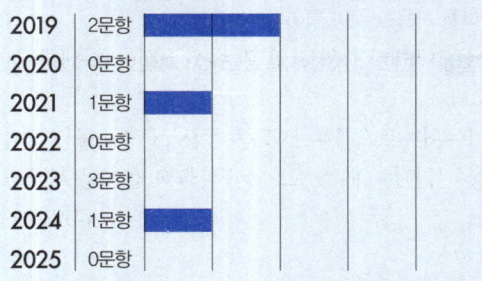

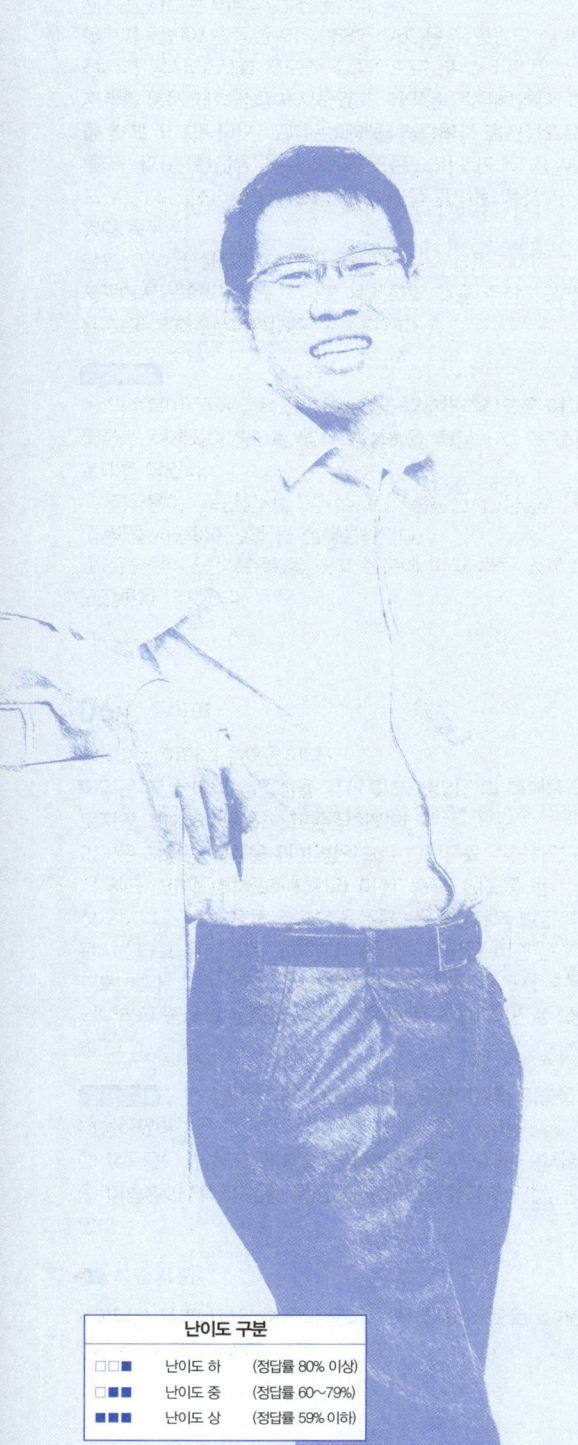

Compact History

VI

한국 근대사

01 외세의 침략적 접근과 개항
02 개화 정책의 추진과 반발
03 동학 농민 운동과 갑오·을미개혁
04 구국 민족 운동의 전개
05 근대의 경제와 사회·문화

누적 수강생 70만 명의 검증된 역사전문가!
저자 직강 www.megagong.net에서 만날 수 있습니다!

난이도 구분
□□■ 난이도 하 (정답률 80% 이상)
□■■ 난이도 중 (정답률 60~79%)
■■■ 난이도 상 (정답률 59% 이하)

Ⅵ. 한국 근대사

01~02 외세의 침략적 접근과 개항 / 개화 정책의 추진과 반발

01 [2021 지방직 9급] (가) 인물에 대한 설명으로 옳은 것은?

> 철종이 죽고 고종이 어린 나이로 왕이 되자, 고종의 아버지인 (가) 가/이 실권을 장악하였다.
> (가) 는/은 임진왜란 때 불탄 후 방치되어 있던 경복궁을 중건하였다. 이때 원납전이라는 기부금을 징수하는 일이 벌어졌으며 당백전이라는 화폐도 발행되었다.

① 『대한국국제』를 만들어 공포하였다.
② 서원을 대폭 줄이는 정책을 추진하였다.
③ 우정총국 개국 축하연을 이용해 정변을 일으켰다.
④ 황쭌셴의 『조선책략』을 가져와 널리 유포하였다.

02 [2022 국가직 9급] 밑줄 친 '그'에 대한 설명으로 옳은 것은?

> 고종이 즉위한 직후에 실권을 장악한 그는 러시아를 견제하기 위해 천주교 선교사를 통해 프랑스와 교섭하려 했다. 하지만 천주교를 금지해야 한다는 유생의 주장이 높아지자 다수의 천주교도와 선교사를 잡아들여 처형한 병인박해를 일으켰다. 이후 고종의 친정이 시작됨에 따라 물러난 그는 임오군란이 일어났을 때 잠시 권력을 장악했지만, 청군의 개입으로 곧 물러났다.

① 미국에 보빙사라는 사절단을 파견하였다.
② 전국 여러 곳에 척화비를 세우도록 했다.
③ 국경을 획정하고자 백두산정계비를 세웠다.
④ 통리기무아문을 설치하고 그 아래에 12사를 두었다.

03 [2021 국가직 9급] 밑줄 친 '그'에 대한 설명으로 옳은 것은?

> 군역에 뽑힌 장정에게 군포를 거두었는데, 그 폐단이 많아서 백성들이 뼈를 깎는 원한을 가졌다. 그런데 사족들은 한평생 한가하게 놀며 신역(身役)이 없었다. …(중략)… 그러나 유속(流俗)에 끌려 이행되지 못하였으나 갑자년 초에 그가 강력히 나서서 귀천이 동일하게 장정 한 사람마다 세납전(歲納錢) 2민(緡)을 바치게 하니, 이를 동포전(洞布錢)이라고 하였다.
> ― 『매천야록』 ―

① 만동묘 건립을 주도하였다.
② 군국기무처 총재를 역임하였다.
③ 통리기무아문을 폐지하고 5군영을 부활하였다.
④ 탕평 정치를 정리한 『만기요람』을 편찬하였다.

04 [2023 국가직 9급] (가) 인물이 추진한 정책으로 옳지 않은 것은?

> 선비들 수만 명이 대궐 앞에 모여 만동묘와 서원을 다시 설립할 것을 청하니, (가) 이/가 크게 노하여 한성부의 조례(皂隷)와 병졸로 하여금 한강 밖으로 몰아내게 하고 드디어 천여 곳의 서원을 철폐하고 그 토지를 몰수하여 관에 속하게 하였다.
> ― 『대한계년사』 ―

① 사창제를 실시하였다.
② 『대전회통』을 편찬하였다.
③ 비변사의 기능을 강화하였다.
④ 통상 수교 거부 정책을 추진하였다.

01 | 흥선대원군 정답 ②

(가)는 고종의 아버지로 경복궁을 중건한 흥선대원군이다.
흥선대원군은 어린 고종을 대신해 정치를 주도하며 개혁 정책을 과감하게 추진하였다. 장기간 권력을 장악하고 있던 안동김씨 세력을 몰아내어 당파를 가리지 않고 인재를 등용했으며, 정치기구를 정비하여 의정부를 정상화하고 비변사를 혁파하였다.
또한 『대전회통』과 『육전조례』를 편찬하여 통치 체제를 정비하였다. 그러나 만동묘와 화양동 서원 등 600여 개의 서원을 혁파하면서 양반 유생들의 반발을 사 1873년에 흥선대원군은 실각하고 고종과 민씨 일족이 권력을 장악하였다.

오답분석 ① 대한제국 시기인 1899년에 『대한국국제』가 제정되었다.
③ 김옥균, 박영효 등 개화당 세력이 우정총국 개국 축하연을 이용해 갑신정변(1884)을 일으켰다.
④ 2차 수신사로 일본에 다녀온 김홍집이 황쭌셴의 『조선책략』을 들여왔다.

02 | 흥선대원군 정답 ②

'그'는 병인박해를 일으키고, 임오군란 때 잠시 권력을 장악했던 흥선대원군이다.
흥선대원군은 1866년 초 9명의 프랑스인 신부와 8,000여 명의 천주교도를 처형한 병인박해를 일으켰다. 프랑스는 자국인 선교사의 처형을 구실로 조선에 대한 무력 침공을 단행하였다(병인양요).
1871년 미국은 제너럴셔먼호 사건을 구실로 신미양요를 일으켰다. 로저스 제독은 군함 5척을 이끌고 강화 해협의 초지진과 덕진진을 함락하고, 광성보를 공격하였으나 조선군의 거센 저항을 받았다. 미군이 20여 일 만에 철수한 뒤 흥선대원군과 조선 정부는 전국 각지에 척화비를 세워 서양 세력의 침략을 물리친 자부심을 표현하였다.

오답분석 ① 1883년에 고종이 미국에 보빙사절단을 파견하였다.
③ 숙종 때 백두산 정계비를 세워 청과의 국경을 정하였다.
④ 1880년에 고종이 통리기무아문을 설치하고 그 아래에 12사를 두었다.

03 | 흥선대원군 정답 ③

종래 양인 장정에게만 부과하던 군포를 양반에게도 매호당 2냥씩 부과하여 징수하게 한 제도는 동포법(호포법)이므로, 밑줄 친 '그'는 흥선대원군이다.
흥선대원군은 삼정을 바로잡아 백성의 부세 부담을 고르게 하고 국가 재정을 확충하려고 하였다. 이를 위해 토지 대장에서 누락된 땅(은결)을 찾아내고, 일부 지방에서는 양전 사업을 시행하였다. 양반에게도 군포를 받는 호포제를 실시하였으며, 환곡 제도의 폐단을 없애기 위해 사창제를 시행하였다.
임오군란(1882)이 일어나자 고종은 흥선대원군을 불러 사태 수습을 위임하였다. 대원군은 통리기무아문과 별기군을 폐지하여 민씨 정권 주도의 개화 정책을 중단하고, 5군영과 삼군부를 부활시켰다. 임오군란을 진압한 청은 흥선대원군을 톈진으로 압송하였다.

오답분석 ① 숙종 때 송시열의 유언을 받들어 권상하가 충청도 괴산에 만동묘를 건립하였다.
② 1894년에 경복궁 점령 사건을 계기로 김홍집이 군국기무처 총재로 임명되었다.
④ 순조 때 왕명으로 재정과 군정에 관한 내용을 수록한 『만기요람』이 편찬되었다.

04 | 흥선대원군 정답 ③

(가)는 만동묘와 서원을 철폐한 흥선대원군이다. 흥선대원군은 붕당의 근거지로 많은 폐해를 일으켰던 만동묘와 화양동 서원 등 600여 개의 서원을 혁파하고 47개의 서원만을 남겼다.
흥선대원군은 어린 고종을 대신해 정치를 주도하며 개혁 정책을 과감하게 추진하였다. 장기간 권력을 장악하고 있던 안동 김씨 세력을 몰아내어 당파를 가리지 않고 인재를 등용했으며, 의정부를 정상화하고 비변사를 혁파하였다. 또 조선 최대의 법전인 『대전회통』 및 『육전조례』를 편찬하여 통치 체제를 정비하였다.
또한 삼정의 문란을 바로잡기 위해 은결을 색출하는 양전사업과 군포제 개혁을 위해 양반에게도 군포를 징수하는 호포법(동포법)을 실시하였고, 환곡제의 폐단을 없애기 위해 지역민들이 자치적으로 운영하는 사창제를 시행하였다.
한편, 흥선대원군은 병인양요(1866)와 신미양요(1871)를 거치면서 전국에 척화비를 세우고, 통상 수교 거부 정책을 확고하게 유지하였다.

오답분석 ③ 흥선대원군은 비변사를 혁파하고, 의정부를 정상화하였다.

Ⅵ. 한국 근대사

05 [2024 지방직 9급] 병인양요에 대한 설명으로 옳지 <u>않은</u> 것은?

① 프랑스 함대가 강화부를 점령하였다.
② 외규장각이 소실되었고 의궤 등을 약탈당했다.
③ 어재연이 강화도 광성보 전투에서 전사하였다.
④ 프랑스 선교사와 천주교도가 처형당한 것이 원인이 되었다.

06 [2020 국가직 9급] 다음 사건이 일어난 왕의 재위 기간에 있었던 사실로 옳은 것은?

> 그들 조선군은 비상한 용기를 가지고 응전하면서 성벽에 올라 미군에게 돌을 던졌다. 창칼로 상대하는데 창칼이 없는 병사들은 맨손으로 흙을 쥐어 적군 눈에 뿌렸다. 모든 것을 각오하고 한 걸음 한 걸음 다가드는 적군에게 죽기로 싸우다 마침내 총에 맞아 죽거나 물에 빠져 죽었다.

① 군포에 대한 양반들의 면세특권이 폐지되었다.
② 금난전권을 제한하려는 통공정책이 시작되었다.
③ 결작세가 신설되면서 지주들의 부담이 증가하였다.
④ 영정법이 제정되어 복잡한 전세 방식이 일원화되었다.

07 [2024 법원직] (가)~(라) 사건이 일어난 순서대로 바르게 나열된 것은?

> (가) 삼가 말하건대 남의 무덤을 파는 것은 예의가 없는 행동에 가깝지만 무력을 동원하여 백성들을 도탄 속에 빠뜨리는 것보다 낫기 때문에 하는 수 없이 그렇게 하였습니다.
> (나) 정족산성 수성장 양헌수가 …… 우리 군사들이 좌우에 매복했다가 일제히 총탄을 퍼부었습니다. 저들은 죽은 자가 6명이고 아군은 죽은 자가 1명입니다.
> (다) 흉악한 적들을 무찌르다가 수많은 총알을 고슴도치의 털처럼 맞아서 순직하였으니 …… 죽은 진무중군 어재연에게 특별히 병조 판서와 지삼군부사의 관직을 내리노라.
> (라) 일본국 인민이 조선국의 각 항구에서 머무르는 동안 죄를 범한 것이 조선국 인민과 관계되는 사건일 때에는 모두 일본국 관원이 심판한다.

① (가) - (나) - (다) - (라)   ② (가) - (다) - (라) - (나)
③ (나) - (가) - (다) - (라)   ④ (나) - (다) - (라) - (가)

08 [2025 지방직 9급] (가)~(라)를 시기가 이른 것부터 바르게 나열한 것은?

> (가) 어재연의 부대가 광성보에서 미국군에게 패하였다.
> (나) 양헌수의 부대가 정족산성에서 프랑스군을 물리쳤다.
> (다) 독일인 오페르트가 남연군의 묘를 도굴하려다 실패하였다.
> (라) 미국 상선 제너럴셔먼호가 평양 부근까지 들어와 통상을 요구하였다.

① (가) → (나) → (다) → (라)
② (나) → (라) → (가) → (다)
③ (다) → (나) → (가) → (라)
④ (라) → (나) → (다) → (가)

05 | 병인양요 정답 ③

① 로즈 제독이 이끄는 프랑스 함대는 강화읍성을 점령하고 프랑스 신부 살해자에 대한 처벌과 통상 조약의 체결을 요구하였다. 그러나 김포의 문수산성에서 한성근 부대가 서울로 진격하는 프랑스군을 격퇴하고, 강화도 남쪽의 정족산성에서는 양헌수 부대가 치열한 격전을 벌여 프랑스군 30여 명을 사살하였다(정족산성 전투).
② 프랑스군은 40여 일 만에 물러가면서 강화도 일대에서 약탈과 방화를 자행하여 강화 행궁과 외규장각은 불타버리고 외규장각 도서들이 약탈되었다.
④ 흥선대원군은 1866년 초 9명의 프랑스인 신부와 8,000여 명의 천주교도를 처형한 병인박해를 일으켰다. 프랑스는 자국인 선교사의 처형을 구실로 조선에 대한 무력 침공을 단행하였다(병인양요).

오답분석 ③ 신미양요(1871) 때 광성보 전투에서 어재연 등이 전사하였다.

07 | 두 차례 양요 정답 ③

(나) 병인양요(1866) 때 김포의 문수산성에서 한성근 부대가 프랑스군을 격퇴하고, 강화도 남쪽의 정족산성에서 양헌수 부대가 프랑스군을 물리쳤다.
(가) 1868년에 독일 상인 오페르트는 흥선대원군의 아버지인 남연군의 유골을 미끼로 조선 정부와 통상 조약을 체결하고자 충남 덕산에 있는 남연군의 묘를 도굴하려다 실패하고 달아났다.
(다) 1871년 미국은 제너럴셔먼호 사건을 구실로 강화도를 침략하였다. 미군은 초지진·덕진진을 점령한 후 어재연이 이끄는 조선군과 격전을 벌인 끝에 광성보를 함락하고 수자기를 탈취하였다.
(라) 1876년에 강화도 조약이 체결되어 조선은 부산 이외에 2개의 항구를 개항하고, 일본의 자유로운 해안 측량을 허용하였다. 다울러 조선에서 죄를 지은 일본인에게 조선의 법을 적용하지 않고 일본 관리가 심판할 수 있도록 한 치외법권을 인정하였다.

06 | 신미양요 정답 ①

조선군과 미군이 격전을 벌인 사건은 신미양요(1871)로, 고종(1863~1907) 재위기에 일어났다.
1863년 철종이 후사 없이 죽고 흥선군 이하응의 둘째 아들인 고종이 12세의 나이로 즉위하였다. 이후 어린 고종을 대신해 흥선대원군이 10년 동안 정치를 주도하였다. 흥선대원군은 삼정을 바로잡아 백성의 부세 부담을 고르게 하고 국가 재정을 확충하려고 하였다. 이를 위해 토지 대장에서 누락된 땅(은결)을 찾아내고, 일부 지방에서는 양전 사업을 시행하였다. 군역이 면제되었던 양반에게도 군포를 부과하는 호포법을 실시하였으며, 환곡 제도의 폐단을 없애기 위해 사창제를 시행하였다.

오답분석 ② 정조(1776~1800) 때 신해통공(1791)으로 육의전을 제외한 시전상인의 금난전권을 제한하였다.
③ 영조(1724~1776) 때 균역법(1750)을 시행하면서 결작세를 신설하였다.
④ 인조(1623~1649) 때 영정법(1635)을 제정하여 전세를 풍흉에 관계없이 토지 1결당 미곡 4~6두로 고정하였다.

● 복습지문
흥선대원군은 호포제를 실시하여 양반들도 군포를 내도록 하였다.

08 | 두 차례 양요 정답 ④

(라) 1866년 7월에 미국 상선 제너럴셔먼호는 통상을 요구하며 대동강에서 관리를 포로로 잡고 주민을 살상하는 등 난동을 부렸다.
(나) 1866년 10월에 프랑스는 병인박해를 구실로 군함을 보내 조선을 침략하였다. 이에 맞서 한성근 부대가 문수산성에서, 양헌수 부대는 삼랑성(정족산성)에서 프랑스군을 물리쳤다.
(다) 1868년 독일 상인 오페르트는 통상 요구를 관철하기 위해 남연군(흥선대원군의 아버지)의 묘지 도굴을 시도하였다.
(가) 1871년 신미양요 때 광성보 전투에서 어재연·어재순 형제를 비롯해 350여 명에 달하는 조선군이 전사하였다.

Ⅵ. 한국 근대사

09 [2022 간호직 8급] 다음 사건에 대한 설명으로 옳은 것은?

> 아시아함대 사령관 로저스 제독이 군함을 이끌고 강화도에 상륙하여 덕진진을 점령하고 광성보를 공격하였다. 어재연 등이 이끄는 조선의 수비대는 광성보에서 격렬하게 항전하였으나 결국 패배하였다. 광성보를 점령한 외국 부대는 조선 정부에 통상을 요구하였으나 조선 정부가 수교 협상에 응하지 않고 맞서자 철수하였다.

① 병인박해 사건이 일어난 계기가 되었다.
② 운요호 사건이 일어난 직후에 발생하였다.
③ 미국이 제너럴 셔먼호 사건을 구실로 일으켰다.
④ 독일 상인 오페르트의 남연군 묘 도굴 사건으로 이어졌다.

11 [2022 법원직] (가)~(라) 사건이 일어난 순서대로 바르게 나열된 것은?

> (가) 운요호가 강화도의 초지진을 포격하고 군대를 영종도에 상륙시켜 살인과 약탈을 자행하였다.
> (나) 독일 상인 오페르트가 덕산군에 상륙하여 남연군의 무덤을 도굴하다가 실패하고 돌아갔다.
> (다) 미군이 강화도의 초지진을 함락하고 광성보를 공격하였다.
> (라) 프랑스군이 강화도의 주요 시설을 불태우고 외규장각 도서를 약탈하였다.

① (가)-(나)-(라)-(다)
② (나)-(라)-(가)-(다)
③ (다)-(나)-(가)-(라)
④ (라)-(나)-(다)-(가)

10 [2021 지방직 9급] (가) 시기에 있었던 사실로 옳은 것은?

> 평양의 관민이 제너럴 셔먼호를 불태웠다.
> ⇩
> (가)
> ⇩
> 미군이 광성보를 공격해 점령하였다.

① 고종이 홍범 14조를 발표하였다.
② 일본의 운요호가 초지진을 포격하였다.
③ 오페르트가 남연군의 묘 도굴을 시도하였다.
④ 차별 대우에 불만을 품은 군인이 임오군란을 일으켰다.

12 [2020 서울시 9급] 〈보기〉의 조약이 체결된 이후에 일어난 사건으로 가장 옳지 않은 것은?

> ●보기●
> 제1관 조선국은 자주국으로서 일본국과 평등한 권리를 보유한다.
> 제7관 조선의 연해 도서는 지극히 위험하므로 일본의 항해자가 자유로이 해안을 측량함을 허가한다.

① 만동묘가 철폐되었다.
② 통리기무아문이 설치되었다.
③ 영남 유생들이 만인소를 올렸다.
④ 이범윤이 간도 시찰원으로 파견되었다.

09 | 신미양요
정답 ③

'로저스 제독', '광성보', '어재연' 등의 단서를 통해 제시된 자료는 신미양요(1871)에 대한 설명임을 알 수 있다.
1866년 미국 상선 제너럴 셔먼호는 대동강을 거슬러 평양까지 와서 통상을 요구하였다. 제너럴 셔먼호의 승무원들은 관리를 포로로 잡고 주민을 살상하는 등 난동을 부렸다. 이에 평안도 관찰사 박규수의 지휘 하에 평양의 군민들은 배를 불태우고 선원 31명을 죽였다.
1871년 미국은 제너럴 셔먼호의 책임을 묻겠다고 하면서 신미양요를 일으켰다. 로저스 제독은 콜로라도호 등 군함 5척을 이끌고 강화 해협의 조선군 진지를 공격하였다. 미국 해병대는 초지진과 덕진진을 함락하고 곧 이어 광성보를 수륙양면으로 공격하였다. 이 전투에서 어재연·어재순 형제를 비롯하여 350여 명의 조선군이 전사하면서 광성보는 결국 함락되고 말았다.

오답분석 ① 병인박해를 계기로 병인양요가 일어났다.
② 운요호 사건은 1875년에 일어났고, 신미양요는 1871년에 발생하였다.
④ 1868년에 오페르트 도굴 사건이 일어났고, 1871년에 신미양요가 발생하였다.

10 | 두 차례의 양요
정답 ③

1866년 7월 제너럴 셔먼호는 대동강에서 관리를 포로로 잡고 주민을 살상하는 등 난동을 부렸다.
1871년 미국은 제너럴 셔먼호 사건을 구실로 강화도를 침략하였다. 미군은 초지진·덕진진을 점령한 후 어재연이 이끄는 조선군과 격전을 벌인 끝에 광성보를 함락하고 수자기를 탈취하였다. 따라서 (가)는 1866년부터 1871년 사이에 발생한 사건이 들어가야 한다.
1868년 오페르트 일당은 흥선대원군의 아버지인 남연군의 묘를 도굴하여 시신을 인질로 통상교섭을 진행하려 하였으나, 도굴에 실패하고 달아났다. 이후 서양에 대한 반감이 높아져 조선 정부의 통상 수교 거부 정책이 강화되었다.

오답분석 ① 1894년 12월에 고종이 종묘에 나아가 독립 서고문을 바치고 홍범 14조를 발표하였다.
② 1875년에 일본은 서구의 포함 외교를 모방하여 조선에 운요호 등 군함을 보내 무력시위를 벌였다.
④ 1882년에 차별 대우에 불만을 품은 구식 군인이 임오군란을 일으켰다.

11 | 두 차례의 양요
정답 ④

(라) 1866년 10월에 프랑스는 강화도를 점령한 뒤 물러가면서 외규장각 도서를 약탈하였다.
(나) 1868년 독일 상인 오페르트는 통상 요구를 관철하기 위해 남연군(흥선 대원군의 아버지)의 묘지 도굴을 시도하였다.
(다) 1871년 신미양요 때 광성보 전투에서 어재연·어재순 형제를 비롯해 350여 명에 달하는 조선군이 전사하였다.
(가) 1875년 11월 일본의 운요호는 함포를 발사하여 영종진을 파괴하고 군대를 상륙시켜 관아와 민가를 노략질하였다(운요호 사건).

12 | 강화도 조약
정답 ①

〈보기〉는 1876년 2월에 강화도에서 조선과 일본 사이에 체결된 강화도 조약(조일수호조규)이다. 강화도 조약의 1관에서 조선은 일본과 동등한 권리를 가진 자주국임을 선언하였는데, 이는 조선에 대한 청의 영향력을 배제하려는 의도이다. 7관은 해안 측량권을 규정하였는데, 이 조항은 강화도 조약의 불평등성을 잘 보여준다.
1880년에 조선 정부는 개혁을 추진하기 위해 근대적 행정기구인 통리기무아문을 설치하였다.
1880년에 2차 수신사로 파견된 김홍집이 『조선책략』을 들여와 고종에게 헌상하자, 고종은 이 책을 관리와 유생들에게 배포하여 의견을 물었다. 1881년 초에 영남 지방의 유생들이 이만손을 중심으로 만인소를 올려 서양 열강과의 수교에 반대하고 『조선책략』을 들여온 김홍집의 처벌을 요구하였다.
대한제국에서는 1902년 이범윤을 간도시찰원으로 파견하여 우리 교민을 보호하였다. 1903년에는 이범윤을 북간도관리사로 임명하고 간도를 함경도의 행정 구역에 포함시킨 후 청에 통보하였다.

오답분석 ① 흥선대원군 집권기(1863~1873)에 만동묘를 비롯한 서원이 철폐되었다.

Ⅵ. 한국 근대사

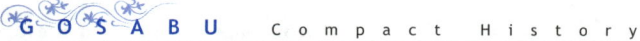

13 [2021 법원직] (ㄱ), (ㄴ) 조약이 체결된 시기로 옳은 것은?

> (ㄱ) 제7관 일본국 인민은 본국의 현행 여러 화폐를 사용해 조선국 인민이 소유한 물품과 교환할 수 있다. 조선국 인민은 그 교환한 일본국의 여러 화폐로 일본국에서 생산한 여러 가지 화물을 구매할 수 있다.
> (ㄴ) 제6칙 이후 조선국 항구에 거주하는 일본 인민은 양미와 잡곡을 수출입할 수 있다.

1866	1871	1875	1880	1883
	(가)	(나)	(다)	(라)
병인양요	신미양요	운요호 사건	원산 개항	인천 개항

① (가) ② (나) ③ (다) ④ (라)

15 [2021 국가직 9급] 밑줄 친 '조약'에 대한 설명으로 옳지 않은 것은?

> 1905년 8월 4일 오후 3시, 우리가 앉아있는 곳은 새거모어 힐의 대기실. 루스벨트의 저택이다. 새거모어 힐은 루스벨트의 여름용 대통령 관저로 3층짜리 저택이다. …(중략)… 대통령과 마주하자 나는 말했다. "감사합니다. 각하. 저는 대한제국 황제의 친필 밀서를 품고 지난 2월에 헤이 장관을 만난 사람입니다. 그 밀서에서 우리 황제는 1882년에 맺은 조약의 거중조정 조항에 따른 귀국의 지원을 간곡히 부탁했습니다."

① 영사재판권이 인정되었다.
② 임오군란을 계기로 체결되었다.
③ 최혜국 대우 조항이 포함되었다.
④ 『조선책략』의 영향을 받았다.

14 [2025 법원직] 다음 밑줄 친 '이 나라'에 대한 설명으로 가장 옳은 것은?

> 정부가 이 나라와 통상 조약을 체결하려 하자 위정척사운동이 절정에 이르렀다. 전국의 유생들은 정부가 황쭌셴의 『조선책략』에 따라 서양과 통교하려 한다고 여겨 이를 반대하는 상소를 올렸다.

① 운요호 사건을 일으켰다.
② 삼국 간섭에 참여하였다.
③ 외규장각 도서를 약탈하였다.
④ 포츠머스 조약을 중재하였다.

16 [2020 지방직 9급] (가) 시기에 있었던 일로 옳은 것은?

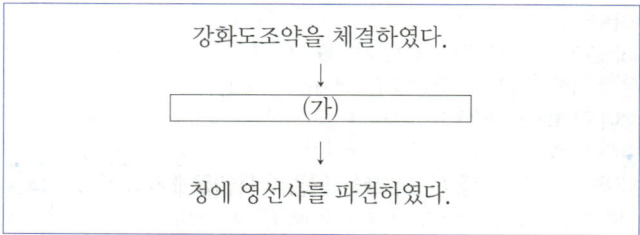

① 군국기무처를 두고 여러 건의 개혁안을 처리하였다.
② 개화 정책을 추진할 기구로 통리기무아문을 설치하였다.
③ 국정 개혁의 기본 방향을 담은 홍범 14조를 공포하였다.
④ 구본신참의 개혁 원칙을 정하고 대한국국제를 선포하였다.

13 | 조일무역규칙, 조일수호조규부록   정답 ③

(ㄱ)은 개항장 내 일본 화폐의 유통 등을 규정한 조·일 수호조규 부록, (ㄴ)은 양곡의 무제한 유출을 허용한 조일 무역규칙이다.

1875년 11월 일본은 서구의 포함 외교를 모방하여 조선에 운요호 등 군함을 보내 무력시위를 벌였다. 운요호는 강화도에 군대를 상륙시켜 관아와 민가를 노략질하였다(운요호 사건). 운요호 사건이 있은 지 석 달 뒤 일본은 군함 11척과 군대를 이끌고 강화도에 나타나 개항을 강요하였다. 결국 조선 정부는 일본의 군사적 압력에 굴복하여 1876년 2월 강화도조약(조·일 수호조규)을 체결하였다.

강화도조약의 후속 조치로 1876년 7월에는 '조·일 무역규칙'과 '조·일 수호조규 부록'이 체결되었다. 조·일 무역규칙은 일본 수출입 상품에 대한 무항세(무관세)와 양곡의 무제한 유출을 허용하였다. 조·일 수호조규 부록에서는 조계지 설정, 일본 화폐의 유통, 일본 외교관의 내지 자유 통행권이 규정되어 일본상인들은 개항장에서 일본화폐를 유통시킬 수 있었다. 한편 강화도 조약에 따라 1876년에 부산이 개항되고 1880년에 원산이 개항되었다.

14 | 미국(영남 만인소)   정답 ④

황쭌셴의 『조선책략』이 발단이 되어 위정척사운동의 대상이 된 '이 나라'는 미국이다.

『조선책략』은 1880년 2차 수신사로 일본에 파견되었던 김홍집이 청국 주일공사관 황쭌셴(황준헌)에게 받아와 고종에게 바친 책이다. 이 책은 러시아를 막기 위한 방책으로 '친중·결일·연미'를 주장하였다. 김홍집이 『조선책략』을 고종에게 헌상하자, 고종은 이 책을 관리와 유생들에게 배포하여 의견을 물었다. 1881년 『조선책략』이 유포되고 미국과 수교가 추진되자 영남 지방의 유생들이 이만손을 중심으로 만인소를 올렸다. 이들은 서양 열강과의 수교에 반대하고 『조선책략』을 도입한 김홍집의 처벌을 요구하였다.

1904년 2월 8일 일본이 뤼순을 기습 공격하면서 러일전쟁이 시작되었다. 이 전쟁은 1905년 9월 미국의 중재로 포츠머스 조약이 체결되면서 종결되었다.

오답분석 ① 일본이 운요호 사건을 일으켜 강화도 조약을 체결하였다.
② 러시아가 독일, 프랑스와 함께 삼국 간섭에 참여하였다.
③ 프랑스가 병인양요를 일으키고 외규장각 도서를 약탈하였다.

15 | 조미 수호 통상 조약   정답 ②

'거중조정 조항'이 포함된 조약은 1882년에 조선이 미국과 체결한 조·미 수호통상조약이다.

1880년 2차 수신사로 일본에 간 김홍집이 황쭌셴의 『조선책략』을 들여왔다. 이 책은 조선이 러시아를 방어하기 위해서 중국과 더욱 친하고, 일본과 결속하고, 미국과 연대를 모색할 필요가 있다는 외교 방책을 제시하였다. 러시아와 일본을 견제하고 조선에 대한 종주권을 유지하고자 했던 청이 미국과의 수교 조약을 적극 알선하여 1882년 5월에 서양 나라들 중에서 최초로 미국과 통상 조약을 맺었다.

조·미 수호통상조약은 치외법권(영사재판권)뿐만 아니라 강화도조약에는 없는 최혜국 대우를 인정했다. 강화도조약에 비해 조금 나아진 것은 수출입 상품에 대해 협정 관세를 부과하기로 한 것이다. 한편 이 조약에 거중조정이 명시되었는데, 이는 양국이 어려움에 처할 경우 서로 돕자는 내용이다.

오답분석 ② 조·미 수호통상조약은 임오군란 발발 한달 전에 체결되었다.

16 | 초기 개화 정책   정답 ②

1876년 2월 27일 강화 연무당에서 조선의 전권대신 신헌과 일본의 특명전권판리 대신 구로다(黑田淸隆) 사이에 12조로 된 강화도조약(조일수호조규)을 체결하였다.

1881년 9월에 김윤식을 영선사로 삼아 청나라에 학생과 기술자를 보내 톈진에 있는 기기국(무기 공장)에서 무기제조 기술을 배우게 하였다. 톈진의 기기국에서 무기제조 기술을 배운 학생과 기술자들은 귀국한 후 최초의 근대식 무기 공장인 기기창을 설립하고 무기 제조를 담당하였다.

1880년 조선 정부는 통리기무아문을 설치하고 그 밑에 12사를 두어 근대적 개혁과 외교를 담당하도록 하였다. 아울러 군제 개혁을 단행하여 5군영을 2영(무위영과 장어영)으로 통합하였다. 또 별기군(교련병대)을 창설하고 일본인 교관(호리모토 소위)을 초빙하여 근대식 군사 훈련을 실시하였다.

오답분석 ① 1894년 6월에 군국기무처가 설치되어 제1차 갑오개혁을 추진하였다.
③ 1894년 12월에 홍범 14조가 공포되었다.
④ 대한제국은 1899년 8월 9개조의 대한국국제를 제정하고 공포하였다.

VI. 한국 근대사

17 [2025 국가직 9급] 다음 설명에 해당하는 기구는?

> 개항 이후 정세 변화에 대응하여 개혁을 추진하기 위해 설립된 기구로 외교, 군사 등 개화와 관련된 정책을 총괄하였다. 또한 그 아래 12사를 두어 실무를 담당하게 하였다.

① 교정청
② 삼정이정청
③ 군국기무처
④ 통리기무아문

18 [2018 국가직 7급] 1880년대 개화정책과 관련된 사실에 대한 설명으로 옳은 것만을 모두 고르면?

> ㄱ. 교정청은 개화 정책을 총괄하는 기구였다.
> ㄴ. 청에 파견된 영선사 김윤식 일행은 무기제조법을 배웠다.
> ㄷ. 미국에 파견된 보빙사는 근대 시설을 시찰하고 대통령을 접견하였다.
> ㄹ. 김홍집은 조사시찰단으로 일본을 방문하여 『조선책략』을 가지고 돌아왔다.

① ㄱ, ㄴ ② ㄱ, ㄹ ③ ㄴ, ㄷ ④ ㄷ, ㄹ

19 [2024 국가직 9급] 다음 자료에 대한 설명으로 옳은 것은?

> 조선이라는 땅덩어리는 실로 아시아의 요충을 차지하고 있어 그 형세가 반드시 다툼을 불러올 것이다. 조선이 위태로우면 중동(中東)의 형세도 위급해진다. 따라서 러시아가 강토를 공략하려 한다면 반드시 조선이 첫 번째 대상이 될 것이다. …(중략)… 러시아를 막을 수 있는 조선의 책략은 무엇인가? 오직 중국과 친하며, 일본과 맺고, 미국과 연합함으로써 자강을 도모하는 길뿐이다.

① 강화도 조약 체결 이전 조선에 널리 퍼졌다.
② 흥선대원군이 척화비를 세우는 계기가 되었다.
③ 이만손 등 영남 유생들의 반발을 불러일으켰다.
④ 청에 영선사로 파견된 김윤식에 의해 소개되었다.

20 [2024 법원직] (가)~(다) 국가에 대한 설명으로 가장 옳은 것은?

> 조선은 김기수와 김홍집을 수신사로 (가) 에 파견하였다. (나) 에는 김윤식을 영선사로 삼아 무기 제조 기술 등을 배우는 유학생을 보냈다. 또한 조선은 민영익 등을 보빙사로 (다) 에 파견하였다.

① (가) - 흥선대원군을 자국으로 납치하였다.
② (나) - 조선과 강화도 조약을 맺었다.
③ (다) - 거문도를 불법 점령하였다.
④ (가)와 (나) - 톈진 조약을 체결하였다.

17 　통리기무아문　　　　　　　　　　정답 ④

개항 이후 개혁 추진을 위해 설립한 기구는 통리기무아문이다. 1880년에 조선 정부는 개혁을 추진하기 위해 근대적 행정기구인 통리기무아문을 설치하였다. 통리기무아문은 실무를 담당하는 12사를 두고, 개항 후 새롭게 대두한 외교·통상, 그리고 개화와 관련된 정책을 총괄하였다.

오답분석　① 1894년 6월 11일 조선 정부는 내정개혁을 위해 교정청을 설치하였다.
② 임술농민봉기(1862) 때 박규수의 건의로 삼정이정청을 설치하였다.
③ 경복궁 점령 사건 이후 군국기무처가 설치되어 제1차 갑오개혁을 주도하였다.

18 　초기 개화 정책　　　　　　　　　정답 ③

1881년 신무기에 대한 학습을 목적으로 김윤식을 영선사로 임명하고, 학도(學徒)·공장(工匠)·통사(通使) 등으로 구성된 일행을 청나라에 파견하였다. 1882년 임오군란으로 영선사 일행이 귀국하였고, 이듬해 기기창이 설립되었다.
1882년 조·미 수호통상조약 체결 후 1883년 미 공사 푸트가 내한하자 이에 대한 답례와 양국 간 친선을 위해 보빙사를 미국으로 파견하였다. 미국에 파견된 보빙사는 근대 시설을 시찰하고 대통령을 접견하기도 하였다.

오답분석　ㄱ. 교정청은 전주화약 체결 후 내정개혁에 관한 정책을 입안한 기구이다.
ㄹ. 김홍집은 2차 수신사로 일본을 방문했을 때 조선책략을 가지고 귀국하였다.

● **복습지문**
1881년 청에 파견된 영선사 김윤식 일행은 무기제조법을 배웠다.
1883년 미국에 파견된 보빙사는 근대 시설을 시찰하고 대통령을 접견하였다.

19 　조선책략　　　　　　　　　　　　정답 ③

제시된 자료는 일본에 주재하던 청나라 외교관 황쭌셴이 지은 『조선책략』으로, 이 책에서 러시아를 막기 위한 방책으로 '친중·결일·연미'를 주장하였다.
1880년에 2차 수신사로 파견된 김홍집이 『조선책략』을 들여와 고종에게 헌상하자, 고종은 이 책을 관리와 유생들에게 배포하여 의견을 물었다. 1881년 초에 영남 지방의 유생들이 이만손을 중심으로 만인소를 올려 서양 열강과의 수교에 반대하고 『조선책략』을 들여온 김홍집의 처벌을 요구하였다. 정부는 상소 대표자를 유배나 사형에 처하여 척사 상소 운동을 단호하게 억압하였다.

오답분석　① 조선책략은 강화도 조약 체결 이후 조선에 소개되었다.
② 신미양요 직후 흥선대원군은 전국 각지에 척화비를 건립하였다.
④ 조선책략은 일본을 다녀온 수신사 김홍집에 의해 소개되었다.

20 　근대 외교 사절　　　　　　　　　정답 ④

(가) 수신사는 일본, (나) 영선사는 청, (다) 보빙사는 미국으로 파견된 외교 사절이다.
갑신정변 중에 일본 공사관이 백성들의 공격을 받았다. 일본은 이를 트집 잡아 책임자 처벌과 막대한 배상금 지불을 요구하였다. 조선 정부는 여기에 굴복하여 공사관 신축 비용 부담, 배상금 지불을 약속한 한성조약을 체결하였다.
한편, 일본은 청과 톈진조약을 체결하여 조선에서 청과 일본 양국의 군대를 철수하고, 앞으로 두 나라 중 어느 한 나라가 조선에 군대를 파견할 때 상대국에 미리 알리도록 규정하였다.

오답분석　① 청이 임오군란을 진압하고 흥선대원군을 자국으로 납치하였다.
② 일본이 조선과 강화도 조약을 체결하였다.
③ 영국이 거문도를 불법 점령하였다.

Ⅵ. 한국 근대사

21 2020 법원직
(가)에 대한 다음 설명 중 가장 옳은 것은?

> 조선 땅은 실로 아시아의 요충을 차지하고 있어 열강들이 서로 차지하려고 할 것이다. 조선이 위태로우면 중국도 위급해진다. (가) 이/가 영토를 넓히고자 한다면 반드시 조선이 첫 번째 대상이 될 것이다. ……그렇다면 오늘날 조선이 세워야 할 책략으로 (가) 을/를 막는 것보다 더 급한 일이 없다. (가) 을/를 막는 책략은 무엇인가? 중국과 친하고, 일본과 맺고, 미국과 이어짐으로서 자강을 도모할 뿐이다.

① (가)는 남해의 전략적 요충지인 거문도를 불법 점령하였다.
② (가)는 자국인 신부의 처형을 구실로 강화도를 침략하였다.
③ (가)의 공사관으로 을미사변 이후 신변의 위협을 느낀 고종이 피신하였다.
④ (가)와 조선은 서양 국가 중에 최초로 조약을 체결하였다.

22 2020 국가직 9급
다음 자료에 나타난 사상에 대한 설명으로 옳은 것은?

> 군신, 부자, 부부, 붕우, 장유의 윤리는 인간의 본성에 부여된 것으로서 천지를 통하는 만고불변의 이치이고, 위에 존재하는 것으로서 도(道)가 됩니다. 이에 대해 배, 수레, 군사, 농사, 기계가 국민에게 편리하고 나라에 이롭게 하는 것은 외형적인 것으로서 기(器)가 됩니다. 신이 변혁을 꾀하고자 하는 것은 기(器)이지 도(道)가 아닙니다.

① 왜양일체론(倭洋一體論)을 주장하였다.
② 근대 문물 수용의 사상적 기반이 되었다.
③ 갑신정변 주도 세력의 견해를 대변하였다.
④ 우등한 사회가 열등한 사회를 지배하는 것이 당연하다고 보았다.

23 2019 국가직 7급
다음은 『조선책략』의 유포에 반발하여 유생들이 올린 상소문이다. ㉠, ㉡ 나라에 대한 설명으로 옳은 것은?

> ㉠ 는(은) 우리가 본래 모르던 나라입니다. 쓸데없이 타인의 권유로 불러들였다가 만에 하나 그들이 우리의 허점을 보고 우리를 업신여겨 어려운 요구를 강요하면 장차 이에 어떻게 대응할 것입니까? …(중략)… ㉡ 는(은) 본래 우리와는 싫어하거나 미워할 처지에 있지 않은 나라입니다. …(중략)… 하물며 ㉡ , ㉠ 그리고 일본은 모두 오랑캐입니다. 그들 사이에 누구는 후하게 대하고 누구는 박하게 대하기란 어려운 일입니다.

① ㉠ - 청의 알선으로 조선과 불평등 조약을 체결하였다.
② ㉠ - 임오군란 이후 조선에 대한 내정 간섭을 강화하였다.
③ ㉡ - 천주교 박해에 항의하여 강화도를 침략하였다.
④ ㉡ - 거문도를 불법 점령하여 러시아의 남하를 견제하였다.

24 2022 법원직
다음 군대가 창설된 시기를 연표에서 옳게 고른 것은?

> 개항 후 국방을 강화하고 근대화하기 위하여 윤웅렬이 중심이 되어 5군영으로부터 80명을 선발하여 별기군을 창설하였다. 또한 서울의 일본 공사관에 근무하는 공병소위 호리모토를 교관으로 초빙하였다.

	(가)		(나)		(다)		(라)	
통리기무아문 설치		기기창 설치		군국기무처 설치		원수부 설치		통감부 설치

① (가) ② (나) ③ (다) ④ (라)

21 | 조선책략 정답 ③

제시된 자료는 일본에 주재하던 청나라 외교관 황쭌셴이 지은 『조선책략』으로, 1880년 수신사로 일본에 파견되었던 김홍집이 이 책을 받아와 고종에게 바쳤다.
황쭌셴은 이 책에서 러시아를 막기 위한 방책으로 '친중·결일·연미'를 주장하였다. 따라서 (가)에 들어갈 나라는 러시아이다.
1895년 11월 이범진, 이완용, 윤치호 등 정동파 관료들은 신변의 위협을 받던 고종을 궁 밖으로 옮기려 시도했으나 실패하였다(춘생문 사건). 그 뒤 일본군이 의병 진압을 위해 지방으로 파견된 틈을 타서 정동파는 고종의 거처를 러시아 공사관으로 옮겼다(아관파천, 1896. 2). 아관파천으로 일본의 간섭이 잠시 약화되었지만 대신에 러시아의 내정 간섭과 이권침탈이 강화되었다.

오답분석 ① 영국이 1885년 거문도를 불법 점령하고 해군 기지를 건설하였다.
② 프랑스가 병인박해를 구실로 강화도를 침략한 병인양요를 일으켰다.
④ 조선은 서양 국가 중에 최초로 미국과 조약을 체결하였다.

22 | 동도서기론 정답 ②

제시된 자료는 온건 개화파 윤선학의 상소로, 서양의 종교와 사상은 배척하되, 기술은 수용하자는 동도서기론(東道西器論)을 주장하였다.
1880년대 초 집권 세력의 중심을 이루었던 민씨 척족들과 김홍집, 어윤중, 김윤식 등 온건 개화파는 서양의 종교를 금지하고 유교 도덕과 정치 제도를 지켜나가면서 서양의 발달된 기술을 받아들여도 충분히 부국강병을 이룰 수 있다고 생각했다. 온건 개화파는 청의 양무 운동을 모델로 한 근대적 개혁을 추구하였고, 청과의 전통적인 우호관계를 유지하여 서양 및 일본의 침투에 대응하려 하였다.

오답분석 ① 위정척사 유생인 최익현이 왜양일체론(倭洋一體論)을 주장하며 강화도 조약 체결에 반대하였다.
③ 온건 개화파가 동도서기론을 주장하였고, 갑신정변을 주도한 급진 개화파는 '문명개화론'을 주장하였다.
④ 애국계몽운동가 일부가 우승열패를 인정하는 사회진화론을 받아들였다.

● **복습지문**
동도서기론은 근대 문물 수용의 사상적 기반이 되었다.

23 | 영남만인소 정답 ①

『영남만인소』에서 몰랐던 나라로 지목된 ㉠은 미국이고, 배척할 필요가 없는 나라로 언급된 ㉡은 러시아이다.
『조선책략』은 '조선은 러시아를 방어하기 위해서 중국과 더욱 친하고, 일본과 결속하고, 미국과 연대를 모색할 필요가 있다'라는 외교 방책을 제시하였다. 김홍집이 『조선책략』을 고종에게 헌상하자, 고종은 이 책을 관리와 유생들에게 배포하여 의견을 물었다. 그리고 1882년 5월에 서양 나라들 중에서 최초로 미국과 통상 조약을 맺었다. 러시아와 일본을 견제하고 조선에 대한 종주권을 유지하고자 했던 청이 미국과의 수교 조약을 적극 알선하였다. '조·미수호통상조약'은 치외법권 뿐만 아니라 강화도조약에는 없는 최혜국 대우를 규정한 불평등 조약이었다.

오답분석 ② 청이 임오군란 이후 조선에 대한 내정 간섭을 강화하였다.
③ 프랑스가 선교사 처형을 구실로 강화도를 침략한 병인양요를 일으켰다.
④ 영국이 거문도를 불법 점령하였다.

● **복습지문**
1882년 미국은 청의 알선으로 조선과 불평등 조약을 체결하였다.

24 | 별기군 창설 정답 ①

별기군을 창설한 것은 1881년의 사실이다.
1880년 12월 조선 정부는 통리기무아문을 설치하고 그 밑에 12사를 두어 근대적 개혁과 외교를 담당하도록 하였다. 1881년 4월에는 군제 개혁을 단행하여 5군영을 2영(무위영과 장어영)으로 통합하였다. 또 별기군(교련병대)을 창설하고 일본인 교관(호리모토 소위)을 초빙하여 근대식 군사 훈련을 실시하였다. 창설 초기에는 5영의 군인 중에서 80명을 차출하였으나 후에는 상류층 자제 100명으로 구성하였다. 군제개혁에 따라 5군영의 상당수 군인들이 실직하였으며 남은 군인들도 별기군에 비하여 낮은 대우를 받았다.

Ⅵ. 한국 근대사

25 [2020 국가직 7급] 다음 주장을 펼친 인물에 대한 설명으로 옳은 것은?

> 일단 강화를 맺고 나면 저 적들의 욕심은 물화를 교역하는 데 있습니다. 저들의 물화는 모두 지나치게 사치하고 기이한 노리개이고 손으로 만든 것이어서 그 양이 무궁합니다. …(중략)… 저들은 비록 왜인이라고 하나 실은 양적입니다. 강화가 한번 이루어지면 사학의 서적과 천주의 초상화가 교역하는 속에서 들어올 것입니다.

① 『조선책략』을 입수하여 국내에 소개하였다.
② 임병찬과 함께 독립의군부를 조직하려고 하였다.
③ 서원철폐 조치 등에 반대하면서 흥선대원군을 탄핵하였다.
④ 일제의 침략상을 고발한 『한국독립운동지혈사』를 저술하였다.

26 [2024 국가직 9급] (가)에 들어갈 말로 옳은 것은?

> 정부의 개화 정책이 추진되면서 구식 군인과 도시 하층민이 반발하였다. 제대로 봉급을 받지 못한 구식 군인들이 난을 일으키고 도시 하층민이 여기에 합세하였으나 청군에 의해 진압되었다. 이후 청은 조선에 군대를 주둔시키고 조선의 내정에 개입하였다. 또 ⎡ (가) ⎤을 체결하여 조선이 청의 속방임을 명문화하고 청 상인의 내륙 진출을 인정받았다.

① 한성 조약
② 톈진 조약
③ 제물포 조약
④ 조청상민수륙무역장정

27 [2024 서울시 9급] 〈보기〉의 밑줄 친 ㉠, ㉡에 대한 설명으로 가장 옳지 않은 것은?

> ○ 대원군은 이 ㉠변란으로 인하여 다시 정권을 잡았으며, 크고 중요한 벼슬자리가 많이 바뀌었다. …… 대세를 좇는 무리들은 다시 운현궁으로 돌아오니 수레와 말이 구름과 같았다. 민씨 일가는 모두 숨어서 나타나지 못했다. …… 황후는 충주에 있으면서 몰래 사람을 보내 소식을 보냈으며, 민태호에게 밀사를 보내 청국 정부에 급박함을 알리도록 명하였다.
> ○ "가히 아까운 일이다. 일류 재사(才士)가 일본인에게 끌려 이러한 ㉡큰일을 저질렀다." …… "저들 일본인이 어찌 다른 나라의 백성을 위하여 남의 아름다운 덕을 진실로 도와 이루고자 하는 사람이겠는가. …… 김옥균이 망명하여 도쿄에 있으면서 다시 거사를 도모하려 했으나 저들은 이내 추방하여 오가사와라 섬에 유폐시켰으니 어찌 그를 아껴서 도와준다고 하겠는가."

① ㉠의 책임을 물어 청은 흥선대원군을 자국으로 압송하였다.
② ㉠의 결과, 조선은 일본과 제물포 조약을 체결하여 배상금을 지불하였다.
③ ㉡의 영향으로 청과 일본은 향후 조선에 군대 파병 시 서로 알린다는 내용의 톈진 조약을 체결하였다.
④ ㉡의 결과, 조선은 청과 조·청 상민 수륙 무역 장정을 체결하여 청이 조선에 간섭하는 근거가 되었다.

28 [2022 국가직 9급] (가) 시기에 있었던 일로 옳은 것은?

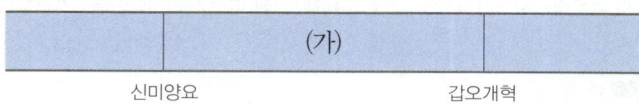

| 신미양요 | (가) | 갑오개혁 |

① 을사늑약 체결
② 정미 의병 발생
③ 오페르트 도굴 미수 사건
④ 조·미 수호 통상 조약 체결

25 최익현 정답 ③

제시된 자료는 일본과의 개항에 반대하며 최익현이 올린 5불가소(지부복궐척화의소)이다. 1876년 조선 정부가 일본의 압력에 굴복해서 '강화도조약'을 체결하려고 할 때 최익현은 일본이 서양 오랑캐와 같다는 '왜양일체론'을 내세워 개항에 반대하였다.

이항로의 제자로 대표적인 위정척사계열의 유생인 최익현은 1868년에 경복궁 재건을 위한 대원군의 실정을 비판하는 상소를 올렸고, 1873년에는 서원 철폐를 단행한 대원군의 퇴진과 고종의 친정을 요구하는 상소를 올렸다.

1905년 을사늑약이 체결되자 이에 반발하여 '창의토적소', '포고팔도사민'을 통해 항일 투쟁을 호소하였고, 제자 임병찬과 함께 태인·정읍·곡성을 점령하였다. 그러나 순창에서 정부의 진위대와 대치하자 임금의 군대와 싸울 수 없다며 스스로 체포되었고, 대마도에 끌려가 1907년 1월에 순국하였다.

오답분석 ① 2차 수신사로 일본에 다녀온 김홍집이 『조선책략』을 들여왔다.
② 최익현은 1907년에 사망하였고, 임병찬은 1912년에 독립의군부를 조직하였다.
④ 박은식이 『한국통사』, 『한국독립운동지혈사』를 저술하였다.

● **복습지문**
최익현은 서원철폐 조치에 반대하여 흥선대원군을 탄핵하는 상소를 올렸다.

26 임오군란 정답 ④

(가)는 임오군란 이후 체결되었으며, 청 상인의 내륙 진출을 규정한 조청상민수륙무역장정이다.

1882년 임오군란을 진압한 청나라는 8월 23일 조선에 대한 종주권을 명시한 조·청 상민 수륙 무역 장정을 강제로 체결하였다. 조·청 상민 수륙 무역 장정은 청 상인들이 서울에서 점포를 설치할 수 있는 권리와 내지에서 통상을 할 수 있는 권리를 허용하였다. 또한 영사재판권(치외법권)은 물론 연안 어업권 등의 특권을 보장하여 조선의 자주권이 크게 침해되었다.

오답분석 ① 갑신정변(1884) 직후 조선과 일본이 한성 조약을 체결하였다.
② 갑신정변 이후 청과 일본이 톈진 조약을 체결하였다.
③ 임오군란 이후 조선과 일본이 제물포 조약을 체결하였다.

27 임오군란과 갑신정변 정답 ④

㉠은 흥선대원군이 일시 집권한 임오군란(1882), ㉡은 김옥균 등이 일본의 지원을 받아 일으킨 갑신정변(1884)을 가리킨다.

임오군란이 일어나자 고종은 흥선대원군을 불러 사태 수습을 위임하였다. 흥선대원군은 통리기무아문과 별기군을 폐지하여 민씨 정권 주도의 개화 정책을 중단하고, 5군영과 삼군부를 부활시켰다. 하지만 청이 군대를 파견해 군란을 진압하고 흥선대원군을 군란의 책임자로 지목하여 톈진으로 압송하였다.

임오군란을 진압한 청은 조선에 대한 본격적인 내정 간섭을 시작하였다. 또 조선을 청의 속방국으로 명기한 조·청 상민 수륙 무역 장정을 강제로 체결하였다. 한편, 조선은 일본의 무력 시위에 굴복하여 제물포 조약을 맺었다. 제물포 조약은 군란의 주모자 처벌, 조선 정부의 사과와 배상금 5만 원 지급 및 일본 공사관의 호위를 위한 일본군의 서울 주둔을 규정하였다.

1884년 김옥균, 박영효, 홍영식 등 급진 개화파는 우정총국 개설 축하연에서 정변을 일으켜 개화당 정부를 수립하였다(갑신정변). 하지만 청군의 개입으로 정변은 3일 만에 실패로 끝났다. 홍영식 등은 현장에서 살해되고, 김옥균, 박영효 등은 일본으로 망명하였다.

갑신정변 직후 조선 정부는 일본과 한성 조약을 체결하여 공사관 신축 비용 부담, 배상금 지불을 약속하였다. 한편, 일본은 청과 톈진조약을 체결하여 조선에서 청과 일본 양국의 군대를 철수하고, 앞으로 두 나라 중 어느 한 나라가 조선에 군대를 파견할 때 상대국에 미리 알리도록 규정하였다.

오답분석 ④ 임오군란 직후 조선은 청과 조·청 상민 수륙 무역 장정을 체결하였다.

28 개항 이후의 주요 사건 정답 ④

1871년에 신미양요가 발생하고, 1894년에 갑오개혁이 추진되었다.

1882년 5월 조선은 서양 나라들 중에서 최초로 미국과 통상 조약을 맺었다. 러시아와 일본을 견제하고 조선에 대한 종주권을 유지하고자 했던 청이 미국과의 수교 조약을 적극 알선하였다. 조·미 수호 통상 조약은 치외법권뿐만 아니라 강화도 조약에는 없는 최혜국 대우를 규정한 불평등 조약이었다.

오답분석 ① 1905년에 을사늑약이 체결되었다.
② 1907년에 고종 강제 퇴위와 군대 해산을 계기로 정미의병이 발생하였다.
③ 1868년에 오페르트가 남연군의 묘를 도굴하려다 미수에 그친 사건이 발생하였다.

Ⅵ. 한국 근대사

29 [2018 지방직 7급] 다음 정강을 발표했던 사건의 결과로 옳은 것은?

> 1. 흥선 대원군을 빨리 귀국시키고 종래 청에 대해 행하던 조공의 허례를 폐지한다.
> 2. 문벌을 폐지하고 인민 평등권을 제정하여 능력에 따라 관리를 임명한다.
> 3. 지조법을 개혁하여 관리의 부정을 막고 백성을 보호하며 재정을 넉넉히 한다.
> …(중략)…
> 12. 모든 재정은 호조에서 관할한다.
> 13. 대신과 참찬은 의정부에 모여 정령을 의결하고 반포한다.
> …(후략)…

① 청의 내정 간섭이 강화되었다.
② 박문국과 전환국이 설립되었다.
③ 개혁 추진 기관으로 통리기무아문이 설치되었다.
④ 일본은 배상금 지급 등을 내용으로 하는 제물포조약의 체결을 강요하였다.

30 [2024 서울시 9급] 다음 조약 체결의 배경이 된 사건에 대한 설명으로 가장 옳은 것은?

> 제1조 청은 조선에 주둔한 군대를 철수한다. 일본은 공사관 호위를 위해 조선에 주둔한 병력을 철수한다.
> 제3조 앞으로 만약 조선에 변란이나 중대 사건이 일어나 청·일 두 나라 또는 한 나라가 파병하려고 할 때에는 마땅히 그에 앞서 상방이 문서로 알려야 한다.

① 일본인 메가타가 재정 고문으로 파견되는 원인이 되었다.
② 흥선대원군이 납치되는 원인이 되었다.
③ 보빙사가 파견되는 계기가 되었다.
④ 한성조약 체결에 영향을 주었다.

31 [2024 지방직 9급] (가), (나) 사이에 있었던 사실로 옳지 않은 것은?

> (가) 조선은 오랫동안 제후국으로서 중국에 대해 정해진 전례가 있다는 것은 다시 의논할 여지가 없다. …(중략)… 이번에 제정한 수륙 무역 장정은 중국이 속방을 우대하는 뜻이니만큼, 다른 조약 체결국들이 모두 똑같은 이익을 균점하도록 하는 데 있지 않다.
> (나) 제1조 청국은 조선국이 완전무결한 독립 자주국임을 확인한다. 아울러 조선의 청에 대한 공물 헌납 등은 장래에 완전히 폐지한다.
> 제4조 청국은 군비 배상금으로 은 2억 냥을 일본국에 지불할 것을 약정한다.

① 영국이 거문도를 점령하였다.
② 한·청 통상 조약이 체결되었다.
③ 김옥균 등이 갑신정변을 일으켰다.
④ 청과 일본 사이에 전쟁이 발발하였다.

32 [2017 국가직 9급] 갑신정변 이후 국내외 정세로 옳지 않은 것은?

① 독일 부영사 부들러는 조선의 영세 중립국화를 건의하였다.
② 러시아의 남하정책에 대응하여 영국 함대가 거문도를 불법 점령하였다.
③ 조·청 상민수륙무역장정을 체결하여 청나라 상인에게 통상 특혜를 허용하였다.
④ 청·일 양국 군대가 조선에서 철수하는 것 등을 내용으로 하는 톈진조약이 체결되었다.

29 | 갑신정변 정답 ①

임오군란 때 청에 압송된 흥선 대원군의 귀국, 문벌 폐지·인민 평등권 제정, 지조법 실시, 호조로의 재정일원화 등은 '갑신정변 14개조 정강'에 포함된 내용이다.

김옥균 등의 개화당 세력은 1884년 10월 우정총국 개국 축하연에서 정변을 일으켜 민씨 고관과 수구파들을 살해하고 신정부 수립을 공포하였다. 이들은 '청에 대한 조공의 허례 폐지', '문벌 폐지', '지조법 개혁' 등을 담은 14개조 정강을 발표하였다. 그러나 정변은 청군에 의해 3일 만에 진압되었고, 일부의 인사들만 일본으로 망명하였으며 국내에 남은 개화당 세력은 숙청되었다. 갑신정변의 결과 청나라의 내정 간섭이 강화되었고, 청나라와의 경쟁에서 불리해진 일본은 이를 만회하기 위해 이토 히로부미를 중국에 보내 이홍장과 담판하고 텐진조약을 체결하였다.

오답분석 ② 1883년에 박문국과 전환국이 설치되었다.
③ 1880년에 개화정책 추진을 위해 통리기무아문이 설치되었다.
④ 1882년 임오군란이 진압된 후 일본이 제물포 조약의 체결을 강요하였다.

● 복습지문
갑신정변의 결과 조선에 대한 청의 내정 간섭이 강화되었다.

30 | 갑신정변 정답 ④

제시된 자료는 갑신정변(1884) 이후 체결된 텐진 조약(1885)이다.
갑신정변 과정에서 일본군과 청군의 충돌이 발생하자, 청과 일본은 이런 사태의 재발을 막기 위해 1885년 텐진조약을 체결하였다. 텐진조약의 3조(조선에서 변란이나 중대한 사건이 있어 청일 양국이 파병할 때는 먼저 문서로 연락하여 알리고, 사태가 진정되면 다시 철병할 것)는 일본이 청과 대등하게 조선에 파병할 권리를 인정한 것으로, 1894년 청·일 전쟁의 빌미가 되었다.
김옥균 등의 개화당 세력은 1884년 10월 우정총국 개국 축하연에서 정변을 일으켜 민씨 고관과 수구파들을 살해하고 신정부 수립을 공포하였다. 그러나 정변은 청군에 의해 3일 만에 진압되었고, 일부의 인사들은 일본으로 망명하였다. 갑신정변 중에 일본 공사관이 백성들의 공격을 받아 소실되었다. 조선 정부는 일본의 요구에 굴복하여 공사관 신축 비용 부담, 배상금 지불을 약속한 한성조약을 체결하였다.

오답분석 ① 러일전쟁 이후 체결된 제1차 한일협약(1904)에 따라 일본인 메가타가 재정 고문으로 파견되었다.
② 임오군란(1882)을 진압하기 위해 출병한 청군이 흥선대원군을 청으로 압송하였다.
③ 조미 수호 통상 조약 체결(1882)과 푸트 공사 파견을 계기로 미국에 보빙사를 파견하였다.

31 | 임오군란과 청일전쟁 정답 ②

(가)는 임오군란 진압 이후에 체결된 조·청 상민수륙무역장정, (나)는 1895년 4월 체결된 시모노세키 조약이다.
1884년 10월 김옥균 등의 개화당 세력은 우정총국 개국 축하연에서 정변을 일으켜 민씨 고관과 수구파들을 살해하고 신정부 수립을 공포하였다. 이들은 '청에 대한 조공의 허례 폐지', '문벌 폐지', '지조법 개혁' 등을 담은 14개 조 정강을 발표하였다. 그러나 정변은 청군에 의해 3일 만에 진압되었고, 일부의 인사들만 일본으로 망명하였으며 국내에 남은 개화당 세력은 숙청되었다.
갑신정변 이후 조선 정부가 러시아와 밀약을 추진한다는 소문이 퍼지자, 영국은 이를 빌미로 1885년 3월에 거문도를 불법으로 점령하고 해군 기지를 건설하였다(거문도 사건). 러시아가 조선에서 영토를 확보하지 않을 것을 약속하자 영국군은 1887년 2월 거문도에서 철수하였다.
1894년 6월에 일본은 아산만에서 북양 함대를 기습 공격하여 청일전쟁을 일으켰다(6월 23일 풍도해전). 이후 일본군은 평양 전투(8월)와 해양도 해전(8월)에서 연달아 청군을 격파하고 랴오둥(요동) 반도의 뤼순(여순)과 타이완 등지를 점령하였다. 결국 청일전쟁은 8개월 뒤 일본의 일방적인 승리로 끝났다.

오답분석 ② 1899년 대한제국 정부는 청국 정부와 한청 통상 조약을 체결하였다. 한청 통상 조약은 대한국 정부와 청국 정부가 대등한 관계임을 규정하는 근대적 성격의 조약이다.

32 | 갑신정변 이후의 정세 정답 ③

④ 갑신정변(1884) 이후 청·일 양국은 군대를 조선으로부터 철병하는 것을 약속하고, 향후 군대를 조선에 파병할 시 상호 보고 하에 이루어질 수 있도록 하는 텐진조약을 체결하였다.
② 청의 내정 간섭이 심해지고 청·일 양국의 경제적 침투가 확대되는 상황 속에서 고종은 러시아에게 영흥만을 조차해 주는 대가로 군사 교련단을 요구하는 한편, 미국에 박정양을 전권 공사로 파견하여 주미 공사관 개설을 시도하였다. 그러나 러시아와의 밀약 추진이 외부에 알려지자, 영국은 이를 빌미로 1885년 3월 거문도를 불법으로 점령하고 해군 기지를 건설하기도 했다.
① 이 무렵 독일 부영사 부들러가 조선의 영세 중립국화를 건의하였고, 미국에서 돌아온 유길준도 열강이 보장하는 중립 국가 구상을 펼치기도 했다.

오답분석 ③ 조청상민수륙무역장정은 1882년 임오군란 직후 체결되었다.

● 복습지문
갑신정변 이후 독일 부영사 부들러는 조선의 영세 중립국화를 건의하였다.

VI. 한국 근대사

03 | 동학 농민 운동과 갑오·을미개혁

01 [2019 국가직 9급] (가)의 체결 이후에 일어난 사실로 옳은 것은?

> 청군과 일본군의 개입으로 사태가 악화되자 농민군은 폐정 개혁을 제시하며 정부와 ___(가)___ 을/를 맺었다. 이에 따라 농민군은 해산하였다.

① 농민군이 황토현에서 감영군을 격파하였다.
② 고부군수 조병갑이 만석보를 쌓아 수세를 강제로 거두었다.
③ 안핵사 이용태가 농민을 동학도로 몰아 처벌하였다.
④ 남접군과 북접군이 논산에서 합류하여 연합군을 형성하였다.

02 [2017 국가직 7급] 다음 상황이 일어난 이후의 사실을 〈보기〉에서 모두 고른 것은?

> 일본군이 경복궁을 습격하자 이에 전봉준은 삼례에 대도소를 설치하여 농민군의 삼례 집결을 도모하였고, 기병을 촉구하는 통문을 돌렸다. 통문에는 "이번 거사에 호응하지 아니하는 자는 불충무도(不忠無道)한 자이다."라는 내용이 담겨 있었다.

● 보기 ●
ㄱ. 농민군은 황토현에서 관군을 격파하였다.
ㄴ. 정부와 농민군은 전주에서 화약을 맺었다.
ㄷ. 북접군과 남접군이 논산에서 합류하여 집결하였다.
ㄹ. 농민군은 공주 우금치에서 관군과 일본군 연합부대를 맞아 격돌하였다.

① ㄱ, ㄴ ② ㄱ, ㄷ ③ ㄴ, ㄹ ④ ㄷ, ㄹ

03 [2022 법원직] (가), (나) 격문이 발표된 사이의 시기에 있었던 사실로 옳은 것을 〈보기〉에서 모두 고른 것은?

> (가) 우리가 의로운 깃발을 들어 이곳에 이름은 그 뜻이 결코 다른 데 있지 아니하고 창생을 도탄 속에서 건지고 국가를 반석 위에 두고자 함이다. 안으로는 양반과 탐학한 관리의 목을 베고 밖으로 횡포한 강적의 무리를 내몰고자 함이다.
>
> (나) 일본 오랑캐가 분란을 야기하고 군대를 출동하여 우리 임금님을 핍박하고 우리 백성들을 뒤흔들어 놓았으니 어찌 차마 말할 수 있겠습니까. …… 지금 조정의 대신들은 망령되이 자신의 몸만 보전하고자 위로는 임금님을 협박하고 아래로는 백성들을 속이며 일본 오랑캐와 내통하여 삼남 백성들의 원망을 샀습니다.

● 보기 ●
ㄱ. 조선 정부가 개혁 기구인 교정청을 설치하였다.
ㄴ. 동학 농민군과 관군이 전주 화약을 체결하였다.
ㄷ. 조선 정부가 조병갑을 파면하고 박원명을 고부 군수로 임명하였다.
ㄹ. 동학교도들이 전라도 삼례에서 교조 신원을 요구하는 집회를 벌였다.

① ㄱ, ㄴ ② ㄱ, ㄹ ③ ㄴ, ㄷ ④ ㄷ, ㄹ

04 [2024 법원직] (가)~(다)를 일어난 순서대로 가장 옳게 나열한 것은?

> (가) 전라도 각지에 집강소가 설치되었다.
> (나) 고부에서 만석보가 허물어졌다.
> (다) 청과 일본이 시모노세키 조약을 체결하였다.

① (가) - (나) - (다)
② (가) - (다) - (나)
③ (나) - (다) - (가)
④ (나) - (가) - (다)

01 | 전주화약   정답 ④

동학농민군과 정부가 폐정개혁에 동의하고 체결한 (가)는 전주화약(1894. 5. 7.)이다.
전주성을 점령한 동학농민군은 청나라 군대가 아산만에 상륙하고, 일본군도 인천에 병력을 파견하자 외세의 개입으로 사태가 악화될 것을 우려하였다. 이에 농민들은 정부에 폐정개혁안을 제시하고 관군과 전주화약을 맺고 스스로 해산하였다. 그리고 농민군은 전라도 53개 지역에 집강소라는 농민 자치 조직을 설치하여 행정과 치안을 담당하면서 자신들이 내세운 폐정개혁안을 실천하였다.
일본군이 경복궁 점령과 내정 간섭을 자행하고, 농민군을 진압하기 위해 남하한다는 소식이 전해지자 농민군은 9월에 삼례에서 2차로 봉기하였다. 그 동안 봉기에 참여하지 않았던 충청도 지역의 북접도 참여하였다. 농민군은 논산에서 남북접이 합세하여 북상하다 공주 우금치에서 일본군과 관군의 연합 부대와 전투를 벌였으나 패배하였다.

오답분석 ① 농민군은 1894년 4월 7일 황토현에서 전라도 감영의 군대를 물리쳤다(황토현 전투).
② 고부군수 조병갑이 만석보를 쌓아 수세를 강제로 거두자 농민들은 1894년 1월 18일 고부 관아를 습격하여 군수를 내쫓고 만석보를 파괴하였다.
③ 안핵사 이용태가 민란의 참가자를 색출하여 가혹하게 처벌하자 1894년 3월 동학농민군이 고부 백산에서 봉기하였다.

02 | 동학 농민 운동   정답 ④

일본군의 경복궁 습격 이후 전봉준이 거사를 도모하는 통문을 돌렸다는 사실을 통해 동학 농민군의 2차 봉기와 관련된 상황임을 알 수 있다.
톈진조약을 빌미로 조선에 출병한 일본군이 경복궁 점령과 내정 간섭을 자행하고, 농민군을 진압하기 위해 남하한다는 소식이 전해지자 농민군은 9월 삼례에서 다시 봉기하였다. 농민군은 북접군과 남접군이 논산에서 합류하여 북상하였고, 공주 우금치에서 관군과 일본군 연합부대를 맞아 전투를 벌였으나 크게 패하였다.

오답분석 ㄱ, ㄴ. 동학농민운동의 제1차 봉기와 관련된 사실이다.

03 | 동학 농민 운동   정답 ①

(가)는 1894년 3월에 백산에서 발표된 격문이고, (나)는 1894년 9월에 삼례에서 발표된 격문이다.
1894년 3월 전봉준은 손화중·김개남과 함께 봉기하여 고부 백산을 점령하였고, 호남창의소를 조직하고 농민군 4대 강령을 발표하였다. 농민군은 4월 7일 황토현에서 전라도 감영의 군대를 물리치고, 4월 23일 장성 황룡촌에서 홍계훈이 이끄는 경군을 격파한 후 전주성을 점령하였다. 조선 정부의 요청으로 청나라 군대가 5월 4일 아산만에 상륙하자, 일본군도 톈진조약을 구실로 인천에 대규모 병력을 상륙시켰다. 농민군은 외세의 개입으로 사태가 악화될 것을 우려하여, 5월 7일 관군과 전주화약을 맺고 스스로 해산하였다.
전주 화약이 체결된 뒤 동학 농민군은 전라도 53개 지역에 집강소라는 농민 자치 조직을 설치하여 행정과 치안을 담당하면서 자신들이 내세운 폐정개혁안을 실천하였다. 정부는 농민군의 폐정 개혁 요구를 국정에 반영하고, 계속되는 일본의 내정 개혁 요구에 대응하기 위해 6월 11일 교정청이라는 개혁 기구를 설치하였다. 이에 일본은 6월 21일 새벽에 일본군 3,000명을 동원해 경복궁을 점령하여 국왕과 왕비, 왕세자를 인질로 잡고 정부군을 무장해제 시켰다.
일본군이 경복궁 점령과 내정 간섭을 자행하고, 농민군을 진압하기 위해 남하한다는 소식이 전해지자 농민군은 9월에 삼례에서 2차로 봉기하였다.

오답분석 ㄷ. 1894년 1월 18일 고부 농민들이 관아를 습격하여 군수를 내쫓자, 정부는 조병갑을 파면하고 박원명을 신임 군수로 임명하였다.
ㄹ. 1892년에 동학 교도들은 삼례에 모여 교조 최제우의 누명을 벗겨줄 것과 동학 교도에 대한 탄압의 중지를 요구하였다(삼례집회).

04 | 동학농민운동과 청일전쟁   정답 ④

(나) 1894년 1월 고부 농민들은 고부 관아를 습격하여 아전들을 끌어내어 처벌하고 억울하게 갇힌 죄수들을 풀어 주었다. 또한 물세 등으로 거두어들인 양곡을 몰수하여 농민들에게 나누어 주고 만석보를 허물었다.
(가) 1894년 5월 7일 농민군은 관군과 전주 화약을 맺고 스스로 해산하였다. 이후 농민군은 전라도 53개 지역에 집강소라는 농민 자치 조직을 설치하여 행정과 치안을 담당하면서 자신들이 내세운 폐정개혁안을 실천하였다.
(다) 1895년 4월 시모노세키 조약이 체결되면서 청·일 전쟁이 마무리되었다. 시모노세키 조약을 통해 일본은 배상금을 지급받고 랴오둥 반도 등을 할양받았다.

Ⅵ. 한국 근대사

05 [2024 지방직 9급]
다음 결의 사항을 실현하기 위해 일어난 사건에 대한 설명으로 옳은 것은?

> 1. 고부성을 격파하고 군수 조병갑의 목을 베어 매달 것
> 1. 군기창과 화약고를 점령할 것
> 1. 군수에게 아첨하여 백성을 침탈한 탐욕스러운 아전을 쳐서 징벌할 것
> 1. 전주 감영을 함락하고 서울로 곧바로 향할 것

① 혜상공국 폐지 등의 정강을 발표하였다.
② 집강소를 설치하고 폐정개혁을 시도하였다.
③ 별기군에 비해 차별을 받던 구식 군인들이 일으켰다.
④ 13도 창의군을 조직하고 서울 진공 작전을 추진하였다.

06 [2023 서울시 9급]
〈보기〉에서 동학농민군의 폐정개혁 12개 조항으로 옳지 않은 것을 모두 고른 것은?

> ● 보기 ●
> ㄱ. 횡포한 부호를 엄히 다스린다.
> ㄴ. 불량한 유림과 양반의 무리를 징벌한다.
> ㄷ. 외국인에게 의지하지 말고 관민이 협력하여 전제황권을 공고히 한다.
> ㄹ. 무명의 잡세는 모두 폐지한다.
> ㅁ. 중대 범죄를 공판하되 피고의 인권을 존중한다.

① ㄱ, ㄷ   ② ㄷ, ㅁ   ③ ㄱ, ㄴ, ㄹ   ④ ㄴ, ㄷ, ㅁ

07 [2018 국가직 9급]
(가) 시기에 해당되는 사실로 옳은 것은?

> 방금 안핵사 이용태의 보고에 따르면 "죄인들이 대다수 도망치는 바람에 조사하지 못하였다."라고 하였다.
> – 『승정원일기』 –
> ↓
> (가)
> ↓
> 전봉준은 금구 원평에 앉아 (전라) 우도에 호령하였으며, 김개남은 남원성에 앉아 좌도를 통솔하였다.
> – 『갑오약력』 –

① 논산에서 남·북접의 동학군이 집결하였다.
② 우금치 전투에서 동학군이 일본군과 격전을 벌였다.
③ 동학교도가 궁궐 앞에서 교조 신원을 주장하는 집회를 열었다.
④ 백산에서 전봉준이 보국안민을 위해 궐기하라는 통문을 보냈다.

08 [2017 국가직 7급]
밑줄 친 '이 내각'의 재정 개혁안으로 옳은 것은?

> 이 내각의 개혁 정책은 초정부적 비상 기구인 군국기무처를 중심으로 추진되었다. 당시 군국기무처에는 박정양, 유길준 등의 개화 인사들이 참여하여 개혁 정책을 결정하였다.

① 모든 재정은 호조에서 통할하도록 한다.
② 국가 재정을 탁지아문의 관할로 일원화시키도록 한다.
③ 궁내부 산하의 내장원에서 광산, 홍삼 사업 등의 재정을 관할하도록 한다.
④ 국가 재정은 탁지부에서 전관하고, 예산과 결산을 국민에게 공표하도록 한다.

05 | 동학농민운동　　　　　　　　　　정답 ②

제시된 자료는 1893년 11월(음) 전북 고부(古阜)에서 전봉준 등이 작성한 사발통문의 결의 사항이다. 이 사발통문에는 동학 접주 전봉준과 동학교인 20명과 함께 서명하였으며, 동학농민운동의 단초가 되었다.
고부 농민들은 1894년 1월 군수 조병갑의 탐학에 저항하여 관아를 습격하여 군수를 내쫓고 만석보를 파괴하였다(고부민란). 민란을 해결하러 온 안핵사 이용태가 민란의 참가자와 주모자를 색출하여 가혹하게 처벌하면서 농민들의 불만이 폭발하였다.
1894년 3월 전봉준은 고부 백산을 거점으로 봉기하였다. 농민군은 4월 7일 황토현에서 전라도 감영의 군대를 물리치고, 4월 23일 장성 황룡촌에서 홍계훈이 이끄는 경군을 격파한 후 전주성을 점령하였다.
전주성을 점령한 농민군은 청나라 군대가 아산만에 상륙하고, 일본군도 인천에 병력을 파견하자 외세의 개입으로 사태가 악화될 것을 우려하였다. 이에 농민들은 정부에 폐정개혁안을 제시하고 관군과 전주 화약을 맺고 스스로 해산하였다. 그리고 농민군은 전라도 53개 지역에 집강소라는 농민 자치 조직을 설치하여 행정과 치안을 담당하면서 자신들이 내세운 폐정개혁안을 실천하였다.

오답분석　① 갑신정변(1884)의 개혁정강에 혜상공국 폐지 등이 포함되었다.
③ 별기군에 비해 차별을 받던 구식 군인들이 임오군란(1882)을 일으켰다.
④ 1907년에 봉기한 정미의병이 13도 창의군을 조직하고 서울 진공 작전을 추진하였다.

06 | 폐정개혁 12개 조　　　　　　　　정답 ②

동학농민군은 황토현에서 전라도 감영군을 격파하고, 장성에서 관군을 격파한 뒤 4월 말에는 전주성까지 점령하였다. 정부의 요청으로 청군이 아산만에 도착하였고, 일본은 톈진 조약을 구실로 인천에 병력을 상륙시켰다.
동학농민군은 외국 군대 철수와 폐정개혁을 조건으로 관군과 전주화약을 맺고 스스로 해산하였다. 이때 농민군이 정부에 제시한 폐정개혁안은 각종 무명잡세의 근절을 비롯하여 횡포한 부호의 엄징, 불량한 유림과 양반의 징계, 봉건적 신분제도 폐지, 봉건적 악습 폐지, 능력에 따른 인재 등용, 농민의 경작 토지 불균등 해소 등 반봉건적 개혁을 추구하였다.

오답분석　ㄷ. 헌의 6조에 '외국과의 조약 체결 시 중추원 의장이 서명할 것'이 포함되었다.
ㅁ. 헌의 6조에 '중대 범죄 공판 및 피고의 인권 존중'이 포함되어 있다.

07 | 동학 농민 운동　　　　　　　　　정답 ④

동학 농민 운동은 고부 군수 조병갑의 탐학때문에 발생한 고부 민란(1894. 1.)에서 시작되었다. 고부 민란 이후 안핵사 이용태가 민란의 참가자와 주모자를 색출하여 가혹하게 처벌하면서 농민들의 불만이 폭발하였다.
1894년 3월 전봉준은 전라도의 동학 접주들에게 봉기를 호소하고 손화중·김개남과 함께 봉기하여 고부 백산을 점령하였다. 전봉준은 백산에서 보국안민, 제폭구민을 기치로 호남 창의소를 조직하고 농민군 4대강령을 발표하였다. 농민군은 4월 7일 황토현에서, 4월 23일 장성 황룡촌에서 관군을 격파한 후 전주성에 입성하였다.
민씨 정권은 청나라에 군사적 지원을 요청하였고, 청나라 군대가 아산만에 상륙하자 일본군도 톈진 조약을 구실로 인천에 대규모 병력을 상륙시켰다. 농민군은 외세의 개입으로 사태가 악화될 것을 우려하여 관군과 전주 화약을 맺고 스스로 해산하였다. 이후 전봉준은 금구·원평을 근거로 하여 전라우도를 관할하고 김개남은 남원을 근거로 하여 전라좌도를 통솔하며 폐정개혁을 추진해나갔다.

오답분석　① 일본의 경복궁 습격 이후 1894년 9월에 삼례에서 2차 봉기하여 논산에서 남·북접의 동학군이 집결하였다.
② 2차 봉기 때 우금치 전투에서 동학군이 일본군과 격전을 벌였으나 패배하였다.
③ 1893년 동학교도들이 경복궁 복합 상소를 통해 교조 신원, 포교의 자유를 주장하는 집회를 열었다.

08 | 제1차 갑오개혁　　　　　　　　　정답 ②

김홍집, 박정양, 유길준 등 개화파 정권이 조직한 군국기무처의 주도로 이루어진 개혁은 제1차 갑오개혁이다.
제1차 갑오개혁에서 이루어진 재정 분야의 개혁은 조세의 금납화, 탁지아문으로의 재정 일원화, 왕실과 정부의 재정분리, 도량형의 개정과 통일, 신식화폐발행장정 발표와 은본위 화폐제도 채택 등이 있다.

오답분석　① 갑신정변 때 반포된 14개조 개혁정강에 해당하는 내용이다.
③ 대한제국의 광무개혁과 관련된 내용이다.
④ 관민공동회의 헌의 6조에 포함된 내용이다.

Ⅵ. 한국 근대사

09 [2018 법원직] 다음 자료가 반포되기 이전에 실시된 정책으로 옳은 것은?

> 1. 청에 의존하는 생각을 버리고 자주독립의 기초를 세운다.
> 2. 왕위 계승의 법칙과 종친·외척과의 구별을 명확히 한다.
> 6. 납세는 법으로 정하고 함부로 세금을 거두지 않는다.
> 9. 왕실과 관청의 1년 회계를 계획한다.

① 한성 사범 학교가 설립되었다.
② 중앙에 친위대, 지방에 진위대를 설치하였다.
③ 지방 행정 체제를 23부에서 13도로 개편하였다.
④ 청의 연호를 쓰지 않고 개국 기년을 사용하였다.

10 [2019 법원직] 다음 밑줄 친 '개혁'의 내용으로 옳은 것을 <보기>에서 고른 것은?

> 청·일 전쟁에서 승기를 잡은 일본은 조선의 내정에 적극 간섭하기 시작하였다. 흥선 대원군을 물러나게 하고 군국기무처를 폐지하였으며, 김홍집·박영효 연립 내각을 구성하고 개혁을 단행하였다.

● 보기 ●
ㄱ. 과거제를 폐지하였다.
ㄴ. 재판소를 설치하였다.
ㄷ. 8도를 23부로 개편하였다.
ㄹ. 친위대, 진위대를 설치하였다.

① ㄱ, ㄴ   ② ㄱ, ㄹ   ③ ㄴ, ㄷ   ④ ㄷ, ㄹ

11 [2021 서울시 9급] <보기>의 자료와 관련된 개혁의 내용으로 가장 옳은 것은?

● 보기 ●
○ 청나라에 의존하는 생각을 끊어버리고 자주독립의 터전을 튼튼히 세운다.
○ 왕실에 관한 사무와 나라 정사에 관한 사무는 반드시 분리시키고 서로 뒤섞지 않는다.
○ 조세나 세금을 부과하는 것과 경비를 지출하는 것은 모두 탁지아문에서 관할한다.
○ 지방 관제를 빨리 개정하여 지방 관리의 직권을 제한한다.

① 지방에 진위대를 설치하고, 건양이라는 연호를 제정하였다.
② 전라도 53군에 자치적 민정 기구인 집강소가 설치되었다.
③ 의정부를 내각으로 개편하고, 지방제도를 8도에서 23부로 바꾸었다.
④ 내각 제도를 수립하고, 인민평등권 확립과 조세 개혁 등을 추진하였다.

12 [2025 국가직 9급] 밑줄 친 '이 개혁'의 내용으로 옳은 것은?

> 이 개혁에 따라 의정부를 내각으로, 8아문을 7부로 고쳤다. 또한 지방 8도는 23부로 개편하였다.

① 외국어 통역관 양성을 위한 동문학을 세웠다.
② 미국인 교사를 초빙한 육영공원을 창립하였다.
③ 교원양성을 위해 한성사범학교 관제를 발표하였다.
④ 상공학교와 광무학교 등의 실업학교를 설립하였다.

09 | 홍범 14조 정답 ④

제시된 자료는 1894년 12월에 발표된 홍범 14조이다.
1894년 6월부터 실시된 1차 갑오개혁에서는 김홍집 등 개화파가 주도하는 초정부적인 회의 기구인 군국기무처를 설치하였으며 청과의 사대 관계를 단절하기 위해 개국기년을 연호로 사용하기도 하였다.

오답분석 ① 1895년에 한성 사범 학교가 설립되었다.
② 을미개혁(1895) 때 친위대, 진위대를 설치하였다.
③ 아관파천(1896) 이후 23부를 13도로 개편하였다.

10 | 제2차 갑오개혁 정답 ③

1차 갑오개혁을 추진한 군국기무처를 폐지하고, 김홍집·박영효 연립 내각이 개혁을 단행하였다는 서술을 통해 밑줄 친 '개혁'은 제2차 갑오개혁임을 알 수 있다.
제2차 갑오개혁 때에는 새로운 지방 제도를 공포하여 군현제를 폐지하고 전국 8도의 행정구역을 23부 337군으로 개편하였다. 지방에는 1심재판소로 지방재판소와 개항장 재판소, 2심재판소로 순회재판소와 고등재판소를 설치하여 행정권과 사법권을 분리하였다.

오답분석 ㄱ. 제1차 갑오개혁 때 과거제를 폐지하고 새로운 관리임용 제도를 마련하였다.
ㄹ. 을미개혁 때 중앙군으로 친위대를, 지방군으로 진위대를 설치하였다.

● **복습지문**
제2차 갑오개혁 때 8도를 23부로 개편하였다.

11 | 제2차 갑오개혁(홍범 14조) 정답 ③

제시된 자료는 1894년 12월 고종이 반포한 홍범 14조이다.
청일전쟁에서 승기를 잡은 일본은 김홍집·박영효 연립 내각을 구성한 뒤 제2차 갑오개혁을 추진했다. 개혁 추진에 앞서 고종은 왕족 및 백관을 거느리고 종묘에 나가 독립서고문을 바치고 홍범 14조를 반포했다. 고종은 홍범 14조를 통해 청나라와 관계 단절을 통한 자주독립 선언과 근대적인 내각 제도의 성립, 왕실 사무의 분리, 재정 사무의 탁지아문 일원화 등 근대적인 개혁을 추진해나갈 것을 천명하였다.
제2차 갑오개혁에서는 의정부를 내각으로 바꾸고 공무아문과 농상아문을 합쳐 8아문을 7부로 개편하였다. 또 새로운 지방제도를 공포하여 군현제를 폐지하고 전국 8도의 행정구역을 23부 337군으로 개편하였다. 또한 재판소를 설치하여 행정권과 사법권을 분리하였다.

오답분석 ① 을미개혁 때 지방에 진위대를 설치하고, 건양이라는 연호를 제정하였다.
② 동학농민군이 전라도 53군에 집강소를 설치하였다.
④ 갑신정변의 개혁 정강에 내각 제도 수립, 인민평등권 확립과 조세 개혁 등이 포함되었다.

12 | 제2차 갑오개혁 정답 ③

의정부를 내각으로, 8아문을 7부로 고친 '이 개혁'은 1894년 12월부터 추진된 제2차 갑오개혁이다.
제2차 갑오개혁에서는 군국기무처를 폐지하고 중추원을 설립하였으며, 의정부를 내각으로 바꾸고 공무아문과 농상아문을 합쳐 8아문을 7부로 개편하였다. 또 새로운 지방제도를 공포하여 군현제를 폐지하고 전국 8도의 행정구역을 23부 337군으로 개편하였다. 그리고 재판소를 설치하여 행정권과 사법권을 분리하였다. 군제 면에서는 훈련대가 새로 창설되었다.
1895년 2월 고종은 조선의 인민을 위해 새로운 교육제도의 필요성을 인식하고 이의 중요성을 강조하기 위해 교육 입국 조서를 발표하였다. 이후 정부는 법관 양성소, 관립 한성사범학교, 외국어 학교, 그리고 소학교 등을 설립하였다.

오답분석 ① 1883년에 외국어 통역관 양성을 위한 동문학을 세웠다.
② 1886년에 헐버트, 길모어 등을 초빙하여 육영공원을 창립하였다.
④ 광무개혁 때 상공학교와 광무학교 등의 실업학교를 설립하였다.

Ⅵ. 한국 근대사

13 [2023 국가직 9급] 밑줄 친 '14개 조목'에 해당하는 것만을 모두 고르면?

> 이제부터는 다른 나라를 의지하지 않으며 융성하도록 나라의 발걸음을 넓히고 백성의 복리를 증진하여 자주독립의 터전을 공고하게 할 것입니다. …(중략)… 이에 저 소자는 <u>14개 조목</u>의 홍범(洪範)을 하늘에 계신 우리 조종의 신령 앞에 맹세하노니, 우러러 조종이 남긴 업적을 잘 이어서 감히 어기지 않을 것입니다.

● 보기 ●
ㄱ. 탁지아문에서 조세 부과
ㄴ. 왕실과 국정 사무의 분리
ㄷ. 지계 발급을 위한 지계아문 설치
ㄹ. 대한 천일 은행 등 금융기관 설립

① ㄱ, ㄴ　② ㄱ, ㄹ　③ ㄴ, ㄷ　④ ㄷ, ㄹ

14 [2018 지방직 7급] 갑오개혁 때 시행된 내용으로 옳지 <u>않은</u> 것은?

① 사법권을 행정부에서 독립시켰다.
② 내장원에서 광산, 홍삼 전매 등을 관장하였다.
③ 군현제와 8도제를 폐지하여 전국을 23부 337군으로 재편하였다.
④ 신식화폐발행장정을 반포하여 일본 화폐의 유통을 허용하였다.

15 [2020 법원직] (가)~(다)가 반포된 순서대로 바르게 나열한 것은?

> (가) 2. 모든 정부와 외국과의 조약에 관한 일은 각부 대신과 중추원 의장이 합동으로 서명, 날인하여 시행할 것.
> 　　4. 중대 범죄는 공개 재판을 시행하되, 피고가 죄를 자백한 후에 시행할 것.
> (나) 1. 이후 국내외 공사(公私)문서에 개국 기원을 사용한다.
> 　　6. 남자 20세, 여자 16세 이하의 조혼을 금지한다.
> 　　8. 공사 노비법을 혁파하고 인신 매매를 금지한다.
> (다) 1. 흥선 대원군을 빨리 귀국시키고 종래 청에 행하던 조공의 허례를 폐지한다.
> 　　9. 혜상공국을 혁파한다.
> 　　12. 모든 재정은 호조에서 관할한다.

① (가)-(다)-(나)　② (나)-(다)-(가)
③ (다)-(가)-(나)　④ (다)-(나)-(가)

16 [2022 간호직 8급] 을미개혁의 내용에 해당하지 <u>않는</u> 것은?

① 별기군 창설
② 태양력 사용
③ 단발령 실시
④ 소학교 설립

13 | 홍범 14조   정답 ①

제시된 자료는 1894년 12월에 고종이 종묘에서 홍범 14조와 함께 발표한 독립서고문이다. 자료에서 '14개 조목의 홍범'은 홍범 14조를 가리킨다. 제2차 갑오개혁 추진에 앞서 고종은 종묘에 나아가 독립서고문을 바치고 홍범 14조를 선포하였다.
홍범 14조는 제2차 갑오개혁에서 향후 추진할 개혁의 기본 방향을 공표한 것이었다. 홍범 14조는 가장 먼저 대외적으로 청과의 관계 단절을 통한 자주독립을 선언하였다. 대내적으로는 내각에 권력을 집중시키기 위한 왕실과 국정 사무의 분리, 왕위계승과 왕실관계를 내용으로 하는 왕실 규범 제정, 군주권 제한, 탁지아문으로 재정기관의 일원화, 예산회계제도 도입, 지방관제 개혁, 군사 제도의 개혁, 사법제도 개혁, 인민의 권리 보호, 능력 중심의 관리 임용 등 근대적 개혁을 추진할 것을 밝혔다.

오답분석
ㄷ. 대한제국 시기에 지계아문을 설치하여 지계를 발급하였다.
ㄹ. 대한제국 시기에 대한 천일 은행 등 금융기관이 설립되었다.

15 | 근대 개혁 정강   정답 ④

(다) 갑신정변 혁신 정강 14개조(1884)
(나) 제1차 갑오개혁 법령(1894)
(가) 관민공동회 헌의 6조(1898)

14 | 갑오개혁   정답 ②

1894년 군국기무처의 주도로 제1차 갑오개혁이 실시되었다. 1차 개혁에서는 정치분야에서 왕권을 축소시키는 대신 의정부와 8아문의 권한을 높였고, 경무청이라는 경찰기관을 설치하였다. 재정분야에서는 조세의 금납화, 탁지아문으로의 재정 일원화, 왕실과 정부의 재정분리 등을 시행하고 '신식화폐발행장정'을 반포하여 은본위 화폐제도를 채택하고 일본 화폐의 유통을 허용하였다.
1895년 실시된 제2차 갑오개혁에서는 의정부와 8개 아문을 내각과 7부로 바꾸고, 궁내부 관제를 대폭 간소화 하였다. 지방제도는 군현제를 폐지하고 전국을 23부 337군으로 개편하였으며, 재판소를 설치하여 사법권을 행정부로부터 독립시켰다.

오답분석 ② 1899년 대한제국에서 황실의 재정을 담당하는 내장원을 확대하였고, 광산·홍삼 전매 등을 관장하도록 하였다.

복습지문
제1차 갑오개혁 때 신식화폐발행장정을 반포하여 일본 화폐의 유통을 허용하였다.

16 | 을미개혁   정답 ①

을미사변(1895. 8.) 이후 친일파 관료 중심의 4차 김홍집 내각이 수립되어 을미개혁을 추진하였는데, 을미사변에 관련된 훈련대를 해산하고 친위대와 진위대를 새로 설치하였다. 기존의 개국 기년 대신에 '건양(建陽)'이라는 연호를 채택하였고, 1896년부터는 음력을 대신하여 태양력을 사용하도록 하였다. 또한 갑신정변으로 중단된 우편사무를 재개하기 위해 우체사를 설치하였고, 종두법을 시행하였으며, 상투를 자르게 하는 단발령을 공포하였다.
한편, 1895년 7월 소학교령이 공포되었는데, 이에 따라 서울과 지방에 소학교가 설립되었다.

오답분석 ① 1881년에 온건개화파 정권이 별기군을 창설하였다.

VI. 한국 근대사

04 | 구국 민족 운동의 전개

01 [2022 지방직 9급] (가) 시기에 있었던 사실로 옳은 것은?

을미사변
↓
(가)
↓
러일전쟁

① 독립문이 건립되었다.
② 통감부가 설치되었다.
③ 동양 척식 주식회사가 설립되었다.
④ 임진왜란 때 소실된 경복궁이 중건되었다.

02 [2022 국가직 9급] (가) 단체에 대한 설명으로 옳은 것은?

> 아관파천 이후 러시아의 영향력이 강화되고 열강의 이권 침탈이 가속화되었다. 이러한 가운데 서재필 등은 (가) 을/를 만들었다. (가) 은/는 고종에게 자주 독립을 굳건히 하고 내정 개혁을 단행하라는 내용이 담긴 상소문을 제출하였으며, 만민공동회를 개최하여 외국의 간섭과 일부 관리의 부정부패를 비판하였다.

① 교육 입국 조서를 작성해 공포하였다.
② 영은문이 있던 자리 부근에 독립문을 세웠다.
③ 개혁의 기본 강령인 홍범 14조를 발표하였다.
④ 일본에 진 빚을 갚자는 국채 보상 운동을 일으켰다.

03 [2020 지방직 9급] 다음과 같은 주제로 토론회를 개최한 단체에 대한 설명으로 옳은 것은?

일자	주제
1897. 8. 29.	조선에 급선무는 인민의 교육
1897. 9. 5.	도로 수정하는 것이 위생에 제일 방책
...	
1897.12.26	인민의 귀로 듣고 눈으로 보는 것을 개명케 하려면 우리나라 신문이며 다른 나라 신문지들을 널리 반포하는 것이 제일 긴요함

① 헌정연구회의 활동을 계승하여 월보를 간행하고 지회를 설치하였다.
② 국민 계몽을 위해 회보를 발간하고 만민공동회 등 대규모 집회를 열었다.
③ 보부상 중심의 단체로 황권 강화를 통한 부국강병을 행동 지침으로 삼았다.
④ 일본이 황무지 개간을 구실로 토지를 약탈하려 하자 대중적 반대 운동을 벌였다.

04 [2019 지방직 7급] ㉠ 단체에 대한 설명으로 옳은 것은?

> ㉠ 은/는 만민 공동회를 개최하여 외국 열강의 내정 간섭을 비판하였다. 또 정부 관리들까지 참석한 관민 공동회를 열어 국정 개혁에 관한 내용을 논의하였다. 이를 통해 각부대신과 중추원 의장이 합동으로 서명 날인하지 않은 조약을 시행하지 말 것, 전국 재정을 탁지부로 하여금 관리하게 하고 예산과 결산에 관한 사항을 인민에게 공표할 것 등의 요구가 담긴 헌의 6조를 채택하였다.

① 국정의 기본 강령인 홍범 14조를 발표하였다.
② 러시아가 절영도 조차를 요구하자 이에 반대하였다.
③ 경제적 자주권을 지키기 위해 국채 보상 운동을 일으켰다.
④ 황해도 일대에 방곡령을 내려 외국에 곡물을 유출하지 못하게 하였다.

01 | 독립문 건립   정답 ①

일본은 1895년 8월 낭인들을 동원하여 궁궐을 습격하고 왕비 민씨를 살해하는 만행을 저질렀고, 1904년 2월 뤼순을 기습공격하고 제물포의 러시아 함대를 격침한 뒤 선전포고하면서 러·일 전쟁을 일으켰다. 따라서 (가)는 1895년 8월부터 1904년 2월 사이에 발생한 사건이 들어갈 수 있다.
1895년 12월 미국에서 귀국한 서재필은 1896년 독립협회를 조직하고 독립문 건립을 발의하였다. 독립문 건립을 위해 기금을 내면 누구나 독립협회 회원이 될 수 있도록 하였다. 현직 관료, 학생, 교사, 하급 군인, 천민, 여성 등 다양한 계층이 기금 마련에 참여하고 독립협회의 회원으로 가입하였다. 독립협회는 공주, 평ㅁ양, 대구 등 각 지역에 지회를 설립하였으며, 기관지로 『대조선독립협회회보』를 발행하였다. 그리하여 1897년 11월에 영은문이 있던 자리에 독립문이 완공되었다.

오답분석 ② 1905년 을사늑약이 체결되고 그 결과로 1906년에 통감부가 설치되었다.
③ 1908년에 일본은 역둔토, 국유 미간지를 약탈하기 위해 동양 척식 주식회사를 설립하였다.
④ 흥선대원군이 집권한 후 1865년에 경복궁 중건에 착수하여 1872년에 완공하였다.

02 | 독립협회   정답 ②

(가)는 서재필 등이 조직하였으며 만민공동회를 개최한 독립협회이다.
1895년 12월 미국에서 귀국한 서재필은 독립협회를 조직하고 독립문 건립을 발의하였다. 독립문 건립을 위해 기금을 내면 누구나 독립협회 회원이 될 수 있도록 하였다. 현직 관료, 학생, 교사, 하급 군인, 천민, 여성 등 다양한 계층이 기금 마련에 참여하고 독립협회의 회원으로 가입하였다. 독립협회는 공주, 평양, 대구 등 각 지역에 지회를 설립하였으며, 기관지로 『대조선독립협회회보』를 발행하였다. 그리하여 1897년 11월에 영은문이 있던 자리에 독립문이 완공되었다.

오답분석 ① 1895년 2월에 고종이 교육 입국 조서를 공포하였다.
③ 1894년 12월에 김홍집·박영효 연립 내각이 홍범 14조를 발표하였다.
④ 1907년 김광제, 서상돈 등이 대구에서 국채 보상 운동을 일으켰다.

03 | 독립협회   정답 ②

1897년 8월부터 각종 토론회와 강연회를 개최하여 민중에게 새로운 지식과 교양을 보급하고 민권 의식과 자주 의식을 고취시켜 나간 단체는 독립협회이다.
1898년 초 러시아는 군사 교련단과 재정 고문을 파견하고, 절영도를 조차하여 저탄소(貯炭所)를 설치하려고 하였다. 독립협회 인사들은 이에 맞서 반러시아 이권 수호 운동을 전개하였다. 독립협회 회원 135명이 자주 국권 확립을 촉구하는 상소문을 올리고, 1898년 3월에는 종로에서 만민 공동회라는 민중 대회를 개최하였다. 결국 러시아는 군사 교련단과 재정 고문을 철수시키고 절영도와 목포 및 증남포의 조차를 포기하였다. 또한 러시아는 이권 침탈의 거점 역할을 하던 한러은행도 폐쇄하였다.

오답분석 ① 1906년 3월에 헌정연구회를 계승하여 장지연·윤효정 등이 중심이 되어 대한자강회를 설립하였다. 대한자강회는 전국에 30여 개의 지회와 2,000여 명의 회원을 두고 국권 회복을 목표로 『대한자강회월보』 간행, 강연회 개최 등 교육·언론 활동과 식산 흥업에 주력하였다.
③ 1898년 독립협회에 대항하기 위해 홍종우 등이 보부상을 규합하여 황국협회를 만들었다. 황국협회는 황실과 정부의 정책을 지지하였으며, 독립협회를 탄압하는데 앞장섰다.
④ 1904년 일제가 황무지 개척을 내세워 토지 약탈을 시도하자 송수만, 심상진 등 유생과 관료 출신이 중심이 되어 보안회를 결성하였다. 보안회는 가두집회를 열어 일제의 황무지 개간 요구를 저지시키는 성과를 거두었다.

04 | 독립협회   정답 ②

㉠은 만민 공동회를 개최하여 열강의 내정 간섭을 비판하고, 관민 공동회에서 헌의 6조를 채택한 독립협회이다.
1898년 초 러시아는 군사 교련단과 재정 고문을 파견하고, 절영도를 조차하여 저탄소(貯炭所)를 설치하려고 하였다. 독립협회 인사들은 이에 맞서 반러시아 이권 수호 운동을 전개하였다. 독립협회 회원 135명이 자주 국권 확립을 촉구하는 상소문을 올리고, 1898년 3월에는 이상재를 의장으로 하여 종로에서 만민 공동회라는 민중 대회를 개최하였다. 결국 러시아는 군사 교련단과 재정 고문을 철수시키고 절영도와 목포 및 증남포의 조차를 포기하였다. 또한 러시아는 이권 침탈의 거점 역할을 하던 한러은행도 폐쇄하였다.

오답분석 ① 김홍집·박영효 연립 내각에서 홍범 14조를 발표하였다.
③ 서상돈, 김광제가 제의하고 국채보상기성회가 주도하여 국채 보상 운동을 전개하였다.
④ 1889년 5월 황해도 관찰사 조병철은 일본 상인이 황해도에서 구입한 곡물을 인천으로 반출하려는 것을 저지하기 위하여 방곡령을 내렸다.

Ⅵ. 한국 근대사

05 [2025 법원직] 다음 밑줄 친 '단체'와 관련된 내용으로 가장 옳은 것은?

> 백정 박성춘이 "이 사람은 바로 대한에서 가장 천한 사람이고 무식합니다. 그러나 임금께 충성하고 나라를 사랑하는 뜻은 대강 알고 있습니다. …… 관리와 백성이 힘을 합하여 우리 대황제의 훌륭한 덕에 보답하고 국운이 영원토록 무궁하게 합시다."라고 연설하니 사람들이 박수갈채를 보내고 단체 회원들이 각자 자신의 의견을 말한 후 …… 먼저 6개 조항을 만민에게 돌려 찬성을 받고 대신들도 모두 가(可)자 아래 서명하였다.

① 러시아의 절영도 조차 요구를 저지하였다.
② 일제의 황무지 개간권 요구를 저지하였다.
③ 을사오적을 처단하기 위한 목표를 지녔다.
④ 고종의 강제 퇴위를 반대하는 시위를 주도하였다.

06 [2018 지방직 9급] 대한제국 정부가 시행한 정책으로 옳은 것은?

① 별기군을 폐지하고 5군영을 복구하였다.
② 양전 사업을 시행하고자 양지아문을 설치하였다.
③ 통리기무아문을 설치하여 개화 정책을 추진하였다.
④ 화폐 제도를 은본위제로 개혁하고자 신식화폐발행장정을 공포하였다.

07 [2023 법원직] 밑줄 친 '이 단체'의 활동으로 옳은 것을 <보기>에서 모두 고른 것은?

> 정부의 지원을 받아 설립된 이 단체는 고종에게 아래의 문서를 재가 받았어요.
>
> 1. 외국인에게 의지하지 말고 관민이 합심하여 황제권을 공고히 할 것.
> 2. 외국과의 이권에 관한 계약과 조약은 해당 부처의 대신과 중추원 의장이 함께 날인하여 시행할 것.
> ……

● 보기 ●
ㄱ. '구국 운동 상소문'을 지었다.
ㄴ. 고종 강제 퇴위 반대 운동에 앞장섰다.
ㄷ. 일제의 황무지 개간권 요구에 반대하였다.
ㄹ. 러시아의 내정 간섭과 이권요구에 반대하였다.

① ㄱ, ㄴ   ② ㄱ, ㄹ   ③ ㄴ, ㄷ   ④ ㄷ, ㄹ

08 [2020 지방직 7급] 밑줄 친 '대한국'에 대한 설명으로 옳지 않은 것은?

> 제1조 대한국은 세계만국에 공인된 자주독립한 제국이다.
> …(중략)…
> 제9조 대한국 대황제는 각 조약국에 사신을 파송(派送) 주재하게 하고 선전(宣戰), 강화 및 제반 약조를 체결한다. 공법에 이른바 사신을 자체로 파견하는 것이다.
> - 『대한국 국제』-

① 양전 사업을 실시하고 지계(地契)를 발급하였다.
② 국가재정은 탁지아문으로 일원화하였다.
③ 서북철도국을 설치하여 경의철도 부설을 시도하였다.
④ 원수부를 설치하여 황제가 군의 통수권을 장악하였다.

05 | 독립협회   정답 ①

제시된 자료는 독립협회가 주도한 관민 공동회에 백정 출신 박성춘이 연설한 내용과 헌의 6조를 결의하는 모습을 보여주므로, 밑줄 친 '단체'는 독립협회이다.
1898년 초 러시아는 군사 교련단과 재정 고문을 파견하고, 절영도를 조차하여 저탄소(貯炭所)를 설치하려고 하였다. 독립협회 인사들은 이에 맞서 반러시아 이권 수호 운동을 전개하였다. 독립협회 회원 135명이 자주국권 확립을 촉구하는 상소문을 올리고, 1898년 3월에는 종로에서 만민 공동회라는 민중 대회를 개최하였다. 결국 러시아는 군사 교련단과 재정 고문을 철수시키고 절영도와 목포 및 증남포의 조차를 포기하였다. 또한 러시아는 이권 침탈의 거점 역할을 하던 한러은행도 폐쇄하였다.

오답분석 ② 보안회가 일제의 황무지 개간권 요구를 저지하였다.
③ 나철 등이 을사오적을 처단하기 위해 오적암살단(자신회)을 결성하였다.
④ 대한자강회가 고종의 강제 퇴위를 반대하는 시위를 주도하다 해산되었다.

06 | 대한제국   정답 ②

대한제국은 조세 수입을 늘리고 근대적인 토지 소유권 제도를 확립하기 위해 양전사업을 적극 추진하였다. 1898년 양지아문을 설치하고 미국인 측량 기사를 초빙해 양전사업을 실시하였다. 1901년에는 지계아문을 설립하여 강원도와 충청남도 일대에서 근대적인 토지 소유 증명서인 지계를 발급하였다.

오답분석 ① 1882년 임오군란으로 재집권한 흥선대원군이 별기군을 폐지하고 5군영을 복구하였다.
③ 1880년 조선 정부는 통리기무아문을 설치하여 개화 정책을 추진하였다.
④ 1894년 1차 갑오개혁에서 신식화폐발행장정을 공포하고 은본위 화폐 제도를 채택하였다.

07 | 독립협회   정답 ②

제시된 자료는 '헌의 6조'이므로 밑줄 친 '이 단체'는 독립협회이다.
1896년 7월 서재필 등이 독립협회를 창립하였다. 독립협회는 청에 대한 사대의 상징이었던 영은문이 헐린 자리에 독립문을 건립하고 모화관을 고쳐 독립관으로 사용하였다. 1897년 8월부터는 토론회와 강연회를 개최하여 민중에게 새로운 지식과 교양을 보급하고 민권 의식과 자주 의식을 고취시켜 나갔다.
1898년 초 러시아는 군사 교련단과 재정 고문을 파견하고, 절영도를 조차하여 저탄소(貯炭所)를 설치하려고 하였다. 이에 맞서 독립협회 회원들은 '구국 운동 상소문'을 올리고, 종로에서 만민 공동회라는 민중 대회를 개최하였다. 결국 러시아는 군사 교련단과 재정 고문을 철수시키고 절영도와 목포 및 증남포의 조차를 포기하였다. 또한 러시아는 이권 침탈의 거점 역할을 하던 한러은행도 폐쇄하였다.

오답분석
ㄴ. 독립협회는 1898년에 해산되었고, 고종 강제 퇴위 반대 운동은 1907년에 전개되었다.
ㄷ. 1904년에 보안회와 농광회사가 일제의 황무지 개간권 요구에 반대하였다.

08 | 대한제국   정답 ②

밑줄 친 '대한국'은 1897년에 선포한 대한제국을 가리킨다.
대한제국은 황제 중심의 근대 국가를 지향하는 광무개혁을 추진하였다. 식산흥업 정책의 일환으로 1900년 서울과 신의주 사이에 경의선을 부설하기 위해 궁내부에 서북철도국을 설치하였다.
대한제국은 조세 수입을 늘리고 근대적인 토지 소유권 제도를 확립하기 위해 1898년 양지아문을 설치하고 1899년 미국인 측량 기사를 초빙해 양전사업을 실시하였다. 1901년에는 지계아문을 설립하여 강원도와 충청남도 일대에서 근대적 토지증서인 지계를 발급하였다. 또한 원수부를 설치하여 황제가 군대의 통수권을 장악하고 친위대를 2개 연대로 증강하였으며, 시위대를 다시 창설하고 지방의 진위대를 확충하여 군사력을 증강하였다.

오답분석 ② 갑오개혁 때 탁지아문으로 국가재정을 일원화하였다. 대한제국은 황제권의 강화를 위해 궁내부를 강화하고 황실 재정을 담당하는 내장원을 확대하였다.

● **복습지문**
광무개혁 때 서북철도국을 설치하여 경의철도 부설을 시도하였다.

Ⅵ. 한국 근대사

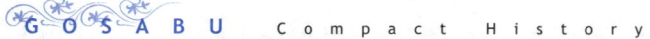

09 [2021 서울시 9급] 〈보기〉의 (가), (나) 문서에 대한 설명으로 가장 옳지 않은 것은?

● 보기 ●
(가) 대한제국의 정치는 이전으로 보면 500년 전래하시고 이후로 보면 만세에 걸쳐 불변하오실 전제정치니라.
(나) 외국인에게 의부 아니하고 관민이 동심합력하여 전제 황권을 견고케 할 것.

① (가)에서는 입법·사법·행정의 모든 권력이 황제에게 있음을 천명하였다.
② (나)에서는 정부의 예산과 결산을 인민에게 공표할 것을 주장하였다.
③ (나)를 수용한 고종은 「조칙 5조」를 반포하였다.
④ (가)에 따른 전제정치 선포에 반발하며 독립협회는 의회 개설 운동을 전개하였다.

10 [2024 지방직 9급] 다음 법령이 반포된 시기는?

제1조 대한국은 세계 만국에 공인된 자주독립한 제국이다.
제2조 대한제국의 정치는 이전으로부터 500년이 내려왔고 이후로도 만세에 걸쳐 변치 않을 전제정치이다.
제3조 대한국 대황제는 무한한 군권을 향유하니 공법에서 말한바 자립 정체이다.
제4조 대한국 신민이 대황제가 향유하는 군권을 침해할 행위가 있으면 신민의 도리를 잃은 자로 인정할 것이다.

	(가)	(나)	(다)	(라)	
갑신정변 발생		갑오개혁 실시	독립협회 해산	러일전쟁 발발	을사늑약 체결

① (가)　② (나)　③ (다)　④ (라)

11 [2020 국가직 7급] 자료에 나타난 정부의 정책에 대한 설명으로 옳지 않은 것은?

종래의 양전처럼 농지의 비척(肥瘠)이나 가옥의 규모를 조사하는 것에만 그치지 않고, 전국 토지 일체에 대한 조사를 목표로 지질과 산림·천택, 수풀과 해변, 도로에 이르기까지 광범위하게 조사하였다. 나아가 전국 토지의 정확한 규모와 소재를 파악하는 한편 소유권을 확인해 주기 위해 지계(地契)를 발행하는 사업을 함께 전개하였다.

① 양지아문에서 양전 사업을 착수하였다.
② 조사한 토지의 지적도와 토지대장을 작성하였다.
③ 지계아문에서 지계 발급 사무를 맡았다.
④ 러·일전쟁 발발 직후 일본의 간섭으로 중단되었다.

12 [2019 지방직 9급] 대한제국 시기에 추진된 정책으로 옳지 않은 것은?

① 시위대와 진위대를 증강하였다.
② 『독립신문』의 창간을 지원하였다.
③ 화폐제도의 개혁과 중앙은행의 창립을 추진하였다.
④ 황실 재정을 담당하는 내장원의 기능을 확대하였다.

09 | 대한국국제와 헌의 6조 정답 ④

(가)는 1899년에 공포된 대한국국제이다.

독립협회가 해산된 후 고종 황제와 대한제국은 황제 중심의 근대 국가를 지향하는 광무개혁을 추진하였다. 우선 대한제국은 황제 직속으로 교정소라는 특별 입법 기구를 만들어 9개 조의 대한국국제를 제정하고 공포하였다(1899. 8). 이를 통해 대한제국은 세계 만국이 공인한 자주독립 국가임을 천명하고, 황제에게 모든 권한이 집중된 전제 군주 국가임을 표방하였다. 대한국국제는 황제권을 제약할 수 있는 의회나 국민 참정권, 그리고 사법권에 대해서는 규정을 두지 않았다.

(나)는 1898년에 관민공동회에서 결의된 헌의 6조이다.

1898년 10월 말에 독립협회와 정부 대신들이 참석하는 관민공동회를 종로에서 개최하여 '헌의 6조'라는 건의문을 채택하였다. 고종 황제는 이 건의문을 재가하고 조칙 5조를 반포함으로써 권력 기구의 정비와 개혁 정책의 추진을 약속하였다. 이에 따라 중추원을 근대적 상원 형태로 개편하는 '중추원 신관제'가 제정·공포되었으나, 익명서 사건으로 박정양 내각이 붕괴되고 독립협회가 해산되면서 좌절되었다.

오답분석 ④ 1898년 11월 독립협회가 해산된 이후 1899년 8월에 대한국국제가 제정되었다.

10 | 대한국국제 정답 ③

제시된 자료는 1899년 8월에 대한제국이 공포한 대한국국제이다.

독립협회가 해산된 후 대한제국은 구본신참(舊本新參)의 개혁 방향에 따라 광무개혁을 추진하였다. 먼저 대한제국은 황제 직속으로 교정소라는 특별 입법 기구를 만들어 9개 조의 대한국국제를 제정하고 공포하였다(1899. 8). 이를 통해 대한제국은 세계 만국이 공인한 자주독립 국가임을 천명하고, 황제에게 모든 권한이 집중된 전제 군주 국가임을 표방하였다. 대한국국제는 황제권을 제약할 수 있는 의회나 국민 참정권, 그리고 사법권에 대해서는 규정을 두지 않았다.

11 | 대한제국 정답 ②

전국의 토지를 조사하여 지계(地契)를 발행한 것은 대한제국의 양전지계사업이다.

대한제국은 조세 수입을 늘리고 근대적인 토지 소유권 제도를 확립하기 위해 1898년 양지아문을 설치하고 미국인 측량 기사를 초빙해 양전사업을 실시하였다. 양전사업은 1901년 12월 흉년으로 잠시 중단되기도 하였다. 양전사업이 진행되는 동안 대한제국 정부는 토지소유관계를 명시하는 지권(地券) 발행을 위해 1901년 11월 지계아문을 설치하였다. 1902년 3월에는 양지아문이 지계아문에 흡수·통합됨에 따라 지계아문에서 양전사업과 지계 발급을 병행하게 되었다.

토지 소유권을 확인하던 지계 발급 사업은 이후 제도가 보완되어 농지 뿐만 아니라 산림·가사(家舍)로까지 조사의 대상이 확대되었고, 외국인의 토지소유는 개항장 안으로 제한하였다. 1904년 2월에 러일전쟁이 발발하여 사업 수행이 곤란하게 되자 양전·지계사업은 중단되었다.

오답분석 ② 토지 조사 사업에서 전국의 토지를 측량하여 지적도를 만들고 토지대장을 비롯한 각종 장부를 작성하였다.

● **복습지문**
대한제국 시기에 양전사업을 실시하고 지계를 발급하였다.

12 | 대한제국 정답 ②

1897년 2월 경운궁으로 환궁한 고종은 그해 8월에 연호를 '광무'로 바꾸고, 10월에 환구단(원구단)을 세워 황제 즉위식을 거행하고 대한제국을 선포하였다.

① , ④ 대한제국은 황제권의 강화를 위해 궁내부를 강화하고 황실 재정을 담당하는 내장원을 확대하였다. 내장원은 전국의 광산과 철도, 홍삼 제조 등을 관할하여 광무개혁을 재정적으로 지원하였다. 또한 원수부를 설치하여 황제가 군대의 통수권을 장악하고, 서울의 친위대를 2개 연대로 증강하고, 지방의 진위대를 확충하여 군사력을 증강하였다.

③ 대한제국은 1901년 금본위 제도로 전환하기 위해 화폐 조례를 공포하였다. 그러나 필요한 자금 확보에 실패함으로써 본위화는 주조되지 못하였다. 한편 대한제국은 1903년 중앙은행조례와 태환금권조례를 제정하여 중앙은행제도를 마련하고 금본위 지폐를 독자적으로 발행하고자 하였다.

오답분석 ② 대한제국 수립 이전인 1896년에 서재필은 정부의 지원을 받아 '독립신문'을 발간하였다.

● **복습지문**
광무개혁 때 시위대와 진위대를 증강하였다.

Ⅵ. 한국 근대사

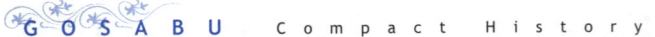

13 [2025 지방직 9급] (가) 국가에 대한 설명으로 옳지 <u>않은</u> 것은?

> 제1조 지계아문은 한성부와 13도 각 부·군의 산림, 토지, 전답, 가옥의 계권(契券)을 바로잡기 위해 임시로 설치할 것.
> 제10조 산림, 토지, 전답, 가옥은 ⎣ (가) ⎦인(人) 이외에는 소유주가 될 수 없을 것임. 단, 각 개항장 내에서는 이러한 제한이 없을 것임.

① '광무'라는 연호를 사용하였다.
② 교육 입국의 조서를 반포하였다.
③ 구본신참의 원칙하에 개혁을 추진하였다.
④ 서대문과 청량리 사이에 전차를 부설하였다.

14 [2017 국가직 9급] 독도가 우리나라 영토임을 입증하는 근거로만 옳게 짝지어진 것은?

① 이범윤의 보고문 - 은주시청합기
② 대한제국 칙령 제41호 - 삼국접양지도
③ 미쓰야 협정 - 시마네 현 고시 제40호
④ 조선국교제시말내탐서 - 어윤중의 서북경략사 임명장

15 [2018 서울시 9급] 〈보기〉의 사건을 시간순으로 바르게 나열한 것은?

> ● 보기 ●
> ㄱ. 일본군이 인천항에 정박한 러시아군함 2척을 공격
> ㄴ. 대한제국정부의 국외중립 선언
> ㄷ. 일본군이 러시아에 선전포고
> ㄹ. 한일의정서 체결

① ㄱ - ㄹ - ㄴ - ㄷ
② ㄴ - ㄱ - ㄷ - ㄹ
③ ㄱ - ㄷ - ㄹ - ㄴ
④ ㄴ - ㄹ - ㄷ - ㄱ

16 [2023 서울시 9급] 〈보기〉의 조약이 체결된 해에 일어난 사건으로 가장 옳은 것은?

> ● 보기 ●
> 제3국의 침해나 내란으로 인하여 대한제국 황실의 안녕과 영토 보전에 위험이 있을 경우 대일본제국 정부는 신속하게 상황에 따라 필요한 조치를 취할 수 있다. 그리고 대한제국 정부는 이러한 대일본제국의 행동이 용이하도록 충분한 편의를 제공한다. 대일본제국 정부는 앞 조관의 목적을 성취하기 위하여 군사 전략상 필요한 지점을 상황에 따라 수용할 수 있다.

① 일본이 대한제국 군대를 강제 해산시켰다.
② 일본이 불법으로 독도를 자국 영토로 편입하였다.
③ 일본이 헤이그 특사 파견을 빌미삼아 고종을 강제 퇴위시켰다.
④ 일본이 제물포에 있는 러시아 군함을 공격하며 러일전쟁을 일으켰다.

13 | 대한제국

정답 ②

(가)는 지계아문을 설치하고 지계를 발급한 대한제국이다.
대한제국은 조세 수입을 늘리고 근대적인 토지 소유권 제도를 확립하기 위해 1898년 양지아문을 설치하고 1899년 미국인 측량 기사를 초빙해 양전 사업을 실시하였다. 1901년에는 지계아문을 설립하여 강원도와 충청남도 일대에서 근대적 토지증서인 지계를 발급하였다.
1896년에 러시아 공사관으로 피신한 고종은 1897년 2월 경운궁(덕수궁)으로 환궁하였다. 그 후 연호를 '광무'로 바꾸고, 10월에 환구단(원구단)을 세워 황제 즉위식을 거행하고 대한제국을 선포하였다.
독립협회가 해산된 후 고종 황제와 대한제국은 황제 중심의 근대 국가를 지향하는 광무개혁을 추진하였다. 광무개혁은 '구본신참'을 개혁의 이념으로 채택하여 점진적인 개혁을 추구하였다.
1898년 1월 대한제국 황실과 미국인 콜브란이 합자하여 한성 전기 회사를 설립하였다. 한성 전기 회사는 1899년에 서대문-청량리 구간의 전차 운행을 개시하고, 서울 시내에 전등을 가설하였다.

오답분석 ② 제2차 갑오개혁 시기인 1895년 2월에 교육 입국 조서가 반포되었다.

14 | 독도

정답 ②

신라 지증왕 때 이사부가 우산국을 복속한 이래 독도는 우리나라의 영토였다. "세종실록지리지", "동국문헌비고", "여지고" 등의 자료를 통해 조선 시대에 독도를 우리 영토로 인식하고 있음을 확인할 수 있다. 대한제국 시기에는 칙령 41호를 통해 독도를 울릉도의 관할구역으로 삼았다. 제2차 세계대전이 끝난 후 독도는 우리나라로 반환되었는데, 연합국최고사령관 각서 677호·1033호, 샌프란시스코 강화조약을 통해 확인할 수 있다.
일본측의 자료도 독도를 조선의 영토로 인정하고 있는 것들이 많다. 다케시마 도해 면허, 다케시마 도해금지령, 삼국접양지도는 일본 막부가 독도를 일본이 아닌 조선의 영토로 인식하고 있음을 보여준다. 메이지 유신 이후에 작성된 일본 외무성의 조선국교제시말내탐서나 태정관 지령도 독도를 조선의 영토로 인식하고 있었음을 보여준다.

오답분석 ① 이범윤은 1902년 간도 관리사로 파견되었다.
③ 미쓰야 협정은 1925년 만주 군벌과 일본 사이에 맺어진 조약으로 만주 지역의 독립운동을 단속하는데 목적이 있었다.
④ 청의 간도 봉금 해제에 따라 1883년 어윤중을 서북경략사로 임명하여 군사행동에 대비하게 하였다.

● **복습지문**
은주시청합기, 삼국접양지도, 태정관 지령 등은 독도가 우리 영토임을 입증하고 있다.

15 | 러일전쟁

정답 ②

ㄴ. 1904년 1월 23일 러·일 간에 전쟁 위험이 높아지자 대한제국정부는 국외 중립을 선언하였다.
ㄱ. 1904년 2월 9일 일본은 인천항에 정박한 러시아 군함 2척을 공격하였다.
ㄷ. 1904년 2월 10일 일본이 인천의 러시아 함대를 격침한 뒤 러시아에 선전포고하면서 러·일 전쟁이 시작되었다.
ㄹ. 1904년 2월 23일 일본은 서울에 군대를 주둔시키고 한일의정서 체결을 통해 군사 전략상 필요한 지점을 제공할 것을 강요하였다.

16 | 한일의정서

정답 ④

제시된 조약은 1904년 2월에 체결된 한·일 의정서이다.
1904년 2월 8일 일본이 뤼순을 기습 공격하고 다음 날 제물포의 러시아 함대를 격침한 뒤 선전포고하면서 러·일 전쟁이 시작되었다. 러·일 전쟁이 발발하자 일본은 곧바로 서울에 군대를 주둔시키고, 한·일 의정서 체결을 강요하였다. 한·일 의정서의 주요 내용은 한국이 내정 개혁을 위해 일본의 충고를 받아들이고, 군사 전략상 필요한 지점을 일본에게 제공하는 대신에 일본은 대한제국의 독립과 영토 안정을 보장한다는 것이었다.

오답분석 ① 1907년에 체결된 한·일 신협약의 부수 조약에 따라 대한제국 군대가 해산되었다.
② 1905년 2월 '시마네현 고시 제40호'를 통해 독도를 다케시마라 이름 짓고 시마네현에 편입시켰다.
③ 1907년에 일본이 헤이그 특사 파견을 빌미삼아 고종을 강제 퇴위시켰다.

Ⅵ. 한국 근대사

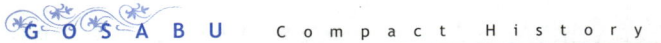

17 [2017 국가직 9급] 다음 자료 내용이 시행되기 전에 있었던 사실에 대한 설명으로 옳은 것은?

> 제1조 일본국 정부는 동경의 외무성을 경유하여 금후 한국의 외국과의 관계 및 사무를 감리, 지휘할 수 있고, 일본국의 외교 대표자와 영사는 외국에 있는 한국의 신민 및 이익을 보호할 수 있다.

① 유생 출신 의병장을 중심으로 13도 연합의병부대가 결성되었다.
② 유생과 전직 관료, 평민 출신 등 다양한 계층에서 의병을 일으켰다.
③ 명성 황후 시해 사건과 단발령으로 의병 운동이 확산되었다.
④ 의병 부대들은 간도와 연해주로 이동하여 의병 기지를 건설하였다.

18 [2022 간호직 8급] (가) 시기에 있었던 사실로 옳은 것은?

```
을사늑약이 체결되었다.
        ↓
       (가)
        ↓
고종이 강제로 퇴위되었다.
```

① 러일 전쟁이 발발하였다.
② 한일 의정서가 체결되었다.
③ 안중근이 이토 히로부미를 사살하였다.
④ 이준이 헤이그 만국 평화회의에 파견되었다.

19 [2020 서울시 9급] 〈보기〉의 사설이 발표되는 계기가 된 사건에 대한 설명으로 가장 옳은 것은?

> ● 보기 ●
> 저 개돼지만도 못한 이른바 우리 정부의 대신이란 자들은 자기 일신의 영달과 이익이나 바라면서 위협에 겁먹어 머뭇대거나 벌벌 떨며 나라를 팔아먹는 도적이 되기를 감수하였던 것이다. 아, 4,000년의 강토와 500년의 사직을 다른 나라에 갖다 바치고, 2,000만 국민을 타국의 노예가 되게 하였으니, …… 아! 원통한지고, 아! 분한지고. 우리 2,000만 타국인의 노예가 된 동포여! 살았는가, 죽었는가?

① 총리대신 이완용과 조선 통감 데라우치 사이에 조약이 체결되어 국권을 상실하였다.
② 친러 성향의 내각이 수립되어 러시아의 정치적 간섭이 강화되었고, 열강의 이권 침탈도 심해졌다.
③ 일본은 헤이그 특사 파견을 문제 삼아 고종 황제를 강제로 퇴위시키고, 대한제국의 군대를 해산하는 조약을 체결했다.
④ 러일전쟁 승리 이후 일본은 대한제국의 외교권을 박탈하는 조약을 체결하여 대한제국을 일본의 보호국으로 만들었다.

20 [2019 서울시 9급] 〈보기〉는 대한제국 시기의 국권 피탈과 관련된 사건이다. 이를 시간순으로 바르게 나열한 것은?

> ㄱ. 일본은 대한제국의 외교권을 박탈하고 통감부를 설치하였다.
> ㄴ. 일본은 대한제국의 각 부에 일본인 차관을 두어 내정을 간섭하였다.
> ㄷ. 대한제국은 재정과 외교 부문에 일본이 추천하는 외국인 고문을 두게 되었다.
> ㄹ. 고종은 헤이그의 만국평화회의에 특사를 보내 억울함을 호소하려고 하였다.

① ㄱ → ㄷ → ㄴ → ㄹ
② ㄴ → ㄷ → ㄱ → ㄹ
③ ㄷ → ㄱ → ㄹ → ㄴ
④ ㄹ → ㄷ → ㄱ → ㄴ

17 | 을사늑약   정답 ③

제시된 자료는 일본이 대한제국의 외교권을 침탈한 을사늑약이다. 대한제국을 보호국으로 만들기 위해 일본은 이토 히로부미를 파견하여 일본 군대를 동원해서 황제와 대신들을 위협하여 을사늑약을 체결했다. 을사늑약 체결로 인해 대한제국은 일본의 승인 없이는 어느 나라와도 교섭할 수 없게 되었고(2조), 외교에 관한 사항을 관리하기 위하여 일본은 통감을 파견하였다(3조).
1895년에 명성황후 시해사건(을미사변)과 단발령을 계기로 을미의병이 일어났다.

오답분석 ① 1907년 군대 해산 이후 유생 출신 의병장들과 1만 여 의병이 양주에 집결하여 이인영을 총대장, 허위를 군사장으로 하는 13도창의군을 결성하였다.
② 정미의병(1907) 때 유생과 전직 관료, 평민 출신 등 다양한 계층이 의병에 참여하였다.
④ 13도창의군에 의한 서울진공작전이 실패로 돌아가고, 1909년 일본군에 의해 남한 대토벌 작전이 전개되자 의병 활동은 위축되었고, 일부는 간도와 연해주로 이동하여 의병 기지를 건설하는 등 항전을 지속하였다.

18 | 국권의 침탈   정답 ④

1905년 11월에 을사늑약이 체결되었고, 1907년 7월에 고종이 강제로 퇴위되었다.
1905년 일본은 대한제국을 보호국으로 만들기 위해 이토 히로부미를 파견하였고, 일본 군대를 동원해서 황제와 대신들을 위협하여 을사늑약을 체결하였다. 일제는 을사늑약을 근거로 1906년 2월에 통감부를 설치하여 대한제국의 외교권을 박탈하였다. 을사늑약에 따라 외국에 있던 대한제국의 외교기관이 전부 폐지되고 청·영국·미국·독일·벨기에 등의 주한공사들은 본국으로 돌아갔다.
고종 황제는 1907년 네덜란드의 헤이그에서 열리는 만국 평화 회의에 이준, 이상설, 이위종 3인을 밀사로 파견하여 을사늑약의 무효와 부당성을 국제적으로 알리고자 하였다. 일본은 이를 빌미로 친일파 대신들을 동원하여 고종 황제를 강제로 퇴위시키고, 1907년 7월 한일신협약(정미7조약)을 체결하였다.

오답분석 ① 1904년 2월에 러일 전쟁이 발발하였다.
② 1904년 2월에 러일 전쟁을 일으킨 일제의 강요로 한일 의정서가 체결되었다.
③ 1909년 10월에 안중근이 하얼빈에서 이토 히로부미를 사살하였다.

19 | 을사늑약(시일야방성대곡)   정답

제시된 자료는 1905년 11월 을사늑약이 체결되자 장지연이 발표한 「시일야방성대곡」이다.
러일 전쟁에서 승기를 잡은 일본은 가쓰라·태프트 밀약(1905. 7.), 제2차 영·일 동맹(1905. 8.)을 맺어 미국과 영국으로부터 한국에 대한 지배권을 인정받았다. 또한, 러시아와 포츠머스 강화 조약(1905. 9.)을 체결하여 한국에서 일본의 정치·군사·경제 등에 관한 배타적 권리를 보장받았다. 이어 일본은 대한제국을 보호국으로 만들기 위해 이토 히로부미를 파견하였다. 이토 히로부미는 군대를 동원하여 황제와 대신들을 위협하는 가운데 1905년 11월 을사늑약(제2차 한·일 협약)을 체결하였다. 을사늑약에 따라 일본은 한국의 외교권을 빼앗고, 통감부를 설치하였다.

오답분석 ① 1910년에 한일 병합 조약이 체결되어 국권을 상실하였다.
② 아관파천(1896) 이후 친러 성향의 내각이 수립되었다.
③ 1907년에 고종 황제가 강제로 퇴위당하고, 대한제국의 군대가 해산되었다.

20 | 국권의 침탈   정답 ③

ㄷ. 제1차 한일협약(1904)에 따라 메가타와 스티븐스가 재정고문과 외교고문으로 초빙되었다.
ㄱ. 을사늑약(제2차 한일협약, 1905)으로 일본은 대한제국의 외교권을 박탈하고 통감부를 설치하였다.
ㄹ. 1907년 고종은 헤이그에 특사를 파견하여 을사늑약의 부당함을 호소하였다. 일제는 이를 계기로 고종을 강제로 퇴위시키고 한일신협약을 체결하였다.
ㄴ. 한일신협약(1907) 체결 이후 대한제국의 각 부에 일본인 차관을 두었다.

Ⅵ. 한국 근대사

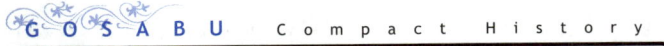

21 [2023 법원직] ㉠ 이후에 일어난 사건으로 가장 옳은 것은?

> 대한제국 대황제는 대프랑스 대통령에게 글을 보냅니다. 일본은 우리나라에 ㉠불의한 일을 자행하였습니다. 다음은 그에 대한 증거입니다. 첫째, 우리 정무대신이 조인하였다고 운운하는 것은 정당하지 않으며 위협을 받아 강제로 이루어진 것입니다. 둘째, 저는 조인을 허가한 적이 없습니다. 셋째, 정부회의 운운하나 국법에 의거하지 않고 회의를 한 것이며 일본인들이 강제로 가둔 채 회의한 것입니다. 상황이 그런즉 이른바 조약이 성립되었다고 일컫는 것은 공법을 위배한 것이므로 의당 무효입니다. 당당한 독립국이 이러한 일로 국체가 손상당하였으므로 원컨대 대통령께서는 즉시 공사관을 이전처럼 우리나라에 다시 설치해주시기를 바랍니다.

① 포츠머스 조약이 체결되었다.
② 이사청에 관리가 파견되었다.
③ 러시아가 용암포를 점령하고 조차를 요구하였다.
④ 제1차 한일협약(한일 외국인 고문 용빙에 관한 협정서)이 조인되었다.

22 [2021 지방직 9급] 다음과 같은 내용이 담긴 조약에 대한 설명으로 옳은 것은?

> 일본 정부는 그 대표자로 한국 황제 밑에 1명의 통감을 두되, 통감은 전적으로 외교에 관한 사항을 관리하기 위하여 경성에 주재하고 친히 한국 황제를 만날 수 있는 권리를 가진다. 또한, 일본 정부는 한국의 개항장 및 일본 정부가 필요하다고 인정하는 지역에 이사관을 설치할 권리를 가지며, 이사관은 통감의 지휘하에 종래 재(在)한국 일본 영사에게 속하였던 모든 권리를 집행한다.

① 조선총독부를 설치한다는 조항이 포함되어 있다.
② 헤이그 특사 사건 직후 일제의 강요로 체결되었다.
③ 방곡령 시행 전에 미리 통보해야 한다는 합의가 실려 있다.
④ 일본의 중재 없이 국제적 성격을 가진 조약을 체결할 수 없다는 내용이 담겨 있다.

23 [2024 법원직] (가)~(다)에 대한 설명으로 가장 옳지 않은 것은?

> (가) 대한 정부는 일본 정부가 추천한 일본인 1명을 재정 고문으로 삼아 대한 정부에 용빙하여 재무에 관한 사항은 일체 그의 의견을 물어서 시행해야 한다.
> (나) 한국 정부는 금후 일본국 정부의 중개를 거치지 않고서는 국제적 성질을 가진 어떠한 조약이나 약속을 하지 않을 것을 약속한다.
> (다) 러시아는 일본이 한국에서 정치상 군사상 및 경제상의 특수한 이익을 갖는다는 것을 승인하고 일본 정부가 한국에서 필요하다고 인정하는 지도, 보호 및 감리의 조치에 대해 방해하거나 간섭하지 않을 것을 약속한다.

① (가) 조약 체결로 메가타는 화폐 정리 사업을 실시하였다.
② (나) 조약 체결로 청과 일본 간의 간도협약이 체결되었다.
③ (다) 조약 이후 일본은 독도를 불법 점령하였다.
④ (가) - (다) - (나) 순서로 조약이 체결되었다.

24 [2017 국가직 9급] 국권이 침탈되기까지의 과정을 시기 순으로 바르게 나열한 것은?

> ㄱ. 헤이그 특사 파견을 문제 삼아 고종 황제를 강제로 퇴위시켰다.
> ㄴ. 일본인 메가타를 재정 고문으로, 미국인 스티븐스를 외교 고문으로 임명하도록 하였다.
> ㄷ. 대한제국의 사법권을 빼앗고 감옥 사무를 장악하였다.
> ㄹ. 통감이 추천한 일본인을 대한제국의 관리로 임명하도록 하였다.

① ㄱ → ㄴ → ㄷ → ㄹ
② ㄴ → ㄱ → ㄹ → ㄷ
③ ㄴ → ㄷ → ㄱ → ㄹ
④ ㄹ → ㄴ → ㄱ → ㄷ

21 | 을사늑약
정답 ②

제시된 자료에서 '저는 조인을 허가한 적이 없습니다', '공사관을 이전처럼 우리나라에 다시 설치' 등의 단서를 통해 '불의한 일'은 1905년 11월에 강제로 체결된 을사늑약임을 알 수 있다.

러일 전쟁이 끝난 후 일본은 조선의 외교권을 빼앗는 내용의 조약을 미리 준비하여 한국 측에 제시하고 그 체결을 강요하였다. 고종은 이토 히로부미의 강요에도 불구하고 조약의 승인을 거부하였다. 이에 일본은 조선 대신들을 상대로 매수·위협을 가한 끝에 대신 5명의 찬성을 얻어내 조약이 가결되었다고 선언하였다. 이 조약은 체결 과정에서 병력을 동원하여 황제와 신료들에게 위협을 가하고, 전권대신에게 체결 권한을 부여하는 정식 절차도 밟지 않았으며, 고종 황제의 재가와 비준도 거치지 않았다는 점에서 국제법상으로 많은 문제점을 내포하고 있었다.

일제는 을사늑약을 근거로 1906년 2월에 통감부를 설치하여 대한제국의 외교권을 박탈하였다. 대한제국의 외부(外部)는 폐지하여 의정부 외사국으로 축소하고, 외국에 있던 한국 외교기관이 전부 폐지되었다. 영국·미국·청·독일 등 한국 주재 각국 공사관은 철수하여 본국으로 돌아갔다. 그리고 각 개항장에서 일본인의 활동을 강화하기 위해 이사청이 설치되었다.

오답분석 ① 1905년 9월에 러·일 전쟁을 종식시킨 포츠머스 강화조약이 체결되었다.
③ 1903년에 러시아가 용암포를 점령하고 조차를 요구하였다.
④ 1904년에 제1차 한일협약(한일 외국인 고문 용빙에 관한 협정서)이 조인되어 메가타와 스티븐스가 고문으로 취임하였다.

22 | 을사늑약
정답 ④

대한제국의 외교권을 일본 정부에 위임하고, 통감부와 이사청을 설치할 것을 규정한 조약은 을사조약(1905)이다.

이 조약에 따라 한국은 외교권을 일본에 박탈당하여 외국에 있던 한국외교기관이 전부 폐지되고 영국·미국·청국·독일·벨기에 등의 주한공사들은 공사관에서 철수하여 본국으로 돌아갔다. 이듬해인 1906년 2월에는 서울에 통감부가 설치되고, 조약 체결의 원흉인 이토가 초대통감으로 취임하였다. 통감부는 외교뿐만 아니라 내정 면에서까지 우리 정부에 직접 명령, 집행하게 하는 권한을 가지고 있었다.

이 조약에는 일본 정부의 중개를 거치지 않고는 대한제국이 국제적 성질을 가진 어떤 조약이나 약속도 체결할 수 없다는 내용이 담겨 있다.

오답분석 ① 한일강제병합(1910) 이후 조선총독부가 설치되었다.
② 헤이그 특사 사건(1907) 직후 일제의 강요로 한·일 신협약(정미7조약)이 체결되었다.
③ 1883년에 개정된 조·일 통상장정에 방곡령 시행 전에 미리 통보해야 한다는 합의가 실려 있다.

23 | 국권 강탈 조약
정답 ③

(가)는 1904년 8월 체결된 '재정 및 외교 고문 용빙에 관한 한·일 각서(제1차 한·일 협약)'이다. 이 조약에 따라 재정 고문으로 일본인 메가타를, 외교 고문으로 미국인 스티븐스를 고용하였다.
(다)는 1905년 9월에 미국의 중재로 체결된 포츠머스 강화 조약이다. 일본은 이 조약을 통해 러시아로부터 한국 지배권을 독점적으로 인정받고 남 사할린을 양도받았다.
(나)는 1905년 11월에 체결된 을사늑약이다. 이 조약으로 대한제국의 외교권을 일본이 장악하여 일본의 승인 없이는 어느 나라와도 교섭할 수 없게 되었다. 일제는 을사늑약을 근거로 1906년 2월에 통감부를 설치하였다.

오답분석 ③ 일본은 러·일 전쟁 중인 1905년 2월에 '시마네현 고시 제40호'를 통해 일방적으로 독도를 다케시마라 이름 짓고 시마네현에 편입시켰다.

24 | 국권의 침탈
정답 ②

ㄴ. 1차 한·일 협약(1904)에 따라 일본인 메가타를 재정 고문으로, 미국인 스티븐스를 외교 고문으로 임명하였다.
ㄱ. 1907년 7월 헤이그 특사 파견을 문제삼아 일제는 고종 황제를 강제로 퇴위시켰다.
ㄹ. 고종 강제 퇴위 후 일제는 한일신협약을 체결하여 통감이 추천한 일본인을 대한제국 관리로 임명하도록 하였다.
ㄷ. 1909년 기유각서가 체결되어 일제는 대한제국의 사법권을 빼앗고 감옥 사무를 장악하였다.

Ⅵ. 한국 근대사

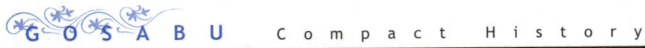

25 [2025 지방직 9급] 다음 조약이 체결된 이후에 있었던 사실이 아닌 것은?

> 제1조 한국 정부는 시정개선(施政改善)에 관하여 통감의 지도를 받을 것.
> 제4조 한국 고등관리의 임면(任免)은 통감의 동의를 받아 이를 집행할 것.
> 제5조 한국 정부는 통감이 추천한 일본인을 한국 관리로 임명할 것.

① 고종이 강제 퇴위당하였다.
② 대한제국의 군대가 해산되었다.
③ 안중근이 이토 히로부미를 저격하였다.
④ 이른바 '남한 대토벌 작전'이 전개되었다.

26 [2018 지방직 9급] 밑줄 친 '이 협약'에 대한 설명으로 옳은 것은?

> 일제는 군대를 증강해 강압적 분위기를 조성한 다음 친일 내각과 이 협약을 체결했다. 이 협약을 체결할 때, 일제는 대한제국 군대의 해산을 요구해 관철시켰다. 이때 해산된 군인의 상당수는 일본군과 격전을 벌인 후 의병 부대에 합류하였다.

① 고종이 헤이그에 특사를 파견하는 계기가 되었다.
② 최익현이 의병 운동을 처음 시작한 원인이 되었다.
③ 재정고문 메가타가 화폐정리사업을 실시하는 근거가 되었다.
④ 통감이 추천하는 일본인을 한국 관리에 임명한다는 내용을 담고 있다.

27 [2023 법원직] (가), (나) 시기 사이에 있었던 사실만을 〈보기〉에서 모두 고른 것은?

> (가) 수신사 김홍집이 가져와 유포한 황준헌의 사사로운 책자를 보노라면, …… 러시아·미국·일본은 같은 오랑캐입니다. ……
> (나) 이미 국모의 원수를 생각하며 이를 갈았는데, … 이에 감히 먼저 의병을 일으키고서 마침내 이 뜻을 세상에 포고하노라. ……

●보기●
ㄱ. 관민 공동회가 개최되었다.
ㄴ. 교육 입국 조서가 반포되었다.
ㄷ. 영국이 거문도를 불법 점령하였다.
ㄹ. 나철이 대종교를 창시하였다.

① ㄱ, ㄴ ② ㄱ, ㄹ ③ ㄴ, ㄷ ④ ㄷ, ㄹ

28 [2019 서울시 9급] 〈보기〉의 협약 이후 일어난 사실로 가장 옳지 않은 것은?

●보기●
> 제1조 한국정부는 시정 개선에 관하여 통감의 지도를 받는다.
> 제2조 한국의 법령 제정 및 중요한 행정상의 처분은 미리 통감의 승인을 거친다.
> 제4조 한국 고등 관리의 임면은 통감의 동의로써 이를 시행한다.
> 제5조 한국정부는 통감이 추천하는 일본인을 한국 관리에 임명한다.

① 각 부의 차관에 일본인이 임명되어 이른바 차관정치가 시작되었다.
② 대한제국 군대가 해산되었다.
③ 사법권과 경찰권을 빼앗겼다.
④ 만국평화회의에 이상설 등이 파견되었다.

25 | 한일 신협약   정답 ①

제시된 자료는 1907년 7월에 체결된 한·일 신협약(정미 7조약)이다.
일본은 헤이그 특사 사건을 빌미로 친일파 대신들을 동원하여 고종 황제를 강제로 퇴위시키고 한·일 신협약을 체결하였다. 이 조약을 통해 일본은 국가의 법령 제정, 중요 행정처분, 고등 관리의 임명에 대한 사전 승인 등 통감의 권한을 확대하여 내정을 장악하고, 각 부처에 일본인 차관을 임명하였다. 그리고 군대 해산 조칙을 만들어 1907년 8월에 군대를 해산시켰다.
군대 해산에 항거하여 각 지방의 해산 군인들이 의병에 가담하면서 정미의병이 일어났다. 의병들은 이인영을 총대장, 허위를 군사장으로 하는 13도 창의군을 결성하고 서울 진공 작전을 추진하였다.
서울 진공 작전이 실패한 뒤에도 의병의 끈질긴 저항이 계속되자, 일제는 1909년 9월부터 2개월 동안 호남에서 '남한 대토벌 작전'을 전개하였다. 이때 일본군은 의병의 근거지가 될 만한 촌락과 가옥을 닥치는 대로 방화하고 살육하여 초토화시켰다.
의병장 출신인 안중근은 1909년 10월 만주 하얼빈 역에서 초대 통감 이토 히로부미를 사살하여 체포되었다. 안중근은 1910년 3월 옥중에서 『동양평화론』을 집필하던 중 형이 집행되어 순국하였다.

오답분석   ① 일제는 고종을 강제 퇴위시킨 직후에 한·일 신협약을 체결하였다.

26 | 한일신협약   정답 ④

대한제국 군대가 해산되어 상당수의 군인들이 의병 부대에 합류했다는 사실을 통해 밑줄 친 '이 협약'은 '한일신협약(정미 7조약, 1907)'임을 알 수 있다.
일본은 헤이그 특사 사건을 빌미로 친일파 대신들을 동원하여 고종황제를 강제로 퇴위시키고, 1907년 7월 한일신협약(정미 7조약)을 체결하였다. 일본은 한일신협약을 통해 국가의 법령 제정, 중요 행정처분, 고등 관리의 임명에 대한 사전 승인 등 통감의 권한을 확대하여 내정을 장악하고, 통감이 추천하는 일본인을 한국 관리로 임명하게 하여 각 부처에 일본인 차관을 임명하였다. 또한 일본은 군대 해산 조칙을 만들어 1907년 8월에 군대를 해산시켰다.

오답분석   ① 을사늑약(1905)을 계기로 고종이 헤이그에 특사를 파견하였다.
② 을사늑약이 체결되자 최익현은 '창의토적소'와 '포고팔도사민'을 내걸고 의병을 일으켰다.
③ 1904년 1차 한일협약에 의해 대한제국에 파견된 재정고문 메가타가 화폐정리사업을 실시하였다.

27 | 영남만인소와 을미의병   정답 ③

(가)는 1881년 초에 김홍집이 들여온 『조선책략』의 유포를 계기로 영남 유생들이 올린 만인소이고, (나)는 1895년에 을미사변을 계기로 의병을 일으킨 유인석이 발표한 격문이다.
갑신정변 이후 조선 정부가 러시아와 밀약을 추진한다는 소문이 퍼지자, 영국은 이를 빌미로 1885년 3월에 대한해협의 요충지인 거문도를 불법으로 점령하고 해군 기지를 건설하였다(거문도 사건). 러시아가 조선에서 영토를 확보하지 않을 것을 약속하자 영국군은 1887년 2월 거문도에서 철수하였다.
고종은 1895년 2월에 전 국민을 상대로 새로운 교육의 필요성과 중요성을 강조한 교육 입국 조서를 반포하였다. 이 조서의 정신에 따라 정부는 한성사범학교 관제, 외국어학교 관제, 소학교령 등을 공포하였다.

오답분석   ㄱ. 1898년에 독립협회가 주도하여 관민 공동회를 개최하였다.
ㄹ. 나철은 1909년에 단군 신앙을 기반으로 단군교를 창시하고, 1910년에 대종교로 교명을 변경하였다.

28 | 한일신협약   정답 ④

제시된 자료는 1907년 7월에 체결된 한·일 신협약(정미 7조약)이다.
일본은 헤이그 특사 사건을 빌미로 친일파 대신들을 동원하여 고종 황제를 강제로 퇴위시키고 한·일 신협약을 체결하였다. 이 조약에서 일본은 국가의 법령 제정, 중요 행정처분, 고등 관리의 임명에 대한 사전 승인 등 통감의 권한을 확대하여 내정을 장악하고, 각 부처에 일본인 차관을 임명하였다. 그리고 군대 해산 조칙을 만들어 1907년 8월에 군대를 해산시켰다.
일본은 1909년 기유각서를 통해 감옥 사무와 사법권을 박탈하였으며, 일진회를 사주하여 친일 여론을 조성하는 등 강제 병합의 수순을 밟아 나갔다. 1910년 5월 일본은 육군대신 데라우치 마사타케를 새 통감으로 임명하고, 6월에는 대한제국의 경찰권을 박탈하였다.

오답분석   ④ 1907년 6월에 열린 헤이그 만국평화회의에 이상설, 이준, 이위종 등을 파견한 것을 빌미로 일본은 고종을 강제 퇴위시키고 한·일 신협약을 체결하였다.

Ⅵ. 한국 근대사

29 [2025 법원직] 다음 자료를 통해 알 수 있는 의병에 대한 설명으로 가장 옳은 것은?

> 이번에 춘천 등지에서 백성이 소란을 피운 것은 8월 20일 사변 때 쌓인 울분 때문임을 알 수 있다. 나라의 역적을 이미 법에 의해 처단하였고 나머지 무리도 차례로 처벌할 것이니, 옛 울분을 풀 수 있을 것이다. 해당 지방에 주둔하는 군대는 반드시 이 조칙을 춘천부에 모여 있는 백성에게 보여, 각자 백성으로 돌아가 생업에 편안히 종사하도록 해야 할 것이다. 아울러 너희 군대의 무관과 병졸은 즉시 돌아오도록 하라.

① 양반 유생이 주도하였다.
② 초대 통감을 사살하였다.
③ 서울 진공 작전을 전개하였다.
④ 외교권 박탈에 항의하여 일어났다.

30 [2017 지방직 7급] 다음 자료와 관련된 단체의 설명으로 옳지 않은 것은?

> ○ 시장에 외국 상인의 출입을 엄금할 것
> ○ 다른 나라에 철도부설권을 허용하지 말 것
> ○ 시급히 방곡령을 실시하고 구민법을 채용할 것
> ○ 금광의 채굴을 금지하고 인민의 방책을 꾀할 것

① 정치적·경제적 각성을 촉진하고, 단결을 공고히 함을 강령으로 삼아 투쟁하였다.
② 1900년 전후 충청과 경기, 낙동강 동쪽의 경상도 등지에서 활동하였다.
③ '가난한 사람을 살려내는 무리'라는 뜻으로 "홍길동전"에서 이름을 따왔다.
④ 을사늑(조)약 이후에 이들 가운데 일부는 의병운동에 참여하였다.

31 [2018 국가직 7급] 다음과 같이 주장한 인물에 대한 설명으로 옳은 것만을 〈보기〉에서 모두 고르면?

> 오호라. 작년 10월에 저들이 한 행위는 만고에 일찍이 없던 일로서, 한 조각의 종이에 강제로 조인하게 하여 5백 년 전해오던 종묘사직이 마침내 하룻밤 사이에 망했으니 … (중략)… 우리 의병군사의 올바름을 믿고, 적의 강대함을 두려워하지 말자. 이에 격문을 돌리니 다 함께 일어나라.

● 보기 ●
ㄱ. 의병을 이끌고 홍주성을 점령하였다.
ㄴ. 대마도(쓰시마)로 압송된 후 순국하였다.
ㄷ. 왜양일체론을 주장하며 개항에 반대하였다.
ㄹ. 13도 창의군을 이끌고 서울진공작전을 지휘하였다.

① ㄱ, ㄴ ② ㄱ, ㄹ ③ ㄴ, ㄷ ④ ㄷ, ㄹ

32 [2018 서울시 9급] 〈보기〉의 그에 대한 설명으로 가장 옳지 않은 것은?

● 보기 ●
> 그는 평안도 양덕 사람으로 (중략) 체격이 장대하고 지기가 왕성하였는데, 비록 글은 배우지 못하였으나 천성적인 의협심이 있어, 남을 돕는 일을 급무로 삼은 연유로 사람들이 많이 따랐다. 1907년 겨울에 차도선, 송상봉, 허근 등 여러 사람들과 의병을 일으켜 (중략) 전투를 벌였다.

① 산포수들을 모아 의병을 구성하였다.
② 주요 활동지는 함경도 삼수, 갑산 등지였다.
③ 1920년 청산리 전투에서 일본군을 격파하였다.
④ 13도창의군을 결성하고 서울진공작전을 개시하였다.

29 | 을미의병　　　　　정답 ①

제시된 자료에서 '8월 20일 사건'은 1895년 8월 20일에 명성황후가 일본 낭인에 살해된 을미사변을 가리키고, '춘천 등지에서 백성이 소란을 피운 것'은 이소응이 일으킨 의병 봉기를 가리킨다.

을미사변과 단발령을 계기로 일어난 을미의병은 유인석, 이소응 등 위정척사 사상을 가진 유생들이 봉기를 주도하였고, 농민들과 동학 농민군의 잔여 세력이 가담하였다. 제천을 중심으로 거병하여 충주성 일대를 점령한 유인석과 춘천 지방에서 봉기한 이소응 등의 활약이 두드러졌다. 그러나 아관파천 이후 고종이 친일파 관료를 처단하고 단발령을 철회하자 의병들은 고종의 해산 권고 조칙을 수용하여 대부분 해산하였다.

오답분석　② 1909년에 안중근이 초대 통감 이토 히로부미를 하얼빈에서 사살하였다.
③ 고종 강제 퇴위와 군대 해산을 계기로 봉기한 정미의병이 13도 창의군을 결성하고 서울 진공 작전을 전개하였다.
④ 을사의병이 외교권을 박탈한 을사늑약 체결에 항의하여 봉기하였다.

30 | 활빈당　　　　　정답 ①

제시된 자료는 활빈당이 발표한 '대한사민논설'이다.

활빈당은 1900년 충청남도 내포 지방 등지에서 봉기한 후 충청북도·경기도·강원도·영남·호남 등 전국 각지로 세력이 파급되어나갔다. 활빈당이라는 명칭은 허균의 "홍길동전"에서 따온 것으로 여겨지며 동학 농민운동, 을미의병에 가담했던 백성들이 가담하였다. 활빈당은 친일파 관리나 탐관오리, 부호, 일본 상인들에게서 빼앗은 금품을 가난한 사람들에게 나누어주었고, 이러한 활동을 통해 대중들의 호응을 얻을 수 있었다. 활빈당은 을사늑약 이후에 의병운동에 합류하였다.

오답분석　① 신간회가 정치적·경제적 각성 촉진, 단결 강화, 기회주의 배격을 행동 강령으로 삼았다.

● **복습지문**
활빈당 중 일부는 을사늑약 이후 의병운동에 참여하였다.

31 | 최익현　　　　　정답 ③

제시된 자료는 을사늑약이 체결된 후 최익현이 항일 투쟁을 호소하며 지은 『포고팔도사민』의 일부이다.

이항로의 제자로 대표적인 위정척사계열의 유생인 최익현은 1871년 흥선대원군의 서원 철폐령에 반대하는 상소를 올렸고, 1876년 조선 정부가 일본의 압력에 굴복해서 강화도 조약을 체결하려고 하자 '5불가소(지부복궐 척화의소)'를 올려 일본이 서양 오랑캐와 같다는 '왜양일체론'을 내세워 개항에 반대하였다.

1905년 을사조약이 체결되자 이에 반발하여 '창의토적소', '포고팔도사민'을 통해 항일 투쟁을 호소하였고, 제자 임병찬과 함께 태인·정읍·곡성을 점령하였다. 그러나 순창에서 정부의 진위대와 대치하자 임금의 군대와 싸울 수 없다며 스스로 체포되었고, 대마도에 끌려가 순국하였다.

오답분석　ㄱ. 민종식이 1천여 명의 의병을 이끌고 홍주성을 점령하였다.
ㄹ. 이인영이 13도 창의군을 이끌고 서울진공작전을 지휘하였다.

● **복습지문**
을사늑약 직후 의병을 일으킨 최익현은 대마도로 압송된 후 순국하였다.

32 | 홍범도　　　　　정답 ④

평안도 양덕 출신으로 1907년 차도선 등과 함께 의병을 일으킨 인물은 홍범도이다.

홍범도는 1907년 일본이 '총포급화약류단속법'을 공포하여 포수들의 총을 회수하자 11월 차도선 등과 산포수들을 모아 산포대(山砲隊)를 구성하여 함경도 갑산·산수 등지에서 유격전으로 일본 수비대를 격파하였다.

홍범도는 1910년에는 간도로 건너가 포수단을 조직하였고, 이후 독립군 양성에 진력하다 1919년 3·1운동 후 대한독립군을 창설하였다. 홍범도의 대한독립군은 제1군사령부, 북로사령부로 개편된 후 최진동이 지휘하는 도독부와 통합하였고, 봉오동 일대에서 일본군 부대를 전멸시키는 성과를 올렸다(봉오동 전투). 이후 홍범도는 청산리전투에도 김좌진, 최진동 등과 함께 출전하여 일본군을 크게 격파하였다.

오답분석　④ 이인영, 허위 등 양반 의병장들이 13도 창의군을 결성하고 서울진공작전을 개시하였다.

Ⅵ. 한국 근대사

33 [2017 국가직 9급] 다음 조칙이 발표된 이후의 상황에 대한 설명으로 옳은 것만을 〈보기〉에서 모두 고른 것은?

> ≪관보≫ 호외
> 짐이 생각건대 쓸데없는 비용을 절약하여 이용후생에 응용함이 급무라. 현재 군대는 용병으로서 상하의 일치와 국가 안전을 지키는 방위에 부족한지라. 훗날 징병법을 발표하여 공고한 병력을 구비할 때까지 황실시위에 필요한 자를 빼고 모두 일시에 해산하노라.

● 보기 ●
ㄱ. 신돌석과 같은 평민 출신의 의병장이 처음으로 등장하였다.
ㄴ. 단발령의 실시로 위정척사 사상에 바탕을 둔 의병 운동이 시작되었다.
ㄷ. 연합 의병 부대인 13도 창의군이 결성되어 서울 진공 작전을 계획하였다.
ㄹ. 일본군의 '남한 대토벌 작전'으로 의병 부대의 근거지가 초토화되었다.

① ㄱ, ㄴ ② ㄱ, ㄹ ③ ㄴ, ㄷ ④ ㄷ, ㄹ

34 [2017 지방직 9급] (가), (나) 시기에 있었던 사실에 대한 설명으로 옳은 것은?

(가)	(나)
러일 전쟁 발발	고종 강제 퇴위	대동단결선언 발표

① (가) - 독립협회가 개최한 관민공동회에서 헌의 6조가 결의되었다.
② (가) - 독도를 울릉군 관할로 한다는 내용의 대한제국 칙령 제41호가 공포되었다.
③ (나) - 일제가 '105인 사건'을 일으켜 윤치호 등을 체포하였다.
④ (나) - 일본인 메가타가 재정 고문으로 부임하여 화폐 정리 사업을 시작하였다.

35 [2017 지방직 9급] 다음 칙령이 계기가 되어 전개된 의병 활동으로 옳은 것은?

> 현재 우리나라 군대는 용병으로 만들어진 까닭에, 상하가 일치하여 국가를 지키는 데 충분하지 못하다. 짐은 지금부터 군제 쇄신을 꾀하여 사관 양성에 전력하고 이후 징병법을 발포하여 공고한 병력을 구비하려 한다. 이에 짐은 유사(有司)에게 명하여 황실 시위에 필요한 자를 일부 남기고 기타는 해산하노라.

① 평민 출신 의병장이 처음 등장하였다.
② 고종의 해산 명령에 따라 해산하였다.
③ 민종식 의병 부대가 홍주성을 점령하였다.
④ 13도 연합 의병이 결성되어 서울 진공 작전을 전개하였다.

36 [2020 지방직 7급] (가) 재위 기간에 있었던 사실이 아닌 것은?

> (가) 황제가 영원히 가시던 길에 엎드려 크게 통곡하던 우리는 …(중략)… 우리 민족의 새로운 기백과 책동이 발발하기를 간절히 기대하는 바이다.
> - 『동아일보』 1926년 6월 12일 -

① 일본은 동양척식주식회사를 설립하였다.
② 일본이 간도를 청에 귀속하는 협약을 체결하였다.
③ 유생 의병장 중심으로 13도 창의군을 결성하였다.
④ 대한제국의 외교권을 박탈하고 통감부를 설치하였다.

33 | 정미의병 정답 ④

'황실시위에 필요한 자를 빼고 모두 일시에 해산'한다는 내용을 통해 1907년 군대 해산 조칙임을 알 수 있다.

고종 황제가 헤이그 특사사건을 계기로 강제 퇴위 당한 상황에서 이완용과 이토 히로부미의 명의로 정미 7조약이 체결되었고, 부수조약에 따라 대한제국의 군대가 해산되었다. 이에 대한 반발로 해산 군인들이 의병에 가담하며 정미의병이 일어났다.

정미의병의 활동은 전국 각지로 확산되었고, 11월 이인영을 총대장, 허위를 군사장으로 하는 13도 창의군이 결성되었다. 13도 창의군은 서울 진공 작전을 추진하였으나 일본군의 전력에 밀리고, 후속 부대가 도착하지 못하여 패퇴하였다. 이후 소규모 부대로 나뉘어진 의병들이 전국 각지에서 활발하게 항쟁을 전개하였으나 일본군은 1909년 '남한 대토벌 작전'을 전개하여 의병 부대의 근거지가 초토화되었다.

오답분석 ㄱ. 신돌석과 같은 평민 출신 의병장이 처음으로 등장한 것은 을사의병(1905) 때 이다.
ㄴ. 단발령 실시에 항거하여 의병활동이 일어난 것은 을미의병(1895)이다.

● 복습지문
군대 해산 조치 이후 13도 창의군이 결성되어 서울 진공 작전을 전개하였다.

34 | 국권 피탈 전후의 사실 정답 ③

1904년 2월 8일 일본 함대가 뤼순의 러시아 군항을 기습공격하며 러일전쟁이 시작되었다.

1907년에는 일본이 헤이그 특사 파견을 문제삼아 고종 황제를 강제로 퇴위시켰고, 1917년 상하이에서 신규식·박은식·신채호 등 독립운동가 14명은 대동단결선언을 발표하여 임시정부 수립을 제창하였다.

일본이 '105인 사건'을 일으켜 윤치호 등 신민회의 주요 인사들을 체포함에 따라 신민회가 해체된 1911년의 상황이 (나)에 해당되는 것이 올바르다.

오답분석 ① 1898년 독립협회가 개최한 관민공동회에서 헌의 6조를 결의하여 고종에게 제출하였다.
② 1900년에 독도를 울릉군 관할로 한다는 대한제국 칙령 제 41호가 공포되었다.
④ 1904년 1차 한일협약으로 메가타가 대한제국의 재정고문으로 부임하여 화폐 정리 사업을 시작하였다.

35 | 정미의병 정답 ④

제시된 자료는 1907년 일본의 압박에 의해 순종이 내린 군대 해산 조칙이다.

헤이그 특사 사건을 빌미로 일본은 친일파 대신들을 동원하여 고종 황제를 강제로 퇴위시키고, 1907년 7월에 '한·일신협약(정미 7조약)'을 체결하였다. 그리고 군대 해산 조칙을 강요하여 1907년 8월에 대한제국의 군대를 해산시켰다.

군대 해산 조치에 항거하여 각 지방의 해산 군인들이 의병에 가담하면서 정미의병이 일어났다. 1907년 9월 관동 의병장 이인영은 '대한매일신보'를 통해 전국의 의병장들에게 경기도 양주로 집결할 것을 호소하였고, 각국 영사관에 통문을 보내 의병을 국제법상의 교전 단체로 인정해 줄 것을 요구하였다. 11월에 유생 의병장들과 1만여 의병은 양주에 집결하여 이인영을 총대장, 허위를 군사장으로 하는 13도 창의군을 결성하여 서울 진공 작전을 전개하였다.

오답분석 ① 을사의병(1905) 때 평민 출신 의병장이 처음 등장하였다.
② 을미의병(1895)이 고종의 해산 명령에 따라 해산하였다.
③ 을사의병 때 민종식의 의병부대가 홍주성을 점령하였다.

36 | 순종 황제의 재위기간 정답 ④

(가)는 1926년에 사망한 순종이다. 1907년에 고종이 강제 퇴위 당하고 순종이 즉위하였다.

1907년 고종 황제가 강제로 퇴위 당하고 곧이어 대한제국의 군대가 해산되자 이에 항거하여 각 지방의 해산 군인들이 의병에 가담하면서 정미의병이 일어났다. 1907년 11월에 유생 의병장들과 1만여 의병은 양주에 집결하여 이인영을 총대장, 허위를 군사장으로 하는 13도 창의군을 결성하였다.

일제는 한국의 토지와 자원을 수탈하고 독점할 목적으로 1908년에 국책회사인 동양 척식 주식회사(동척)를 설립하여 토지 약탈을 본격화하였다.
일제는 1909년 간도 협약을 체결하여 남만주의 철도 부설권을 얻는 대가로 간도를 청의 영토로 인정하였다.

오답분석 ④ 1905년 11월에 일본은 을사늑약을 강요하여 대한제국의 외교권을 박탈하고, 1906년 2월에 통감부를 설치하였다.

VI. 한국 근대사

37 [2021 법원직] 자료의 의병에 대한 설명으로 옳은 것을 〈보기〉에서 모두 고른 것은?

> 군사장은 미리 군비를 신속히 정돈하여 철통과 같이 함에 한 방울의 물도 샐 틈이 없는지라. 이에 전군에 명령을 전하여 일제히 진군을 재촉하여 동대문 밖으로 진격할 때, 대군은 긴 뱀의 형세로 천천히 전진하게 하고, …… 전군이 모이는 시기가 어긋나고 일본군이 갑자기 진격해 오는지라. 여러 시간을 격렬히 사격하다가 후원군이 이르지 않아 할 수 없이 퇴진하였다.

● 보기 ●
ㄱ. 고종이 해산 권고 조칙을 내리자 대부분 해산하였다.
ㄴ. 13도 창의군을 결성하여 서울 진공 작전을 시도하였다.
ㄷ. 각국 영사관에 교전 단체로 인정해 줄 것을 요구하였다.
ㄹ. 의병 잔여 세력이 활빈당 등의 무장 결사를 조직하였다.

① ㄱ, ㄴ　② ㄱ, ㄹ　③ ㄴ, ㄷ　④ ㄷ, ㄹ

38 [2022 지방직 9급] 밑줄 친 '나'에 대한 설명으로 옳은 것만을 모두 고르면?

> 오늘날 사람은 모두 법에 의하여 생활하고 있는데 실제로 사람을 죽인 자가 벌을 받지 않고 생존할 도리는 없는 것이다. … (중략) … 나는 한국의 의병이며 지금 적군의 포로가 되어 와 있으므로 마땅히 만국공법에 의해 처단되어야 할 것으로 생각한다.

● 보기 ●
ㄱ. 일본에서 순국하였다.
ㄴ. 한인 애국단 소속이었다.
ㄷ. 『동양평화론』을 집필하였다.
ㄹ. 연해주에서 의병 투쟁을 전개하였다.

① ㄱ, ㄴ　② ㄱ, ㄹ　③ ㄴ, ㄷ　④ ㄷ, ㄹ

39 [2025 국가직 9급] 다음 자료를 통해 알 수 있는 단체에 대한 설명으로 옳은 것은?

> 남만주로 집단 이주하려고 기도하고, 조선에서 상당한 재력이 있는 사람들을 그곳에 이주시켜 토지를 사들이고 촌락을 세워, …(중략)… 학교를 세워 민족 교육을 실시하고, 무관학교를 설립하여 문무를 겸하는 교육을 실시하면서, 기회를 엿보아 독립전쟁을 일으켜 구한국의 국권을 회복하려고 하였다.
> － 『105인 사건 판결문』 －

① 만민공동회를 개최하였다.
② 민립대학 설립 운동을 추진하였다.
③ 비밀결사의 형태로 활동을 전개하였다.
④ 광주학생항일운동이 일어나자 진상조사단을 파견하였다.

40 [2020 법원직] (가)에 대한 설명으로 가장 옳은 것은?

> (가) 의 목적은 한국의 부패한 사상과 습관을 혁신하여 국민을 유신케 하며, 쇠퇴한 발육과 산업을 개량하여 사업을 유신케 하며, 유신한 국민이 통일 연합하여 유신한 자유 문명국을 성립케 한다고 말하는 것으로서, 그 깊은 뜻은 열국 보호 하에 공화정체의 독립국으로 함에 목적이 있다고 함.
> － 일본 헌병대 기밀 보고(1908) －

① 해외 독립 운동 기지 건설에 앞장섰다.
② 고종이 퇴위 당하자 의병 투쟁에 앞장섰다.
③ 입헌 군주제 수립을 목표로 활동하였다.
④ 5적 암살단을 조직하였다.

37 | 정미의병　　　　　　　　　　　　정답 ③

'군사장', '3백 명을 인솔하고 선두에 서서 동대문 밖 삼십 리 되는 곳에 나아가' 등의 단서를 통해 13도 창의군의 서울진공작전에 대한 자료임을 알 수 있다.

고종 황제가 헤이그 특사사건을 계기로 강제 퇴위 당한 상황에서 이완용과 이토 히로부미의 명의로 한·일 신협약(정미 7조약)이 체결되었고, 부수조약에 따라 대한제국의 군대가 해산되었다. 군대 해산 조치에 항거하여 각 지방의 해산 군인들이 의병에 가담하면서 정미의병이 일어났다. 1907년 9월 관동 의병장 이인영은 대한매일신보를 통해 전국의 의병장들에게 경기도 양주로 집결할 것을 호소하였고, 각국 영사관에 통문을 보내 의병을 국제법상의 교전 단체로 인정해 줄 것을 요구하였다. 11월에 유생 의병장들과 1만여 의병은 양주에 집결하여 이인영을 총대장, 허위를 군사장으로 하는 13도 창의군을 결성하여 서울 진공 작전을 전개하였다. 1908년 1월에 군사장 허위가 이끈 선발대 300명은 동대문 밖 30리 지점까지 진격하였으나, 후속 부대의 지원을 받지 못하여 서울 진공은 실패하였다.

오답분석
ㄱ. 을미사변과 단발령 시행에 반발해 봉기한 을미의병이 고종의 해산 권고 조칙을 수용하여 해산하였다.
ㄹ. 을미의병에 참여했던 세력이 활빈당 등의 무장 결사를 조직하였다.

● **복습지문**
> 정미의병 당시 각국 영사관에 공문을 보내 교전 단체로 인정해 줄 것을 요구하였다.

38 | 안중근　　　　　　　　　　　　정답 ④

'한국의 의병', '적군의 포로' 등의 단서를 통해 '나'는 안중근임을 추론할 수 있다.

안중근은 삼흥학교, 돈의학교 등을 설립해 실력양성에 힘썼으며, 1907년에는 국채보상기성회 관서지부장이 되면서 반일운동을 전개하였다. 한·일 신협약(1907) 체결 이후에는 연해주로 건너가 의병을 모집하고 대한의군 참모중장으로 활동하였다.

안중근은 1909년 3월 단지회라는 비밀결사를 조직하였고, 1909년 10월 만주 하얼빈 역에서 초대 통감 이토 히로부미를 사살하여 체포되었다. 안중근은 조사 과정에서 자신을 대한의군 참모중장이라 밝히며 이토 히로부미를 사살한 것은 한국의 독립과 동양 평화를 위한 것임을 밝혔다. 안중근은 1910년 3월 뤼순(여순) 감옥에서 『동양평화론』을 집필하던 중 형이 집행되어 순국하였다.

오답분석　ㄱ. 안중근은 뤼순 감옥에서 순국하였다.
ㄴ. 1931년에 김구가 조직한 한인애국단에는 이봉창, 윤봉길 등이 속하였다.

39 | 신민회　　　　　　　　　　　　정답 ③

105인 사건과 관련된 단체는 신민회이다.

신민회는 1907년 안창호, 이회영, 이승훈, 양기탁 등이 주도해 비밀결사 형태로 결성되었다. 신민회 인사들은 국권의 회복과 공화정에 기반을 둔 근대 국가를 지향하며 민족 교육을 위한 학교설립, 회사 설립을 통한 경제적 실력 양성을 도모하였다. 신민회는 민족 교육을 위해 평양의 대성 학교(안창호), 평북 정주의 오산 학교(이승훈)를 설립하여 인재를 양성하였고, 태극서관을 세웠다. 또한 민족 자본 육성책으로 평양 자기 회사를 운영하고, 방직 공장과 연초 공장 설립을 계획하였다.

1910년 국권 상실 위기에 처하자 신민회 일부 인사들은 만주 등 국외로 망명하여 무장 독립 운동 기지를 개척하였다. 신민회는 1911년 일제가 조작한 데라우치 총독 암살 미수 사건에 연루되어 탄압을 받아 해체되었다 (105인 사건).

오답분석　① 독립협회가 만민공동회를 개최하였다.
② 1923년에 조선민립대학기성회가 조직되어 민립대학 설립 운동을 추진하였다.
④ 신간회가 광주학생항일운동(1929)의 진상조사단을 파견하였다.

40 | 신민회　　　　　　　　　　　　정답 ①

'유신한 국민이 통일 연합하여 유신한 자유 문명국을 성립'한다는 목적 아래 공화정체의 독립국 수립을 지향한 (가)는 신민회이다.

신민회는 1907년 이승훈, 양기탁, 이회영 등이 주도해 결성된 비밀 결사 단체로서, 교육·문화사업을 통해 국민들의 민족의식과 민주의식을 고취시키는 한편 민족자본을 육성하는데 힘썼다. 민족 교육을 위해 평양의 대성학교(안창호), 평북 정주의 오산 학교(이승훈)를 설립하여 인재를 양성하였고, 태극서관을 세웠다. 민족 자본 육성책으로 평양 자기 회사를 세워 경제적 실력 양성을 도모하였다.

1910년 국권을 상실할 위기에 처하자 신민회 일부 인사들은 국내에서의 실력 양성이 불가능하다고 생각하고 만주로 망명하여 무장 투쟁을 준비하였다. 이들은 남만주 지역의 삼원보에 경학사를 조직하고 신흥 강습소를 설립하였으며, 중국과 러시아의 국경 지대에 자리잡은 밀산부에 한흥동 등의 독립 운동 기지를 개척하였다.

오답분석　② 고종 퇴위 후에 해산 군인들이 의병 투쟁에 앞장섰다.
③ 헌정 연구회가 입헌 군주제 수립을 목표로 하였고, 신민회는 공화정체를 지향하였다.
④ 나철과 오기호가 5적 암살단을 조직하였다.

VI. 한국 근대사

05 근대의 경제와 사회·문화

01 [2018 지방직 9급] (가)~(라) 시기의 경제 상황으로 옳은 것은?

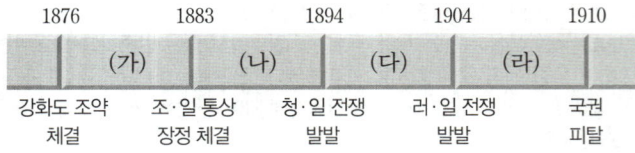

1876 강화도 조약 체결 — (가) — 1883 조·일 통상 장정 체결 — (나) — 1894 청·일 전쟁 발발 — (다) — 1904 러·일 전쟁 발발 — (라) — 1910 국권 피탈

① (가) – 보안회가 일본의 황무지 개간권 요구를 철회시켰다.
② (나) – 황국 중앙 총상회가 상권 수호 운동을 전개하였다.
③ (다) – 동양 척식 주식회사가 대규모 농장을 경영하였다.
④ (라) – 경제 자립을 위한 국채 보상 운동이 전개되었다.

02 [2023 국가직 9급] (가), (나) 조약 사이의 시기에 있었던 사실로 옳은 것은?

(가) 제10관 일본국 인민이 조선국 지정의 각 항구에 머무는 동안에 죄를 범한 것이 조선국 인민에 관계되는 사건일 때에는 일본국 관원이 재판한다.
(나) 제4관 중국 상인이 조선의 양화진 및 한성에 영업소를 개설할 경우를 제외하고, 각종 화물을 내륙으로 운반하여 상점을 차리고 파는 것을 허가하지 않는다. 단, 내륙행상이 필요한 경우 지방관의 허가서를 받아야 한다.

① 개항장에서는 일본 화폐가 통용되었다.
② 러시아가 압록강 유역의 산림 채벌권을 획득하였다.
③ 황국 중앙 총상회가 조직되어 상권 수호 운동을 전개하였다.
④ 함경도의 방곡령에 불복하여 일본 상인이 손해 배상을 요구하였다.

03 [2019 지방직 9급] 조약 (가), (나) 사이 시기의 경제 상황으로 옳은 것은?

(가)	○ 조선국 항구에 머무르는 일본은 쌀과 잡곡을 수출·수입할 수 있다. ○ 일본국 정부에 소속된 모든 선박은 항세(港稅)를 납부하지 않는다.
(나)	○ 입항하거나 출항하는 각 화물이 세관을 통과할 때에는 세칙에 따라 관세를 납부해야 한다. ○ 조선 정부가 쌀 수출을 금지하고자 할 때에는 반드시 먼저 1개월 전에 지방관이 일본 영사관에게 통고해야 한다.

① 메가타 재정고문이 화폐정리사업을 시도하였다.
② 혜상공국의 폐지 등을 주장한 정변이 발생하였다.
③ 양화진에 청국인 상점을 허용하는 조약이 체결되었다.
④ 함경도 방곡령 사건으로 일본과 외교적 마찰이 일어났다.

04 [2025 지방직 9급] 다음 조약에 대한 설명으로 옳은 것은?

제9관 수입 또는 수출되는 각 화물이 해관을 통과할 때는 응당 본 조약에 첨부된 세칙에 따라 관세를 납부해야 한다.
제37관 조선국에서 가뭄과 홍수, 전쟁 등으로 인하여 국내에 양식이 결핍할 것을 우려하여 일시 쌀 수출을 금지하려고 할 때에는 1개월 전에 지방관이 일본 영사관에게 통지하여 미리 그 기간을 항구에 있는 일본 상인들에게 전달하여 일률적으로 준수하는 데 편리하게 한다.

① 갑신정변의 영향으로 체결되었다.
② 최혜국 대우에 관한 내용을 담고 있다.
③ 일본 경비병의 공사관 주둔을 명시하였다.
④ 부산 외 2곳에 개항장이 설치되는 결과를 가져왔다.

01 | 개항 이후 경제 상황 정답 ④

1904년 러일전쟁 발발 후 일본은 대한제국과 1차 한일협약을 체결하고 메가타를 재정고문으로 파견하였다. 메가타에 의해 화폐 정리 사업이 실시되고, 을사조약 이후 각종 시설에 대한 확충사업이 추진되며 일본에서 막대한 양의 차관이 도입되었다. 이에 따라 경제자립을 위해 일본에서 들여온 차관을 갚고 국권을 회복하자는 국채보상운동이 전개되었다. 1907년부터 대구에서 서상돈·김광제 등의 제의로 시작되었고, 이에 호응하여 서울에서는 김성희 등이 국채보상기성회를 설립하였으며, 황성신문, 대한매일신보, 제국신문 등 각종 신문을 통해 전국으로 확산되었다.

오답분석 ① 1904년 보안회가 일본의 황무지 개간권 요구를 철회시켰다.
② 1898년 서울에서 황국중앙총상회가 조직되어 상권 수호 운동을 전개하였다.
③ 1908년 일본이 한국의 토지와 자원을 빼앗기 위해 동양척식주식회사를 설립하였다.

02 | 강화도 조약과 조청상민수륙무역장정 정답 ①

(가)는 강화도 조약(1876), (나)는 조청상민수륙무역장정(1882)이다.
1875년 11월 일본은 서구의 포함 외교를 모방하여 조선에 운요호 등 군함을 보내 무력 시위를 벌였다(운요호 사건). 운요호 사건이 있은 지 석 달 뒤 일본은 군함 11척과 군대를 이끌고 강화도에 나타나 개항을 강요하였다. 결국 조선 정부는 일본의 군사적 압력에 굴복하여 1876년 2월 강화도 조약(조·일 수호 조규)을 체결하였다.
강화도 조약의 후속 조치로 1876년 7월에는 조·일 수호 조규 부록과 조·일 무역규칙이 체결되었다. 조·일 수호 조규 부록에서는 조계지 설정, 개항장 내 일본 화폐의 유통, 일본 외교관의 내지 자유 통행권 등이 규정되었다. 또 조·일 무역규칙은 일본 수출입 상품에 대한 무항세(무관세)와 양곡의 무제한 유출을 허용하는 조항이 포함되었다.

오답분석 ② 아관파천(1896) 이후 열강의 이권침탈이 가속화되었고, 러시아는 압록강 유역의 산림 채벌권을 획득하였다.
③ 1898년에 서울이 시전상인들이 황국 중앙 총상회를 조직하여 상권 수호 운동을 전개하였다.
④ 1889년에 함경도 관찰사가 방곡령을 선포했으나 일본은 조일통상장정 37조의 규정을 내세워 방곡령 취소와 배상금을 요구하였고, 조선 정부는 이에 굴복하였다.

03 | 개항 이후 경제 상황 정답 ③

(가)는 1876년에 체결된 조·일 무역 규칙, (나)는 1883년에 체결된 조·일 통상 장정이다.
강화도 조약 직후 체결된 조·일 무역 규칙은 일본 수출입 상품에 대한 무항세(무관세)와 양곡의 무제한 유출을 허용하였다. 1883년에 개정된 조·일 통상 장정은 관세 자주권을 일부 회복하였으나, 일본에게 최혜국 대우를 인정하였다. 한편, 개정된 조일통상장정의 37조에는 방곡령 선포 시 상대국에 1개월 전에 서면 통고해야 한다는 규정이 추가되었다.
1882년 임오군란을 진압한 청나라는 8월 23일 조·청 상민 수륙 무역장정을 강제로 체결하였다. 이 장정은 조선에 대한 종주권을 명시하였으며, 영사재판권, 청나라 상인의 내지 통상권, 연안 어업권 등의 통상특혜를 담고 있었다.

오답분석 ① 1904년 체결된 제1차 한일협약에 따라 메가타가 재정고문으로 파견되어 화폐정리사업을 추진하였다.
② 1884년에 갑신정변을 일으킨 개화당 세력은 개혁정강에서 혜상공국의 폐지를 주장하였다.
④ 1889년에 함경도 관찰사 조병식이 방곡령을 선포하였으나 일본의 항의로 실패하였다.

04 | 조일통상장정(1883) 정답 ②

제시된 자료는 1883년에 체결된 조·일 통상장정이다.
1876년 7월에 체결된 조·일 무역규칙은 일본 수출입 상품에 대한 무항세(무관세)와 양곡의 무제한 유출을 허용하였다. 조·일 무역규칙은 1883년에 조·일 통상장정으로 개정되었다. 개정된 조·일 통상 장정은 관세 자주권을 일부 회복하였으나, 일본에게 최혜국 대우를 인정하였다. 한편, 개정된 조·일 통상장정의 37조에는 방곡령을 선포할 때 상대국에 1개월 전에 서면 통고해야 한다는 규정이 추가되었다.

오답분석 ① 한성조약(1884), 텐진조약(1885)이 갑신정변의 영향으로 체결되었다.
③ 제물포 조약(1882)에 일본 경비병의 공사관 주둔을 명시하였다.
④ 강화도 조약(1876)에서 부산 외 2곳에 개항장 설치를 명시하였다.

VI. 한국 근대사

05 [2019 국가직 9급] (가), (나) 시기에 있었던 사실로 옳은 것은?

	(가)	(나)	
을미사변 발발		을사조약 강제 체결	13도 창의군 서울진공작전 전개

① (가) – 시전상인을 중심으로 황국중앙총상회가 조직되었다.
② (가) – 신민회는 일제가 날조한 105인 사건으로 와해되었다.
③ (나) – 함경도 관찰사 조병식이 곡물 수출을 막는 방곡령을 내렸다.
④ (나) – 일제의 황무지 개간권 요구를 반대하기 위해 보안회가 창설되었다.

06 [2021 국가직 9급] 개항기 무역에 대한 설명으로 옳지 <u>않은</u> 것은?

① 개항장에서 조선인 객주가 중개 활동을 하였다.
② 조·청 무역장정으로 청국에서의 수입액이 일본을 앞질렀다.
③ 일본 상인은 면제품을 팔고, 쇠가죽·쌀·콩 등을 구입하였다.
④ 조·일 통상장정의 개정으로 곡물 수출이 금지되기도 하였다.

07 [2019 국가직 7급] 다음의 정부 조치에 대한 설명으로 옳은 것만을 <보기>에서 모두 고르면?

> 상태가 매우 좋은 갑종 백동화는 개당 2전 5리의 가격으로 새 돈으로 바꾸어 주고, 상태가 좋지 않은 을종 백동화는 개당 1전의 가격으로 정부에서 사들이며, 팔기를 원치 않는 자에 대해서는 정부가 절단하여 돌려준다. 다만 모양과 질이 조잡하여 화폐로 인정하기 어려운 병종 백동화는 사들이지 않는다.
> – 『탁지부령』 –

● 보기 ●
ㄱ. 한·일 신협약을 계기로 추진되었다.
ㄴ. 은화를 발행하여 본위화로 삼고자 하였다.
ㄷ. 제일 은행권을 교환용 화폐로 사용하였다.
ㄹ. 필요한 자금을 대느라 거액의 국채가 발생하였다.

① ㄱ, ㄴ   ② ㄱ, ㄹ   ③ ㄴ, ㄷ   ④ ㄷ, ㄹ

08 [2023 지방직 9급] 다음과 같은 취지로 전개된 운동에 대한 설명으로 옳은 것은?

> 지금 우리들은 정신을 새로이 하고 충의를 떨칠 때이니, 국채 1,300만 원은 우리 대한제국의 존망에 직결된 것입니다. 이것을 갚으면 나라가 보존되고 이것을 갚지 못하면 나라가 망할 것은 필연적인 사실이나, 지금 국고에서는 도저히 갚을 능력이 없으며, 만일 나라에서 갚지 못한다면 그때는 이미 삼천리 강토는 내 나라 내 민족의 소유가 못 될 것입니다.
> – 『대한매일신보』 –

① 조선 형평사를 조직하였다.
② 조선 물산 장려회를 조직하였다.
③ 신사 참배 거부 운동을 전개하였다.
④ 1907년 대구에서 시작되어 전국으로 확산되었다.

05 개항 이후 경제 상황 정답 ①

1895년 8월에 을미사변이 발발하여 명성황후가 시해되었고, 1905년 11월에 을사늑약이 체결되었다. 1907년 군대 해산 이후 정미의병이 일어났고, 의병들은 13도 창의군을 조직하고 서울 진공작전을 전개하였다.
청·일 전쟁 이후 외국 상인들의 서울 진출이 더욱 확대되자, 서울의 시전 상인들은 1898년 황국중앙총상회를 조직하였다. 황국중앙총상회는 독립협회의 활동에도 가담하여 연좌법 및 노륙법 부활 저지, 독립협회 복설 운동, 황국협회와의 투쟁 등에 적극 참여하고 지원하였다. 특히 1898년 10월에는 독립협회와 함께 외국 상인들의 불법적인 상업 활동을 엄단할 것을 요구하며 상권 수호 운동을 전개하였다. 그러나 12월에 독립협회와 함께 보수파 정부에 의해 해산당하였다.

오답분석 ② 1911년에 105인 사건으로 신민회가 와해되었다.
③ 1889년에 함경도 관찰사 조병식이 방곡령을 내렸다.
④ 1904년에 보안회가 결성되어 일제의 황무지 개간권 요구 반대 운동을 전개하였다.

06 개항 이후 무역 활동 정답 ②

① 강화도 조약 체결 이후 부산, 원산, 인천이 차례로 개항되고, 개항장이 형성되었다. 개항장에서는 주로 일본 상인들이 치외법권, 무관세 규정 등을 내세워 개항장 무역을 주도하였다. 조일 수호 조규 부록에 의하면 외국 상인의 활동 범위는 개항장에서 10리(4km)로 제한되어 있었기 때문에 개항 초기에는 조선인 객주나 일부 중개인들도 많은 부를 축적하였다.
③ 개항 이후 일본 상인들은 홍콩, 상하이 등지에서 영국산 면직물을 가져와 팔고 조선에서 쌀, 콩 등의 곡물과 금, 쇠가죽 등을 사가는 중개 무역으로 큰 이익을 남겼다. 이것을 미면 교환 무역이라 한다.
④ 1889~90년에 황해도와 함경도의 관찰사가 곡물 수출을 금지하는 방곡령을 선포했다. 그러나 일본은 방곡령 선포 시 상대국에 1개월 전에 서면 통고해야 한다는 조·일 통상장정 37조의 규정을 내세워 방곡령 취소와 배상금을 요구하였고, 조선 정부는 이에 굴복하였다(방곡령 사건).

오답분석 ② 임오군란 이후 청으로부터의 수입이 증가하여 청·일 전쟁 무렵 국내 수입액의 45%를 차지하였지만, 일본으로부터의 수입액(55%)을 앞지르지는 못하였다.

● **복습지문**
개항 이후 일본 상인은 조선에 면제품을 팔고, 쇠가죽·쌀·콩 등을 사갔다.

07 화폐 정리 사업 정답 ④

제시된 자료는 재정 고문 메가타가 주도한 화폐 정리 사업(1905)의 시행령이다.
제1차 한·일 협약(1904)에 의해 대한제국의 재정 고문이 된 메가타는 대한제국의 화폐를 일본의 화폐 제도에 흡수·통합하고 일본 제일은행 한성지점을 대한제국의 중앙은행으로 삼았다. 메가타는 '화폐조례'의 실시를 공포하여 금본위 화폐제도를 확립하고, 당시 사용되던 백동화를 일본의 제일은행권으로 바꾸도록 하는 화폐 정리 사업을 실시하였다. 이 때 백동화를 갑·을·병종으로 나누어 갑종은 2전 5리로, 을종은 1전으로 교환해주었으며, 병종은 교환을 해주지 않았다. 이 과정에서 수많은 조선 상인들이 피해를 입었으며, 조선인들이 설립한 한성은행, 대한천일은행 등 민족 금융기관들은 거의 파산하거나 일본 은행에 흡수되었다. 또한, 시중에 유통되는 돈이 부족해서 전황 현상이 발생하였다.
한편 재정 정리와 화폐 정리 사업에 필요한 자금은 일본으로부터 차관을 들여와 충당하게 하였다.

오답분석 ㄱ. 한·일 신협약은 1907년에 체결되었고, 화폐 정리 사업은 1905년에 시작되었다.
ㄴ. 화폐 정리 사업은 금본위제를 도입한 후 추진되었다.

08 국채 보상 운동 정답 ④

일본으로부터 빌린 차관 1,300만 원을 상환하기 위해 추진된 경제적 구국 운동은 국채 보상 운동이다.
을사늑약 이후 일본은 식민지 지배를 위한 시설을 마련하기 위해 대한제국 정부에 일본으로부터 막대한 차관 도입을 강요하였다. 1907년 무렵에는 차관이 늘어나 대한제국의 1년 예산과 비슷한 규모에 이르렀다. 이에 일본에서 들여온 차관을 갚아 국권을 회복하자는 국채 보상 운동이 전개되었다. 이 운동은 1907년 대구에서 서상돈·김광제 등의 제의로 시작되었고, 이에 호응하여 서울에서는 김성희 등이 국채보상기성회를 설립하였다. 황성신문, 대한매일신보 등은 이 운동을 전국으로 확산시키는데 기여하였다. 이 운동에는 각계각층의 사람들이 참여하였는데, 남자들은 담배를 끊고 부녀자들은 생활비를 절약하는 한편 귀금속을 팔아 성금을 모았다. 통감부는 베델·양기탁 등 중심 인물을 성금 횡령의 누명을 씌워 구속하였다. 일제의 방해와 탄압으로 국채 보상 운동은 중단되고 말았다.

오답분석 ① 1923년에 백정들이 조선 형평사를 조직하고 신분 차별 철폐 운동을 전개하였다.
② 1920년대 초에 민족 산업 육성, 국산품 애용 등을 주장하며 물산 장려 운동이 전개되었다.
③ 1930년대 후반부터 기독교인들이 중심이 되어 신사 참배 거부 운동을 전개하였다.

VI. 한국 근대사

09 [2020 국가직 7급] 밑줄 친 '철도'에 대한 설명으로 옳지 않은 것은?

> 그 종점이 되는 초량 등은 혹시 그럴 수도 있으므로 괴이할 것이 없으나 중간 장시나 향촌의 참(站)에는 화물이 풍부하지 않고 탑승객이 많지 않은데 어찌 그 부지로 20만 평이나 쓰는가. 이는 일본인의 식민 계략이니, …(중략)… 또한 본 철도 선로가 완성되면 물산 제조와 정치상 사업이 진보하여 얼마간 확장되는 면이 있겠으나 일본의 식민 욕심은 이 때문에 더욱 절실해질 것이다.
> – 황성신문, 1901년 10월 7일 –

① 군용철도 명목으로 개통되었다.
② 부설을 위하여 한성전기회사가 설립되었다.
③ 부설 과정에서 한국인의 토지와 가옥이 강압적으로 수용되었다.
④ 일본은 부설에 따른 각종 이권을 획득하고자 군사적 위협을 가하였다.

10 [2017 서울시 9급] 다음 지문이 가리키는 신문과 관련된 내용으로 옳은 것은?

> 그러므로 우리 조정에서도 박문국을 설치하고 관리를 두어 외국의 기사를 폭넓게 번역하고 아울러 국내의 일까지 기재하여 국중에 알리는 동시에 열국에까지 널리 알리기로 하고, 이름을 旬報라 하며…

① 우리나라 최초의 신문으로 1883년 창간되었으며, 한문체로 발간된 관보의 성격을 띠었다.
② 최초로 국한문을 혼용하였고, 내용에 따라 한글 혹은 한문만을 쓰기도 하며 독자층을 넓혀 나가고자 하였다.
③ 한글판, 영문판을 따로 출간하여 대중 계몽을 통한 근대화를 촉진하고, 외국인에게 조선의 실정을 제대로 홍보하여 조선이 국제사회에서 완전한 근대적 자주독립국가로 자리 매김하는 것을 목표로 하였다.
④ 국한문 혼용체를 사용한 일간지로 주로 유학자층의 계몽에 앞장섰다.

11 [2023 지방직 9급] 다음에서 설명하는 신문은?

> ○ 서재필이 정부 지원을 받아 창간하였다.
> ○ 한글판을 발행하여 서양의 문물과 제도를 소개하였다.
> ○ 영문판을 발행하여 국내 사정을 외국인에게도 전달하였다.

① 제국신문   ② 독립신문
③ 한성순보   ④ 황성신문

12 [2020 지방직 7급] 다음 신문 창간 이전의 사실로 옳은 것은?

> 박문국을 설치하고 관리를 두어 외국의 기사를 폭넓게 번역하고 아울러 국내의 일까지 기재하여 국중(國中)에 알리는 동시에 열국에까지 널리 알리기로 하고 …(중략)… 견문을 넓히고, 여러 가지 의문점을 풀어주고, 장사의 이익에도 도움을 주고자 하였으니 …(하략)…
> – 「순보서(旬報序)」 –

① 세계정세를 전하는 『해국도지』가 소개되었다.
② 베트남 역사에 관련한 『월남망국사』가 번역되었다.
③ 식산흥업을 강조한 『대한자강회월보』가 간행되었다.
④ 국내외 정보를 제공한 『독립신문』이 서재필에 의해 발간되었다.

09 경부선 철도 　　　　　　　　　　　　정답 ②

자료의 '초량'은 부산에 위치한 항구로 조선 후기에는 초량 왜관이 설치되었다. 개항 이후에는 경부선의 종착역인 부산역이 세워졌으므로 밑줄 친 '철도'는 경부선임을 알 수 있다.

경부철도 부설권을 획득한 일본은 1901년에 경부 철도 주식회사를 설립하고 경부선 부설에 착수하였다. 1904년에 러·일 전쟁이 발발하자 공사를 서둘러 1905년에 개통하였다. 일본은 토지 수용, 노동력 제공, 관세 면제 등 여러 가지 특권을 얻어내었고, 선로, 역사 주변의 땅을 철도 용지라 하여 실제 필요한 토지보다 몇 배나 넓은 땅을 차지하였다. 또 일본은 철도 부설에 동원된 인부들에게 값싼 임금을 지불하고 군대를 동원하여 철도 연변의 민중을 강제 징발하였다.

따라서 일제의 침략에 대항하여 전국적으로 일어난 의병들은 일제의 침략을 가속화시키는 철도 시설을 파괴하기도 하였고, 그 과정에서 체포된 조선인이 공개 처형되기도 하였다.

오답분석 ② 1898년 대한제국 황실과 미국인 콜브란이 합자하여 설립한 한성전기회사는 서대문–청량리 구간의 전차를 개통하였다.

● **복습지문**
경부선 철도는 러일전쟁의 군사적 목적으로 부설되었다.

10 한성순보 　　　　　　　　　　　　정답 ①

'박문국', '旬報' 등의 단서를 통해 1883년에 창간된 한성순보임을 알 수 있다.

1883년 정부는 박문국을 설치하고 열흘에 한번 발간하는 '한성순보'를 발행하였다. 한성순보는 우리나라 최초의 신문으로 한문체로 발간되었으며 관보의 성격을 띠었다. 한성순보는 갑신정변으로 박문국이 불타 발행이 잠시 중단되었다가 1886년 주간 신문인 '한성주보'로 다시 발행되었다.

오답분석 ② 최초의 국한문 혼용체 신문은 한성주보이다.
③ 한글판, 영문판을 따로 출간한 신문은 독립신문이다.
④ 국한문 혼용체의 일간 신문으로 유학자 층을 대상으로 발간된 신문은 황성신문이다.

● **복습지문**
한성순보는 1883년 박문국에서 한문체로 발행한 관보적 성격의 신문이다.

11 독립신문 　　　　　　　　　　　　정답 ②

서재필이 창간하였으며, 한글판과 영문판으로 발행된 신문은 독립신문이다.

1896년에 서재필이 정부의 지원을 받아 독립신문을 창간하였다. 우리나라 최초의 근대적 민간 신문인 독립신문은 순 한글판과 영문판으로 발행되어 민권 의식의 향상에 힘썼다. 또한 최초로 띄어쓰기를 병행한 순한글문으로 작성하여 많은 백성이 읽을 수 있도록 하였다. 독립신문은 1899년 12월 4일자로 폐간하였다.

12 한성순보 　　　　　　　　　　　　정답 ①

제시된 자료는 박문국에서 발간한 '한성순보'의 창간사이다.

1883년 박문국이 설치되어 열흘에 한번 발간하는 '한성순보'를 발행하였다. '한성순보'는 우리나라 최초의 신문으로 관보적 성격을 가졌으며, 국내외의 소식을 전하고 세계 각국의 정치, 법률, 재정, 과학, 기술 등 서양의 신문화를 소개하였다.

『해국도지』는 청의 학자 위원(魏源)의 저서로, 19세기 중엽에 간행되었다. 19세기 중엽에 13차례나 중국을 다녀온 역관 오경석(1831~1879)은 『해국도지』와 『영환지략』과 같은 세계 지리와 서양 문물을 소개한 책들을 들여왔다.

오답분석 ② 1906년에 현채(1856~1925)는 프랑스의 베트남 침략 과정을 다룬 『월남망국사』를 번역하여 출간하였다.
③ 1906년 3월에 헌정연구회를 계승하여 장지연·윤효정 등이 중심이 되어 대한자강회를 설립하였다. 대한자강회는 전국에 30여 개의 지회와 2,000여 명의 회원을 두고, 『대한자강회월보』를 간행하며 교육·언론 활동과 식산흥업에 주력하였다.
④ 1896년 4월에 미국에서 귀국한 서재필은 민중 계몽을 위해서는 신문이 꼭 필요하다고 보고 독립신문을 발간하였다. 독립신문은 1899년 12월 4일자로 폐간하였다.

Ⅵ. 한국 근대사

13 [2017 법원직] 다음 자료의 교육 기관에 대한 설명으로 가장 옳은 것은?

> 문·무관, 유생 중에 어리고 총명한 자 40명을 뽑아 입학시키고 벙커와 길모어 등을 교사로 초빙하여 서양 문자를 가르쳤다. 문관으로는 김승규와 신대균 등 여러 명이 있고, 유사로는 이만재와 서상훈 등 여러 명이 있었다. 사색당파를 골고루 배정하여 당대 명문 집안에서 선발하였다.
> – 매천야록 –

① 관민이 합심하여 설립하였다.
② 경성 제국 대학으로 계승되었다.
③ 좌원과 우원의 두 반으로 편성되었다.
④ 근대식 사관 양성을 목적으로 하였다.

14 [2018 지방직 7급] 우리나라 근대 교육에 대한 설명으로 옳은 것만을 모두 고르면?

> ㄱ. 함경도 덕원 주민들의 건의로 근대식 학교인 원산학사가 설립되었다.
> ㄴ. 선교사들이 들어와서 세운 기독교 계통의 학교에는 배재학당과 이화학당 등이 있었다.
> ㄷ. 정부는 외국어 교육 기관으로 동문학을 설립하였다.
> ㄹ. 교육입국조서가 반포되었고, 사범 학교와 외국어 학교의 관제가 제정되었다.

① ㄱ
② ㄱ, ㄴ
③ ㄱ, ㄴ, ㄷ
④ ㄱ, ㄴ, ㄷ, ㄹ

15 [2022 서울시 9급] 다음 내용의 발표에 대한 설명으로 가장 옳은 것은?

> 우리보다 먼저 문명개화한 나라들을 보면 남녀평등권이 있는지라. 어려서부터 각각 학교에 다니며, 각종 학문을 다 배워 이목을 넓히고, 장성한 후에 사나이와 부부의 의를 맺어 평생을 살더라도 그 사나이에게 조금도 압제를 받지 아니한다. 이처럼 대접을 받는 것은 다름이 아니라 그 학문과 지식이 사나이 못지않은 까닭에 그 권리도 일반과 같으니 어찌 아름답지 않으리오.

① 평양의 양반 부인들이 발표하였다.
② 발표를 계기로 찬양회가 조직되었다.
③ 교육입국조서 발표의 배경이 되었다.
④ 이 발표에 따라 한성사범학교가 설립되었다.

16 [2018 서울시 9급] 근대 교육기관에 대한 설명으로 가장 옳지 않은 것은?

① 배재학당: 선교사 아펜젤러가 서울에 설립한 사립학교이다.
② 동문학: 정부가 설립한 외국어 교육 기관으로 통역관을 양성하였다.
③ 경신학교: 고종의 교육 입국 조서에 따라 설립된 관립 학교이다.
④ 원산학사: 함경도 덕원 주민들이 기금을 조성하여 설립한 학교이다.

13 육영공원 정답 ③

자료의 교육기관은 육영공원이다. 육영공원 1886년 설립된 근대식 관립학교이다.
좌원과 우원으로 나누어 좌원에는 젊은 문무관료를 특별 선별하고, 우원에는 유생들을 선발해 교육하도록 했다. 또한, 교수들은 헐버트, 길모어 등 미국인 교사를 초빙하였고, 교수 과목은 영어, 정치, 역사 등이 있었다.

오답분석 ① 원산학사에 대한 설명이다.
② 육영공원은 1894년 폐교하였다.
④ 연무공원에 대한 설명이다.

14 근대 교육 기관 정답 ④

1883년 함경도 덕원 주민들의 건의로 최초의 근대식 교육기관인 원산학사가 설립되었다. 원산학사는 덕원 주민들이 기금을 모금하고 덕원 부사 정현석이 설립을 지원하여 만든 사립학교로, 외국어·산수·법률·국제법 등의 근대 학문과 한문·무예 등 전통 학문을 함께 가르쳤다.
1883년 정부는 통역관을 양성하기 위해 외국어 교육기관인 동문학을 설립하였다.
1880년대에 개신교 선교사들이 들어와서 기독교를 전파하고 서양 문화를 보급하기 위해 여러 곳에 사립학교를 세웠다. 이에 따라 기독교 계통의 학교인 배재학당(1885)과 이화학당(1886) 등이 설립되었다.
1895년 교육입국조서가 반포된 이후, 교원 양성을 위해 한성 사범학교가 설립되었으며 각 지역에 소학교, 외국어 학교 등 관립학교가 세워졌다.

● **복습지문**
제2차 갑오개혁 때 교육입국조서가 반포되고, 소학교와 사범학교 등이 설립되었다.

15 여권통문 정답 ②

제시된 자료는 우리나라 최초의 여성인권 선언문으로 평가되는 여권통문(女權通文)이고, 찬양회가 발표하였다.
1898년 9월 서울 북촌에 사는 양반 부인 400여 명은 '여학교를 세워 남녀 평등을 이룩하자'라는 통문을 독립신문과 황성신문에 발표하고 9월 12일 최초의 여성운동 단체인 찬양회를 조직했다. 찬양회는 관립여학교 설립에 대해 상소하고, 1899년 한국 최초의 순수 사립 여학교인 순성여학교를 설립·후원하는 등 여학교 설립 운동과 여성의 자기계발 등의 사업을 추진했다.

오답분석 ① 서울 북촌에 사는 양반 부인들이 『여권통문』을 발표하였다.
③ 1895년에 교육입국조서가 발표되고, 『여권통문』은 1898년에 발표되었다.
④ 『여권통문』은 순성여학교 설립(1899)에 영향을 끼쳤다.

● **복습지문**
서울 북촌 양반 부인들이 찬양회를 조직하고, 여권통문을 발표하였다. 여권통문 발표 후 순성여학교가 설립되었다.

16 근대 교육 기관 정답 ③

① 1880년대부터 개신교가 중심이 되어 기독교를 전파하고 서양 문화를 보급하기 위해 여러 곳에 사립학교를 세웠다. 이 시기에는 선교사 아펜젤러가 서울에 설립한 배재학당(1885), 언더우드가 설립한 경신학교(1886)와 여학생을 위한 이화학당(1886), 정신여학교(1886) 등의 학교가 설립되었다.
②, ④ 1883년 설립된 원산학사는 최초의 근대 교육기관으로 덕원 주민들이 기금을 모금하고 덕원 부사 정현석이 설립을 지원하여 만든 사립학교이다. 원산학사에서는 외국어·산수·법률·국제법 등의 근대 학문과 한문·무예 등 전통 학문을 함께 가르쳤다. 한편 같은 해에 정부는 통역관을 양성하기 위해 동문학을 두어 영어를 가르쳤다.

오답분석 ③ 고종의 교육 입국 조서에 따라 한성사범학교, 소학교, 한성중학교 등의 관립학교가 설립되었다.

● **복습지문**
동문학은 통역관 양성을 위해 정부가 설립한 외국어 교육 기관이다.

Ⅵ. 한국 근대사

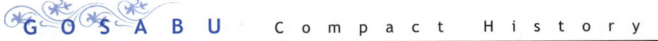

17 [2024 국가직 9급] 다음의 논설을 작성한 인물에 대한 설명으로 옳은 것은?

> 이날을 목 놓아 우노라[是日也放聲大哭]. …(중략)… 천하 만사가 예측하기 어려운 것도 많지만, 천만뜻밖에 5개 조가 어떻게 제출되었는가. 이 조건은 비단 우리 한국뿐 아니라 동양 삼국이 분열할 조짐을 점차 만들어 낼 것이니 이토[伊藤] 후작의 본의는 어디에 있는가?

① 『한성순보』를 창간하였다.
② 『한국통사』를 저술하였다.
③ 『독사신론』을 발표하였다.
④ 『황성신문』의 주필을 역임하였다.

19 [2024 서울시 9급] <보기>에서 서적과 인물에 대한 설명으로 옳은 것을 모두 고른 것은?

●보기●
ㄱ. 한용운은 『조선불교유신론』을 지어 불교를 한층 현대적이고 사회개혁적인 방향으로 개혁하려고 했다.
ㄴ. 장지연은 『동사강목』을 지어 서양식 역사 서술 체계를 적극 도입하였는데, 이를 신사체(新史體)라 불렀다.
ㄷ. 신채호는 『독사신론』 등의 사론을 발표하여 만주와 부여족을 중심에 둔 새로운 역사 체계를 세우기 시작했다.
ㄹ. 『말의 소리』를 지은 주시경은 국어연구학회를 창립하였는데, 이것이 뒷날 조선어연구회의 모체가 되었다.

① ㄱ, ㄴ, ㄷ
② ㄱ, ㄴ, ㄹ
③ ㄱ, ㄷ, ㄹ
④ ㄴ, ㄷ, ㄹ

18 [2017 법원직] 다음 각 시기의 사회모습에 대한 설명으로 가장 옳은 것은?

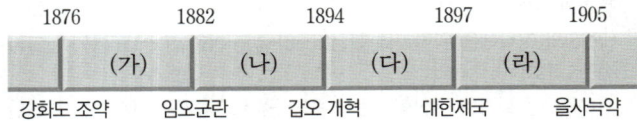

① (가) – 박문국을 설치하여 한성순보를 발간하였다.
② (나) – 최초의 근대식 병원인 광혜원이 설립되었다.
③ (다) – 함경도 덕원주민들이 원산학사를 세웠다.
④ (라) – 영국이 불법적으로 거문도를 점령하였다.

20 [2017 서울시 9급] 거문도 사건이 전개된 동안, 당시 사람들이 볼 수 있었던 모습은?

① 당오전을 발행하는 기사
② 한성순보를 배포하는 공무원
③ 서유견문을 출간한 유길준
④ 일본과의 무관세 무역을 항의하는 동래 부민

17 장지연(시일야방성대곡)   정답 ④

제시된 자료는 황성신문에 처음 게재된 『시일야방성대곡[是日也放聲大哭]』이다.
남궁억 등이 창간한 황성신문은 양반 지식인들을 대상으로 삼아 국한문 혼용체로 발행되었고, 유근·박은식·장지연·신채호 등이 주필로 활동했다. 황성신문은 1905년에 을사늑약이 체결되자 장지연의 항일논설『시일야방성대곡』을 최초로 게재하여 정간을 당하기도 했다.

오답분석 ① 한성순보는 1883년 박문국에서 발행된 근대신문으로, 갑신정변 무렵 발행이 중단되었다.
② 박은식이 『한국통사』를 저술하였다.
③ 신채호가 「독사신론」을 발표하였다.

18 근대 문물의 수용   정답 ②

1884년 갑신정변 때 부상을 입은 민영익을 선교사 알렌이 치료함으로써 근대식 병원의 설립 문제가 가속화되었고 이후 조선정부는 알렌의 건의로 근대식 병원을 설립하였는데 이것이 광혜원이다(1885. 2). 광혜원은 1885년 3월 제중원으로 명칭을 변경하였다.

오답분석 ① 한성순보는 1883년 조선 정부 주도로 발간된 최초의 근대 신문이다. 1884년 갑신정변이후 폐간 되었고, 1886년 국한문 혼용 신문인 한성주보를 발간하였다.
③ 원산학사는 1883년에 설립된 학교이다.
④ 1885년 영국은 러시아를 견제할 목적으로 거문도를 불법 점령하였다.

19 국학 연구   정답 ③

ㄱ. 한용운은 『조선불교유신론』을 통해 불교의 미신적 요소를 없애고 현대적이고 사회개혁적인 방향으로 불교를 개혁을 할 것을 주장하였다.
ㄷ. 신채호는 대한매일신보에 「독사신론」(1908)을 발표하여 민족주의 사학의 연구 방향을 제시하였다. 그는 역사 서술의 주체를 민족으로 설정하고, 중국 중심의 역사 인식과 일본의 한국 고대사 왜곡을 강력히 비판하였다.
ㄹ. 주시경은 1907년에 국문연구소의 연구위원으로 선임되어 국어문법의 체계화를 위한 국어연구에 몰두하였고, 1910년에는 대표적 저술인『국어문법』을 저술함으로써 국어문법 연구의 기반을 마련하는 성과를 올렸다.

오답분석 ㄴ. 『동사강목』은 안정복이 저술하였다. 갑오개혁 이후 장지연, 김택영, 현채 등이 집필한 국사 교과서가 주제별로 사건을 분류해서 인과관계에 따라 서술하는 신사체(新史體)로 집필되었다.

20 거문도 사건 당시의 모습   정답 ①

갑신정변 이후 청의 내정 간섭이 심화되고 청·일의 경제적 침투가 확대되는 가운데, 고종은 이러한 상황을 타개하기 위해 러시아, 미국 측과 교섭을 시도하였다. 조선은 러시아에게 영흥만을 조차해 주는 대가로 러시아의 군사 교련단을 요구하는 교섭을 비밀리에 추진하였다. 러시아와 조선 사이에 밀약이 추진된다는 소문이 퍼지자 영국은 이를 빌미로 1885년 3월에 대한해협의 요충지인 거문도를 불법으로 점령하고 해군기지를 건설하였다. 러시아가 조선에서 영토를 확보하지 않을 것을 약속한 후에야 영국은 1887년 2월 거문도에서 철수하였다.
조선 정부는 1883년(고종 20) 전환국을 설치하고 새로 당오전을 주조하여 유통시켰다. 당오전은 갑오개혁이 시작되는 1894년까지 발행되었다.

오답분석 ② 박문국은 갑신정변(1884) 당시 화재로 소실되어 더 이상 한성순보를 발행할 수 없었다.
③ 유길준이 저술한 서유견문은 1889년 완성되었고, 1895년에 출간되었다.
④ 1883년 조일통상장정이 체결되어 일본과의 무역에도 관세를 부과하게 되었다.

Ⅵ. 한국 근대사

21 [2025 국가직 9급] 다음 글을 쓴 인물에 대한 설명으로 옳은 것은?

> 대저 우리나라가 아시아의 중립국이 된다면 러시아를 방어하는 큰 기틀이 될 것이고, 또 아시아의 여러 대국이 서로 보전하는 정략도 될 것이다. …(중략)… 이는 비단 우리나라만을 위한 것이 아니라 중국의 이익도 될 것이고, 여러 나라가 서로 보전하는 계책도 될 것이니 무엇이 괴로워서 하지 않겠는가.

① 영남 만인소 사건을 주도하였다.
② 미국에 파견된 보빙사의 일원이었다.
③ 제2차 수신사로 『조선책략』을 조선에 가지고 왔다.
④ 왜양일체론을 내세우며 개항 반대 운동을 전개하였다.

22 [2019 법원직] 다음 종교와 관련 있는 것을 〈보기〉에서 고른 것은?

> 사람이 곧 하늘이라, 그러므로 사람은 평등하며 차별이 없나니, 사람이 마음대로 귀천을 나눔은 하늘을 거스르는 것이다. 우리 도인은 차별을 없애고 선사의 뜻을 받들어 생활하기를 바라노라.

ㄱ. 중광단을 결성하였다.
ㄴ. 임술 농민 봉기를 주도했다.
ㄷ. 양반과 상민을 차별하지 않는다.
ㄹ. 잡지 '신여성'과 '어린이'를 발간하였다.

① ㄱ, ㄴ   ② ㄱ, ㄷ   ③ ㄴ, ㄷ   ④ ㄷ, ㄹ

23 [2017 지방직 9급] 밑줄 친 '그해'에 볼 수 있었던 모습으로 가장 적절한 것은?

> 그는 일본 군대가 대궐에 들어갔다는 말을 듣고, 일본군을 물리치고 그 거류민을 나라 밖으로 몰아낼 마음으로 다시 군사를 일으키고자 하였다. 전주 근처의 삼례역이 땅이 넓고 전라도의 요충지이기에, 그해 9월쯤 태인을 출발하여 원평을 지나 삼례역에 이르러 그곳을 기병하는 대도소로 삼았다.

① 전차를 타고 통학하는 학생
② 제중원에서 치료를 받는 환자
③ 독립신문 창간호를 인쇄하는 기사
④ 인천에서 기차를 타고 서울로 가는 상인

24 [2018 지방직 9급] 다음 각 문화재에 대한 설명으로 옳지 않은 것은?

① 화엄사 각황전은 다층식 외형을 지녔다.
② 수덕사 대웅전은 주심포 양식의 건물이다.
③ 부석사 무량수전은 배흘림 기둥을 갖고 있다.
④ 덕수궁 석조전은 서양 고딕 양식의 건물이다.

21 유길준 　　　　　　　　　　　정답 ②

제시된 자료는 유길준이 주장한 조선 중립화론이다. 갑신정변 이후 거문도 사건(1885) 등 조선을 둘러싸고 열강의 대립이 가열되었다. 이 무렵 독일 부영사 부들러가 조선을 영세 중립국으로 만들자는 주장을 하였으며, 미국에서 돌아온 유길준도 조선 중립화론을 제기하였다. 유길준은 여러 강대국들이 인정하는 가운데 조선이 중립국이 된다면, 조선의 주권을 지킴과 동시에 아시아의 평화를 보장할 수 있다고 보았다.
1882년 미국과 수교를 맺고 나서 초대 미국 공사(푸트)가 부임하자, 조선 정부는 1883년에 미국에 보빙사절단을 보냈다. 민비(명성황후)의 조카였던 민영익을 단장으로 하고 홍영식, 유길준, 서광범 등이 수행한 보빙사 일행은 뉴욕, 보스턴, 워싱턴을 다녀왔다. 이때 유길준은 보스턴에 남아서 유학하였는데, 갑신정변의 소식을 듣고 1885년 귀국하였다. 유길준은 귀국 후 한규설의 집에 연금되었고, 1887년 민영익의 별장으로 거처를 옮긴 후 『서유견문』 집필을 시작하였다. 1895년에는 근대 최초의 한글 문법서인 『조선문전』을 발간하였고, 10년간의 수정과 증보 후 1909년에 『대한문전』으로 재간행하였다.

오답분석　① 이만손이 영남 만인소 사건을 주도하였다.
③ 김홍집이 제2차 수신사로 일본에 다녀오면서 『조선책략』을 들여왔다.
④ 최익현이 왜양일체론을 내세우며 개항 반대 운동을 전개하였다.

22 동학(천도교) 　　　　　　　　　정답 ④

제시된 자료는 동학의 2대 교주인 최시형이 동학의 주요 교리인 인내천 사상을 설명하는 글이다. 동학은 '사람이 곧 하늘[人乃天]'이라는 교리를 내세워 모든 사람이 평등하다고 강조하였다.
동학의 교리와 사상은 '사람 속에 있는 하느님을 모시라[侍天主]', '사람이 곧 하늘[人乃天]' 그리고 '사람 섬기기를 하늘 같이 하라[事人如天]'에 집약적으로 표현되어 있다. 모든 사람이 평등하다고 강조한 동학은 양반과 상민의 차별이 사라지고, 여성과 어린이의 인격을 존중하며, 천민이 없는 사회를 추구하였다.
1905년 동학의 3대 교주인 손병희는 동학 내의 친일 세력을 내쫓고 천도교로 개편하였다. 천도교는 일제 강점기에는 '개벽', '어린이', '신여성' 등의 잡지를 발행하여 문예운동과 소년운동, 여성 운동에 앞장섰다.

오답분석　ㄱ. 대종교의 교인들이 중광단(1911), 대한 정의단(1919), 북로 군정서(1919)를 결성해 항일 무장 투쟁을 전개하였다.
ㄴ. 동학이 창시된 직후에 임술 농민 봉기(1862)가 일어났는데, 동학이 이를 주도하지는 못했다.

● 복습지문

동학은 양반과 상민을 차별하지 않는 사회를 추구하였다.

23 1894년 무렵의 사회 모습 　　　　정답 ②

제시된 자료는 일본군의 경복궁 점령 사건과 동학 농민군의 2차 봉기를 보여주고 있으므로, 밑줄 친 '그해'는 1894년이다.
일본군이 경복궁 점령과 내정 간섭을 자행하고, 농민군을 진압하기 위해 남하한다는 소식이 전해지자 농민군은 9월 삼례에서 다시 봉기하였다. 반침략·반일적 성격이 더 강했던 2차 봉기는 남북접이 합세하여 북상하였고 공주 우금치에서 일본군과 관군의 연합 부대와 전투를 벌였으나 크게 패하였다.
조선 정부는 1885년 최초의 근대식 왕립 병원인 광혜원(→ 제중원)을 설립하고 알렌에게 운영을 맡겼다. 1894년 조선 정부는 제중원의 경영권을 미국의 북장로교 선교부 선교사들에게 넘기고, 1900년에 광제원을 설립하였다. 제중원을 인수한 미국 북장로교 선교부는 1904년에 최초의 근대식 사립 병원인 세브란스를 건립하였다.

오답분석　① 1899년 서대문에서 청량리 구간에서 전차가 처음 운행되었다.
③ 1896년 독립신문이 창간되었다.
④ 1899년 노량진에서 제물포 구간의 경인선 기차 운행이 시작되었다.

24 문화재(건축물) 　　　　　　　　정답 ④

① 조선 후기인 17세기에 법주사 팔상전, 금산사 미륵전, 화엄사 각황전과 같은 규모가 큰 다층 건물이 많이 세워졌다. 화엄사 각황전은 다포 계열에 2층, 팔작지붕의 건물로 웅장하고 단아한 멋을 보이는 건물이다.
②, ③ 고려시대 목조 건축물은 주로 주심포 양식이 유행하였는데, 안동 봉정사 극락전, 영주 부석사 무량수전, 예산 수덕사 대웅전 등이 지금까지 남아있다. 수덕사 대웅전은 단층의 맞배지붕의 구조이며, 부석사 무량수전은 단층의 팔작지붕 건물로 수덕사 대웅전과 마찬가지로 배홀림 기둥을 사용하여 안정감을 주는 특징을 보인다.

오답분석　④ 1910년에 완공된 덕수궁 석조전은 18세기 신고전주의 유럽 궁전 양식으로 지어졌다. 건물 내부는 로코코풍으로 장식되었으며, 외부에는 이오니아식 기둥을 세웠다. 1898년 완공된 명동성당은 뾰족한 첨탑이 있는 고딕 양식으로 지어졌다.

● 복습지문

명동성당은 서양 고딕 양식의 건축물이다

2026 9급(국가직·지방직·서울시), 법원직 대비

최근 7개년 9급(국가직, 지방직) 대단원별 기출 분석

대단원	문항 수	비율
Ⅰ. 고조선과 초기 국가	15문항	5.3%
Ⅱ. 한국 고대사	41문항	14.6%
Ⅲ. 한국 중세사	46문항	16.4%
Ⅳ. 근세 전기	33문항	11.8%
Ⅴ. 근세 후기	28문항	10%
Ⅵ. 한국 근대사	43문항	15.3%
Ⅶ. 독립운동사	41문항	14.6%
Ⅷ. 한국 현대사	23문항	8.2%
기타	11문항	4%

1. 일제의 침략과 민족의 수난

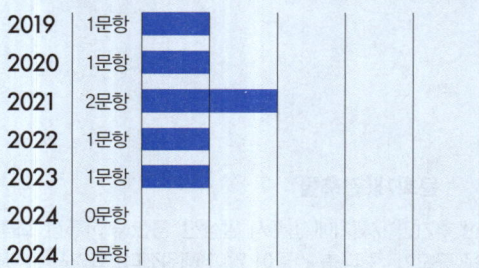

2. 3·1운동과 대한민국 임시정부

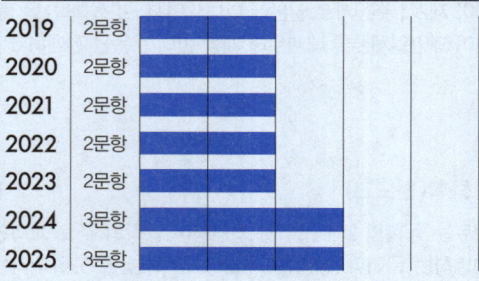

3. 무장 독립 전쟁의 전개

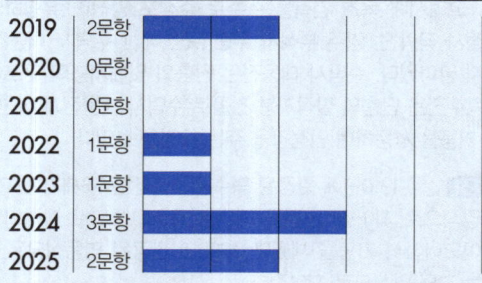

4. 사회·경제적 민족운동

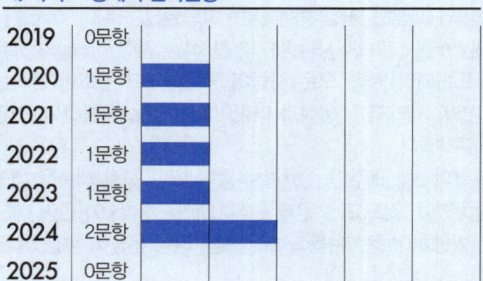

5. 민족 문화 수호 운동

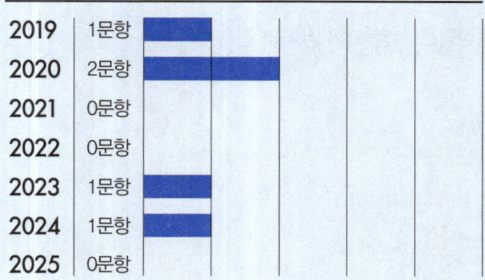

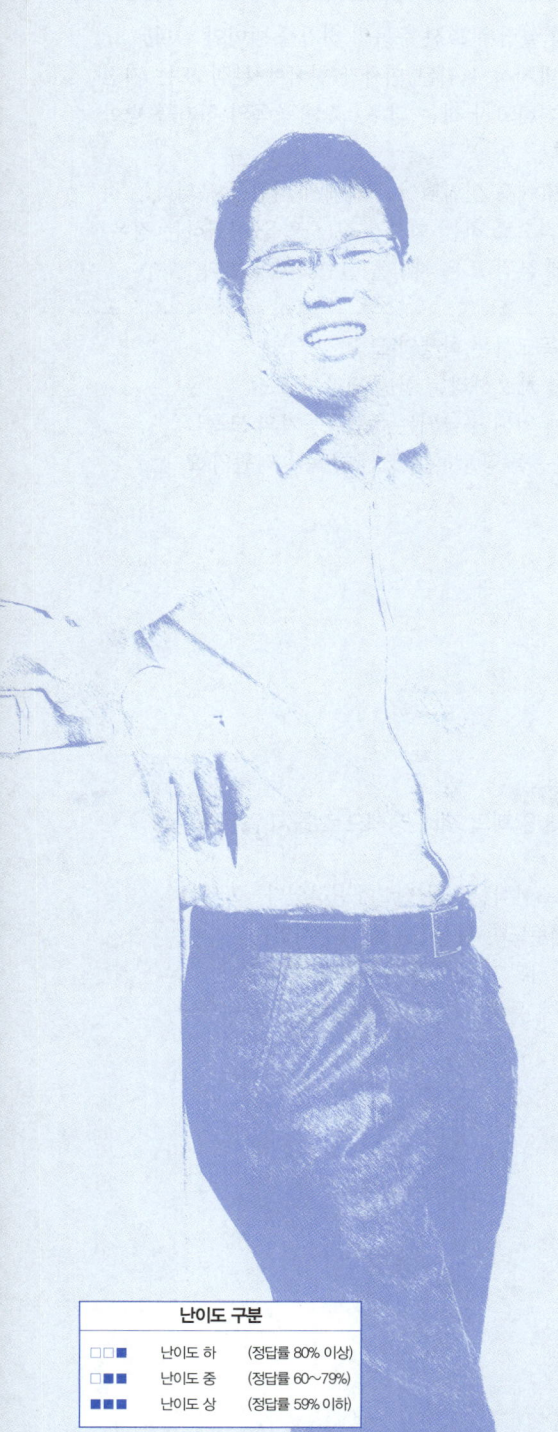

Compact History

VII

독립운동사

01   일제의 침략과 민족의 수난
02   3·1운동과 대한민국 임시정부
03   무장 독립 전쟁의 전개
04   사회·경제적 민족운동
05   민족 문화 수호 운동

누적 수강생 70만 명의 검증된 역사전문가!
저자 직강 www.megagong.net에서 만날 수 있습니다!

난이도 구분	
□□■ 난이도 하	(정답률 80% 이상)
□■■ 난이도 중	(정답률 60~79%)
■■■ 난이도 상	(정답률 59% 이하)

VII. 독립 운동사

01 | 일제의 침략과 민족의 수난

01 [2022 국가직 9급] (가) 시기에 있었던 사실로 옳은 것은?

> 한국을 식민지로 삼은 일제는 헌병에게 경찰 업무를 부여한 헌병 경찰제를 시행했다. 헌병 경찰은 정식 재판 없이 한국인에게 벌금 등의 처벌을 가하거나 태형에 처할 수도 있었다. 한국인은 이처럼 강압적인 지배에 저항해 3·1 운동을 일으켰으며, 일제는 이를 계기로 지배 정책을 전환했다. 일제가 한국을 병합한 직후부터 3·1 운동이 벌어진 때까지를 (가) 시기라고 부른다.

① 토지 조사령이 공포되었다.
② 창씨개명 조치가 시행되었다.
③ 초등 교육 기관의 명칭이 국민학교로 변경되었다.
④ 전쟁 물자 동원을 내용으로 한 국가총동원법이 적용되었다.

02 [2023 국가직 9급] 다음 법령이 시행된 시기에 있었던 사실로 옳은 것은?

> 제1조 회사의 설립은 조선 총독의 허가를 받아야 한다.
> 제5조 회사가 본령이나 본령에 따라 나오는 명령과 허가 조건을 위반하거나 공공질서와 선량한 풍속에 반하는 행위를 할 때 조선 총독은 사업의 정지, 지점의 폐쇄, 또는 회사의 해산을 명할 수 있다.

① 산미 증식 계획이 폐지되었다.
② 『국가총동원법』이 제정되었다.
③ 원료 확보를 위한 남면북양 정책이 추진되었다.
④ 보통학교 수업 연한을 4년으로 정한 『조선교육령』이 공포되었다.

03 [2024 법원직] 다음 법령이 시행되던 시기의 모습으로 가장 옳은 것은?

> 제1조 회사의 설립은 조선 총독의 허가를 받아야 한다.
> 제2조 조선 밖에서 설립된 회사가 한국에 본점 또는 지점을 설치하고자 하는 경우, 조선 총독의 허가를 받아야 한다.
> 제3조 조선 밖에서 설립되어 조선에서 사업을 운영하는 것을 목적으로 하는 회사가 그 사업을 경영하는 경우, 조선에 본점 또는 지점을 설립하여야 한다.

① 국민학교에 등교하는 학생의 모습
② 대한광복회를 체포하려는 헌병 경찰의 모습
③ 치안유지법에 의해 구금되는 독립운동가의 모습
④ 농촌 진흥 운동을 홍보하는 조선 총독부 직원의 모습

04 [2017 국가직 7급] 1910년대 일제의 지배 정책으로 옳지 않은 것은?

① 농공은행을 조선식산은행으로 개편하였다.
② 계몽 운동을 주도한 황성신문을 폐간하였다.
③ 총독의 자문 기관인 중추원 관제를 공포하였다.
④ 일본인 업자에 특혜를 준 연초전매령을 공포하였다.

01 | 헌병경찰통치 　　　　　　　　　정답 ①

(가)는 일제가 헌병 경찰제를 시행한 무단 통치 시기이다.
국권피탈 후 일제는 헌병 경찰제를 실시하여 군 경찰인 헌병이 일반 경찰까지 지휘·통제하게 하였고 범죄즉결례(1910), 경찰범 처벌 규칙, 조선 태형령(1912) 등을 시행하여 강압적인 통치를 하였다.
일제는 1910년 토지조사국을 설치하고 1912년 토지조사령을 발표하여 본격적으로 토지 침탈 정책을 추진하였다. 토지 조사 사업은 토지 소유권을 확정하고 토지 가격을 조사하여 지세 부과의 기초를 확립하고, 그 동안 토지 대장에서 누락되었던 토지를 조사하여 지세 수입을 늘리고자 하였다. 토지 조사 사업은 명의상의 주인을 내세우기 어려운 마을 공동 토지나 문중 토지를 비롯한 상당수의 미신고 토지를 총독부 소유로 만드는 결과를 초래했다. 조선총독부는 국유화한 농지 가운데 상당 부분을 동양척식주식회사에 헐값으로 불하하였다.

오답분석　② 1940년대에 성과 이름을 일본식으로 바꾸는 창씨개명 조치가 시행되었다.
③ 1941년에 초등 교육 기관의 명칭이 국민학교로 변경되었다.
④ 1938년에 전쟁 물자 동원을 내용으로 한 국가총동원법이 제정되었다.

02 | 회사령 시행 시기 　　　　　　　　　정답 ④

제시된 자료는 1910년 12월에 조선총독부가 공포한 회사령이다. 회사 설립 시 총독부의 허가를 받도록 한 회사령은 조선인의 회사 설립을 억제하였다. 1920년 3월에 조선 총독부는 기존의 허가제였던 회사령을 폐지하고, 회사 설립을 신고제로 하였다.
무단 통치기에 조선총독부는 제1차 조선교육령(1911), 사립학교 규칙(1911) 그리고 서당 규칙(1918) 등을 제정하여 학교의 설치와 교육 내용을 통제하였다. 1911년에 제정된 제1차 조선교육령은 조선인의 교육을 보통 교육과 실업 교육 위주로 편성하고, 조선인들에게 고등교육이나 과학 연구의 기회를 거의 부여하지 않았다. 학제에서도 일본인과 조선인을 차별했다. 일본인은 6년제 소학교, 조선인은 4년제 보통학교에서 초등 교육을 실시하게 함으로써 교육 연한에 차별을 두었다.

오답분석
① 일제는 1920년부터 1934년까지 산미 증식 계획을 추진하였다.
② 1938년에 『국가총동원법』이 제정되었다.
③ 1930년대에 일제는 남면북양 정책을 실시하여 남부 지방의 농민에게는 목화를 재배하도록 하고, 북부 지방의 농민에게는 면양을 기르도록 하여 방직업의 원료를 안정적으로 확보하고자 하였다.

03 | 회사령 　　　　　　　　　정답 ②

제시된 자료는 조선총독부가 1910년 12월에 공포하여 1920년까지 시행한 회사령이다.
국권 강탈 이후 일제는 전국 곳곳에 헌병대를 설치하고 보조원을 배치하여 헌병 경찰 제도를 실시하였다. 군대의 경찰인 헌병은 경찰을 지휘하며 경찰 업무까지 간여하였다. 또한, 첩보 수집, 산림 감시, 징세보조, 농사 개량, 어업 단속 등 한국인의 일상생활을 감시하고 통제하였다.
1915년 광복단과 조선국권회복단이 연합하여 대한광복회를 결성하였다. 대한광복회는 총사령에 박상진, 부사령에 김좌진을 두었고, 군대식 조직을 갖추었으며, 주권재민의 공화국 건설을 지향하였다. 대한광복회는 의연금 모집, 의협 투쟁이 전개되며 일제 경찰의 주목을 받기 시작하였고, 1918년 1월 박상진을 비롯한 대다수의 지도부가 사형당하여 큰 타격을 받았다.

오답분석　① 1941년 국민학교령에 의해 (심상)소학교의 명칭이 국민학교로 바뀌었다.
③ 1925년에 치안유지법이 제정되어 시행되었다.
④ 1932년부터 농촌 진흥 운동이 추진되었다.

04 | 1910년대 일제의 지배 정책 　　　　　　　　　정답 ④

③ 1910년 8월 29일 한국을 병합한 일본은 식민 통치의 최고 기구로 조선총독부를 설치하고, 그 안에 총독 관방과 5부를 두었다.
또한 조선총독부 중추원 관제에 의해 총독의 자문기구인 중추원이 설치되어 일본에 적극 협력해 온 친일파들에게 중추원 참의라는 감투를 나누어주었다.
② 한일 강제 병합 이후 장지연의 구속과 신문지법의 시행으로 경영에 어려움을 겪던 황성신문은 1910년 9월 14일까지 발행되다가 폐간되었다.
① 1906년 설립되어 한국에 이주해온 일본인들에게 사업자금을 지원해주던 농공은행은 1918년 조선식산은행으로 개편되었다.

오답분석　④ 1921년 4월에 연초전매령이 제정·공포되었다.

● **복습지문**
1918년 일제는 농공은행을 조선식산은행으로 개편하였다.
1921년 일제는 연초전매령을 공포하였다.

Ⅶ. 독립 운동사

05 [2019 법원직] 다음 정책과 관련된 설명으로 가장 잘못된 것은?

> 제1조 토지의 조사 및 측량은 본령에 의한다.
> 제4조 토지 소유자는 조선 총독이 정하는 기간 내에 주소·씨명, 명칭 및 소유지의 소재, 지목 자번호(字番號), 사표(四標), 등급, 지적, 결수(結數)를 임시토지 조사국장에게 신고해야 한다. 단, 국유지는 보관 관청이 임시 토지 조사국장에게 통지해야 한다.

① 지주의 토지 소유권은 강화되었다.
② 농민의 관습적 경작권이 인정되었다.
③ 기한부 계약에 따라 소작인이 증가했다.
④ 지세를 안정적으로 확보하기 위해 시행되었다.

06 [2019 국가직 7급] 다음 법령이 시행되던 시기에 있었던 사실은?

> 제1조 회사의 설립은 조선 총독의 허가를 받아야 한다.
> …(중략)…
> 제5조 회사가 본령이나 본령에 의거하여 발하는 명령과 허가 조건에 위반하거나 또는 공공질서와 선량한 풍속에 반하는 행위를 할 때, 조선 총독은 사업의 정지, 지점의 폐쇄 또는 회사의 해산을 명할 수 있다.

① 경성 제국 대학이 설립되었다.
② 경찰범 처벌 규칙이 제정되었다.
③ 학교에서 조선어 사용이 금지되었다.
④ 일본 상품에 대한 관세가 철폐되었다.

07 [2021 국가직 9급] 다음 법령에 따라 시행된 사업에 대한 설명으로 옳은 것은?

> 제1조 토지의 조사 및 측량은 본령에 따른다.
> 제4조 토지 소유자는 조선 총독이 정한 기간 내에 주소, 성명 또는 명칭 및 소유지의 소재, 지목, 자 번호, 사표, 등급, 지적, 결수를 임시토지조사국장에게 신고해야 한다. 단 국유지는 보관 관청이 임시토지 조사국장에게 통지해야 한다.

① 농상공부를 주무 기관으로 하였다.
② 역둔토, 궁장토를 총독부 소유로 만들었다.
③ 토지약탈을 위해 동양척식회사를 설립하였다.
④ 춘궁 퇴치, 농가 부채 근절을 목표로 내세웠다.

08 [2018 국가직 9급] (가) 기구가 존속한 시기의 사람들이 볼 수 있었던 사실로 적절한 것은?

> 지주는 조선 총독이 정하는 기간 내에 [(가)] 혹은 그것의 출장소 직원에게 신고해야 한다. 만약 제출을 태만히 하거나 신고서를 제출하지 않을 시에는 당국에서 해당 토지에 대해 소유권의 유무 등을 조사하다가 소유자를 알지 못하는 경우에 지주가 없는 것으로 간주하여 국유지로 편입할 수 있다.

① 조선청년연합회에 출입하는 일본인 고문
② 신문에 연재 중인 소설 무정을 읽는 학생
③ 연초 전매 제도에 따라 조합에 수매되는 담배
④ 의열단에 가입하는 신흥 무관 학교 출신 청년

05 │ 토지 조사 사업   정답 ②

제시된 자료는 일제가 토지 조사 사업을 위해 1912년에 공포한 토지조사령이다.
일제는 1910년 토지조사국을 설치하고 1912년 토지조사령을 발표하여 본격적으로 토지 침탈 정책을 추진하였다. 토지 조사 사업은 토지 소유권을 확정하고 토지 가격을 조사하여 지세 부과의 기초를 확립하고, 그 동안 토지 대장에서 누락되었던 토지를 조사하여 지세 수입을 늘리고자 하였다. 토지 조사 사업은 명의상의 주인을 내세우기 어려운 마을 공동 토지나 문중 토지를 비롯한 상당수의 미신고 토지를 총독부 소유로 만드는 결과를 초래했다. 또한 농민들이 자신의 땅이라고 인식하고 있었던 역둔토 등이 국유지로 편입되어 농민의 반발을 불러 일으켰다. 토지 조사 사업 과정에서 농민들이 관습적으로 가졌던 경작권이나 도지권, 입회권 등은 인정되지 않았고, 지주의 소유권만 인정되었다. 결과적으로 상당수 농민들이 영구 임대 소작권을 상실했으며, 지주의 권한은 더욱 강화되었다. 이로써 많은 한국 농민들이 토지를 빼앗기고 기한부 계약에 의한 소작농이 되었으며, 일부 농민들은 화전민이 되거나 국외로 이주하기도 하였다.

오답분석 ② 일제는 농민들이 누려 왔던 관습상의 경작권과 도지권·입회권 등을 인정하지 않았다.

06 │ 회사령   정답 ②

제시된 자료는 조선총독부가 1910년 12월에 공포하여 1920년까지 시행한 회사령이다.
조선 총독부는 1910년에 범죄즉결례를 제정하여 경찰서장 또는 각 지방 헌병대장에게 징역 3개월 이하, 벌금 100원 이하에 해당하는 처벌은 재판 없이 즉결로 집행할 수 있는 권한을 부여하였다. 또한 1912년에는 경찰범 처벌 규칙을 제정하여 공공질서와 위생 등 일상 생활과 밀접한 관련이 있는 87개의 행위를 경범죄로 정하여 구류와 과태료로 다스리도록 하였다.

오답분석 ① 1924년에 경성 제국 대학이 설립되었다.
③ 민족 말살 통치기에 학교에서 조선어 사용이 금지되었다.
④ 1923년에 일본 상품에 대한 관세가 철폐되었다.

07 │ 토지 조사 사업   정답 ②

제시된 자료는 조선총독부가 1912년에 발표한 토지조사령이다. 일제는 1910년 토지조사국을 설치하고 1912년 토지조사령을 발표하여 본격적으로 토지 침탈 정책을 추진하였다.
1912년부터 실시된 토지 조사 사업은 소유권 조사, 지형 조사, 지가 산정, 토지대장 작성 등으로 이루어졌다. 토지 소유자는 조선총독이 정한 기간 내에 주소·성명, 소유지의 명칭, 소재지의 지목·번호·목표·등급·지적·결수를 토지조사국에 신고해야 하는데(기한부 신고제), 절차상의 번잡함과 일제의 지배에 대한 반감 등의 이유로 제대로 신고를 하지 않는 경우가 많았다. 이후 토지를 답사하여 예비조사를 거치고, 개황도에 따라 토지를 실측하여 지적도를 작성하였다.
토지 조사 사업은 명의상의 주인을 내세우기 어려운 마을 공동 토지나 문중 토지 및 왕실과 국가의 토지였던 궁방전과 역둔토를 총독부 소유로 만드는 결과를 초래했다. 조선총독부는 국유화한 농지 가운데 상당 부분을 동양척식주식회사에 헐값으로 불하하였다.

오답분석 ① 조선총독부가 설치한 토지조사국이 토지 조사 사업의 주무 기관이었다.
③ 1908년에 국책 회사인 동양 척식 주식회사(동척)를 설립하여 토지 약탈을 본격화하였다.
④ 1932년에 조선총독부가 농촌진흥운동을 추진하면서 춘궁 퇴치, 농가 부채 근절을 목표로 내세웠다.

● **복습지문**
토지 조사 사업 과정에서 역둔토, 궁장토 등이 총독부 소유로 편입되었다.

08 │ 토지 조사 사업   정답 ②

(가)는 토지 조사 사업을 위해 일본이 설치한 '임시 토지 조사국'이다.
일본은 1910년 3월 대한제국 정부에 토지 조사국을 개설시켜 토지 조사를 시작하였고, 한일병합조약 체결 이후인 8월에는 임시 토지 조사국으로 개칭하고, 1912년에 토지조사령을 발표하여 본격적인 토지 조사 사업을 추진해나갔다. 토지 조사 사업은 1918년까지 시행되었다.
1917년 이광수는 『매일신보』를 통해 우리나라 최초의 근대 장편 소설인 『무정』을 발표하였다.

오답분석 ① 조선청년연합회는 1920년에 조직되었다.
③ 연초 전매 제도는 1921년에 실시되었다.
④ 의열단은 1919년에 조직되었다.

Ⅶ. 독립 운동사

09 [2023 법원직] 다음 법령에 따라 추진된 사업이 실시되었던 시기의 모습으로 가장 옳은 것은?

> 1. 토지의 조사 및 측량은 이 영에 의한다.
>   …(중략)…
> 4. 토지의 소유자는 조선 총독이 정하는 기간 내에 그 주소, 성명·명칭 및 소유지의 소재, 지목, 자번호, 사방의 경계표, 등급, 지적, 결수를 임시 토지 조사 국장에게 신고하여야 한다. 다만, 국유지는 보관 관청에서 임시 토지 조사 국장에게 통지하여야 한다.
>   ……

① 국민부가 조선 혁명당을 결성하는 모습
② 러시아에 대한 광복군 정부가 조직되는 모습
③ '신여성', '삼천리' 등의 잡지가 발행되는 모습
④ 연해주의 한국인이 중앙 아시아로 강제 이주 되는 모습

10 [2024 서울시 9급] 〈보기〉의 내용과 관련된 시기에 있었던 사실로 가장 옳은 것은?

> 다른 한편으로 지방자치를 실시하며 민의 창달의 길을 강구하고, 교육제도를 개정하여 교화 보급의 신기원을 이루었고, 게다가 위생시설의 개선을 촉진하였다. …… 일본인과 조선인 사이의 차별 대우를 철폐하고 동시에 조선인 소장층 중 유력자를 발탁하는 방법을 강구하여, 군수·학교장 등에 발탁된 자가 적지 않다.

① 치안유지법 제정
② 보통학교 명칭을 소학교로 개칭
③ 조선사상범 보호 관찰령 제정
④ 조선형사령·조선태형령 제정

11 [2017 지방직 9급] 밑줄 친 '새로운 정책'에 대한 설명으로 옳은 것은?

> 신임 총독은 전임 총독이 시행한 정책에 대신해 새로운 정책을 실시하였다고 말한다. …(중략)… 신임 총독의 정책 중에서 그나마 주목할 만한 것이 있다면 지방 제도를 개정해 일정 금액 이상의 세금을 내는 조선인들에게 선거권을 주고 부 협의회 선거를 처음으로 실시한 것 정도이다. 하지만 그것도 자문 기구에 불과하다.

① 여자 정신 근로령을 발표하였다.
② 동아일보, 조선일보의 발행을 허용하였다.
③ 초등 교육 기관의 명칭을 국민학교로 바꾸었다.
④ 식민 통치 비용을 확보하고자 토지 조사 사업에 착수하였다.

12 [2020 국가직 9급] 다음 법령이 실시된 기간에 있었던 사실로 옳은 것은?

> 제1조 국체를 변혁 또는 사유재산제를 부인할 목적으로 결사를 조직하거나 그 정을 알고 이에 가입하는 자는 10년 이하의 징역 또는 금고에 처함
> 제2조 전조의 제1항의 목적으로 그 목적한 사항의 실행에 관하여 협의한 자는 7년 이하의 징역 또는 금고에 처함

① 「조선 태형령」이 공포되었다.
② 경성 제국 대학이 설립되었다.
③ 물산 장려 운동이 시작되었다.
④ 학도 지원병 제도가 실시되었다.

09 토지 조사 사업 실시 시기의 모습   정답 ②

제시된 자료는 조선총독부가 1912년에 발표한 토지조사령이다. 일제는 1910년 임시 토지조사국을 설치하고 1912년 토지조사령을 발표하여 본격적으로 토지 침탈 정책을 추진하였다. 1918년에 토지 조사 사업이 마무리됨에 따라 임시 토지조사국도 해산되었다.
1911년에 연해주에서 이범윤, 홍범도, 유인석, 이상설, 신채호 등이 권업회를 조직하였다. 권업회는 기관지로 '권업신문'을 발행하고 독립군 양성을 위해 대전학교라는 무관학교를 설립하였다. 1914년 권업회는 독립 전쟁을 준비하기 위해 군정 기관인 대한 광복군 정부를 창설했다. 대한 광복군 정부는 최초의 임시 정부로, 이상설과 이동휘를 정·부통령으로 선출하였다.

오답분석
① 1929년에 남만주 지역의 국민부는 조선혁명당을 결성하고, 총사령에 이진탁, 부사령에 양세봉을 중심으로 하는 조선혁명군을 창설하였다.
③ 천도교 측에서 1923년에 잡지 '신여성'을 창간하고, 김동환이 1929년에 월간 잡지 '삼천리'를 창간하였다.
④ 1937년에 스탈린의 소련 당국은 연해주 지역의 한국인 17만 여 명을 중앙아시아로 강제 이주시켰다.

11 문화통치   정답 ②

일부 조선인에게 부 협의회의 선거권을 준 것은 1920년대의 사실이므로, 자료의 밑줄 친 '새로운 정책'은 이른바 문화통치임을 추론할 수 있다.
3·1 운동 이후 일제는 문화통치를 내세워 식민 지배에 대한 반발을 무마하고, 친일파를 적극 육성하여 한민족의 분열을 꾀하였다. 이러한 정책의 일환으로 일제는 관리나 교원의 제복 착용을 폐지하였으며, 언론·출판·집회·결사의 자유를 부분적으로 허용하여 조선일보, 동아일보 등 한글 신문의 발행을 허가하였다. 그러나 이는 우리 민족의 불만을 달래려는 일제의 기만적인 술책이었다. 신문도 검열 과정을 거치게 해 기사가 삭제되는 경우가 많았고 심지어 압수, 정간되기도 하였다.

오답분석
① 1944년 여자 정신 근로령이 공포되었다.
③ 1941년 소학교가 국민 학교로 개칭되었다.
④ 1912년부터 토지조사사업이 시작되었다.

● **복습지문**
3·1 운동 이후 일제는 문화통치를 표방하면서 동아일보, 조선일보의 발행을 허용하였다.

10 문화통치   정답 ①

제시된 자료는 도 평의회와 부면 협의회를 설치하여 부분적으로 지방자치 제도를 실시한 이른바 문화통치에 대한 설명이다.
1919년 조선 총독으로 부임한 사이토 마코토는 소위 문화통치를 표방하였다. 사이토는 헌병 경찰제를 폐지하고 보통 경찰제를 도입하였으며, 관리·교원 등의 제복과 대검 착용을 폐지하였다. 그리고 친일파에게 명예직을 마련해 주기 위해 만든 중추원을 확장하고, 지방의 친일 세력 포섭을 위해 일부 지역에 선거제를 도입하고 도 평의회와 부·면 협의회를 새로 만들었다. 그러나 이들 기관은 의결권이 없는 단순 자문 기구에 지나지 않았다.
1920년대 들어 사회주의 사상이 빠르게 확산되자 일제는 이를 탄압하기 위해 1925년 4월에 일본에서 제정한 치안유지법을 5월부터는 조선에도 적용하여 사회주의 세력 및 민족 운동 세력에 대한 탄압을 더욱 강화하였다.

오답분석
② 1938년에 제3차 조선교육령을 발표하여 보통학교 명칭을 소학교로 개칭하였다.
③ 1936년에 조선총독부가 조선사상범 보호 관찰령을 제정하였다.
④ 1912년에 조선총독부가 조선형사령·조선태형령을 제정하였다.

12 치안유지법   정답 ④

제시된 법령은 국체의 변혁을 기도하거나 사유재산제도를 부정하는 자를 처벌하기 위해 일제가 제정한 치안유지법이다.
1920년대 들어 사회주의 사상이 빠르게 확산되자 일제는 일본 내 사회주의 운동을 억압하기 위해 1925년 4월 치안유지법을 제정하였고, 5월부터는 한국에도 치안유지법을 적용하여 사회주의 세력 및 민족운동 세력에 대한 탄압을 더욱 강화하였다. 치안유지법은 일제가 패망한 1945년까지 시행되었다.
일제는 1937년 중·일 전쟁을 일으킨 후 한국인을 전투 병력으로 충당하기 위해 1938년 2월 '육군특별지원병령'을 제정하여 지원병 제도를 실시하였다. 1941년에 발생한 태평양전쟁 이후에는 대규모적인 병력보충이 필요해지자 1943년에 '육군특별지원병 임시채용규칙'을 공포·시행하면서 학도 지원병이라는 이름으로 전문학교·대학 재학생들의 재학 기간을 단축하고 징집 연기를 폐지해 일본군으로 동원하였다. 또한 1943년에 조선인 징병제를 공포한 후, 1944년부터 약 24만 명의 한국인 청년을 전쟁터로 끌고 갔다.

오답분석
① 1912년에 조선 태형령이 제정되었다.
② 1924년에 경성 제국 대학이 설립되었다.
③ 1920년에 평양에서 물산 장려 운동이 시작되었다.

Ⅶ. 독립 운동사

13 [2018 서울시 9급] 〈보기〉는 일제가 제정한 법령의 일부이다. 이 법령에 의해 처벌된 사건이 아닌 것은?

● 보기 ●

국체를 변혁하는 것을 목적으로 결사를 조직하는 자 또는 결사의 임원, 그의 지도자로서의 임무에 종사하는 자는 사형, 무기 또는 5년 이상의 징역 또는 금고에 처한다.
(중략)
사유재산제도를 부인하는 것을 목적으로 결사를 조직하는 자, 결사에 가입하는 자, 또는 목적수행을 위한 행위를 돕는 자는 10년 이하의 징역 또는 금고에 처한다.

① 김상옥의 종로경찰서 폭탄투척 사건
② 조선공산당 사건
③ 수양동우회 사건
④ 조선어학회 사건

14 [2022 간호직 8급] (가) 정책의 결과로 옳은 것은?

조선 총독부는 1920년부터 일본본토의 긴급한 쌀 부족 문제를 해결하고자 비료 사용, 경지 정리, 개간, 간척, 품종 개량 등을 내용으로 한 ___(가)___ 을/를 시행하였고 1934년에 중단하였다.

① 삼백 산업이 발달하였다.
② 원산 총파업이 발생하였다.
③ 조선인의 1인당 쌀 소비량이 감소하였다.
④ 총독의 허가를 받아야 회사 설립이 가능하였다.

15 [2018 지방직 7급] 조선총독부가 실시한 소위 문화통치의 내용으로 옳지 않은 것은?

① 전국 각지에 대화숙을 설치하여 사상범에게 전향을 강요하였다.
② 헌병경찰제가 보통경찰제로 전환되면서 경찰의 수가 증가하였다.
③ 치안유지법을 제정하여 사상을 통제하고 사회운동을 탄압하였다.
④ 문관도 총독으로 임명될 수 있도록 하였으나 무관 총독만이 부임하였다.

16 [2023 서울시 9급] 〈보기〉의 내용이 발표된 이후의 일제 정책으로 가장 옳은 것은?

● 보기 ●

1. 우리는 황국 신민이다. 충성으로써 군국(君國)에 보답한다.
2. 우리들 황국 신민은 서로 믿고 아끼고 협력하여 단결을 공고히 한다.
3. 우리들 황국 신민은 괴로움을 참고 몸과 마음을 굳세게 하는 힘을 길러 황도(皇道)를 선양한다.

① 치안유지법을 제정하였다.
② 토지 조사 사업을 실시하였다.
③ 조선 사상범 예방 구금령을 제정하였다.
④ 공업화로 인한 일본 내 식량 부족 문제 해결을 위한 산미증식 계획을 실시하였다.

13 | 치안유지법   정답 ①

〈보기〉는 국체의 변혁을 기도하거나 사유재산제도를 부정하는 자를 처벌하기 위해 제정한 치안유지법이다.

일제는 일본 내 공산주의운동을 억압하기 위해 1925년 4월 치안유지법을 제정하였고, 5월에 한국에도 적용하여 사회주의 세력 및 민족운동 세력에 대한 탄압을 더욱 강화하였다.

일제는 치안유지법을 적용하여 1925년부터 1928년까지 4차례에 걸쳐 조선공산당을 검거·해체하였다. 1937년부터 38년까지 이광수 등 수양동우회 주요 인사들을 검거하였고, 1942년에는 조선어학회 회원 및 관련 인물을 민족의식을 고양시켰다는 죄목으로 검거하여 재판에 회부하였다.

오답분석 ① 의열단원 김상옥의 종로경찰서 폭탄 투척(1923)은 치안유지법 제정 이전에 발생하였다.

● 복습지문

1925년 일제는 사회주의 세력을 탄압하기 위해 치안유지법을 제정하였다.

14 | 산미 증식 계획   정답 ③

(가)는 수리 시설 개선, 농지 개량, 종자 개량, 화학 비료 사용 등을 통해 조선에서 식량 생산을 대폭 증대시키려 했던 산미 증식 계획이다.

일본은 1920년부터 1934년까지 자국의 부족한 쌀을 식민지 조선에서 수탈할 목적으로 산미 증식 계획을 실시하였다. 이에 따라 농지개량, 종자개량, 수리 시설 개선, 화학 비료 사용 등이 시행되었고, 목표한 증산량에 미치지는 못하였지만 쌀의 생산량은 늘어났다. 일본은 증산된 양보다 더 많이 일본으로 가져갔기 때문에 조선에서 식량문제가 발생하여 만주에서 조·수수·콩 등의 잡곡을 대량으로 수입하였다.

산미 증식 계획의 시행으로 미곡 중심의 단작형 농업 구조가 심화되었고, 소작 농민들은 고율의 소작료 뿐 아니라 수리 조합비, 비료 대금 등을 부담하는 이중적 수탈구조에 놓이게 되었다. 반면 토지회사나 대지주들은 이러한 비용을 소작농에게 부담시켰고, 일본으로의 쌀 수출을 통해 이익을 증대시켜 나갔다.

오답분석 ① 1950년대에 미국의 원조를 배경으로 삼백 산업이 발달하였다.
② 1929년에 문평 석유 회사의 일본인 감독이 한국인 노동자를 구타한 사건을 계기로 3천여 명이 참가한 원산 노동자 총파업이 발생하였다.
④ 1910년대에 회사령이 시행되어 총독의 허가를 받아야 회사 설립이 가능하였다.

15 | 문화통치   정답 ①

1919년 새롭게 조선총독으로 부임한 사이토 총독은 문화정치를 표방하며 형식상으로 민족 차별을 시정한 융화정책을 제시하였지만, 이는 식민 통치를 은폐하려는 기만정책에 불과했다.

②, ④ 헌병 경찰제를 보통 경찰제로 바꾸었으나 경찰의 수와 장비 등 경찰력은 오히려 강화되었고, 친일 분자 양성을 통해 민족을 분열시키고, 민족 운동가들도 회유하는 한편 저항하는 독립운동가들은 철저히 탄압하였다. 또한 문관도 총독으로 임명될 수 있도록 하였으나, 실제로는 여전히 무관 총독만이 부임하였다.

③ 일본은 한국의 독립운동을 억압하기 위해 각종 법령을 제정하였는데, 문화통치가 시행중이던 1925년에는 『치안유지법』이 제정되어 사상범과 독립운동가들을 탄압하였다.

오답분석 ① 일본은 1941년 1월 사상보국연맹을 확대하여 대화숙(大和塾)을 전국 각지에 설치하고 이른바 '사상범'으로 지목된 인사들의 전향을 강요하였다.

● 복습지문

문화통치 시기에 헌병경찰제가 보통경찰제로 전환되면서 경찰의 수가 증가하였다.

16 | 황국 신민 서사   정답 ③

제시된 자료는 '황국 신민 서사'로, 일제는 1937년부터 전국민이 이를 암송하도록 강요하였다.

1937년에 중·일 전쟁을 일으킨 일제는 '조선인과 일본인은 하나'라는 내선일체를 내세우며 조선인의 황국 신민화 정책을 추진하였다. 1937년부터 '황국 신민 서사'라는 충성 맹세문을 모든 일상생활 속에서 제창하게 하였다.

조선 총독부는 1936년에 '조선사상범보호관찰령'을 공포하여 독립운동가, 민족주의자, 사회주의자들을 본격적으로 감시하고 탄압하였으며, 1941년에는 '조선사상범예방구금령'을 공포하여 독립운동에 참여한 경력이 있는 사람들을 경찰이 언제라도 체포하여 구금할 수 있게 하였다. 또한 1941년 1월 대화숙(大和塾)을 전국 각지에 설치하고 이른바 '사상범'으로 지목된 인사들의 전향을 강요하였다.

오답분석 ① 1925년에 치안유지법이 제정되었다.
② 1910년대에 토지 조사 사업이 실시되었다.
④ 1920년부터 산미증식 계획이 실시되었다.

1. 일제의 침략과 민족의 수난 **325**

Ⅶ. 독립 운동사

17 [2021 법원직] (가)에 들어갈 법령이 제정된 이후의 사실로 가장 옳은 것은?

(가)

제4조 제국 신민을 징용하여 총동원 업무에 종사하게 할 수 있다. 단 병역법의 적용을 방해하지 않는다.
제7조 노동 쟁의의 예방 혹은 해결에 관하여 필요한 명령을 내리거나 작업소의 폐쇄, 작업 혹은 노무의 중지 등 노동 쟁의에 관한 행위의 제한 혹은 금지를 행할 수 있다.
제8조 물자의 생산·수리·배급·양도 기타의 처분, 사용·소비·소지 및 이동에 관하여 필요한 명령을 내릴 수 있다.

---

① 중국 본토에서 중일 전쟁이 발발하였다.
② 백남운이 조선사회경제사를 저술하였다.
③ 조선사상범예방구금령이 제정·공포되었다.
④ 양세봉의 조선 혁명군이 영릉가 전투에서 승리하였다.

18 [2021 국가직 9급] 중일전쟁 이후 조선총독부가 시행한 민족 말살 정책이 아닌 것은?

① 아침마다 궁성요배를 강요하였다.
② 일본에 충성하자는 황국 신민 서사를 암송하게 하였다.
③ 공업 자원의 확보를 위하여 남면북양 정책을 시행하였다.
④ 황국 신민 의식을 강화하고자 소학교를 국민학교로 개칭하였다.

19 [2017 국가직 9급] 다음 법령에 대한 설명으로 옳지 않은 것은?

(가) 제5조 회사가 본령이나 본령에 의거하여 발하는 명령과 허가 조건에 위반하거나 공공질서와 선량한 풍속에 반하는 행위를 할 때 조선총독은 사업의 정지와 금지, 지점의 폐쇄, 또는 회사의 해산을 명할 수 있다.
(나) 제1조 국가총동원이란 전시에 국방 목적을 달성하기 위해 국가의 전력을 가장 유효하게 발휘하도록 인적 및 물적 자원을 운용하는 것이다.
제4조 정부는 전시에 국가 총동원상 필요할 때에는 칙령이 정하는 바에 따라 제국 신민을 징용하여 총동원 업무에 종사하게 할 수 있다.

---

① (가) - 「회사령」이다.
② (가) - 1920년대에 폐지되었다.
③ (나) - 「국가총동원법」이다.
④ (나) - 일제가 태평양전쟁을 일으킨 이후 제정하였다.

20 [2023 서울시 9급] 〈보기〉의 내용과 시기적으로 가장 먼 것은?

● 보기 ●
신고산이 우루루 화물차 가는 소리에
금붙이 쇠붙이 밥그릇마저 모조리 긁어 갔고요
어랑어랑 어허야
이름 석 자 잃고서 족보만 들고 우누나

---

① 조선식량관리령을 시행하여 곡물을 강제로 공출하였다.
② 여자정신근로령을 통해 여성에 대한 강제 동원이 이루어졌다.
③ 기업정비령과 기업허가령을 시행하여 기업 통제를 강화하였다.
④ 어업령, 삼림령, 광업령 등을 제정하여 각종 자원을 독점하기 시작하였다.

17 국가 총동원법 정답 ③

제시된 자료는 1938년 5월에 시행된 국가 총동원법이다.
일본은 1937년에 중일전쟁을 일으킨 이후 전쟁 수행에 필요한 인적, 물적 자원을 일본 본국과 식민지 조선 등지에서 통제, 동원하기 위해 이 법을 제정하였다.
조선 총독부는 1936년에 '조선사상범보호관찰령'을 공포하여 독립운동가, 민족주의자, 사회주의자들을 본격적으로 감시하고 탄압하였으며, 1941년에는 '조선사상범예방구금령'을 공포하여 독립 운동에 참여한 경력이 있는 사람들을 경찰이 언제라도 체포하여 구금할 수 있게 하였다.

오답분석 ① 1937년 7월에 중·일 전쟁이 발발하였고, 일제는 군수 물자 보급과 노동력 공급을 위해 1938년에 국가총동원법을 제정하였다.
② 1933년에 백남운의 『조선사회경제사』가 저술되었다.
④ 1932년에 양세봉이 이끄는 조선 혁명군이 영릉가 전투에서 승리하였다.

● 복습지문
1941년 일제는 민족 운동을 탄압하기 위해 '조선사상범예방구금령'을 제정하였다.

18 민족 말살 통치 정답 ③

①, ② 중·일 전쟁이 발발하자 미나미 총독은 '조선인과 일본인은 하나'라는 내선일체를 내세우며 조선인의 황국 신민화 정책을 추진하였다. 황국 신민화 정책은 조선인을 일왕(천황)에게 충성하는 백성으로 동화시키는 것, 즉 조선인들의 민족의식을 철저히 말살하는 것을 목표로 삼았다. 이 시기 일제는 한국인의 사상과 의식을 통제하는 정책을 추진하였다. 1937년부터 '황국 신민 서사'라는 충성 맹세문을 모든 일상생활 속에서 제창하게 하였다. 그리고 전국의 모든 읍, 면에 신사를 세워 한국인의 참배를 강요하였다(신사참배). 또한 매일 아침 일본 궁성을 향해 허리 숙여 절을 하도록 하였다(궁성요배).
④ 조선총독부는 1938년에 3차 조선 교육령을 발표하여 민족 말살 정책을 본격화하였다. 학교 수업에서 조선어가 수의 과목(선택 과목)으로 편제되었는데 이는 사실상 조선어 교육을 하지 말라는 것이었다. 그리고 보통학교와 소학교의 이원적 체제를 통합하여 (심상)소학교로 바꾸었다. 일제는 1941년 소학교 이름을 '국민학교'로 바꾸었다.

오답분석 ③ 조선총독부는 1930년대 초에 조선공업화 정책을 추진하면서 방직업의 원료를 안정적으로 확보하기 위해 남면북양 정책을 시행하였다.

● 복습지문
1930년대 초 일제는 공업 자원의 확보를 위해 남면북양 정책을 시행하였다.

19 회사령과 국가 총동원법 정답 ④

(가)는 총독의 허가를 받아야만 회사를 설립할 수 있게 규정한 회사령(1910)이다. 1920년에는 회사령이 철폐되어 일본 자본이 한국에 자유롭게 들어올 수 있게 되었다.
(나)는 1937년에 중·일 전쟁을 일으킨 일제가 1938년에 제정한 국가총동원법이다. 일제는 국가총동원법을 제정하여 일본뿐만 아니라 조선에서도 인적, 물적 자원을 보다 적극적으로 수탈하였다.

오답분석 ④ 일제는 1938년 국가총동원법을 제정하였고, 1941년에 태평양전쟁을 일으켰다.

20 일제 말기(신고산 타령) 정답 ④

자료로 제시된 「신고산 타령」은 일제 강점기에 함경도 지역에서 불렸던 민요로, 중·일 전쟁이 발발한 이후의 암울한 사회상을 보여주고 있다.
중·일 전쟁(1937) 이후 일제는 군수 식량 확보를 위해 1939년 미곡통제령·조선 미곡배급조정령을 공포하여 미곡의 통제와 공출을 제도화하였다. 1943년에는 조선식량관리령을 공포하여 전체 농민을 대상으로 자가소비용을 제외한 쌀 전량과 보리, 밀 등 잡곡까지 강제 공출하였다.
일제는 1938년 국가 총동원법을 제정하여 한국인의 인적, 물적 자원을 보다 적극적으로 수탈하였다. 일제는 군수 산업에 종사할 노동력을 확보하기 위해 1939년 국민 징용령을 실시하여 1백만 명 이상의 한국인을 일본, 사할린, 동남아시아 등지로 끌고 갔다. 1944년에는 여자정신근로령을 제정하여 여성들의 노동력을 강제로 동원하였다.
한편, 일제는 태평양 전쟁(1941)을 일으킨 이후 군수 기업들의 효율을 꾀하고자 기업허가령, 기업정비령을 시행하여 기업에 대한 통제를 강화하였다.

오답분석 ④ 일제는 1910년대에 조선 어업령(1911), 삼림령(1911), 광업령(1915) 등을 제정하였다.

Ⅶ. 독립 운동사

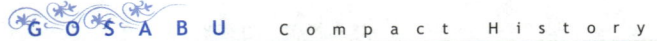

21 [2022 서울시 9급] 다음 법을 한국에 적용한 이후 일본이 벌인 일로 가장 옳지 <u>않은</u> 것은?

> ○ 정부는 전시에 국가 총동원상 필요할 때는 정하는 바에 따라 제국 신민을 징용하여 총동원 업무에 종사하게 할 수 있다.
> ○ 정부는 전시에 국가 총동원상 필요할 때는 칙령이 정하는 바에 따라 물자의 생산·수리·배급·양도 및 기타의 처분·사용·소비·소지 및 이동에 관해 필요한 명령을 내릴 수 있다.

① 학도 지원병제와 징병제를 시행하였다.
② 헌병 경찰 제도를 실시하였다.
③ 국민 징용령을 공포하였다.
④ 여자 근로 정신령을 만들었다.

22 [2019 지방직 9급] 밑줄 친 ㉠, ㉡에 대한 설명으로 옳은 것은?

> 신고산이 우르르 함흥차 가는 소리에
> ㉠<u>지원병</u> 보낸 어머니 가슴만 쥐어뜯고요
>   …(중략)…
> 신고산이 우르르 함흥차 가는 소리에
> ㉡<u>정신대</u> 보낸 어머니 딸이 가엾어 울고요

① ㉠ - 학생들도 모집 대상이었다.
② ㉠ - 처음에는 징병제에 따라 동원되기 시작하였다.
③ ㉡ - 국민징용령에 근거한 조직이었다.
④ ㉡ - 물자 공출 장려를 목표로 결성하였다.

23 [2020 국가직 7급] 밑줄 친 '그해'에 발생한 사건으로 옳은 것은?

> <u>그해</u>에는 이미 나의 앞에는 한 발자국 내어 디딜 땅조차 없었다. 그 때문에 사회로 나선 나의 첫 발길은 오대산으로 더 깊이 들어가는 것이었다. …(중략)… 전해에는 『동아』, 『조선』 두 신문의 폐간을 보았고, <u>그해</u>에는 다시 『문장』 폐간호를 절간에서 받아 보게 되었다.
>   - 조지훈, 「화동 시절의 추억」 -

① 조선에 치안유지법이 시행되었다.
② 대한민국 임시정부는 건국강령을 발표하였다.
③ 조선민족전선연맹이 조선의용대를 조직하였다.
④ 총독부가 국민정신총동원조선연맹을 설치하였다.

24 [2018 국가직 9급] 일제강점기 조선인의 생활 모습으로 옳지 <u>않은</u> 것은?

① 도시 외곽의 토막촌에는 빈민이 살았다.
② 번화가에서 최신 유행의 모던걸과 모던보이가 활동하였다.
③ 몸뻬를 입은 여성들이 근로보국대에서 강제 노동을 하였다.
④ 상류층이 한식 주택을 2층으로 개량한 영단 주택에 모여 살았다.

21 국가총동원법   정답 ②

제시된 자료는 중일전쟁을 일으킨 일본이 1938년 4월 제정한 국가총동원법이다. 일제는 군수 물자 보급과 노동력 동원을 위해 국가총동원법을 제정하였다.

중일 전쟁 직후 전투 병력이 모자라자 1938년 지원병 제도를 실시하였다. 태평양 전쟁이 막바지에 이른 1943년에는 학도 지원병제를 실시하여 학생들을 전쟁터로 끌고 갔으며, 조선인 징병제를 공포한 후 약 24만 명의 한국인 청년을 전쟁터로 끌고 갔다.

일제는 군수 산업에 종사할 노동력을 확보하기 위해 1939년 국민 징용령을 실시하여 1백만 명 이상의 한국인을 일본, 사할린, 동남 아시아 등지로 끌고 갔다. 한편, 일제는 1944년 여자 정신대 근무령을 제정하여 여성을 근로 보국대, 근로 정신대라는 이름으로 노동력을 착취하였고, 일본군 '위안부'로 희생시키는 만행을 저질렀다.

오답분석 ② 1910년대에 헌병 경찰 제도가 실시되었다.

23 그해(1941년)   정답 ②

동아일보와 조선일보가 폐간된 1940년이 '전해'이므로, 『문장』이 폐간된 '그해'는 1941년이다.

1941년 11월에 대한민국 임시정부는 조소앙의 삼균주의를 이론적 틀로 삼아 정치적으로는 민주 공화국 건설, 경제적으로는 '대생산 기관의 국유화', '토지의 국유화', '토지 개혁 실시' 등의 내용을 담은 대한민국 건국강령을 반포하였다.

오답분석 ① 1925년에 치안유지법이 제정되어 조선에도 시행되었다.
③ 1938년에 조선민족전선연맹이 우한에서 조선의용대를 조직하였다.
④ 1938년에 국민정신총동원조선연맹이 설치되었다.

22 지원병과 정신대   정답 ①

일제는 중·일 전쟁 직후 전투 병력이 모자라자 1938년 지원병 제도를 실시하였다. 태평양 전쟁 발발 이후에는 1943년에 학도 지원병제를 실시하여 학생들을 전쟁터로 끌고 갔으며, 조선인 징병제를 공포한 후 1944년부터 약 24만 명의 한국인 청년을 전쟁터로 끌고 갔다.

오답분석 ② 지원병 제도는 1938년에 실시되었고, 징병제는 1943년에 공포되어 1944년부터 시행되었다.
③ 일제는 군수 산업에 종사할 노동력을 확보하기 위해 1939년 국민 징용령을 실시하여 1백만 명 이상의 한국인을 일본, 사할린, 동남 아시아 등지로 끌고 갔다. 1944년에는 여자 정신대 근로령을 제정하여 여성들의 노동력을 착취하였다. 이때 일부 여성은 일본군 위안부로 끌려가 갖은 수난을 겪기도 하였다.
④ 여자 정신대 근로령은 인력 수탈을 위한 제도였다. 일제는 1941년에 금속류회수령을 공포하여 금속제 그릇, 불상, 농기구 등을 공출하였고, 물자 통제령을 공포하여 전쟁 물자에서 생활필수품에 이르기까지 배급 제도를 확대해나갔다.

24 일제 강점기 조선인의 생활모습   정답 ④

일제강점기에 근대 문명의 유입에 따라 의식주 생활에 큰 변화가 나타났다.
① 도시에 사람이 몰리면서 이전에 볼 수 없던 주택이 나타났다. 1920년대 이후에 상류층의 문화주택, 중류층의 개량 한옥, 중·하류 층의 영단 주택이 등장하였다. 도시 외곽에는 빈민들이 맨땅 위에 자리를 깔고 짚이나 거적때기로 지붕과 출입구를 만든 원시적인 움막집인 토막집을 짓고 살았다.
② 1920년대 들어 공업화와 도시화가 진행되며 도시를 중심으로 소비 문화가 확산되고 대중문화가 형성되기 시작했다. 번화가에서는 쇼핑과 외식을 즐기는 모던걸과 모던 보이가 활동하였고, 신여성의 상징으로 단발머리가 유행하였다.
③ 1940년대에 전시 체제가 되면서 남녀의 복장도 변해갔다. 남자는 한복이나 양복 대신 국방색의 국민복을 입고, 전투모에 각반을 찼다. 여자는 부인 표준복으로 제정된 몸뻬라는 바지를 입어야했다.

오답분석 ④ 상류층은 문화 주택에서 살았고, 중·하류층이 서민의 주택난을 해결하려고 지은 일종의 국민 연립 주택인 영단 주택에 모여 살았다.

● **복습지문**
일제 강점기 상류층은 문화 주택에서 살았으며, 도시 외곽에는 빈민들이 사는 토막촌이 있었다.

1. 일제의 침략과 민족의 수난 **329**

Ⅶ. 독립 운동사

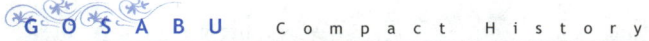

02 | 3·1 운동과 대한민국 임시정부

01 [2020 지방직 9급] 밑줄 친 '그'의 활동으로 옳은 것은?

> 경술년(1910)에 여러 형제들이 모여서 같이 만주로 갈 준비를 하였다. …… 그(1867~1932)는 1만여 석의 재산과 가옥을 모두 팔고 큰집, 작은 집이 함께 압록강을 건너 떠났다. 그는 만주에서 독립군 양성 기관인 신흥 강습소를 설립하였다.

① 조선어학회 사건으로 옥고를 치렀다.
② 독립운동 단체인 경학사를 조직하였다.
③ 3·1 운동 민족대표 33인 중 한 명이었다.
④ '삼균주의'에 입각한 한국국민당을 결성하였다.

02 [2020 지방직 7급] 다음 설명에 해당하는 인물에 대한 설명으로 옳은 것은?

> ○ 항일 민족 교육의 요람인 서전서숙을 설립하였다.
> ○ 만국평화회의가 열린 헤이그에 특사로 파견되었다.

① 경학사를 조직하였다.
② 독립의군부를 조직하였다.
③ 대한인국민회를 조직하였다.
④ 대한광복군정부를 조직하였다.

03 [2019 서울시 9급] 자료의 민족 운동가들이 추진한 독립 운동에 대한 서술로 가장 옳은 것은?

> 8월 초에 여러 형제분이 모여서 같이 만주로 갈 준비를 하였다. 비밀리에 땅과 집을 파는데, 여러 집을 한꺼번에 처분하니 얼마나 어려우리요. 그때만 해도 여러 형제분 집은 예전 대갓집이 그렇듯이 종살이를 하는 사람이 수 없이 많았고 (……)우리 집 어른(이회영)은 옛날 범절을 따지지 않고 위아래 구분 없이 뜻만 같으면 악수하여 동지로 대접하였다. (……) 1만여 석의 재산과 가옥을 모두 팔고 경술년(1910) 12월 30일에 큰집, 작은집이 함께 압록강을 건너 떠났다.
> — 이은숙, 『민족 운동가 아내의 수기, 서간도 시종기』—

① 신흥강습소를 만들어 민족 교육과 독립군 양성을 추진하였다.
② 대한광복군정부, 대한국민의회 등의 독립운동 기지를 설립하였다.
③ 간민회를 기반으로 서전서숙과 명동학교 등 학교를 세워 민족 교육을 실시하였다.
④ 나라를 되찾은 후 고종을 복위시키려는 목표를 세우고 전국적인 의병 봉기를 준비하였다.

04 [2018 지방직 7급] 밑줄 친 '강습소'에 대한 설명으로 옳은 것은?

> 1911년 만주 유하현 삼원보에 독립군 양성을 목적으로 하는 강습소가 설립되었다. 이 강습소는 이듬해에 통화현으로 근거지를 옮겼으며, 나중에 학교로 개편되었다. 이 학교에는 4년제 중학 과정의 본과가 있었고, 3개월 또는 6개월의 무관 양성을 위한 속성과인 특별과가 있었다.

① 일제가 만주 군벌과 체결한 미쓰야 협정으로 폐교되었다.
② 이회영 등이 독립운동기지 건설 운동의 일환으로 설립하였다.
③ 대한민국 임시정부가 출범함에 따라 상해로 근거지를 옮겼다.
④ 중·일전쟁 이후에 조선민족전선연맹의 산하 조직으로 편입되었다.

01 | 이회영
정답 ②

일제 강점 이후 만주로 망명하여 신흥강습소를 설립한 '그'는 이회영(1867~1932)이다.

이회영은 1907년에 비밀결사 신민회를 조직하고 중앙위원으로 활동하였고, 1910년 국권이 일제에 의해 강탈당하자 전가족이 만주로 건너가 황무지를 개간하며 독립운동기지 건설에 매진하였다. 1911년 서간도 유하현의 삼원보에서 한인 자치기관으로 경학사를 조직하고, 1912년 독립군지도자 양성을 목적으로 신흥강습소를 설립하였다. 이후 1920년 4월 북경에서 임시 정부와 이승만의 외교 중심 노선에 반대하는 박용만, 신채호, 신숙 등과 북경군사통일회를 결성하였다. 이회영은 1924년에 중국에서 신채호 등과 함께 재중국조선무정부주의자연맹을 조직하여 활동하였다.

오답분석 ① 조선어학회 사건(1942)으로 체포된 조선어학회 회원들 중 이윤재, 한징은 가혹한 고문으로 옥사하고, 이극로·최현배·이희승·정인승 등은 징역형을 선고받았다.
③ 이회영은 3·1 운동 당시 중국에서 활동하고 있었기 때문에 민족대표 33인에 포함되지 않았다.
④ 1930년대 초에 조소앙이 삼균주의를 주창하였고, 1935년에 김구가 한국국민당을 결성하였다.

● 복습지문
이회영은 서간도의 삼원보에서 경학사, 신흥강습소 등을 설립하였다.

02 | 이상설
정답 ④

서전서숙을 설립하고, 헤이그 특사로 파견되었던 인물은 이상설이다. 이상설은 1907년 헤이그에서 개최된 만국평화회의에 이준, 이위종과 함께 특사로 참석하였다.

이상설은 1909년에 밀산에 100여 가구를 정착시켜 독립운동기지인 한흥동(韓興洞)를 건설하였다. 1910년에는 유인석, 이범윤 등과 연해주 방면에 모인 의병을 규합해 13도의군을 편성하였고, 1911년 권업회를 조직하고 '권업신문'을 발행하였다. 1913년 이동휘 등과 나자구(羅子溝)에 사관학교를 세워 광복군 사관을 양성하였고, 1914년에는 이동휘, 이동녕 등과 대한광복군정부를 조직하였다.

오답분석 ① 이회영, 이시영, 이상룡 등 신민회 계열의 인사들이 서간도에서 경학사를 조직하였다.
② 임병찬이 고종의 밀지를 받고 독립의군부를 조직하였다.
③ 박용만, 이승만, 안창호 등이 미국 샌프란시스코에서 대한인국민회를 조직하였다.

● 복습지문
이상설은 1914년 연해주에서 대한광복군정부를 조직하고 정통령에 추대되었다.

03 | 이회영
정답 ①

자료의 이회영은 1907년에 비밀결사 신민회를 조직하고 중앙위원으로 활동하였고, 1910년 국권이 일제에 의해 강탈당하자 전가족이 만주로 건너가 황무지를 개간하며 독립운동기지 건설에 매진하였다.

1911년 서간도 유하현의 삼원보에서 한인 자치기관으로 경학사를 조직하고, 1912년 독립군지도자 양성을 목적으로 신흥강습소를 설립하였다. 신흥강습소는 1919년에 신흥 무관 학교가 되었는데, 속성반과 장교 양성반을 통해서 2,000여 명의 독립군 인재를 배출하였다.

오답분석 ② 연해주에서 활동하던 인사들이 대한광복군정부와 대한국민의회를 설립하였다.
③ 북간도 지역에서 활동하던 인사들이 간민회를 기반으로 서전서숙과 명동학교를 세웠다.
④ 1912년에 임병찬이 고종의 밀지를 받고 전국 곳곳의 의병장과 유생들을 모아 독립의군부를 조직하고 고종 복위를 목표로 활동하였다.

04 | 신흥강습소
정답 ②

1911년 만주 유하현 삼원보에 독립군 양성을 목적으로 설치된 '강습소'는 신흥강습소이다.

국권 피탈 이후 일제의 가혹한 탄압을 피해 많은 민족 운동가들이 국외로 망명하여 독립 운동 기지를 세웠다. 서간도 삼원보에는 이회영, 이동녕 등이 가족과 함께 이주하여 1911년 한인 자치 기관인 경학사를 조직하고 신흥 강습소를 설립하였다. 신흥강습소는 1919년 3·1 운동 이후 입교인이 증가하자 5월 류허현 고산자로 본부를 옮기고 신흥무관학교로 명칭을 변경하였다. 1920년 일본이 서간도에 대한 대대적인 탄압에 나서며 학교의 정상적인 운영이 어려워졌고, 봉오동 전투의 승리 이후 일본군의 보복을 피해 교관과 학생들이 피신하며 신흥무관학교는 폐교되었다.

오답분석 ①, ③, ④ 신흥무관학교는 1920년 일본의 탄압을 피해 교관과 학생들이 피신하며 폐교되었다.

Ⅶ. 독립 운동사

05 `2025 국가직 9급` 밑줄 친 '이 지역'에 대한 설명으로 옳은 것은?

> 이 지역에서 권업회라는 독립운동 단체가 조직되었고, 권업회는 국외 무장 독립 단체들을 모아 대한 광복군 정부라는 독립군 조직을 만들었다.

① 동제사가 창립되었다.
② 경학사가 조직되었다.
③ 한인촌인 신한촌이 형성되었다.
④ 대조선 국민 군단이 창설되었다.

06 `2017 국가직 9급` 밑줄 친 '이곳'에서 전개된 민족운동으로 옳은 것은?

> 1903년에 우리나라 공식 이민단이 이곳에 도착하였다. 이주 노동자들은 사탕수수 농장, 개간 사업장, 철도 공사장 등에서 일하며 한인 사회를 형성하여 갔다. 노동 이민과 함께 사진 결혼에 의한 부녀자들의 이민도 이루어졌다. 또한 한인합성협회 등과 같은 한인 단체가 결성되었다.

① 독립운동 기지인 한흥동이 건설되었다.
② 독립운동 단체인 권업회가 조직되었다.
③ 자치 기관인 경학사와 부민단이 만들어졌다.
④ 군사 양성 기관인 대조선 국민군단이 창설되었다.

07 `2024 서울시 9급` <보기>의 (가)에 들어갈 단체의 이름으로 가장 옳은 것은?

● 보기 ●
> 이 시기의 독립운동은 대체로 무력 항쟁을 기본으로 하여 독립군을 양성하거나 지원하는 방법을 택했다. 그러나 독립 후의 국가에 대해서는 대한제국의 회복을 주장하는 측과 주권재민의 공화국을 건설하려는 측의 노선 차이가 있었다. 대한제국의 회복을 추구하는 대표적 단체는 ___(가)___ 를 들 수 있는데, 한말에 최익현과 더불어 의병전쟁에 참가한 바 있던 임병찬이 주도한 이 단체는 전라도 지역을 중심으로 활동하였다.

① 신민회
② 대한광복회
③ 독립의군부
④ 대한광복군정부

08 `2022 서울시 9급` 밑줄 친 '이 단체'에 대한 설명으로 가장 옳은 것은?

> 이 단체는 조선국권회복단의 박상진이 풍기광복단과 제휴하여 조직하였다. 무력 투쟁을 통한 독립을 목표로 하였고, 군자금 모집, 독립군 양성, 무기 구입, 친일 부호 처단 등 활동을 전개하였다.

① 독립군 양성을 위한 신흥강습소를 설치하였다.
② 블라디보스토크에 최초의 임시 정부를 수립하였다.
③ 무력 항쟁의 의지를 담은 대한독립선언서를 발표하였다.
④ 공화주의 이념에 따라 공화정치를 실현하는 것을 목표로 하였다.

05 연해주 지역의 민족 운동   정답 ③

'권업회', '대한 광복군 정부'가 조직된 '이 지역'은 연해주이다.
우리 민족이 두만강 건너 연해주로 이주하기 시작한 것은 1860년대부터였다. 러시아 정부는 변방 개척을 위해 처음에는 조선인의 연해주 이주를 허용하고 토지를 제공하기도 하였다. 1905년 이후 급격히 늘어난 한국인들은 여러 곳에 신한촌을 비롯한 한인 집단촌을 형성하였고, 자치 단체와 학교도 설립하였다.
연해주에서는 1911년 이범윤, 홍범도, 유인석, 이상설, 신채호 등이 권업회라는 독립운동 단체를 조직하여 기관지로 권업신문을 발행하였다. 권업회는 1914년 독립전쟁을 준비하기 위해 군정 기관인 대한광복군정부를 창설했다. 대한광복군정부는 독립군을 조직하여 무장투쟁을 계획하였으나 러시아에 의해 권업회와 함께 해체되었다.

오답분석 ① 상하이에서 신규식, 박은식 등의 주도로 동제사가 조직되었다.
② 서간도 지역의 삼원보에서 자치 기관인 경학사와 부민단이 조직되었다.
④ 하와이에서 박용만은 독립군 사관을 양성할 목적으로 대조선국민군단을 결성하였다.

06 미주 지역 동포들의 활동   정답 ④

1903년 공식 이민단, 사탕수수 농장, 사진 결혼, 한인합성협회 등의 언급을 통해 제시된 자료의 '이곳'은 하와이 임을 알 수 있다.
하와이 지역으로 이주한 한인들은 대한인국민회 하와이 지방총회를 구성하여 각종 모금운동을 전개하고 임시정부에 독립운동 자금을 제공했다. 또한 연무부를 두어 군사훈련을 실시하였는데, 1914년 박용만이 대조선국민군단으로 개편하여 교포 청장년을 대상으로 군사 훈련을 실시하였다.

오답분석 ① 한흥동은 중국과 러시아의 접경 지대인 밀산 일대에 건설되었다.
② 권업회는 러시아 블라디보스토크에서 조직된 항일독립운동 단체이다.
③ 경학사와 부민단은 서간도 삼원보 지역에 거점을 두고 있었다.

● 복습지문
1914년 하와이에서 박용만 주도로 대조선 국민군단이 창설되었다.

07 독립의군부   정답 ③

(가)는 임병찬이 주도하였으며, 대한제국의 회복을 추구한 독립의군부이다.
1912년 임병찬은 고종의 밀지를 받고 전국 곳곳의 의병장과 유생들을 모아 독립의군부를 조직하였다. 독립의군부는 복벽주의 이념에 따라 고종을 복위시키려는 목표를 세우고, 일제의 총리대신과 조선 총독에게 국권반환 요구서를 보내 일제가 이를 수락하지 않으면 전국적 의병 전쟁을 벌여 국권을 회복할 것을 계획하였다.

오답분석 ① 신민회는 공화국 건설을 지향하였다.
② 박상진이 주도한 대한광복회는 공화국 건설을 지향하였다.
④ 연해주 지역에서 이상설을 정통령으로 하는 대한광복군정부가 수립되었다.

08 대한광복회   정답 ④

조선국권회복단의 박상진이 풍기광복단과 제휴하여 조직한 '이 단체'는 대한광복회이다.
1915년 채기중이 풍기에서 조직한 의병투쟁 계열의 광복단과 대구에서 박상진이 조직한 애국계몽운동 계열의 조선국권회복단이 연합하여 대한광복회를 조직하였다. 대한광복회는 각 도에 지부를 두고 군대식 조직을 갖추었으며, 주권재민의 공화국 건설을 지향하였다. 대한광복회는 독립 전쟁을 통한 국권회복을 위해 만주에 독립군 사관학교 설립을 계획하고 이를 위해 각지의 부호들에게 의연금을 걷었다. 또한 일제가 경영하는 광산이나 우편차를 습격하여 군자금을 모았으며, 모금을 거부하는 친일적 성향의 반민족적 부호들을 처단하였다.

오답분석 ① 신민회 인사들이 1911년 서간도 유하현의 삼원보에서 한인 자치기관으로 경학사를 조직하고, 1912년 독립군 지도자 양성을 목적으로 신흥강습소를 설립하였다.
② 연해주에서 1914년에 권업회가 대한광복군정부를 수립하고, 1919년에 전로한족회중앙총회가 대한국민의회를 수립하였다.
③ 1919년에 만주 길림에서 독립운동가 39인이 대한독립선언서를 발표하였다.

VII. 독립 운동사

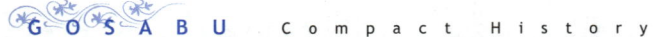

09 [2025 국가직 9급] 다음 강령을 발표한 단체에 대한 설명으로 옳은 것은?

> 1. 부호의 의연금 및 일본인이 불법 징수하는 세금을 압수하여 무장을 준비한다.
> 6. 일본인 고관 및 한국인 반역자를 수시 수처에서 처단하는 행형부를 둔다.
> 7. 무력이 완비되는 대로 일본인 섬멸전을 단행하여 최후 목적의 달성을 기한다.

① 「조선 혁명 선언」을 활동 지침으로 삼았다.
② 일본에 국권 반환 요구서를 보내려 하였다.
③ 박상진을 총사령으로 하여 공화정체를 지향하였다.
④ 대한민국임시정부의 김구가 중심이 되어 창설하였다.

10 [2023 지방직 9급] 1910년대에 있었던 사실로 옳은 것은?

① 중국 화북 지방에서 조선 독립 동맹이 결성되었다.
② 만주에서 참의부, 정의부, 신민부 등 3부가 조직되었다.
③ 임병찬이 주도한 독립 의군부는 항일 운동을 전개하였다.
④ 조선혁명군이 양세봉의 지휘 아래 영릉가에서 일본군을 격파하였다.

11 [2024 지방직 9급] 다음 주장을 내세운 민족 운동은?

> 1. 오늘날 우리의 이 행동은 정의와 인도 그리고 생존과 존엄함을 지키기 위한 민족적 요구에서 나온 것이니, 오직 자유로운 정신을 발휘할 것이며 결코 배타적 감정으로 치닫지 말라.
> 1. 마지막 한 사람까지 마지막 한순간까지 민족의 정당한 의사를 마음껏 발표하라.
> 1. 일체의 행동은 무엇보다 질서를 존중하며, 우리의 주장과 태도를 어디까지나 떳떳하고 정당하게 하라.

① 3.1 운동
② 6.10 만세 운동
③ 물산 장려 운동
④ 민립 대학 설립 운동

12 [2019 국가직 9급] 밑줄 친 ㉠ 이후에 일어난 사실로 옳지 <u>않은</u> 것은?

> 상쾌한 아침의 나라라는 뜻을 지닌 조선은 일본의 총칼 아래 민족정신을 무참하게 유린당했다. …(중략)… 조선민족은 독립항쟁을 줄기차게 계속하였다. 그 중에서도 중요한 것은 ㉠1919년의 독립만세운동이었다.
> - 네루,『세계사 편력』-

① '암태도 소작쟁의'가 일어났다.
② '정우회 선언'이 발표되었다.
③ 임병찬이 독립의군부를 조직하였다.
④ 조선 민립대학 기성회가 창립되었다.

09 | 대한광복회 정답 ③

군자금과 의연금을 모으고, 행형부를 두어 친일파 처단 활동을 전개한 단체는 대한광복회이다.
1915년 채기중이 풍기에서 조직한 의병투쟁 계열의 광복단과 대구에서 박상진이 조직한 애국계몽운동 계열의 조선국권회복단이 연합하여 대한광복회를 조직하였다.
박상진을 총사령으로 하는 대한광복회는 각 도에 지부를 두고 군대식 조직을 갖추었으며, 주권재민의 공화국 건설을 지향하였다. 대한광복회는 독립전쟁을 통한 국권 회복을 위해 만주에 독립군 사관학교 설립을 계획하고 이를 위해 각지의 부호들에게 의연금을 걷었다. 또한 일제가 경영하는 광산이나 우편차를 습격하여 군자금을 모았으며, 모금을 거부하는 친일적 성향의 반민족적 부호들을 처단하였다. 대한광복회는 1918년에 전국의 조직망이 드러나 총사령 박상진과 채기중 등 많은 단원들이 일제에 체포되어 활동이 중단되었다.

오답분석 ① 의열단이 신채호가 작성한 「조선 혁명 선언」을 활동 지침으로 삼았다.
② 독립의군부가 일본 정부에 보낼 국권 반환 요구서를 작성하였다.
④ 김구는 1931년 임시 정부 활동에 활기를 불어넣기 위해 한인애국단을 결성하였다.

10 | 1910년대 독립 운동 정답 ③

1912년 임병찬은 고종의 밀지를 받고 전국 곳곳의 의병장과 유생들을 모아 독립의군부를 조직하였다. 독립의군부는 복벽주의 이념에 따라 고종을 복위시키려는 목표를 세우고, 일제의 총리 대신과 조선 총독에게 국권반환요구서를 보내 일제가 이를 수락하지 않으면 전국적 의병 전쟁을 벌여 국권을 회복할 것을 계획하였다.

오답분석
① 1941년 화북 지방의 타이항산 팔로군 근거지에서 김두봉, 무정, 최창익 등은 화북 조선 청년 연합회를 결성하였다. 그 후 조선 의용대 화북지대를 흡수하여 1942년 조선 독립 동맹을 결성하였다.
② 자유시 참변(1921) 이후 1920년대 전반에 남만주 지역의 참의부(1923), 지린성과 봉천성 일대의 정의부(1924), 그리고 북만주 지역의 신민부(1925)가 조직되었다.
④ 1930년대 초에 조선혁명군은 총사령관 양세봉의 지휘 아래 중국 의용군(요녕민중자위군)과 연합 작전을 전개하여 영릉가 전투(1932), 흥경성 전투(1933)에서 일본군을 격파하였다.

11 | 3.1 운동(공약 3장) 정답 ①

제시된 자료는 3·1 운동(1919) 때 발표된 기미독립선언서의 공약 3장으로 한용운이 작성하였다.
1919년 1월 21일 고종황제가 서거하자 일제가 독살했다는 소문이 퍼져 나가면서 우리 민중들은 크게 분노하였다. 종교계 인사들과 학생들은 고종의 국장일을 즈음하여 많은 군중들이 모일 것을 예상하고 대규모 시위를 통해 민족의 독립 의지를 전 세계에 알릴 것을 계획하였다. 독립선언문은 최남선이 작성하였고, 공약 3장은 한용운이 추가하여 만세 시위의 행동 지침으로 삼았다.

12 | 3·1운동 정답 ③

1919년의 독립만세운동은 3·1 만세 운동을 가리킨다.
암태도 소작쟁의는 1923년 9월부터 1년 가까이 전라남도 신안군의 암태도에서 진행되었던 소작쟁의이다. 암태도 소작 농민들은 지주와 그를 두둔하는 일본 경찰에 맞서 끈질기게 투쟁하여 소작료를 낮추는 성과를 거두었다.
사회주의 계열의 사상 단체 정우회는 1926년 11월에 '정우회 선언'을 발표하여 민족주의 세력과의 제휴를 주장하였다. 그 결과 1927년 2월에 비타협적 민족주의자들과 사회주의자들이 민족협동전선으로 신간회를 창립하였다.
이상재, 한규설 등은 1920년 조선교육회를 설립하고 이를 모체로 1922년 조선민립대학기성준비회를 결성하였다. 이후 1923년에 조선민립대학기성회를 조직하고 '한민족 1천만이 한사람이 1원씩'이라는 슬로건을 내걸고 민립 대학 설립을 위한 전국적인 모금운동을 전개하였다.

오답분석 ③ 최익현과 함께 항일 의병을 일으켰던 임병찬은 1912년 고종의 밀지를 받고 전국 곳곳의 의병장과 유생들을 모아 독립의군부를 조직하였다.

Ⅶ. 독립 운동사

13 [2022 법원직] 자료에 나타난 민족 운동에 대한 설명으로 가장 옳은 것은?

> 동대문 밖에서 다시 한 번 일대 시위 운동이 일어났다. 이 날은 태황제의 인산날이었으므로 망곡하러 모인 군중이 수십 만이었다. 인산례(因山禮)가 끝나고 융희제(순종)와 두 분의 친왕 이하 여러 관료와 궁속들이 돌아오다가 청량리에 이르렀다. 이때 곡 소리와 만세 소리가 일시에 폭발하여 천지가 진동하였다.

① 신간회의 후원으로 확산되었다.
② 대한민국 임시 정부 수립에 영향을 주었다.
③ 준비 과정에서 천도교와 조선 공산당 등이 연대하였다.
④ 한국인 학생과 일본인 학생 사이의 충돌에서 비롯되었다.

14 [2025 법원직] 다음 밑줄 친 '사건'과 관련된 내용으로 가장 옳은 것은?

> <u>사건</u>의 발단은 조선의 사실상 마지막 황제인 고종의 인산일을 이틀 앞둔 날에 시작되었다. 그러나 소요의 기미가 있는데, 설사 독립운동과 같은 사건이 한국에서 일어나더라도 이에 대해 일체의 보도를 하지 말라는 경찰청장의 통고문을 접수한 것은 이보다 앞선 1월 28일의 일이었다. 2월 14일에도 한국인의 독립 선언문 보도 금지 명령이 내려졌다. 2월 19일 『재팬 클로니클』지는 보도 금지된 사실과 선언문을 배포한 사람들이 비밀 재판을 받고 1년 간의 징역을 선고받은 사실을 담은 기사를 크게 보도하였다.

① 신간회가 진상 조사단을 파견하였다.
② 광주에서 시작되어 전국으로 확대되었다.
③ 민족 유일당 운동을 추진하는 계기가 되었다.
④ 대한민국 임시 정부가 수립되는 계기가 되었다.

15 [2025 지방직 9급] 다음 선언으로 시작된 운동에 대한 설명으로 옳은 것은?

> 우리는 지금 우리 조선이 독립국이고 조선인이 자주민임을 선언하노라. 이를 세계 여러 나라에 알려 인류 평등의 대의를 분명히 밝히고, 이를 후손에게 대대로 전하여 민족자존의 정당한 권리를 영원히 누릴 수 있도록 하노라.

① 형평 운동과 같은 연도에 발생하였다.
② 신간회에서 진상 조사단을 파견하였다.
③ 이 운동 이후 일제는 이른바 '문화 통치'로 통치 방식을 바꾸었다.
④ 운동 준비 과정에서 민족주의 세력과 사회주의 세력이 연대하였다.

16 [2023 국가직 9급] 다음과 같은 선포문을 발표하면서 성립한 정부의 정책으로 옳지 <u>않은</u> 것은?

> 제1조 대한민국은 민주공화제로 함
> … (중략) …
> 민국 원년 3월 1일 우리 대한민족이 독립을 선언한 뒤 … (중략) … 이제 본 정부가 전 국민의 위임을 받아 조직되었으니 전 국민과 더불어 전심(專心)으로 힘을 모아 국토 광복의 대사명을 이룰 것을 선서한다.

① 독립 공채를 발행하였다.
② 기관지로 『독립신문』을 발간하였다.
③ 비밀 행정 조직인 연통부를 설치하였다.
④ 재정 확보를 위하여 전환국을 설립하였다.

13 | 3·1 운동　　　　　정답 ②

'태황제의 인산날'은 고종 황제의 장례일을 가리키므로, 자료의 민족운동은 3·1 운동(1919)이다.
1919년 1월 21일 고종 황제가 서거하자 일제가 독살했다는 소문이 퍼져 나가면서 우리 민중들은 크게 분노하였다. 종교계 인사들과 학생들은 고종의 국장일을 즈음하여 많은 군중들이 모일 것을 예상하고 대규모 시위를 통해 민족의 독립 의지를 전 세계에 알릴 것을 계획하였다.
3·1 운동을 계기로 국내외 민족 운동이 활성화되고 이를 지도하는 해외 망명 정부, 즉 대한민국 임시정부가 수립되는 결과를 낳았다. 뿐만 아니라 3·1 운동은 만주지역의 무장 독립 투쟁을 활성화시키는 데 중요한 기폭제가 되었다. 또한 3·1 운동은 일제로 하여금 무단 통치를 끝내고 '문화 통치'로 전환하게 하는 결과를 가져왔다.

오답분석 ① 광주 학생 항일 운동(1929)이 신간회의 후원으로 확산되었다.
③ 6·10 만세 운동(1926) 준비 과정에서 천도교와 조선 공산당 등이 연대하였다.
④ 광주 학생 항일 운동이 한국인 학생과 일본인 학생 사이의 충돌에서 비롯되었다.

14 | 3·1 운동　　　　　정답 ④

고종의 인산일을 계기로 일어난 '사건'은 3·1 운동(1919)이다.
3·1 운동 당시 독립선언문은 최남선이 작성하였고, 공약 3장은 한용운이 추가하여 만세 시위의 행동 지침으로 삼았다. 3월 1일 오후 2시 서울의 태화관에서는 독립선언서에 서명한 민족 대표들이 모여 독립선언식을 가졌다. 탑골 공원에 모인 학생과 시민은 민족 대표 없이 독자적으로 독립 선언식을 열고 만세 시위를 벌였다.
3·1 운동은 제1차 세계대전 승전국의 식민지에서 일어난 최초의 반제 민족 운동으로, 국내외 민족 운동이 활성화되고 이를 지도하는 해외 망명 정부, 즉 대한민국 임시 정부가 수립되는 결과를 낳았다. 뿐만아니라 3·1 운동은 만주 지역의 무장 독립 투쟁을 활성화시키는 데 중요한 기폭제가 되었다. 또한 3·1 운동은 일제로 하여금 무단 통치를 끝내고 '문화 통치'로 전환하게 하는 결과를 가져왔다.

오답분석 ① 광주 학생 항일 운동(1929) 때 신간회가 진상 조사단을 파견하였다.
② 광주 학생 항일 운동(1929)이 광주에서 시작되어 전국으로 확대되었다.
③ 6·10 만세 운동(1926)이 민족 유일당 운동을 추진하는 계기가 되었다.

15 | 3·1 운동　　　　　정답 ③

제시된 자료는 3·1 운동(1919) 때 발표된 기미독립선언서이다.
1919년 3월 1일 오후 2시 서울의 태화관에서는 독립선언서에 서명한 민족 대표들이 모여 독립선언식을 가졌다. 탑골 공원에 모인 학생과 시민은 민족 대표 없이 독자적으로 독립선언식을 열고 만세 시위를 벌였다.
3·1 운동은 제1차 세계대전 승전국의 식민지에서 일어난 최초의 반제 민족 운동으로, 한국인들로 하여금 자주독립의 의지를 다지고 이후 지속적인 독립운동을 전개해 나가도록 하는 데 결정적인 계기가 되었다. 또한 3·1 운동은 일제로 하여금 무단 통치를 끝내고 '문화 통치'로 전환하게 하는 결과를 가져왔으며, 세계 여러 약소 민족의 반제국주의 민족 운동을 고양시키는 역할도 하였다.

오답분석 ① 1923년 진주에서 조선 형평사가 조직되었다.
② 1929년 광주학생항일운동 당시 신간회에서 진상 조사단을 파견하였다.
④ 1926년 6.10 만세 운동 당시 준비 과정에서 민족주의 세력과 사회주의 세력이 연대하였다.

16 | 대한민국 임시 정부　　　　　정답 ④

제시된 자료는 1919년 4월 11일 대한민국 임시의정원에서 발표한 대한민국 임시헌장이다. 1919년 4월 11일 상하이에서 임시의정원 제1차 회의가 열렸고, 이 회의에서 10개 조로 이루어진 대한민국 임시헌장이 제정되었다.
임시 정부는 국내외를 연결하고 독립운동 자금을 모으기 위해 일종의 지방 행정 제도인 연통제를 시행하였다. 또한, 통신 기관인 교통국을 설치하여 정보 수집과 분석, 독립운동 자금 모집 등을 담당하게 하였다.
임시 정부는 독립운동 자금을 마련하기 위해 독립 공채를 발행하거나 의연금을 거두었다. 또 직접 군대를 거느리지는 못하였지만, 외곽 단체로서 서로 군정서, 북로 군정서 등과 연결하고 있었다. 기관지로는 독립신문을 발간하였으며, 임시 사료 편찬 위원회를 설치하고 한·일 관계 사료집을 발간하기도 하였다.

오답분석 ④ 1883년에 전환국이 설립되어 1904년까지 화폐 주조를 담당하였다.

Ⅶ. 독립 운동사

17 [2022 국가직 9급] (가)에 대한 설명으로 옳은 것은?

> 3·1 운동 직후에 만들어진 ___(가)___ 은/는 연통제라는 비밀 행정 조직을 만들었으며, 국내 인사와의 연락과 이동을 위해 교통국을 두었다. 또 외교 선전물을 간행하여 일제 침략의 부당성을 널리 알리고자 하였다. 그러나 이러한 활동은 뚜렷한 성과를 내지 못하였다. 그러한 가운데 ___(가)___ 의 활동 방향을 두고 외교 운동 노선과 무장투쟁 노선 사이에서 갈등이 빚어지기도 하였다.

① 외교 운동을 위해 미국에 구미 위원부를 설치하였다.
② 비밀결사 운동을 추진하고자 독립 의군부를 만들었다.
③ 이인영, 허위 등을 중심으로 서울 진공 작전을 추진하였다.
④ 영국인 베델을 발행인으로 한 『대한매일신보』를 창간하였다.

18 [2021 지방직 9급] (가) 단체의 활동에 대한 설명으로 옳은 것은?

> 탑골공원에 모인 수많은 학생과 시민이 독립 선언식을 거행하고 만세를 부르며 거리를 행진하였다. 이후 만세 시위는 전국으로 확산하였다. 이 운동을 계기로 독립운동가 사이에는 독립운동을 더욱 조직적으로 전개하자는 공감대가 형성되어 ___(가)___ 가/이 만들어졌다. ___(가)___ 는/은 구미 위원부를 설치하는 등 적극적으로 독립운동을 펼쳐 나갔다.

① 『대동단결선언』을 발표하였다.
② 국내와의 연락을 위해 교통국을 두었다.
③ 독립군을 양성하기 위해 신흥무관학교를 설립하였다.
④ 『조선혁명선언』을 강령으로 삼아 의열투쟁을 전개하였다.

19 [2021 법원직] 밑줄 친 ㉠ ~ ㉣에 대한 설명으로 옳은 것을 〈보기〉에서 모두 고른 것은?

> 대한민국 임시 정부는 1921년을 고비로 ㉠위기 상태에 빠졌다. 임시 정부 내에서 ㉡독립운동의 노선을 둘러싼 갈등도 나타났다. 각계의 독립운동 지도자들은 이 국면을 타개하고자 국민 대표 회의를 열어 독립운동의 새로운 방향을 모색하였다. 하지만 임시 정부의 진로 문제를 놓고 ㉢개조파와 창조파가 대립하여 회의는 결렬되었다. 이후 ㉣지도 체제가 개편되었지만 대한민국 임시 정부는 한동안 침체 상태에 빠졌다.

● 보기
ㄱ. ㉠ - 교통국과 연통제 조직이 일제에 발각되었다.
ㄴ. ㉡ - 외교 활동에 대한 무장 투쟁론자의 비판이 거세졌다.
ㄷ. ㉢ - 주로 외교론을 비판하는 무장 투쟁론자들로 구성되었다.
ㄹ. ㉣ - 헌법을 고쳐 대통령 중심의 집단 지도 체제로 전환하였다.

① ㄱ, ㄴ   ② ㄱ, ㄹ   ③ ㄴ, ㄷ   ④ ㄷ, ㄹ

20 [2017 국가직 9급] 다음 발의로 개최된 ㉠에 대한 설명으로 옳은 것은?

> 베이징 방면의 인사는 분열을 통탄하며 통일을 촉진하는 단체를 출현시키고 상하이 일대의 인사는 이를 고려하여 개혁을 제창하고 있다. …(중략)… 근본적 대해결로써 통일적 재조를 꾀하여 독립운동의 신국면을 타개하려고 함에는 다만 민의뿐이므로 이에 ___㉠___ 의 소집을 제창한다.

① 창조파와 개조파 등의 주장이 대립되었다.
② 한국국민당을 통한 정당정치 실시가 결정되었다.
③ 삼균주의를 바탕으로 한 건국강령이 채택되었다.
④ 파리강화회의에 김규식을 파견하는 것이 논의되었다.

17 | 대한민국 임시 정부 정답 ①

(가)는 3·1 운동 직후에 만들어졌으며, 연통제와 교통국 등을 설치한 대한민국 임시 정부이다.
임시 정부는 비밀 행정 조직인 연통제를 통해 정보와 독립 자금 등을 모았는데, 이를 위해 서울에는 총판을 두고, 각 도에는 독판을 두었다. 교통국은 정보 수집·분석·교환 등을 담당한 통신기관으로, 국내와의 연락 요충지인 단둥에 교통국 지부를 설치하고, 국내 각 군 단위에 교통국을 두었다. 이들 조직은 조선 내의 정보·통신 업무, 군자금 전달, 무기 수입 등의 활동을 하였다.
상하이에서 조직된 대한민국 임시 정부는 삼권분립에 입각한 민주 공화제를 채택하여 임시의정원(입법), 국무원(행정), 법원(사법)을 구성하였다. 초기의 임시 정부는 민족운동을 통일적으로 지도하고 외교적으로 선전활동을 강화하는데 중점을 두었다. 미국에 설치된 구미 위원부는 이승만을 중심으로 한국 독립 문제를 국제 여론화하는데 힘썼다.

오답분석 ② 1912년에 임병찬이 고종의 밀명을 받아 독립 의군부를 조직하였다.
③ 1907년 이인영, 허위 등은 13도 창의군을 결성하고 서울 진공 작전을 추진하였다.
④ 1904년에 러·일 전쟁을 취재하러 온 베델을 발행인으로 초빙하여 『대한매일신보』를 창간하였다.

18 | 대한민국 임시 정부 정답 ②

(가)는 3·1 운동 이후 조직되었으며 구미위원부를 설치하여 외교 활동을 펼친 대한민국 임시정부이다.
임시정부는 민족 운동을 통일적으로 지도하고 외교 선전 활동을 강화하는데 활동의 중점을 두었다. 우선 본국과의 연락을 위해 연통제와 교통국을 설치하였다. 임시정부는 비밀 행정조직인 연통제를 통해 정보와 독립 자금 등을 모았는데, 이를 위해 서울에는 총판을 두고, 각 도에는 독판을 두었다. 교통국은 정보 수집·분석·교환 등을 담당한 통신기관으로 국내 각 군 단위에 교통국을 두었다. 부산의 백산 상회와 만주 단둥의 이륭양행은 군자금 모금에서 중요한 역할을 하였고, 해외 동포들에게는 애국 공채를 발행하여 독립 운동 자금을 모았다.

오답분석 ① 1917년 상하이에서 신규식 등이 『대동단결선언』을 발표하였다.
③ 이회영, 이상룡 등이 1911년 서간도 유하현의 삼원보에서 한인 자치기관으로 경학사를 조직하고, 1912년 독립군지도자 양성을 목적으로 신흥강습소(신흥무관학교)를 설립하였다.
④ 김원봉, 윤세주 등이 결성한 의열단이 『조선혁명선언』을 강령으로 삼아 의열투쟁을 전개하였다.

19 | 국민대표회의 정답 ①

1921년 이후 임시정부의 활동은 점차 위축되어 갔다. 국내와의 연결망인 연통제와 교통국 조직이 일제에 발각되어 사실상 마비되었고, 외교 활동 역시 강대국들의 외면으로 큰 성과를 얻지 못했다. 이에 외교 활동 중심의 임시정부 노선에 비판적이었던 신채호 등 중국 관내 세력과 만주 지역의 무장 세력들은 북경군사통일회를 열어 임시정부의 개편을 요구하였다.
1923년 독립 운동의 방향을 논의하기 위해 여러 민족 운동가들이 국민대표회의를 개최하였다. 회의 참가자들은 임시정부를 해체하고 새로운 정부를 수립하자는 창조파(신채호), 임시정부의 조직만 바꾸자는 개조파(안창호), 그리고 임시정부를 그대로 두자는 현상유지파(이동녕, 김구)로 분열되었다. 창조파는 의병전쟁의 노선을 계승하여 무장 투쟁을 강조하였고, 개조파는 실력양성을 우선시하고 자치운동과 외교활동을 강조하였다. 이런 입장들은 끝내 좁혀지지 않았고, 국민대표회의는 결렬되었다.
이후 많은 민족 운동가들이 임시정부를 이탈하여 임시정부는 조직을 유지하기 어려울 정도로 침체 상태에 빠지게 되었다.

오답분석 ㄷ. 신채호 등 창조파가 외교론을 비판하는 무장 투쟁론자들로 구성되었다.
ㄹ. 1925년에 대한민국 임시정부는 국무령 중심의 내각책임제로 개편되었다.

20 | 국민대표회의 정답 ①

독립 운동의 신국면을 타개하기 위해 소집된 ㉠은 국민대표회의이다. 1923년 독립 운동의 방향을 논의하기 위해 여러 민족 운동가들이 국민대표회의를 개최하였다. 회의 참가자들은 임시정부를 해체하고 새로운 정부를 수립하자는 창조파(신채호), 임시정부의 조직만 바꾸자는 개조파(안창호), 그리고 임시정부를 그대로 두자는 현상유지파(이동녕, 김구)로 분열되었다. 창조파와 개조파의 입장들은 끝내 좁혀지지 않았고, 국민대표회의는 결렬되었다.
이후 많은 민족 운동가들이 임시정부를 이탈하여 임시정부는 조직을 유지하기 어려울 정도로 침체 상태에 빠지게 되었다.

오답분석 ② 1935년 김구 등이 항저우에서 한국국민당을 창당한 후 이를 통한 정당정치 실시가 결정되었다.
③ 삼균주의를 바탕으로 한 건국강령은 1941년 충칭 임시정부 시절에 채택되었다.
④ 1919년 신한청년당의 대표로 파리강화회의에 김규식을 파견하였다.

● **복습지문**
1923년 국민 대표 회의에서는 창조파와 개조파 등의 주장이 대립하였다.

Ⅶ. 독립 운동사

21 [2021 국가직 9급] 밑줄 친 '회의'에서 있었던 사실은?

> 본 회의는 2천만 민중의 공정한 뜻에 바탕을 둔 국민적 대화합으로 최고의 권위를 가지고 국민의 완전한 통일을 공고하게 하며, 광복 대업의 근본 방침을 수립하여 우리 민족의 자유를 만회하며 독립을 완성하기를 기도하고 이에 선언하노라. …(중략)… 본 대표 등은 국민이 위탁한 사명을 받들어 국민적 대단결에 힘쓰며 독립운동이 나아갈 방향을 확립하여 통일적 기관 아래에서 대업을 완성하고자 하노라.

① 대한민국 건국 강령이 상정되었다.
② 박은식이 임시대통령으로 선출되었다.
③ 민족유일당운동 차원에서 조선혁명당이 참가하였다.
④ 임시정부를 대체할 새로운 조직을 만들자는 주장이 나왔다.

22 [2017 지방직 7급] 대한민국임시정부에 대한 설명으로 옳은 것만을 모두 고른 것은?

> ㄱ. 1919년 파리강화회의에 대표를 파견하는 등 외교활동을 전개하였다.
> ㄴ. 민주주의에 입각한 정치형태를 갖추었으나, 국내와는 연결된 적이 없었다.
> ㄷ. 블라디보스토크와 상해, 한성(서울) 등 세 곳의 임시정부가 협력하여 구성하였다.
> ㄹ. 기관지로 '독립신문'을 간행하여 주로 독립 운동에 관한 사실을 보도하였다.

① ㄱ, ㄴ
② ㄱ, ㄷ, ㄹ
③ ㄴ, ㄷ, ㄹ
④ ㄱ, ㄴ, ㄷ, ㄹ

23 [2023 서울시 9급] 대한민국 임시 정부가 <보기>의 체제 개편을 하기 이전에 한 활동으로 가장 옳은 것은?

> 대한민국 임시 정부는 헌법을 개정하여 집단지도체제인 국무위원제를 채택했다. 즉, 5~11인의 국무위원 가운데 한 사람을 주석으로 선출하되, 주석은 대통령이나 국무령과 같이 특별한 권한을 갖지 않고 다만 회의를 주재하는 권한만 갖게 했다.

① 이승만을 탄핵하고 박은식을 임시 대통령으로 추대했다.
② 조소앙의 삼균주의에 기초한 건국강령을 반포하였다.
③ 의열 투쟁을 전개하고자 한인애국단을 조직하였다.
④ 한국국민당을 조직하여 정당정치를 운영하였다.

24 [2024 국가직 9급] (가)~(라)는 대한민국 임시 정부와 관련한 사실이다. 이를 시기순으로 바르게 나열한 것은?

> (가) 한인애국단 창설
> (나) 한국광복군 창설
> (다) 국민대표회의 개최
> (라) 주석·부주석제로 개헌

① (가) → (다) → (나) → (라)
② (가) → (라) → (다) → (나)
③ (다) → (가) → (나) → (라)
④ (다) → (나) → (가) → (라)

21 | 국민대표회의   정답 ④

'광복 대업의 근본 방침을 수립', '독립운동이 나아갈 방향을 확립' 등의 단서를 통하여 밑줄 친 '회의'는 국민대표회의(1923)임을 알 수 있다.
1921년 대한민국 임시정부와 국내와의 연결망인 연통제와 교통국이 일제에 발각되어 사실상 마비되었고, 외교 활동 역시 강대국들의 외면으로 큰 성과를 얻지 못했다. 이에 외교 활동 중심의 임시정부 노선에 비판적이었던 신채호 등 중국 관내 세력과 만주 지역의 무장 세력들은 북경군사통일회를 열어 임시정부의 개편을 요구하였다.
1923년 독립 운동의 방향을 논의하기 위해 여러 민족 운동가들이 국민대표회의를 개최하였다. 회의 참가자들은 임시정부를 해체하고 새로운 정부를 수립하자는 창조파(신채호), 임시정부의 조직만 바꾸자는 개조파(안창호), 그리고 임시정부를 그대로 두자는 현상유지파(이동녕, 김구)로 분열되었다. 창조파는 의병전쟁의 노선을 계승하여 무력항쟁을 강조하였고, 개조파는 실력양성을 우선시하고 자치운동과 외교활동을 강조하였다. 이런 입장들은 끝내 좁혀지지 않았고, 국민대표회의는 결렬되었다.

오답분석 ① 1941년 대한민국 임시정부의 국무회의에서 건국 강령이 상정되어 발표되었다.
② 1925년 임시의정원에서 이승만을 탄핵하고 박은식을 임시대통령으로 선출하였다.
③ 국민대표회의는 1923년에 개최되었고, 1929년 남만주에서 결성된 조선혁명당은 국민대표회의와는 관련이 없다.

22 | 대한민국 임시 정부   정답 ②

1919년 3월경에 연해주에서는 손병희를 대통령으로 하는 대한국민의회가 조직되었고, 4월에는 서울에서 13도 대표회의를 통해 한성정부가 설립되었다. 상하이에서는 신한청년당을 중심으로 임시 의정원을 구성하고 대한민국 임시헌장을 발표하였다. 이후 각 지역의 임시정부간에 통합 논의가 이루어져 1919년 9월에 이승만을 대통령, 이동휘를 국무총리로 하는 대한민국 임시정부가 상하이에서 출범하였다.
임시정부는 삼권 분립에 입각한 민주 공화제를 채택하여 임시 의정원(입법), 국무원(행정), 법원(사법)을 구성하였다. 국내 항일 세력들과 연락하기 위해 연통제와 교통국을 설치·운영하였고, 기관지로 '독립신문'을 간행하였으며 독립 운동 자금을 마련하기 위해 독립공채를 발행하였다.
또한 외교활동의 일환으로 신한청년당 대표로 파리에 파견되었던 김규식을 외무총장으로 임명하여 파리 강화회의에 독립 청원서를 제출하게 하였다.

오답분석 ㄴ. 임시정부는 국내와의 연락을 위해 연통제와 교통국을 설치하였다.

● **복습지문**
대한민국 임시 정부는 블라디보스토크와 상해, 한성(서울) 등 세 곳의 임시정부가 협력하여 구성하였다.

23 | 임시 정부의 제3차 개헌(1927)   정답 ①

대한민국 임시 정부가 집단지도체제인 국무위원제를 채택한 것은 1927년의 사실이다.
1925년에 임시 정부는 이승만을 탄핵하고, 박은식을 제2대 대통령으로 추대하였다. 박은식은 취임 직후 개헌에 착수하여 국무령 중심의 내각책임제를 채택하고, 7월에 대통령을 사임하였다. 1927년 임시 정부는 국무위원 집단 지도체제로 개헌하고 김구, 이동녕 등을 선임하였다.

오답분석 ② 1941년 11월에 임시 정부는 대한민국 건국강령을 발표하였다.
③ 1931년에 김구가 상하이에서 한인애국단을 결성하여 이봉창 의거(1932. 1), 윤봉길 의거(1932. 4)를 일으켰다.
④ 1935년에 김구가 중국 항저우에서 한국국민당을 창당하였다.

24 | 대한민국 임시 정부   정답 ③

(다) 1923년 독립운동의 방향을 논의하기 위해 여러 민족 운동가들이 국민대표회의를 개최하였다.
(가) 1931년에 김구는 한인애국단을 조직하여 이봉창 의거(1932. 1.)와 윤봉길 의거(1932. 4.)를 일으켰다.
(나) 대한민국 임시 정부는 중·일 전쟁 이후 중국 국민당 정부와 교섭하여 군대 창설을 승인받고 1940년 한국광복군을 창설하였다.
(라) 1944년 임시 정부는 제5차 개헌을 통해 주석·부주석제를 채택하였다.

VII. 독립 운동사

03 | 무장 독립 운동의 전개

01 [2019 지방직 9급] 다음 선언문의 강령에 따라 활동한 단체에 대한 설명으로 옳은 것은?

> 민중은 우리 혁명의 대본영(大本營)이다. 폭력은 우리 혁명의 유일한 무기이다. 우리는 민중 속으로 가서 민중과 손을 맞잡아 끊임없는 폭력 – 암살, 파괴, 폭동 – 으로써 강도 일본의 통치를 타도하고 우리 생활에 불합리한 일체의 제도를 개조하여 인류로써 인류를 압박하지 못하며, 사회로써 사회를 박탈하지 못하는 이상적 조선을 건설할지니라.

① 임시정부 활동에 활기를 불어넣고자 결성하였다.
② 청산리 지역에서 일본군과 접전을 벌여 대승을 거두었다.
③ 한국독립당, 조선혁명당 등과 함께 민족혁명당을 결성하였다.
④ 원산에서 일본인이 한국인 노동자를 구타한 사건을 계기로 총파업을 일으켰다.

02 [2022 간호직 8급] 다음 선언을 지침으로 활동한 단체에 대한 설명으로 옳지 않은 것은?

> 민중은 우리 혁명의 대본영이다. 폭력은 우리 혁명의 유일한 무기이다. 우리는 민중 속으로 가서 민중과 손을 맞잡아 끊임없는 폭력 – 암살, 파괴, 폭동으로써 강도 일본의 통치를 타도하고, 우리 생활에 불합리한 일체의 제도를 개조하여, 인류로써 인류를 압박하지 못하며, 사회로써 사회를 박탈하지 못하는 이상적 조선을 건설할지니라.

① 만주에서 김원봉이 주도하여 결성하였다.
② 경성역에서 사이토 총독에게 폭탄을 던졌다.
③ 김상옥을 보내서 종로 경찰서를 폭파하고자 하였다.
④ 일제 요인 암살과 식민 통치기관 파괴에 주력하였다.

03 [2018 지방직 9급] ⊙ 조직에 대한 설명으로 옳은 것은?

> 1922년 3월, 중국 상하이에서 (⊙)이/가 일본 육군대장 타나카 기이치(田中義一)를 암살하고자 한 사건이 발생했다. 이때 체포된 독립운동가들은 일본 경찰에 인도되어 심문을 받게 되었는데, 그 심문 과정에서 (⊙)에 속한 김익상이 1921년 9월 조선총독부 건물에 폭탄을 던진 의거의 당사자라는 사실이 밝혀졌다.

① 공화주의를 주창하는 내용의 대동단결선언을 작성해 발표하였다.
② 이 조직에 속한 이봉창이 일왕이 탄 마차 행렬에 폭탄을 던졌다.
③ 일부 구성원을 황푸군관학교에 보내 군사 훈련을 받도록 하였다.
④ 새로 부임하는 사이토 조선 총독에게 폭탄을 투척하는 의거를 일으켰다.

04 [2024 지방직 9급] 밑줄 친 '이 의거'를 일으킨 단체에 대한 설명으로 옳은 것은?

> 김구는 상하이 각 신문사에 편지를 보내 자신이 이 의거의 주모자임을 스스로 밝혔다. 이 편지에서 김구는 윤봉길이 휴대한 폭탄 두 개는 자신이 특수 제작하여 직접 건넨 것이며, 일본 민간인을 포함하여 다른 나라 사람이 무고한 피해를 입지 않도록 신중을 기하라고 당부하였음을 강조하였다.

① 이봉창이 단원으로 활동하였다.
② 고종의 밀명을 받아 결성되었다.
③ 조선 혁명 선언을 활동 지침으로 삼았다.
④ 일제가 날조한 105인 사건으로 와해되었다.

01 의열단 정답 ③

제시된 자료는 1923년에 김원봉이 의뢰하여 신채호가 작성한 '조선혁명선언'이다. 이글에서 신채호는 일제에 대한 폭력 투쟁의 정당성과 민중의 직접 혁명을 주장하였다. 의열단은 '조선혁명선언'을 행동 강령으로 삼아 '민중 직접 혁명'을 활동노선으로 천명하였다.
의열단은 개인 폭력 투쟁의 한계를 인식하고 1926년 이후 무장 투쟁 노선으로 전환하였다. 김원봉을 비롯한 단원들이 중국의 황포군관학교에 입교하여 군사 훈련을 받았으며, 1932년에는 중국 국민당 정부의 지원으로 난징에 조선혁명간부학교를 설립하여 군사 훈련을 실시하고 독립 운동 지도자를 양성하였다. 그 후 의열단은 중국 관내 대부분의 항일 단체와 정당을 통합한 '민족혁명당' 결성(1935)에 주도적인 역할을 담당하였으며, 중·일 전쟁 직후 중국 국민당 정부의 지원을 받아 조선의용대를 창설하는 데에도 앞장섰다.

오답분석 ① 김구는 임시정부 활동에 활기를 불어넣고자 한인애국단을 결성하였다.
② 1920년 10월 김좌진이 이끄는 북로군정서를 비롯하여 대한독립군 · 국민회군 등의 독립군 부대가 청산리 전투에서 승리하였다.
④ 1929년에 원산노동연합회 산하 노동조합원 2,200여 명이 참여한 원산 노동자 총파업이 일어났다.

복습지문
의열단은 1935년 난징에서 (한국)민족혁명당 결성을 주도하였다.

02 의열단 정답 ②

제시된 자료는 1923년에 김원봉이 의뢰하여 신채호가 작성한 '조선혁명선언'이다. 이글에서 신채호는 일제에 대한 폭력 투쟁의 정당성과 민중의 직접 혁명을 주장하였다. 의열단은 '조선혁명선언'을 행동 강령으로 삼아 '민중 직접 혁명'을 활동노선으로 천명하였다.
1919년 11월 만주 지린성에서 김원봉, 윤세주 등이 의열단을 결성하였다. 의열단은 결성 직후 상하이로 근거지로 옮기고 박재혁의 부산 경찰서 폭탄 투척(1920), 최수봉의 밀양 경찰서 폭탄 투척(1920), 김익상의 조선총독부 폭탄 투척(1921), 오성륜·김익상의 황포탄 의거(1922), 김상옥의 종로 경찰서 폭탄 투척(1923), 김지섭의 일본 궁성 폭탄 투척(1924), 나석주의 식산은행과 동양척식주식회사 폭탄 투척(1926) 등과 같은 의열 활동을 전개하였다. 1926년 이후 의열단은 개인의 폭력 투쟁의 한계를 인식하고 무장 투쟁 노선으로 전환하였다.

오답분석 ② 1919년 9월에 대한국민노인동맹단의 강우규가 경성역에서 새로 부임하는 사이토 총독에게 폭탄을 투척하였으나 암살에는 실패하였다.

03 의열단 정답 ③

제시문은 의열단 단원인 김익상, 이종암, 오성륜이 1922년 3월 일본 육군 대장 타나카 기이치를 암살하고자 했던 황포탄 의거에 대한 기사이다.
1926년 이후 의열단은 개인의 폭력 투쟁의 한계를 인식하고 무장 투쟁 노선으로 전환하였다. 1926년 의열단 단원의 일부는 중국의 황푸 군관 학교에 입교하여 군사훈련을 받았으며, 1932년에는 난징에 조선 혁명 간부학교를 설립하여 군사 훈련을 실시하고 독립 운동 지도자를 육성하였다.

오답분석 ① 1917년 상하이에서 신규식·박은식·신채호·조소앙 등 14명이 대동단결선언을 발표하였다.
② 한인애국단 단원 이봉창이 도쿄에서 일왕이 탄 마차 행렬에 폭탄을 던졌다.
④ 대한국민노인동맹당의 강우규가 1919년 새로 부임하는 사이토 총독에게 폭탄을 투척하였다.

복습지문
일부 의열단원은 황푸군관학교에 들어가 군사 교육을 받았다.

04 한인애국단 정답 ①

제시된 자료의 '김구', '윤봉길' 등의 단서를 통해 밑줄 친 '이 의거'를 일으킨 단체는 한인애국단임을 알 수 있다.
1931년 김구는 소수의 인원으로 일본에 최대한 타격을 주는 한편, 침체에 빠진 임시 정부에 활기를 불어넣기 위해 한인애국단을 조직하였다.
한인애국단의 이봉창은 1932년 1월 8일 도쿄 사쿠라다 문(櫻田門) 앞에서 일본 천황에게 폭탄을 투척했으나 암살에 실패했고, 곧 체포된 뒤 사형을 당하였다. 일제는 1932년 3월에 군대를 동원하여 상하이를 침략하였다(상하이 사변, 1932. 3.). 상하이 사변에서 승리한 일제는 상하이 훙커우 공원에서 일왕의 생일과 승전을 축하하는 기념식을 열었다. 이때 윤봉길은 기념식 단상에 폭탄을 던져 시라카와 대장과 거류민 단장 등 다수의 일본군 장성과 고관들을 처단하였다(1932. 4. 29.).

오답분석 ② 임병찬이 고종의 밀명을 받아 독립의군부를 결성하였다.
③ 의열단이 신채호가 작성한 「조선 혁명 선언」을 활동 지침으로 삼았다.
④ 신민회가 105인 사건(1911)으로 와해되었다.

VII. 독립 운동사

05 [2017 법원직] 다음 (가)에 들어갈 내용으로 가장 옳은 것은?

구분	홍범도(1868~1943)	김좌진(1889~1930)
출신	가난한 농민의 아들, 포수	홍성 지주의 아들
1907년 전후	의병 항쟁에 가담	애국 계몽 운동(교육 운동) 전개
1910년대	연해주와 만주에서 활동	국내 비밀 결사에 가입하여 활동
3·1 운동 이후	대한 독립군 조직	북로 군정서 조직
1920년	(가)	
1921년 이후	연해주에서 후진 양성	만주에서 독립군 활동, 신민부 간부

① 한·중 연합 작전을 전개함
② 의열단 단원으로 의거를 벌임
③ 대한민국 임시 정부에 참여함
④ 청산리 전투에서 일본군을 크게 물리침

06 [2020 서울시 9급] 〈보기〉의 독립운동 단체 결성 시기를 순서대로 바르게 나열한 것은?

● 보기 ●
ㄱ. 조선의용대
ㄴ. 의열단
ㄷ. 참의부
ㄹ. 대한광복회
ㅁ. 근우회

① ㄱ-ㄴ-ㄷ-ㅁ-ㄹ
② ㄴ-ㄷ-ㅁ-ㄱ-ㄹ
③ ㄷ-ㄹ-ㅁ-ㄴ-ㄱ
④ ㄹ-ㄴ-ㄷ-ㅁ-ㄱ

07 [2021 법원직] (가)~(라)를 일어난 순서대로 바르게 나열한 것은?

(가) 서일을 총재로 조직된 대한 독립군단은 일본군을 피해 러시아 영토인 자유시로 집결하였다.
(나) 김좌진이 이끄는 북로 군정서군이 백운평 전투와 천수평, 어랑촌 전투에서 대승을 거두었다.
(다) 일본군이 청산리 대첩 패전에 대한 보복으로 간도 동포를 무차별로 학살하였다.
(라) 참의부, 정의부, 신민부의 3부가 혁신의회와 국민부로 재편되었다.

① (가) - (나) - (다) - (라)
② (나) - (다) - (가) - (라)
③ (나) - (라) - (가) - (다)
④ (라) - (다) - (나) - (가)

08 [2024 국가직 9급] 1930년대에 있었던 사실로 옳은 것은?

① 비밀 결사인 조선건국동맹이 결성되었다.
② 중국 관내에서 조선의용대가 창설되었다.
③ 연해주 지역에 대한광복군정부가 설립되었다.
④ 서일을 총재로 하는 대한독립군단이 조직되었다.

05 홍범도와 김좌진   정답 ④

(가)는 1920년에 홍범도와 김좌진이 함께 참여한 청산리 전투가 들어갈 수 있다.
청산리 전투는 1920년 10월 21일부터 10월 26일까지 청산리 인근에서 벌어진 전투이다. 김좌진의 북로군정서군, 홍범도의 대한독립군 등의 독립군 연합부대가 일본군을 상대로 큰 승리를 거두었다. 일제는 청산리 전투에 대한 보복으로 대대적인 보복을 하였다(간도참변).

오답분석 ① 1930년대 초반의 사실이다.
② 홍범도, 김좌진은 독립군을 조직해 무장 투쟁을 전개하였고, 의열단에는 가입하지 않았다.
③ 김좌진이 이끈 북로 군정서는 임시 정부와 관련이 있지만, 홍범도가 이끈 대한 독립군은 임시 정부와 관련된 군사 조직으로 보기 어렵다.

복습지문
홍범도와 김좌진이 이끄는 독립군 부대가 1920년 10월 청산리 일대에서 일본군을 격파하였다.

06 독립운동 단체   정답 ④

ㄹ. 1915년 채기중이 풍기에서 조직한 의병투쟁 계열의 광복단과 대구에서 박상진이 조직한 애국계몽운동 계열의 조선국권회복단이 연합하여 대한광복회를 조직하였다.
ㄴ. 1919년 11월 만주 지린성에서 김원봉, 윤세주 등이 의열단을 결성하였다.
ㄷ. 자유시 참변으로 큰 타격을 입고 만주로 돌아온 독립군 세력은 1923년에 남만주 지역의 집안현을 중심으로 임시 정부 직속의 육군 주만 참의부를 결성하였다.
ㅁ. 1927년 여성계의 민족유일당으로 근우회가 결성되어 '여성에 대한 사회적·법률적 일체 차별 철폐'를 내걸고 활동하였다.
ㄱ. 1938년 김원봉은 중국 우한에서 중국 국민당의 지원을 받아 조선의용대를 조직하였다. 조선의용대는 중국 관내에서 결성된 최초의 한국인 무장 부대로서, 일본군에 대한 심리전이나 후방 공작 활동을 전개하여 많은 성과를 올렸다.

07 1920년대 무장 독립 운동   정답 ②

(나) 1920년 10월 북로군정서(김좌진)를 비롯하여 대한독립군·국민회군 등의 독립군 부대가 백두산 서쪽으로 향하는 길목인 화룡현 청산리에 집결하였다. 독립군 연합부대는 백운평, 어랑촌 등지에서 6일 동안 10여 회의 전투를 벌여 일본군을 크게 격파하였다.
(다) 청산리 전투에서 대패한 일본군은 이에 대한 보복으로 독립군 토벌 작전을 대대적으로 전개하는 한편 한국인 대학살을 자행하였다. 일본군은 1920년 10월부터 간도 지역의 한국인 촌락을 습격하여 3천여 명의 한국인을 무참히 살해하고 가옥, 학교, 교회 등을 방화하였다.
(가) 청산리 전투 이후 일본군의 대대적 토벌을 피해 독립군은 북쪽으로 이동하였다. 북만주의 밀산(密山)에 집결한 독립군은 부대를 통합 재편성하여 서일을 총재로 하는 대한독립군단을 결성하였다. 1921년 대한독립군단의 독립군 대부분은 러시아 적군(赤軍)과 함께 일본군에 대항하기 위해 소련령 자유시로 이동하였다.
(라) 미쓰야 협정(1925) 체결로 만주 지역 무장 독립 운동이 어려움을 겪었다. 이에 1920년대 후반에는 민족유일당 운동의 일환으로 만주 지역에서 3부 통합 노력이 전개되었으나 북만주의 혁신의회와 남만주의 국민부로 재편되는 데 그치고 말았다.

08 1930년대 독립 운동   정답 ②

1935년 난징(南京)에서 한국독립당, 의열단, 신한독립당, 조선혁명당, 미주 대한인독립단 등 5당 대표가 민족혁명당을 창건하였다. 민족혁명당은 임시 정부를 고수하려는 일부 인사들을 제외한 중국 관내 거의 모든 독립운동 정당·단체들을 망라하였다.
민족혁명당은 이후 내부 갈등이 일어나서 김원봉이 주도권을 장악하게 되자, 조소앙과 지청천 등 민족주의계 인사들이 탈퇴하였다. 민족혁명당은 1937년에 김원봉 중심의 조선민족혁명당으로 개편되었고, 중·일 전쟁 발발 후에는 통일전선을 강화하기 위해 조선민족전선연맹을 결성하였다. 그 후 국민당 정부의 지원을 받아 중국 관내 최초의 한국인 무장 부대인 조선의용대를 조직하였다(1938).

오답분석 ① 1944년에 여운형이 비밀 결사인 조선건국동맹을 결성하였다.
③ 1914년에 연해주에서 대한광복군정부가 설립되었다.
④ 1920년에 밀산에서 서일을 총재로 하는 대한독립군단이 결성되었다.

Ⅶ. 독립 운동사

09 [2017 국가직 7급] 다음 사건을 일어난 순서대로 바르게 나열한 것은?

> ㄱ. 일제는 중국 마적단을 매수하여 훈춘의 일본영사관을 공격하게 하는 조작 사건을 일으켰다.
> ㄴ. 서일을 총재로 하는 대한독립군단은 소비에트 러시아의 자유시로 이동하였다.
> ㄷ. 일제는 무장 독립 세력을 진압하기 위해 만주 군벌과 미쓰야 협정을 맺었다.
> ㄹ. 한국독립당의 산하에 지청천을 총사령관으로 하는 한국독립군이 조직되었다.

① ㄱ→ㄴ→ㄷ→ㄹ
② ㄴ→ㄱ→ㄹ→ㄷ
③ ㄷ→ㄹ→ㄴ→ㄱ
④ ㄹ→ㄷ→ㄱ→ㄴ

11 [2018 지방직 9급] ㉠ 부대에 대한 설명으로 옳은 것은?

> (㉠)은/는 1933년에 중국인 부대와 연합하여 동경성 전투 등을 치르며 큰 전과를 올렸고, 대전자령에서는 일본군을 기습 공격하여 승리를 거두었다.

① 하와이에 대조선 국민군단을 창설하였다.
② 양세봉의 지휘하에 흥경성 전투에 참여하였다.
③ 만주 지역에서 활동했던 한국독립당의 산하 조직이었다.
④ 중국 의용군과 연합하여 영릉가 전투에서 일본군을 물리쳤다.

10 [2019 국가직 9급] 다음 전투를 이끈 한국인 부대에 대한 설명으로 옳은 것은?

> 아군은 사도하자에 주둔 병력을 증강시키면서 훈련에 여념이 없었다. 새벽에 적군은 황가둔에서 이도하 방면을 거쳐 사도하로 진격하여 왔다. 그런데 적군은 아군이 세운 작전대로 함정에 들어왔고, 이에 일제히 포문을 열어 급습함으로써 적군은 응전할 사이도 없이 격파되었다.

① 양세봉이 총사령관이었다.
② 미쓰야 협정이 체결되기 직전까지 활약하였다.
③ 한국독립당의 산하부대로 동경성 전투도 수행하였다.
④ 조선민족전선연맹이 중국 국민당의 지원을 받아 창설되었다.

12 [2018 법원직] 다음 합의문을 작성한 독립군에 관한 설명으로 옳은 것은?

> 중국(의용군)과 한국 양국의 군민은 한마음 한뜻으로 일제에 대항하여 싸우고, 인력과 물자는 서로 나누어 쓰며, 합작의 원칙하에 국적에 관계없이 그 능력에 따라 항일 공작을 나누어 맡는다.

① 양세봉을 중심으로 활동하였다.
② 1940년대에 옌안으로 이동하였다.
③ 북만주 지역에서 주로 활동하였다.
④ 쌍성보 전투에서 일본군을 격파하였다.

09 | 1920년대 무장 독립 운동   정답 ①

ㄱ. 1920년 봉오동 전투 이후 일제에 매수당한 중국인 마적들이 훈춘을 공격하여 살인·약탈을 자행하고 일본 영사관에 불을 질렀다(훈춘사건). 일제는 이를 한국인 독립군의 소행이라 주장하면서 대규모 군대의 만주 출병 명분으로 삼았다.
ㄴ. 청산리 전투와 간도참변 이후 일본군의 대대적인 토벌을 피해 독립군은 북쪽으로 이동하였다. 북만주의 밀산(密山)에 집결한 독립군은 서일을 총재로 하는 대한독립군단을 결성하였고, 러시아의 적색군과 함께 일본군에 대항하기 위해 소련령 자유시로 이동하였다.
ㄷ. 1925년 일제는 만주 군벌과 독립군의 탄압, 체포, 구속, 인도에 관한 협정인 미쓰야 협정을 체결하여 만주 지역 무장 독립 운동에 타격을 주었다.
ㄹ. 북만주의 혁신의회는 한국 독립당을 결성하고 1931년 10월 지청천을 총사령관으로 하는 한국독립군을 조직하였다.

10 | 한국독립군   정답 ③

사도하자 전투에서 일본군을 격파한 부대는 한국독립당의 산하부대로 지청천이 지휘한 한국독립군이다.
1932년 한국독립군은 길림구국군과 연합군을 편성하고 경박호에서 첫 번째 연합 작전을 전개하여 대승을 거두었으며, 사도하자에 주둔하며 병사 모집과 훈련에 열중하였다. 1933년 일본군과 만주국의 연합 부대가 사도하자를 공격하자 한·중 연합군은 기습공격을 감행하여 일·만 연합군을 격파하였다. 이때 한·중연합군은 여세를 몰아 동경성(東京城)을 공격하여 일본군에 다시 한번 대승을 거두었다. 특히 대전자령 전투에서는 4시간에 걸친 격전 끝에 승리하였으며 막대한 전리품을 획득하여 한·중 연합군의 사기를 크게 높였다.

오답분석 ① 양세봉은 남만주 지역에서 활동한 조선혁명군의 총사령관이었다.
② 미쓰야 협정은 1925년에 체결되었고, 한국독립군은 1930년대 전반에 활동하였다.
④ 조선민족전선연맹은 중국 국민당의 지원을 받아 조선의용대를 창설하였다.

11 | 한국독립군   정답 ③

중국인 부대와 연합하여 동경성 전투, 대전자령 전투에서 일본군에 승리를 거둔 부대는 한국독립군이다.
북만주의 혁신의회는 한국 독립당을 결성하고 1931년 10월 지청천을 총사령관으로 하는 한국독립군을 조직하였다. 한국 독립군은 중국 호로군과 연합하여 일본군, 일·만 연합군을 크게 격파하였다. 그러나 일본군의 대공세가 이어지고 중국군과의 갈등이 발생하자 한국 독립군은 임시정부의 요청에 따라 중국 관내로 이동하였으며, 지청천은 임시정부에 합류하여 한국광복군(1940) 창설의 주축이 되었다.

오답분석 ① 박용만이 1914년 대한인국민회의 연무부를 확대·개편하여 대조선국민군단을 창설하였다.
②, ④ 양세봉이 이끈 조선 혁명군이 중국 의용군과 연합하여 영릉가, 흥경성 전투에서 일본군을 무찔렀다.

12 | 조선혁명군   정답 ①

중국(의용군)과 한중 연합 작전을 전개한 독립군은 양세봉의 조선혁명군이다. 조선혁명군은 1930년대 초 남만주 일대에서 한·중 연합 작전을 수행하였으며 영릉가·흥경성 전투에서 일본군을 격파하였다.

오답분석 ② 조선의용대 일부는 1940년대 근거지를 화북지방(옌안)으로 옮겨서 활동하였다.
③, ④ 모두 한국독립군(지청천)의 활동이다.

복습지문
1930년대 초 남만주 지역의 조선혁명군은 양세봉을 중심으로 활동하였다.

Ⅶ. 독립 운동사

13 [2025 법원직] 다음 (가) 부대에 대한 설명으로 가장 옳은 것은?

> 1931년 12월 [(가)]의 지휘부는 길림성 자위군 총지휘관과 만나 연합 전선을 결성할 것을 합의하고, 이듬해 카오펑린 부대와 합작하여 쌍성보를 공격하였다. 연합군은 이 전투에서 많은 물자를 노획하는 성과를 거두었으나 중국인 부대 내부에서 반란이 일어나 후퇴하였다. 전열을 재정비한 연합군은 쌍성보를 다시 공격하여 일본군을 섬멸하였다.

① 지청천의 지휘 아래 활동하였다.
② 흥경성 전투에서 승리를 거두었다.
③ 동북 항일 연군 내 한인들이 결성하였다.
④ 중국 화북에서 조선의용군으로 개편되었다.

14 [2019 국가직 7급] 1930년대 전개된 항일 독립운동에 해당하지 <u>않는</u> 것은?

① 한국 독립군이 쌍성보 전투에 참전하였다.
② 조선 의용대 화북 지대가 조선 의용군으로 재편되었다.
③ 의열단, 조선 혁명당 등이 결집하여 민족 혁명당을 창당하였다.
④ 양세봉이 이끄는 조선 혁명군이 흥경성 전투에서 일본군을 물리쳤다.

15 [2021 서울시 9급] 〈보기〉의 (가)~(라)에 대한 설명으로 가장 옳은 것은?

> ● 보기 ●
> (가) 한국광복군   (나) 한인애국단
> (다) 한국독립군   (라) 조선혁명군

① (가) – 미 전략 사무국(OSS)과 협력하여 국내 진공 작전을 계획하였다.
② (나) – 중국 관내 최초의 한인 무장 부대로, 중국 국민당 정부의 지원을 받았다.
③ (다) – 양세봉이 이끄는 군대로, 영릉가 전투와 흥경성 전투에서 일본군을 격퇴하였다.
④ (라) – 지청천이 이끄는 군대로, 항일 중국군과 함께 쌍성보 전투, 동경성 전투 등에서 일본군을 격퇴하였다.

16 [2023 국가직 9급] (가) 시기에 볼 수 있었던 모습으로 옳지 <u>않은</u> 것은?

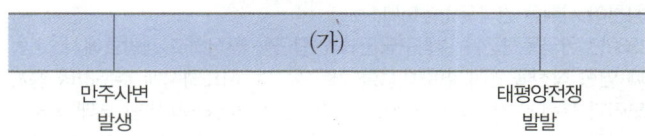

① 소학교에 등교하는 조선인 학생
② 황국 신민 서사를 암송하는 청년
③ 제국신문 기사를 작성하는 기자
④ 쌍성보에서 항전하는 한국독립당 군인

13 | 한국독립군   정답 ①

(가)는 한중 연합군을 결성하고 쌍성보 전투를 수행한 한국독립군이다. 1931년 9월에 일본 관동군은 만주 사변을 일으킨 후, 1932년 만주국을 세웠다. 한국독립당의 한국독립군과 국민부 측의 조선혁명군은 일제의 만주 침략에 맞서 중국 항일군과 연합 작전을 전개하였다.
북만주 일대에서는 지청천(이청천)의 한국 독립군이 중국 호로군과 연합하여 쌍성보 전투, 사도하자 전투, 동경성 전투, 대전자령 전투에서 큰 승리를 거두었다. 그런데 전리품을 분배하는 과정에서 갈등을 겪게 되어 연합 전선은 1933년 가을을 기점으로 와해되고, 한국 독립군의 간부들은 대부분 중국 본토로 들어가 임시 정부에 합류하였다.

오답분석 ② 양세봉이 이끈 조선혁명군이 흥경성 전투에서 승리를 거두었다.
③ 만주에서 활동하던 동북항일연군 소속의 한인 간부들이 조국 광복회를 결성하고 항일 통일 전선의 구축을 시도하였다.
④ 조선의용대 화북지대가 중국 화북에서 조선의용군으로 개편되었다.

15 | 독립군의 활동   정답 ①

대한민국 임시 정부는 1940년 지청천을 총사령관, 이범석을 참모장에 임명하여 한국광복군을 창설하였다. 한국광복군은 1942년 김원봉이 이끄는 조선의용대 병력을 편입하여 군사력을 증강하였다. 1943년에는 영국군의 협조 요청으로 미얀마·인도 전선에 한국광복군을 파견하여 포로 심문, 전단 살포 등을 담당하였다.
한국광복군은 미군 OSS(미 육군 전략처)와 협약을 맺고, 1945년 국내정진군을 조직하여 국내 진공 작전을 추진하였으나 일본의 패망으로 실행되지 못했다.

오답분석 ② 조선의용대가 중국 관내에서 결성된 최초의 한인 무장 부대였다.
③ 양세봉이 이끌었던 조선혁명군이 영릉가 전투, 흥경성 전투를 수행하였다.
④ 지청천이 이끌었던 한국독립군이 쌍성보 전투, 동경성 전투 등에서 일본군을 격퇴하였다.

14 | 1930년대 무장 독립 운동   정답 ②

①, ④ 만주사변(1931)과 일본의 만주국 수립을 계기로 독립군은 중국 항일군과 연합 작전을 전개하였다. 북만주 일대에서는 지청천(이청천)의 한국 독립군이 중국 호로군과 연합하여 쌍성보 전투(1932), 사도하자 전투(1933), 동경성 전투(1933), 대전자령 전투(1933)에서 큰 승리를 거두었다. 남만주에서는 양세봉의 조선 혁명군이 중국 의용군과 연합하여 영릉가 전투(1932), 흥경성 전투(1933)에서 일본군을 격파하였다.
③ 1930년대에 들어와 일본의 만주침략과 한인애국단의 거사를 계기로 독립운동 단체들은 통일전선의 필요성을 절감하고 1932년 한국대일전선통일동맹을 결성하였다. 그리고 1935년 난징(南京)에서 한국독립당, 의열단, 신한독립당, 조선혁명당, 미주대한인독립단 등 5당 대표가 민족 혁명당을 창건하였다. 민족혁명당은 임시정부를 고수하려는 일부 인사들을 제외한 중국 관내 거의 모든 독립 운동 정당·단체들을 망라하였다.

오답분석 ② 1942년 화북 지역에서 조선 독립 동맹이 결성되고, 조선 의용대 화북지대는 조선 의용군으로 재편되었다.

● **복습지문**
양세봉이 이끄는 조선혁명군이 흥경성 전투, 영릉가 전투에서 일본군을 격파하였다.

16 | 1930년대의 모습   정답 ③

1931년에 만주사변이 발생하고, 1941년에 태평양전쟁이 발발하였다. 따라서 (가)는 1931년부터 1941년 사이에 볼 수 있는 모습이 들어가야 한다.
1938년에 제정된 제3차 조선교육령에서는 보통학교를 소학교, 고등보통학교를 중학교, 여자고등보통학교를 고등여학교로 변경하는 등 모든 학교 명칭을 일본식으로 바꾸었다. 또한 필수과목이던 조선어를 선택과목으로 격하하고, 일본어와 일본사를 강조하면서 학교에서의 조선어 사용을 금지하였다.
1937년에 중·일 전쟁을 일으킨 일제는 '조선인과 일본인은 하나'라는 내선일체를 내세우며 조선인의 황국 신민화 정책을 추진하였다. 1937년부터 '황국 신민 서사'라는 충성 맹세문을 모든 일상생활 속에서 제창하게 하였다.
만주사변(1931)과 일본의 만주국 수립을 계기로 독립군은 중국 항일군과 연합 작전을 전개하였다. 북만주 일대에서는 지청천(이청천)의 한국 독립군이 중국 호로군과 연합하여 쌍성보 전투(1932), 경박호 전투(1933), 사도하자 전투(1933), 동경성 전투(1933), 대전자령 전투(1933)에서 큰 승리를 거두었다.

오답분석 ③ 제국신문은 1898년 이종일이 창간한 순한글 신문으로, 1910년 국권 피탈과 함께 폐간되었다.

Ⅶ. 독립 운동사

17 [2018 국가직 7급] 밑줄 친 '이 단체'에 대한 설명으로 옳은 것은?

> 1930년대 일제의 중국 침략이 본격화되자, 중국 본토에서 활동하던 독립운동 단체들은 좌우의 대립을 지양하고 민족 연합전선을 형성하기 위해 상하이에서 '한국대일전선통일동맹'을 결성하고 민족 유일당 건설을 제창하였다. 이에 여러 단체의 인사들이 난징에서 회의를 열고 이 단체를 창건하였다. 이는 단순한 여러 단체의 동맹이 아니라 단일정당을 형성한 것이다.

① 창설 당시 김구는 참여하지 않았다.
② 동북항일연군을 산하의 군사조직으로 두었다.
③ 지청천, 조소앙의 독주로 김원봉이 탈퇴하였다.
④ 한국독립당, 한국국민당, 조선혁명당 3당의 통합으로 만들어졌다.

18 [2017 국가직 7급] 다음 대한민국 임시정부에 대한 설명을 시기순으로 바르게 나열한 것은?

> ㄱ. 중국 국민당 정부를 따라 충칭으로 이동하였다.
> ㄴ. 부주석제를 신설하여 김규식을 부주석으로 하였다.
> ㄷ. 김원봉이 이끄는 조선의용대를 한국광복군에 편입하였다.
> ㄹ. 조소앙의 삼균주의를 기초로 하는 대한민국 건국강령을 발표하였다.

① ㄱ → ㄹ → ㄷ → ㄴ
② ㄴ → ㄱ → ㄹ → ㄷ
③ ㄷ → ㄴ → ㄱ → ㄹ
④ ㄹ → ㄷ → ㄴ → ㄱ

19 [2025 지방직 9급] 밑줄 친 '내'에 대한 설명으로 옳은 것만을 모두 고르면?

> 내가 원하는 우리 민족의 사업은 결코 세계를 무력으로 정복하거나 경제력으로 지배하려는 것이 아니다. 오직 사랑의 문화, 평화의 문화로 우리 스스로 잘 살고 인류 전체가 의좋게 즐겁게 살도록 하는 일을 하자는 것이다. 어느 민족도 일찍이 그러한 일을 한 이가 없었으니 그것은 공상이라고 하지 말라.

● 보기 ●
ㄱ. 대한민국 임시 정부 주석을 지냈다.
ㄴ. 상하이에서 한인애국단을 조직하였다.
ㄷ. 조선의용대를 창설하여 항일 무장 투쟁을 전개하였다.
ㄹ. 조선혁명군을 지휘하여 영릉가 전투를 승리로 이끌었다.

① ㄱ, ㄴ   ② ㄱ, ㄷ   ③ ㄴ, ㄹ   ④ ㄷ, ㄹ

20 [2025 지방직 9급] (가)에 대한 설명으로 옳지 않은 것은?

> 대한민국 임시 정부는 대한민국 원년에 정부가 공포한 군사 조직법에 의거하여 …(중략)… (가) 을/를 조직하고 …(중략)… 공동의 적인 일본 제국주의자들을 타도하기 위해 연합군의 일원으로 항전을 계속한다.

① 중국군과 연합하여 쌍성보 전투에서 승리했다.
② 조선의용대가 합류하여 군사력이 한층 더 강화되었다.
③ 중국 충칭에서 국민당 정부의 지원을 받아 창설되었다.
④ 영국군의 협조 요청으로 미얀마, 인도 전선에 파견되었다.

17 | (한국)민족 혁명당   정답 ①

1932년 '한국대일전선통일동맹'이 결성되어 민족 유일당 건설을 제창하였고, 1935년 난징에서 열린 대표회의를 통해 결성된 단체는 '민족혁명당'이다.
의열단·신한독립당·한국독립당·조선혁명당·대한인독립당 등 각 단체의 대표들이 모여 민족혁명당을 결성하였으나, 김원봉 등 좌익계열이 주도로 조소앙, 지청천 등 민족주의계 인사들은 탈퇴하였다. 민족혁명당은 민족주의계 인사들의 탈퇴 이후 김원봉 중심의 조선민족혁명당으로 개편되었고, 중·일 전쟁 발발 후에는 통일 전선을 강화하기 위해 조선민족전선연맹을 결성하고 국민당 정부의 지원을 받아 중국 관내 최초의 한국인 무장부대인 조선의용대(1938)를 조직하였다.
한편 한국대일전선통일동맹의 조직 시점부터 임시정부의 김구 등은 참여하지 않았고, 이들은 민족혁명당 결성에도 반대하였다.

오답분석 ② 민족혁명당은 조선의용대를 산하 군사조직으로 두었다.
③ 김원봉 등 의열단계의 독주로 지청천, 조소앙 등이 탈퇴하였다.
④ 1940년 한국독립당·한국국민당·조선혁명당이 통합하여 한국독립당을 결성하였다.

● 복습지문
(한국)민족혁명당의 창설 당시 김구는 참여하지 않았다.
(한국)민족혁명당 결성 이후 의열단의 독주로 지청천, 조소앙은 탈퇴하였다.

18 | 대한민국 임시 정부   정답 ①

ㄱ. 윤봉길 의거(1932) 이후 임시정부는 난징으로 본부를 옮겼고, 1937년 중일 전쟁이 일어나자 중국 국민당 정부를 따라 우한, 창사를 거쳐 1940년 4월 충칭으로 이동하였다.
ㄹ. 1941년 임시정부는 조소앙이 제창한 삼균주의를 이론적 틀로 삼아 민주 공화국 건설, 대생산 기관의 국유화, 토지의 국유화, 토지 개혁 실시 등의 내용을 담은 대한민국 건국강령을 반포하였다.
ㄷ. 1940년 9월 한국 광복군이 조직되었고, 1942년 5월에 김원봉이 이끄는 조선의용대의 병력이 광복군에 편입되어 군사력이 증강되었다.
ㄴ. 임시정부는 1944년 제5차 개헌을 통해 주석·부주석제를 채택하여 주석의 권한을 더욱 강화하였다. 이때 주석으로 김구, 부주석으로 김규식이 선출되었다.

19 | 김구   정답 ①

제시된 자료는 김구의 『백범일지』 중(中) 「나의 소원」이란 글이다.
김구는 3·1 운동 직후에 상해로 망명하여 대한민국 임시 정부의 초대 경무국장에 선임되어 임시 정부를 수호하였다. 이후 그는 1923년 내무총장, 1924년 국무총리 대리, 1926년 국무령에 취임하여 재정적으로 힘든 임시 정부를 이끌었다. 1931년에는 한인애국단을 조직하고 1932년 이봉창 동경 의거와 윤봉길의 훙커우 공원 의거를 전개하여 임시 정부 독립운동의 중요한 전기를 만들었다.
1940년 5월 김구는 임시 정부 주변의 한국국민당(김구), 조선혁명당(지청천), 한국독립당(조소앙)을 통합하여 한국독립당을 조직하였다. 통합된 한국독립당은 대한민국 임시 정부를 실질적으로 이끌었다. 1940년 9월에 임시 정부는 한국광복군을 창설하고, 국무위원제를 주석 중심제로 개편하여 김구를 주석으로 추대하였다.

오답분석 ㄷ. 김원봉이 주도한 조선민족전선연맹이 조선의용대를 창설하였다.
ㄹ. 양세봉이 조선혁명군을 지휘하여 영릉가 전투, 흥경성 전투를 수행하였다.

20 | 한국광복군   정답 ①

(가)는 대한민국 임시 정부가 군사 조직법에 의거하여 조직한 한국광복군이다.
대한민국 임시 정부는 중·일 전쟁 이후 중국 국민당 정부와 교섭하여 군대 창설을 승인받고 1940년 충칭에서 한국광복군을 창설하였다. 한국광복군은 총사령 지청천, 참모장 이범석이었으며, 4개 지대로 출발하였다.
1941년 12월 일본군이 진주만을 기습 공격하여 태평양 전쟁을 일으키자, 대한민국 임시 정부와 한국광복군은 「대일 선전 성명서」를 발표하고 연합군의 일원으로 활동하였다. 한국광복군은 1942년 김원봉이 이끄는 조선의용대 병력을 편입하여 군사력을 증강하였다. 1943년에는 영국군의 협조 요청으로 미얀마·인도 전선에 한국광복군을 파견하여 포로 심문, 전단 살포 등을 담당하였다. 1945년에는 미군 OSS(미 육군 전략처)와 협약을 맺고 국내정진군을 조직하여 국내 침투를 추진하였으나, 일제의 패망으로 실행되지 못했다.

오답분석 ① 지청천이 이끈 한국독립군이 중국군과 연합하여 쌍성보 전투에서 승리했다.

VII. 독립 운동사

21 [2019 법원직] 다음과 같은 건국 강령을 발표한 세력의 활동으로 가장 옳은 것은?

> 삼균제도를 골자로 한 헌법을 실시하여 정치와 경제와 교육의 민주적 시설로 실제상 균형을 도모하며 전국의 토지와 대생산기관의 국유가 완성되고 전국의 학령 아동 전체가 고급교육의 면비수학(무상교육)이 완성되고 보통선거가 구속 없이 완전히 실시되어 …… 자치조직과 행정조직과 민중단체와 민중조직이 완비되어 삼균제도가 배합 실시되고 경향 각층의 극빈 계급에게 물질과 정신상 생활 정도와 문화 수준이 제고 보장되는 과정을 건국의 제2기라 함.

① 함경남도 보천보의 일제 통치 기구를 공격하였다.
② 미국 전략 정보처(OSS)와 협력하여 국내 진공 작전을 계획하였다.
③ 화북 지방에서 조선의용군을 결성하여 일제에 저항하였다.
④ 중일 전쟁이 발발하자 조선 민족 전선 연맹을 결성하였다.

22 [2018 국가직 7급] 1940년대 대한민국 임시정부에 대한 설명으로 옳은 것만을 모두 고르면?

> ㄱ. 의열 활동을 위해 한인 애국단을 결성하였다.
> ㄴ. 삼균주의를 바탕으로 한 건국 강령을 발표하였다.
> ㄷ. 대일 선전 포고를 하고 연합군과 합동 작전을 전개하였다.
> ㄹ. 정부의 형태가 대통령제에서 국무령 중심의 의원내각제로 바뀌었다.

① ㄱ, ㄴ ② ㄱ, ㄹ ③ ㄴ, ㄷ ④ ㄷ, ㄹ

23 [2019 지방직 9급] 다음과 같은 강령을 발표한 조직의 활동으로 옳은 것은?

> 건국 시기의 헌법상 경제체계는 국민 각개의 균등생활 확보 및 민족 전체의 발전 그리고 국가를 건립 보위함과 연환(連環)관계를 가진다. 그러므로 다음에 나오는 기본 원칙에 따라서 경제 정책을 집행하고자 한다.
> 가. 규모가 큰 생산기관의 공구와 수단 …(중략)… 은행·전신·교통 등과 대규모 농·공·상 기업 및 성시(城市)공업 구역의 주요한 공용 방산(房産)은 국유로 한다.
> 나. 적이 침략하여 점령 혹은 시설한 일체 사유자본과 부역자의 일체 소유자본 및 부동산은 몰수하여 국유로 한다.

① 이승만을 대통령, 이시영을 부통령으로 선출하였다.
② 자유시 참변을 겪고 러시아 적군에 무장해제를 당하였다.
③ 좌우합작위원회를 구성하고 좌우합작 7원칙을 발표하였다.
④ 미군전략정보국(OSS) 지원 아래 국내 진공작전을 준비하였다.

24 [2019 지방직 7급] ㉠ 정당에 대한 설명으로 옳은 것은?

> 한국국민당과 조선혁명당, 한국독립당은 몇 차례에 걸친 논의를 통해 통합하기로 결정하였다. 이들은 1940년에 자신들의 조직을 해체하고 힘을 합쳐 ㉠ 을/를 조직하였다. 강화된 조직력을 바탕으로 ㉠ 은/는 독립운동을 활발하게 펼쳐 나갈 수 있게 되었다.

① 조선의용대 화북지대를 흡수하여 조선의용군을 조직하였다.
② 무력 투쟁을 준비하기 위해 만주에 신흥무관학교를 창설하였다.
③ 대한민국 임시정부를 주도적으로 이끌어 나가는 역할을 하였다.
④ 쌍성보와 대전자령 전투에서 일본군을 물리쳤다.

21 | 건국강령(1941) 　　　　　　정답 ②

제시된 자료는 대한민국 임시정부가 발표한 대한민국 건국 강령이다. 충칭 임시 정부는 1941년 11월에 조소앙의 삼균주의를 바탕으로 한 대한민국 건국강령을 발표하였다.
대한민국 임시정부는 중·일 전쟁 이후 중국 국민당 정부와 교섭하여 군대 창설을 승인받고 한국 광복군을 창설하였다(1940). 한국 광복군은 미군 OSS(미 육군 전략처)와 협약을 맺고 1945년 국내 정진군을 조직하여 국내 침투를 추진하였으나, 일제의 패망으로 실행되지 못했다.

오답분석 ① 1937년 동북 항일 연군 소속의 조선인 항일 유격대 대원들이 함경남도 보천보를 습격하였다.
③ 조선 독립 동맹이 조선 의용대 화북 지대를 조선 의용군으로 개편하여 화북 지방에서 항일 투쟁을 전개하였다.
④ 1937년 조선 민족 혁명당이 조선 민족 전선 연맹을 결성하였다.

22 | 대한민국 임시 정부 　　　　　　정답 ③

1941년 11월 조소앙이 제창한 삼균주의를 이론적 틀로 삼아 정치적으로는 민주 공화국 건설, 경제적으로는 대생산 기관의 국유화, 토지의 국유화, 토지 개혁 실시 등의 내용을 담은 대한민국 건국강령이 반포되었다.
대한민국 임시정부는 1940년 지청천을 총사령관, 이범석을 참모장에 임명하여 한국광복군을 창설하였다. 한국광복군은 1941년 12월 태평양 전쟁 발발 후 대일 선전 포고문을 발표하였다. 한국광복군은 1943년에는 영국군의 협조 요청으로 미얀마·인도 전선에 병력을 파견하였으며, 미군 OSS(미 육군 전략처)와 협약을 통해 국내 정진군을 조직하여 국내 침투를 추진하였으나 일본의 패망으로 실행되지 못했다.

오답분석 ㄱ. 1931년 김구는 침체에 빠진 임시정부에 활기를 불어넣기 위해 한인 애국단을 결성하였다.
ㄹ. 1925년 2차 개헌을 통해 정부의 형태가 대통령제에서 국무령 중심의 의원내각제로 바뀌었다.

● 복습지문
1941년 대한민국 임시 정부는 삼균주의를 바탕으로 한 건국 강령을 발표하였다.

23 | 건국강령(1941) 　　　　　　정답 ④

제시된 자료는 1941년 11월 28일 대한민국 임시 정부에서 발표한 건국 강령이다.
총강·복국·건국(建國)의 3장으로 구성된 건국 강령은 제1장 '총강'에서 민족국가 건설의 방향을 제시하였고, 제2장 '복국'에서는 독립운동의 단계와 임무를 3단계로 구분하여 규정하였다. 제3장 '건국'에서는 대한민국 임시 정부가 해방 이후 수립하고자 하는 국가의 모습을 잘 드러내고 있는데, 정체는 민주공화국이고 균등 사회를 실현한다는 전제 아래 이를 위한 구체적이고 세부적인 방안을 정리해 놓았다.
정치 분야의 핵심은 인민의 기본권과 의무에 대한 규정, 특정 정권이나 특권계급에 의한 독재 배격을 통한 정치적 균등의 실현에 있다. 또한 경제 분야에서는 대규모 생산기관의 국유화가, 교육 분야에서는 의무교육제 실시 등이 핵심적인 내용이다.
대한민국 임시정부와 한국광복군은 1945년 미국OSS(미 육군 전략처)와 협약을 맺고 국내 진공작전은 준비하였다.

오답분석 ① 1948년 구성된 제헌국회에서 대통령 이승만, 부통령 이시영을 선출하였다.
② 1920년 12월에 구성된 대한독립군단이 자유시로 이동하였으나 러시아 적군에 의해 무장해제를 당하였다.
③ 1946년에 여운형, 김규식이 주도하여 좌우합작위원회를 구성하고 좌우합작운동을 전개하였다.

24 | 한국독립당(1940) 　　　　　　정답 ③

1940년에 한국국민당(김구), 조선혁명당(지청천), 한국독립당(조소앙)을 통합하여 조직한 ㉠은 한국독립당이다.
이 새로운 한국독립당은 명의상 한국독립운동의 주류가 되었을 뿐만 아니라, 실질적으로도 계속 대한민국 임시정부의 집권당 구실을 담당하였다. 1945년 11월 23일 임시정부 요인들과 함께 환국한 한국독립당은 김구를 중심으로 국내에서의 기반을 확충 강화하여 이듬해 전국적인 반탁운동에 앞장섰다.

오답분석 ① 조선 독립 동맹이 조선의용대 화북지대를 조선의용군으로 개편하였다.
② 이회영 등 신민회 인사들이 신흥무관학교를 설립하였다.
④ 지청천이 이끈 한국 독립군이 쌍성보, 대전자령 전투에서 일본군에 승리하였다.

● 복습지문
1940년 한국국민당, 조선혁명당, 한국독립당은 통합하여 한국독립당을 조직하였다.

Ⅶ. 독립 운동사

25 [2020 국가직 9급] 다음 자료가 발표된 이후의 사실에 해당하지 않는 것은?

> 우리는 3천만 한국 인민과 정부를 대표하여 삼가 중·영·미·소·캐나다 기타 제국의 대일 선전이 일본을 격패케 하고 동아를 재건하는 가장 유효한 수단이 됨을 축하하여 이에 특히 다음과 같이 성명한다.
> 1. 한국 전 인민은 현재 이미 반침략 전선에 참가하였으니 한 개의 전투 단위로서 추축국에 선전한다.
> 2. 1910년의 합방 조약과 일체의 불평등 조약의 무효를 거듭 선포하며 아울러 반(反) 침략 국가인 한국에 있어서의 합리적 기득권익을 존중한다.

① 한국광복군은 김원봉이 이끌던 조선의용대의 병력을 통합하였다.
② 영국군의 요청에 따라 인도, 미얀마 전선에 한국광복군이 파견되었다.
③ 조선독립동맹은 조선의용대 화북지대를 기반으로 조선의용군을 조직하였다.
④ 대한민국 임시 정부는 김구를 주석으로 하는 단일 지도 체제를 만들고「대한민국 건국 강령」을 제정하였다.

26 [2024 서울시 9급] 〈보기〉와 관련된 군대에 대한 설명으로 가장 옳지 않은 것은?

> ● 보기 ●
> 드디어 3개월간의 제1기생 50명의 OSS 특수 공작 훈련이 끝났다. 나는 무전 기술 등의 시험에서 괜찮은 성적을 받았고 국내로 침투하여 모든 공작을 훌륭하게 수행할 수 있는 자신을 얻었다. …… 제1기생 훈련이 성공적으로 끝나자 우리는 말할 것도 없고 미군도 대만족하여 즉각 국내로 침투시킬 계획을 작성하였다.

① 자유시 참변으로 세력이 약화되었다.
② 조선의용대의 일부가 합류하였다.
③ 인도·미얀마 전선에 투입되었다.
④ 국내 진공 작전을 계획하였다.

27 [2024 법원직] (가)에 대한 설명으로 가장 옳지 않은 것은?

> (가) 건국강령
> 1. 우리나라는 우리 민족이 반만년 이래로 같은 말과 글과 국토와 주권과 경제와 문화를 가지고 공동한 민족정기를 길러온, 우리끼리 형성하고 단결한 고정적 집단의 최고 조직임.
> 2. 우리나라의 건국 정신은 삼균제도의 역사적 근거를 두었으니 …… 이는 사회 각 계급·계층이 지력과 권력과 부력의 향유를 균평하게 하여 국가를 진흥하며 태평을 보전 유지하라고 한 것이니, 홍익인간과 이화세계하자는, 우리 민족의 지켜야 할 최고의 공리임.

① 충칭에서 정규군인 한국광복군을 창설하였다.
② 1941년 일제에 대일 선전 성명서를 발표하였다.
③ 조선의용대 화북지대를 조선의용군으로 개편하였다.
④ 민족혁명당과 사회주의 계열 단체 인사가 합류하였다.

28 [2019 국가직 7급] ㉠에 대한 설명으로 옳은 것은?

> 민국 23년에 채택한 ㉠ 에는 언론과 종교의 자유를 보장하며, 무상 교육을 시행하겠다는 내용이 담겨 있다. …(중략)… 현재 우리의 급무는 연합군과 같이 일본을 패배시키고 다른 추축국을 물리치는 데에 있다. 우리는 독립과 우리가 원하는 정부, 국가를 원한다. 이를 위해 ㉠ 의 정신을 바탕으로 독립된 나라를 건설해 나가야 한다.
> -『신한민보』-

① 보통선거 실시를 주장하였다.
② 조선 건국 동맹에서 발표하였다.
③ 파괴와 폭동 등에 의한 민중의 직접 혁명을 강조하였다.
④ 남북 제정당 사회단체 대표자 회의의 소집을 요구하였다.

25 | 대일본 선전포고 정답 ④

제시된 자료는 1941년 12월 7일 일본군이 진주만을 기습 공격하여 태평양 전쟁을 일으키자, 대한민국 임시 정부가 12월 10일에 발표한 「대일 선전 성명서(對日宣戰聲明書)」이다.

대한민국 임시정부는 1940년 지청천을 총사령관, 이범석을 참모장에 임명하여 한국광복군을 창설하였다. 한국광복군은 1942년 김원봉이 이끄는 조선의용대 병력을 편입하여 군사력을 증강하였다. 1943년에는 영국군의 협조 요청으로 미얀마·인도 전선에 한국광복군을 파견하여 포로 심문, 전단 살포 등을 담당하였다. 한국광복군은 미군 OSS(미 육군 전략처)와 협약을 맺고, 1945년 국내 정진군을 조직하여 국내 침투를 추진하였으나 일본의 패망으로 실행되지 못했다.

1941년 1월 화북의 타이항산 팔로군 근거지에서 김두봉, 무정, 최창익 등은 화북 조선 청년 연합회를 결성하였다. 그 후 조선 의용대 화북지대를 흡수하여 1942년 7월 조선 독립 동맹을 결성하였다. 조선 독립 동맹 결성 이후 조선 의용대 화북지대는 조선의용군으로 개편되었다.

오답분석 ④ 1940년 9월에 충칭에 정착한 임시정부는 국무위원제를 주석 중심제로 개편하여 김구를 주석으로 추대하고, 1941년 11월에 「대한민국 건국강령」을 발표하였다.

● 복습지문
1941년 12월 태평양 전쟁이 발발하자 한국광복군은 대일본선전포고를 발표하였다.

26 | 한국광복군 정답 ①

미군 OSS의 지원으로 국내 침투를 계획한 군대는 한국광복군이다.
대한민국 임시 정부는 1940년 지청천을 총사령관, 이범석을 참모장에 임명하여 한국광복군을 창설하였다. 한국광복군은 1942년 김원봉이 이끄는 조선의용대 병력을 편입하여 군사력을 증강하였다. 1943년에는 영국군의 협조 요청으로 미얀마·인도 전선에 한국광복군을 파견하여 포로 심문, 전단 살포 등을 담당하였다. 한국광복군은 미군 OSS(미 육군 전략처)와 협약을 맺고, 1945년 국내정진군을 조직하여 국내 침투를 추진하였으나 일본의 패망으로 실행되지 못했다.

오답분석 ① 대한독립군단이 자유시 참변(1921)으로 큰 타격을 입었다.

27 | 건국강령(대한민국 임시 정부) 정답 ③

제시된 자료는 1941년 11월에 발표된 대한민국 임시 정부의 건국강령이므로, (가)는 대한민국 임시 정부이다. 건국강령은 1930년대에 조소앙이 제창한 삼균주의를 이론적 틀로 삼아 정치적으로는 민주 공화국 건설, 경제적으로는 대생산 기관의 국유화, 토지의 국유화, 토지 개혁 실시, 국비 의무 교육 실시 등의 내용을 담았다.

1940년 9월에 충칭에 정착한 임시 정부는 한국광복군을 창설하고, 국무위원제를 주석 중심제로 개편하여 행정과 군사를 총괄하도록 하였는데, 이때 김구가 주석으로 추대되었다.

1941년 (조선)민족혁명당 계열의 김원봉, 김규식 등이 임시 정부 참여를 선언하였으며, 1942년에는 조선의용대가 한국광복군에 합류하였다.

한편, 1941년 12월 7일에 일본군이 진주만을 기습 공격하여 태평양 전쟁이 발발하자, 1941년 12월 10일 대한민국 임시 정부는 대일 선전 포고문(대일 선전 성명서)를 발표하였다.

오답분석 ③ 1942년 옌안에서 조선 독립 동맹이 결성되었으며, 그 산하에 군사 조직으로 조선의용군을 설치하였다.

28 | 건국강령(1941) 정답 ①

'민국 23년'은 대한민국 임시정부가 수립한지 23년이라는 의미이므로 1941년을 가리킨다. 대한민국 임시정부가 1941년에 채택한 ㉠은 건국강령이다.

건국강령은 1930년대에 조소앙이 제창한 삼균주의를 이론적 틀로 삼아 정치적으로는 보통 선거를 통한 민주 공화국의 수립, 경제적으로는 대생산 기관의 국유화, 토지의 국유화, 토지 개혁 실시, 국비 의무교육 실시 등의 내용을 담고 있다.

오답분석 ② 충칭 임시정부에서 건국강령을 발표하였다.
③ 의열단의 조선혁명선언이 민중의 직접 혁명을 강조하였다.
④ 1948년 2월에 김구, 김규식 등이 남북 제정당 사회단체 대표자 회의(남북 협상)를 요구하였다.

Ⅶ. 독립 운동사

29 [2021 법원직] 지도의 (가) ~ (라) 중 다음 성명서가 발표된 장소로 옳은 것은?

> 1. 한국의 전체 인민은 현재 이미 반침략전선에 참가해오고 있으며, 이제 하나의 전투 단위로서 추축국에 선전한다.
> 2. 1910년 한일 '병합'과 일체의 불평등조약은 무효이며, 아울러 반침략 국가가 한국에서 합리적으로 얻은 기득 권익이 존중될 것임을 거듭 선포한다.
> 3. 한국, 중국과 서태평양에서 왜구를 완전히 몰아내기 위하여 최후의 승리를 거둘 때까지 혈전한다.

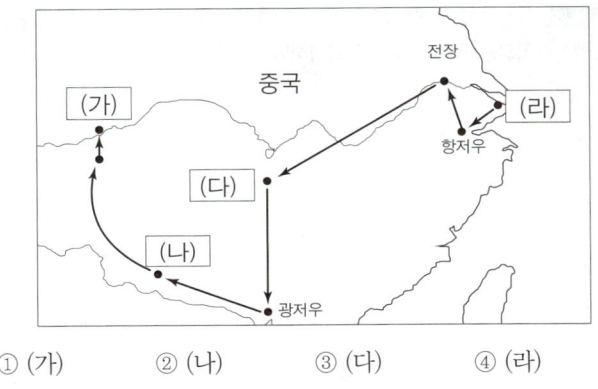

① (가)　② (나)　③ (다)　④ (라)

31 [2020 지방직 7급] (가), (나) 사건 사이에 있었던 사실로 옳은 것만을 모두 고르면?

> (가) 일제는 중·일 전쟁을 일으켰다.
> (나) 대한민국 임시정부는 한국광복군을 창설하였다.

●보기●
ㄱ. 「국가총동원법」이 제정되었다.
ㄴ. 징병제로 한국인 청년들이 군인으로 끌려갔다.
ㄷ. 항일 무장 부대인 조선의용대가 결성되었다.
ㄹ. 비밀결사 조직인 조선건국동맹이 조직되었다.

① ㄱ, ㄴ　② ㄱ, ㄷ　③ ㄴ, ㄷ　④ ㄷ, ㄹ

30 [2019 법원직] <보기> 활동과 관련하여 학생들이 설정한 탐구 주제와 선정한 인물이 가장 잘못 연결된 것은?

> ○ 탐구 목표 : 인물을 통해 우리나라의 역사를 이해한다.
> ○ 탐구 절차 : 탐구 주제 설정 → 대상 인물 선정 → 관련 자료 수집 → 보고서 작성·발표

	탐구 주제	인물
①	종로 경찰서에 폭탄을 투척하다!	김익상
②	하얼빈에서 순국한 여성 독립운동가!	남자현
③	조선 의용대, 중국 국민당과 연합하다!	김원봉
④	통일정부 수립을 위해 좌우합작운동을 펼치다!	여운형

32 [2018 지방직 7급] 다음 인물의 활동으로 옳은 것은?

> 1878 평남 강서군 출생
> 1898 독립협회 활동
> 1899 점진학교 설립
> 1907 신민회 조직
> 1923 국민대표회의 참여
> 1938 투옥 끝에 사망

① 흥사단을 조직하였다.
② 한인애국단을 창단하였다.
③ 헤이그 특사로 파견되었다.
④ 대한매일신보에 '독사신론'을 연재하였다.

29 | 대일본 선전포고 정답 ①

제시된 자료는 1941년 12월 7일 일본군이 진주만을 기습 공격하여 태평양 전쟁을 일으키자, 대한민국 임시 정부가 12월 10일에 발표한 『대일 선전 성명서』이다.

윤봉길 의거(1932) 이후 임시정부는 일제의 탄압을 피해 (라)상하이에서 난징, 항저우로 본부를 옮겼지만, 중국 국민당 정부의 지원과 관심을 받게 되었다. 중·일 전쟁이 일어나자 임시정부는 중국 국민당 정부를 따라서 우한[武漢], (다)창사, (나) 류저우를 거쳐 (가)충칭[重慶]까지 이동하였다. 1940년 9월에 충칭에 정착한 임시정부는 한국광복군을 창설하고, 국무위원제를 주석 중심제로 개편하여 행정과 군사를 총괄하도록 하였다. 1941년에 임시정부는 대한민국 건국강령을 발표하고, 태평양 전쟁이 발발하자 대일 선전 포고문을 발표하였다.

30 | 독립운동가 정답 ①

남자현은 1932년 하얼빈을 방문한 국제연맹 리튼 조사단에 '한국독립원(韓國獨立願)'이라는 혈서를 보내 우리의 독립을 호소하였다. 1933년에는 주만일본대사 암살을 시도하다 일본 경찰에 체포되어 수감생활을 하였고, 석방 후 하얼빈에서 세상을 떠났다.
1938년 김원봉은 중국 우한 한커우에서 중국 국민당의 지원을 받아 조선의용대를 조직하였다. 조선의용대는 중국 관내 최초의 한국인 무장 부대로서, 일본군에 대한 심리전이나 후방 공작 활동을 전개하여 많은 성과를 올렸다.
1946년 제1차 미소 공동위원회가 결렬되자 이승만은 통일정부 수립이 여의치 않으므로 남쪽만이라도 먼저 임시정부를 수립하자고 제의하였다(정읍발언, 1946. 6). 이에 중도 좌파 여운형과 중도 우파 김규식 등은 미·소 공동위원회의 재개와 임시 민주정부 수립을 위해 좌우 합작 운동을 전개하였다.

오답분석 ① 김익상은 1921년 조선 총독부에 폭탄을 투척하였고, 김상옥이 1923년 종로 경찰서에 폭탄을 투척하였다.

● 복습지문
남자현은 하얼빈을 방문한 국제연맹 리튼 조사단에 혈서를 보내 독립을 호소하였다.

31 | 한국광복군 창설 정답 ②

(가) 일제는 1937년에 중·일 전쟁을 일으켰고, (나) 대한민국 임시정부는 1940년에 한국광복군을 창설하였다.
1937년 중일전쟁을 일으킨 일본은 1938년 국가 총동원법을 제정하여 한국에 대한 인적·물적 자원을 수탈을 강화해나갔다.
중·일 전쟁이 발발하자 조선민족혁명당은 약화된 통일 전선을 다시 강화하기 위해 조선민족해방자동맹, 조선혁명자연맹 등을 규합하여 조선민족전선연맹을 결성하고, 그 산하에 중국 국민당 정부의 지원을 받아 조선의용대(1938)를 조직하였다. 조선의용대는 중국 관내 최초의 한국인 무장 부대로서, 일본군에 대한 심리전이나 후방 공작 활동을 전개하여 많은 성과를 올렸다.

오답분석 ㄴ. 일제는 1943년에 조선인 징병제를 공포한 후, 1944년부터 한국인 청년을 전쟁터로 끌고 갔다.
ㄹ. 1944년 여운형이 조선건국동맹을 조직하였다.

32 | 안창호 정답 ①

평남 강서 출신으로 독립협회 활동, 점진학교 설립, 신민회 조직 등의 활동을 전개하다 1938년에 사망한 인물은 안창호이다.
안창호는 1897년 독립협회에 가입하여 평양에서 관서지부조직을 맡아 명성을 얻게 되었고, 1898년 서울 종로에서 이상재·윤치호·이승만 등과 만민공동회를 개최하였다. 1899년에는 강서군 동진면 화암리에 근대학교인 점진학교를 설립하였다. 1902년 미국으로 건너가 활동을 전개하였으나 1905년 11월 을사조약이 체결되자 1906년 귀국하였고, 1907년에 양기탁·신채호 등과 함께 신민회를 조직하였다. 안창호는 신민회가 105인 사건으로 해체된 후 다시 미국으로 돌아갔고, 1913년 5월 샌프란시스코에서 흥사단을 창설하였다.
1919년 3·1 운동 직후에는 상해로 건너가 상하이 임시정부 내무총장 겸 국무총리 대리직을 맡았고, 1923년 상하이에서 국민대표회의가 개최되자 부의장에 취임하였다.
안창호는 1937년 6월 수양 동우회 사건으로 일본경찰에 붙잡혀 수감되었다. 그러나 같은 해 12월에 병으로 보석되었고, 이듬해 3월 경성대학부속 병원에서 간경화증으로 사망하였다.

오답분석 ② 김구가 한인애국단을 창단하였다.
③ 이준·이상설·이위종이 헤이그 특사로 파견되었다.
④ 신채호가 대한매일신보에 '독사신론'을 연재하였다.

VII. 독립 운동사

04 사회·경제적 민족운동

01 [2024 지방직 9급] 다음 창립 취지문을 발표한 단체에 대한 설명으로 옳은 것은?

> 우리 사회에서도 여성 운동이 제기된 것은 또한 이미 오래 되었다. 그러나 회고하여 보면 여성 운동은 거의 분산되어 있었다. 그것에는 통일된 조직이 없었고 통일된 목표와 정신도 없었다. …(중략)… 우리가 실제로 우리 자체를 위해, 우리 사회를 위해 분투하려면 우선 조선 자매 전체의 역량을 공고히 단결하여 운동을 전반적으로 전개하지 않으면 아니 된다.

① 호주제 폐지 운동을 전개하였다.
② 여학교 설립을 주장하는 여권통문을 발표하였다.
③ 어린이날을 제정하고 잡지 어린이를 창간하였다.
④ 봉건적 인습 타파, 여성 노동자의 임금 차별 철폐 등을 주장했다.

02 [2020 지방직 9급] (가) 단체로 옳은 것은?

> [(가)] 발기취지(發起趣旨)
> 인간 사회는 많은 불합리를 산출한 동시에 그 해결을 우리에게 요구하고 있다. 여성 문제는 그중의 하나이다. …… 과거의 조선 여성운동은 분산되어 있었다. 그것에는 통일된 조직이 없었고 통일된 지도 정신도 없었고 통일된 항쟁이 없었다. …… 우리는 우선 조선 자매 전체의 역량을 공고히 단결하여 운동을 전반적으로 전개하지 아니하면 아니 된다.
> ― 「동아일보」, 1927. 5. 11. ―

① 근우회　　② 신간회
③ 신민회　　④ 정우회

03 [2018 법원직] 다음 주장이 발표된 시기로 옳은 것은?

> 지금의 조선 민족에게는 왜 정치적 생활이 없는가? …… 일본이 조선을 병합한 이래로 조선인에게는 모든 정치 활동을 금지한 것이 첫째 원인이다. …… 지금까지 해 온 정치적 운동은 모두 일본을 적대시하는 운동뿐이었다. 이런 종류의 정치 운동은 해외에서나 할 수 있는 일이고, 조선 내에서는 허용되는 범위 내에서 일대 정치적 결사를 조직해야 한다는 것이 우리의 주장이다.
> ― 이광수, 동아일보 ―

1912년	1919년	1923년	1927년	1929년
(가)	(나)	(다)	(라)	
조선태형령 제정	3·1운동 발생	민립대학 설립 기성회 조직	신간회 설립	광주학생 항일 운동발생

① (가)　② (나)　③ (다)　④ (라)

04 [2022 법원직] 자료에 나타난 운동에 대한 설명으로 가장 옳은 것은?

> 진주성 내 동포들이 궐기하여 형평사라는 단체를 조직하여 계급 타파 운동을 개시할 것이라고 한다. …… 어떤 자는 고기를 먹으면서 존귀한 대우를 받고, 어떤 자는 고기를 제공하면서 비천한 대우를 받는다. 이는 공정한 천리(天理)에 따를 수 없는 일이다.

① 백정에 대한 차별 철폐를 요구하였다.
② 공사 노비 제도가 폐지되는 결과를 가져왔다.
③ 향·부곡·소를 일반 군현으로 승격할 것을 주장하였다.
④ 평안도 지역에 대한 차별과 지배층의 수탈에 항거하였다.

01 | 근우회   정답 ④

'여성 운동', '통일된 조직', '조선 자매 전체의 역량을 공고히 단결' 등의 단서를 통해 제시된 자료는 근우회의 창립 취지문임을 알 수 있다. 근우회는 1927년에 조선 여성 운동의 통일전선으로 결성된 단체이다.
1920년대 여성 운동은 여성 계몽을 추구하는 민족주의 계열 단체와 여성 해방·계급 투쟁을 강조하는 사회주의 계열 단체로 나뉘어 전개되다가 1927년에 근우회가 조직되면서 하나로 뭉쳤다. 근우회는 당시 유력한 여성계 인사들이 대부분 참여한 여성계 민족 협동 전선으로서, 신간회의 자매단체라고 볼 수 있다. 근우회는 기관지 『근우』를 발행하고, 국내와 도쿄, 간도 등에 수십 개의 지회를 두고 순회 강연, 부인 강좌, 야학 등을 통해 노동 여성의 조직화와 여성 계몽을 위해 노력하였다.

오답분석 ① 1950년대 민법 제정안이 마련된 이후부터 호주제 폐지 움직임이 시작되어, 2005년 호주 관련 제도가 폐지되었다.
② 찬양회가 1898년에 여학교 설립을 주장하는 여권통문을 발표하였다.
③ 방정환이 주도한 천도교 소년회가 어린이날을 제정하고 잡지 『어린이』를 창간하였다.

02 | 근우회   정답 ①

1927년에 조선 여성운동의 통일전선으로 결성된 단체는 근우회이다.
1920년대 여성 운동은 여성 계몽을 추구하는 민족주의 계열 단체와 여성 해방·계급 투쟁을 강조하는 사회주의 계열 단체로 나뉘어 전개되다가 1927년에 근우회가 조직되면서 하나로 뭉쳤다. 근우회는 당시 유력한 여성계 인사들이 대부분 참여한 여성계 민족 협동 전선으로서, 신간회의 자매 단체라고 볼 수 있다. 근우회는 기관지 『근우』를 발행하고, 국내와 도쿄, 간도 등에 수십 개의 지회를 두고 순회 강연, 부인 강좌, 야학 등을 통해 노동 여성의 조직화와 여성 계몽을 위해 노력하였다.

오답분석 ② 1927년 2월에 비타협적 민족주의자들과 사회주의자들은 민족유일당으로 신간회를 창립하였다.
③ 1907년 이승훈, 양기탁, 이회영 등이 주도해 비밀 결사 형태로 신민회를 결성하여 실력양성운동과 무장투쟁운동을 실행하였다.
④ 1926년 4월 서울에서 사회주의 계열의 사상단체들이 정우회를 결성하였다.

03 | 민족적 경륜(이광수)   정답 ③

제시된 자료는 1924년 동아일보에 실렸던 이광수의 〈민족적 경륜〉이다. 그는 민족의 개조를 통해 우등 민족으로 도약해야 한다는 주장을 바탕으로 타협적 민족 운동을 전개하였다. 이는 일제의 식민 통치를 용인하며 일제가 허용하는 범위 내에서 합법적 활동을 수행하자는 것으로 독립운동에 부정적인 영향을 미쳤으며 독립 운동가들의 거센 비판을 받기도 하였다.

● 복습지문
1924년 이광수는 동아일보에 '민족적 경륜'을 기고하여 민족자치론을 제기하였다.

04 | 형평 운동   정답 ①

형평사는 백정들이 조직한 단체로 형평운동을 전개하였다.
갑오개혁(1894)을 통해 이미 신분 제도가 공식적으로 철폐된 상태였지만 백정들은 여전히 사회적인 차별을 받고 있었다. 조선총독부도 조선의 봉건적인 신분 제도를 유지하는 정책을 펴면서, 백정은 교육이나 사회 활동에서 차별을 받았다. 백정들은 이와 같은 차별 대우에 항의하여 백정 출신 자산가 이학찬 등을 중심으로 1923년 4월 진주에서 조선 형평사라는 단체를 조직하고 형평 운동을 전개하였다. 1925년 조선 형평사는 본부를 진주에서 서울로 옮겼으며, 1928년 6회 대회를 계기로 전국적 조직으로 발전하였다.

오답분석 ② 갑오개혁 때 공사 노비 제도가 폐지되었다.
③ 고려 후기에 향·부곡·소 등의 특수 행정 구역이 일반 군현으로 승격되었다.
④ 순조 때 평안도 지역에 대한 차별과 지배층의 수탈에 항거하여 홍경래의 난이 발생하였다.

Ⅶ. 독립 운동사

05 [2024 국가직 9급] (가)와 (나) 사이의 시기에 있었던 사실로 옳은 것은?

> (가) 순종의 인산일을 기하여 '동양 척식 주식회사를 철폐하라!', '일본인 지주에게 소작료를 바치지 말자!' 등의 격문을 내건 운동이 일어났다.
> (나) 광주에서 한국인 학생과 일본인 학생 사이에 일어난 충돌을 계기로 학생들이 총궐기하는 운동이 일어났다.

① 신간회가 창설되었다.
② 진단학회가 설립되었다.
③ 진주에서 조선 형평사가 창립되었다.
④ 대구에서 국채보상운동이 시작되었다.

06 [2021 서울시 9급] <보기>의 사건들을 일어난 순서대로 바르게 나열한 것은?

> ● 보기 ●
> ㄱ. 동아일보와 조선일보가 창간되었다.
> ㄴ. 동경 유학생들이 2·8 독립선언을 하였다.
> ㄷ. 순종의 국장일에 만세 시위 사건이 일어났다.
> ㄹ. 조선어학회가 한글 맞춤법 통일안을 발표하였다.

① ㄱ-ㄷ-ㄴ-ㄹ
② ㄴ-ㄱ-ㄷ-ㄹ
③ ㄷ-ㄹ-ㄴ-ㄱ
④ ㄹ-ㄱ-ㄷ-ㄴ

07 [2021 법원직] 다음 격문과 관련이 깊은 역사적 사건에 대한 설명으로 가장 옳은 것은?

> 검거자를 즉시 우리의 힘으로 구출하자.
> 교내에 경찰관 침입을 절대 반대하자.
> 조선인 본위의 교육제도를 확립하자.
> 민족문화와 사회과학 연구의 자유를 획득하자.
> 전국학생대표자회의를 개최하라.

① 원산에서 일제 강점기 최대 규모의 노동 쟁의를 일으켰다.
② 전국으로 확대되어 이듬해까지 동맹 휴학 투쟁이 계속되었다.
③ 민족 산업의 보호와 육성을 위해 국산품 애용 등을 주장하였다.
④ 순종의 국장일에 학생들이 만세 시위를 벌이고 시민들이 가세하였다.

08 [2019 지방직 7급] 밑줄 친 '이 운동'에 대한 설명으로 옳은 것은?

> 1929년에 통학 열차를 이용하던 한 일본인 학생이 한국인 여학생을 희롱한 사건이 일어났다. 이에 분노한 한국인 학생은 일본인 학생에 맞서 싸웠다. 이때 일제 경찰은 일본인 학생만 두둔하고 나섰다. 광주의 학생들은 이에 대응해 시위를 벌였다. 일제의 차별 정책에 맞서 일어난 <u>이 운동</u>은 전국으로 퍼졌고 곳곳에서 동맹 휴학 투쟁이 연이어 벌어졌다.

① 진주에서 조선 형평사가 창설되는 결과로 이어졌다.
② 조선 민립 대학 설립 운동이 시작되는 배경이 되었다.
③ 신간회가 그 진상을 규명하고자 조사단을 현지에 파견하였다.
④ 비타협적 민족주의자들이 조선 민흥회를 만들게 된 계기가 되었다.

05 | 6.10 만세 운동과 광주학생항일운동 정답 ①

(가)는 6·10 만세 운동(1926), (나)는 광주학생항일운동(1929)에 대한 설명이다.
1926년 4월 순종이 세상을 떠나자 조선 공산당은 천도교계 민족주의자들의 지원을 받아 학생 단체(조선학생과학연구회)와 함께 대규모 만세 시위를 계획하였다. 6·10 만세 운동은 비록 널리 확산되지 못하였으나 국내에서 민족주의 진영과 사회주의 진영이 단결할 수 있는 공감대가 형성되었다.
정우회는 1926년 11월에 '정우회 선언'을 발표하여 민족주의 세력과의 제휴를 주장하였다. 이런 국내외의 민족 유일당 운동의 영향을 받아 비타협적 민족주의자들과 사회주의자들은 1927년 2월에 신간회를 창립하였다.

오답분석 ② 1934년에 이병도, 손진태, 이상백 등이 진단학회를 조직하고 학회지로 『진단학보』를 발간하였다.
③ 1923년에 진주에서 조선 형평사가 창립되었다.
④ 1907년에 대구에서 국채보상운동이 시작되었다.

06 | 일제 강점기 주요 사건 정답 ②

ㄴ. 1919년 2월 8일 동경 유학생들이 '조선독립청년단' 명의로 2·8 독립 선언서를 발표하였다.
ㄱ. 1920년에 동아일보와 조선일보가 창간되었다.
ㄷ. 1926년 6월 10일에 순종의 국장일을 계기로 만세 시위가 전개되었다.
ㄹ. 1933년에 조선어학회가 한글 맞춤법 통일안을 발표하였다.

07 | 광주 학생 항일 운동 정답 ②

제시된 자료는 광주 학생 항일 운동(1929) 때 발표된 격문이다.
광주 학생 항일 운동은 통학 열차에서 일본인 학생이 한국인 여학생을 희롱한 사건이 계기가 되어 시작되었다. 일본 경찰이 한국 학생들에게만 책임을 묻는 편파적 처리를 하자, 민족 차별에 분노한 광주 지역 학생들이 연대하여 11월 3일 대규모 가두 시위를 전개하였다. 학생들은 각 학교의 독서회 조직을 중심으로 이를 반일 시위로 확대·발전시켰고, 시위는 목포·나주로 확산되었다. 12월에는 서울에서도 시위가 있었고, 1930년 1월 이후에는 개성, 인천, 원산 등 각지 학생들이 동맹 휴학과 시위로 동조하여 전국 규모의 항일 투쟁으로 발전하였다.

오답분석 ① 1929년에 원산에서 일제 강점기 최대 규모의 원산 노동자 총파업이 전개되었다.
③ 1920년대 초에 민족 산업 육성, 국산품 애용 등을 주장하며 물산 장려 운동이 전개되었다.
④ 1926년에 순종의 국장을 계기로 6·10 만세 운동이 전개되었다.

08 | 광주 학생 항일 운동 정답 ③

1929년에 통학 열차에서 일본인 학생이 한국인 여학생을 희롱한 사건이 계기가 되어 발생한 '이 운동'은 광주 학생 항일 운동이다.
일본 경찰이 한국 학생들에게만 책임을 묻는 편파적 처리를 하자, 민족 차별에 분노한 광주 지역 학생들이 연대하여 11월 3일 대규모 가두 시위를 전개하였다. 학생들은 각 학교의 독서회 조직을 중심으로 이를 반일 시위로 확대·발전시켰고, 시위는 목포·나주로 확산되었다. 12월에는 서울에서도 시위가 있었고, 1930년 1월 이후에는 개성, 인천, 원산 등 각지 학생들이 동맹 휴학과 시위로 동조하여 전국 규모의 항일 투쟁으로 발전하였다. 서울의 신간회 중앙본부와 조선학생과학연구회·조선학생 전위동맹 등의 학생 단체들이 진상조사단을 파견하기도 하였다. 광주 학생 항일 운동은 학생들이 앞장서고 시민, 노동자들이 참여한 3·1 운동 이후 최대 규모의 항일 민족 운동이었다.

오답분석 ① 백정들이 진주에서 조선 형평사를 창설하고 형평 운동을 전개하였다.
② 1923년에 조선민립대학기성회가 민립 대학 설립을 위한 전국적인 모금운동을 전개하였다.
④ 6·10 만세 운동 이후 1926년 7월에 조선물산장려회를 주축으로 한 비타협적 민족주의자들은 서울청년회 등의 일부 사회주의자들과 함께 조선 민흥회를 결성하였다.

Ⅶ. 독립 운동사

09 [2017 서울시 9급]
다음의 ( ) 안에 들어갈 말을 바르게 나열한 것은?

일제의 민족분열정책과 자치운동론의 등장에 대응하여, 민족해방운동의 단결과 통일적 대응을 모색하던 사회주의 진영과 비타협적 민족주의 진영은 1926년 (㉠) 선언을 계기로, 1927년 1월 (㉡)를 발기하였다. 이어서 서울 청년회계 사회주의자와 물산장려운동계열이 연합한 (㉢)와도 합동할 것을 결의, 마침내 2월 15일 YMCA 회관에서 (㉡) 창립대회를 가졌다.

	㉠	㉡	㉢
①	북풍회	정우회	고려 공산 청년회
②	정우회	신간회	조선민흥회
③	정우회	근우회	고려 공산 청년회
④	북풍회	신간회	조선민흥회

10 [2023 지방직 9급]
다음과 같은 강령을 발표한 단체의 활동으로 옳은 것은?

○ 우리는 정치적, 경제적 각성을 촉진함
○ 우리는 단결을 공고히 함
○ 우리는 기회주의를 일체 부인함

① 조선 민립 대학 기성회를 창립하였다.
② 파리 강화 회의에 대표를 파견하였다.
③ 6·10 만세 운동을 사전에 계획하였다.
④ 광주 학생 항일 운동이 일어나자 조사단을 파견하였다.

11 [2021 지방직 9급]
밑줄 친 '이 단체'에 대한 설명으로 옳은 것은?

1920년대 국내에서는 일본과 타협해 실익을 찾자는 자치 운동이 대두하였다. 비타협적인 민족주의자들은 이를 경계하면서 사회주의 세력과 연대하고자 하였다. 사회주의 세력도 정우회 선언을 발표해 비타협적 민족주의 세력과 제휴를 주장하였다. 그 결과 비타협적 민족주의 세력과 사회주의 세력은 1927년 2월에 이 단체를 창립하고 이상재를 회장으로 추대하였다.

① 조선물산장려회를 조직해 물산장려운동을 펼쳤다.
② 고등 교육 기관을 설립하기 위해 민립대학설립운동을 시작하였다.
③ 문맹 퇴치와 미신 타파를 목적으로 브나로드 운동을 전개하였다.
④ 광주학생항일운동의 진상을 조사하고 이를 알리는 대회를 개최하고자 하였다.

12 [2018 서울시 9급]
〈보기〉의 단체가 존속한 기간에 발생한 사건이 아닌 것은?

○ 사회주의계열과 비타협적 민족주의계열의 합작으로 구성되었다.
○ 설립 당시 회장은 이상재, 부회장은 홍명희가 맡았다.
○ 전국에 140여 개소의 지회를 두고, 약 4만 명의 회원을 확보하였다.

① 광주학생독립운동
② 원산총파업
③ 단천산림조합시행령 반대운동
④ 암태도소작쟁의

09 | 민족 유일당 운동   정답 ②

1926년 7월 조선물산장려회를 주축으로 한 비타협적 민족주의자들(민족주의 좌파)은 자치 운동론에 반대하면서 서울청년회 등의 일부 사회주의자들과 함께 조선 민흥회를 결성하였다.
한편 사회주의자들은 치안유지법으로 인해 활동에 어려움을 겪고 있었는데, 11월 '정우회 선언'을 발표하여 민족주의 세력과의 제휴를 주장하였다. 국내외의 민족 유일당 운동의 영향을 받아 비타협적 민족주의자들과 사회주의자들은 1927년 1월에 신간회를 발기하였다. 이후 신간회는 조선 민흥회와도 합동할 것을 결의하여 2월 15일 YMCA 회관에서 신간회를 창립하였다.
북풍회는 재일 한국인 사회주의단체인 북성회의 국내 지부이고, 고려 공산 청년회는 조선 사회주의 청년운동의 총 지도기관으로 조직되었던 비밀 지하단체이다.

10 | 신간회   정답 ④

정치·경제적 각성 촉구, 민족 대단결, 기회주의 배격을 활동 강령으로 삼은 단체는 신간회이다. 국내외에서 전개된 민족 유일당 운동의 영향을 받아 1927년 2월에 비타협적 민족주의자들과 사회주의자들이 신간회를 창립하였다.
1927년에 결성된 신간회는 민족 대단결, 정치·경제적 각성 촉구, 기회주의 배격을 활동 강령으로 삼아 세력을 확대했다. 신간회는 1929년 원산 노동자 총파업을 지원하였으며, 갑산 화전민 학살사건 진상규명 운동과 단천 산림조합사건 지원 운동을 벌였다. 또한 광주 학생 항일운동이 일어나자 현지에 조사단을 파견하고 진상 보고를 위한 민중 대회를 개최하려고 계획하였으나 계획이 사전에 드러나 허헌, 홍명희 등 지도부가 검거됨으로써 실행되지 못했다.

오답분석
① 1923년에 이상재, 한용운, 이승훈 등이 주도하여 조선 민립 대학 기성회를 창립하였다.
② 신한청년단이 파리 강화 회의에 김규식을 대표로 파견하였다.
③ 1926년에 순종의 인산일을 계기로 조선공산당, 천도교계, 학생들이 6·10 만세 운동을 계획하였다.

11 | 신간회   정답 ④

비타협적 민족주의 세력과 사회주의 세력이 1927년 2월에 창립한 '이 단체'는 신간회이다.
1927년에 결성된 신간회는 민족 대단결, 정치·경제적 각성 촉구, 기회주의 배격을 활동 강령으로 삼아 세력을 확대했다. 신간회는 1929년 원산 노동자 총파업을 지원하였으며, 갑산 화전민 학살사건 진상규명운동과 단천 산림 조합사건 지원운동을 벌였다. 또한 광주 학생 항일운동이 일어나자 현지에 조사단을 파견하고 진상 보고를 위한 민중 대회를 개최하려고 계획하였으나 계획이 사전에 드러나 허헌, 홍명희 등 지도부가 검거됨으로써 실행되지 못했다.

오답분석
① 1920년에 평양에서 조만식 등이 물산장려운동을 시작하였으며, 1923년에 전국 조직으로 조선물산장려회가 서울에서 조직되었다.
② 1923년에 조선민립대학기성회가 조직되어 '한민족 1천만이 한사람이 1원씩'이라는 슬로건을 내걸고 전국적인 모금운동을 전개하였다.
③ 동아일보가 1931년부터 1934년까지 '브나로드 운동'이란 이름의 농촌 계몽 운동을 전개하였다.

12 | 신간회   정답 ④

사회주의계열과 비타협적 민족주의계열의 합작으로 구성된 단체는 신간회이다.
1927년 2월 민족주의·기독교·천도교·불교계 인사들과 사회주의 계열 인사들은 창립대회를 열어 신간회를 창립했다. 회장에는 이상재, 부회장에는 홍명희가 선출되었다. 신간회는 전국에 140여 개소의 지회를 두었고, 약 4만 명의 회원을 확보한 일제강점기 가장 규모가 컸던 반일사회운동단체였다. 신간회는 1929년 원산 노동자 총파업을 지원하였으며, 광주 학생 항일 운동이 일어나자 현지에 조사단을 파견하고 진상 보고를 위한 민중 대회를 개최하려고 계획했다.
한편, 1929년 3월 함경남도 단천에서는 일제가 단천삼림조합을 설립하고 조합 가입을 강요하자 이에 분노한 농민들의 반대운동이 일어났다.

오답분석 ④ 암태도소작쟁의는 1923년 8월부터 1924년 8월까지 진행되었다.

Ⅶ. 독립 운동사

13 [2017 국가직 9급] 다음 선언으로 결성된 단체에 대한 설명으로 옳은 것은?

> 민족주의적 세력에 대하여는 그 부르주아 민주주의적 성질을 분명히 인식함과 동시에 과정상의 동맹자적 성질도 충분히 승인하여, 그것이 타락하지 않는 한 적극적으로 제휴하여 대중의 이익을 위해서도 종래의 소극적인 태도를 버리고 싸워야 할 것이다.

① 조선인 본위의 교육제도 실시를 주장하였고, 원산 노동자 총파업을 지원하였다.
② 민중의 직접폭력혁명으로 강도 일본을 무너뜨리는 목표를 설정하였다.
③ 언론을 통한 국민 계몽과 문맹퇴치운동, 민립대학 설립운동 등을 추진하였다.
④ 민족자본의 육성을 위해 자급자족, 토산품 애용 등을 주장하며 물산장려운동을 벌였다.

14 [2022 지방직 9급] 다음과 관련된 운동에 대한 설명으로 옳은 것은?

① 가뭄과 홍수로 인해 중단되었다.
② 조선총독부의 회사령에 맞서기 위해 전개되었다.
③ 일부 사회주의자는 자본가 계급을 위한 운동이라고 비판하였다.
④ 조선에 사는 일본인이 일본 자본에 대항하기 위해 일으켰다.

15 [2018 지방직 9급] 다음 운동에 대한 설명으로 옳은 것을 〈보기〉에서 고른 것은?

> 우리에게 가장 긴급한 문제는 의식주, 즉 산업 문제이니 그러면 오늘날 우리 조선 사람의 이 문제에 대한 관계가 어떠한가. …(중략)… 우리는 이와 같은 견지에서 조선 사람의 물산을 장려하기 위하여 조선 사람이 물건을 스스로 제작하여 공급하기를 목적하노라.

● 보기 ●
ㄱ. 자본가의 이익을 위한 운동이라고 비판받기도 하였다.
ㄴ. 1만여 명의 대중이 모여 만민 공동회를 개최하였다.
ㄷ. '한민족 1천만이 한 사람이 1원씩'이라는 구호를 내세웠다.
ㄹ. 조만식 등을 중심으로 평양에서 시작되어 전국으로 확산되었다.

① ㄱ, ㄷ ② ㄱ, ㄹ ③ ㄴ, ㄷ ④ ㄴ, ㄹ

16 [2018 지방직 9급] 밑줄 친 '운동'에 대한 설명으로 옳은 것은?

> 조선 사람은 조선 사람이 만든 물건만 쓰고 살자고 하는 <u>운동</u>이 일어나고 있다. 그렇게 하면 조선인 자본가의 공업이 일어난다고 한다. …(중략)… 이 <u>운동</u>이 잘 되면 조선인 공업이 발전해야 하지만 아직 그렇지 않다. …(중략)… 이 <u>운동</u>을 위해 곧 발행된다는 잡지에 회사를 만들라고 호소하지만 말고 기업을 하는 방법 같은 것을 소개해야 한다.
> — 개벽 —

① 조선총독부가 회사령을 폐지하는 계기가 되었다.
② 원산총파업을 계기로 조직적으로 전개될 수 있었다.
③ 조만식 등에 의해 평양에서 시작되어 전국으로 확산되었다.
④ 조선노농총동맹의 적극적 참여로 대중적인 기반이 확충되었다.

13 | 신간회 정답 ①

제시된 자료는 사회주의자들이 비타협적 민족주의 세력과의 제휴를 선언한 정우회 선언(1926. 11.)이다. 정우회 선언 이후 1927년에 민족 유일당 운동의 일환으로 신간회가 창립되었다.
신간회는 각 지방의 지회를 중심으로 순회 강연회를 실시하여 민중을 계몽하고 민족의식을 고취하였다. 또한 한국인에 대한 착취 기관 철폐, 타협적 정치 운동 배격, 한국인 본위의 교육 실시, 사회 과학 사상 연구의 자유 보장 등을 내걸고 일본의 식민 지배 정책을 비판하였다. 또한 1929년 원산 노동자 총파업을 지원하였으며, 광주 학생 항일 운동이 일어나자 현지에 조사단을 파견하고 진상 보고를 위한 민중대회를 개최하려고 계획하였다.

오답분석 ② 의열단에 대한 설명이다.
③ 민립대학설립운동은 신간회가 설립되기 이전에 전개되었다.
④ 물산장려운동은 1920년대 초부터 전개되었다.

● 복습지문
신간회는 조선인 본위의 교육 제도 실시를 주장하였고, 원산 노동자 총파업을 지원하였다.

14 | 물산장려운동 정답 ③

제시된 자료는 물산 장려 운동 때 사용된 구호들이다.
1920년 회사령이 폐지된 후 한국인이 설립한 기업은 증가하였지만, 자본과 기술력이 우수한 일본 기업과의 경쟁에서 어려움이 많았다. 이에 더해 일본과 조선 사이의 관세를 철폐한 다는 소식이 전해지자 8월 평양에서 조만식 등이 주도하여 물산 장려 운동을 시작하였다. 서울 등 다른 지역에서도 자작회, 금주·단연회 등의 이름으로 많은 단체들이 만들어졌고, 각 단체의 대표들이 모여 조선 물산 장려회를 조직하고 운동을 전국적으로 확산시켰다. 그러나 물산장려운동은 일본의 분열 공작과 탄압으로 활성화되지 못하였고, 일부 상인들의 농간으로 상품 가격이 오르자 사회주의자들은 자본가와 상인의 이익만을 추구하는 운동이라고 비판하기도 하였다.

오답분석 ① 민립대학 설립 운동이 가뭄과 홍수로 인해 중단되었다.
② 회사령은 1920년에 폐지되었다.
④ 물산 장려 운동은 조선인들이 일으킨 실력 양성 운동이었다.

15 | 물산 장려 운동 정답 ②

'조선 사람의 물산을 장려', '조선 사람이 물건을 스스로 제작하여 공급' 등의 단서를 통해 자료의 운동은 물산장려운동임을 알 수 있다.
1920년 회사령이 폐지된 후 한국인이 설립한 기업은 증가하였지만, 자본과 기술력이 우수한 일본 기업과의 경쟁에서 어려움이 많았다. 이에 더해 일본과 조선사이의 관세를 철폐한다는 소식이 전해지자 8월 평양에서 조만식 등이 주도하여 물산 장려 운동을 시작하였다.
서울 등 다른 지역에서도 자작회, 금주·단연회 등의 이름으로 많은 단체들이 만들어졌고, 각 단체의 대표들이 모여 조선 물산 장려회를 조직하고 운동을 전국적으로 확산시켰다. 그러나 물산장려운동은 일본의 분열공작과 탄압으로 활성화되지 못하였고, 일부 상인들의 농간으로 상품 가격이 오르자 사회주의자들은 자본가와 상인의 이익만을 추구하는 운동이라고 비판하기도 하였다.

오답분석 ㄴ. 독립협회가 만민공동회를 개최하였다.
ㄷ. 민립대학 설립운동에서 '한민족 1천만이 한 사람이 1원씩'이라는 구호가 등장하였다.

● 복습지문
물산 장려 운동은 조만식 등을 중심으로 평양에서 시작되었다.
물산 장려 운동에 대해 사회주의자들은 자본가의 이익을 위한 운동이라고 비판하였다.

16 | 물산 장려 운동 정답 ③

조선 사람은 조선 사람이 만든 물건만 쓰고 살자고 한 운동은 '물산장려운동'이다.
1920년 회사령이 폐지된 후 한국인이 설립한 기업은 증가하였지만, 자본과 기술력이 우수한 일본 기업과의 경쟁에서 어려움이 많았다. 이에 더해 일본과 조선사이의 관세를 철폐한다는 소식이 전해지자 8월 평양에서 조만식 등이 주도하여 물산 장려 운동을 시작하였다. 서울 등 다른 지역에서도 자작회, 금주·단연회 등의 이름으로 많은 단체들이 만들어졌고, 각 단체의 대표들이 모여 조선 물산 장려회를 조직하고 운동을 전국적으로 확산시켰다.

오답분석 ① 회사령이 폐지된 이후 물산장려운동이 전개되었다.
② 물산장려운동은 1920년대 초반에 일어났고, 원산총파업은 1929년에 일어났다.
④ 1924년에 결성된 조선노농총동맹은 소작쟁의·노동쟁의에 적극 개입하였다.

Ⅶ. 독립 운동사

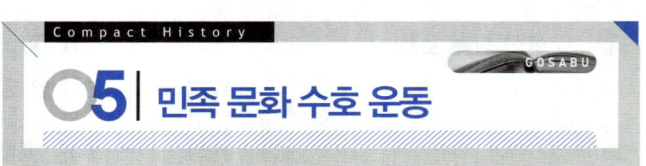

05 민족 문화 수호 운동

01 [2024 국가직 9급]

(가) 시기에 있었던 사실로 옳은 것은?

| 제1차 조선교육령 발표 | (가) | 제2차 조선교육령 발표 |

① 경성제국대학이 설립되었다.
② 근대 교육 기관인 육영공원이 설립되었다.
③ 일본에서 2·8 독립 선언서가 발표되었다.
④ 보안회의 주도로 일본의 황무지 개간권 반대 운동이 일어났다.

02 [2017 지방직 9급]

다음 자료를 쓴 역사가의 활동으로 옳은 것은?

> 역사란 무엇이뇨. 인류 사회의 아와 비아의 투쟁이 시간부터 발전하며 공간부터 확대하는 심적 활동의 상태의 기록이니, 세계사라 하면 세계 인류의 그리 되어 온 상태의 기록이며, 조선사라 하면 조선 민족의 그리 되어 온 상태의 기록이니라.

① "여유당전서"를 발간하여 조선후기 실학자들을 재평가하였다.
② 을지문덕, 최영, 이순신 등 애국명장의 전기를 써서 애국심을 고취하였다.
③ "조선사회경제사"를 저술하여 세계사적 보편성 속에서 한국사를 해석하였다.
④ '5천 년간 조선의 얼'이라는 글을 동아일보에 연재하여 민족정신을 고취하였다.

03 [2018 국가직 7급]

다음 글의 저자에 대한 설명으로 옳은 것은?

> 국가의 역사는 민족의 소장성쇠(消長盛衰)의 상태를 서술할지라. 민족을 빼면 역사가 없으며 역사를 빼 버리면 민족의 그 국가에 대한 관념이 크지 않을지니, 오호라 역사가의 책임이 그 역시 무거울진저 …(중략)… 만일 그렇지 않으면 이는 무정신의 역사이다. 무정신의 역사는 무정신의 민족을 낳으며, 무정신의 국가를 만들 것이니 어찌 두렵지 아니하리오.

① 이순신, 을지문덕 등 위인의 전기를 써 민족의식을 고취하였다.
② 한국의 독립운동 과정을 서술한 "한국독립운동지혈사"를 저술하였다.
③ '5천년간 조선의 얼'이라는 글을 신문에 연재하여 민족정신을 고취하였다.
④ '조선심'을 강조하며 정약용 연구를 중심으로 한 조선학 운동을 전개하였다.

04 [2019 지방직 7급]

밑줄 친 '그'에 대한 설명으로 옳은 것은?

> 일제의 침략이 거세지자 그는 국외로 망명했다. 그는 의열단장 김원봉의 요청을 받아 '조선혁명선언'을 작성하였다. 이 선언에는 외교 운동에 주력하자는 주장에 반대하고 더욱 적극적인 독립운동을 추진하자는 내용이 담겨 있다.

① 민족주의 역사학을 지향한 "독사신론"을 저술하였다.
② 철저한 문헌 고증을 지향하며 진단학회를 조직하였다.
③ 동학을 천도교로 개편하고 친일적 인물들을 교단에서 내쫓았다.
④ 보편적 역사 발전 법칙에 따라 역사를 기술한 "조선사회경제사"를 집필하였다.

01 조선교육령
정답 ③

1911년에 제1차 조선교육령이 발표되었고, 1922년에 제2차 조선교육령이 발표되었다.

조선 총독부는 1911년에 제1차 조선교육령을 제정하여 조선인의 교육을 보통 교육과 실업 교육 위주로 편성하였다. 1922년에는 제2차 조선교육령을 통해 일본인 학생을 위한 소학교·중학교와 한국인 학생을 위한 보통학교·고등보통학교를 이원적으로 운영하면서, 보통학교의 수업 연한을 소학교와 마찬가지로 6년으로 하였다.

재일 동경 유학생들은 조선 청년 독립단을 결성하고, 1919년 2월 8일 도쿄의 조선 기독교 청년회관에서 독립 선언서를 발표하였다(2·8 독립선언). 2·8 독립 선언서는 일제의 침략행위를 역사적으로 설명하고, 병합이 민족의 의사를 무시한 일제의 군국주의적 야심의 사기와 폭력에 의해 이뤄졌음을 규탄하였다.

오답분석
① 1924년에 경성제국대학이 설립되었다.
② 1886년에 육영공원이 설립되었다.
④ 1904년에 보안회가 일본의 황무지 개간권 반대 운동을 주도하였다.

02 신채호
정답 ②

자료는 신채호가 저술한 "조선상고사"이다.

신채호는 애국 계몽 운동기에 을지문덕, 최영, 이순신 등 외적의 침략에 맞서 싸웠던 애국명장들의 전기를 펴내어 애국심을 고취하였다. 또한 '대한매일신보'에 '독사신론'을 연재하여 왕조 중심의 사관과 사대주의를 비판하였다.

일제강점기에는 "조선사연구초", "조선상고문화사", "조선상고사" 등을 저술하여 고대사 연구에 큰 자취를 남겼다. 그는 "조선상고사"를 통해 '아(我)와 비아(非我)와의 투쟁 속에서 역사가 전개된다.'라고 설명하여 항일 독립 운동의 이론적 근거를 제공하기도 했다.

오답분석 ① 정인보, 안재홍 등이 전개한 조선학운동에 대한 설명이다.
③ "조선사회경제사"는 사회경제사학자인 백남운의 저서이다.
④ '5천 년간 조선의 얼'은 정인보의 저술이다.

● **복습지문**
신채호는 을지문덕, 최영, 이순신 등 애국명장의 전기를 써 애국심을 고취하였다.

03 신채호
정답 ①

제시된 글은 신채호가 저술한 『독사신론』의 일부이다.

신채호는 『대한매일신보』에 『독사신론』을 연재하여 왕조 중심의 사관과 사대주의를 비판하였고, 『조선사 연구초』, 『조선상고문화사』, 『조선상고사』 등을 저술하여 고대사 연구에 큰 자취를 남겼다. 그는 '아(我)와 비아(非我)와의 투쟁 속에서 역사가 전개된다'고 설명하여 항일 독립 운동의 이론적 근거를 제공하였다.

한편 신채호는 국권침탈 이전 시기에 박은식, 장지연 등과 함께 을지문덕, 이순신 등 외적의 침략에 맞서 싸웠던 영웅들의 전기를 펴내는 등 애국계몽 운동에 힘썼다.

오답분석 ② 박은식이 『한국통사』, 『한국독립운동지혈사』를 저술하였다.
③ 정인보가 『5천년간 조선의 얼』이라는 글을 신문에 연재하였다.
④ 문일평이 '조선심'을 강조하고 조선학 운동을 전개하였다.

04 신채호
정답 ①

의열단장 김원봉의 요청을 받아 '조선혁명선언'을 작성한 인물은 신채호이다.

애국계몽운동기에 신채호는 『을지문덕』, 『이순신전』, 『동국거걸최도통전』과 『이태리건국삼걸전』을 펴내고, 『독사신론』(1908)을 발표하여 만주와 부여족을 중심에 둔 새로운 역사체계를 세우기 시작했다. 그는 역사 서술의 주체를 민족으로 설정하고, 중국 중심의 역사 인식과 일본의 한국 고대사 왜곡을 강력히 비판하였다.

오답분석 ② 이병도, 손진태, 이상백 등이 1934년에 진단학회를 조직하고 학회지로 '진단 학보'를 발간하였다.
③ 1905년 동학의 제3대 교주인 손병희는 이용구 등의 친일 세력을 교단에서 내쫓고 천도교로 개편하였다.
④ 백남운은 1930년대 『조선사회경제사』, 『조선봉건사회경제사』를 통해 한국사도 세계사적인 발전 과정을 따라 발전해왔음을 주장하였다.

● **복습지문**
신채호는 "독사신론"을 저술하여 민족주의 역사학의 방향을 제시하였다.

Ⅶ. 독립 운동사

05 [2022 지방직 9급] 다음 글은 (가)의 부탁을 받고 (나)가 지은 것이다. (가)와 (나)에 대한 설명으로 옳은 것은?

> 우리는 '외교', '준비' 등의 미련한 꿈을 버리고 민중 직접 혁명의 수단을 취함을 선언하노라. 조선 민족의 생존을 유지하자면 강도 일본을 쫓아내야 하고, 강도 일본을 쫓아 내려면 오직 혁명으로써만 가능하니, 혁명이 아니고는 강도 일본을 쫓아낼 방법이 없는 바이다.

① (가)는 조선 의용대를 결성하였고, (나)는 '국혼'을 강조하였다.
② (가)는 신흥 무관 학교를 세웠고, (나)는 형평사를 창립하였다.
③ (가)는 조선 건국 동맹을 조직하였고, (나)는 식민 사학의 한국사 정체성론을 반박하였다.
④ (가)는 황포 군관 학교에서 훈련받았고, (나)는 민족주의 역사 서술의 기본 틀을 제시하였다.

06 [2022 간호직 8급] 다음 글을 쓴 인물에 대한 설명으로 옳은 것은?

> 유교의 3대 문제는 무엇인가. 첫째, 유교파의 정신이 오로지 제왕의 편에 있고 인민 사회에 보급할 정신이 부족한 것이다. … (중략) … 셋째, 우리 대한의 유가에서는 쉽고 정확한 가르침[양명학]을 구하지 않고 지루하고 산만한 공부[주자학]만을 전적으로 숭상하는 것이다. - 『서북학회월보』 -

① 단군 신앙을 발전시켜 대종교를 창시하였다.
② 민족의 혼을 강조하며 『한국통사』를 저술하였다.
③ 『조선사연구초』와 『조선상고사』 등을 저술하였다.
④ 『조선 불교 유신론』을 지어 불교의 쇄신과 근대 개혁 운동을 추진하였다.

07 [2022 서울시 9급] 다음 글을 저술한 인물에 대한 설명으로 가장 옳지 않은 것은?

> 옛 사람이 이르기를, 나라는 없어질 수 있으나 역사는 없어질 수 없다고 하였으니, 그것은 나라는 형체이고 역사는 정신이기 때문이다. 이제 한국의 형체는 허물어졌으나, 정신만이라도 오로지 남아 있을 수 없는 것인가.

① 유교구신론을 써서 유교의 개혁을 주장하였다.
② 식민 사학 중 정체성론의 근거를 무너뜨리는 데에 기여하였다.
③ 대한민국 임시 정부의 2대 대통령을 역임하였다.
④ 『한국독립운동지혈사』를 저술하였다.

08 [2023 지방직 9급] 다음 주장을 한 인물에 대한 설명으로 옳은 것은?

> 우리 조선의 역사적 발전의 전 과정은 가령 지리적 조건, 인종학적 골상, 문화 형태의 외형적 특징 등 다소의 차이는 인정되더라도, 다른 문화 민족의 역사적 발전 법칙과 구별되어야 하는 독자적인 것이 아니다. 세계사적인 일원론적 역사 법칙에 의해 다른 민족과 거의 같은 궤도로 발전 과정을 거쳐왔다.

① 민족정신으로서 조선 국혼을 강조하였다.
② 민족주의 사학을 계승하여 조선의 얼을 강조하였다.
③ 마르크스 유물 사관을 바탕으로 한국사를 연구하였다.
④ 진단 학회를 조직하여 문헌 고증을 중시하는 실증주의 사학을 정립하였다.

05 | 김원봉과 신채호 정답 ④

제시된 자료는 김원봉(가)의 부탁을 받고 신채호(나)가 작성한 『조선혁명선언』이다.

이 글에서 신채호는 일본을 타도하기 위한 혁명이 정당한 수단임을 천명하였고, 민중과의 연대와 암살·파괴·폭동 등 폭력을 중요한 방략으로 채택하여 의열단 활동에 큰 영향을 주었다.

김원봉은 1919년 11월 만주 지린성에서 윤세주 등과 함께 의열단을 결성하였다. 의열단은 그 후 수 많은 의거 활동을 전개하였다. 의열단은 개인 폭력 투쟁의 한계를 인식하고 1926년 이후 무장 투쟁 노선으로 전환하였다. 김원봉을 비롯한 단원들이 중국의 황포군관학교에 입교하여 군사 훈련을 받았으며, 1932년에는 중국 국민당 정부의 지원으로 난징에 조선혁명간부학교를 설립하여 군사 훈련을 실시하고 독립운동 지도자를 양성하였다.

신채호는 을지문덕, 이순신 등 외적의 침략에 맞서 싸웠던 애국명장들의 전기를 펴내어 애국심을 고취하였다. 또한 1908년 '대한매일신보'에 『독사신론』을 연재하여 민족주의 사학의 새로운 방향을 제시하였다.

오답분석 ① 박은식이 민족정신으로 '국혼'을 강조하였다.
② 이회영 등 신민회 인사들이 신흥 무관 학교를 설립하였고, 이학찬 등 백정들이 형평사를 창립하였다.
③ 여운형이 조선건국동맹을 조직하였고, 백남운이 식민사학의 정체성론을 반박하였다.

06 | 박은식 정답 ②

제시된 자료는 박은식이 1909년에 유교의 개혁을 주장하며 발표한 '유교구신론'이다.

박은식은 '유교구신론'을 통해 유교의 3대 문제로 민중과의 괴리, 구세주의(救世主義)의 결핍, 주자학에의 경도를 지적하고, 진취적이고 실천적인 유교 정신을 되살리려 하였다.

임시정부에서 활동한 박은식은 일본의 한국 침략 과정을 서술한 『한국통사』(1915)와 한국 독립 운동의 과정을 서술한 『한국독립운동지혈사』(1920)를 저술하였다. 박은식은 『한국통사』 서문에서 '나라는 형(形), 역사는 신(神)'이라 하여 국가의 구성 요소를 국혼(國魂)과 국백(國魄)으로 나누고, 역사를 민족정신인 국혼의 전개 과정으로 파악하였다. 박은식은 현실의 국가는 사라졌지만 국혼(國魂)이 사라지지 않으면 국가는 부활할 수 있으며, 국혼은 곧 역사이기 때문에 국혼이 살아 있는 역사서를 저술하는 것이 곧 독립을 위한 급무라고 생각하였다.

오답분석 ① 나철이 1909년에 단군 신앙을 기반으로 단군교를 창시하고, 1910년에 대종교로 교명을 변경하였다.
③ 신채호가 『조선사연구초』와 『조선상고사』 등을 저술하였다.
④ 한용운이 불교 쇄신을 위해 『조선 불교 유신론』을 지었다.

07 | 박은식 정답 ②

제시된 자료는 박은식이 펴낸 『한국통사』의 서문이다.

박은식은 『한국통사』 서문에서 '나라는 형(形), 역사는 신(神)'이라 하여 국가의 구성 요소를 국혼(國魂)과 국백(國魄)으로 나누고, 역사를 민족정신인 국혼의 전개 과정으로 파악하였다.

박은식은 대한제국 시기에 황성신문, 대한매일신보의 주필을 지냈고, 신민회와 서북학회에 참여해 교육과 출판 부문에서 활동하였다. 이 무렵 박은식은 유교의 3대 문제로 민중과의 괴리, 구세주의(救世主義)의 결핍, 주자학에의 경도를 지적한 『유교 구신론』을 지었다. 박은식은 이 글을 통해 진취적이고 실천적인 유교 정신을 되살리려 하였다.

1912년에 상하이로 망명한 뒤에는 일본의 한국 침략 과정을 서술한 『한국통사』와 독립 운동의 과정을 서술한 『한국독립운동지혈사』를 저술하여 일제의 불법적인 침탈을 규탄하였다.

한편, 박은식은 1919년 노령 해삼위(海蔘威)에서 동지들과 함께 대한국민노인동맹단을 조직해 지도자로서 활동하였다. 대한국민노인동맹단은 강우규를 국내에 파견해 사이토 총독에 대한 폭탄투척 의거를 일으켰다. 다시 상하이로 건너간 박은식은 1925년에 이승만이 탄핵된 뒤 임시정부의 대통령으로 추대되었다. 박은식은 취임 직후 개헌에 착수하여 국무령 중심의 내각책임제를 채택하고, 7월에 대통령을 사임하였다.

오답분석 ② 백남운이 한국사가 세계사의 보편적 발전 법칙에 입각하여 발전하였음을 강조함으로써 식민 사학의 정체성론을 비판하였다.

08 | 백남운 정답 ③

제시된 자료는 백남운이 『조선사회경제사』에서 한국사가 세계사의 보편적 법칙에 입각하여 발전하였음을 강조하는 내용이다.

백남운은 사회주의의 영향을 받아 사적 유물론(유물 사관)의 입장에서 한국사를 연구하였고, 『조선사회경제사』를 저술하여 우리나라의 역사가 원시 공산사회-고대 노예사회-중세 봉건사회-자본주의사회라는 세계사의 보편적 역사 발전 단계에 입각하여 발전하였음을 강조하였다. 이를 통해 일제 식민사학의 정체성론을 극복할 수 있는 근거를 제공하였다.

오답분석 ① 박은식이 민족정신으로서 조선 국혼을 강조하였다.
② 정인보가 민족정신을 '조선 얼'로 표현하였으며, 역사 연구의 목표를 '조선 얼'의 유지에 두었다.
④ 이병도, 이상백 등이 진단 학회를 조직하여 문헌 고증을 중시하는 실증주의 사학을 정립하였다.

VII. 독립 운동사

09 [2017 국가직 9급] 밑줄 친 '나'에 대한 설명으로 옳은 것은?

> 나의 조선경제사의 기도(企圖)는 사회의 경제적 구성을 기축으로 대체로 다음과 같은 제 문제를 취급하려 하였다.
> 제1. 원시 씨족 공산체의 태양(態樣)
> 제2. 삼국의 정립 시대의 노예 경제
> 제3. 삼국 시대 말기 경부터 최근세에 이르기까지의 아시아적 봉건 사회의 특질
> 제4. 아시아적 봉건국가의 붕괴 과정과 자본주의 맹아 형태
> 제5. 외래 자본주의 발전의 일정과 국제적 관계
> 제6. 이데올로기 발전의 총 과정

① 우리 고대사를 중국 민족에 필적하는 강건한 민족의 역사로 서술했다.
② 일제 식민사학의 정체성론을 극복하는 근거를 제공하였다.
③ 실학에서 자주적인 근대 사상과 우리 학문의 주체성을 찾으려 하였다.
④ 순수 학문을 표방하면서 식민주의 사학에 학문적으로 대항하려 하였다.

10 [2023 법원직] ㉠을 비판한 사례로 가장 옳은 것은?

> 근세 조선사에서 유형원·이익·이수광·정약용·서유구·박지원 등 이른바 '현실학파(現實學派)'라고 불러야 할 우수한 학자가 배출되어, 우리의 경제학적 영역에 대한 선물로 남겨준 업적이 결코 적지 않다. …… ㉠후쿠다 도쿠조(福田德三)는 조선에서 봉건제도의 존재를 전면적으로 부정했다는 점에서 그에 승복할 수 없는 것이다.

① 백남운이 조선사회경제사를 저술하였다.
② 이병도, 손진태 등이 진단학보를 발간하였다.
③ 조선사 편수회 인사들이 청구학회를 결성하였다.
④ 신채호가 대한매일신보에 독사신론을 연재하였다.

11 [2017 지방직 7급] ㉠~㉢에 들어갈 내용으로 옳은 것은?

> ○ ㉠ 은 한국 민족사의 주체적 발전과 민족 문화의 우수성을 강조하면서, 민족 정신을 중시하고 이를 고취시켜 독립을 이룩하려는 의도를 강하게 드러냈다. 박은식, 신채호 등이 대표적 인물이다.
> ○ ㉡ 은 사회구성체 발전 단계론의 역사인식을 바탕으로 하면서 역사 발전의 원동력을 민중에게서 구했으며, 우리 역사를 유물사관의 방법론에 맞추려고 하였다. 백남운, 이청원 등이 대표적 인물이다.
> ○ ㉢ 은 순수 학문으로서의 역사학을 지향하며 문헌고증을 중시하였다. 이병도, 손진태 등이 대표적 인물이다.

	㉠	㉡	㉢
①	민족주의사학	사회경제사학	실증사학
②	실증사학	민족주의사학	사회경제사학
③	민족주의사학	실증사학	사회경제사학
④	사회경제사학	실증사학	민족주의사학

12 [2024 국가직 9급] 다음에서 설명하는 단체는?

> ○ '가갸날'을 제정하였다.
> ○ 기관지인 『한글』을 창간하였다.

① 국문연구소
② 조선광문회
③ 대한자강회
④ 조선어연구회

09 | 백남운   정답 ②

제시된 자료는 백남운이 저술한 "조선 사회 경제사"의 일부이다.
백남운은 사회주의의 영향을 받아 사적 유물론(유물사관)의 입장에서 한국사를 연구하였고, "조선 사회 경제사"를 저술하여 우리나라의 역사가 원시공산사회-고대노예사회-중세봉건사회-자본주의사회라는 세계사의 보편적 역사 발전 단계에 입각하여 발전하였음을 강조하였다. 이를 통해 식민사학의 정체성론을 극복할 수 있는 근거를 제공하였다.

오답분석 ① 민족주의 사학자인 신채호는 우리의 고대사를 중국 민족에 필적하는 강건한 민족의 역사로 서술하였다.
③ 정인보, 문일평, 안재홍 등이 '조선학 운동'을 전개하여 실학에서 자주적인 근대 사상과 우리 학문의 주체성을 찾고자 하였다.
④ 실증주의 사학이 개별적인 사실을 객관적으로 밝히는 순수 학술 활동을 표방하며 식민주의 사학에 대항하였다.

● **복습지문**
백남운은 "조선 사회경제사"를 저술하여 일제 식민사학의 정체성론을 극복하기 위해 노력하였다.

10 | 백남운(정체성론 비판)   정답 ①

후쿠다 도쿠조는 일본의 경제학자로 조선은 봉건제도가 결여되어 있다는 정체성론을 주장하였다. 정체성론은 한국 역사가 중세 사회(봉건 사회)로 발전하지 못한 채 19세기 말까지도 고대 사회의 수준에 머물러 있었다고 주장하였다. 일제는 한국사의 정체성론을 통해 '조선은 일본의 도움을 받아야만 문명화될 수 있다'는 일본 제국주의의 주장을 뒷받침하려 하였다.
백남운은 사회주의의 영향을 받아 사적 유물론(유물사관)의 입장에서 한국사를 연구하였고, 1930년대 『조선사회경제사』, 『조선봉건사회경제사』를 통해 삼국 이전은 원시 공산제 사회, 삼국 시대는 노예제 사회, 신라 통일 이후 조선 시대까지는 동양적 봉건 사회, 개항 이후는 이식 자본주의 사회로 파악하여 한국사도 세계사적인 발전 과정을 따라 발전해왔음을 주장하였다. 이를 통해 조선 사회는 10세기말 고대 일본의 수준과 비슷하며, 개항 이후 일본에 의해 비로소 성장하기 시작했다고 주장하였던 식민사학의 정체성론을 극복할 수 있는 근거를 제공하였다.

오답분석 ② 이병도, 손진태 등은 진단학회를 조직하고 철저한 문헌고증으로 한국사를 객관적으로 서술하려 하였다.
③ 1930년대 이후 일제는 조선사 편수회, 청구 학회, 경성제대 조선 경제연구소 등 일제 관학을 중심으로 식민사학을 강화하였다.
④ 신채호는 대한매일신보에 『독사신론』(1908)을 발표하여 민족주의 사학의 연구방향을 제시하였다.

11 | 역사학의 경향   정답 ①

㉠ 민족 정신을 중시한 박은식, 신채호 등은 민족주의 사학자들이다. 박은식, 신채호, 정인보, 안재홍, 문일평 등의 민족주의 사학자들은 한국사의 발전 주체가 우리 민족임을 강조하고 민족 문화의 우수성을 강조하였으며, 민족정신을 고취시켜 식민사학의 허구성을 밝히는데 노력하였다.
㉡ 유물사관의 방법론으로 역사를 연구한 백남운, 이청원 등은 사회경제사학을 이끈 학자들이다. 이들은 사회주의의 영향을 받아 사적 유물론(유물사관)의 입장에서 한국사를 연구하였고, 한국사가 세계사의 보편적 발전 법칙에 입각하여 발전하였음을 강조함으로써 식민주의 사학의 정체성론을 비판하였다.
㉢ 문헌고증을 중시한 이병도, 손진태, 이상백 등은 실증사학자들이다. 이들은 철저한 문헌 고증을 통해 우리 역사를 객관적으로 서술하려 하였다.

12 | 조선어연구회   정답 ④

'가갸날'을 제정하고 기관지로 『한글』을 창간한 단체는 조선어연구회이다.
3·1 운동 이후 '조선일보', '동아일보' 등 우리말 신문이 발간되자 국어 학계의 활동이 활발해졌다. 주시경의 제자인 이윤재·최현배 등과 장지연이 국문연구소의 전통을 계승해 1921년에 조선어연구회를 창립하였다. 조선어연구회에서는 강습회, 강연회를 통하여 한글 보급에 노력하였다. 조선어연구회는 1926년에 가갸날(1928년에 한글날로 개명)을 제정하였으며, 『한글』이라는 잡지를 간행하여 한글 연구와 보급에 힘썼다.
조선어연구회는 1931년 이윤재, 이극로, 최현배 등이 중심이 되어 조선어학회로 확대·개편되었다.

오답분석 ① 대한제국이 한글 연구를 위해 학부 아래 국문연구소를 설립하였다.
② 1910년에 최남선, 박은식 등이 고전 간행 및 보급을 위해 조선광문회를 조직하였다.
③ 1906년에 대한자강회가 결성되어 교육·언론 활동과 식산흥업에 주력하였다.

VII. 독립 운동사

13 [2023 법원직] (가) 단체에 대한 설명으로 옳은 것을 〈보기〉에서 모두 고른 것은?

최현배, 이극로 등이 중심이 된 (가) 은/는 '표준어 및 외래어 표기법 통일안'을 제정하는 등 한글 표준화에 기여하였다. 이에 일제는 1942년 (가) 을/를 독립운동 단체로 간주하여 회원들을 대거 검거하였다. 일제는 이들을 고문하여 자백을 강요하였고 이윤재, 한징이 옥사하였다.

● 보기 ●
ㄱ. 국문연구소를 설립하였다.
ㄴ. 한글 맞춤법 통일안을 만들었다.
ㄷ. 『우리말 큰사전』 편찬을 준비하였다.
ㄹ. 『개벽』, 『어린이』 등의 잡지를 발행하였다.

① ㄱ, ㄴ   ② ㄱ, ㄷ   ③ ㄴ, ㄷ   ④ ㄴ, ㄹ

14 [2017 국가직 9급] 다음 주장을 한 인물에 대한 설명으로 옳은 것은?

계급투쟁은 민족의 내부 분열을 초래할 것이며, 민족의 내쟁은 필연적으로 민족의 약화에 따르는 다른 민족으로부터의 수모를 초래할 것이다. 계급투쟁의 길은 우리가 반드시 취해야 할 필요는 없고, 민족 균등이 실현되는 날 그것은 자연 해소되는 문제다. …(중략)… 이 세계적 기운과 민족적 요청에서 민족사관은 출발하는 것이며, 민족사는 그 향로와 방법을 명백하게 과학적으로 지시하여야 할 것이다.
― 『조선민족사 개론』 ―

① "조선상고사"와 "조선사연구초"를 저술하였다.
② 대동사상을 수용한 유교 구신론을 주장하였다.
③ '진단학보'를 발간한 진단학회의 발기인으로 활동하였다.
④ '5천년간 조선의 얼'이라는 글을 동아일보에 연재하였다.

15 [2018 서울시 9급] 〈보기〉는 일제강점기 당시 흥행에 성공하였던 영화의 줄거리이다. 이 영화가 상영되던 시기의 문화예술계에 대한 설명으로 가장 옳은 것은?

● 보기 ●
영진은 전문학교를 다닐 때 독립만세를 부르다가 왜경에게 고문을 당해 정신이상이 된 청년이었다. 한편 마을의 악덕 지주 천가의 머슴이며, 왜경의 앞잡이인 오기호는 빚 독촉을 하며 영진의 아버지를 괴롭혔다. (중략) 오기호는 마을 축제의 어수선한 틈을 타 영희를 겁탈하려 하고 이를 지켜보던 영진은 갑자기 환상에 빠져 낫을 휘둘러 오기호를 죽인다. 영진은 살인혐의로 일본 순경에게 끌려가고, 주제곡이 흐른다.

① 역사학: 민족주의 역사가들 사이에서 이른바 조선학 운동이 시작되었다.
② 문 학: 민중생활에 관심을 기울인 신경향파 문학이 대두하여 식민통치에 대한 저항문학으로 발전했다.
③ 음 악: 일본 주류 대중음악의 영향을 받은 트로트 양식이 정립되었다.
④ 영 화: 일제는 조선영화령을 공포하여 영화를 전시체제의 옹호와 선전의 수단으로 사용하였다.

16 [2020 국가직 9급] (가)에 대한 설명으로 옳은 것은?

문화통치의 일환으로 한글 신문의 발행이 허용되었다. 이에 따라 (가) 이/가 창간되었다. (가) 은/는 자치운동을 모색하던 이광수의 「민족적 경륜」을 실어 비판받기도 하였으나, '일장기 말소사건'으로 일제로부터 정간 처분을 받기도 하였다.

① 한글 보급 운동에 앞장서 『한글원본』을 만들었다.
② 브나로드 운동이라는 농촌 계몽 운동을 전개하였다.
③ 『개벽』, 『신여성』, 『어린이』 등의 잡지를 발행하였다.
④ 신간회가 결성되자 신간회 본부와 같은 역할을 하게 되었다.

13 | 조선어학회   정답 ③

(가)는 최현배, 이극로 등이 주도하여 '표준어 및 외래어 표기법 통일안'을 제정한 조선어학회이다.
1931년에 조선어 연구회는 이윤재, 이극로, 최현배 등이 중심이 되어 조선어학회로 확대·개편하고, 기관지로 '한글'을 발행하였다. 조선어학회는 '한글맞춤법통일안'(1933)과 '조선어표준말모음'(1936)을 만들고 조선어 사전편찬회가 추진해온 사전편찬의 업무를 인계받았다. 조선어학회는 1937년부터 본격적으로 어휘의 수집을 시작하여 1940년에는 조선총독부로부터 조선어대사전(우리말 큰사전) 출판 허가를 받았다. 그러나 1942년 10월에 일어난 조선어학회 사건으로 사전 편찬 작업은 중단되고, 사전 원고와 서적들까지 전부 압수당하였다.

오답분석
ㄱ. 1907년에 대한제국이 한글 연구를 위해 학부 아래 국문연구소를 설립하였다.
ㄹ. 천도교 측에서 일제 강점기에 『개벽』, 『어린이』, 『신여성』 등의 잡지를 발행하여 문예운동과 소년운동, 여성운동에 앞장섰다.

14 | 손진태   정답 ③

자료로 제시된 "조선민족사 개론"은 손진태의 저술이다. 손진태는 이 글에서 신민족주의 사관에 입각하여 계급간 협조를 통한 민족 단합을 주장하였다.
손진태는 진단학회의 주요 회원으로 민속학을 독자적인 과학으로 인식하고 이를 학문으로 정립시켰고, 민족 성장의 논리와 사회 발전의 논리를 종합하여 우리 역사를 전체로서의 민족사로 파악하고자 했다.

오답분석 ① "조선상고사", "조선사연구초"를 저술한 인물은 신채호이다.
② 대동사상을 수용한 유교 구신론을 주장한 인물은 박은식이다.
④ "5천년간 조선의 얼"은 정인보의 저술이다.

복습지문
손진태는 "조선민족사 개론"을 저술하여 계급 간의 협조를 통한 민족 단합을 주장하였다.

15 | 나운규의 아리랑   정답 ②

〈보기〉는 나운규가 각본·감독·주연을 맡은 아리랑의 줄거리이다.
1926년 단성사에서 개봉한 아리랑은 기존의 번안모방물, 신파물에서 벗어나 항일민족정신을 주제로 하였고, 전통 민요인 아리랑과 연결시켰으며, 뛰어난 예술성을 지녀 대중의 찬사를 받았다.
아리랑이 개봉된 1920년대 중엽에는 사회주의 사상이 지식인들 사이에 퍼지고, 농민·노동자의 활동에 자극되어 현실 비판 의식이 강화되었으며, 문학의 사회적 실천이 강조되었다. 이에 따라 민중 생활에 관심을 기울인 신경향파 문학(KAPF)이 대두되어 식민통치에 대한 저항문학으로 발전하였다.

오답분석 ① 1934년 문일평, 정인보, 안재홍 등이 조선학 운동을 추진하였다.
③ 1930년대에 일본 대중음악의 영향을 받은 트로트 양식이 정립되었다.
④ 1940년에 조선총독부가 조선영화령을 공포하였다.

복습지문
1920년대 중반 사회주의 사상의 영향으로 신경향파 문학이 대두되었다.

16 | 동아일보   정답 ②

1924년 1월에 이광수가 「민족적 경륜」을 발표하고, 1936년에 일장기를 지운 손기정의 사진을 게재하여 정간 처분을 당한 (가)는 동아일보이다.
동아일보는 1931년부터 1934년까지 '브나로드 운동'이란 이름을 내세워 농촌 계몽 운동을 전개하여, 여름 방학을 맞이한 학생들을 모아 야학을 개설하고 계몽 활동을 펼쳤다.

오답분석 ① 조선일보가 문자 보급용 「한글원본」, 「문자보급교재」 등을 만들어 보급하였다.
③ 천도교는 일제 강점기에 「개벽」, 「어린이」, 「신여성」 등의 잡지를 발행하여 문예운동과 소년운동, 여성 운동에 앞장섰다.
④ 조선일보 사장이던 이상재가 신간회 회장에 추대되면서 조선일보는 신간회의 본부와 같은 역할을 맡았다.

복습지문
동아일보는 1930년대 초 브나로드 운동을 전개하였다.

2026 9급(국가직 · 지방직 · 서울시), 법원직 대비

최근 7개년 9급(국가직, 지방직) 대단원별 기출 분석

대단원	문항 수	비율
Ⅰ. 고조선과 초기 국가	15문항	5.3%
Ⅱ. 한국 고대사	41문항	14.6%
Ⅲ. 한국 중세사	46문항	16.4%
Ⅳ. 근세 전기	33문항	11.8%
Ⅴ. 근세 후기	28문항	10%
Ⅵ. 한국 근대사	43문항	15.3%
Ⅶ. 독립운동사	41문항	14.6%
Ⅷ. 한국 현대사	23문항	8.2%
기타	11문항	4%

1. 대한민국의 수립
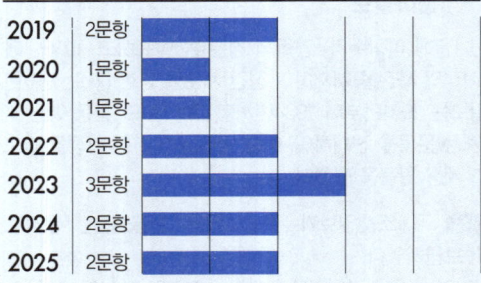

2. 민주주의의 시련과 발전
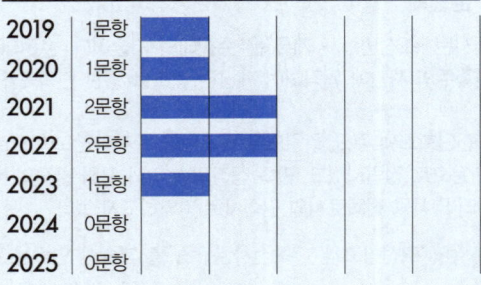

3. 경제의 발전과 사회 · 문화의 변화 ~ 4. 통일 정책과 평화 통일의 과제
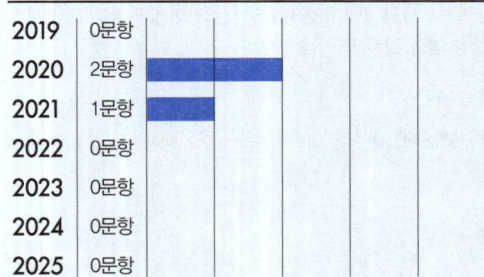

4. 기타
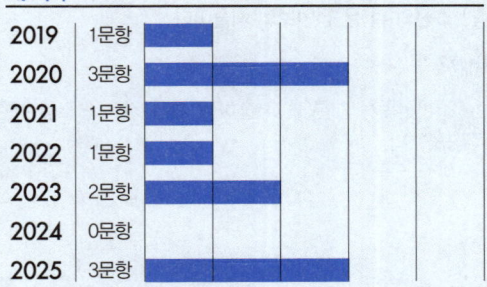

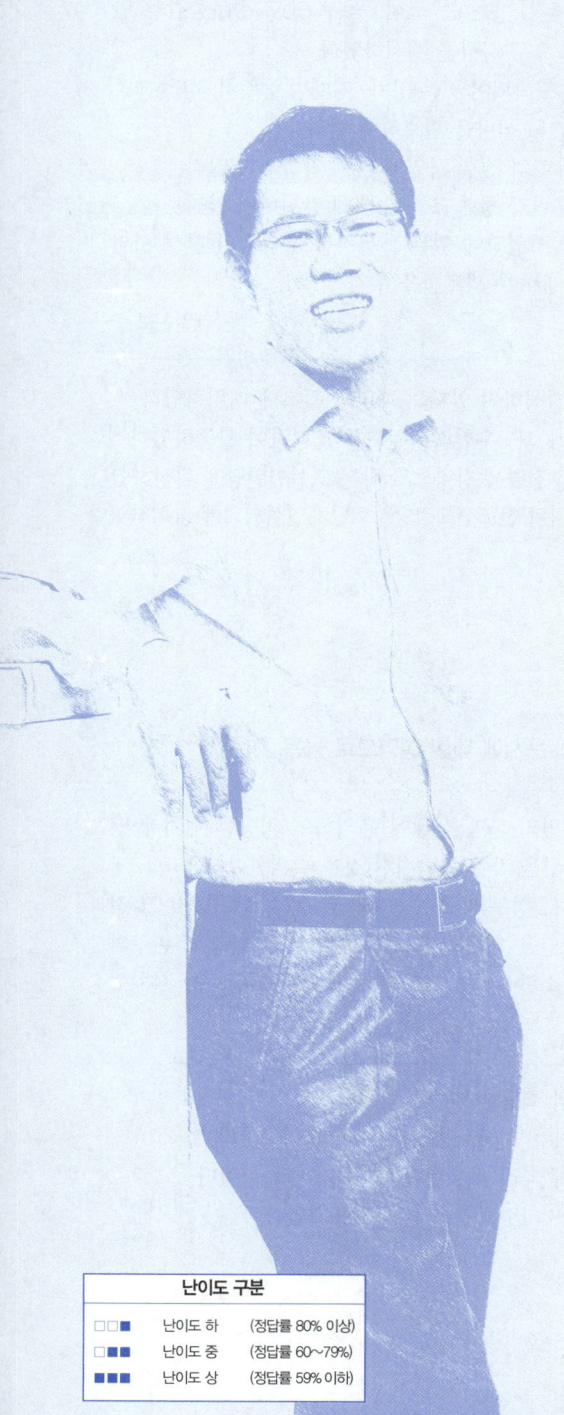

Compact History

VIII

한국 현대사

01 대한민국의 수립

02 민주주의의 시련과 발전

03 경제의 발전과 사회·문화의 변화

04 통일 정책과 평화 통일의 과제

누적 수강생 70만 명의 검증된 역사전문가!
저자 직강 www.megagong.net에서 만날 수 있습니다!

난이도 구분		
□□■	난이도 하	(정답률 80% 이상)
□■■	난이도 중	(정답률 60~79%)
■■■	난이도 상	(정답률 59% 이하)

Ⅷ. 한국 현대사

01 | 대한민국의 수립

01 [2018 서울시 9급] 〈보기〉의 선언에 대한 설명으로 가장 옳은 것은?

● 보기 ●
각 군사 사절단은 일본국에 대한 장래의 군사행동을 협정하였다. (중략) 앞의 3대국은 조선인민의 노예상태에 유의하여 적당한 시기에 맹세코 조선을 자주독립시킬 결의를 한다.

① 이 선언에서 연합국은 일본에 무조건 항복을 요구하였다.
② 미국, 영국, 중국의 정상이 모여 회담을 한 후 나온 선언이다.
③ 소련은 일본과의 전쟁에 참전할 것을 결정했다.
④ 미국의 루즈벨트 대통령이 20~30년간의 신탁통치안을 처음으로 제안하였다.

02 [2023 서울시 9급] 〈보기〉는 광복 전후의 사건들을 나열한 것이다. 사건을 시간순으로 바르게 나열한 것은?

● 보기 ●
ㄱ. 카이로 선언
ㄴ. 모스크바 3국 외상 회의
ㄷ. 포츠담 선언
ㄹ. 얄타 회담
ㅁ. 5·10 총선거

① ㄱ-ㄷ-ㄹ-ㄴ-ㅁ
② ㄱ-ㄹ-ㄷ-ㄴ-ㅁ
③ ㄹ-ㄱ-ㄷ-ㅁ-ㄴ
④ ㄹ-ㄷ-ㄱ-ㅁ-ㄴ

03 [2020 국가직 7급] (가) 인물에 대한 설명으로 옳지 않은 것은?

아침 8시, [(가)]은/는 조선총독부 엔도 정무총감을 만나 다섯 가지 요구 사항을 제시하였다.
첫째, 전국에 구속되어 있는 정치·경제범을 즉시 석방하라.
둘째, 3개월간의 식량을 확보하여 달라.
셋째, 치안 유지와 건설 사업에 아무 간섭하지 말라.
넷째, 학생 훈련과 청년 조직에 대해 간섭하지 말라.
다섯째, 전국 사업장에 있는 노동자를 우리들의 건설 사업에 협력시키며 아무 괴로움을 주지 말라.
— 『매일신보』 —

① 건국동맹을 결성하여 일제의 패망과 광복에 대비하였다.
② 김규식과 함께 좌·우합작위원회를 조직하여 활동하였다.
③ 민족역량의 총집결을 강령으로 하는 조선인민당을 결성하였다.
④ 평양에서 개최된 전조선제정당사회단체연석회의에 참석하였다.

04 [2017 서울시 9급] (가), (나) 문서에 대한 설명으로 옳은 것은?

(가) 조선 인민의 노예 상태에 유의하여 적당한 시기에 맹세코 조선을 자주 독립시킬 것을 결의한다.
(나) 조선 임시 정부의 구성을 원조할 목적으로 먼저 그 적절한 방안을 마련하기 위하여 남조선 합중국 관구와 북조선 소련 관구의 대표자들로 공동위원회가 설치될 것이다.

① (가)는 포츠담 회담에서 발표되었다.
② (나)의 결정에는 미국, 영국, 소련이 참여하였다.
③ (나)의 결정에 따라 좌우합작위원회가 만들어졌다.
④ (가), (나)는 8·15 해방 직전에 발표되었다.

01 | 카이로 선언 정답 ②

〈보기〉는 국제사회에서 최초로 한국의 독립을 보장한 카이로 선언이다. 1943년 추축국의 일원이었던 이탈리아가 항복하자 연합국의 루즈벨트(미)·처칠(영)·장제스(중)는 이집트 카이로에서 전쟁의 수행과 전후 처리 문제를 협의하기 위해 회담을 개최하였다. 카이로 회담의 결과 발표한 카이로 선언에는 대일전에 대한 협력과 일본의 식민지 반환 등 일본에 대응하는 문제에 대해 합의가 이루어졌고, 최초로 한국의 독립 문제가 언급되었다.

오답분석 ① 포츠담 선언에서 연합국은 일본에 무조건 항복을 요구하였다.
③ 얄타 회담의 결과 소련의 대일전 참전이 결정되었다.
④ 얄타 회담에서 미국의 루즈벨트 대통령이 20~30년간의 신탁통치안을 처음으로 제안하였다.

● **복습지문**
카이로 선언에서 미국, 영국, 중국의 정상은 한국 독립을 최초로 보장하였다.

02 | 광복 전후의 사건 정답 ②

ㄱ. 1943년 11월 미국, 영국, 중국의 정상은 이집트의 카이로에서 회담을 열고, 일본 패망 이후 적당한 시기에 한국을 독립시킬 것을 결의하였다(카이로 선언).
ㄹ. 1945년 2월 미국, 영국, 소련의 정상이 모인 얄타 회담에서 독일 항복 후 3개월 안에 소련이 대일전에 참전할 것을 결정하였다. 이 회담에서 루스벨트는 한국에 대한 20~30년 정도의 신탁통치 실시를 제안하였다.
ㄷ. 1945년 7월 연합국 정상들이 독일의 포츠담에 모여 독일의 전후 처리와 대일전에 대해 논의하였다. 이때 발표된 포츠담 선언에서는 일본의 무조건 항복을 요구하고, 한국 독립을 비롯한 카이로 선언의 모든 조항이 이행되어야 함을 강조하였다.
ㄴ. 1945년 12월에 열린 모스크바 3국 외상 회의에서 임시 민주 정부 수립, 미·소 공동위원회 설치, 최대 5년의 신탁통치가 결정되었다.
ㅁ. 1948년 5월 10일에 38도선 이남 지역에서 유엔 한국 임시 위원단의 감시 아래 최초의 민주적인 총선거가 실시되었다. 선거 결과 제주도 2곳을 제외한 선거구에서 198명의 국회의원이 선출되었다.

03 | 여운형 정답 ④

일제 패망에 앞서 조선 총독부의 정무총감 엔도를 만나 행정권 이양 문제를 교섭한 (가)는 건국동맹의 여운형이다.
1944년 8월에 여운형은 일제의 패망에 대비하여 비밀결사인 건국동맹을 조직하였다. 건국동맹은 중앙과 전국 10개도에 체계적인 조직을 갖추었고, 대중적인 지지 기반의 확대를 위해 농민동맹 등의 보조단체들을 설립하기도 하였다. 광복 직후 여운형은 건국동맹을 모체로 하여 조선 건국 준비 위원회를 결성하였다. 1945년 11월 조선건국준비위원회에서 탈퇴한 여운형은 건국동맹을 주축으로 군소정파를 규합하고, 진보적 민주주의를 표방하면서 조선인민당을 결성하였다.
1946년 5월 1차 미소 공동위원회가 결렬되자 각 정치 세력들은 독자적인 모색을 시도하였다. 이승만은 통일정부 수립이 여의치 않으므로 남쪽만이라도 먼저 임시정부를 수립하자고 제의하였다(정읍발언, 1946. 6). 이에 중도 좌파 여운형과 중도 우파 김규식 등은 미·소 공동위원회의 재개와 임시 민주정부 수립을 위해 좌우합작위원회를 조직하였다.

오답분석 ④ 여운형은 1947년 7월에 암살당하였고, 전조선제정당사회단체연석회의는 1948년 4월에 개최되었다.

● **복습지문**
여운형은 건국동맹을 결성하여 일제의 패망과 광복에 대비하였다.
여운형은 조선인민당을 결성하고, 좌우합작운동을 주도하였다.

04 | 카이로 선언과 모스크바 협정 정답 ②

(가)는 1943년 연합국의 루즈벨트(미)·처칠(영)·장제스(중)가 카이로 회담을 통해 채택한 카이로 선언이다. 이 선언은 최초로 국제사회에서 한국의 독립을 보장하였다.
(나)는 1945년 12월 모스크바에서 개최된 미·영·소 3국의 외상회의에서 합의한 내용이다.

오답분석 ① 포츠담 회담은 1945년 7월 독일 포츠담에서 미·영·소 대표가 모여 개최한 회담으로, 독일·일본에 대한 처리 문제가 논의되었고, 한국의 독립이 재차 확인되었다.
③ (나)의 결정에 따라 만들어진 위원회는 미·소 공동위원회이다. 좌우합작위원회는 1946년 1차 미·소 공동위원회가 결렬된 후에 여운형, 김규식 등이 만들었다.
④ 모스크바 3상회의는 해방 이후인 1945년 12월에 개최되었다.

VIII. 한국 현대사

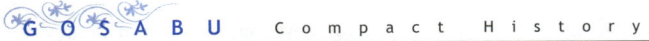

05 [2021 법원직] 다음 강령을 발표한 단체에 대한 설명으로 가장 옳은 것은?

> ○ 우리는 완전한 독립 국가 건설을 기함.
> ○ 우리는 전 민족의 정치적, 경제적, 사회적 기본 요구를 실현할 수 있는 민주주의 정권 수립을 기함.
> ○ 우리는 일시적 과도기에 있어서 국내 질서를 자주적으로 유지하며 대중 생활의 확보를 기함.

① 자유당을 창당하였다.
② 조선 인민 공화국의 수립을 선포하였다.
③ 독립 촉성 중앙 협의회의 결성을 주도하였다.
④ 38도선을 넘어 북한지도부와 남북 협상을 가졌다.

06 [2019 국가직 7급] 다음 선언문을 발표한 단체에 대한 설명으로 옳은 것은?

> 본 위원회는 우리 민족을 진정한 민주주의적 정권에로 재조직하기 위한 새 국가건설의 준비기관인 동시에 모든 진보적 민주주의적 세력을 집결하기 위하여 각층 각계에 완전히 개방된 통일기관이요, 결코 혼잡된 협동기관은 아니다.

① 각지에 치안대를 설치하였다.
② 반민족 행위 처벌법에 근거하여 설치되었다.
③ 임정 지지를 주장하면서 한국 민주당에 참가하였다.
④ 친일청산 등을 명시한 좌우 합작 7원칙을 결정하였다.

07 [2017 국가직 7급] 다음 강령을 선포한 단체의 활동으로 옳은 것을 〈보기〉에서 모두 고른 것은?

> ○ 우리는 완전한 독립 국가의 건설을 기함
> ○ 우리는 전 민족의 정치적, 사회적 기본 요구를 실현할 수 있는 민주주의 정권의 수립을 기함
> ○ 우리는 일시적 과도기에 있어서 국내 질서를 자주적으로 유지하며 대중 생활의 확보를 기함

● 보기 ●
ㄱ. 전국에 지부를 건설하고 치안대를 조직하였다.
ㄴ. 이른바 8월테제를 발표하여 토지 혁명을 제창하였다.
ㄷ. 남북을 통합한 좌우 합작으로 임시정부 수립을 주장하였다.
ㄹ. 전국인민대표대회에서 조선인민공화국의 수립을 선언하였다.

① ㄱ, ㄴ ② ㄴ, ㄷ ③ ㄷ, ㄹ ④ ㄱ, ㄹ

08 [2024 국가직 9급] 밑줄 친 '이 회의' 이후에 있었던 사실로 옳지 않은 것은?

> 미국, 영국, 소련 3국의 외무 장관이 모인 이 회의에서는 한국의 민주주의적 임시 정부 수립과 이를 위한 미·소 공동위원회의 설치, 최대 5년간의 신탁통치 방안 등이 결정되었다.

① 5·10 총선거가 실시되었다.
② 좌우합작 7원칙이 발표되었다.
③ 조선 건국 준비 위원회가 결성되었다.
④ 반민족 행위 특별 조사위원회가 구성되었다.

05 | 건국준비위원회　　　　　　　정답 ②

제시된 자료는 1945년 9월 발표된 건국준비위원회의 강령이다.
1945년 8월 15일 여운형은 안재홍 등과 함께 중도 우파와 온건 좌파를 중심으로 조선건국준비위원회를 결성하였다. 조선건국준비위원회는 전국에 145개의 지부를 조직하여 치안과 행정을 이끌었으나, 조선 공산당 등 좌익 세력이 위원회의 주도권을 장악하자 일부 우익 세력이 이탈하였다. 미군이 9월에 한반도에 진주한다는 소식이 알려지자 조선건국준비위원회는 미군과의 협상에서 유리한 입장을 확보하기 위해 중앙 조직을 정부 형태로 개편하고, 각 지부도 인민 위원회로 바꾸어 조선 인민 공화국 수립을 선포하였다.

오답분석　① 1951년 임시 수도인 부산에서 국민회, 대한청년당, 노동총연맹, 농민총연맹, 대한부인회 등의 단체를 토대로 자유당이 조직되었다.
③ 1945년 미국에서 귀국한 이승만이 독립 촉성 중앙 협의회의 결성을 주도하였다.
④ 1947년에 김규식, 홍명희 등이 결성한 민족자주연맹이 남북협상을 주도하였다.

06 | 건국준비위원회　　　　　　　정답 ①

제시된 자료는 조선 건국 준비 위원회의 강령이다.
광복 직후 여운형은 안재홍 등과 함께 조선 건국 동맹을 기반으로 좌우익의 합작 형태로 조선건국준비위원회를 결성하였다. 건국준비위원회는 북한 지역을 포함하여 전국에 지부를 설치하고, 치안대를 조직하여 국내 질서를 유지하였다. 건국준비위원회는 일부 우익 세력이 참여하지 않았지만 좌우 세력을 망라하여 폭넓은 지지를 받았고 8월 말에는 전국에 145개에 이르는 건국준비위원회 지부가 만들어졌다.

오답분석　② 반민족 행위 처벌법(반민법)에 근거하여 반민족행위 특별 조사위원회(반민특위)가 설치되었다.
③ 김성수, 송진우 등이 임정 지지를 주장하며 한국 민주당을 창당하였다.
④ 여운형, 김규식이 주도한 좌우 합작 위원회에서 좌우 합작 7원칙을 발표하였다.

● 복습지문
광복 직후 여운형, 안재홍 등이 조선 건국 준비 위원회를 조직하였다.
조선 건국 준비 위원회는 각지에 치안대를 설치하였다.

07 | 건국준비위원회　　　　　　　정답 ④

제시된 자료는 1945년 9월 발표된 건국준비위원회의 강령이다.
1945년 8월 15일 일본의 항복과 함께 여운형은 안재홍 등과 함께 좌우익의 합작 형태로 조선건국준비위원회를 결성하였다. 건국준비위원회는 북한 지역을 포함한 전국 145개 지역에 지부를 설치하고, 치안대를 조직하여 국내 질서를 유지하였다. 그러나 내부적으로 공산주의 계열과 민족주의 계열 일부에서 조직상의 문제가 발생하기 시작했고, 안재홍 등의 일부 중도 우익 인사들은 이탈하여 조선국민당을 결성하였다. 이에 따라 건국준비위원회는 사회주의계열 인사를 중심으로 개편되었고, 9월 6일 전국 인민대표자 회의를 소집하여 조선인민공화국을 수립하고, 각 지방에 인민위원회를 조직하였다.

오답분석　ㄴ. 박헌영에 의해 조직된 조선공산당에서 8월 테제를 발표하였다.
ㄷ. 좌우합작위원회에서 발표한 '좌우합작 7원칙'에 포함된 내용이다.

● 복습지문
조선 건국 준비 위원회 내부의 좌익 세력이 주도하여 조선인민공화국을 수립하였다.

08 | 모스크바 3상 회의　　　　　　정답 ③

밑줄 친 '이 회의'는 1945년 12월에 개최된 모스크바 3국 외상 회의이다.
미국, 영국, 소련의 3국 외상은 한반도에 민주적인 임시 정부를 수립하고, 임시 정부 수립을 위해 미·소 공동위원회를 개최하며, 임시 정부와 협의를 거쳐 미국·영국·중국·소련의 4개국이 한반도에 최고 5년을 기한으로 신탁통치를 실시한다고 결정하였다.
1946년 제1차 미·소 공동위원회가 결렬된 후, 이승만은 남쪽만이라도 먼저 임시 정부를 수립하자고 제의하였다(정읍발언, 1946. 6.). 이에 대응하여 1946년 7월에 여운형, 김규식 등 중도 세력은 좌우합작위원회를 결성하고, 10월에 좌우합작 7원칙을 발표하였다.
1948년 5월에 38도선 이남 지역에서 유엔 한국 임시 위원단의 감시 아래 총선거가 실시되었다. 선거 결과 제주도 2곳을 제외한 선거구에서 198명의 국회의원이 선출되었다.
정부 수립 후 국회는 반민족행위처벌법을 제정하고(1948. 9.), 국회 직속의 반민족 행위 특별 조사 위원회(반민특위)를 구성하여 친일 반민족 행위자에 대한 조사와 체포에 나섰다.

오답분석　③ 1945년 8월 15일에 조선 건국 준비 위원회가 결성되었다.

VIII. 한국 현대사

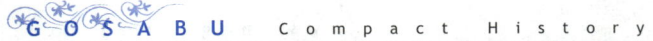

09 [2018 서울시 9급] 〈보기〉의 결정을 내린 회의에 대한 설명으로 가장 옳지 않은 것은?

> ○ 첫째, 한국을 독립국가로 재건하기 위해 민주주의 임시 정부를 수립한다.
> ○ 둘째, 한국 임시정부 수립을 위해 미·소공동위원회를 설치한다.
> ○ 셋째, 미국, 영국, 중국, 소련의 4개국이 공동 관리하는 최고 5년 기한의 신탁통치를 시행한다.

① 1945년 12월 모스크바에서 개최하였다.
② 미국, 영국, 소련 세 나라의 외무장관이 참석하였다.
③ 한국의 신탁통치에 대하여 처음 국제적으로 논의하였다.
④ 이 회의의 결정 소식은 국내 좌우익의 극심한 분열을 일으켰다.

10 [2021 지방직 9급] (가)에 대한 설명으로 옳은 것은?

> 1945년 12월 모스크바에서 미국, 소련, 영국의 외무장관들은 한국 문제를 논의하였다. 이 회의에서 미국, 소련, 영국, 중국이 최장 5년간 신탁통치를 시행한다는 합의가 이루어졌다. 또 미국과 소련이 (가)를/을 개최해 민주주의 임시정부 수립 문제에 대해 논의하기로 했다. 이 합의에 따라 1946년 3월 서울에서 (가)가/이 시작되었다.

① 미·소 양측의 의견 차이로 결렬되었다.
② 조선건국준비위원회를 조직하는 성과를 냈다.
③ 민주 공화제를 핵심으로 한 제헌헌법을 만들었다.
④ 유엔 감시하의 총선거로 정부를 수립한다는 결정을 내렸다.

11 [2019 지방직 7급] ㉠에 들어갈 명칭으로 옳은 것은?

> ㉠에서 소련 대표는 미국·소련·영국 외무장관이 합의한 사항에 동의하는 사회단체와 정당을 한국 민주주의 임시정부 수립 문제를 논의할 협의 대상으로 하자고 했다. 또 합의한 사항에 반대하는 세력을 협의 대상에서 배제해야 한다고 주장하였다. 미국은 소련이 '의사 표현의 자유'를 보장하지 않는다며 비판했다. 양측은 이 문제로 대립하였고, 결국 ㉠는 특별한 성과를 거두지 못한 채 휴회에 들어갔다.

① 미·소 공동 위원회
② 모스크바 3상 회의
③ 좌·우 합작 위원회
④ 조선 건국 준비 위원회

12 [2019 법원직] 밑줄 친 '위원회'에 대한 설명으로 가장 옳은 것은?

> 본 위원회의 목적을 달성하기 위하여 기본 원칙을 아래와 같이 의정함.
> 1. 조선의 민주 독립을 보장한 삼상 결정에 의하여 남북을 통한 좌우합작으로 민주주의 임시정부를 수립할 것.
> 2. 미소공동위원회 속개를 요청하는 공동성명을 발표할 것.
> 3. 토지개혁에 있어 몰수, 유조건 몰수, 체감 매상 등으로 토지를 농민에게 무상으로 분여하여 적정 처리하고, 중요 산업을 국유화하여 ……
> 4. 친일파 민족 반역자를 처리할 조례를 본 합작 위원회에서 입법 기구에 제안하여 …… 실시하게 할 것

① 이승만의 정읍발언을 지지하였다.
② 여운형과 김규식 등이 주도하였다.
③ 조선 공산당과 한민당이 참여하였다.
④ 모스크바 3국 외상 회의 결정에 반대하였다.

09 | 모스크바 3상 회의   정답 ③

제시된 자료는 1945년 12월 모스크바에서 열린 미국, 영국, 소련의 3국 외상 회의에서 결정된 사항이다.
3국 외상은 한반도에 민주적인 임시정부를 수립하고, 임시정부 수립을 위해 미·소 공동위원회를 개최하며, 임시정부와 협의를 거쳐 미국·영국·중국·소련의 4개국이 한반도에 최고 5년을 기한으로 신탁통치를 실시한다고 결정하였다.
그러나 12월 27일 동아일보에서 '소련이 신탁통치 주장, 미국은 즉시 독립 주장'의 제목으로 신탁통치 안이 보도됨에 따라 좌익과 우익 모두 신탁통치 반대 운동을 전개하였다. 그러나 모스크바 3상 회의의 결과가 공식적으로 발표되자 좌익이 회의 결정을 총체적으로 지지한다는 입장을 밝힘에 따라 국내 좌우익의 극심한 분열이 일어나게 되었다.

오답분석 ③ 한반도에 대한 신탁통치 문제가 공식적인 외교석상에서 처음 다루어진 것은 1943년 영국 외상 이든과 미국대통령 루스벨트의 워싱턴회담에서였다. 그 후 카이로·테헤란·얄타·포츠담 회담을 거치면서 구체화되었다.

● 복습지문
모스크바 3상 회의의 결정 소식은 국내 좌우익의 극심한 분열을 초래하였다.

10 | 미·소 공동 위원회   정답 ①

(가)는 모스크바 3상 회의의 결정에 따라 미국과 소련 대표로 구성된 미·소 공동위원회이다.
1946년 3월 미국과 소련은 모스크바 3상 회의 결정을 실천하기 위하여 미국군과 소련군 대표로 구성된 미·소 공동위원회를 개최하였다. 그러나 회담은 시작하자마자 협의의 대상이 될 정당과 사회단체를 선정하는 문제를 둘러싸고 난관에 부딪쳐 두 달여 만에 휴회에 들어가고 말았다. 이후 국제적으로 냉전이 본격화되면서 1947년 5월에 열린 2차 미·소 공동위원회도 이견을 좁히지 못한 채 결렬되었다. 제2차 미·소 공동위원회가 결렬되자 미국은 한반도 문제를 UN(국제 연합)으로 이관하였다.

오답분석 ② 1944년에 결성된 조선건국동맹을 기반으로 1945년 8월 15일에 조선건국준비위원회가 조직되었다.
③ 1948년 5월에 총선거를 통해 구성된 제헌국회에서 제헌헌법을 만들었다.
④ 1947년 11월에 열린 유엔 총회에서 유엔 감시하의 총선거로 정부를 수립한다는 결정을 내렸다.

11 | 미·소 공동 위원회   정답 ①

㉠은 미국과 소련 대표로 구성되었으며, 임시정부 수립 문제를 논의할 협의 대상에 대한 이견으로 휴회한 미·소 공동 위원회이다.
1946년 3월 미국과 소련은 모스크바 회의 결정을 실천하기 위하여 미국군과 소련군 대표로 구성된 미·소 공동위원회를 개최하였다. 그러나 회담은 시작하자마자 협의의 대상이 될 정당과 사회단체를 선정하는 문제를 둘러싸고 난관에 부딪쳤다. 소련은 모스크바 3상회의 결정을 지지하는 정당과 사회단체만 협의 대상으로 삼자고 했고, 미국은 표현의 자유를 내세우며 신탁통치 반대 세력까지 포함시키자고 하였다. 결국 회담은 두 달여 만에 휴회에 들어가고 말았다.

12 | 좌우합작운동   정답 ②

제시된 자료는 좌우합작위원회에서 발표한 좌우합작 7원칙 중 일부로, 밑줄 친 '위원회'는 좌우합작위원회를 가리킨다.
1946년 제1차 미·소 공동위원회가 결렬된 후, 이승만은 통일정부 수립이 여의치 않으므로 남쪽만이라도 먼저 임시정부를 수립하자고 제의하였다(정읍발언, 1946. 6). 이에 중도 좌파 여운형과 중도 우파 김규식 등은 미·소 공동위원회의 재개와 임시 민주정부 수립을 위해 좌우합작을 모색하였다. 미군정도 신탁통치 문제를 둘러싼 좌우 대립과 혼란을 막기 위해 좌우 합작 운동을 적극 지원하였다. 이에 1946년 7월에 중도파 세력을 중심으로 좌우합작위원회가 결성되었다.
좌우합작위원회는 좌익이 제안한 5원칙과 우익이 제안한 8원칙을 절충하여 좌우합작 7원칙을 발표하였다(1946. 10). 이 원칙은 그 동안 좌익과 우익 간에 이견이 심했던 토지 문제와 친일파 처리 문제 등을 중도적 입장에서 조정한 것이었다.

오답분석 ① 이승만의 정읍 발언에 대항하여 여운형과 김규식이 좌우합작위원회를 결성하였다.
③ 중도 세력 중심으로 조직된 좌우합작위원회에 조선 공산당(좌익)과 한민당(우익)은 참여하지 않았다.
④ 좌우합작위원회는 좌우합작 7원칙의 1항에서 모스크바 3상 회의의 결정을 따를 것을 표명하였다.

Ⅷ. 한국 현대사

13 [2023 지방직 9급] 다음 원칙이 발표된 이후에 있었던 사실로 옳지 <u>않은</u> 것은?

> ○ 조선의 민주 독립을 보장한 삼상 회의 결정에 의하여 남북을 통한 좌우 합작으로 민주주의 임시 정부를 수립할 것
> ○ 토지 개혁에 있어서 몰수, 유조건 몰수, 체감매상 등으로 토지를 농민에게 무상으로 나누어 주며, …(중략)… 민주주의 건국 과업 완수에 매진할 것

① 3·15 부정선거에 대항하여 4·19 혁명이 일어났다.
② 친일파를 청산하기 위한 『반민족행위처벌법』이 공포되었다.
③ 제헌 국회에서 대통령에 이승만, 부통령에 이시영을 선출하였다.
④ 임시 민주 정부 수립을 논의하기 위해 제1차 미·소 공동 위원회가 개최되었다.

14 [2022 간호직 8급] 밑줄 친 '나'에 대한 설명으로 옳은 것은?

> 미군정 아래에서 육성된 그들은 경찰을 시켜 선거를 독점하도록 배치하고 인민의 자유를 유린하고 있다. … (중략) … 나는 통일된 조국을 건설하려다 38선을 베고 쓰러질지언정, 일신의 구차한 안일을 위하여 단독정부를 세우는 데는 협력하지 않겠다.

① 한인 애국단을 조직하였다.
② 민족 혁명당 창당을 주도하였다.
③ 대한민국 임시 정부의 대통령을 역임하였다.
④ 좌우 합작위원회에서 임시 정부 수립을 합의하였다.

15 [2022 국가직 9급] 밑줄 친 '그'에 대한 설명으로 옳은 것은?

> 한국 국민당을 이끌던 그는 독립운동 세력을 통합하고자 한국 독립당을 결성해 항일 운동을 주도하였다. 광복 직후 귀국한 그는 정부 수립을 위한 활동을 이어나갔으며, 남한 단독 선거가 결정되자 김규식과 더불어 남북 협상을 위해 평양을 방문하기도 하였다.

① 좌우 합작 위원회를 구성해 좌우 합작 7원칙을 발표하였다.
② 광복 직후 안재홍 등과 함께 조선 건국 준비 위원회를 만들었다.
③ 무장 항일투쟁을 위해 하와이로 건너가 대조선 국민 군단을 결성하였다.
④ 모스크바 3국 외상 회의의 결정 사항이 알려지자 신탁통치 반대 운동을 펼쳤다.

16 [2018 국가직 9급] (가)와 (나)를 주장한 각 인물에 대한 설명으로 옳은 것은?

> (가) 우리는 남방만이라도 임시 정부 혹은 위원회 같은 것을 조직하여 38도선 이북에서 소련이 철퇴하도록 세계 공론에 호소해야 할 것이다.
> (나) 나는 통일된 조국을 달성하려다 38도선을 베고 쓰러질지언정 일신의 구차한 안일을 위하여 단독 정부를 세우는 데는 협력하지 아니하겠다.

① (가)-5·10 총선거에 불참하였다.
② (가)-좌우 합작 7원칙을 지지하였다.
③ (나)-탁치 반대 국민 총동원 위원회를 조직하였다.
④ (나)-남조선 과도 입법 의원의 의장을 역임하였다.

13 | 좌우 합작 운동   정답 ④

제시된 자료는 좌우합작위원회가 발표한 좌우합작 7원칙이다.
1946년 제1차 미·소 공동위원회가 결렬된 후, 이승만은 통일정부 수립이 여의치 않으므로 남쪽만이라도 먼저 임시 정부를 수립하자고 제의하였다(정읍발언, 1946.6.). 이에 여운형과 김규식 등은 미·소 공동위원회의 재개와 임시 민주정부 수립을 위해 좌우합작위원회를 결성하였다. 1946년 10월에 좌우합작위원회는 좌익이 제안한 5원칙과 우익이 제안한 8원칙을 절충하여 좌우합작 7원칙을 발표하였다.
1948년 5월 10일에 열린 총선거를 통해 임기 2년의 국회의원 198명이 당선되어 제헌국회가 구성되었다. 제헌 국회는 7월 17일 대통령제와 단원제 국회를 골자로 하는 헌법을 공포하고, 7월 20일 대통령에 이승만, 부통령에 이시영을 선출하였다.
제헌헌법의 제101조에는 반민족행위자에 대해 소급입법에 의하여 처벌할 수 있도록 규정되었고, 이 조항을 근거로 1948년 9월에 제헌 국회에서 반민족행위처벌법이 제정되었다. 반민법에 따라 반민족행위특별조사위원회가 설치되어 활동을 시작하였다.
1960년 3.15 부정 선거에 항의하여 학생과 시민이 4.19 혁명을 일으켰다.

오답분석
④ 1946년 3월에 제1차 미·소 공동 위원회가 개최되었으나, 5월에 결렬되었다.

14 | 김구   정답 ①

제시된 자료는 1948년 2월에 UN소총회에서 남한만의 단독선거를 논의하자 김구가 단독 정부 수립에 반대하며 발표한 '3천만 동포에게 읍고함'이다.
김구는 3·1 운동 직후에 상해로 망명하여 대한민국 임시 정부의 초대 경무국장에 취임하여 상해 동포와 임시정부 요인들의 안녕을 책임지고 일제 밀정으로부터 임시 정부를 수호하였다. 이후 그는 1923년 내무총장, 1924년 국무총리 대리, 1926년 국무령에 취임하여 재정적으로 힘든 임시 정부를 이끌었다. 1931년에는 한인애국단을 조직하고 1932년 1월 이봉창 동경 의거와 4월 29일 윤봉길의 훙커우 공원 의거를 전개하여 임시 정부 독립 운동의 중요한 전기를 만들었다.

오답분석
② 의열단의 김원봉이 민족 혁명당 창당을 주도하였다.
③ 이승만, 박은식이 대한민국 임시 정부의 대통령을 역임하였다.
④ 여운형, 김규식이 좌우 합작위원회를 주도하였다.

15 | 김구   정답 ④

'그'는 한국독립당을 결성해 항일 운동을 주도하고, 1948년 김규식과 더불어 남북협상을 추진한 김구이다.
김구는 3·1 운동 직후에 상해로 망명하여 대한민국 임시 정부의 초대 경무국장에 취임하여 임시 정부 요인들의 안전을 책임지고 일제 밀정으로부터 임시 정부를 수호하였다.
이후 1931년에는 한인애국단을 조직하고 1932년 1월 이봉창 동경 의거와 4월 29일 윤봉길의 훙커우공원 의거를 주도하였다.
광복 이후 김구는 1945년 11월 임시 정부 요인들과 함께 귀국하였다. 그해 12월 28일 모스크바 3상 회의에서 신탁통치를 결의하자 김구는 '신탁통치 반대 국민총동원위원회'를 구성하고 신탁통치 반대 운동을 주도하였다.

오답분석
① 중도파의 여운형과 김규식이 주도하여 좌우 합작 위원회를 구성하고 좌우 합작 7원칙을 발표하였다.
② 여운형이 광복 직후 안재홍 등과 함께 조선 건국 준비 위원회를 만들었다.
③ 대한인국민회 하와이 지방총회는 연무부를 두어 군사 훈련을 실시하였는데, 1914년 박용만이 대조선 국민군단으로 개편하였다.

16 | 김구와 이승만   정답 ③

(가)는 1차 미소공동회가 결렬된 이후 남한만이라도 단독정부를 수립할 것을 주장한 이승만의 '정읍발언'이다.
(나)는 UN소총회에서 남한만의 단독 선거를 논의하자 김구가 단독 정부 수립에 반대하며 발표한 '3천만 동포에게 읍고함'이다.
1945년 12월 말 모스크바에서 개최된 미·영·소 3국 외무장관 회의에서 한국의 임시 민주 정부 수립과 이를 위한 미·소 공동 위원회 설치, 최대 5년간의 신탁 통치가 결의되었다. 이에 대해 대한민국 임시 정부를 비롯한 우익 세력은 신탁 통치는 한국의 자주권을 부정한 결정이라고 비판하면서 '신탁통치 반대 국민 총동원 위원회'를 조직하여 반대 운동을 펼쳤다. 신탁통치 반대 국민 총동원 위원회는 임시정부의 주권 행사를 건의하고, 전국적 총파업을 지시하기도 하였다. 위원회는 1946년 2월 독립촉성중앙협의회와 통합하여 대한독립촉성국민회로 재편되었다.

오답분석
① 이승만은 5·10 총선거에 참여하였고, 김구는 5·10 총선거에 불참하였다.
② 이승만은 좌우 합작 7원칙에 대하여 조건부 찬성이라는 입장을 표명하여 애매한 태도를 보였다.
④ 김규식이 남조선 과도 입법 의원 의장을 역임하였다.

VIII. 한국 현대사

17 [2019 국가직 9급] (가)~(라)를 시기순으로 바르게 나열한 것은?

(가) 좌우합작 7원칙이 발표되었다.
(나) 조선 건국 준비 위원회가 결성되었다.
(다) 모스크바 3국 외상 회의가 개최되었다.
(라) 김구와 김규식이 남북협상을 제의하였다.

① (나) → (가) → (라) → (다)
② (나) → (다) → (가) → (라)
③ (다) → (가) → (나) → (라)
④ (다) → (나) → (가) → (라)

18 [2020 지방직 9급] 다음의 사건을 시기순으로 바르게 나열한 것은?

(가) 제헌국회가 구성되어 헌법을 제정하였다.
(나) 여운형과 김규식은 좌우합작위원회를 조직하였다.
(다) 조선건국동맹을 기반으로 조선건국준비위원회가 조직되었다.
(라) 민주주의 임시정부 수립을 논의하기 위해 제1차 미·소공동위원회가 열렸다.

① (가)-(다)-(나)-(라)
② (나)-(다)-(라)-(가)
③ (다)-(라)-(나)-(가)
④ (라)-(나)-(가)-(다)

19 [2018 서울시 9급] 1948년 남북 협상에 대한 설명으로 옳은 것을 〈보기〉에서 모두 고른 것은?

ㄱ. 제1차 미·소공동위원회와 2차 미·소공동위원회 사이에 추진되었다.
ㄴ. 좌·우 정치세력의 합작을 위한 7원칙을 발표하였다.
ㄷ. 김구, 김규식 등이 평양에서 열린 회의에 참여하였다.
ㄹ. 회의 결과, 미·소 양군의 철수를 요구하는 결의문을 채택하였다.

① ㄱ, ㄴ   ② ㄱ, ㄹ   ③ ㄴ, ㄷ   ④ ㄷ, ㄹ

20 [2019 서울시 9급] 〈보기〉의 사실들을 시간순으로 나열했을 때 세 번째에 해당하는 것은?

ㄱ. 제2차 미·소 공동위원회 결렬
ㄴ. 좌·우 합작 위원회, '좌·우 합작 7원칙'에 합의
ㄷ. 이승만, 정읍 발언에서 남한만의 정부 수립 주장
ㄹ. 유엔 소총회, 가능한 지역에서만 총선거 실시 결의

① ㄱ   ② ㄴ   ③ ㄷ   ④ ㄹ

17 | 대한민국의 수립   정답 ②

- (나) 1945년 8월에 조선 건국 준비 위원회가 결성되었다.
- (다) 1945년 12월에 모스크바에서 미국, 영국, 소련의 외무장관이 한반도 문제를 논의하였다.
- (가) 1946년 10월에 좌우합작 7원칙이 발표되었다.
- (라) 1948년 2월에 김구와 김규식이 남북협상을 제의하였다.

18 | 대한민국의 수립   정답 ③

- (다) 1945년 8월에 여운형은 조선건국동맹을 기반으로 조선건국준비위원회를 조직하였다.
- (라) 1946년 3월에 덕수궁에서 제1차 미·소공동위원회가 개최되었으나 5월에 휴회에 들어갔다.
- (나) 1946년 7월에 중도 좌파 여운형과 중도 우파 김규식 등은 미·소 공동위원회의 재개와 임시 민주정부 수립을 위해 좌우합작위원회를 조직하였다.
- (가) 1948년에 5·10 총선거를 통해 제헌국회가 구성되어 헌법을 제정하였다.

19 | 남북협상   정답 ④

1948년 초 북한이 UN의 남북한총선거 감시위원단의 입북을 거절함으로써, 남한만의 단독선거가 결정되었다. 이에 민족자주연맹은 북한의 김일성과 김두봉에게 남북요인회담의 개최를 요청하는 서한을 보냈고, 4월 김구와 김규식 등이 평양에서 열린 전조선정당사회단체대표자 연석회의에 참가하며 남북협상이 시작되었다.
남북협상에서 미·소 양군의 철수를 요구하는 결의문이 채택되었고, 남북 통일정부 수립방안이 작성되었으나 실질적인 성과는 거두지 못하였다.
통일 정부 수립을 주장하던 인사들은 5·10 총선거에 불참함으로써 대한민국 정부 수립과정에서 배재되고 말았다.

오답분석 ㄱ. 남북협상은 2차 미·소 공동위원회가 결렬된 뒤인 1948년 4월에 개최되었다.
ㄴ. 좌우합작위원회에서 좌우합작 7원칙을 발표하였다.

● 복습지문

> 1948년 평양에서 열린 남북협상에서 미소 양군의 철수를 요구하는 결의문이 채택되었다.

20 | 대한민국의 수립   정답 ①

- ㄷ. 1946년 6월에 이승만이 정읍에서 남한만의 단독 정부 수립을 주장하였다.
- ㄴ. 1946년 10월에 좌우합작 7원칙에 합의하였다.
- ㄱ. 1947년 7월에 제2차 미소공동위원회가 결렬되었다.
- ㄹ. 1948년 2월에 유엔 소총회에서 남한 지역의 총선거 실시를 결의하였다.

VIII. 한국 현대사

21 [2023 국가직 9급] 다음과 같은 결의문에 근거하여 시행된 조치로 옳은 것은?

> 소총회는 …(중략)… 한국 인민의 대표가 국회를 구성하여 중앙정부를 수립할 수 있도록 선거를 시행함이 긴요하다고 여기며, 총회의 의결에 따라 국제연합 한국 임시위원단이 접근할 수 있는 지역에서 결의문 제2호에 기술된 계획을 시행함이 동 위원단에 부과된 임무임을 결의한다.

① 미 군정청이 설치되었다.
② 5·10 총선거가 실시되었다.
③ 좌우 합작 위원회가 구성되었다.
④ 미·소 공동 위원회가 개최되었다.

23 [2020 국가직 7급] (가), (나) 사건 사이에 있었던 사실로 옳은 것은?

> (가) UN 한국위원단이 총선거 감시와 협의를 할 수 있었던 그 지역에서 효과적으로 통제 및 사법권을 보유한 합법정부가 수립되었으며, …(중략)… 한국위원단은 지난번 한국 인민의 자유로 표현된 의사에 기초하여 장차의 대의정부 발전에 유용한 감시와 협의를 수행할 것이다.
> (나) 안전보장이사회는 …(중략)… 북한군의 대한민국에 대한 무력공격이 평화 파괴를 조성한다고 단정하였다. 이 지역에서 그 무력공격을 격퇴하고 국제적 평화와 안전을 회복시키기 위하여 필요한 원조를 대한민국에 제공하도록 국제연합 제 회원국에게 권고하였다.

① 제헌헌법이 공포되었다.
② 남조선과도입법의원이 구성되었다.
③ 귀속재산 처리를 위한 귀속재산처리법이 제정되었다.
④ 일본인 토지의 분배를 위해 중앙토지행정처가 발족되었다.

22 [2025 법원직] 다음 밑줄 친 '이 선거'에 대한 설명으로 가장 옳은 것은?

> 이 우표는 1948년에 실시된 선거를 기념하여 만들어진 것입니다. 이 선거는 우리 역사상 최초로 실시된 보통선거라는 의미가 있습니다.

① 임기 4년의 국회의원을 선출하였다.
② 김구, 김규식은 선거 불참을 선언하였다.
③ 이 선거로 이승만이 대통령에 선출되었다.
④ 18세 이상 모든 국민에게 투표권이 부여되었다.

24 [2025 국가직 9급] 밑줄 친 '이 헌법' 공포 이후에 있었던 사실로 옳은 것은?

> 제헌국회는 "유구한 역사와 전통에 빛나는 우리들 대한국민은 기미 삼일운동으로 대한민국을 건립하여 세계에 선포한 위대한 독립정신을 계승하여 이제 민주독립국가를 재건함에 있어서"라고 명시한 이 헌법을 공포하였다.

① 미군정청이 설치되었다.
② 5·10 총선거가 실시되었다.
③ 반민족행위처벌법이 공포되었다.
④ 한국의 독립을 언급한 카이로 회담이 개최되었다.

21 | 유엔 소총회 결의   정답 ②

제시된 자료는 1948년 2월 유엔 소총회에서 남한만의 단독 선거를 결의한 상황이다.

1947년 제2차 미·소 공동 위원회가 결렬되자 미국은 한반도 문제를 UN(국제 연합)으로 이관하였다. 1947년 11월 소련이 불참한 UN 총회에서 한국 문제를 논의한 끝에 인구비례에 의한 자유 총선거 실시와 UN 한국임시위원단의 구성을 주요 내용으로 하는 결의안이 채택되었다. 이에 따라 UN은 1948년 1월 남북 총선거 실시를 위해 UN 한국임시위원단을 한반도로 파견하였다.

그러나 소련 측은 UN 한국임시위원단의 입북을 거부하였다. 1948년 2월 UN 소총회는 한국임시위원단이 임무를 수행할 수 있는 지역의 총선거, 즉 38도선 이남 지역만의 단독 선거를 결정하였다.

1948년 5월 10일 38도선 이남 지역에서는 UN 한국임시위원단의 감시 하에 국민의 대표인 제헌국회의원을 선출하는 총선거가 실시되었다. 5·10 총선거는 21세 이상 모든 국민에게 투표권이 부여된 우리나라 최초의 보통 선거로, 직접, 평등, 비밀, 자유 원칙에 따라 실시된 민주 선거였다. 김구와 김규식 등의 남북협상파와 좌익 세력은 5·10 총선거에 참여하지 않았다.

오답분석
① 1945년 9월에 미 군정청이 설치되었다.
③ 1946년 7월에 좌우 합작 위원회가 구성되었다.
④ 1946년 3월에 제1차 미·소 공동 위원회가 개최되었다.

22 | 5.10 총선거   정답 ②

1948년에 실시된 '이 선거'는 5·10 총선거이다.

1948년 5월 10일 38도선 이남 지역에서는 UN 한국임시위원단의 감시 하에 국민의 대표인 국회의원을 선출하는 총선거가 실시되었다. 5·10 총선거는 21세 이상 모든 국민에게 투표권이 부여된 우리나라 최초의 보통 선거로, 직접, 평등, 비밀, 자유 원칙에 따라 실시된 민주 선거였다. 김구와 김규식 등의 남북협상파와 좌익 세력은 5·10 총선거에 참여하지 않았다. 선거 결과 제주도 2곳을 제외한 선거구에서 198명의 국회의원이 선출되었다. 임기 2년의 제헌국회는 국호를 대한민국으로 정하고, 헌법을 제정·공포하였다.

오답분석 ① 5·10 총선거는 임기 2년의 제헌 국회의원을 선출하였다.
③ 제헌국회가 구성된 후 제헌헌법에 따라 국회 간접선거로 이승만이 대통령에 선출되었다.
④ 5·10 총선거는 21세 이상 모든 국민에게 투표권이 부여되었다.

23 | UN총회와 UN안보리 결정   정답 ③

(가)는 1948년 12월 12일 제3차 UN 총회에서 대한민국 정부가 선거가 가능한 지역에서 합법적인 절차에 의해 수립된 정부임을 알리는 글이다.
(나)는 1950년 6월 26일 UN 안전보장이사회에서 북한을 침략세력으로 규정하고 유엔군 파견을 결정한 글이다.

1948년 출범한 제헌국회는 1949년 12월 귀속재산처리법을 제정하여 미군정 기간에 불하하지 못한 귀속기업체를 불하하기 시작하였다.

오답분석 ① 1948년 7월 17일에 제헌헌법이 공포되었다.
② 1946년 12월에 남조선과도입법의원이 구성되었다.
④ 1948년 3월에 미군정은 신한공사를 해체하고 중앙토지행정처를 신설하여 귀속농지에 한하여 원래의 소작인과 귀국 동포들에게 유상으로 불하하였다.

● **복습지문**

1949년 제헌국회는 귀속재산 처리를 위해 귀속재산처리법을 제정하였다.

24 | 제헌헌법   정답 ③

제헌국회가 공포한 '이 헌법'은 1948년에 제정된 제헌헌법이다.

1948년 5월 10일에 열린 총선거를 통해 임기 2년의 국회의원 198명이 당선되어 제헌국회가 구성되었다. 제헌국회는 헌법 기초 위원회를 구성해 대통령제와 단원제 국회를 골자로 하는 헌법을 완성하였다. 7월 17일 공포된 '제헌헌법'은 1952년 발췌개헌으로 개정될 때까지 약 4년간 유지되었다.

제헌헌법 101조에 반민족행위자에 대해 소급 입법에 의하여 처벌할 수 있는 규정이 마련되었고, 이 조항을 근거로 1948년 9월에 반민족행위처벌법이 제정되었다. 반민족행위처벌법에 따라 국회의원 10인으로 반민족행위특별조사위원회가 구성되었다.

오답분석 ① 1945년 9월 38도선 이남을 점령통치 하기 위해 미군정청이 설치되었다.
② 1948년 5월에 5·10 총선거가 실시되었고, 7월에 제헌헌법이 공포되었다.
④ 1943년에 루즈벨트(미)·처칠(영)·장제스(중)가 카이로 회담을 열고 한국의 독립을 최초로 언급하였다.

VIII. 한국 현대사

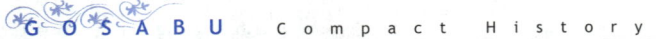

25 [2017 지방직 9급] 다음 법령에 대한 설명으로 옳지 <u>않은</u> 것은?

> 제1조 일본 정부와 통모하여 한·일 합병에 적극 협력한 자, 한국의 주권을 침해하는 조약 또는 문서에 조인한 자와 모의한 자는 사형 또는 무기 징역에 처하고, 그 재산과 유산의 전부 혹은 2분지 1 이상을 몰수한다.
> 제3조 일본 치하 독립운동자나 그 가족을 악의로 살상·박해한 자 또는 이를 지휘한 자는 사형, 무기 또는 5년 이상의 징역에 처하고 그 재산의 전부 혹은 일부를 몰수한다.

① 이 법령에 따라 특별 재판부가 설치되었다.
② 이 법령의 제정은 제헌헌법에 명시된 사항이었다.
③ 이 법령에 따라 반민족행위자들이 실형을 선고받았다.
④ 이 법령은 여수·순천 10·19 사건 직후에 국회에서 통과되었다.

26 [2022 국가직 9급] 제헌 국회에 대한 설명으로 옳은 것은?

① 반민족 행위 특별 조사 위원회를 구성하였다.
② 한·일 기본 조약 체결에 반대하는 성명을 내놓았다.
③ 통일 3대 원칙이 언급된 7·4 남북 공동 성명을 발표하였다.
④ 통일 주체 국민 회의에서 대통령을 뽑는다는 내용의 개헌안을 통과시켰다.

27 [2022 지방직 9급] 다음 조항을 포함한 법률에 대한 설명으로 옳지 <u>않은</u> 것은?

> 제1조 일본 정부와 통모하여 한일 합병에 적극 협력한 자, 한국의 주권을 침해하는 조약 또는 문서에 조인한 자와 이를 모의한 자는 사형 또는 무기 징역에 처하고, 그 재산과 유산의 전부 혹은 2분의 1 이상을 몰수한다.

① 이 법률은 제헌국회에서 제정되었다.
② 이 법률은 농지개혁법이 제정된 후 제정되었다.
③ 이 법률에 의해 반민특위와 특별 재판부가 구성되었다.
④ 이 법률에 의해 친일 경력을 지닌 고위 경찰 간부가 체포되었다.

28 [2018 지방직 7급] 다음 자료에서 밑줄 친 '위원회'에 대한 설명으로 옳은 것은?

> 대통령은 우리 위원회의 활동이 삼권분립 원칙에 위배된다고 주장하고 있으며, 내무장관은 피의자인 노덕술을 요직에 등용하였다. …(중략)… 당국자가 노덕술을 보호하고, 우리 위원회에 그의 석방을 요구한 이유가 무엇인가? 우리는 친일 경관이 아니라 애국심을 지닌 경관이 등용되기를 바란다.

① 남북협상을 추진하였다.
② 부산정치파동으로 인해 해산되었다.
③ 3·15 부정선거를 규탄하는 시위를 주도하였다.
④ 제헌 헌법의 특별 규정에 의해 제정된 법률에 따라 구성되었다.

25 | 반민족행위처벌법 　　　　　정답 ④

제시된 자료는 1948년 9월 제정된 반민족행위처벌법이다.
제헌헌법에 근거해 제정된 반민족행위처벌법은 국회의원 10인으로 구성된 반민족행위 특별조사위원회가 조사를 진행하고, 대법원에 특별재판부를 두어 재판을 담당하게 하며, 특별검찰부를 설치하여 공소를 제기하도록 하였다.
그러나 친일행위를 한 경찰간부를 조사하는 과정에서 경찰이 특별조사위원회에 난입해 직원을 연행하는 사건이 일어났고, 일부 의원이 국회프락치사건으로 구속되는 등 조사과정이 순탄치 않았다. 검찰에 송치된 주요 친일 인사들은 재판 과정에서 사형, 징역, 집행유예, 공민권 정지 등의 실형을 선고 받았으나 1950년 3월까지 형집행 정지 등으로 전원 석방되었다.

오답분석 ④ 반민족행위처벌법은 여수·순천 10·19 사건이 벌어지기 전인 1948년 9월에 제정되었다.

● 복습지문
반민족행위처벌법에 따라 대법원에 특별 재판부가 설치되었다.

26 | 제헌국회 　　　　　정답 ①

1948년 5월 10일에 열린 총선거를 통해 임기 2년의 국회의원 198명이 당선되어 제헌국회가 구성되었고, 제헌 국회는 헌법 기초 위원회를 구성해 대통령제와 단원제 국회를 골자로 하는 헌법을 완성하였다.
제헌 헌법은 전문에서 대한민국이 3·1 운동과 대한민국 임시정부를 계승했음을 명시하였고, 친일 반민족행위자의 처벌, 토지 개혁을 통한 지주제 폐지, 지하자원과 산업의 국유화, 사기업에서 노동자들의 이익 참가권 등을 규정하였다.
그리고 권력구조는 대통령 중심제를 골격으로 하면서 대통령·부통령을 국회에서 선출하는 내각제 요소를 가미하였다. 대통령과 부통령의 임기는 4년으로 하고, 1차 중임을 허용하였다.
제헌헌법의 제100조에는 반민족행위자에 대해 소급입법에 의하여 처벌할 수 있도록 규정되었고, 이 조항을 근거로 1948년 9월에 제헌 국회에서 반민족 행위처벌법이 제정되었다. 반민법에 따라 반민족행위특별조사위원회가 설치되어 활동을 시작하였다.

오답분석 ② 제6대 국회(1963년 12월 ~ 1967년 6월) 시기인 1965년에 한·일 기본 조약이 체결되었다.
③ 1972년에 남한과 북한 정부가 7·4 남북 공동 성명을 발표하였다.
④ 1972년 비상 국무회의에서 유신헌법 개헌안을 통과시켰다.

27 | 반민족행위처벌법 　　　　　정답 ②

제시된 자료는 제헌국회에서 1948년 9월에 제정한 '반민족행위처벌법(반민법)'의 조항이다.
반민법 공포 이후 국회에서는 반민족행위 특별조사위원회(반민특위)와 특별재판부 및 특별경찰을 구성하였다. 반민특위는 예비조사를 벌여 7,000여 명에 달하는 친일파 명단을 작성하고, 이 중 478명을 체포하여 그 일부를 특별검찰부에 송치하였다. 반민특위 활동에 대해 이승만 정부는 반공주의를 내세워 소극적인 자세를 취했다. 반민특위에서 악질 친일 경찰이었던 노덕술을 검거하자 이승만은 '공산주의자와 싸운 애국자'라고 옹호하는 특별 담화를 발표하기도 하였다. 한편 이승만 정부는 일부 위원이 공산당과 내통했다는 구실로 반민특위 위원들을 구속하고(국회 프락치 사건), 경찰을 동원하여 반민특위 산하 특경대를 강제로 해산시켰다.

오답분석 ② 반민법은 1948년 9월에 제정되었고, 농지개혁법은 1949년 6월에 제정되었다.

28 | 반민특위 　　　　　정답 ④

'피의자인 노덕술', '친일 경관' 등의 단서를 통해 밑줄 친 '위원회'는 반민족행위특별조사위원회(반민특위)임을 알 수 있다.
1948년 제정된 제헌헌법 100조에 반민족행위자에 대해 소급입법에 의하여 처벌할 수 있는 규정이 마련되었고, 이 조항을 근거로 반민족행위처벌법이 제정되었다. 반민족행위처벌법에 따르면 반민족행위에 대한 조사는 국회의원 10인으로 구성된 반민족행위특별조사위원회가 진행하였고, 대법원에 특별재판부를 두어 재판을 담당하게 하며, 특별재판부에 특별검찰부를 설치하여 공소를 제기하도록 하였다.
그러나 반공주의를 내세워 친일파 청산에 소극적이었던 정부는 1949년 6월 일부 반민특위 위원이 공산당과 내통했다는 구실로 반민특위 위원들을 구속하였다(국회 프락치 사건).

오답분석 ① 1948년 남한만의 단독선거 결정에 반대하여 김구, 김규식 등이 남북협상을 추진하였다.
② 1952년 이승만 정부가 발췌개헌을 단행하며 부산정치파동을 일으켰다.
③ 1960년 학생, 시민들이 주도하여 3·15 부정선거를 규탄하는 시위가 일어났다(4·19 혁명).

VIII. 한국 현대사

29 [2024 지방직 9급] 다음 법령에 의해 실시된 정책에 대한 설명으로 옳은 것은?

> 제1조 본법은 헌법에 의거하여 농지를 농민에게 적정히 분배함으로써 …(중략)… 농민 생활의 향상 내지 국민 경제의 균형과 발전을 기함을 목적으로 한다.
> 제12조 농지의 분배는 농지의 종목, 등급 및 농가의 능력 기타에 기준한 점수제에 의거하되 1가당 총경영 면적 3정보를 초과하지 못한다.

① 한국민주당과 지주층의 반발로 중단되었다.
② 주택 개량, 도로 및 전기 확충 등도 추진하였다.
③ 유상 매수, 유상 분배의 방식으로 시행되었다.
④ 자작농이 감소하고 소작농이 증가하는 결과를 낳았다.

30 [2019 지방직 9급] 다음 법령과 관련한 설명으로 옳은 것은?

> 제5조 정부는 다음에 의하여 농지를 취득한다.
>   1. 다음의 농지는 정부에 귀속한다.
>   (가) 법령 및 조약에 의하여 몰수 또는 국유로 된 토지
>   (나) 소유권의 명의가 분명하지 않은 농지

① 농지 이외 임야도 포함되었다.
② 신한공사가 보유하던 토지를 분배하였다.
③ 중앙토지행정처가 분배 업무를 주무하였다.
④ 분배받은 농민은 평년 생산량의 30%를 5년간 상환하였다.

31 [2018 법원직] 다음 법령에 대한 설명으로 옳은 것은?

> 제5조 정부는 아래에 의하여 농지를 취득한다.
>   1. 아래의 농지는 정부에 귀속한다.
>   (가) 법령 내지 조약에 의하여 몰수 또는 국유로 된 농지
>   (나) 소유권의 명의가 분명치 않은 농지
>   2. 아래의 농지는 적당한 보상으로 정부가 매수한다.
>   (가) 농가 아닌 자의 농지
>   (나) 자경(自耕)하지 않는 자의 농지
> 제12조 농지의 분배는 농지의 종목, 등급 및 농가의 능력 기타에 기준한 점수제에 의거하되 1가당 총 경영 면적 3정보를 초과하지 못한다.

① 미군정 시기에 제정되었다.
② 유상매수·무상분배의 방식으로 실시되었다.
③ 법령이 실시되어 자작농이 크게 증가하였다.
④ 이에 영향을 받아 북한에서도 토지개혁 법령이 제정되었다.

32 [2023 지방직 9급] 6·25 전쟁 중 있었던 사실로 옳지 않은 것은?

① 국군과 유엔군이 인천 상륙 작전을 감행하였다.
② 대통령 직선제를 포함한 발췌 개헌안이 국회에서 통과되었다.
③ 이승만 정부가 북한 송환을 거부하는 반공 포로를 석방하였다.
④ 미국이 한반도를 미국의 태평양 지역 방위선에서 제외한다는 애치슨 선언을 발표하였다.

29 | 농지개혁 　　정답 ③

제시된 자료는 제헌국회에서 1949년 6월에 제정되어 1950년부터 시행된 농지개혁법이다.
'유상 매수, 유상 분배'를 원칙으로 하는 농지개혁법이 시행됨에 따라 지주들은 소유한 토지 가운데 3정보가 넘는 땅은 국가에 매각해야 했고 농민들에게는 3정보 이하의 토지가 분배됐다. 국가는 3정보 이상의 농지는 수확량의 150% 가격으로 지가증권을 발급하여 매수하고, 소작농에게는 농지를 배분하는 대신 수확량의 30%를 5년 동안 현물로 상환하게 하였다. 이때 논·밭 등 농지만을 분배 대상으로 하고 산림·임야·과수원 등 비농지는 농지개혁 대상에서 제외되었다.
농지개혁의 결과 총경지의 40%에 달하는 89만 정보의 땅이 재분배되었다. 이로써 전통적인 지주·소작제가 붕괴되고 토지가 없던 농민들이 자작농이 됨으로써 근대 자본주의적 토지 소유 구조가 만들어지게 되었다.

오답분석 ① 한국민주당과 지주층의 반발로 법령 제정이 지체되기는 하였지만, 시행이 중단되지는 않았다.
② 1970년대에 새마을 운동을 추진하면서 주택 개량, 도로 및 전기 확충 등도 추진하였다.
④ 농지개혁의 결과 자작농이 증가하고 소작농이 감소하였다.

30 | 농지개혁 　　정답 ④

제시된 자료는 1949년 6월에 제정·공포된 농지 개혁법이다. 이 법은 1950년 3월 일부 개정되어 5월부터 농지 개혁이 시행되었다.
농지 개혁은 한 가구당 3정보를 소유 상한으로 하여 그 이상의 토지는 국가가 수확량의 150% 가격으로 지가증권을 발급하여 매수하고, 소작농에게는 농지를 배분하는 대신 수확량의 30%를 5년 동안 현물로 상환하게 하였다(유상매입, 유상분배).

오답분석 ① 산림·임야·과수원 등 비농지는 농지 개혁 대상에서 제외되었다.
② 미군정은 1946년 3월 신한공사를 설립하여 귀속재산(적산)을 접수, 관리하였다.
③ 1948년 3월 신한공사를 해체하고 중앙토지행정처를 신설하여 귀속농지에 한하여 원래의 소작인과 귀국 동포들에게 유상으로 불하하였다.

복습지문
농지개혁법은 농지를 분배받은 농민은 평년 생산량의 30%를 5년간 상환하도록 하였다.

31 | 농지개혁 　　정답 ③

제시된 자료는 1949년에 제정되어 1950년부터 시행된 농지개혁법이다.
농지개혁은 한 가구당 3정보를 소유 상한으로 하여 국가가 지가증권을 발급하여 매수하였으며, 소작농에게는 농지를 배분하는 대신 수확량의 30%를 현물로 상환하게 하였다. 농지개혁의 결과 총경지의 40%가 재분배되었으며, 이로써 전통적인 지주소작제가 붕괴되고 자작농이 증가하였다.

오답분석 ① 농지개혁법은 정부 수립 이후 1949년에 제정되었다.
② 농지개혁법은 유상매수·유상분배 방식으로 실시되었다.
④ 북한의 토지개혁은 1946년에 시행되었다.

32 | 6.25 전쟁 　　정답 ④

① 1950년 6월 25일 북한군은 38도선 전지역에 걸쳐 전면적인 공격을 개시하였다. 미국은 6월 26일 즉각 유엔 안전보장이사회를 소집하여 북한을 침략자로 규정하고, 맥아더를 총사령관으로 하는 유엔군 파견을 결정하였다. 1950년 9월 15일 유엔군의 인천 상륙 작전이 성공하면서 9월 28일에는 서울을 수복하였다. 이어 38도선을 돌파하여 10월에 평양과 원산을 점령하고 압록강까지 진격하였다.
② 1952년에 이승만 정부는 대통령 직선제 개헌안이 국회에서 부결되자 계엄령을 선포하고 야당 의원을 감금하는 등 개헌 반대 움직임을 탄압하였다(부산정치파동). 그리고 발췌 개헌안을 만들어 야당 의원을 협박하여 국회에서 기립 표결로 통과시켰다(발췌 개헌).
③ 1951년에 들어서 38도선 부근에서 전선이 교착 상태에 빠지자 소련의 제안에 따라 1951년 7월부터 휴전 회담이 시작되었다. 양측은 군사분계선 설정과 포로 교환 방식을 두고 지루한 협상을 계속하였고, 회담은 2년간이나 지속되었다. 이승만 정부는 휴전에 반대하여 정전 회담에 참여하지 않고 반공 포로를 석방하여 휴전 회담이 한때 위기에 빠졌다(반공포로 석방, 1953. 6. 18.). 결국 미국은 경제 원조와 주한 미군 주둔을 약속하고, 한국(남한) 정부가 정전협정에 참여하지 않는 조건으로 타협하였고, 1953년 7월 27일 UN군과 북한·중국군 사이에서 정전협정(휴전협정)이 체결되었다.

오답분석
④ 1950년 1월에 미국의 극동 방위선에서 한국을 제외한다는 애치슨 선언이 발표되었다.

VIII. 한국 현대사

33 [2025 지방직 9급] 다음 조약이 체결되고 난 이후에 일어난 일은?

> 제2조 당사국 중 어느 한 나라의 정치적 독립 또는 안전이 외부로부터의 무력 공격에 의하여 위협을 받고 있다고 어느 당사국이든지 인정할 때에는 언제든지 당사국은 서로 협의한다.
> 제4조 상호적 합의에 의하여 미합중국의 육군, 해군, 공군을 대한민국의 영토 내와 그 부근에 배치하는 권리를 대한민국은 이를 허가하고 미합중국은 이를 수락한다.

① 판문점에서 정전협정이 체결되었다.
② 베트남에 한국군 전투 부대가 파견되었다.
③ 이승만 대통령이 반공 포로를 석방하였다.
④ 유엔군 총사령관 맥아더가 인천 상륙 작전을 감행하였다.

34 [2020 지방직 7급] 6·25 전쟁 발발 이후부터 정전협정 체결 이전까지 발생한 일로 옳지 <u>않은</u> 것은?

① 이승만 정부는 반공 포로를 석방하였다.
② 유엔군 측은 자유의사에 따른, 포로 송환 방침을 제안하였다.
③ 초대 대통령에 한하여 중임제한을 철폐하는 개헌안이 관철되었다.
④ 대통령 간선제를 직선제로 바꾸는 '발췌 개헌안'이 통과되었다.

35 [2023 법원직] 다음 조약이 조인된 시기를 연표에서 가장 옳게 고른 것은?

> 제3조 각 당사국은 타 당사국의 행정 지배하에 있는 영토와 각 당사국이 타 당사국의 행정 지배하에 합법적으로 들어갔다고 인정하는 금후의 영토에 있어서 타 당사국에 대한 태평양 지역에 있어서의 무력 공격을 자국의 평화와 안전을 위태롭게 하는 것이라 인정하고 공통한 위험에 대처하기 위하여 각자의 헌법상의 수속에 따라 행동할 것을 선언한다.
> 제4조 상호적 합의에 의하여 미합중국의 육군, 해군과 공군을 대한민국의 영토 내와 그 부근에 배치하는 권리를 대한민국은 이를 허여하고 미합중국은 이를 수락한다.

	(가)	(나)	(다)	(라)	
대한민국 정부수립		6·25 전쟁 발발	제2차 개정헌법 공포	5·16 군사정변	한일 기본 조약 조인

① (가) ② (나) ③ (다) ④ (라)

36 [2017 국가직 7급] (가)시기에 있었던 사실로 옳은 것은?

1950. 6.	1950. 9.	1951. 1.	1951. 6.	1953. 7.
		(가)		
6·25전쟁 발발	서울 수복	1·4 후퇴	휴전회담 시작	정전협정 체결

① 대규모 해상 작전인 흥남 철수가 이루어졌다.
② 이승만 정부가 반공 포로의 석방을 단행하였다.
③ 맥아더 장군이 유엔군 총사령관직에서 해임되었다.
④ 미국은 극동 방위선에서 한국을 제외한다고 선언하였다.

33 | 한미 상호 방위 조약 　　　　　　　　정답 ②

제시된 자료는 1953년 10월에 체결된 한·미 상호방위조약이다.
1951년 전선이 교착 상태에 빠지자 소련의 제안에 따라 7월부터 정전회담이 시작되었다. 군사분계선 설정 문제와 포로 교환 방식의 문제로 타협점을 찾지 못해 회담은 2년이나 지속되었고, 1953년 7월 27일 UN군과 북한·중국군 사이에서 정전협정(휴전협정)이 체결되었다. 휴전 직후인 1953년 10월에 이승만 정부의 요구로 한·미 상호방위조약이 체결되었다.
박정희 정부는 베트남 전쟁에 개입한 미국의 파병 요청을 받아들여, 1964년에 비전투병을 파견하고 1965년부터는 전투병을 파병하였다. 미국은 1966년 브라운 각서를 통해 파병에 대한 대가로 국군의 전력 증강과 경제 개발을 위한 차관 제공을 약속하였다.

오답분석 ① 1953년 7월 27일 판문점에서 UN군과 북한·중국군 사이에서 정전협정(휴전협정)이 체결되었다.
③ 1953년 6월 이승만 정부는 반공 포로를 석방하여 휴전 회담이 한때 위기에 빠지기도 했다.
④ 1950년 9월 15일 유엔군의 인천 상륙 작전이 성공하면서 9월 28일에는 서울을 수복하였다.

34 | 6·25 전쟁 　　　　　　　　정답 ③

6·25 전쟁은 1950년 6월 25일에 발발하여 1953년 7월 27일까지 계속되었다.
①, ② 1951년 7월에 소련의 유엔대표인 말리크의 제안을 미국이 수용함으로써 개성에서 휴전회담이 시작되었다. 휴전회담에서 유엔군 측은 포로 개개인의 자유의사에 따른 자유 송환을, 공산군 측은 제네바 협정에 따른 출신 국가로의 자동 송환을 주장하였다. 이승만 정부는 휴전에 반대하여 정전 회담에 참여하지 않았고, 거제도에 수용되어 있던 반공 포로를 석방하여 휴전회담이 한때 위기에 빠지기도 했다(1953. 6. 18.).
④ 이승만은 1952년 부산에서 대통령 직선제 개헌을 시도했다. 계엄령이 선포되고 야당 국회의원이 헌병대에 강제 연행되는 등 험악한 분위기 속에서 국회는 기립표결로 대통령 직선제와 양원제를 골자로 한 개헌안을 통과시켰다.

오답분석 ③ 1954년에 초대 대통령의 중임제한을 철폐한 개헌안이 통과되었다(사사오입 개헌).

● 복습지문
휴전회담 과정에서 유엔군 측은 자유의사에 따른 포로 송환 방침을 주장하였다.
정전협정이 체결되기 직전(1953년 6월) 이승만 정부는 반공 포로를 석방하였다.

35 | 한미상호방위조약 　　　　　　　　정답 ②

제시된 자료는 1953년 10월에 조인된 한미상호방위조약이다.
1951년 전선이 교착 상태에 빠지자 UN 소련대표 말리크의 제안에 따라 7월부터 정전회담이 시작되었다. 회담의 주요 쟁점은 군사분계선 설정 문제와 포로 교환 방식의 문제로 타협점을 찾지 못해 회담은 2년이나 지속되었다. 이승만 정부는 휴전에 반대하여 정전 회담에 참여하지 않았고, 반공 포로를 석방하여 휴전 회담이 한때 위기에 빠지기도 했다(1953. 6. 18.). 결국 미국은 경제 원조와 주한 미군 주둔을 약속하고, 남한 정부가 정전협정에 참여하지 않는 조건으로 타협하였고, 1953년 7월 27일 UN군과 북한·중국군 사이에서 정전협정(휴전협정)이 체결되었다. 휴전 직후인 1953년 10월에 이승만 정부의 요구로 한미상호방위조약이 체결되었다.
한미상호방위조약은 외부로부터의 무력 공격에 대한 공동방위 결의가 전문에 명시되어 있고, 이 조약에 근거하여 미국은 그들의 육·해·공군을 한국 영토와 그 부근에 배치할 수 있게 되었다.

36 | 6·25 전쟁 　　　　　　　　정답 ①

1950년 6월 25일 북한군은 38도선 전 지역에 걸쳐 전면적인 공격을 개시하였다. UN에서는 안전 보장 이사회를 소집하여 미국 주도의 UN군 파견을 결정하였다. UN군이 참전하였으나 북한군의 진격은 멈추지 않았고, 8월에 국군은 낙동강을 따라 최후 방어선을 구축하였다.
9월 15일 UN군의 인천 상륙 작전이 성공하면서 전세가 역전하였고 9월 28일 서울을 수복하고, 10월 1일 38도선을 돌파하여 10월 하순에 압록강변의 초산까지 진격하였다. 그러나 중국군이 1950년 10월 참전하였고, 12월 육상으로의 퇴로가 막힌 동부전선의 10군단 병력은 함흥과 흥남으로 후퇴하여 대규모 해상 철수작전을 단행하였다. 국군과 UN군은 서울을 다시 빼앗기고 서울 이남지역으로 후퇴하게 되었다(1951. 1·4후퇴).

오답분석 ② 1953년 6월 휴전에 반대한 이승만 정부가 반공 포로의 석방을 단행하였다.
③ 1951년 4월 전면 전쟁을 요구하던 맥아더 장군이 유엔군 총사령관직에서 해임되었다.
④ 1950년 1월 미국의 극동 방위선에서 한국을 제외한다는 애치슨 선언이 발표되었다.

VIII. 한국 현대사

02 민주주의의 시련과 발전

01 [2021 법원직] 다음 개헌이 이루어진 정부 시기에 있었던 사실로 가장 옳은 것은?

> 제55조 대통령과 부통령의 임기는 4년으로 한다. 단, 재선에 의하여 1차 중임할 수 있다. 대통령이 궐위된 때에는 부통령이 대통령이 되고 잔임 기간 중 재임한다.
> 부 칙 이 헌법 공포 당시의 대통령에 대하여는 제55조 제1항 단서의 제한을 적용하지 아니한다.
> —대한민국 관보 제1228호—

① 소련, 중국과 교류를 확대하였다.
② 일본과 국교 정상화를 추진하였다.
③ 진보당 사건으로 조봉암을 처형하였다.
④ 지방 자치제를 전면적으로 실시하였다.

02 [2024 서울시 9급] 〈보기〉의 사건을 시간 순으로 바르게 나열한 것은?

> ● 보기 ●
> ㄱ. 윤보선이 대통령으로 취임하였다.
> ㄴ. 내각책임제 개헌안이 의결되어 총선거가 실시되었다.
> ㄷ. 이승만 대통령의 하야로 허정 과도 정부가 구성되었다.
> ㄹ. 마산 시민들이 3·15 부정선거 규탄 시위를 전개하였다.

① ㄷ - ㄴ - ㄱ - ㄹ
② ㄷ - ㄴ - ㄹ - ㄱ
③ ㄹ - ㄷ - ㄱ - ㄴ
④ ㄹ - ㄷ - ㄴ - ㄱ

03 [2019 지방직 7급] 밑줄 친 '개헌안'에 대한 설명으로 옳은 것은?

> 1954년에 실시된 선거로 국회 내 다수 세력이 된 자유당은 새 개헌안을 국회에 상정하였다. 이 개헌안이 국회를 통과하기 위해서는 그 재적 의원 203명의 3분의 2 이상이 찬성해야 했다. 그러나 표결 결과 135표를 얻는 데 그쳐 부결되었다. 그럼에도 자유당은 이른바 '사사오입'이라는 논리로 부결을 번복하고 가결을 선언하였다. 이는 절차적 민주주의 원칙이 크게 훼손된 사건이었다.

① 대통령이 국회의원의 3분의 1을 직접 지명하도록 규정하였다.
② 국가보위비상대책위원회가 언론을 통제한다는 규정이 포함되어 있었다.
③ 대통령선거인단에 의한 간접선거로 대통령을 선출한다는 조항을 두었다.
④ 당시 재임 중인 대통령에 대해서는 중임 제한 규정을 적용하지 않는다는 내용이 있었다.

04 [2022 지방직 9급] 다음 글은 어떤 사건이 일어났을 때 발표되었는가?

> 1. 마산, 서울 기타 각지의 데모는 주권을 빼앗긴 국민의 울분을 대신하여 궐기한 학생들의 순수한 정의감의 발로이며 부정과 불의에는 언제나 항거하는 민족정기의 표현이다.
> … (중략) …
> 3. 합법적이고 평화적인 데모 학생에게 총탄과 폭력을 거리낌 없이 남용하여 참극을 빚어낸 경찰은 자유와 민주를 기본으로 한 대한민국의 국립 경찰이 아니라 불법과 폭력으로 권력을 유지하려는 일부 정부 집단의 사병이다.
> — 『대학 교수단 4.25 선언문』 —

① 4·19 혁명
② 5·18 민주화 운동
③ 6·3 시위
④ 6·29 민주화 선언

01 | 제2차 개헌(사사오입개헌)   정답 ③

제시된 자료는 당시 재임 중인 대통령에 한해 중임 제한을 두지 않는다는 제2차 개헌안(1954)이다.
1954년 국회의원 총선거에서 압승을 거둔 자유당은 이승만의 영구 집권을 위해 당시 재임 중인 대통령에 한해 중임 제한을 두지 않는다는 개헌을 추진하였다. 그러나 개헌안은 재적 위원 3분의 2에 1표가 모자라 부결되었다. 그런데 다음날 자유당 측은 사사오입의 논리를 내세워 개헌안이 통과되었음을 선포하였다(사사오입 개헌).
1956년 실시된 정·부통령 선거 이후 위기에 몰린 이승만 정부는 반공주의를 내세워 반대 세력을 탄압하였다. 1958년 1월 이승만 정부는 북한 간첩에게 조종을 받아 평화 통일 방안을 추진했다는 이유로 진보당의 당수 조봉암과 간부들을 체포하고, 정당 등록을 취소하였다(진보당 사건). 재판 결과 대부분의 사실이 조작임이 밝혀졌으나 조봉암은 끝내 사형당하고 말았다.

오답분석 ① 노태우 정부 시기에 북방정책을 추진하여 소련, 중국과 수교하였다.
② 박정희 정부 시기에 한·일 기본 조약(1965)을 체결하여 일본과 국교를 정상화하였다.
④ 김영삼 정부 시기에 자치단체장 선거를 실시하여 지방 자치제를 전면적으로 실시하였다.

02 | 4.19 혁명   정답 ④

ㄹ. 1960년 3월 15일에 치러진 정·부통령 선거에서 자유당은 이기붕을 부통령에 당선시키기 위해 대대적인 부정 선거를 계획하였다. 선거 당일 마산에서 부정 선거를 규탄하는 시위가 일어나고, 경찰의 발포로 수십 명의 사상자가 발생하였다. 4월 11일에 마산 앞바다에서 김주열 학생의 시신이 발견되어 시위가 격화되었고, 곧이어 전국으로 확산되었다.
ㄷ. 4·19 혁명이 일어나자 이승만 정부는 비상 계엄령을 선포하고 군대를 투입하여 무력으로 사태를 일단 진압하였다. 그러나 유혈 사태로 국민 정서가 크게 악화되었고, 4월 25일에는 대학 교수들이 시국 선언을 발표하고 시위에 참여하였다. 미국의 퇴진 권유까지 더해지자 이승만은 결국 4월 26일에 하야 성명을 발표하고 미국으로 망명하였고, 허정 과도 정부가 구성되었다.
ㄴ. 허정 과도 정부는 야당의 주장을 받아들여 우리 헌정 사상 최초로 내각책임제와 국회 양원제(참의원, 민의원)를 뼈대로 하는 헌법을 제정하였다(제3차 개헌). 새 헌법에 따라 1960년 7월 실시된 참의원(상원)과 민의원(하원)을 선출하는 총선거에서 민주당이 압승을 거두었다.
ㄱ. 1960년 8월 윤보선을 대통령, 장면을 국무총리로 하는 제2 공화국이 출범하였다.

03 | 제2차 개헌(사사오입개헌)   정답 ④

1954년 국회의원 총선거에서 압승을 거둔 자유당은 당시 재임 중인 대통령에 한해 중임 제한 규정을 두지 않는다는 개헌을 추진하였다. 그러나 개헌안은 재적 위원 3분의 2에 1표가 모자라 부결되었다. 그런데 다음날 자유당 측은 사사오입의 논리를 내세워 개헌안이 통과되었음을 선포하였다(사사오입 개헌).

오답분석 ① 유신 헌법에 대통령이 국회의원의 1/3을 직접 지명하도록 규정하였다.
② 1980년에 신군부가 국가보위비상대책위원회(국보위)를 구성하였다.
③ 국보위에서 마련한 제8차 개헌안에 대통령의 임기를 7년 단임으로 하고 대통령선거인단을 통한 간접선거로 대통령을 선출한다는 조항을 두었다.

복습지문
1954년 제2차 개헌안은 당시 재임 중인 대통령에 대해서는 중임 제한 규정을 적용하지 않는다는 내용이 있었다.

04 | 4·19 혁명   정답 ①

제시된 자료는 1960년 4월 25일에 대학 교수단이 발표한 시국선언문이다.
1960년 3월 15일 마산에서 부정 선거를 규탄하는 시위가 일어나고, 경찰이 발포하여 수십명의 사상자가 발생하였다. 4월 11일에는 마산 앞바다에서 눈에 최루탄이 박힌 김주열 학생의 시신이 발견되었다. 이에 마산 시민들의 분노가 폭발하여 시위가 격화되었고, 곧 이어 전국으로 확산되었다. 4월 18일에 시위를 마치고 돌아가던 고려대 학생들이 정치 깡패에게 폭행당하는 사건이 벌어지자, 4월 19일 중고생과 거의 모든 대학의 학생들을 비롯하여 수만 명의 시민들이 거리로 쏟아져 나왔다(4·19혁명).
이승만 정부는 시위대에게 총격을 가하고 비상 계엄령을 선포하면서 군대를 투입하여 무력으로 사태를 일단 진압하였다. 유혈 사태로 국민 정서가 크게 악화되었고, 4월 25일에는 대학 교수들이 이승만 대통령의 퇴진과 재선거를 요구하는 시국 선언을 발표하고 시위에 참여하였다. 미국의 퇴진 권유까지 더해지자 이승만은 결국 4월 26일에 하야 성명을 발표하고 대통령직에서 물러난 후 미국으로 망명하였다.

05 [2020 지방직 9급] 밑줄 친 '새 헌법'에 대한 설명으로 옳은 것은?

> 정부에서는 6월 15일 국회에서 통과된 개헌안을 이송받자 이날 긴급 국무회의를 소집하고 정식으로 이를 공포하였다. 이로써 개정된 새 헌법은 16일 0시를 기해 효력을 발생케 되었다. 새 헌법이 공포됨으로써 16일부터는 실질적인 내각책임체제의 정부를 갖게 되었으며 허정 수석국무위원은 자동으로 국무총리가 된다.
> - 「경향신문」, 1960. 6. 16 -

① 임시수도 부산에서 개정되었다.
② '사사오입'의 논리로 통과되었다.
③ 통일주체국민회의 설치를 규정한 조항이 있다.
④ 민의원과 참의원으로 구성된 국회 조항이 있다.

06 [2019 서울시 9급] 〈보기〉 선언문의 발표 후에 있었던 사건으로 가장 적합하지 않은 것은?

> ● 보기 ●
> 상아의 진리탑을 박차고 거리에 나선 우리는 질풍과 같은 역사의 조류에 자신을 참여시킴으로써 이성과 진리, 그리고 자유의 대학정신을 현실의 참담한 박토에 뿌리려 하는 바이다. 〈중략〉 무릇 모든 민주주의 정치사는 자유의 투쟁사다. 그것은 또한 여하한 형태의 전제로 민중 앞에 군림하든 '종이로 만든 호랑이'같이 헤슬픈 것임을 교시한다. 〈중략〉 근대적 민주주의의 근간은 자유다. 〈하략〉
> - 서울대학교 문리과대학 학생 일동 -

① 이승만 대통령이 하야하였다.
② 장면 정권이 수립되었다.
③ 민족자주통일중앙협의회가 조직되었다.
④ 조봉암이 진보당을 결성하였다.

07 [2025 법원직] 다음 (가)의 공포일과 (나)의 발표일 사이에 있었던 사실로 가장 옳지 않은 것은?

> (가) 제31조 입법권은 국회가 행한다. 국회는 민의원과 참의원으로 구성한다.
>   제55조 대통령과 부통령의 임기는 4년으로 한다. 단, 재선에 의하여 1차 중임할 수 있다. 대통령이 궐위된 때에는 부통령이 대통령이 되고 잔임 기간 중 재임한다.
>   부 칙 이 헌법 공포 당시의 대통령에 대하여는 제55조 제1항의 단서의 제한을 적용하지 아니한다.
> (나) 1. 반공을 국시의 제1의로 삼을 것
>   4. 국가 자주 경제 재건에 총력을 기울일 것
>   6. 과업이 성취되면 정권을 이양하고 본연의 임무에 복귀할 준비를 갖출 것

① 진보당 사건이 일어났다.
② 국민교육헌장을 제정하였다.
③ 윤보선이 대통령에 당선되었다.
④ 내각 책임제로 헌법이 개정되었다.

08 [2018 서울시 9급] 1965년 6월 22일 체결된 한일기본조약에 대한 설명으로 가장 옳은 것은?

> 제2조 1910년 8월 22일 및 그 이전에 대한제국과 일본 제국 간에 체결된 모든 조약 및 협정이 이미 무효임을 확인한다.
> 제3조 대한민국 정부가 국제연합 총회의 결의 제195(Ⅲ)호에 명시된 바와 같이 한반도에 있어서의 유일한 합법정부임을 확인한다.

① 위안부 문제가 주요한 의제로 논의되었다.
② 조약에 반대하여 학생들이 6·10 민주 항쟁을 일으켰다.
③ 조약 협의를 위해 중앙정보부장 이후락이 특사로 파견되었다.
④ 재일 교포의 법적 지위 및 대우에 관한 협정도 함께 체결되었다.

05 | 제3차 개헌 정답 ④

'내각 책임체제의 정부', '허정', '1960년' 등의 단서를 통해 '새 헌법'은 1960년에 공포된 3차 개정헌법임을 알 수 있다.

4·19 혁명으로 이승만 정권이 붕괴된 후 허정 과도 정부는 야당의 주장을 받아들여 우리 헌정 사상 최초로 내각책임제와 양원제를 뼈대로 하는 헌법을 제정하였다(제3차 개헌). 새 헌법에 따라 1960년 7월 실시된 참의원(상원)과 민의원(하원)을 선출하는 총선거에서 민주당이 압승을 거두었다. 1960년 8월 윤보선을 대통령, 장면을 국무총리로 하는 제2 공화국이 출범하였다.

오답분석 ① 이승만 정부는 1952년에 대통령 직선제 개헌안이 국회에서 부결되자 계엄령을 선포하고 야당 의원을 감금하는 등 개헌 반대 움직임을 탄압하였다(부산정치파동). 그리고 발췌 개헌안을 만들어 야당 의원을 협박하여 국회에서 기립 표결로 통과시켰다(발췌 개헌).
② 1954년 국회의원 총선거에서 압승을 거둔 자유당은 당시 재임 중인 대통령에 한해 중임 제한규정을 두지 않는다는 개헌을 추진하였다. 개헌안은 국회 표결에서 부결되었으나 자유당 측은 사사오입의 논리를 내세워 개헌안이 통과되었음을 선포하였다(사사오입 개헌).
③ 1972년 공포된 유신헌법은 대통령이 의장으로 있는 통일주체국민회의에서 간접 선거를 통해 대통령을 선출하도록 하였고, 사실상 대통령이 국회의원의 3분의 1을 임명할 수 있도록 하였다.

06 | 4·19 혁명 정답 ④

제시된 자료는 4·19 혁명 때 서울대학교 문리과대학 학생들이 발표한 선언문이다.

수만 명의 시민들의 시위에 참가하고, 4월 25일에는 대학 교수들이 이승만 대통령의 퇴진과 재선거를 요구하는 시국 선언을 발표하고 시위에 참여하였다. 미국의 퇴진 권유까지 더해지자 이승만은 결국 4월 26일에 하야 성명을 발표하고 대통령직에서 물러난 후 미국으로 망명하였다.

이승만 정권이 붕괴된 후 허정 과도 정부는 내각책임제와 양원제를 뼈대로 하는 헌법을 제정하였다(제3차 개헌). 새 헌법에 따라 1960년 7월 실시된 참의원(상원)과 민의원(하원)을 선출하는 총선거에서 민주당이 압승을 거두었다. 1960년 8월 윤보선을 대통령, 장면을 국무총리로 하는 제2 공화국이 출범하였다.

장면 정부 시기에는 이승만의 반공 정책으로 억압되었던 통일 운동이 분출되었다. 학생들은 '가자 북으로, 오라 남으로' 등의 구호를 내세우며 남북 학생 회담을 추진하고, 혁신계 정당들은 1960년 9월 3일 민족자주통일중앙협의회를 조직하고 남북 정치협상을 주장하기도 하였다.

오답분석 ④ 1956년 5월에 실시된 정·부통령 선거에서 선전한 조봉암은 1956년 11월 진보당을 결성하였다. 그러나 '진보당 사건'으로 등록이 취소되어 1958년 2월 소멸되었다.

07 | 제2차 개헌과 5.16 군사 정변 정답 ②

(가)는 1954년에 공포된 제2차 개헌안이고, (나)는 1961년 5·16 군사 정변 직후 군부 세력이 발표한 혁명 공약이다.

1954년 자유당은 당시 재임 중인 대통령에 한해 중임 제한 규정을 두지 않는다는 개헌을 추진하였다. 개헌안은 국회 표결에서 부결되었으나 자유당 측은 사사오입의 논리를 내세워 개헌안이 통과되었음을 선포하였다(사사오입 개헌).

1958년 이승만 정부는 진보당의 당수 조봉암과 간부들을 체포하고, 정당 등록을 취소하였다(진보당 사건). 결국 조봉암은 1959년 대법원 사형선고 직후 사형당하였다.

4·19 혁명(1960)으로 이승만 대통령이 하야한 뒤 허정 과도 정부는 내각책임제와 양원제를 뼈대로 하는 헌법을 제정하였다(제3차 개헌). 새 헌법에 따라 1960년 7월 실시된 참의원(상원)과 민의원(하원)을 선출하는 총선거에서 민주당이 압승을 거두었다. 1960년 8월 윤보선을 대통령, 장면을 국무총리로 하는 제2공화국이 출범하였다.

오답분석 ② 1968년에 박정희 정권이 국민교육헌장을 제정하였다.

08 | 한일협정 정답 ④

1965년 6월 22일 박정희 정부는 일본과 『한일기본조약』을 체결하였다. 한일기본조약은 한국과 일본간의 기본관계에 관한 조약과 이에 부속된 『청구권·경제협력에 관한 협정』·『재일교포의 법적지위와 대우에 관한 협정』·『어업에 관한 협정』·『문화재·문화협력에 관한 협정』의 4개 협정을 총칭한다.

5·16 쿠데타 이후 군사정부는 국가 경제 재건을 목표로 일본 자본의 도입을 위해 한일 회담을 적극적으로 추진하였다. 1962년 '김종필-오히라 메모'를 통하여 청구권 문제가 타결되었고, 1964년 어업협정 문제 등도 타결되었다. 1965년 기본조약을 포함한 4개 협정이 정식으로 조인되었다.

오답분석 ① 한일기본조약에는 일본의 침략 사실 인정과 가해 사실에 대한 사과가 포함되지 않았고, 위안부 문제가 주요 의제로 논의되지 않는 등 많은 문제점을 남겨두었다.
② 한일기본조약 체결에 반대한 학생들은 6·3 항쟁(1964)을 일으켰다.
③ 조약 협의를 위해 정부는 중앙정보부장 김종필을 특사로 파견하였다. 이후락 중앙정보부장은 1972년 김일성과 비밀회담을 위해 밀사로 평양에 파견되었다.

Ⅷ. 한국 현대사

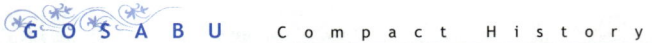

09 [2019 지방직 9급] 다음은 1960년대 어느 일간지에 실린 사설이다. 밑줄 친 '파병'에 대한 설명으로 옳은 것만을 모두 고르면?

> 우리는 원했든 원하지 안했든 이미 이 전쟁에 직접적인 관계를 맺었고 파병을 찬반(贊反)하던 국민이 이젠 다 힘과 마음을 합해서 파병된 용사들을 성원하고 있거니와 근대 전쟁이 전투하는 사람만의 전쟁이 아니라 온 국민이 참가하는 '총력전'이라는 것을 알고 이 전쟁의 승리를 위해 모든 국민의 단합을 호소하는 바이다.

ㄱ. 발췌개헌안 통과에 영향을 주었다.
ㄴ. 브라운 각서를 체결하는 이유가 되었다.
ㄷ. 1960년대 경제개발계획의 추진에 기여하였다.
ㄹ. 한·미 상호 방위 원조 협정을 체결하는 계기가 되었다.

① ㄱ, ㄴ   ② ㄱ, ㄷ   ③ ㄴ, ㄷ   ④ ㄷ, ㄹ

10 [2021 지방직 9급] (가) 시기에 있었던 사실로 옳은 것은?

4·19 혁명이 일어나다	(가)	유신헌법이 공포되다

① 『반민족행위처벌법』이 제정되다.
② 7·4 남북 공동 성명이 발표되다.
③ 남북한이 유엔에 동시 가입하다.
④ 5·18 민주화 운동이 일어나다.

11 [2023 국가직 9급] 밑줄 친 '나'가 집권하여 추진한 사실로 옳은 것은?

> 나는 우리 국민이 선천적으로 타고난 재질을 최대한으로 활용하여 다각적인 생산 활동을 더욱 활발하게 하고, …(중략)… 공산품 수출을 진흥시키는 데 가일층 노력할 것을 요망합니다. 끝으로 나는 오늘 제1회 수출의 날 기념식에 즈음하여 …(중략)… 이 뜻깊은 날이 자립경제를 앞당기는 또 하나의 계기가 될 것을 기원합니다.

① 대통령 직선제 개헌을 추진하였다.
② 3·1 민주 구국 선언을 발표하였다.
③ 반민족 행위 특별 조사 위원회를 구성하였다.
④ 베트남 파병에 필요한 조건을 명시한 브라운 각서를 체결하였다.

12 [2018 법원직] (가)~(마)를 일어난 순서대로 바르게 나열한 것은?

(가) 브라운 각서 체결
(나) 한·일 기본 조약 조인
(다) 전태일 분신자살 사건
(라) 7·4 남북 공동 성명 발표
(마) 김대중의 제7대 대통령 선거 출마

① (가) - (나) - (다) - (라) - (마)
② (가) - (다) - (나) - (마) - (라)
③ (나) - (가) - (다) - (라) - (마)
④ (나) - (가) - (다) - (마) - (라)

09 베트남 파병 　　　　　　　　　　　　　정답 ③

1960년대의 '파병'은 베트남 파병을 가리킨다.
박정희 정부는 1964년에 비전투병을 파견하고 1965년부터는 전투병을 파병하였다. 한국은 베트남에 미국 다음으로 많은 병력을 파병하였는데, 미국은 브라운 각서를 통해 파병에 대한 대가로 국군의 전력 증강과 경제 개발을 위한 차관 제공을 약속하였다. 이후 한국군의 장비가 현대화되고 한국 기업은 베트남 현지의 건설 사업에 참여하게 되었다. 베트남으로의 수출도 증가하여 외화 획득과 경제 성장에 기여하였는데 이것을 '베트남 특수'라고 한다.

오답분석 ㄱ. 1952년에 발췌개헌안이 통과되었고, 1964년부터 베트남 파병이 이루어졌다.
ㄹ. 1949년 6월에 미군이 완전 철수한 후 국군의 증강문제가 한·미간에 외교적인 현안으로 부각되었다. 이에 1950년 1월 26일 한·미 상호방위원조협정을 정식으로 체결하였다.

● **복습지문**
베트남 파병 이후 미국은 브라운 각서 통해 한국에 대한 경제, 군사 원조를 약속하였다.

10 박정희 정부 　　　　　　　　　　　　정답 ②

1960년 4월에 4·19 혁명이 일어났고, 1972년 12월에 유신헌법이 공포되었다.
1972년에는 남한의 중앙정보부장 이후락이 북한을 방문해 김일성과 면담하고, 북한에서는 부주석 박성철이 남한을 방문하여 박정희 대통령과 비밀 회담을 가졌다. 1972년 7월 4일에 남북은 마침내 자주·평화·민족대단결의 통일 3원칙에 합의한 공동 성명을 서울과 평양에서 동시에 발표하였다.
박정희 정부는 1972년 10월 유신을 단행한 뒤 헌법을 개정하였다(제7차 개헌). 유신 헌법은 대통령의 임기를 6년으로 늘리고, 연임에 제한을 두지 않았다. 또 대통령이 의장으로 있는 통일주체국민회의에서 간접 선거를 통해 대통령을 선출하도록 하였고, 사실상 대통령이 국회의원의 3분의 1을 임명할 수 있도록 하였다(유신정우회).

오답분석 ① 1948년 9월에 제헌국회에서 『반민족행위처벌법』을 제정하였다.
③ 1991년 9월에 남북한이 유엔에 동시 가입하였다.
④ 1980년 5월에 광주에서 5·18 민주화 운동이 일어났다.

11 박정희 대통령 　　　　　　　　　　　정답 ④

제1회 수출의 날 기념식은 1964년에 열렸으므로, 밑줄 친 '나'는 박정희 대통령이다.
1961년 5월 박정희를 비롯한 일부 군인 세력이 장면 내각의 무능력, 사회의 무질서와 혼란 등을 내세우며 쿠데타를 일으켰다(5·16 군사 정변). 군사 정부는 대통령 중심제와 직선제로 헌법을 개정하고, 국회의원 선거에서 전국구 비례 대표 제도를 도입하였다. 이어 박정희는 제5대 대통령 선거에 민주공화당 후보로 출마하여 당선되었고, 이로써 박정희 정부가 출범하였다(1963).
박정희 정부는 1962년부터 제1차 경제 개발 5개년 계획을 추진하였다. 1964년부터는 가공 무역 위주의 수출 주도형 공업화 전략을 추진하였다. 이 무렵 체결된 한·일 기본 조약과 베트남 파병은 경제 개발에 필요한 자금을 마련하는 데 도움이 되었다.
박정희 정부는 1964년에 비전투병을 파견하고, 1965년부터는 전투병을 파병하였다. 미국은 1966년 브라운 각서를 통해 파병에 대한 대가로 한국군의 전력 증강과 경제 개발을 위한 차관 제공을 약속하였다. 이후 한국군의 장비가 현대화되고 한국 기업은 베트남 현지의 건설 사업에 참여하게 되었다. 베트남으로의 수출도 증가하여 외화 획득과 경제 성장에 기여하였는데 이것을 '베트남 특수'라고 한다.

오답분석
① 발췌 개헌(1952), 제5차 개헌(1962), 제9차 개헌(1987)이 대통령 직선제를 골자로 하였다.
② 1976년에 재야와 종교계 인사들이 명동 성당에서 긴급조치의 철회와 박정희 대통령의 퇴진을 요구하는 '3·1 민주구국선언'을 발표하였다.
③ 1948년에 반민족행위처벌법에 근거해 반민족 행위 특별 조사 위원회가 구성되었다.

*주의 : 박정희의 '집권'을 5.16 군사 정변 직후로 해석한다면 ①,④ 복수정답이 될 수 있다. 그러나 출제기관에서 이의제기를 받아주지 않았으며, ④만 정답으로 인정했다.

12 1960~70년대 주요 사건 　　　　　정답 ④

(나) 1965년 한국과 일본 간 국교 정상화 조약인 한·일 기본 조약이 체결되었다.
(가) 1966년 베트남 파병에 대한 보상 조치로 미국 측과 브라운 각서를 체결하였다.
(다) 1970년 서울 동대문 평화시장에서 재단사로 일하던 전태일이 노동환경 개선을 요구하며 분신자살하였다.
(마) 1971년 치러진 제7대 대통령 선거에 박정희, 김대중이 출마하여 대결하였다.
(라) 1972년 남북한이 최초로 통일 원칙에 합의한 7·4 남북 공동 성명이 발표되었다.

VIII. 한국 현대사

13 `2022 지방직 9급` 다음과 같은 대통령 선출 방식이 포함된 헌법의 내용으로 옳지 않은 것은?

> 제39조 ① 대통령은 통일주체국민회의에서 토론없이 무기명투표로 선거한다.
> ② 통일주체국민회의에서 재적 대의원 과반수의 찬성을 얻은 자를 대통령당선자로 한다.

① 대통령은 국회를 해산할 수 있다.
② 대통령의 임기는 7년으로 하며, 중임할 수 없다.
③ 대법원장은 대통령이 국회의 동의를 얻어 임명한다.
④ 대통령은 국정 전반에 걸쳐 필요한 긴급조치를 할 수 있다.

14 `2021 서울시 9급` 〈보기〉의 법령이 실시된 시기에 일어난 민주화 운동으로 가장 옳은 것은?

> ● 보기 ●
> 모두 9차례 발표된 법령으로 마지막으로 선포된 9호에 따르면 헌법을 부정·반대 또는 개정을 요구하거나 이를 보도하면 영장 없이 체포할 수 있었다. 이로 인해 많은 학생, 지식인, 야당 정치인, 기자 등이 구속되었다.

① 3선 개헌 반대 운동이 일어났다.
② 「3·1 민주구국선언」이 발표되었다.
③ 민주헌법쟁취 국민운동본부가 결성되었다.
④ 신민당이 직선제 개헌을 위한 서명운동을 전개하였다.

15 `2019 서울시 9급` 〈보기〉와 같은 내용의 헌법으로 개정된 이후 발생한 사건으로 가장 옳은 것은?

> ● 보기 ●
> 제39조 대통령은 통일주체국민회의에서 토론없이 무기명 투표로 선거한다.
> 제40조 통일주체국민회의는 국회의원 정수의 1/3에 해당하는 수의 국회의원을 선거한다.
> 제43조 대통령은 조국의 평화적 통일을 위한 성실한 의무를 진다.

① 굴욕적인 한일회담에 반대하는 학생 시위가 전개되었다.
② 재야 인사들이 명동성당에 모여 '3·1 민주구국선언'을 발표하였다.
③ 친일파 청산을 위해 반민족행위특별조사위원회를 설치하였다.
④ 민생안정을 위해 농가 부채 탕감, 화폐 개혁 등을 실시하였다.

16 `2021 국가직 9급` 밑줄 친 '헌법'이 시행 중인 시기에 일어난 사건은?

> 이 헌법은 한 사람의 집권자가 긴급조치라는 형식적인 법 절차와 권력 남용으로 양보할 수 없는 국민의 기본 인권과 존엄성을 억압하였다. 그리고 이러한 권력 남용에 형식적인 합법성을 부여하고자 …(중략)… 입법, 사법, 행정 3권을 한 사람의 집권자에게 집중시키고 있다.

① 부·마 민주 항쟁이 일어났다.
② 국민교육헌장을 선포하였다.
③ 7·4 남북공동성명이 발표되었다.
④ 한일 협정 체결을 반대하는 6·3 시위가 있었다.

13 유신 헌법　　　　　　　　　　　　　　정답 ②

제시된 자료는 1972년에 제정된 유신 헌법의 조항이다.
유신 헌법은 대통령의 임기를 6년으로 늘리고, 연임에 제한을 두지 않았다. 또 대통령이 의장으로 있는 통일주체국민회의에서 간접 선거를 통해 대통령을 선출하도록 하였고, 사실상 대통령이 국회의원의 3분의 1을 임명할 수 있도록 하였다(유신정우회). 이와 동시에 대통령에게는 긴급조치권이라는 초헌법적인 권한도 부여되었다. 이외에도 국회 해산권 및 모든 법관 임명권을 대통령이 갖도록 하여 대통령이 3권 위에 군림할 수 있도록 보장하였다. 정부는 이를 '한국적 민주주의'라고 선전했으나 유신체제에 대한 국민의 반발과 저항은 수그러들지 않았다.

오답분석　② 유신 헌법은 대통령의 임기를 6년으로 하고, 연임에 제한을 두지 않았다. 제8차 개헌(1980) 때 대통령 7년 단임제를 채택하였다.

14 유신 반대 운동　　　　　　　　　　　정답 ②

자료에서 설명하는 법령은 유신헌법(1972)에 규정된 긴급조치권이다. 1974년 1월에 처음 공포된 긴급조치는 1975년 5월 9호까지 발동됐으며, 10·26 사태 직후인 1979년 12월에 해제될 때까지 정권 반대자에 대한 탄압의 도구로 악명을 날렸다.
1973년 일본에서 김대중 납치 사건이 일어나자 장준하 등이 주도하는 '개헌청원 1백만인 서명운동' 등 유신 반대 운동이 일어났다. 박정희 정부는 1974년 1월부터 긴급조치를 잇달아 발동하여 교수, 학생, 언론인, 종교인, 문인 등 민주 인사들을 투옥 혹은 해직시켰다. 1975년에는 긴급조치 9호를 선포하여 유신체제와 대통령에 대한 일체의 부정·비방을 금지하였다. 1976년 재야와 종교계 인사들은 명동 성당에서 긴급조치의 철회와 박정희 대통령의 퇴진을 요구하는 「3·1 민주구국선언」을 발표하였다.

오답분석　① 1969년에 야당, 학생 그리고 재야 세력들이 3선 개헌 반대 투쟁을 전개하였으나, 국회 별관에서 변칙적으로 개헌안을 통과시켰다(제6차 개헌).
③ 1987년에 민주헌법쟁취 국민운동본부가 결성되어 6월 민주 항쟁을 주도하였다.
④ 1987년에 신민당이 직선제 개헌을 위한 서명운동을 전개하였다.

15 유신헌법　　　　　　　　　　　　　　정답 ②

제시된 자료는 1972년에 개정된 유신헌법이다. 정부는 유신체제를 '한국적 민주주의'라고 선전했으나 이에 대한 국민의 반발과 저항은 수그러들지 않았다.
1973년 일본에서 김대중 납치 사건이 일어나자 장준하 등이 주도하는 '개헌청원 1백만인 서명운동' 등 유신 반대 운동이 일어났다. 박정희 정부는 1974년 1월부터 긴급조치를 잇달아 발동하여 교수, 학생, 언론인, 종교인, 문인 등 민주 인사들을 투옥 혹은 해직시켰다. 1975년 5월에는 긴급조치 9호를 선포하여 유신 체제와 대통령에 대한 일체의 부정·비방을 금지하였다. '전국민주청년학생연합(민청학련) 사건', '인민혁명당재건위원회 사건'을 조작하여 수많은 사람들을 구속하고 사형시켰다. 1976년에는 재야와 종교계 인사들이 명동 성당에서 긴급 조치의 철회와 박정희 대통령의 퇴진을 요구하는 '3·1 민주구국선언'을 발표하기도 하였다.

오답분석　① 1964년에 대학생들을 중심으로 굴욕적인 한일 회담에 반대하는 시위가 격화되어 박정희 정부는 비상 계엄을 선포하여 시위 세력을 억눌렀다(6·3시위).
③ 1948년 9월에 '반민족행위처벌법(반민법)'이 제정되고 곧이어 친일파 청산을 위한 반민족행위특별조사위원회(반민특위)가 설치되었다.
④ 5·16 군사정변(1961) 이후 군사 정부는 반공을 국시로 삼고 부정 축재자를 처벌하는 한편 농가 부채 탕감, 화폐 개혁 등을 실시하였다.

16 유신시대(제4공화국)　　　　　　　　정답 ①

집권자에게 긴급조치권을 부여한 헌법은 유신헌법(제7차 개헌, 1972)이다. 1972년 박정희 정부는 북한과 평화 통일 원칙에 합의한 7·4남북공동성명을 발표한 후 경제 난국 극복과 평화 통일 대비를 명분으로 10월 유신을 단행하였다. 10월 17일 박정희는 비상계엄을 선포하여 국회를 해산시키고 정치 활동을 금지하였다. 비상 국무회의가 입법권까지 장악한 최고 권력 기관이 되었고, 곧이어 헌법이 개정되었다(제7차 개헌). 유신헌법은 1980년에 제8차 개헌이 이뤄질 때까지 시행되었다.
1979년 8월 회사 폐업에 항의하며 신민당 당사에서 농성하던 YH무역 여성 노동자들을 경찰이 강제 진압하는 과정에서 노동자 한 명이 추락사하였다(YH사건). 야당 총재였던 김영삼은 이 사건과 관련된 외신과의 회견에서 국가원수를 모독했다는 이유로 의원직에서 제명되었다. 이 사건은 부산 지역에서 유신 체제에 반대하는 대규모 반정부 시위를 촉발시켰다. 시위가 마산과 창원 지역으로 확산되자, 박정희 정부는 부산 지역에 비상계엄령을 선포하고 마산과 창원에는 위수령을 발동하여 사태를 진정시켰다(부·마 항쟁).

오답분석　② 1968년에 국민교육헌장을 선포하였다.
③ 1972년 7월에 7·4 남북공동성명이 발표되었다.
④ 1964년에 한일 협정 체결을 반대하는 6·3 시위가 있었다.

VIII. 한국 현대사

17 [2021 서울시 9급] 〈보기〉는 대한민국 헌법 개정을 시기순으로 나열한 것이다. (가)와 (나)에 들어갈 내용으로 옳은 것은?

● 보기 ●

제6차 1969년	제7차 1972년	제8차 1980년	제9차 1987년
대통령 3선 허용	유신 헌법 대통령 간선제 (임기 6년)	(가) (7년 단임)	(나) (5년 단임)

     (가)   (나)
① 대통령 간선제   대통령 직선제
② 대통령 직선제   대통령 직선제
③ 대통령 간선제   대통령 간선제
④ 대통령 직선제   대통령 간선제

19 [2020 서울시 9급] 〈보기〉의 개헌 시기를 순서대로 바르게 나열한 것은?

● 보기 ●
ㄱ. 대통령 3회 연임 허용
ㄴ. 대통령 직선제 및 5년 단임
ㄷ. 대통령 직선제, 국회 양원제
ㄹ. 대통령은 통일 주체 국민 회의에서 간선

① ㄱ-ㄴ-ㄹ-ㄷ
② ㄴ-ㄷ-ㄱ-ㄹ
③ ㄷ-ㄱ-ㄹ-ㄴ
④ ㄹ-ㄴ-ㄷ-ㄱ

18 [2023 법원직] 다음 헌법이 적용된 시기에 일어난 사실로 가장 옳은 것은?

> 제38조 ① 대통령은 통일에 관한 중요정책을 결정하거나 변경함에 있어서, 국론통일을 위하여 필요하다고 인정할 때에는 통일 주체 국민 회의의 심의에 붙일 수 있다.
> ② 제1항의 경우에 통일 주체 국민 회의에서 재적 대의원 과반수의 찬성을 얻은 통일정책은 국민의 총의로 본다.
> 제40조 통일 주체 국민 회의는 국회의원 정수의 3분의 1에 해당하는 수의 국회의원을 선거한다.

① 광주 대단지 사건이 일어났다.
② 7·4 남북 공동 성명이 발표되었다.
③ 국가 보위 비상 대책 위원회가 조직되었다.
④ 전태일이 근로기준법 준수를 요구하며 분신하였다.

20 [2025 법원직] 다음 헌법이 적용된 시기에 있었던 사실로 가장 옳은 것은?

> 제39조 ① 대통령은 대통령 선거인단에서 무기명 투표로 선거한다.
> 제40조 ① 대통령 선거인단은 국민의 보통·평등·직접·비밀 선거에 의하여 선출된 대통령 선거인으로 구성한다.

① 10월 유신이 단행되었다.
② 베트남 파병이 이루어졌다.
③ 지방자치제가 전면 실시되었다.
④ 언론사에 보도지침이 하달되었다.

17 | 역대 헌법 개정 정답 ①

(가) 제8차 개헌은 12·12 사태로 국가권력을 장악한 전두환 정부하에서 1980년 10월에 이루어졌다. 이 헌법에서는 대통령의 임기를 7년 단임으로 하고 선거인단을 통한 간접 선거로 대통령을 선출하도록 하였다. 이 헌법은 국회해산권, 비상조치권 등의 권한을 대통령에게 주어 유신헌법의 비민주적인 요소가 여전히 남아 있었다.

(나) 제9차 개헌은 대통령 직선제 등을 열망한 국민들의 민주화 요구를 수용하여 1987년 10월에 이루어졌다. 이 헌법은 대통령의 국회해산권과 비상조치권을 폐지하고 국회에 국정감사와 국정조사권을 부여해 입법부의 기능이 한층 강화됐다.

19 | 역대 헌법 개정 정답 ③

ㄷ. 제1차 개헌(발췌 개헌, 1952)에서 정·부통령 직선제, 국회 양원제, 국회의 국무위원 불신임제 등을 규정하였다.
ㄱ. 제6차 개헌(1969)에서 대통령의 3선 연임과 국회의원의 행정부 국무위원 겸직을 허용하였다.
ㄹ. 제7차 개헌(유신헌법, 1972)에 통일주체국민회의에서 간접 선거를 통해 대통령을 선출하도록 하였다.
ㄴ. 6월 민주 항쟁의 결과로 1987년 10월에 5년 단임의 대통령 직선제 개헌이 이루어졌다(제9차 개헌).

18 | 유신헌법 시기의 사실 정답 ③

통일 주체 국민 회의에서 통일 정책을 심의하고 국회의원 정수의 3분의 1을 선출하도록 한 헌법은 유신헌법이다. 유신헌법은 대통령의 임기를 6년으로 늘리고, 연임에 제한을 두지 않았다. 또 대통령이 의장으로 있는 통일주체국민회의에서 간접 선거를 통해 대통령을 선출하도록 하였고, 사실상 대통령이 국회의원의 3분의 1을 임명할 수 있도록 하였다(유신정우회). 유신헌법은 1980년 10월에 제8차 개헌이 이뤄질 때까지 시행되었다. 10·26 사태(1979) 이후 국무총리였던 최규하가 통일주체국민회의를 통해 대통령직을 승계하였지만, 그 사이 전두환, 노태우 등 하나회를 중심으로 한 정치 군인들(신군부)이 쿠데타를 일으켜 권력을 장악하였다(12·12 사태). 5·18 민주화 운동을 무력으로 진압한 신군부는 1980년 5월 31일 초법적인 국가보위비상대책위원회(국보위)를 설치하여 행정, 입법, 사법의 3권을 장악하였다. 전두환은 1980년 8월 최규하 대통령을 하야시키고 통일주체국민회의에서 제11대 대통령으로 선출되었다. 10월에는 대통령의 임기를 7년 단임으로 하고 선거인단을 통한 간접선거로 대통령을 선출하도록 하는 헌법 개정안을 국민투표로 확정하였다(제8차 개헌). 새 헌법에 따라 전두환은 민정당의 후보로 나서 다시 12대 대통령으로 선출되었다(1981. 2.).

오답분석 ① 1971년에 경기도 광주대단지(지금의 경기도 성남시) 주민 수만 여명이 정부의 무계획적인 도시정책과 졸속행정에 반발하며 도시를 점거하였다.
② 1972년 7월에 7·4 남북 공동 성명이 발표되었고, 1972년 12월에 유신헌법이 제정되었다.
④ 1970년 11월에 전태일이 근로기준법 준수를 요구하며 분신하였다.

20 | 제8차 개정 헌법 정답 ④

대통령 선거인단에서 대통령을 선출하도록 규정한 8차 개정 헌법은 1980년부터 1987년까지 적용되었다.
전두환은 1980년 8월 최규하 대통령을 하야시키고 통일주체국민회의에서 제11대 대통령으로 선출되었다. 10월에는 대통령의 임기를 7년 단임으로 하고 선거인단을 통한 간접선거로 대통령을 선출하도록 하는 헌법 개정안을 국민투표로 확정하였다(제8차 개헌). 새 헌법에 따라 전두환은 민정당의 후보로 나서 다시 12대 대통령으로 선출되었다(1981. 2.).
1980년 신군부 세력은 언론기본법을 제정하여 방송과 신문 등 언론 기관을 통폐합하고, 수백 종의 정기 간행물을 폐간하였다. 이 과정에서 정부에 비판적인 기자, 방송인들이 대거 해직되었다. 이후 전두환 정부는 보도 지침을 통해 신문과 방송 기사에 대한 검열을 강화하였다.

오답분석 ① 1972년에 10월 유신이 단행되었다.
② 1964년부터 베트남 파병이 이루어졌다.
③ 1995년에 지방자치제가 전면 실시되었다.

Ⅷ. 한국 현대사

21 [2021 법원직]
밑줄 친 ㉠, ㉡의 내용으로 옳은 것은?

○ 투표는 ㉠이 헌법 제39조의 규정에 따라 토론 없이 무기명으로 투표용지에 후보자 성명을 기입하는 방법으로 진행되었다. 투표 결과는 찬성 2,357표, 반대는 한 표도 없이 무효 2표로 박정희 후보를 선출하였다.
○ 집권 준비를 마친 전두환은 통일 주체 국민회의를 통해 제11대 대통령으로 선출되었다. 그러나 국민의 반발과 악화된 국제 여론을 의식하여 개헌을 단행하였다. ㉡새 헌법에 따라 실시된 선거에서 전두환은 다시 대통령에 당선되었다.

① ㉠ - 대통령의 연임을 3회까지만 허용한다.
② ㉠ - 대통령이 국회를 해산할 권한을 갖는다.
③ ㉡ - 대통령의 임기는 5년으로 한다.
④ ㉡ - 통일 주체 국민회의에서 대통령을 선출한다.

22 [2025 법원직]
다음 두 민주화 운동의 공통점으로 가장 옳은 것은?

○ 3·15 부정 선거와 김주열 사망으로 인해 이승만 정부에 대한 항의 시위가 전국적으로 확산되었다.
○ 전두환 정부의 독재에 반대하고 호헌 철폐를 요구하는 전국적 시위의 결과 6·29 선언이 발표되었다.

① 비상계엄이 선포되었다.
② 유신 체제에 저항하였다.
③ 헌법 개정으로 이어졌다.
④ 대통령이 하야하는 결과를 가져왔다.

23 [2019 법원직]
(가)~(라)에 해당하는 구호와 관련된 설명이 잘못된 것은?

(가) 3·15 부정선거 다시 하라!
(나) 계엄령 해제하고 신군부 퇴진하라!
(다) 굴욕적인 대일 외교 결사 반대한다!
(라) 호헌 철폐, 대통령 직선제 개헌 쟁취하자!

① (가) - 이승만이 하야하는 계기가 되었다.
② (나) - 종신집권이 가능한 대통령제로 개헌했다.
③ (다) - 한일회담에 반대하고 정권의 퇴진을 요구했다.
④ (라) - 이한열 등의 희생을 통해 직선제 개헌에 성공했다.

24 [2024 서울시 9급]
〈보기〉의 특별담화문을 발표한 대통령의 재임 시기에 있었던 사실로 가장 옳은 것은?

● 보기 ●
"광역 및 기초 단체장과 의원을 뽑는 이번 선거를 계기로, 우리나라는 전면적인 지방자치를 실시하게 됩니다. …… 지방자치는 주민 개개인의 건설적 에너지가 지역 발전으로 수렴이 되고, 나아가서 국가발전으로 이바지하는 데 참뜻이 있습니다."

① 금융실명제를 실시하고, 하나회를 해체하였다.
② 친일반민족행위 진상규명위원회를 조직하였다.
③ 여소야대 정국을 돌파하기 위하여 3당 합당을 하였다.
④ 평양에서 남북정상회담을 갖고 6·15 남북공동선언을 발표하였다.

21 | 유신헌법과 제8차 개헌   정답 ②

㉠은 통일주체국민회의에서 대의원의 간접선거로 박정희를 대통령으로 선출한 유신헌법(1972), ㉡은 대통령선거인단에서 전두환을 대통령으로 선출한 제8차 개정헌법(1980)이다.
1972년 제정된 유신헌법은 대통령의 임기를 6년으로 늘리고, 연임에 제한을 두지 않았다. 또 대통령이 의장으로 있는 통일주체국민회의에서 간접선거를 통해 대통령을 선출하도록 하였고, 사실상 대통령이 국회의원의 3분의 1을 임명할 수 있도록 하였다(유신정우회). 유신헌법은 대통령에게 긴급조치권이라는 초헌법적인 권한은 물론 국회해산권도 부여하였다.
전두환은 1980년 8월 최규하 대통령을 하야시키고 통일주체국민회의에서 제11대 대통령으로 선출되었다. 10월에는 대통령의 임기를 7년 단임으로 하고 선거인단을 통한 간접선거로 대통령을 선출하도록 하는 헌법 개정안을 국민투표로 확정하였다(제8차 개헌). 새 헌법은 국회해산권, 비상조치권 등의 권한을 대통령에게 주어 유신 헌법의 비민주적인 요소가 여전히 남아 있었다. 새 헌법에 따라 새로운 정당들이 창당되고, 전두환은 민정당의 후보로 나서 다시 12대 대통령으로 선출되었다(1981. 2).

오답분석 ① 유신헌법은 대통령의 연임에 제한을 두지 않았다.
③ 8차 개정 헌법은 대통령의 임기를 7년 단임으로 하였다.
④ 8차 개정 헌법은 대통령 선거인단에서 간접선거로 대통령을 선출하도록 하였다.

22 | 민주화 운동   정답 ③

제시된 자료는 4·19 혁명(1960)과 6월 민주 항쟁(1987)에 대한 설명이다.
4·19 혁명으로 이승만 정권이 붕괴된 후 허정 과도 정부는 야당의 주장을 받아들여 우리 헌정 사상 최초로 내각책임제와 국회 양원제(참의원, 민의원)를 뼈대로 하는 헌법을 제정하였다(제3차 개헌). 새 헌법에 따라 1960년 7월 실시된 참의원(상원)과 민의원(하원)을 선출하는 총선거에서 민주당이 압승을 거두었다. 1960년 8월 윤보선을 대통령, 장면을 국무총리로 하는 제2 공화국이 출범하였다.
1987년 6월 '호헌 철폐, 독재 타도'를 외치는 야당과 학생, 시민들의 시위가 전국적으로 20여 일간 계속되었다(6월 민주항쟁). 6월 29일 정부와 여당인 민정당은 대통령 직선제 수용을 주요 내용으로 하는 시국 수습 방안을 발표하였다(6·29 선언). 그 직후 정치인의 사면복권이 이루어지고, 10월에는 여야 합의로 직선제 개헌안이 통과되었다(제9차 개헌).

오답분석 ① 4·19 혁명(1960) 때에만 비상계엄이 선포되었다.
② 유신 체제는 1972년부터 1980년까지 지속되었다.
④ 4·19 혁명(1960) 때 이승만 대통령이 하야하였다.

23 | 민주화 운동   정답 ②

(가) 4·19 혁명(1960), (나) 5·18 민주화 운동(1980), (다) 6·3 시위(1964), (라) 6월 민주 항쟁(1987)과 관련된 구호이다.
3·15 부정선거에서 촉발된 4·19 혁명(1960)은 이승만이 하야하고 허정 과도 정부가 수립되는 계기가 되었다
박정희 정부 출범 직후 중앙정보부장 김종필과 일본 외무장관 오히라 사이에 한일협정을 위한 비밀 교섭이 추진되었다. 이에 1964년에 대학생들을 중심으로 굴욕적인 한일 회담에 반대하는 시위가 격화되어 박정희 정부는 비상 계엄을 선포하여 시위 세력을 억눌렀다(6·3시위).
1987년 6월 '호헌 철폐, 독재 타도'를 외치는 야당과 학생, 시민들의 시위가 전국적으로 20여 일간 계속되었다(6월 민주항쟁). 6월 29일 정부와 여당인 민정당은 대통령 직선제 수용을 주요 내용으로 하는 시국 수습 방안을 발표하였다(6·29 선언). 그 직후 정치인의 사면 복권이 이루어지고, 10월에는 여야 합의로 직선제 개헌안이 통과되었다(제9차 개헌).

오답분석 ② 종신집권이 가능한 대통령제 개헌은 1972년 제7차 개헌(유신헌법)을 말한다. 유신헌법은 대통령의 중임제한을 없앰으로써 사실상 종신집권이 가능하도록 하였다.

24 | 김영삼 정부   정답 ①

지방자치 단체장 선거를 실시하여 전면적인 지방자치 시대를 열었던 대통령은 김영삼이다.
1992년 실시된 대통령 선거에서 5·16 군사정변 이후 30여 년 만에 민간인 출신인 김영삼이 대통령에 당선되었다. 김영삼 정부(문민정부)는 사회 정의 실현과 경제 활성화를 위해 금융실명제를 도입하였다(1993). 또한 김영삼 정부는 군부 내 사조직인 하나회를 해산시키고, 공직자윤리법을 개정하여 고위 공직자의 재산 등록을 의무화하였다.
1996년에는 경제협력개발기구(OECD)에 가입하여 시장개방정책을 더욱 강화하였으나 1997년 말 외환위기를 맞았고, 결국 국제통화기금(IMF)의 긴급 구제금융 지원을 받게 되었다.

오답분석 ② 노무현 정부 시기에 친일반민족행위 진상규명위원회를 조직하였다.
③ 노태우 정부 시기에 여소야대 정국을 돌파하기 위하여 3당 합당을 하였다.
④ 김대중 정부 시기에 평양에서 남북정상회담을 갖고 6·15 남북공동선언을 발표하였다.

VIII. 한국 현대사

03~04 경제의 발전과 사회 문화의 변화 / 통일 정책과 평화 통일의 과제

01 [2020 법원직] 다음 법령이 반포되었을 당시의 경제적 상황으로 가장 옳은 것은?

> 제2조 본 법에서 귀속 재산이라 함은 … 대한민국 정부에 이양된 일체의 재산을 지칭한다. 단, 농경지는 따로 농지 개혁법에 의하여 처리한다.
> 제3조 귀속 재산은 본 법과 본 법의 규정에 의하여 발하는 명령이 정하는 바에 의하여 국용 또는 공유재산, 국영 또는 공영 기업체로 지정되는 것을 제외하고는 대한민국의 국민 또는 법인에게 매각한다.
> — 귀속재산 처리법 —

① 삼백 산업이 발달하였다.
② 금융실명제가 실시되었다.
③ 수출 100억 달러를 달성하였다.
④ OECD 회원국으로 가입하였다.

02 [2021 국가직 9급] 이승만 정부의 경제 정책으로 옳지 않은 것은?

① 한미 원조 협정을 체결하였다.
② 농지개혁에 따른 지가증권을 발행하였다.
③ 제분, 제당, 면방직 등 삼백 산업을 적극 지원하였다.
④ 제1차 경제개발 5개년 계획을 추진하였다.

03 [2018 지방직 9급] 다음은 어느 전직 공무원의 기록이다. 밑줄 친 ㉠이 운용된 시기의 경제 현상으로 옳은 것은?

> 재무부 장관에 정식 취임한 나는 ㉠ 미국의 원조 물자 및 잉여 농산물의 판매 대전(代錢)으로 조성된 대충자금의 사용 방안에 관해 미국 측과의 이견 조정에 직면하게 되었다. …(중략)… 원조 물자나 잉여 농산물의 판매 대전 중 우리나라가 사용할 수 있는 돈은 반드시 국방비에만 사용할 수 있다는 주장을 내세웠고, 또 우리나라는 이를 미국 측 주장대로 감수하여 온 처지에 있었다.
> — 『재계회고』 —

① 농축산물 수입 개방 반대 운동이 전개되었다.
② 제분, 제당, 면방직 등 삼백 산업이 발달하였다.
③ 금리, 기름값, 달러 인하로 3저 호황을 누렸다.
④ 정부 주도 하에 건설 노동자들이 중동에 파견되었다.

04 [2019 서울시 9급] 1960년대 정부의 경제 정책에 대한 설명으로 가장 옳은 것은?

① 귀속재산처리법을 공포하였다.
② 한미경제조정협정을 체결하였다.
③ 경제협력개발기구(OECD)에 가입하였다.
④ 제1차 경제개발5개년계획이 실시되었다.

01 | 귀속재산 처리법 정답 ①

귀속재산은 광복 당시 조선 총독부, 일제의 기관, 일본인이 소유한 재산을 미군정에 속하도록 한 것으로, 적산이라고도 한다. 미군정은 1946년 3월 신한공사를 설립하여 귀속재산(적산)을 접수, 관리하였다. 이승만 정부는 1949년 12월 귀속재산처리법을 제정하여 미군정 기간에 불하하지 못한 귀속기업체를 불하하였다. 그러나 6·25 전쟁이 일어남에 따라 본격적인 불하사업은 전쟁이 끝나고 시작되었다.
1945년 미군이 한국에 진주한 이후부터 점령지 구호원조로 2천 500만 달러 상당의 원조물자를 들여왔다. 대한민국 정부 수립 이후에는 1948년 12월에 맺은 한미 조약에 의해 경제원조가 시작되었다. 6·25 전쟁 이후에는 유엔한국재건단(UNKRA)을 내세워 막대한 규모의 원조를 제공하였다. 원조로 들여온 물자는 식료품과 의복 등 생활 필수품 및 설탕이나 원면, 밀가루 등 잉여 농산물과 소비재 원료가 대부분이었다. 이로 인해 원조 물자를 가공하는 삼백 산업(제분, 제당, 면방직)을 중심으로 하는 소비재 산업이 발달하였으며, 생산재 공업은 부진하였다.

오답분석 ② 김영삼 정부 시기인 1993년에 사회 정의 실현과 경제활성화를 위해 금융 실명제를 도입하였다
③ 박정희 정부 시기인 1977년에 수출 100억 달러를 달성하였다.
④ 김영삼 정부 시기인 1996년에 경제 협력 개발 기구(OECD)에 가입하였다.

02 | 이승만 정부의 경제정책 정답 ④

① 이승만 정부는 미국과 경제 원조 협정을 체결하였다(1948. 12.). 이 협정에는 미국 정부가 한국 정부에 재정적, 기술적, 물질적 원조를 제공하도록 되어 있다.
② 1949년 6월에 농지 개혁법이 제정되고, 1950년 3월 일부 개정되어 5월부터 농지 개혁이 시행되었다. 농지 개혁은 한 가구당 3정보를 소유 상한으로 하여 그 이상의 농지는 국가가 수확량의 150% 가격으로 지가증권을 발급하여 매수하고, 소작농에게는 농지를 배분하는 대신 수확량의 30%를 5년동안 현물로 상환하게 하였다(유상매수, 유상분배). 농지개혁의 결과 총경지의 40%에 달하는 89만 정보의 땅이 재분배되었다.
③ 6·25 전쟁 직후 한국의 경제 재건은 주로 미국의 원조에 의존하였다. 미국으로부터 1953년부터 8년 동안 20억 달러 이상의 원조 자금이 제공되었다. 원조로 들여온 물자는 식료품과 의복 등 생활필수품 및 설탕이나 원면, 밀가루 등 잉여 농산물과 소비재 원료가 대부분이었다. 이로 인해 원조 물자를 가공하는 삼백 산업(제분, 제당, 면방직)을 중심으로 하는 소비재 산업이 발달하였다.

오답분석 ④ 장면 정부 시기에 경제개발 5개년 계획이 마련되고, 1962년에 군사정부가 제1차 경제개발 5개년 계획을 추진하였다.

03 | 원조 경제 체제 정답 ②

미국의 원조 물자 및 잉여 농산물을 판매하여 조성된 대충자금이 운용된 시기는 1950년대이다.
미국에서 원조받은 농산물을 판매한 돈은 흔히 '미 공법 480호'라고 불리는 미국의 '농산물 무역 촉진 원조법'에 따라 대충자금으로 적립되었다. 대충자금은 미국의 원조를 받은 나라가 원조액에 해당하는 자기 나라 돈을 별도의 특별 계정을 만들어 적립한 것을 말한다. 1953년부터 8년 동안 20억 달러 이상의 원조 자금이 제공되었다. 원조로 들여온 물자는 식료품과 의복 등 생활필수품 및 설탕이나 원면, 밀가루 등 잉여 농산물과 소비재 원료가 대부분이었다. 이로 인해 원조 물자를 가공하는 삼백 산업(제분, 제당, 면방직)을 중심으로 하는 소비재 산업이 발달하였으며, 생산재 공업은 부진하였다.

오답분석 ① 1986~1993년 우루과이라운드 협상이 진행되는 시기에 농축산물 수입개방 반대운동이 활발히 전개되었다.
③ 1980년대 중엽 전두환 정부 집권 시기에 3저 호황으로 인해 급격한 경제성장을 기록하였다.
④ 1970년대에 중동의 건설 붐이 일어나 건설 노동자들이 중동에 파견되었다.

04 | 1960년대의 경제정책 정답 ④

이승만 정부는 경제개발 3개년 계획을 수립하였으나 실행하지 못하였고, 장면 정부에서 경제개발 5개년 계획으로 수정하였다.
5·16 군사정변으로 집권한 군사정부는 장면 정부가 수립해 놓았던 경제개발 계획에 기초하여 1962년 제1차 경제 개발 5개년 계획을 실시하였다. 경제 개발 계획 추진에 필요한 재원을 마련하기 위해 군사 정부는 1961년 12월 '외자 도입 운용 방침'을 제정하고 외국 자본을 적극 유치하였다.

오답분석 ① 귀속재산 가운데 일부 소규모 사업체와 귀속농지는 미군정청이 불하하였고, 1949년 12월에 제정·공포된 귀속재산처리법을 토대로 1958년까지 대부분 민간인에게 불하되었다.
② 1952년 한국 정부와 미국 정부가 경제원조와 관련해 각자의 역할과 양자 간의 관계 조정을 하고자 한미경제조정협정을 체결하였다.
③ 대한민국은 1996년에 회원국으로 OECD(경제협력개발기구)에 가입하였다.

Ⅷ. 한국 현대사

05 [2017 지방직 9급] 밑줄 친 '시기'에 있었던 사실에 대한 설명으로 옳은 것은?

> 제1차 경제 개발 5개년 계획을 시행할 무렵에 우리나라 정부는 국내에서 산업 개발 자금을 확보하려 하였다. 이에 통화 개혁을 실시했으나 목적을 달성하지 못했고, 결국 외국 차관을 들여왔다. 이러한 배경 속에서 섬유·가발 등의 수출 산업이 육성되었다. 제2차 경제 개발 5개년 계획이 적용된 때에는 화학, 철강 산업에 대한 투자도 이루어졌다. 이 두 차례의 경제 개발 계획이 시행된 시기에 수출 주도 성장 전략이 자리를 잡았다.

① 경부 고속 국도가 건설되었다.
② 금융 실명제가 전격적으로 실시되었다.
③ 경제 협력 개발 기구(OECD)에 가입하였다.
④ 연간 수출 총액이 늘어나 100억 달러를 돌파하였다.

06 [2019 법원직] 다음과 같은 기념물이 만들어지던 시기에 추진되었던 정부의 경제정책으로 가장 적절한 것은?

① 중화학 공업을 적극 육성하였다.
② 경제 협력 개발 기구(OECD)에 가입하였다.
③ 미국의 잉여농산물을 가공하는 삼백산업을 육성하였다.
④ 자유 무역 협정(FTA)을 통해 시장 개방을 확대하였다.

07 [2020 국가직 9급] 다음은 우리나라 경제성장 과정을 시간순으로 나열한 것이다. (가)에 들어갈 내용으로 옳은 것은?

> 수출액 100억 달러를 돌파하다.
> ↓
> 제2차 석유파동으로 경제가 침체에 빠지다.
> ↓
> (가)
> ↓
> 경제 협력 개발 기구에 가입하다.

① 제3차 경제개발 5개년 계획이 실시되다.
② 저금리, 저유가, 저달러의 3저 호황을 경험하다.
③ 베트남 파병을 시작하고 「브라운 각서」를 체결하다.
④ 일본과 대일 청구권 문제에 합의하고 「한일 기본 조약」을 체결하다.

08 [2025 법원직] 다음 자료가 발표된 정부의 시기에 있었던 사실로 가장 옳은 것은?

> 최근 한국 경제는 대기업 연쇄 부도에 따른 대외신인도 하락으로 국제금융시장에서 단기 자금 만기 연장의 어려움 등 외화 차입의 곤란으로 일시적인 유동성 부족 사태에 직면하게 되었습니다. …… 정부는 금융 시장의 안정이 확고히 정착되게 하기 위해 …… 국제통화기금 자금 지원을 요청하기로 하였습니다.

① 전태일 분신 사건이 일어났다.
② 다문화 가족 지원법이 제정되었다.
③ 경제 협력 개발 기구에 가입하였다.
④ 국민 기초생활 보장법을 제정하였다.

05 | 제1, 2차 경제개발 5개년 계획   정답 ①

밑줄 친 '시기'는 1, 2차 경제개발계획이 시행된 1962~1971년에 해당한다. 1960년대 박정희 정부는 2차례에 걸친 경제 개발 계획을 통해 양질의 값싼 노동력을 이용하여 면직물, 가발과 같은 노동 집약적 공업(경공업) 제품을 수출하는데 집중하였다.
국가 기간산업을 육성하기 위해 울산 공업 단지와 마산 수출 자유 지역이 조성되었고, 포항제철이 설립되기 시작했으며, 1970년에는 경부고속도로가 완공되었다.

오답분석 ② 김영삼 정부 때인 1993년에 금융 실명제가 실시되었다.
③ 김영삼 정부 때인 1996년에 경제 협력 개발기구(OECD)에 가입하였다.
④ 1977년 말에 100억 달러 수출 목표를 달성하였다.

● **복습지문**
1970년 경부 고속 국도가 개통되었다.

06 | 수출 100억불 기념탑   정답 ①

제시된 자료는 1977년에 수출 100억 달러 달성을 축하하면서 세운 기념물이다.
박정희 정부는 제3·4차 경제 개발 5개년 계획(1972~1981)을 실시하면서 중화학 공업화로 방향을 전환하여, 조선, 자동차, 정유, 철강, 전자 산업을 집중적으로 육성하였다. 이런 정책에 힘입어 1970년대 말에는 중화학 공업의 비중이 경공업을 앞지르게 되었고, 1973년에서 1979년 사이 한국 경제는 연평균 16.6%라는 고도성장을 이룩하였다. 1973년부터 이듬해까지 국제 유가가 4배 이상 급등하는 오일 쇼크가 있었지만, 중동의 건설 붐이 일어나 한국 기업이 대거 참여하면서 전화위복의 계기가 되었다(1차 석유 파동). 1977년 말에는 100억 달러 수출 목표를 달성하였다.

오답분석 ② 김영삼 정부 때인 1996년에 경제 협력 개발 기구(OECD)에 가입하였다.
③ 1950년대에 미국의 잉여농산물을 가공하는 삼백산업이 발달하였다.
④ 2004년 최초의 자유 무역 협정(FTA)인 한·칠레 자유 무역 협정이 체결되었다.

07 | 현대의 경제 발전   정답 ②

박정희 정부 시기인 1977년에 100억 달러 수출 목표를 달성하고, 1979년 2차 석유파동으로 한국 경제는 심각한 위기를 맞게 되었다.
김영삼 정부 시기인 1996년에 경제 협력 개발 기구(OECD)에 가입하였다.
1980년대 전두환 정부는 경제 안정화 정책과 함께 중화학 공업의 중복 투자를 조정하고 부실 기업을 정리함으로써 경제 위기를 벗어나려 하였다.
한국 경제는 1980년대 중반 이후 정부의 긴축 정책과 '저유가·저금리·저달러'라는 대외 여건의 개선에 힘입어 매년 10% 이상의 경제 성장을 기록하였다(3저호황).

오답분석 ① 1972년부터 제3차 경제개발 5개년 계획이 추진되었다.
③ 1964년에 베트남 파병을 시작하고, 1966년에 브라운 각서를 체결하였다.
④ 1965년에 한일 기본 조약을 체결하였다.

08 | 외환위기(김영삼 정부)   정답 ③

국제통화기금(IMF)에 자금 지원을 요청한 정부는 김영삼 정부이다.
김영삼 정부(문민정부)는 사회 정의 실현과 경제 활성화를 위해 금융 실명제를 도입하고, 군부 내 사조직인 하나회를 해산시켰다. 또한 역사바로세우기 운동의 차원에서 옛 조선총독부 건물을 철거하고, 전두환·노태우를 비롯한 12·12 사태, 5·18 민주화 운동 진압 관련자들을 처벌하였다.
김영삼 정부는 1996년에 경제협력개발기구(OECD)에 가입하여 시장개방 정책을 더욱 강화하였으나 1997년 말 외환위기를 맞았고, 결국 국제통화기금(IMF)의 긴급 구제 금융 지원을 받게 되었다.

오답분석 ① 박정희 정부 시기에 전태일 분신 사건이 일어났다(1970).
② 이명박 정부 시기에 다문화 가족 지원법이 제정되었다(2008).
④ 김대중 정부 시기에 외환위기 이후 실업자와 빈곤층들을 지원하기 위해 국민 기초생활 보장법을 제정하였다(1999).

VIII. 한국 현대사

09 [2017 지방직 9급] 시대별 교육문화의 변화에 대한 설명으로 옳지 <u>않은</u> 것은?

① 미군정기 : 미국식 민주주의 교육과 6-3-3 학제가 도입되었다.
② 1950년대 : 경제적 어려움 속에서도 초등학교 의무교육제가 시행되었다.
③ 1960년대 : 입시과열을 막기 위해 중학교 무시험 추첨제가 도입되었다.
④ 1970년대 : 국가주의 이념을 강조한 국민교육헌장이 제정되었다.

10 [2020 지방직 7급] 다음 담화가 발표된 시기는?

> 금융실명제가 실시되지 않고는 이 땅의 부정부패를 원천적으로 봉쇄할 수가 없습니다. …(중략)… 금융실명제 없이는 건강한 민주주의도, 활력이 넘치는 자본주의도 꽃피울 수가 없습니다.

(가)	(나)	(다)	(라)
7·4 남북 공동 성명	남북 기본 합의서 채택	금강산 해로 관광 사업 시작	6·15 남북 공동 선언	10·4 남북 공동 선언

① (가)   ② (나)   ③ (다)   ④ (라)

11 [2023 법원직] 다음 연설을 한 대통령의 집권기에 일어난 사실로 가장 옳은 것은?

> 저는 이 순간 엄숙한 마음으로 헌법 제76조 제1항의 규정에 의거하여, 『금융실명 거래 및 비밀보장에 관한 대통령 긴급명령』을 반포합니다. …… 금융실명제에 대한 우리 국민의 합의와 개혁에 대한 강렬한 열망에 비추어 국회의원 여러분이 압도적인 지지로 승인해 주실 것을 믿어 의심치 않습니다. 친애하는 국민 여러분, 드디어 우리는 금융실명제를 실시합니다. 이 시간 이후 모든 금융거래는 실명으로만 이루어집니다. 금융실명제가 실시되지 않고는 이 땅의 부정부패를 원천적으로 봉쇄할 수가 없습니다.

① YH 무역 사건이 일어났다.
② 제4차 경제 개발 계획이 추진되었다.
③ 국민 기초 생활 보장법이 시행되었다.
④ 한국이 경제 협력 개발 기구(OECD)에 가입하였다.

12 [2022 서울시 9급] 다음 선언문을 발표한 정부 시기에 있었던 사실을 〈보기〉에서 모두 고른 것은?

> 남과 북은 … 쌍방 사이의 관계가 나라와 나라 사이의 관계가 아닌 통일을 지향하는 과정에서 잠정적으로 형성되는 특수 관계라는 것을 인정하고, … 제1조 남과 북은 서로 상대방의 체제를 인정하고 존중한다. 제4조 남과 북은 상대방을 파괴·전복하려는 일체 행위를 하지 아니한다.

●보기●
ㄱ. 남북한 동시 유엔(UN) 가입
ㄴ. 서울올림픽 개최
ㄷ. 금융실명제 실시
ㄹ. 6·29 선언

① ㄱ, ㄴ   ② ㄴ, ㄷ   ③ ㄴ, ㄹ   ④ ㄷ, ㄹ

09 | 교육의 변화 정답 ④

① 미군정기에 현재와 같은 6-3-3-4년제의 교육 제도가 마련되었다.
② 이승만 정부 시기에는 초등 교육(국민 학교)에 대한 의무 교육이 실시되어 학생 수가 증가하고 문맹률이 낮아졌다.
③ 박정희 정부는 국가주의 교육을 강요하였다. 1968년 '국민 교육 헌장'과 '국기에 대한 맹세'를 제정하여 학생들에게 암기하게 하였다. 1969년 서울 지역에서 중학교 입학 무시험 추첨제가 처음 실시되었다. 1974년부터 서울과 부산을 시작으로 고교 평준화 정책이 시행되었다.

오답분석 ④ 1968년 국민교육헌장이 제정되었다.

● **복습지문**
이승만 정부 시기에 초등학교 의무교육제가 시행되었다.
1968년 박정희 정부는 국민교육헌장이 제정하였다.

10 | 금융실명제 정답 ②

1992년 실시된 대통령 선거에서 5·16 군사정변 이후 30여 년 만에 처음으로 민간인 출신인 민주자유당의 김영삼이 대통령에 당선되었다. 김영삼 정부(문민 정부)는 공직자윤리법을 개정하여 고위 공직자의 재산 등록을 의무화하고, 사회 정의 실현과 경제 활성화를 위해 금융실명제를 도입하였다(1993).
1972년에 7·4 남북 공동 성명이 발표되어 자주·평화·민족 대단결의 통일 원칙이 제시되었고, 1991년에 남북한이 서로 인정하는 가운데 '남북한 사이의 화해와 불가침 및 교류 협력에 관한 합의서(남북 기본 합의서)'를 채택하였다.
1998년 금강산 관광이 시작되었고, 2000년 평양에서 남북 정상 회담이 개최되어 6·15 남북 공동 선언이 발표되었다.
2007년 평양에서 제2차 남북 정상 회담이 개최되고 10·4 남북 공동 선언이 발표되었다.

● **복습지문**
김영삼 정부 시기에 금융실명제가 실시되었다.

11 | 김영삼 정부 시기의 경제와 사회 정답 ④

제시된 자료에 언급된 금융실명제는 김영삼 정부 시기인 1993년에 대통령 긴급명령으로 시행되었다. 김영삼 정부(문민 정부)는 공직자윤리법을 개정하여 고위 공직자의 재산 등록을 의무화하고, 사회 정의 실현과 경제 활성화를 위해 금융 실명제를 도입하였다.
김영삼 정부는 1995년에 지방자치 단체장 선거를 실시하여 전면적인 지방자치 시대를 열었다. 그리고 1996년에 경제 협력 개발 기구(OECD)에 가입하여 시장개방 정책을 더욱 강화하였으나 1997년 말 오 환위기를 맞았고, 결국 국제통화기금(IMF)의 긴급 구제금융 지원을 받게 되었다.

오답분석
① 박정희 정부 시기인 1979년에 YH무역의 여성 노동자들이 회사의 폐업에 항의하며 야당인 신민당 당사에서 농성을 시작하였다.
② 박정희 정부 시기에 제4차 경제개발 5개년 계획(1977~1981)이 추진되었다.
③ 김대중 정부 시기에 국민기초생활보장법을 제정하여 저소득층·장애인·노인 복지를 향상시켰다.

12 | 노태우 정부의 통일 노력 정답 ①

제시된 자료는 1991년에 채택된 남북기본합의서이다.
1988년 출범한 노태우 정부는 북방 정책을 추진하여 동유럽 각국(1989), 구 소련(1990), 중국(1992)과 수교를 맺었다. 한편으로는 7·7 특별 선언(1988), 한민족공동체 통일 방안(1989)을 통해 북한에 대화를 제안했다. 1990년에는 남북한 총리 회담과 함께 다섯 차례의 남북 고위급 회담이 개최되었다. 그 결과 남북은 UN에 동시 가입하였고(1991), 남북기본합의서(남북 사이의 화해와 불가침 및 교류·협력에 관한 합의)를 채택하였다.
한편, 노태우 정부 시기인 1988년에 서울올림픽을 성공적으로 개최하였다.

오답분석 ㄷ. 김영삼 정부 시기인 1993년에 대통령 긴급명령으로 금융실명제가 실시되었다.
ㄹ. 1987년에 6월 민주 항쟁이 일어나자 전두환 정부는 민주정의당의 대통령 후보인 노태우를 통해 대통령 직선제 개헌 등을 포함하는 6·29 선언을 발표하게 하였다.

VIII. 한국 현대사

13 [2018 지방직 9급] 다음 합의문에 대한 설명으로 옳은 것은?

> 1. 쌍방은 다음과 같은 조국 통일 원칙들에 합의를 보았다.
>   첫째, 통일은 외세에 의존하거나 외세의 간섭을 받음이 없이 자주적으로 해결하여야 한다.
>   둘째, 통일은 서로 상대방을 반대하는 무력행사에 의거하지 않고 평화적 방법으로 실현하여야 한다.
>   …(중략)…
> 4. 쌍방은 지금 온 민족의 거대한 기대 속에 진행되고 있는 남북적십자회담이 하루빨리 성사되도록 적극 협조하는 데 합의하였다.
>   …(후략)…

① 남북기본합의서와 동시에 작성된 문서이다.
② 남북조절위원회를 구성하기로 합의한 내용이 담겨 있다.
③ 분단 후 최초로 열린 남북정상회담의 결과로 발표된 성명서이다.
④ 금강산 관광사업을 추진하기로 결정했다는 내용이 수록되어 있다.

15 [2018 법원직] 다음 (가), (나)의 선언문 사이의 시기에 있었던 사실로 가장 옳은 것은?

> (가) 남과 북은 …… 쌍방의 관계가 나라와 나라 사이의 관계가 아닌 통일을 지향하는 과정에서 잠정적으로 형성되는 특수 관계라는 것을 ……
> 제1조 남과 북은 서로 상대방의 체제를 인정하고 존중한다.
> 제9조 남과 북은 상대방에 대해 무력을 사용하지 않으며 상대방을 무력으로 침략하지 아니한다.
> (나) 1. 나라의 통일 문제를 우리 민족끼리 서로 힘을 합쳐 자주적으로 해결해 나가기로 하였다.
> 2. 나라의 통일을 위한 남측의 연합제안과 북측의 낮은 단계의 연방제안이 서로 공통성이 있다고 인정하고, 이 방향에서 통일을 지향하기로 하였다.

① 금강산 관광이 시작되었다.
② 개성 공단 건설 사업이 시작되었다.
③ 최초로 남·북 이산가족이 상봉하였다.
④ 경의선 철로 복원 사업이 착공되었다.

14 [2020 법원직] (가)에 들어갈 사실로 가장 옳은 것은?

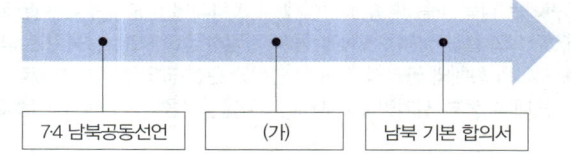

7·4 남북공동선언 → (가) → 남북 기본 합의서

① 개성 공업 지구가 조성되었다.
② 최초로 금강산 관광이 시작되었다.
③ 남북한이 동시에 유엔에 가입하였다.
④ 남북한이 비핵화공동선언을 체결하였다.

16 [2019 국가직 7급] 다음은 '남북사이의 화해와 불가침 및 교류·협력에 관한 합의서'의 일부이다. ㉠, ㉡에 해당하는 것을 바르게 연결한 것은?

> 남과 북은 분단된 조국의 평화적 통일을 염원하는 온 겨레의 뜻에 따라, ㉠ 에서 천명된 ㉡ 을 재확인하고, 정치 군사적 대결 상태를 해소하여 민족적 화해를 이룩하고, 무력에 의한 침략과 충돌을 막고 긴장 완화와 평화를 보장하며, …(중략)… 다음과 같이 합의하였다.

	㉠	㉡
①	7·7 선언	남북 공동번영 원칙
②	6·15 남북 공동 선언	대북 화해협력 정책
③	7·4 남북 공동 성명	조국 통일 3대 원칙
④	한민족 공동체 통일 방안	3단계 통일 구상

13 | 7·4 남북 공동 성명 정답 ②

'자주', '평화' 등의 통일 3원칙에 합의한 합의문은 '7·4 남북 공동 성명'이다.
1971년 8월부터 남북은 이산가족의 상봉을 위한 남북적십자회담 예비회담을 실시하였다. 1972년 남한 중앙정보부장 이후락이 북한을 방문해 김일성과 면담하고, 북한에서는 부주석 박성철이 남한을 방문하여 박정희 대통령과 비밀 회담을 가졌다. 1972년 7월 4일 남북은 마침내 자주·평화·민족 대단결의 통일 3원칙에 합의한 공동 성명을 발표하였다. 7·4 남북 공동 성명에는 남북적십자회담의 성사, 서울과 평양 사이에 상설 직통전화 설치, 남북조절위원회 구성 및 운영에 대한 합의가 포함되었으나, 실제로는 남과 북의 독재자들이 입지를 강화하는데 이용되었다.

오답분석 ① 1991년 노태우 정부 때 남북기본합의서가 채택되었다.
③ 2000년 분단 후 최초로 남북정상회담이 개최되고 6·15 공동 선언이 채택되었다.
④ 1998년 현대 정주영 명예회장의 방북 후 11월에 해로를 통한 금강산 관광이 시작되었다.

14 | 남북대화 정답 ③

1972년 7월 4일에 남북은 자주·평화·민족대단결의 통일 3원칙에 합의한 공동 성명을 서울과 평양에서 동시에 발표하였다(7·4 남북 공동 성명). 7·4 남북 공동 성명에는 남북적십자회담의 성사, 서울과 평양 사이에 상설 직통전화 설치, 남북조절위원회 구성 및 운영에 대한 합의가 포함되었다. 1988년 출범한 노태우 정부는 북방 정책을 추진하여 동유럽 각국(1989), 구 소련(1990), 중국(1992)과 수교하였다. 한편으로는 7·7 특별 선언(1988), 한민족공동체 통일 방안(1989)을 통해 북한에 대화를 제안했다. 1990년에는 남북한 총리 회담과 함께 다섯 차례의 남북 고위급 회담이 개최되었다. 그 결과 남북은 1991년 9월에 UN에 동시 가입하였고, 1991년 12월에는 남북 기본 합의서(남북 사이의 화해와 불가침 및 교류·협력에 관한 합의)를 채택하였다.

오답분석 ① 6·15 공동 선언에서 개성 공업 지구 조성이 합의되었다.
② 김대중 정부 출범 이후 1998년에 금강산 관광이 시작되었다.
④ 1992년 초에 남북한이 비핵화공동선언을 체결하였다.

15 | 남북 대화 정답 ①

(가)는 남과 북을 잠정적으로 형성되는 특수 관계로 인정한 남북기본합의서(1991)이고, (나)는 남측의 연합제안과 북측의 낮은 단계의 연방제 안이 서로 공통성이 있다고 인정한 6·15 공동 선언(2000)이다.
1998년 김대중 정부는 햇볕 정책이라는 이름으로 적극적인 대북 포용 정책을 펼쳤으며, 1998년 11월에는 현대 금강호가 첫 출항을 하면서 금강산 관광 사업이 시작되었다.

오답분석 ② 6·15 남북 공동 성명 이후 2003년 6월부터 개성공단 단지 개발이 시작됐다.
③ 1985년에 최초로 남·북 이산가족이 상봉하였다.
④ 6·15 남북 공동 성명에서 경의선 복원이 합의되었다.

16 | 남북 기본 합의서 정답 ③

남북기본합의서는 서문과 함께 남북화해(제1장), 남북불가침(제2장), 남북교류협력(제3장) 등 4장 25개조로 구성되어 있으며, 서문(전문)에서는 7·4 남북 공동 성명에서 천명된 조국 통일 3대 원칙을 재확인하고 남북한이 평화통일을 성취하기 위해 공동 노력할 것과 남북관계가 통일지향의 잠정적 특수관계라는 점을 규정하였다.

VIII. 한국 현대사

17 [2018 서울시 9급] (가)와 (나)가 발표된 시기의 사이에 있었던 사실을 〈보기〉에서 모두 고른 것은?

(가) 첫째, 통일은 외세에 의존하거나 외세의 간섭을 받음이 없이 자주적으로 해결하여야 한다.
둘째, 통일은 서로 상대방을 반대하는 무력행사에 의거하지 않고 평화방법으로 실현하여야 한다.
셋째, 사상과 이념, 제도의 차이를 초월하여 우선 하나의 민족으로서 민족적 대단결을 도모하여야 한다.

(나) 1. 남과 북은 나라의 통일 문제를 그 주인인 우리 민족끼리 서로 힘을 합쳐 자주적으로 해결한다.
2. 남과 북은 남측의 연합제 안과 북측의 낮은 단계의 연방제 안이 서로 공통성이 있다고 인정한다.

● 보기 ●
ㄱ. 금강산 관광이 시작되었다.
ㄴ. 남북 조절 위원회를 설치하였다.
ㄷ. 경의선과 동해선 철도가 연결되었다.
ㄹ. 남과 북이 동시에 유엔에 가입하였다.

① ㄱ, ㄴ, ㄷ
② ㄱ, ㄴ, ㄹ
③ ㄱ, ㄷ, ㄹ
④ ㄴ, ㄷ, ㄹ

18 [2017 지방직 9급] 다음 사실들을 시기 순으로 바르게 나열한 것은?

ㄱ. 남북이 유엔에 동시 가입하였다.
ㄴ. 분단 후 처음으로 금강산 관광 사업이 실현되었다.
ㄷ. '남북 사이의 화해와 불가침 및 교류·협력에 관한 합의서'가 체결되었다.
ㄹ. 북한 핵시설 동결과 경수로 발전소 건설 지원 등을 명시한 '북·미 제네바 기본 합의서'가 채택되었다.

① ㄱ → ㄴ → ㄷ → ㄹ
② ㄱ → ㄷ → ㄹ → ㄴ
③ ㄷ → ㄱ → ㄹ → ㄴ
④ ㄷ → ㄹ → ㄱ → ㄴ

19 [2022 법원직] (가), (나) 사이 시기에 있었던 사실로 가장 옳은 것은?

(가) 남과 북은 상대방에 대하여 무력을 사용하지 않으며 상대방을 무력으로 침략하지 아니한다. …… 민족 전체의 복리향상을 도모하기 위하여 자원의 공동개발, 민족 내부 교류로서의 물자교류, 합작투자 등 경제교류와 협력을 실시한다.

(나) 남과 북은 나라의 통일을 위한 남측의 연합제 안과 북측의 낮은 단계의 연방제 안이 서로 공통성이 있다고 인정하고 앞으로 이 방향에서 통일을 지향시켜 나가기로 하였다.

① 남북조절위원회가 설치되었다.
② 금강산 관광 사업이 시작되었다.
③ 제2차 남북 정상 회담이 개최되었다.
④ 남북 이산가족 상봉이 최초로 이루어졌다.

20 [2025 법원직] 다음 연설문을 발표한 정부의 통일 노력으로 가장 옳은 것은?

오늘은 이 땅에서 처음으로 민주적 정권교체가 실현되는 자랑스러운 날입니다. 또한 민주주의와 경제를 동시에 발전시키려는 정부가 마침내 탄생하는 역사적인 날이기도 합니다. …… 민주주의와 시장경제가 조화를 이루면서 함께 발전하게 되면 정경 유착이나 관치금융, 그리고 부정부패는 일어날 수 없습니다.

① 개성 공업 지구가 조성되었다.
② 7·4 남북 공동 성명을 합의하였다.
③ 6·15 남북 공동 선언이 채택되었다.
④ 남북한이 동시에 유엔에 가입하였다.

17 | 남북 대화 　　　정답 ②

(가)는 자주·평화·민족 대단결의 통일원칙에 합의한 7·4 남북 공동 성명(1972)이고, (나)는 남측의 연합제안과 북측의 낮은 연방제안의 상호 공통성을 인정한 6·15 남북 공동 선언(2000)이다.
1998년 6월 현대 그룹의 정주영 명예회장이 소떼를 몰고 북한을 방문한 후, 1998년 11월에 현대금강호가 첫 출항을 하면서 해로를 통한 금강산 관광 사업이 시작되었다.
7·4 남북 공동 성명 발표 이후 합의사항을 추진하고 통일문제를 해결하기 위해 남북조절위원회가 설치되었으나 큰 성과는 얻지 못했다.
노태우 정부 시기에 남북 대화가 활발히 진행되었고, 1991년 9월 18일 남과 북이 동시에 유엔에 가입하였다.

오답분석　ㄷ. 6·15 남북 공동 선언 이후 남북 동해선과 경의선 철도 연결 복원이 이루어졌다.

18 | 남북 대화 　　　정답 ②

ㄱ. 1991년 9월 18일에 열린 46차 유엔 총회에서 남북한이 유엔에 동시 가입하였다.
ㄷ. 1991년 12월 13일 서울에서 열린 제5차 고위급회담에서 '남북 사이의 화해와 불가침, 교류·협력에 관한 합의서'가 체결되었다.
ㄹ. 1994년 10월 21일 '북·미 제네바 기본 합의서'가 채택되었다.
ㄴ. 1998년 정주영 명예회장의 소떼방북 이후인 11월 18일 금강산 관광이 시작되었다.

● 복습지문
1994년 북한 핵시설 동결과 경수로 발전소 건설 지원 등을 명시한 '북미 제네바 합의서'가 채택되었다.

19 | 남북대화와 통일 노력 　　　정답 ②

(가)는 1991년에 채택된 남북 기본합의서, (나)는 2000년에 발표된 6·15 남북 공동 성명이다.
노태우 정부는 1990년부터는 남북한 총리회담과 함께 5차례에 걸쳐 남북 고위급 회담을 개최하였다. 그 결과 남북은 UN에 동시 가입하였고(1991. 9. 18.), 남북 기본합의서를 채택하였다(1991. 12. 13.).
1998년 출범한 김대중 정부가 햇볕 정책이라는 이름으로 적극적인 대북 포용 정책을 펴면서 남북 관계는 새로운 국면을 맞게 되었다. 그런 가운데 1998년 6월에 현대 그룹의 정주영 명예회장이 소 떼를 몰고 북한을 방문한 후, 1998년 11월 18일에 현대금강호가 첫 출항을 하면서 해로를 통한 금강산 관광 사업이 시작되었다.
2000년 6월 김대중 대통령은 평양을 방문하여 김정일 국방위원장과 만나 남북 정상 회담을 개최하고, 6·15 공동 선언을 채택하였다. 6·15 공동 선언은 통일 문제의 자주적 해결, 남측의 연합제안과 북측의 낮은 연방제안의 상호 공통성 인정, 이산가족 문제의 조속한 해결, 경제 협력 등의 내용을 담고 있다. 6·15 공동 선언 이후 남북 동해선과 경의선 철도 연결 복원, 이산가족 정례 상봉, 개성 공단 설치 등 경제·사회·문화에 걸쳐 남북 교류가 크게 확대되었다. 2003년에는 금강산 육로 관광이 시작되었다.

오답분석　① 1972년에 남북조절위원회가 설치되었다.
③ 2007년에 제2차 남북 정상 회담이 개최되었다.
④ 1985년에 최초로 남북 이산가족이 상봉하였다.

20 | 김대중 정부의 통일 노력 　　　정답 ③

'처음으로 민주적 정권교체가 실현', '민주주의와 시장경제가 조화' 등의 단서를 통해 김대중 정부가 발표한 연설문임을 알 수 있다.
1997년 12월 외환위기라는 초유의 사태 속에서 치러진 제15대 대통령 선거에서 야당인 새정치국민회의의 김대중 후보가 당선되었다. 이로써 한국 헌정사에서 처음으로 여야 간에 평화적인 정권교체가 이루어졌다. 김대중 정부(국민의 정부)는 외환 위기를 극복하기 위해 기업 구조 조정, 금융 개혁 등을 추진하여, 2001년 8월 국제 통화 기금(IMF) 관리 체제를 조기에 벗어날 수 있었다.
2000년 6월 김대중 대통령은 평양을 방문하여 김정일 국방위원장과 만나 남북 정상 회담을 개최하고, 6·15 공동 선언을 채택하였다. 6·15 공동 선언 이후 남북 동해선과 경의선 철도 연결 복원, 이산가족 정례 상봉, 개성 공단 설치 등 남북 교류가 크게 확대되었다.

오답분석　① 노무현 정부 시기에 개성 공업 지구가 조성되었다.
② 박정희 정부 시기에 7·4 남북 공동 성명을 합의하였다(1972).
④ 노태우 정부 시기에 남북한이 동시에 유엔에 가입하였다(1991).

VIII. 한국 현대사

05 | 기타

01 [2020 지방직 9급] 세계유산으로 등재된 것이 아닌 것은? (2019년 12월 31일 기준)

① 종묘
② 화성
③ 한양도성
④ 남한산성

02 [2020 지방직 9급] 다음 글에서 설명하고 있는 문화유산은?

> 이곳은 원래 성종의 형인 월산대군(月山大君)의 집이 있던 곳으로, 선조가 임진왜란 뒤 임시거처로 사용하면서 정릉동 행궁으로 불리었고, 광해군 때는 경운궁이라 하였다. 아관파천 후 고종이 이곳에 머물렀다. 주요 건물로는 중화전, 함녕전, 석조전 등이 있다.

① 경복궁
② 경희궁
③ 창덕궁
④ 덕수궁

03 [2021 국가직 9급] 우리나라 세계유산과 세계기록유산에 대한 설명으로 옳은 것만을 모두 고르면?

> ㄱ. 공주 송산리 고분군에는 전축분인 6호분과 무령왕릉이 있다.
> ㄴ. 양산 통도사는 금강계단 불사리탑이 있는 삼보 사찰이다.
> ㄷ. 남한산성은 병자호란 때 인조가 피난했던 산성이다.
> ㄹ. 『승정원일기』는 역대 왕의 훌륭한 언행을 『실록』에서 뽑아 만든 사서이다.

① ㄱ, ㄴ   ② ㄴ, ㄷ   ③ ㄱ, ㄴ, ㄷ   ④ ㄱ, ㄷ, ㄹ

04 [2022 국가직 9급] 우리나라 유네스코 세계유산에 대한 설명으로 옳지 않은 것은?

① 미륵사지에는 목탑 양식의 석탑이 있다.
② 정림사지에는 백제의 5층 석탑이 남아 있다.
③ 능산리 고분군에는 계단식 돌무지무덤이 있다.
④ 무령왕릉에는 무덤 주인공을 알려주는 지석이 있었다.

01 | 유네스코 세계유산 정답 ③

① 종묘는 조선 왕조의 역대 왕과 왕비의 신주를 모신 사당이다. 정전에서 매년 각 계절과 섣달에 대제를 지냈고, 영녕전에서는 봄, 가을과 섣달에 날을 정해 제례를 지냈다. 1995년에 유네스코 세계유산으로 등재되었다.
② 수원 화성(華城)은 정조가 아버지 사도(장헌) 세자의 무덤을 옮기면서 경기도 수원에 축성한 평지 산성이다. 1794년 2월에 착공하여 2년 반에 걸친 공사 후 완공되었으며, 성벽의 높이는 4~6m이고, 성곽 전체 길이는 5.74Km이다. 1997년에 유네스코 세계유산으로 등재되었다.
④ 서울 남동쪽 25Km 지점에 축성된 남한산성은 유사시 임시수도의 기능을 하도록 계획·건설된 산성이다. 인조 2년(1624)부터 오늘의 남한산성 축성 공사가 시작되어 인조 4년(1626년)에 완공되었고, 산성 내에는 임금이 거동할 때 머무는 행궁을 비롯한 인화관, 연무관 등이 차례로 들어섰다. 2014년에 유네스코 세계유산으로 등재되었다.

 ③ 조선 태조 때 정도전이 주도하여 백악·낙산·남산·인왕산을 연결하는 도성을 축조하고, 4개의 대문과 4개의 소문을 건설하였다. 2012년 세계유산 잠정목록에 등재되었으나, 2017년 등재 불가 통보를 받았다.

02 | 덕수궁(경운궁) 정답 ④

광해군 때 경운궁이라 불렸고, 아관파천 이후 고종이 환궁한 곳은 덕수궁이다.
1896년에 러시아 공사관으로 피신한 고종은 외국 공사관과 가까운 경운궁(덕수궁)을 증축한 뒤, 1897년 2월 환궁하였다. 그 후 칭제건원의 요구가 잇따르자 8월에 연호를 '광무'로 바꾸고, 10월에 환구단(원구단)을 세워 황제 즉위식을 거행하고 대한제국을 선포하였다. 대한제국은 경운궁을 정궁으로 삼고 정전인 중화전을 1902년에 건설하였다. 덕수궁에는 중명전(황실도서관)과 석조전 등 서양식 건축물들이 곧 들어서게 되었다.

 ① 태조 때 조선 왕조의 법궁으로 경복궁을 창건하였다.
② 광해군 때 경복궁의 서쪽에 경덕궁(경희궁)을 새로 지었다.
③ 화재 같은 사고에 대비해 이궁으로 태종 때 창덕궁, 성종 때 창경궁을 창건하였다.

● 복습지문
덕수궁의 주요 전각으로 중화전, 중명전, 석조전 등이 있다.

03 | 유네스코 세계유산과 세계기록유산 정답 ③

공주 송산리 고분군의 1~5호분은 굴식돌방무덤이며, 6호분과 무령왕릉은 전축분(벽돌무덤)이다. 두 벽돌무덤은 아치형 천정, 장방형 묘실 구조인데, 6호분에는 사신도 벽화가 그려져 있다. 무령왕릉은 전혀 도굴되지 않은 채 발굴되었는데, 동아시아 왕릉으로서 피장자를 정확히 알 수 있는 유일한 사례이다. 일본산 금송을 목관의 재료로 사용하였음이 확인되었으며, 진묘수 및 도자기 등 중국 남조와의 활발한 교류를 보여주는 유물이 발굴되었다.
삼보사찰이란 불보·법보·승보사찰을 말하는데, 불보사찰은 통도사, 법보사찰은 해인사, 승보사찰은 송광사이다. 통도사는 석가모니의 진신사리를 모시고 있고, 해인사는 부처님의 말씀인 팔만대장경을 모시고 있으며, 송광사는 16국사를 비롯한 고승대덕들이 많이 배출되었기 때문이다. 신라 선덕여왕 때 자장율사가 양산 영취산(영축산)에 통도사를 창건하고 석가모니의 가사·머리뼈·사리를 이곳에 모셨다.
남한산성은 행궁을 갖춘 초대형 성곽도시로서 수어청의 근거지이며 광주읍치가 있었던 군사행정도시였다. 인조 2년(1624)부터 오늘의 남한산성 축성 공사가 시작되어 인조 4년(1626년)에 완공되었고, 병자호란(1636) 때는 인조가 피난하여 40여 일간 항전하였다.

오답분석 ㄹ. 『승정원일기』는 왕의 비서실인 승정원에서 일지 형식으로 쓴 기록이고, 역대 왕의 훌륭한 언행을 『실록』에서 뽑아 만든 사서는 『국조보감』이다.

04 | 유네스코 세계유산 정답 ③

유네스코 세계문화유산으로 등재된 백제역사유적지구는 공주의 공산성과 송산리 고분군, 부여의 관북리 유적 및 부소산성, 정림사지, 능산리 고분군, 부여 나성, 그리고 익산의 왕궁리 유적, 미륵사지가 포함된다.
① 익산의 미륵사는 무왕이 건설한 동양 최대 규모의 사찰이었다. 중앙에 목탑을 세우고 동서에 거대한 석탑을 세운 3금당 3탑 양식인데, 지금은 서탑의 일부만이 남아 있다. 우리나라 최고(最古)·최대의 석탑인 미륵사지 석탑은 그 이전에 성행하였던 목탑의 모습을 많이 지니고 있다.
② 부여 정림사지 5층 석탑은 미륵사지 석탑과 함께 목탑에서 석탑으로 건축양식이 변해가는 구조를 보여주는 백제의 석탑이다. 정림사지 5층 석탑에는 소정방이 쓴 평제문이 있어 '평제탑'이라고 불리기도 하였다.
④ 공주 송산리 고분군에서 발견된 무령왕릉은 중국 양나라의 영향을 받은 무덤 양식으로 널방을 벽돌로 쌓은 벽돌무덤이다. 무령왕릉에는 금관 장식과 진묘수 등 우수한 공예품이 발견되었고, 왕과 왕비의 지석이 출토되어 무덤의 주인공과 축조 연대가 확실히 밝혀졌다.

오답분석 ③ 능산리 고분군은 부여 사비도성 바로 바깥에 자리하고 있는 백제 왕족의 무덤군이다. 능산리 고분군의 무덤들은 원형봉토분으로, 내부구조는 널길이 있는 굴식돌방무덤(횡혈식석실분)이다. 백제의 계단식 돌무지무덤은 서울 석촌동에 위치하고 있다.

VIII. 한국 현대사

05 [2017 국가직 7급] 유네스코 '세계기록유산'에 등재된 것만을 모두 고른 것은?

- ㄱ. 일성록
- ㄴ. 난중일기
- ㄷ. 비변사등록
- ㄹ. 승정원일기
- ㅁ. 한국의 유교책판

① ㄱ, ㄴ
② ㄱ, ㄴ, ㄹ
③ ㄱ, ㄴ, ㄹ, ㅁ
④ ㄱ, ㄴ, ㄷ, ㄹ, ㅁ

06 [2025 지방직 9급] 유네스코 세계문화유산으로 등재된 것만을 모두 고르면?

- ㄱ. 경복궁
- ㄴ. 남한산성
- ㄷ. 석촌동 고분군
- ㄹ. 가야 고분군

① ㄱ, ㄷ
② ㄱ, ㄹ
③ ㄴ, ㄷ
④ ㄴ, ㄹ

07 [2020 국가직 9급] 밑줄 친 '이 지역'에 대한 설명으로 옳은 것은?

> 장수왕은 군사 3만을 거느리고 백제를 침공하여 왕도인 이 지역을 함락시켜, 개로왕을 살해하고 남녀 8천 명을 사로잡아 갔다.

① 망이, 망소이가 반란을 일으켰다.
② 고려 문종 대에 남경이 설치되었다.
③ 보조국사 지눌이 수선사 결사를 주도하였다.
④ 고려 태조가 북진 정책의 전진 기지로 삼았다.

08 [2025 국가직 9급] 밑줄 친 '이 지역'에 있는 문화유산은?

> 백제는 5세기 고구려의 공격으로 한강 유역을 상실하면서 수도가 함락되어 이 지역으로 도읍을 옮겼다.

① 몽촌토성
② 무령왕릉
③ 미륵사지 석탑
④ 용현리 마애여래삼존상

05 | 유네스코 세계기록유산 정답 ③

유네스코 세계기록유산은 1992년 '세계의 기억' 사업이 설립되며 기록유산의 보존과 접근성 향상, 이를 통한 세계적 인식의 제고를 위해 지정되기 시작했다.
한국의 세계기록유산은 1997년 조선왕조실록과 훈민정음(해례본)이 등재된 것을 시작으로, 2001년 승정원일기·직지심체요절, 2007년 조선왕조의궤·고려대장경판 및 제경판, 2009년 동의보감, 2011년 일성록·1980년 5·18 광주 민주화운동 기록물, 2013년 새마을운동 기록물·난중일기, 2015년 한국의 유교책판·KBS특별생방송 '이산가족을 찾습니다' 기록물이 등재되었다.
2017년에 국채보상운동 기록물, 조선통신사에 관한 기록, 조선왕실의 어보와 어책이 추가로 등재되었다.
2023년에는 4·19혁명 기록물, 동학농민혁명 기록물이 추가로 등재되었다.

오답분석 ㄷ. 비변사 등록은 유네스코 세계기록유산에 등재되지 않았다.

06 | 유네스코 세계문화유산 정답 ④

서울 남동쪽 25Km 지점에 축성된 남한산성은 유사시 임시 수도의 기능을 하도록 계획·건설된 산성으로, 2014년에 유네스코 세계문화유산으로 등재되었다. 남한산성은 종묘와 사직을 지닌 행궁을 갖춘 초대형 성곽 도시로서 수어청의 근거지이며 광주 읍치가 있었던 군사행정 도시였다.
가야 고분군은 1~6세기에 걸쳐 한반도 남부에 존재했던 가야의 7개 고분군으로, 2023년에 유네스코 세계문화유산으로 등재되었다. 7개 고분군은 전북 남원 유곡리와 두락리 고분군, 경북 고령 지산동 고분군, 경남 김해 대성동 고분군, 경남 함안 말이산 고분군, 경남 창녕 교동과 송현동 고분군, 경남 고성 송학동 고분군, 경남 합천 옥전 고분군이다.

오답분석 ㄱ. 창덕궁은 유네스코 세계문화유산으로 등재되었지만, 경복궁은 등재되지 않았다.
ㄴ. 백제의 옛 수도였던 공주시, 부여군, 익산시 3개 지역에 남아 있는 8개 유적지는 유네스코 세계문화유산으로 등재되었지만, 석촌동 고분군은 등재되지 않았다.

07 | 역사 속의 지명(서울) 정답 ②

백제의 왕도로 장수왕에 의해 함락된 '이 지역'은 오늘날의 서울에 해당한다.
고려 문종(1046~1083)을 전후한 시기에 북진 정책이 퇴조하고, 새로이 한양 명당설이 대두하여 한양을 남경으로 승격시켰다. 숙종(1095~1105)은 남경으로 도읍을 옮기면 국운이 융성한다는 김위제의 건의에 따라 남경개창도감을 설치하고 한양에 여러 궁궐 건물을 건립하였다.

오답분석 ① 충남 공주 명학소에서 망이·망소이의 난이 일어났다.
③ 지눌은 경북 영천에서 정혜결사를 만들어 불교 혁신 운동을 전개하였고, 전남 순천으로 옮겨가서 수선사 결사로 명칭을 바꿨다.
④ 고려 태조는 평양을 서경으로 삼고 중앙 행정 기관의 분사를 설치하는 등 북진 정책의 근거지로 매우 중시하였다.

08 | 웅진(공주) 지역의 문화유산 정답 ②

백제가 한강 유역을 상실한 뒤 도읍을 옮긴 '이 지역'은 웅진(오늘날의 공주)이다.
공주는 삼국시대에는 웅진(熊津)으로 불렸으며, 백제의 22대 문주왕이 475년에 하남 위례성에서 웅진으로 천도한 이래 538년까지 백제의 도성이었다.
공주 송산리 고분군의 1~5호분은 굴식돌방무덤이며, 6호분과 무령왕릉은 당시 중국에서 유행하던 벽돌무덤이다. 두 벽돌무덤은 아치형 천정, 장방형 묘실구조인데, 6호분에는 사신도 벽화가 그려져 있다.
무령왕릉은 중국 남조의 영향을 크게 받아 연꽃 등 우아하고 화려한 백제 특유의 무늬를 새긴 벽돌로 무덤 내부를 쌓았다. 무덤의 주인공이 무령왕과 왕비임을 알려 주는 지석이 발견되어 연대를 확실히 알 수 있는 무덤이기도 하다. 왕과 왕비의 장신구와 금관 장식, 귀고리, 팔찌 등 3000여 점의 껴묻거리가 출토되었으며, 양나라에서 들여온 벽돌과 일본에서 수입한 금송으로 만든 목곽은 백제의 대외 교류를 보여준다.

오답분석 ① 서울 송파구 방이동에 위치한 몽촌토성은 백제 초기의 도성 유적으로 추정된다.
③ 익산의 미륵사지 석탑은 백제 무왕 때 세워졌다.
④ 서산 용현리 마애여래삼존상은 '백제의 미소'로 불리는 불상이다.

Ⅷ. 한국 현대사

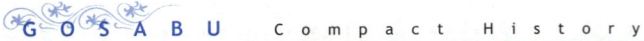

09 [2023 국가직 9급] 밑줄 친 '이곳'에 대한 설명으로 옳은 것은?

○ 장수왕은 남진정책의 일환으로 수도를 이곳으로 천도하였다.
○ 묘청은 이곳으로 수도를 옮길 것을 주장하였다.

① 쌍성총관부가 설치되었다.
② 망이·망소이가 반란을 일으켰다.
③ 제너럴 셔먼호 사건이 발생하였다.
④ 1923년 조선 형평사가 결성되었다.

10 [2023 지방직 9급] 여름 휴가를 맞아 강화도로 답사 여행을 떠나고자 한다. 다음 중 유적(지)과 주제의 연결이 옳지 <u>않은</u> 것은?

　　유적(지)　　　주제
① 외규장각　　　동학 농민 운동
② 고려궁지　　　대몽 항쟁
③ 고인돌　　　　청동기 문화
④ 광성보　　　　신미양요

11 [2023 법원직] (가) 지역에 대한 설명으로 옳은 것을 〈보기〉에서 모두 고른 것은?

몽골의 대군이 경기 지역으로 침입하자 최이가 재추 대신들을 모아 놓고 ┌(가)┐ 천도를 의논하였다. 사람들은 옮기기를 싫어하였으나 최이의 세력이 두려워서 감히 한마디도 발언하는 자가 없었다. 오직 유승단이 "작은 나라가 큰 나라를 섬기는 것은 도리에 맞는 일이니, 예로써 섬기고 믿음으로써 사귀면 그들도 무슨 명목으로 우리를 괴롭히겠는가? 성곽과 종사를 내버리고 섬에 구차히 엎드려 세월을 보내면서 장정들을 적의 칼날에 죽게 만들고, 노약자들을 노예로 잡혀가게 하는 것은 국가를 위한 계책이 아니다."라고 반대하였다.

●보기●
ㄱ. 동녕부가 설치되었다.
ㄴ. 조선왕조실록 사고가 세워졌다.
ㄷ. 망이·망소이의 난이 일어났다.

① ㄱ　　② ㄱ, ㄴ　　③ ㄴ　　④ ㄴ, ㄷ

12 [2025 국가직 9급] 밑줄 친 '이곳'에 대한 설명으로 옳은 것은?

○ 이곳의 고인돌 유적은 유네스코 세계문화유산에 등재되었다.
○ 고려 정부는 이곳으로 천도하여 몽골의 침략에 대항하였다.

① 장보고가 청해진을 설치하였다.
② 정묘호란으로 인조가 피신하였다.
③ 원나라가 탐라총관부를 두었다.
④ 영국군이 러시아를 견제한다는 구실로 주둔하였다.

09 | 역사 속의 지역(평양)　　　　정답 ③

장수왕이 새롭게 수도로 삼았으며, 묘청이 천도를 주장한 '이곳'은 평양이다.
장수왕(413~491) 때 평양으로 도읍을 옮기고(427), 적극적인 남진 정책을 실시하였다.
고려 인종 때 묘청·정지상 등 서경파는 보수적인 개경의 문벌귀족 세력을 누르고 자주적인 혁신정치를 시행하기 위해 서경(평양)으로 도읍을 옮기고자 하였다. 이들은 서경에 대화궁이라는 궁궐을 짓고, 토착신을 숭배하는 팔성당을 건설하였다.
1866년에 평양에서 미국의 상선 제너럴 셔먼호가 불타버린 사건이 일어났다(제너럴 셔먼호 사건). 제너럴 셔먼호는 조선 관리의 만류에도 불구하고 대동강을 거슬러 평양까지 와서 통상을 요구하였다. 제너럴 셔먼호의 승무원들은 관리를 포로로 잡고 주민을 살상하는 등 난동을 부렸다. 이에 평안도 관찰사 박규수의 지휘 하에 평양의 군민들은 배를 불태우고 선원 31명을 죽였다.

오답분석
① 몽골이 화주(和州, 함경남도 영흥) 지역에 쌍성총관부를 설치하였다.
② 정중부 집권기에 공주 명학소에서 망이·망소이가 반란을 일으켰다.
④ 경상남도 진주에서 1923년에 조선 형평사가 결성되었다.

10 | 역사 속의 지역(강화)　　　　정답 ①

② 고려궁지는 최우 정권이 몽골과의 항쟁을 결심하고 1232년(고종 19) 강화도로 수도를 옮긴 후 건립한 궁궐의 터이다. 1270년(원종 11)에 개경으로 환도할 때까지 39년 동안 궁궐터로 사용되었다. 조선 시대에는 행궁, 외규장각 등이 있었으나, 병인양요 (1866) 때 소실되었다.
③ 고인돌은 청동기 시대의 대표적인 무덤으로, 주로 경제력이 있거나 정치권력을 가진 지배층의 무덤으로 알려져 있다. 고창, 화순, 강화 지역의 고인돌 유적은 세계 문화유산으로 등재되었다.
④ 광성보는 신미양요(1871) 당시 어재연이 이끌던 조선군이 미국 함대와 격전을 벌인 장소이다. 광성보를 수비하던 어재연 장군을 비롯한 조선 수비군 350여 명이 전사하였다.

오답분석
① 정조 때 창덕궁 후원에 규장각을 세우고 역대 군주의 어진과 어필을 보관하고, 중국과 우리나라의 도서와 문적을 보관하였다. 규장각의 서적을 전란이 일어나도 안전하게 보관하고자 1782년(정조 6) 강화도에 외규장각을 건립하여 어제·어필·어진 외에 왕실의 의궤를 보관하였다. 외규장각에 있던 도서는 병인양요(1866) 때 프랑스 군인들에 의해 약탈당하거나, 소실되었다.

11 | 역사 속의 지역(강화)　　　　정답 ③

제시된 자료의 '최이'는 최충헌을 계승하여 정권을 장악한 최우를 가리키며, (가)는 몽골과의 항전을 위해 도읍을 옮긴 강화도이다.
1225년에 고려에 왔던 몽골 사신 저고여가 귀국하던 길에 압록강 변에서 피살된 사건이 발생하였다. 몽골은 이 사건을 계기로 고려와 국교를 단절하고, 1231년부터 고려를 침입하였다. 당시 집권자인 최우는 몽골의 무리한 조공 요구와 간섭에 반발하여 장기 항전을 계획하고 강화도로 도읍을 옮겼다(1232). 몽골군의 침입은 1259년 강화가 이루어질 때까지 6차에 걸쳐 계속되었고, 고려는 이들의 침략을 끈질기게 막아 냈다. 1270년에 고려 조정은 몽골과 강화하고 개경으로 환도하였다.
조선 초기에는 조선왕조실록을 모두 4부를 만들어 춘추관과 전주, 성주, 충주 사고에 분산하여 보관했다. 그러나 임진왜란 이후에는 춘추관과 오대산, 태백산, 강화 마니산(→강화 정족산), 묘향산(→무주 적상산)에 사고를 새로 만들어 실록을 보관하였다.

오답분석
ㄱ. 몽골이 자비령 이북의 땅을 차지한 뒤 서경(평양)에 동녕부를 설치하였다.
ㄷ. 정중부 집권기에 공주 명학소에서 망이·망소이의 난이 일어났다.

12 | 역사 속의 지역(강화)　　　　정답 ②

고려 정부가 천도하여 몽골에 대항한 '이곳'은 강화도이다. 한편, 우리나라에는 약 3만여 개의 고인돌이 분포하고 있으며, 2000년에 고창, 화순, 강화의 고인돌 유적이 세계문화유산으로 등재되었다.
인조반정(1623) 이후 집권한 서인은 친명배금 정책을 추진하여 후금을 자극하였다. 반란을 일으켰던 이괄의 잔당이 후금으로 도망하여 조선 침공을 부추기자, 후금은 광해군을 위하여 보복한다는 명분을 내걸고 쳐들어왔다(정묘호란, 1627). 정묘호란이 일어나자 인조는 강화도로 피신하였으며, 황해도 평산까지 진격한 후금의 군대는 강화도로 피난한 조선의 조정과 형제의 맹약을 맺고 돌아갔다.

오답분석
① 완도에 장보고가 청해진을 설치하였다.
③ 제주도에 원나라가 탐라총관부를 두었다.
④ 거문도를 영국군이 불법 점령하였다.

정답편

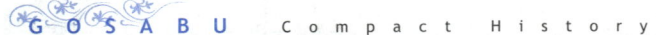

I. 고조선과 초기 국가

01. 선사 시대의 전개

1	③	2	①	3	③	4	①	5	①
6	②	7	②	8	③	9	②	10	①
11	④	12	③	13	③	14	①	15	①
16	④								

02. 고조선과 초기 국가

1	④	2	①	3	③	4	④	5	①
6	④	7	③	8	②	9	①	10	③
11	②	12	①	13	③	14	④	15	④
16	④	17	③	18	③	19	③	20	④

II. 한국 고대사

01. 고대의 정치

1	③	2	③	3	②	4	②	5	④
6	③	7	②	8	④	9	①	10	①
11	①	12	④	13	①	14	①	15	①
16	①	17	①	18	③	19	②	20	④
21	②	22	③	23	③	24	③	25	②
26	④	27	③	28	④	29	④	30	③
31	②	32	④	33	④	34	②	35	③
36	①	37	①	38	③	39	②	40	②
41	①	42	③	43	②	44	③	45	②
46	②	47	②	48	①	49	①	50	④
51	③	52	④	53	①	54	③	55	①
56	②	57	②	58	②	59	④	60	①
61	②	62	③	63	②	64	②	65	②
66	③	67	③	68	②	69	④	70	①
71	④	72	①	73	③	74	④	75	①
76	③	77	①	78	④	79	③	80	②
81	②	82	③	83	②	84	②		

02. 고대의 경제와 사회, 문화

1	④	2	①	3	④	4	③	5	①
6	③	7	④	8	④	9	④	10	④
11	④	12	④	13	④	14	③	15	②
16	②	17	②	18	②	19	②	20	②
21	④	22	③	23	④	24	②	25	③
26	③	27	③	28	②	29	②	30	④
31	①	32	④	33	④	34	③	35	④
36	①								

III. 한국 중세사

01. 중세의 정치

1	①	2	①	3	①	4	③	5	②
6	③	7	④	8	②	9	①	10	④
11	①	12	①	13	④	14	③	15	④
16	①	17	③	18	③	19	③	20	①
21	④	22	②	23	①	24	②	25	③
26	①	27	②	28	③	29	③	30	③
31	①	32	④	33	②	34	①	35	①
36	③	37	③	38	④	39	②	40	②
41	④	42	①	43	③	44	④	45	②
46	④	47	③	48	①	49	④	50	③
51	①	52	②	53	③	54	②	55	①
56	③	57	③	58	③	59	②	60	②
61	②	62	③	63	①	64	④	65	③
66	④	67	②	68	④	69	④	70	③
71	①	72	④						

02. 중세의 경제와 사회

1	④	2	④	3	①	4	③	5	②
6	③	7	③	8	③	9	②	10	②
11	④	12	②	13	①	14	④	15	①
16	④	17	①	18	③	19	④	20	②
21	②	22	②	23	①	24	④	25	②
26	①	27	①	28	②				

03. 중세의 문화

1	③	2	②	3	①	4	②	5	④
6	②	7	④	8	③	9	②	10	③
11	①	12	③	13	③	14	③	15	④
16	①	17	①	18	④	19	④	20	②
21	②	22	②	23	③	24	③	25	③
26	④	27	②	28	②	29	②	30	②
31	②	32	③						

Ⅳ. 근세 전기

01. 근세 전기의 정치

1	④	2	①	3	③	4	②	5	③
6	①	7	③	8	①	9	③	10	①
11	①	12	②	13	④	14	①	15	②
16	①	17	③	18	②	19	③	20	④
21	③	22	③	23	②	24	①	25	③
26	①	27	①	28	④	29	①	30	②
31	③	32	④	33	③	34	①	35	④
36	④	37	③	38	①	39	④	40	①
41	②	42	②	43	②	44	③	45	①
46	④	47	④	48	①	49	①	50	③
51	②	52	④						

02. 근세 전기의 경제와 사회

1	①	2	④	3	②	4	④	5	①
6	③	7	①	8	②	9	③	10	③
11	①	12	④	13	③	14	②	15	②
16	②	17	③	18	③	19	③	20	②
21	③	22	④	23	④	24	①		

03. 근세 전기의 문화

1	④	2	①	3	①	4	③	5	④
6	②	7	③	8	①	9	④	10	②
11	④	12	②	13	③	14	①	15	③
16	③	17	③	18	②	19	④	20	②
21	④	22	①	23	①	24	②	25	④
26	③	27	①	28	②				

Ⅴ. 근세 후기

01. 근세 후기의 정치

1	②	2	③	3	①	4	④	5	④
6	②	7	④	8	②	9	②	10	①
11	④	12	④	13	②	14	②	15	②
16	③	17	③	18	①	19	①	20	①
21	②	22	③	23	①	24	①	25	③
26	①	27	③	28	③	29	④	30	④
31	③	32	④						

02. 근세 후기의 경제와 사회

1	①	2	①	3	②	4	①	5	④
6	③	7	①	8	④	9	③	10	④
11	①	12	②	13	④	14	①	15	③
16	③	17	①	18	②	19	②	20	③
21	②	22	①	23	②	24	④		

03. 근세 후기의 문화

1	②	2	③	3	④	4	③	5	③
6	④	7	③	8	④	9	①	10	②
11	②	12	②	13	②	14	②	15	③
16	①	17	②	18	②	19	③	20	④
21	②	22	①	23	②	24	②	25	④
26	②	27	③	28	③	29	③	30	④
31	②	32	③	33	③	34	③	35	②
36	③								

Ⅵ. 한국 근대사

01. 외세의 침략적 접근과 개항
02. 개화 정책의 추진과 반발

1	②	2	②	3	③	4	③	5	③
6	①	7	③	8	④	9	③	10	③
11	④	12	①	13	③	14	④	15	①
16	②	17	④	18	①	19	③	20	④
21	③	22	②	23	①	24	①	25	③
26	②	27	④	28	④	29	①	30	④
31	②	32	③						

03. 동학 농민운동과 갑오·을미개혁

1	①	2	②	3	①	4	④	5	②
6	②	7	④	8	②	9	④	10	③
11	③	12	②	13	①	14	②	15	④
16	①								

04. 구국 민족운동의 전개

1	①	2	②	3	②	4	②	5	①
6	②	7	②	8	②	9	④	10	②
11	②	12	②	13	②	14	②	15	②
16	④	17	③	18	④	19	④	20	③

정답편

21	②	22	④	23	③	24	②	25	①
26	④	27	③	28	④	29	①	30	①
31	③	32	④	33	④	34	③	35	④
36	④	37	③	38	④	39	③	40	①

05. 근대의 경제와 사회·문화

1	④	2	①	3	③	4	②	5	①
6	②	7	④	8	④	9	②	10	①
11	②	12	①	13	③	14	④	15	②
16	③	17	④	18	②	19	③	20	①
21	②	22	④	23	②	24	④		

Ⅶ. 독립 운동사

01. 일제의 침략과 민족의 수난

1	①	2	④	3	②	4	④	5	②
6	②	7	②	8	②	9	②	10	①
11	②	12	④	13	①	14	③	15	①
16	③	17	③	18	③	19	④	20	④
21	②	22	①	23	②	24	④		

02. 3·1 운동과 대한민국 임시정부

1	②	2	④	3	①	4	②	5	③
6	④	7	③	8	④	9	③	10	②
11	①	12	③	13	②	14	④	15	③
16	④	17	①	18	②	19	①	20	①
21	④	22	②	23	①	24	③		

03. 무장 독립운동의 전개

1	③	2	②	3	③	4	①	5	④
6	④	7	②	8	②	9	①	10	③
11	③	12	①	13	①	14	②	15	①
16	③	17	①	18	①	19	①	20	①
21	②	22	③	23	④	24	③	25	④
26	①	27	③	28	①	29	①	30	①
31	②	32	①						

04. 사회·경제적 민족운동

1	④	2	①	3	③	4	①	5	①
6	②	7	②	8	③	9	②	10	④
11	④	12	④	13	①	14	③	15	②

16	③								

05. 민족 문화 수호 운동

1	③	2	②	3	①	4	①	5	④
6	②	7	②	8	③	9	②	10	①
11	①	12	④	13	③	14	②	15	②
16	②								

Ⅷ. 한국 현대사

01. 대한민국의 수립

1	②	2	②	3	④	4	②	5	②
6	①	7	④	8	③	9	③	10	①
11	①	12	②	13	④	14	①	15	④
16	③	17	②	18	③	19	④	20	①
21	②	22	②	23	③	24	③	25	④
26	①	27	②	28	④	29	③	30	①
31	③	32	④	33	②	34	①	35	②
36	①								

02. 민주주의의 시련과 발전

1	③	2	④	3	④	4	①	5	④
6	④	7	②	8	④	9	③	10	②
11	④	12	④	13	②	14	②	15	②
16	①	17	③	18	③	19	③	20	④
21	②	22	②	23	②	24	①		

03. 경제의 발전과 사회·문화의 변화
04. 통일 정책과 평화 통일의 과제

1	①	2	④	3	②	4	④	5	①
6	①	7	②	8	③	9	④	10	②
11	④	12	①	13	②	14	③	15	①
16	③	17	②	18	②	19	②	20	③

05. 기타

1	③	2	④	3	③	4	③	5	③
6	④	7	②	8	②	9	③	10	①
11	③	12	②						